# 中国收藏拍卖年鉴

宁志刚 题

主编 张忠义

文物出版社

图书在版编目 （ＣＩＰ）数据

中国收藏拍卖年鉴.2016 / 张忠义主编 . -- 北京：
文物出版社 , 2016.10
ISBN 978-7-5010-4767-3

Ⅰ.①中… Ⅱ.①张… Ⅲ.①收藏－中国－ 2016 －年
鉴②拍卖－中国－ 2016 －年鉴 Ⅳ.① G262-54 ② F724.59-54

中国版本图书馆 CIP 数据核字 (2016) 第 221811 号

# 中国收藏拍卖年鉴 2016

主　　编　张忠义

责任编辑　陈　峰

责任印制　陈　杰

出版发行　文物出版社

社　　址　北京东直门内北小街 2 号楼

邮　　编　100007

网　　址　http://www.wenwu.com

邮　　箱　web@wenwu.com

经　　销　新华书店

制作单位　北京慧鉴国际文化艺术交流中心

制版印刷　北京荣宝燕泰印务有限公司

开　　本　889×1194 毫米　　1/16

印　　张　30.25

版　　次　2016 年 10 月第 1 版

印　　次　2016 年 10 月第 1 次印刷

书　　号　ISBN 978-7-5010-4767-3

定　　价　398.00 元

# 中国收藏拍卖年鉴
## （2016）
# 专家顾问委员会

王光英　　中国收藏家协会名誉会长，第九届全国人大常委会副委员长
蒋正华　　中国收藏家协会名誉会长，第十届全国人大常委会副委员长
张思卿　　第十届全国政协副主席，最高人民检察院原检察长
白立忱　　中国收藏家协会赏石收藏委员会名誉主席，第十一届全国政协副主席

以下按姓氏笔画排列：

万　捷　　雅昌文化集团董事长，全国政协委员
马宝杰　　辽宁省博物馆馆长、研究馆员
王　克　　上将，中国人民解放军总后勤部原部长，中央军委委员
王明明　　中国美术家协会副主席，北京画院院长，第十二届全国政协常委
孔繁峙　　中国文物学会副会长，北京市文物鉴定委员会主任，北京市文物局原局长
冯　远　　中央文史研究馆副馆长，中国文学艺术界联合会副主席，中国美术家协会副主席
白国庆　　文化部海外文化设施建设管理中心主任
甘学军　　北京拍卖行业协会秘书长，北京华辰拍卖有限公司董事长兼总经理
田黎明　　中国艺术研究院中国画院院长、博士生导师
苏士澍　　中国书法家协会主席，文物出版社名誉社长，第十二届全国政协常委
吕章申　　中国收藏家协会顾问，中国国家博物馆馆长
沈　鹏　　中国收藏家协会顾问，中国书法家协会名誉主席
杨　新　　中国收藏家协会专家鉴定委员会副主任，国家文物鉴定委员会委员，故宫博物院
　　　　　原副院长
杨伯达　　国家文物鉴定委员会委员，故宫博物院原副院长
杨晋英　　中国收藏家协会常务副会长兼秘书长
李小可　　中央文史研究馆馆员，北京画院艺委员会主任，李可染艺术基金会理事长

# 中国收藏拍卖年鉴
## （2016）

# 编 辑 委 员 会

主　　编：张忠义

执行副主编：朱　颜

副 主 编：欧树英　　马继东　　张怀彬

编　　委：刘幼铮　　刘胜利　　张宝乔

　　　　　　岳会仁　　刘轶丹　　余锦生

编　　辑：陶　然　　李诚然

# 中国收藏拍卖年鉴
## （2016）

## 主办单位

中国收藏家协会

中国拍卖行业协会

雅昌文化集团

## 学术支持

《中国收藏拍卖年鉴》专家顾问委员会

雅昌艺术市场监测中心

易拍全球

## 制作单位

北京慧鉴国际文化艺术交流中心

# 中国收藏拍卖年鉴
## （2016）

# 支持单位
（排名不分先后）

文物出版社

中国文物保护基金会

中国文物学会

中国书画收藏家协会

雅昌艺术网

中国嘉德国际拍卖有限公司

北京保利国际拍卖有限公司

北京翰海拍卖有限公司

北京荣宝拍卖有限公司

北京华辰拍卖有限公司

北京匡时国际拍卖有限公司

中贸圣佳国际拍卖有限公司

西泠印社拍卖有限公司

苏富比（香港）有限公司

佳士得（香港）有限公司

上海朵云轩拍卖有限公司

《人民日报》人民网收藏频道

新浪网收藏频道

中央数字电视书画频道

《中国文化报》

《中国文物报》

《中国艺术报》

《中国拍卖》杂志

《中国收藏》杂志

《收藏》杂志

《文物天地》杂志

《艺术商业》杂志

# 目录

## 第一部分 专家论著

## 第二部分 艺术市场报告

# 第三部分　年度重要拍品

# 第四部分 艺苑撷英

# 第五部分 政策法规

# 第六部分 业界动态

# 第七部分 文化机构名录

第一部分　专家论著

# 工匠：精巧技艺与高尚精神

北京社会科学院研究员，中国紫禁城学会副会长　阎崇年

在中华工艺史上，记录着工匠的卓绝技艺与高尚精神。诸如木工鲁班、纺织工黄道婆、印刷工毕昇、桥梁工李春、雕塑工刘元、陶瓷工童宾、建筑工蒯祥和陆祥以及样式雷、绣娘沈寿，等等。他们是物质文化与非物质文化的重要创造者。可以说非遗艺术品是工匠和艺师的产物，体现着真善美的特质。精美的非遗作品，是工匠卓绝技艺与高尚精神的结晶。本文略举元明清的若干史例，探讨中华工匠的技艺与精神。

## 一　帝制工匠的历史地位

先从"工匠"二字说起。"工"，《说文解字》作："工，巧饰也，象人有规矩。"段玉裁注："直中绳，二平中准，是规矩也。"他又引《诗经·小雅》"毛传"注："凡善其事，曰工。"由上，工：一要"巧饰"，二要"规矩"。这是"工"，那么"匠"呢？"匠"，《说文解字》作："匠，象形，凡匚之属皆从匚，读若方。匠，木工也。从匚、斤，斤，所以作器也。"段玉裁注："工者，巧饰也。百工皆称工、称匠，独举木工者，其字从斤也。以木工之偁，引申为凡工之偁也。说从斤之意，匚者，矩也。"其实，《周礼》中已有"匠人"的详细记载。《孟子》说："匠人，工匠之人也。"[1] 工匠，在我国有悠久的历史、优良的传统。

工匠是既有规矩、又巧成器物的人。在中华二千多年的帝制时代，"士农工商"四民中，虽"工"居第三位，但其政治、经济、社会、文化的地位，既不如士农，也不如商贾。然而，大量器物、用品是根本离不开工匠的。工匠在人类物质文明和精神文明的发展中，处于一个特殊重要的地位。遗憾的是，重理轻物、厚士薄工，是帝制时代的一大弊端。以历史人物传记而言，在"二十四史"和《清史稿》中，帝王是人物传记的核心，官员和士人是人物传记的主体，除《元史》有《工艺列传》外，其他各书，一概没有。如在《明史》333卷列传中，有后妃皇子、文臣武将、儒林文苑、忠义列女、隐逸方技、宦官奸佞等列传，但没有专为工匠列传。又如在《清史稿》316卷列传中，同样也没有专为工匠列传。

不过，在元明清时期，蒙古成吉思汗、满洲努尔哈赤时代，工匠的地位既优于士农，也优于商贾。

成吉思汗在西征时，每攻陷一座城镇，往往要屠城，但不杀工匠，留下来使用。成吉思汗与长春真人丘处机（1148–1227年）于蒙古太祖十七年（1222年），在阿姆河畔营帐里君臣对话，论道三日。他们有一段著名的对话，哲思深刻，传颂千古。丘处机以蒙古军西征时的屠杀和焚掠，对成吉思汗讲述了治国和养生之道：

为治之方，以敬天爱民为本；
长生之道，以清心寡欲为要[2]。

元朝比较重视工匠。《元史》有《工艺列传》，就是记载工匠艺人的传记。是为"二十四史"和《清

---

1.《孟子·梁惠王下》，宋本十三经注疏本附校勘记本，中华书局影印本，1980年，北京。
2.《元史·释老列传·丘处机》，第202卷，4525页，中华书局校点本，1976年，北京。

史稿》所仅见。在《元史·工艺列传》中，为雕塑家刘元等立传。刘元以其雕塑绝艺，在当朝被塑像祭祀[3]。他居住过的胡同，在元、明、清[4]，直到当代[5]，都以其名字命名。《元史·刘元传》记载：

元[6]，字秉元，蓟之宝坻人。始为黄冠，师事青州把道录，传其艺非一。至元中，凡两都名刹塑土、范金、搏换[7]为佛像，出元手者，神思妙合，天下称之。其上都三皇尤古粹，识者以为造意得三圣人之微者。由是，两赐宫女为妻，命以官长其属，行幸必从。仁宗尝敕元，非有旨不许为人造他神像。后大都南城作东岳庙，元为造仁圣帝像，巍巍然有帝王之度，其侍臣像，乃若忧深思远者。始元欲作侍臣像，久之未措手，适阅秘书图画，见唐魏征像，矍然曰："得之矣，非若此，莫称为相臣者。"遽走庙中为之，即日成，士大夫观者，咸叹异焉。其所为西番佛像多秘，人罕得见者。元官为昭文馆大学士、正奉大夫、秘书卿，以寿终[8]。

而后，清太祖努尔哈赤早期，也是攻陷城池后屠杀其民，特别是儒生，史称之为"屠儒"。一个是草原文化蒙古族大汗成吉思汗的"嗜杀"，一个是森林文化满洲族大汗努尔哈赤的"屠儒"，但他们都不杀工匠，而是保护工匠，利用工匠，优惠工匠。这是为什么呢？可能的原因是：其一，城中居民据守反抗，杀之以泄愤恨；其二，儒生知书达礼守节，杀之以绝后患；其三，留下人每天要吃饭，杀之以省饭食；其四，显示胜利者的淫威，杀之以固统治。但于工匠，格外重视，给予收养。如努尔哈赤说："将辽东地方之兵员几何，城堡几何，百姓几何，以及木匠、画匠匠役数目，亦皆具文奏报。"[9]于此，努尔哈赤不仅重视明辽东的工匠，而且重视朝鲜的工匠。如后金获乘船去明朝的朝鲜人八十六人，除收养其有用之匠人

外，余尽杀之[10]。他为什么如此重视工匠呢？因为工匠有用。例如一次，后金军攻下海州，获得析木乡民制造绿瓷碗、盆、罐等三千五百一十个。为此，努尔哈赤高兴地谕曰："素称东珠、金、银为宝，何其为宝，寒者可衣乎？饥者可食乎？国中所养之贤人知（智）人所不知，匠人能人所不能，彼等实为宝也！今析木城制绿瓷碗、盆、罐来献，实乃众国人有用之业也！至其造器匠人，可否授职加赏，著都堂、总兵官及道员、副将、游击，尔等会议复奏。"[11]

从上可见，工匠在成吉思汗、努尔哈赤眼中，是有用的，是比金银、财宝更为珍贵的。

## 二 明朝工匠的精湛技艺

《明史》虽不专为工匠列传，"实录"却记载的雪泥鸿爪。这正如苏东坡诗云："人生到处知何似，应似飞鸿踏雪泥。泥上偶然留指爪，鸿飞那复计东西。"工匠的精湛技艺与高尚精神，在浩瀚的历史文献典籍中，只留下雪泥鸿爪的记载。"明实录"里留下两个著名工匠的事迹，一个是蒯祥，另一个是陆祥，这既是明代工匠中的两例典型，也是历史工匠中的两位隽秀。

蒯祥（1398-1481年），今江苏省苏州市吴江区胥江镇香山村人。香山是个木工之乡，这里的木工被称作"香山帮"。木工制品被誉为"苏作"，与"京作"齐名。蒯祥出身于木工世家，又适逢一个特殊的时代。这个时代的一个特点是永乐帝迁都北京，营建紫禁城宫殿，并大量兴建皇家坛庙寺宇。永乐帝兴工建皇宫时，蒯祥19岁；皇宫告成时，他25岁，正是年富力强、贡技献艺之时。永乐十九年（1421年），皇宫兴建告成三个月，

3. 高士奇：《金鳌退食笔记》，"文津阁四库全书"本，国家图书馆善本部藏。
4. 朱一新：《京师坊巷志稿》，卷上，第46页，北京古籍出版社，1982年，北京。
5.《北京分区详图》，第一图，内一区图，世界书局，民国二十九年（1940年），北京。
6. 刘元，民间称刘蓝、刘兰，北京西安门北，有一条胡同叫刘蓝塑胡同，相传刘元当年居此，胡同因之得名。
7.《元史·刘元传》记载："搏换者，漫帛土偶上而髹之，已而去其土，髹帛俨然成像云。"
8.《元史·刘元传》，第203卷，中华书局校点本，1976年，北京。
9.《满文老档》，第20册，天命六年三月初七日，中华书局译注本，1990年，北京。
10.《满文老档》，第23册，天命六年七月初七日，中华书局译注本，1990年，北京。
11.《满文老档》，第23册，天命六年六月初七日，中华书局译注本，1990年，北京。

一场天火，奉天、华盖、谨身三大殿化为一片灰烬。这场火灾既是皇朝的灾难，也是蒯祥的机遇。永乐帝崩后，经过洪熙、宣德两朝的犹豫、彷徨，到正统时，决定重建三大殿。蒯祥遇到一个施展才华的天机。蒯祥聪明灵巧，技艺高超，勤劳谨慎，为人和善，尽心尽职，敬事敬业，得到步步提升。他参与京师大兴隆寺（大庆寿寺）的重修工程。这项皇家工程役使上万军民，耗费物料钜万，其伟丽、其庄严、其堂皇、其精美，为都城千寺之冠。史称之为"壮丽甲于京都内外数百寺"[12]。蒯祥实际主持这项工程，受到了朝廷的重赏，最早见于官书记载的是，正统十二年（1447 年），升工部营缮所的所副为工部主事[13]。他由副所长升为主事，就是由副科升为正处。这一年，蒯祥 50岁。正统十四年（1449 年），他升为工部营缮司员外郎[14]，由正处级升为副厅局。是年，发生土木之变，正统帝朱祁镇被蒙古瓦剌部俘虏，其弟朱祁钰继位，是为景泰帝。景泰七年（1456 年），蒯祥升为工部右侍郎，仍督工匠[15]。一个工匠升到副部，可见蒯祥之优秀、之俊杰。天顺三年（1459 年），营造南内殿宇完工，受到皇帝的重赏[16]。又营造英宗的裕陵，亦受到表彰。蒯祥愈有成绩愈谦逊，愈受表彰愈恭谨。成化二年（1466 年），时年 69岁的蒯祥升为工部左侍郎[17]。

蒯祥在工部任职久，技艺精，品格高，信得过，用得上，离不开。而后，蒯祥在 72 岁高龄，已经考满，"例当致仕，特命复职"[18]。时过五年，吏部以其六年满考，"祥年七十有五，已踰致仕之期"，谕旨："以祥内官监督工年久，命复职，仍旧办事。"[19] "祥

九年考满，升正二品俸，仍于内官监管工。"[20] 就是享受正部级俸禄。又过三年，吏部再言："祥年八十有一，已踰致仕之期，宜令其去。"就是让蒯祥退休。但是，皇帝仍命祥复任，照旧内官监督工[21]，并升俸禄一级。最后，八十四岁的蒯祥，卒于工作岗位。历史对工匠出身的蒯祥评价道：

以木工起，隶工部，精于其艺。自正统以来，凡百营造，祥无不预积劳累。祥为人恭谨详实，虽处贵位，俭朴不改，常出入未尝乘肩舆，既老犹自执。寻引指使，工作不衰。至是，卒于位，年八十四。赐祭葬如例[22]。

蒯祥木工精于其艺，为人恭谨详实，虽然贵居高位，仍然简约朴素，兢兢业业，八十四岁，鞠躬尽瘁，卒于岗位，赐祭葬，敕建碑。蒯祥是中华工匠史上一位伟大的典范。

在木工蒯祥的同时，还有石工陆祥。

陆祥（？–1469 年），江苏无锡人，工石匠，是与蒯祥经历几乎雷同的又一个工匠典范。蒯祥与陆祥，"蒯善攻木，陆善攻石"[23]，大体同龄，又是同乡，一木一石，双璧生辉。陆祥与蒯祥有"六个同"：同为工部营缮所副丞，同日升主事，同日升员外郎、同日升太仆寺少卿[24]，同日升工部右侍郎，也同日升工部左侍郎。在《明正统实录》、《明天顺实录》、《明景泰实录》、《明成化实录》这四朝实录中，他们都是同时出现，只在卒时记载前后有所不同。但是，陆祥比蒯祥早逝七年。《明宪宗实录》对陆祥之卒及其事迹，评论道："祥，初以石工，隶工部。郑王之国，选授工副，后有荐其有异技者，召改工部营缮所丞，以营作称旨。

12.《明英宗实录》第 163 卷，正统十三年（1448 年）二月己未，台北"中央"研究院历史语言研究所校勘本，1962 年。
13.《明英宗实录》第 153 卷，正统十二年（1447 年）闰四月己卯。
14.《明英宗实录》第 183 卷，正统十四年（1449 年）九月戊子。
15.《明英宗实录》第 268 卷，景泰七年（1456 年）七月甲午。
16.《明英宗实录》第 300 卷，天顺三年（1459 年）十二月癸亥。
17.《明宪宗实录》第 32 卷，成化二年（1466 年）七月丙戌。
18.《明宪宗实录》第 69 卷，成化五年（1469 年）七月甲申。
19.《明宪宗实录》第 105 卷，成化八年（1472 年）六月己卯。
20.《明宪宗实录》第 141 卷，成化十一年（1475 年）五月庚戌。
21.《明宪宗实录》第 177 卷，成化十四年（1478 年）四月壬子。
22.《明宪宗实录》第 213 卷，成化十七年（1481 年）三月辛丑。
23.《明英宗实录》第 153 卷，正统十二年（1447 年）闰四月己卯。
24.《明英宗实录》第 227 卷，景泰四年（1453 年）三月癸未。

祥有老母病，或以闻。命光禄日给酒馔，并钞五锭，以为养。擢工部主事，进郎中，以至侍郎。祥有巧思，尝用石方寸许，刻镂为方池以献，凡水中所有鱼龙荇藻之类皆备，曲尽其巧。然为人颇谨愿，士夫不以其出自杂流而弃之。"[25]

陆祥，石作特有异技，工艺曲尽奇巧，为人颇具谨愿，一生恭俭谦让，潜心修炼技艺，朴素简约律己，虽然出身工匠，士夫恭敬有嘉。那些身世高贵、学富五车、自诩清高、傲俯群黎的士大夫，对待工匠出身的陆祥，却倍加敬重，而不敢矮视。陆祥也是中华工匠史上一位伟大的典范。

## 三 伟大工匠的高尚精神

清朝工匠也鲜有列入史传者。在《清史稿》的列传中有梁九、张涟等，凤毛麟角，寥若晨星。

梁九，顺天（今北京）人。自明末到清初，紫禁城宫殿的兴造，都与其事。他虚心拜师，坚持不懈，感动师傅，受其真传。只要诚意深，铁杵磨成针。于此，史载：

"初，明时京师有工师冯巧者，董造宫殿，至崇祯间老矣。九往执业门下，数载，终不得其传，而服事左右，不懈益恭。一日，九独侍，巧顾曰：'子可教矣！'于是，尽授其奥。巧死，九遂隶籍工部，代执营造之事。康熙三十四年，重建太和殿，九手制木殿一区，以寸准尺，以尺准丈，大不逾数尺许，四阿重室规模，悉其工作以之为准，无爽。"[26]

在清代，皇家的宫殿苑囿，民间的园林假山，江南塞北，大胜前朝。园冶成为一门苑林艺术。北京有"三山五园"——万寿山的清漪园（颐和园）、玉泉山的静明园、香山的静宜园，还有畅春园、圆明园，以及承德避暑山庄等。这就出现一批园林艺术大家。造园艺术家张涟就是一例，史所载：

张涟，字南垣，浙江秀水人，本籍江南华亭。少学画，谒董其昌，通其法，用以叠石堆土为假山。

谓世之聚危石作洞壑者，气象蹙促，由于不通画理。故涟所作，平冈小阪，陵阜陂纮，错之以石，就其奔注起伏之势，多得画意。而石取易致，随地材足，点缀飞动，变化无穷。为之既久，土石草树，咸识其性情，各得其用。创手之始，乱石林立，踌躇四顾，默识在心。高坐与客谈笑，但呼役夫，某树下某石置某处，不假斧凿而合。及成，结构天然，奇正罔不入妙。以其术游江以南数十年，大家名园，多出其手。东至越，北至燕，多慕其名来请者，四子皆衣食其业。晚岁，大学士冯铨聘赴京师，以老辞，遣其仲子往。康熙中，卒。后京师亦传其法，有称"山石张"者，世业百余年未替。吴伟业、黄宗羲并为涟作传，宗羲谓其"移山水画法为石工，比元刘元之塑人物像，同为绝技"云[27]。

在清朝，工匠包括陶瓷、刺绣、景泰蓝、牙雕、雕漆、绢花等百工。以瓷器为例，清朝御窑"郎窑"的郎廷极，隶八旗汉军，曾官江西巡抚；"年窑"的年希尧，隶八旗汉军，官广东巡抚；"唐窑"的唐英，也隶八旗汉军，官内务府郎中。他们都不是工匠出身，而是官员出身，但能精研业务，敬于所事。真正工匠出身，且事迹突出、精神高尚的工匠，明朝童宾应特别一提。

关于童宾的事迹与精神，清朝督陶官唐英在《火神童公传》中记述：

神，姓童名宾，字定新，饶之浮梁县人。性刚直，幼业儒，父母早丧，遂就艺。浮地利陶，自唐宋及前明，其役日益盛。万历间，内监潘相奉御董造，派役于民。童氏应报火，族人惧，不敢往，神毅然执役。时造大器，累不完工，或受鞭箠，或苦饥羸。神恻然伤之，愿以骨作薪，丐器之成，遽跃入火。翌日启窑，果得完器。自是器无弗成者。家人收其余骸，葬凤凰山，相感其诚，立祠祀之，盖距今百数十年矣[28]。

唐英《龙缸记》亦载：

青龙缸，邑志载：前明神宗间造。先是，累

---

25.《明宪宗实录》第 74 卷，成化五年（1469 年）十二月辛亥。
26.《清史稿·艺术四·梁九传》，第 505 卷，中华书局标点本，1977 年，北京。
27.《清史稿·艺术四·张涟传》，505 卷，中华书局标点本，1977 年，北京。
28. 唐英：《火神童公传》，《唐英全集》，学苑出版社，2008 年，北京。

岁弗成，督者益力。火神童公，悯同役之苦，激而舍生，乃成事[29]。

唐英既是一位勤政的官员，也是一位制陶的专家，还是一位严谨的学者。近期学苑出版社出版的《唐英全集》，就是一个明证。他考证童宾的身世、履历、事迹、品行、技艺、精神，《浮梁县志》阙载。这不足为怪。如建造明朝皇宫的两位杰出工匠蒯祥和陆祥，《明史》也阙载。帝制时代，史志所载，重道轻器，扬士抑工，成为通弊，不必为怪。唐英考《浮梁县志》，又查访民间，四处踏访，找到谱牒："神裔孙诸生兆龙等，抱家牒来谒。"其家谱中记载童宾"详死事一节"。

当然，作为学术问题，童宾其人斯有斯无，其事乃实乃虚，可以考据，也可研究。但是，我们更应重视的是文化，是童宾的精神：当神之时，徭役繁兴，刑罚滋炽，孰不趑趄瑟缩于前，而涕泣狼狈于后？神闻役而趋，趋而尽其力，于工则已耳！物之成否，不关一人；器之美恶，非有专责。乃一旦身投烈焰，岂无妻子割舍之痛与骨肉锻炼之苦？而皆不在顾，卒能上济国事，而下贷百工之命也。何其壮乎！然则神之死也，可以作忠臣之气，而坚义士之心矣。

童宾的精神是什么呢？择其要，列四点：

第一，见难而上。在明神宗万历帝时，谕令景德镇御窑烧瓷，数量多、器件大、工艺难、时间紧："当神之时，徭役繁兴，刑罚滋炽，孰不趑趄瑟缩于前，而涕泣狼狈于后？神闻役而趋，趋而尽其力，于工则已耳！"童宾在谕旨难违的急迫情势下，不怕艰难，迎难而上，这是一种可贵的精神。

第二，忠于所事。童宾为着烧瓷事业，在烧窑屡败之际，把桩师傅童宾可以委责于人："物之成否，不关一人；器之美恶，非有专责。"但是，童宾首要完成国家任务，又要顾及工友利益，他"卒能上济国事，下贷百工之命"，就是对上忠于国家之事，对下维护窑工之苦。在明万历年间，烧制龙缸，童宾"悯同役之苦，激而舍生乃成"。这是一种可赞的精神。

第三，奋不顾身。童宾屡见烧瓷失败，不顾身遭烈火，也不顾撇下妻子儿女，决定投身炉火："乃一旦身投烈焰，岂无妻子割舍之痛与骨肉锻炼之苦？而皆不在顾。"这种殉道而死，如《孟子·尽心上》所言："尽其道而死者，正命也。"这是一种可敬的精神。

第四，百工楷模。就是对工友讲义，为解救百工疾苦，而不惜牺牲自己。这种精神，就是"义"。《论语》中"义"字出现24次。其中，孔子说："见义不为，无勇也。"[30]就是要"见义勇为"。孔子重仁，孟子重义。《孟子》中"义"字出现108次。什么是"义"？《孟子·离娄上》说："义，人之正路也。"在生与死面前，怎么办？"生，亦我所欲也，义，亦我所欲也；二者不可得兼，舍生而取义者也。"[31]这是一种舍生取义的精神。童宾是中华儿女中舍生取义的一位英雄典范。

童宾的精神和行为，用一句话来概括，就是"舍生取义"。童宾的"舍生取义"，体现了一种高尚、勇敢、忘我、伟大的精神！

童宾精神的精髓，就是用生命熔冶陶瓷，用心灵融入艺术。当今世界有一种"金钱拜物教"、"商品拜物教"在流行，甚至在疯狂地横行。固然，人们需要金钱，人们需要商品；但是，既不能金钱至上，更不能商品至上。

2015年10月19日，"窑神童宾铜像"在景德镇市古窑景区广场落成。这是景德镇文化史上，也是中国陶瓷史上的一件盛事。为什么呢？因为中华文化需要工匠精神。

中国历史上有神话英雄，如大禹；中国陶瓷史上也有神话英雄，如童宾。一个没有英雄的民族，不是伟大的民族；一个没有英雄的行业，不是伟大的行业。感谢大禹等英雄人物的出现，中华民

29. 唐英：《龙缸记》，《唐英全集》，学苑出版社，2008年，北京。
30. 《论语·为政》，宋本十三经注疏本附校勘记本，中华书局影印本，1980年，北京。
31. 《孟子·告子上》，宋本十三经注疏本附校勘记本，中华书局影印本，1980年，北京。

族成为世界文化史上一个伟大的民族。感谢童宾等英雄人物的出现，中国陶瓷成为世界陶瓷史上一个伟大的辉煌。

但是，我们的国家曾有一个时期，人们不尊重英雄，不敬仰英雄，不学习英雄，不传承英雄。岳飞、文天祥、戚继光、袁崇焕、康熙帝等等，遭到批判、诋毁、侮辱、否定，因为他们属于帝王将相之列，都是地主阶级的孝子贤孙，都是反动阶级的代表人物。然而，在国外并不完全是这样。如法国，他们把拿破仑当作英雄，把路易十四誉作"太阳王"。如俄国，他们把彼得大帝当作英雄，把涅瓦河畔的都城命名为"圣彼得堡"；把叶卡捷琳娜当作英雄，将亚欧交界的重镇命名为"叶卡捷琳堡"。在俄国的伊尔库茨克，这座仅有40万人口的城市，在马路十字路口附近、在重要的建筑物前面、在公园最显要的地方，在安卡拉河畔，树立着他们英雄人物的雕像或塑像，竟有84座。在中国北京，三千万人口的大都会，在街上重要地方的英雄雕像或塑像，现存似乎一尊没有。前几年在国家博物馆北门外矗立一尊孔子塑像，这位被尊为"至圣先师"、"万世师表"的孔子塑像，刚刚树立不久，不知什么原因，在一个深夜里，被移放在国博馆内的夹道里。这虽属偶然现象，却值得人们深思！

而景德镇的镇窑景区内，树立陶瓷英雄童宾的铜像，是尊重工匠精神的一件可喜可贺的文化大事！

总之，中华传统文化中工匠楷模的精神，主要表现在：

其一，一以贯之。工匠从事的专业，往往从童年学起，或从青年做起，矢志不移，长年坚守，执着专注，贯穿终生。如蒯祥、陆祥，既不见异思迁，也不浅尝辄止，而是发愿，耄耋之年，敬事敬业，奋斗不息，从不停止脚步，踏实前行。

其二，技艺精绝。俗话说："千招儿会不如一招儿绝。"木工学鲁班，塑工学刘元，都是工匠的范例。工匠重巧轻拙，什么是巧拙呢？《礼记》说："器善则工巧，器恶则工拙。"[32] 所以，良工不示人以朴。应立志愿，不断努力，争做本行最优秀的工匠。

其三，不断求新。要使自己的技艺，巧夺天工，成为珍品，每件作品，每道工艺，都有创意，都在创新。《礼记·大学》说："苟日新，日日新，又日新。"如梁九，如张涟，求新、创新，争做本行业的引领者。

其四，利民利国。如童宾，为工友、为社会、为民族、为国家，义与利，义重于利；死与生，死重于生。童宾用生命溶化陶瓷艺术，用心灵制造高尚、精美、超越前人、超越时代的陶瓷艺术精品！

中华工匠史表明，匠人修养，必重双修：一修手，二修心。所谓手，就是手艺。工匠是手艺人，所以重艺。而工艺，要精细、精巧、精绝、精美。蒯祥、陆祥等杰出的工匠，都是身怀绝技，技艺超群。作为工匠，既要手巧，更要心灵。为匠之道，当先治心。治心，要爱心、专心、耐心、善心，也就是"至于至善"之心。蒯祥、陆祥，都有一颗善良之心、博大之心、进取之心、求精之心。优秀的工匠，都重视个人的修养、修炼。特别是童宾，以生命升华展现工匠心灵之大爱，魂灵之大美。

让工匠的精湛技艺和高尚精神，在弘扬传统文化中传承，在振兴中华文化中升腾！

## 【附录一】

### 火神童公传
〔清〕唐英

神，姓童，名宾，字定新，饶之浮梁县人。性刚直，幼业儒，父母早丧，遂就艺。浮地利陶，自唐宋及前明，其役日益盛。万历间，内监潘相奉御董造，派役于民。童氏应报火，族人惧，不敢往，神毅然执役。时造大器，累不完工，或受鞭箠，

---

32.《礼记正义·礼器第十》，第24卷，宋本十三经注疏本附校勘记本，中华书局影印本，1980年，北京。

或苦饥赢。神恻然伤之，愿以骨作薪，丐器之成，遽跃入火。翌日启窑，果得完器。自是器无弗成者。家人收其余骸，葬凤凰山，相感其诚，立祠祀之，盖距今百数十年矣。雍正戊申，余衔命督理，挺埴来厂，涓吉，谒神祠。顾瞻之下，求所为丽牲之碑，阙焉无辞。问神姓氏、封号，率无能知者；而《浮梁志》亦不复载。最后，神裔孙诸生兆龙等，抱家牒来谒。牒称神曰"风火仙"，详死事一节，并载康熙庚申年臧、徐两部郎董制陶器，每见神指画呵护于窑火中，故饶守许拓祠地，加修葺焉。牒首有沈太师三曾《序》曰："先朝嘉号而敕封之"，不知所封何号也，岂所谓风火仙耶？夫五行，各有专司。陶司于火，而加以风，于义何取？且朝廷之封号，如金冶神，木、土、谷以及岳、渎、山、川，皆曰神，未闻仙也！岂相私称云尔耶？敕封之语，殆不确耶，是皆莫可考也。当神之时，徭役繁兴，刑罚滋炽，孰不赵趄瑟缩于前，而涕泣狼狈于后？神闻役而趋，趋而尽其力，于工则已耳！物之成否，不关一人；器之美恶，非有专责。乃一旦身投烈焰，岂无妻子割舍之痛与骨肉锻炼之苦？而皆在不顾，卒能上济国事而下贷百工之命也。何其壮乎！然则神之死也，可以作忠臣之气，而坚义士之心矣。神娶于刘，生一子曰儒。神赴火后，刘苦节教子，寿八十有五。儒奉母以孝闻。（《浮梁县志》卷七《诗文佚篇》，又见张发颖编《唐英督陶文档》）

## 【附录二】

### 龙 缸 记
〔清〕唐英

青龙缸，邑志载：前明神宗间造。先是，累岁弗成，督者益力。火神童公，悯同役之苦，激而舍生，乃成事。（事详神小传）此则成后落选之损器也，弃置僧寺墙隅。余见之，遣两舆夫，异至神祠堂西，饰高台，与碑亭对峙。或者疑焉，以为先生好古耶？不完矣；惜物耶？无用矣。於意何居！余曰："否，否！"

夫古之人之有心者，之於物也，凡闻见所及，必考其时代，究其款识，追论其制造之原委，务与史传相合，而一切荒唐影响之说，不得而符合之。或以人贵，或以事传，或以良工见重，每不一致，要不敢亵昵云尔。故子胥之剑，陈之庙堂[33]；杨（扬）雄之匦，置之墓口[34]；甄邯之威斗，殉之寿藏[35]。盖其人，生所服习，世所载决，虽历久残缺，而灵所凭依，将在是矣。况此器之成，沾溢者，神膏血也；团结者，神骨肉也；清白翠灿者，神精忧猛气也。其人则神，其事则创，其工则往古奉御之所遗留、而可不加之珍重乎？由志所云，万历己亥[36]到今雍正庚戌[37]，相去凡一百三十二年，其不沦于瓦砾者，必有物焉？实呵护之，余非有心人也，神或召之耳，故记之。缸径三尺，高二尺强。环以青龙，四下作潮水纹。墙口俱全，底脱[38]。

---

33. 此典参阅《史记·伍子胥列传》，第66卷，中华书局校点本，1959年，北京。
34. 此典参阅《汉书》中华书局校点本，1962年，北京；《后汉书》，中华书局校点本，1965年，北京。
35. 此典参阅班固《汉书》，包括两个元素：其一，甄邯，为汉太师孔光之婿。孔光支持王莽，王莽以"大司徒孔光名儒，相三主，太后所敬，天下信之"，而加以宠信。由光及邯，官侍中奉车都尉。元始中，王莽秉政。是时，莽方立威柄，用甄邯等新贵，威震朝廷。王莽得位后，附顺者拔擢，忤恨者诛灭。王莽以甄邯为太保、大将军，受钺高庙，领天下兵，左杖节，右把钺。寻甄邯为大司马、承新公。（始建国）四年，大司马甄邯死。其二，威斗，出自《汉书·王莽传》（卷九十九下）记载："是岁（四年）八月，莽亲之南郊，铸作威斗。威斗者，以五石铜为之，若北斗，长二尺五寸，欲以厌胜众兵。既成，令司命负之，莽出在前，入在御旁。"
36. 万历己亥即万历二十七年（1599年）。
37. 雍正庚戌即雍正八年（1730年）。
38. 唐英：《陶人心语》，《唐英全集》，第6卷，学苑出版社，2008年，北京。

# 寓物取境

中国艺术研究院中国画院院长、博士生导师　田黎明

在中国画教学中，对写生问题的思考应包含三个层面：自然、文化、心性，这三个层面相互补充、相辅相成。老子说"道法自然"，那么我们如何在自然中发现艺术的规律、找到自己的心性所在，以及通过何种载体（这种载体必须借助自然规律）表述自己的理想境界，已成为现代中国画教学中尤为重要的研究性课题。

中国传统绘画一直比较注重意象造型方式，将这种方式融入个人的写生体会中，我的体会是"寓物取象，心与象合"，即借物赋心象，意在通过这种方式传达出中国画的特殊性和中国文化的本质内涵，以及文化理念和取道方法。心象在中国画中是一个很重要的载体，包含了个人在自己心性中所积淀的思想情感和文化修养，以及将其转换为一种自然形象的方式与方法。"心与象合"的前提是赋物，采取以物赋物、以物观物的方式。具体到山水、山石的结构，它首先是指一方地域的特点，当然这并非意味着完全照抄其客观原型，而是由作者从生活空间和文化空间中总结出符合心性的符号。这种方法是通过文化的传承，由远及近演变而来的。"远"是一种方位，"近"是一种体验，对于这两者之间的联系，作为一个画家，需要通过对传统文化的厚积、古典作品的解读及自己写生中一些课题的探索和体会慢慢积累。所以，"寓物取象"说起来容易，做起来却很难。

可染先生曾说"把人当山水画"，就是说把自己融入自然中，其内包含了很多的文化内涵，孕育着把人当作自然画的理念。即客观物象中的某一特点一定是自然中的某一特点，既有普遍性又有特殊性，而我们所要做的就是在特殊性中找出普遍性。中国文化比较注重"天人合一"的思想。"一"既是客观对象中的"一"，也是自然规律中的"一"。若我们将"一"的这种理念运用到写生中，便可从中发现某种形式的内涵。譬如，当我们在课堂上描绘一个模特儿时，很显然他穿棉衣与穿夏装时给我们的感觉截然不同，因此当我们去表现他的时候，在方法和语言选择上也会有所不同：棉衣的厚重、夏衣的清爽，在形式表现上有很大的差异。我们能不能把棉衣所包含的这种冬天寒冷的感觉以及它自身的衣纹结构，与山水画创作中的某些理念联系起来？能不能将模特儿自身的基因存在融入中国传统山水、雕塑形式表现中？这些问题，都需要我们在写生中深入思索。这种思索必然会带有个人的心性体验，进而形成属于自己的个性化理念。而这种很强的个性化创作理念（写生包含了很强的创作理念）一旦形成，它的形式结构和被发现的形式语言也会随之显现，进而由物质的形式转换为文化的存在方式，而此时的写生也已不再是客观对象的表象翻版。

当然，在将物象的物质形式转换成文化方式的时候，需明确以下两点：一，造型问题；二，衣纹线的空间组合方法，即衣纹所产生的空间意识。比如传统绘画中的十八描法，皆是从现实生活现象中提取而成——"寓物取象"，有一定的形象感，带有一种空间的体验意识。正因为有了体验和心性的融入，在表现物象的时候，就不能采用简单的"拿来"或者"模仿"的方法，而要通过对传统经典作品的分析，或面对具体的对象去提取自己

体验到的感觉等方式来加以演绎，进而形成属于自己的、带有自己个性体验的表现方式。比如对衣纹的处理，我们可以采用山水画中山石的处理方式，从中抽取自己所需要的给养，形成属于自己的变现方法。当然，这一方法的变现取决于感觉中文化空间所赋予对象的属性。人的感觉受外界影响很容易发生变化，而感觉微妙的准许度取决于个人的文化修养、个人性情以及气质。所以，并不是每个人所画的东西不重复就说明他们的风格和语言不同，真正的风格和语言潜在于个人的心性中，关键在于如何从物象中挖掘属于自己的性情，使其既尊重客观对象又能反映艺术的本质和规律。

沈周有一篇杂文《雨打芭蕉》（收录在一本明文选里）中说："夫蕉者，叶大而虚，承雨有声。雨之疾徐，疏密，响应不忒，然蕉何尝有声，声假雨也？"作者借助蕉和雨声的描写来表达自己的感受，并感觉到一种形象的产生——象（也就是我们所说的"得而象之"）。这种形象既不是蕉也不是雨，而是内部生存的一种经验。比如"如僧讽堂"、"如珠倾，如马骧"，都是作者亲身体验过的，但从其描写来看又与具体对象有所不同。它既不是对象又是对象，是从对象里换转而来，没有这两个对象就预见不到这种"象"。这种互为转化、互相渗化的关系，只可意会不可言传。有时候我们创造一种形象，"心"和"象"合一的时候，一定是多年的感觉忽然被找到，就像一个诗人突然想到一两个好句子，这个句子肯定是在他所体验到的属于心性空间的环境里找到的，但又不是在描述特殊的环境，可又得知于这种特殊的环境。这种感觉就是在芭蕉和雨中合体而生的"象"，这个"象"既不是蕉也不是雨，而是二者之合产生之象，我们称之为"意象"。

写生就是要体会和发现这种"意象"，由"听"引出感觉，又由感觉来引出"象"，最后"象"又复归到"听"的空间，使之从原有时空引发出多元时空，或者是自己经验的时空，这个经验的时空此时就被转为意象了。"如马骧，如僧讽堂"，

沈周找到了这个形式，并转为了这种心体。在这里，"听"是一个原体，他听到了这种声音，感发的时候，正是在寻找自己曾经经历过的东西。而"象"引出的形象更多的是一种空间的体验，这与绘画是同一个道理。绘画的对象应该是一个原体，我们可以把物象作为一个原本体，外象为一个异体。当"外象"已成为"心象"的载体时，两者是合一的。对原本体的这种认知和感触的方式借助于外象又回到了心象中，外象即是心象。心象始终不是空的，它一定是"有"，这个"有"就是在"无"中生有。外象相对于心象，它本身原是"无"，不存在我们的心象之中，只有在我们的体验中借助一个特殊的空间进而生发出一种"有"，而"有"也是基于"有备而来"，它一定储存在你的生活经历和文化阅历中。"寓物取象"，对象是物，但选取什么样的象，完全取决于个人的心体和认知方式。因此，"寓物取象，心与象合"在一定程度上也是心体"知行合一"的过程。王阳明的"知寒必已自寒"，道出了体验必须在生活与文化之间来把握。明代曹端"事之万变，是万物形著之象也"，事之多变是借助于万物之形的特点形成多种感觉，揭示出用不同感觉体悟同一物象时也会产生不同之象。如王羲之的"天朗气清，惠风和畅"与陶潜的"山气日夕佳，飞鸟相与还"，虽是对同一气象描绘，但感觉却不尽相同，这便是取象与心性相关。

"知行合一"、"心与象合"，并非简单的对物体形象的借取，而是在生活与文化空间中找到载体，使之与自己的心性相统一。借取只是一种方法，并没有达到"圆融"的层面。你能在任何一件生活琐事和日常现象中做到"点石成金"，这也是中国文化体验和个人心性体验中的一个重要命题——平常心。我们对一件事物认识、认知的方式从哪里开始，就像画一幅画从哪里起笔一样。中国传统绘画中存在"一笔画"的理念，"一笔画"意味着有了第一笔，就有第二笔、第三笔。所以卢沉老师在上课的时候曾反复强调"下笔就是创造"，完全贯通了传统文化理念中"一笔成形"的深刻含义。

在中国绘画史上，经过长时间的积累，人们

对某一固定物象的描绘逐渐形成了一系列完备的理论著述或者口诀，如传统画竹子、二笔飞燕、五笔惊鸭等。而这种口诀是古人在生活中发现并加以提炼、总结、印证了的，它已作为一种文化的符号载体进入到人们的心体之中。那么，"一笔成形"的方式在写生中如何体验？如何从一个物象里找到这个"一"就显得十分重要。这个"一"在这里既是技术层面，更是由"道体"来支撑的。

"一"也可以化为一种形式，但这种形式和文化是连为一体的，这种形式一旦找到，它一定和现代文化与传统文化息息相关。它可以很抽象，也可以很具体，既是一种大文化的空间、一种"道"的方式，也是一种造型或某一笔法。"一"的这种理念作为一名绘画者应该让它含在物象之中，把"一"作为一种"气象"来把握画面。像八大、金农、虚谷的绘画，看上去都取决于他们的笔法，但这种笔法与造型、与画面整体意象的气息的结合，便成为"气象"，这个象可以用"一"来概括。在笔法上，如虚谷的枯笔方法、金农的"漆书"，一笔下来，我们便可知道他后面的笔法是什么样的结构。再比如王蒙的山水，千笔万笔，虽是吸收了范宽的很多笔法，但又有创造，如牛毛皴、披麻皴。他创造的这些皴法跟传统衔接时，这种感觉似乎又可在北宋山水画，以及元代黄公望、倪瓒的作品中找到。这种衔接的方式以气象为一，是文化气息与内外相通，所以这个"一"非常重要。"一"从文化层面看，它就是传统文化倡导的温柔敦厚。

当我们从一个物象中找到这个"一"的同时，我们的心体便已经和这个"一"合二为一了，"天人合一"即是此理。实际上每个人在写生中，他的艺术气质都贯通着"一月印一切水，一切水映一月"的理念。月是纯净的文化品格，水便是一种体验和承载的方式。基于此，可以说"心与象合"的过程，也是如何把"一"从笔墨载体上发展成老子所说的"一生二、二生三"那种衍生方式的过程。陶公的诗以质朴、温厚、淡定取胜，强调返回自然。他的诗以水映月的方式，印映出中国

人"自省"的观察方式和体悟方式，反映的都是最原本、最古朴和人心中最真实的东西，即人格的一种表现方式。弘仁有诗"雪余冻鸟守梅花，尔汝依栖似一家"，我觉得这个"一"，就是在精神层面上引出的相应的载体之道。

中国画是一门自省的艺术。儒家文化，特别是"修身齐家治国平天下"，首先强调的就是人的自我完善。所以，我们需要不断地修炼自己，不断地在事物中观照自己，去发现事物的变化，提升自己的品格。

世界的不停变化可以完善人的理想定格，但并不是改变。我们看陶渊明的诗，他所追求的质朴的自然就是在完善他的一种理念，是提升而不是改变自己。他能够把自然的东西放到自身中来，不断地完善自己的心体，找到自然的规律，并顺着自然的运行规律走。对于这种人与自然的本质关系，一旦找到了这种理念，中国画的很多问题也就解决了。比如齐白石早期人物肖像采用了凹凸法，后来用书法的形式形成、用书法的笔法表现。把他的人物画和他的山水、花鸟等同起来看，再把他的人物画和他的生活状态、人文修养结合起来看，完全是一体化的。也就是说，他已经不仅仅是画一张好画了，而是把艺术与生活圆融了，平常的生活成为心中的境界，平凡物成为心中的真言。所以，中国画强调的还是在文化层面上进入到人文高度，这要知难而进，靠反省慢慢体会。当中国画真正进入到自我反省的阶段时，其表现的方式就比较纯粹了，犹如一个孩子刚出生时的那种纯真。

中国传统宗教里经常强调打坐、入静，强调心的单纯，但真正纯净的灵魂不是与生俱来的，而是在不断地滤除杂质的过程中逐渐变澄澈而进入到一个极简、极纯的空间。譬如李公麟的马，造型就是简单的几条线，但仍然给人栩栩如生的感觉，可见这几条线中所蕴涵的容量之强大，而这正是我们要在造型中体会和努力精进的。又如我们作品中存在的一些浮躁气息，真正有修养、有作为的人一看便知，但如果我们自己首先看到

了这一点，并在创作过程中把这些浮躁的东西逐渐去掉，作品就渐趋完美了。因为人们对真善美的追求有其共识性、直觉性。绘画讲究的是视觉的直觉，一幅画是否让人感觉到纯净，不是靠画面的浓或淡来判断的。它不是简单的形式问题，而是靠它所透出的气息。

冯友兰先生在《中国哲学简史》中谈到了四个境界：自然境界、功利境界、道德境界、天地境界。其中自然境界是初始阶段，主要是指"一个人可以按照他的本能或社会习俗而生活"，在这一境界中他还没有认识到"自我"的价值存在；天地境界是一种大的境界，在这一境界中，人们认识到人所具有的自然属性、社会属性，意识到"我"应该做有利于人类的事情，同时又能明白自己为人类所努力付出的意义，这种境界为"无我"之境。这四种境界基本上把中国哲学的东西都包含进来了，因为哲学的认知方式是研究事物规律、研究世界变化和事物的内在规律，这种规律又是通过对自然现象的体验来发现的。虽然它是思辨的、很理性的东西，但借助自己所能体验和感知的生活层面来思考，这种思考有一个传承的关系。

西方古典哲学家苏格拉底提出"认识自己"的理念。实际上，西方人正是按照这样的轨迹，始终在人的本体中寻找着自己和自然、社会之间的关系。但中国人与西方人不同，老子讲"道法自然"，我们的先人始终在人文的、自然的空间里寻找自己的本体。如果说，西方人的认知方式是一种理性的、思辨的方式，中国人的则是一种理性的感性显现，是一种感性的生发，不管是思想的深度还是质朴的精神，都是通过对自然的观照而生发出来的，而且通过这种途径，在自然中找到了人和自然存在的逻辑和对生命的体验，人与自然合二为一。

另外，中国哲学中"厚德载物"的理念强调的是伦理，重视平常心的人生境界。西方的本体论把逻辑性和思辨性推向极致，总结出许多规律。而中国文化的规律都化在自然之中，在体验的心性中把内象与外象圆融起来。西方人的思维进入

到对自我的、对人的本体的思辨和人的智能、彻底性的剖析，并在这一精神层面达到了一个极致、一个高度。与此不同的是，中国人始终没有把这种东西作为一个极致来对待，而是将其置入一种"澄怀观道"的方式中。因为在我们的潜意识里，始终觉得这种方式能解决人的困惑，禅宗便是很好的明证。

正是中西方认知方式的不同，决定了中西方绘画语言、写生方式之差异。中国古代绘画中的写生有边走边看、默识心记的方式，如顾闳中的《韩熙载夜宴图》；有"读万卷书，行万里路"，先体会后落笔的卧游式，如石涛的"搜尽奇峰打草稿"。也就是说，中国画的写生方式是借景写心、化物为象，从宇宙的角度去观照，从心性的主体来体悟，从自然的气象里来生长。画家一管之笔拟太虚之体显示气象，强调胸中有意，意在笔先，把所见之物象转化为自己之心象，在"有"中寻找"无"的道境。

中国画中所体现出来的这种观照事物的方式非常重要，它为我们提供了在客观对象中如何解决客观和意象之间的关系、如何生发意象的方式。在写生中，意象方式的观察方法至为重要，有了这种观察方法，就能引出相应的表现技法和技法中的表现方法，以及落笔的方法。如果对这个层面模糊不清，就可能会受到西方文化的影响，相应的水墨写生也会靠向西方文化，其意味就不在中国文化之内了。传统文化这种深奥的内涵与丰富的意味，在今天看来，仍是需要体验的。它非但没有过时，更需要我们重新认识和体验。

当下的中国画写生教学中存在一些问题，一方面受西方写生方式的影响，学生在面对某一具体模特儿时，常常被对象的表面特征所吸引，陷入如实表现对象客观面貌的表象之中，而忽略了形象给我们的造型感觉和提示，忽视了自己心性的介入。即直接刻画局部，忽略整体追求。另一方面是学院教学体系的影响，学院派的教学要求首先就是规范性和"像"，而这一点很容易限制学生心性的表达，但写实又是基础，不能忽视。因此，针对上述情况，

我们应采取循序渐进的方式。在写生教学的初始阶段，我通常要求同学们"慢画"，有时甚至一周画一张，原因就在于可以让学生在这个"慢"的过程中学会思考。如果只强调速度，学生就没有时间去思考，在写生中就不会进行深刻的思索，他们自身所蕴涵的很多潜在的想法也就不可能得到体验或显现。打基础，就是要慢功，通过这种"慢"的方式，在过程中把自己的感觉找出来，从而更好地把握住客观对象和自己心性的合一。当然，这种过程需要按规律、有方法、有步骤地，逐步加深在写生中体验文化与心性的意象。

整体的形象一定有整体内意象的东西，才能引出结构的方法。像陶渊明和王维的诗，都带有禅意，但我们感觉陶渊明的诗读起来更贴近本土，而王维的诗更贴近禅宗。二者感觉不同，但都有一种整体的东西。整体感是出自心体对意象的把握、对境界的认知。因此，在写生中，我们必须思考整体与局部的关系，不能忽视对象给我们的第一直觉。在具体分析作业的时候，可能第一直觉又产生第二直觉、第三直觉，但对于整体性的把握，可能决定了结构性的刻画。如果对整体性把握不够，可能只能按部就班地按照它的结构是什么就画什么，而一旦进入到一种整体结构时，就产生关于"意"的问题——"意在先"。意出自对象，又非对象。唐人论书在强调笔法中有"鹰视鹏游，信之自然，犹鳞之得水，羽之乘风，高下恣情，流转无碍"之说，笔法全寄于形象中来把握，其中的美感和形成的感觉是因为笔法背后有整体意象支撑，笔法的意才能合乎心性，又如清人张潮以意之觉道出"鹤令人逸，马令人像，兰令人幽，松令人古"。

回到中国画的整体，让你可感的就是它的"真"，我理解应该是气象之"真"。但这个气象既是我们现在眼见的物象，也是一个虚体物象。虚体物象仍然是一个现实的东西，但你可以把它变为理想的物象、心性的物象和精神的物象。2006年我谈到这个例子，"云行月空，清静入真"，这是古人的禅句。"清静入真"是一个理念，是一个人的心性；"云行月空"是一个载体，一个借来的心体。禅句借助云和月，才能进入到"清静入真"，即心性里必须有托体。比如金农画瓜果，不管怎么画，他的造型、笔法都是一种方的笔法，出笔的时候都是一种枯笔，当笔法遇到不同物象时，他的内心空间也会发生变化。书法强调的笔法、笔力的取象也是此理。又如倪瓒的山水中有披麻皴，但全是湿润的枯笔；而黄公望的枯笔虽少，但却比较偏润。后人把倪瓒的山水评价为"残山剩水"，这基本上就已经概括了其时代和文化的特点。"残山剩水"代表了倪瓒的生存状态，也是他的心性空间所在。心性一定以自然为托体，需经过长时间的修行，才能达到一种认知状态，才能化物为境、化事为境、化人为境，进而上升到化万物为境界。

# 查士标及其绘画艺术

中国人民大学教授、博士生导师，中国美术家协会理论委员会副主任　陈传席

## 一

查士标（1615-1698 年），字二瞻，号梅壑、梅壑散人。别号懒标、懒老、梅壑道人、后乙卯生、邗上旅人、石城旅人。海阳（今安徽休宁）人。

查士标于明万历四十三年出生，在明朝度过整整三十年。据清人张庚所撰的《国朝画征录》记载，收藏古鼎、彝器及宋元画家真迹是查士标家乡海阳人的通习，颇有历史。查士标的家本很富足饶裕，更富收藏。对这一问题宜多作一些考查，便于深入了解查士标和新安画派成功的基础。

海阳即新安休宁县，地处黄山之南。黄山以云海著称，又称黄海。黄海之阳（南）即名海阳，这是隋文帝之前的名字，隋文帝时又改海阳为休宁（当时包括后来的歙县）。休宁属新安郡，新安郡因新安江而得名，也是方名。唐肃宗时称歙州，宋徽宗宣和三年时改称徽州。徽是美的意思，这里有天下称美的黄山，还有白岳、浙江、新安江等著名风景，可谓美矣。

可是这里的居民却曾是十分贫穷和落后的。南宋罗愿撰《新安志》记这里："山限壤隔，民不染他俗，勤于山伐，能寒暑，恶衣食，女子正洁不淫佚，虽饥岁不鬻妻子，山谷民衣冠至百年不变。自唐末赋不属天予，骤曾之民，则益贫……"贫极则思变。直至南宋建都临安（杭州），其后宋金息兵，临安开始繁荣，大兴土木，建造楼房、宫苑、官宅、私第，大量需用竹木。而新安盛产竹木，又水路直通临安，于是"山出美材，岁联为桴下浙河（即浙江），往者多取富"。这就是徽商之始。（专家的考证徽商起于东晋，恐只属个别现象。不然，何以至南宋初此地仍然贫困呢？）

元代民族政策压制了汉人的商业经济之发展，到了明代中期，徽人经商成风，足迹遍及全国各地，遂有"无徽不成镇"之说。"徽之山大抵居十之五，民鲜田畴，以货殖为恒产，春日持余资出贸什一之利，为一岁计，冬月怀归，有数岁一归者。上贾（大商人）……中贾……小贾……而贾之名擅海内。"（《徽州府志》）"概邑中土不给食，大都以货殖为恒产，商贾之最大者举鹾。……足迹几半宇内。"（万历《休宁县志》卷一）明人王世贞亦云："大抵徽俗，人十三在邑，十七在天下。"（《弇州山人四部稿》卷六十一）徽商巨富，各书不乏记载，如谢肇淛《五杂俎》云："新安大贾，鱼盐为业，藏镪有至百万者。"本来一个贫困不堪的地区，例如原仅百户的歙县镇，"自嘉隆以来，巨室云集，百堵皆兴，比屋鳞次，无尺木之隙。舆马辅辏，冠盖丽都"。（乾隆间刻本《岩镇志草·发凡》）发展成为一个商人聚居的繁华大镇了。后来乾隆皇帝下江南，接见全国八大巨商，其中就有一半是徽州商人。

徽商的经济地位稳固了，他们一年的收入，足当一世挥霍，但社会地位并不高。商人是居"四民之末"的，所以称为"末富"。而地主则称为"本富"，和"席上珍"的儒者相比，名声大为逊色。于是他们便向士大夫阶层靠近。一方面，他们要自己的子孙事儒学，从举子业。有经济为基础，改观大有可为。不久，新安便出现了"父子尚书"、"兄弟丞相"、"连科三殿撰，十里四翰林"等等。

新安著名文人日益增多，如"乾·嘉"学派的代表人物戴震、杰出的理财家王茂荫（马克思《资本论》中唯一中国人）等等，还有"新安医派"、"新安画派"、"徽派刻书业"、"徽派版画"、"徽派篆刻"、"徽戏"、"徽墨"，乃至"徽菜"、"歙砚"等等。

但各种文化中还是绘画最为发达，各种名人中也以画家最著。明末既有流寓在外的著名画家李流芳、程嘉燧等，清初既有浙江等"海阳四家"，清中期则有流寓扬州的汪士慎和罗聘（"扬州八怪"中最早和最后的两位画家），近代则有虚谷、黄宾虹等人，数不胜数。另一方面徽商们除了叫子孙读书做官外，也要马上提高自己的社会地位，于是开始附庸风雅，收藏古玩字画。此风始于明代后期。据文献记载，明代文坛"后七子"之首王世贞发起的徽、吴、浙三省文士盛会，其东道主便是和王世贞齐名的著名诗人、散文家和杂剧作家——新安歙人汪道昆。汪官至兵部右侍郎，晚年致仕回家乡，在黄山建别墅，自号天都外臣。他特喜收藏古董字画，文人名士经常登门求观，于是徽商纷纷仿效，争相购买古董字画。徽人以收藏古董字画的有无、多寡定其雅俗。吴其贞《书画记》云："昔我徽之盛，莫如休、歙二县，而雅俗之分，在于古玩之有无。故不惜重价争而收入。"其风愈演愈烈，《书画记》就是当时收藏活动的记录。其中谈到徽人定期于集市寺观举行古董字画的交易等事。他们收藏赵孟頫、荆浩直至王维的精品。现存李唐名画《晋文公复国图》（美国大都会博物馆藏）就曾是歙县吴氏物。《雪山归猎图》也是歙县商人在苏浙经商时购回，收藏在新安故里，此图至今仍藏歙县博物馆。徽商重字画，大量收购字画，对当地的书画艺术发展，无疑是一个极大的刺激。

徽商收购字画，常邀文人画家共同欣赏，这不仅对一般文士是一个刺激，而且也给他们的学习带来便利。所以，比查士标年长的浙江"每闻晋唐宋元名迹，必谋一见。"（《渐江资料集》）那是因为不仅有物可见，而且也有可能一见。同时，

商人为了挤进文人士大夫行列，得到文人的美誉，长期和文人厮混，有人就成了文人或商人兼文人。他们还大力资助文人的艺术活动，出钱召开诗文书画会，请文人参加，延请画家为门客交游应酬。无怪乎谢肇淛在《五杂俎》中盛赞徽州商人。汪道昆也在其著作中极力赞誉徽商，视商人为圣贤。

徽宣一带是文房四宝的重要产地，宣纸就产在这里，刻书业也在这样的情况下发展了。《五杂俎》记云："宋时刻本以杭州为上，蜀本次之，福建最下。今杭刻本不是称矣。金陵、新安、吴兴三地，剞劂之精者，不下宋版。"徽墨不仅为书画家服务，同时也请画家设计墨谱，著名方氏《墨谱》和程氏《墨苑》皆是请名画家设计的。至今我们还可以见到很多徽墨上有很美的山水画，且多以黄山为题材。

这一切皆是新安艺术空前发展的基础，也是查士标绘画艺术成功的因素之一。

查士标"家故饶裕，多鼎彝及宋元人真迹"（《国朝画征录》），可见他的先人也是一位巨商。和其他富人家的孩子一样，查士标青少年时代，一面以经学入手，事举子业，准备在仕途上奋斗，一面也玩赏家中的收藏品，临习古代名作。他写诗也有很好的基础。然而在明朝，他只是一个诸生的身份。

1644年，明王朝覆灭，随后沦为清王朝的统治，三十岁的查士标遂"弃举子业，专事书画"（《国朝画征录》）。开始他"避地新安山中，弄笔遣日"（《种书堂遗稿》），后来便开始了"行尽千山更万山，终朝蹀屧不曾闲"的浪迹江湖生活。

从他的诗文、画迹中可以知道：

顺治四年，他在镇江游览北固山等地。这里是北宋画家米芾常游之地。

顺治十二年，他又游览了扬州，寓居于待鹤楼。尔后，他便基本上来往于扬州和镇江、苏州等地，游览、会友、作画、吟诗。苏扬等地的园林里至今尚有悬挂查士标题匾的遗迹。

康熙八年至十二年中，他经常去吴地，会见王石谷、笪重光、恽南田等人。著名的《查士标、

王石谷合璧山水画册》就创作于此时。他这一时期，游览颇多乐趣，"旧山旧寺旧游人"，"乘流来往莫辞频"。创作生涯也颇多乐趣，比如康熙十一年画的《鹤林烟雨图》轴，先由笪重光作大概构图，查士标主笔画成，王翚再作最后点染，每人题上一段字，恽南田也题字记其创作过程。这时期，查士标还在扬州会见了石涛，石涛也为他的创作题跋。

查士标六十岁至七十岁前后的生活基本如此，主要靠卖画为生。其诗云："故乡乱后莫言家，南北浮踪度岁华。别后逢人频问讯，恐经明日又天涯。"他在《生日述怀》一诗中更云："弟兄习惯安吾贱，妻子飘零久不骄。七十余年耕砚客，一枝犹自愧鹪鹩。"

查士标七十三岁时结识了孔尚任的事也值得一提。孔尚任（1648-1718年）是大戏剧家。他的《桃花扇》在中国文学史占有很高地位。孔本是一位爱国主义者，对南明的灭亡深表惋惜，少年时就准备写《桃花扇》传奇，"借离合之情，写兴亡之感"（《桃花扇·先声》）。但他"恐闻见未广，有乖信史"（孔尚任《桃花扇始末漫述》），于是到处搜集有关材料，尤喜拜访明朝遗老。康熙二十五年（1686年），已被康熙皇帝任命为国子监博士的孔尚任随工部侍郎孙在丰出差至扬州，至康熙二十八年冬才回北京。这期间，孔尚任为了表示对遗民的敬意，也为了进一步搜集写作《桃花扇》的材料，几次宴请遗老们。在孔的老朋友龚贤（又名岂贤，字半千）的帮助下，于一次扬州秘园的宴会中，会见了查士标，同时被邀请的还有石涛等人。查、孔一见如故，互相酬作，在文学史和艺术史上皆流下一段佳话。就在这次宴会上，查士标和孔尚任、龚贤、石涛等人一起参加了扬州的文人结社——春江诗社。一年后，孔尚任回京，查士标和其他七位画家合作了《还影图册》，送给孔尚任。

查士标和石涛同居扬州，二人感情日益加深，石涛有诗画送查，查也写了《苦瓜和尚见贻诗画赋答》诗，称石涛："笔底曾无一点尘，惠休二老忆前身。追随岁月吾哀矣，方外风流望故人。"（《种书堂遗稿》）

康熙三十四年，查士标已年过八十，余日不多了。他十分怀念家乡黄山，曾写下了《黄山云海歌》长句："黄山云海天下闻，三十六峰长氤氲。……我画云山山不知，重沾霖雨定何时。……"他急切地希望回家，再览黄山胜景。"黄山相距千余里，名胜乡关洵可夸。鹫岭每思寻白社，汤泉还拟浴丹砂。旅人何日亲扶杖，行脚吾师许借茶。烦与轩辕猿鹤约，八旬野老欲还家。"（《欲还黄山寄山中老宿二首》）但他终未能回到家乡，大约是他的经济状况不佳[1]。然而，他还要在近处游览。一个春雨的日子，他不得远游，待在南京房中思考自己"客寄"的半生。他希望自己能长生，其《乙亥仲春雨宿秦淮》诗云："河湄新柳弄轻烟，苦雨常愁二月天。满座人来眉共蹙，半生客寄指如悬。长舒白眼安吾贱，那有丹经学驻年。永夜一灯留卧榻，惊心往事请谁传。"

康熙三十七年，查士标度完了他的一生，终年八十四岁。他死后也未能回到黄山，而被安葬在他客寄的扬州西山桥。

在新安知名画家中，查士标是最长寿的一家。他之所以能长寿，和他的超脱性格也有关系。他和渐江的认真、深沉不一样，他的"超脱"实际上是一种马虎和散漫。这和他的被人称为"超逸"品的绘画差不多。

张潮曾在《幽梦影》中说过："天下有一知己，可以不恨。不独人也，物亦有之。如菊之以渊明为知己，梅以和靖为知己……一与之订，千秋不移，若松之于秦始，鹤之于卫懿，正所谓不可与作缘者也。"而查士标却说："此非松、鹤有求于秦始、卫懿，不幸为其所近，欲避之而不能耳。"这里正看出查士标虽能明是非，却不能十分严肃而一尘不染的品质。或者说明他比较随和。

---

1.《啸虹笔记》："查二瞻以书法名世，画尤工，然不肯轻下笔。家人告罂中无米，乃握管，计一纸可易数日粮，辄又搁笔。二女年将三十，未尝及嫁事，客诘其所以，曰：余几忘之矣。"

他对明王朝是怀有情义的，对清王朝是十分不满的，其诗云："临淮万代兴王地，寓蝶巍楼指顾间。扑面风沙遮晓月，伤心陵寝望空山。于今牧马全非昔，当日从龙去不还。野老经过兴叹息，沧桑何处一开颜。"（《种书堂遗稿》卷二）然而，当清兵打到徽州时，查士标的同乡金声、江天一等起兵抵抗，爱国志士纷纷参加，声势浩大，艰苦卓绝，和清军展开了殊死的斗争，查士标却"避地新安山中，弄笔遣日"。他虽然没有充当清军的鹰犬，也没有降请求仕，但也没有像渐江那样奋起抗清。当渐江奔赴福建继续抗清，失败后去武夷山落发为僧，拒绝和"日边人"来往时，查士标却在镇江游览北固山，欣赏米芾遗踪，高吟"放着孤筇揩望眼，老夫游兴浩无涯"。

他又绝没有像石涛那样两次接驾，口称"臣僧"；更没有像他的朋友汪辑那样去为清廷效力。明亡后，他便绝了仕途之望。他的侄子查书云醉心官场，遭到他的劝阻。他的遗民之志尚未消泯，每次去杭州，皆要吊望岳飞坟，其诗云："结庐闻尚在人间，十载西湖我未还。最爱岳王坟上月，楼开时节照孤山。"（《种书堂遗稿》）

他也并不拒绝和达官贵人接触，有时有一些分寸，有时也没有分寸。一般说来，他接触的是正派的、尚没有丧尽天良的文人雅士，如笪重光、孔尚任等人。当皇室贵人、人希冀一见尚不可得的驸马去见查士标，三次登门，查终不理睬。但当清朝贵族、工诗文、博雅好古、喜藏书画的博尔都将军寄诗向他乞画，称他："廿载驰名誉，谁能得似君。悬壶芷日月，落笔走风云。妙句真宏肆，高怀绝垢氛。何当裁尺卖，一寄博将军。"（《问亭诗稿》）查士标不但没有拒绝他，反而和诗："……亲藩兼辅国，容我揖将军。"（《种书堂遗稿·次韵谷白燕主人都门赠句》）而且后来确也赠了画。

这都说明查士标在大的方面有清醒的认识，也不亏节，而在一些具体事件上却不十分严谨和认真。

查士标晚年"矢口不谈当世事，著书直见

古人心"。其时，满汉的紧张关系得到缓和，大家都不太认真了，有人出任清廷的官员，有人应举求仕，只有极少数人坚持完整的遗民气节。查士标处于二者之间。他给他的女婿吕某诗云："残山剩水似梦中，天涯漂泊一孤蓬。欲谈往事无人识，避地如今是老翁。……由今追昔，不谓山林逸事，而笔墨工拙，或因年而加进，亦野人末枝一证也。"（《种书堂遗稿》）可见，他对于大明江山虽然尚未忘却，但已淡薄。他也没有去做清朝的官，而是专心于他的诗画艺术了。

查士标的画名大振，"人获一二字，惊为异宝"。他却认为"画幅青山卖，看来是孽钱"。他在南京时，索书者"珠履满室"；他在扬州时，求画者"车马填门"。然而，只有家人告诉他坑中无米时，他才挥笔；计算可得几天粮食时，他又放下画笔。他从不以画谋高利。但在酬谢知己时，他又"泼墨定须磨一斗"，"兴来百纸一扫尽"。（《种书堂遗稿》）

总结一下查士标的思想和习性：他不是志士，却具有爱国的思想。他反对强族侵略，爱憎分明，却又不能强烈地实践于行动上。在生活上，他是高逸之士，思想超脱。"归来江上一身轻，涸迹渔樵任性情。只与白云相伴侣，传人不独是功名。"（《种书堂遗稿》）曾灿序其《种书堂遗稿》谓之"不求闻达，一室之外，山水而已"。由于他的高寿，亲眼看到清王朝的安定和强大，似乎往事、故国也不必再怀念了，他也就愈加不求闻达，而一任性情，去过优哉游哉的生活。他有时白天睡觉，夜晚作画。他自号"懒杖"和"散人"。他的后半生几乎在游荡中度过，这又加深了他的散漫性格和超逸气度。他的作品风神懒散、气韵超逸，也正因于此。

二

查士标是诗人，是书法家，二者功力亦非同一般。然而能使他在文化史上占有一席之位的还是他的画。他三十岁之前就"精于鉴别"，对宋元真迹进行过广泛的研究，为他后来广师百家打下了基础。他最初事举子业时，业余作画，主要学米芾。三十岁之后，学画主要师法倪云林，晚年仍归于云林法。

早期学云林和晚期学云林实有不同。早期学云林，实是渐江一脉，石涛跋渐江《晓江风便图》卷（安徽省博物馆藏）云："笔墨高秀，自云林之后罕传，渐公得之一变。后诸公实学云林，而实是渐公一脉。……"查士标和渐江感情甚笃，对渐江的画也十分服膺，天津艺术博物馆至今还藏有《渐江梅壑书画合册》十六帧。查后来旅居扬州，仍注意研究渐江的画。渐江的《黄山山水册》中，查士标有跋云："渐公画入武夷而一变，归黄山而益奇。……今观渐公黄山诸作，岂不洵然。邗上旅人查士标题。"他的《种书堂遗稿》中还有《题渐江上人画》诗云："廿年前员天都约，此日仍看画面山。妙迹依然人不见，松间鹤梦几时还。"从现存查士标的画迹看，他早期的画学云林而实与渐公的画风相近，而且中年以后直至晚年仍然保留这一路画风。如故宫博物院所藏的《查梅壑山水册子》十幅，多数画和渐江的作品差不多，其中《孤舟初霁野桥边》一幅，构图、用笔，即使留意地观赏，也会误认为渐江之作。查士标在四十五岁至五十岁左右，画的这一类山水册页特别多，还有一部分扇面画，皆近于渐江的画风，构图以几何体为主，用笔以直勾方折的线条为主，偶加一点皴擦，几近于无。线条看上去是刚直的，内蕴却很丰富。

沈阳故宫博物馆藏画中有二轴山水，大小、构图、用笔皆差不多，但一轴是渐江的，一轴是查士标的。查士标的一幅叫《溪山放棹图》，自题："何处溪山好，今朝天放晴，随流浮一叶，望八棹歌声。石城旅人查士标画。"画的构图是从倪云林的一河两岸式构图变化而来，近处一个坡岸、三株高树，当中溪水，远处一个断崖。此图虽和渐江的画相似，用笔尚有区别。渐江的线条沉而稳，转挫不多，查画线条顿挫侧转

明显，而且速度较快。他的侧笔更近于倪云林。安徽省博物馆藏有一幅《翠竹梧桐图》，是渐江画赠查士标的，图中粗笔点叶。查士标后来用粗笔点叶法多类之，此图中点叶法尤似之也。

故宫博物院所藏他的《仿云林雨山图》轴一幅，虽是他六十九岁时所作，其"师倪而属渐江一脉"的风格却十分典型。构图仍是一河两岸，近岸疏树数株，远岸低缓山丘，河中多画了二处浅渚。形式颇近倪画，但内涵却有区别。倪画松秀明洁，查画则清劲明爽；倪画轻柔枯淡，查画却略显坚硬刚实。所以说，查学倪而近于渐江。当然渐江更是师法倪云林的，且是倪云林之后师倪最有成就的一位画家。查士标在《仿云林雨山图》上自题："长日焚香静掩关，鸣泉隔屋送潺潺。小窗笔墨余情在，写得云林雨后山。癸亥中秋画似克老道兄请鉴。查士标。"可知他是背临云林的作品，其中近于渐江的画法更多。

查士标、渐江以及新安画派的其他画家皆是宗法倪云林的，查士标对倪云林尤为醉心，云林自称"懒瓒"，查也自称"懒标"。其诗云："清绝倪迂（云林）不可攀，能将水墨继荆关。""一自春归清閟阁（云林居处），几番蛛网落花多。""……仙人已跨辽天鹤，写得云林一段秋。闲向秋风写碧梧，墨池洗出写倪迂。……"他的画上常常直写"仿倪云林法"、"拟云林笔意"等等。

查士标和新安画家为什么皆特好倪云林的画呢？其中原委，不可不作一番探索。

前面我谈到新安商人大量收购绘画，目的之一就是借以炫耀和附庸风雅。商人的恶名一是俗，二是无学问。商人们要冲掉这两条恶名，大量购买古代绘画时就特重脱俗和诗书画相结合的元代文人画。本来宋画价重于元画很多倍，但宋画不如元画有"文气"。商人们本无意于收购文物，而是为了邀请文人共同欣赏，以标榜风雅，表现自己对诗书画有兴趣。所以，此时元画最受徽商欢迎，被到处抢购，一时出现了怪异现象——元画拼命涨价，超过了宋画。王世贞《弇州山人四部稿》记："画当重宋，而三十年来忽重元人，乃

至倪元镇以逮明沈周，价骤增十倍。"但王世贞却不明白何以元画重于宋画，发出了"俱可怪也"之叹。其实并不怪，这就是市场价值规律所决定的。元画受重视，元画中最受重视的又是倪云林即倪元镇的画，道理的根源还是一样的。因为倪画被论为元代文人画之首。这当归于"文人画论"和"南北宗论"[2]。"南北宗论"是董其昌提出来的，董是礼部尚书，门人众多，在绘画界影响极大。"南北宗论"自明末始，笼罩画坛数百年，成为最有权威的理论，论画之雅俗皆以此为依据。无论"南北宗论"还是"文人画论"，"元四家"皆居重要地位。董其昌十分推崇"元四家"，但他又认为"元四家"中其他三家不敢和倪云林相比肩。他在《画禅室随笔》中说："迂翁（云林）画在胜国时可称逸品……（吴中圭、黄子久、王叔明）三家皆有纵横习气，独云林古淡天然，米痴后一人而已。"董其昌所居之松江，又是徽商活动最多的地方。松江以织布业居天下之首，这些布匹常拿到徽州去染色，徽商又从松江贩布"转运天下"。松江又是新安前辈画家频繁来往之地，他们和董其昌、陈继儒等都有很深交往。经过他们的宣扬，明末，倪云林的画竟达到了"江南人家以有无定清浊"地位。徽商本为标榜"清门"才收买古画，有了倪云林画即为"清门"，无则为"浊门"，谁不争购倪画呢？争购倪画，要有财产作基础，所以大量倪云林画流入新安。

查士标家当然也收有倪云林的画。他的《种书堂遗稿》中有诗可证："我家昔有云林画，江左流传优钵图。写向清秋清晓里，依然竹树绕萍芜。"倪画如此受人重视，又尤受徽人重视，这是新安画家重倪画的原因之一。学倪画，倪画又大量流入徽地，这是查士标和新安画家得天独厚的条件了。所以，《国朝画征录》记查士标"画初学倪高士，后参以梅华道人，董文敏笔法"，这是符合实际的。

最能代表查士标突出风格的画是"风神懒散，气韵荒寒"（《国朝画征录》）的一路。他"能以疏散淹润之笔，发倪、黄意态"（《思旧录》），这一路画法很明显地看出是以倪云林画法为基础，参以米芾、吴镇等人笔意，又明显不像倪、米、吴笔法。如他的《烟江叠嶂图》《春江放艇图》《春色山水册页》等等，皆画的是一河两岸，近处几株高树，隔水远山，水中还画有一些洲滩。但其用笔决不像倪云林那样轻柔、稳静、枯淡和松秀，而是湿润淋漓、阔笔纵横的，水墨点写，草草而成，也有浓墨大点，放笔横扫，速度显然皆很快。倪云林和浙江的画以"静"为特色，查士标的画"动"的感觉已很显然。

"散"是查士标的突出特点，笔墨散，构图散。所以说，查士标的画来自倪云林，笔墨却变到倪云林的反面去了。这一类画因为是草草而成，和严谨周密的画法不同，故被称为"逸品"。一般的观赏者也许认为这种画法没有什么了不起，其实在当时，它显示了一种名士的气质和超逸的风度。

查士标的山水画以师法倪云林为主，其次便是师法"二米"和高克恭。"二米"的山水画被称为米氏云山，其实不是山水画的正宗。山水画自唐末成熟，五代是高峰。五代之后，山水画都是有笔有墨，有匀有皴的，独米芾和米友仁作画超尘出格，直以水墨渍点，而且他们受欧阳修的理论[3]影响，画中不强调远近重复。米氏这一画法，正如米友仁自称的那样是"墨戏"。王世贞《艺苑卮言》云："画家中目无前辈，高自标树，毋如米元章。此君但有气韵，不过一端之学，半日之功耳。"所以，在米元章后，历代文人画家都肯于画两笔"墨戏"，但认真在这条道路上作终生研究和发展的人也并不多。因为它实在是太简单。元代只有一位高克恭，他在做官之余，专学米家

---

2. "文人画论"和"南北宗论"是有区别的。"南宗"画家必是文人画家，文人画家却不全是"南宗"画家。如李成、范宽是文人画家，却不是"南宗"画家。"南宗"画家讲究笔墨柔媚潇洒，李、范的画皆不柔媚，而是峥浑峭硬。详见拙著《中国山水画史》第八节。

3. 欧阳修《鉴画》云："潇条淡泊，此难画之意，画者得之，览者未必识也。故飞走迟速，意浅之物易见，而闲和严静趣远之心难形。若乃高下向背、远近重复，此画工之艺耳。……"

雨点。但他后来也不以这简单的几笔为满足，复参以董源画法，不但在"米点"中增加了线条，还增加了"远近重复"的构图。所以说，高克恭之后，凡称学米的画家实际上皆是通过高克恭学米（米画存世亦几近于无）。

以查士标的《拟米襄阳法山水》轴来看，其层峦叠嶂，远近高下，景繁而多，便不是米芾的画风。而其中笔墨，主要以墨水横点乃是来源于米。还有《鹤林烟雨图》，亦山势蜿蜒重复，层层而上，高远空旷，亦非米画所有。此图虽经王石谷点染，但主体出于查士标。他在画中自题："鹤林名胜自年年，一宿春波画老颠。颠老重来应大笑，何人窃我小乘禅。"看来查士标也以深得米法而自居。他的山水画册页中及许多卷轴画中也常题有"高尚书画法"、"拟高房山笔意"、"方壶画法"等等。他学高克恭画法，用笔更加潇洒、随意；他学方壶的画法用笔却较为明朗、条理。这两家的画法也都来自于米。学米、学高、学方，笔路皆差不多，也同样都显示了他"风神懒散，气韵荒寒"的风格。查士标《种书堂遗稿》有一首诗，道出了他对米家山水的理解和自得米法的得意，诗云："雪浪银堆势可呼，米家真意在模糊。房山仙去方壶老，千古谁传水墨图。"他还说过："爱画雨滂沱，须带三分米。"

查士标学米画在当时颇能动人，在查王合作的山水册第八幅中，王石谷题云"此图似小米"，并说："恨不起方壶、彦敬（高克恭）见之惊叹绝倒也。"恽寿平也说："米家法，近惟董云间擅长，今又得查先生矣。"

查士标学米画成就突出，也是有原因的。一是米画的墨戏本身也有"散"的因素，二人皆有散漫的名士风度，精神亦相通。文徵明及"四王"们也学米，技法上更加圆到，但其神却不类。二是查士标长期在米芾居住的地方游览、居住，这不仅易于引起他对米画的向往，而且他所看到的云山也就是米芾所看到的云山。

查士标作画师倪、师米，此外，也广师百家。他对董其昌也极为崇拜。董其昌生于1555年的乙

卯，查生于后一个甲子的1615年的乙卯，他因此暗自高兴，自号"后乙卯生"。他的书法是直接师法董其昌的，山水师法董其昌的也不少。但师董并不完全似董，如《清溪归棹图》，左上自识"法董香光笔"，笔墨中却增加了米点。董画古雅秀润，查法董的画却增加了锐气，显得更为生动。《查王合璧山水册》中第一幅就是仿董的作品，王题："梅壑书画皆师董香光。"在第五幅中，王又题："查画之妙者，妙在不全似董，此幅是也。"查士标一直到晚年尚有学董的作品。

现存的查画中，还大量存在着学吴镇、学黄公望、学王蒙、学赵孟頫、学沈石田、学文征明、学唐寅，以及学松江派的众多画家作品，还有学五代和宋人画法的很多作品。

查士标同时也重视向同时代的画家学习。在新安画家中，他不仅对渐江十分尊崇，也和同乡的汪之瑞一起研究画法，互相学习。汪、查后来同居扬州，还共同创作《书画合册》。查比石涛长21岁，二人互相尊重、互相学习，但查画似乎受石涛影响不大。关系更为密切的要算是王石谷了，王比查小17岁，从查的行踪上考查，二人合作的作品甚多。《国朝画征录》还特别记载："（查）见王石谷画，爱之，延至家，乞其泼墨作云西（曹知白）、云林、大痴、仲圭（吴镇）四家笔法，盖有所资也。"

查也学过青溪道人程正揆的画。方亨咸《自怡悦斋书画录》记云："当今画无近青溪者，其辣处直逼古人，梅壑爱之，是以近之。"程正揆号青溪，比查小11岁，他和石溪（即髡残）一起被称为"二溪"。当时文人画讲究静秀雅气，对辣气略有微词，查士标却爱而学之。至今所遗查画迹中，尚能见到这类画格者。

查士标为人"散漫"，画风"散漫"，师法也"散漫"。他学宋诸家、元诸家、明诸家及同时代人，自始至终没有规律可循，并不是一个时期内集中学哪一家，几乎是每一时期都学很多家。

而且他学古人画并非一笔一墨地临摹，大多是看过后默记于心，然后背临。比如他在一

幅山水轴上自题云："白石翁仿大痴富春大岭图，余曾见其真迹，此幅近之。"细审其画，其实就是查自己的画法，在他自题的启示下，仔细观览，才能见到一点沈周和黄子久的意思。他师法其他各家也大抵如此，在理解、默记基础上，动笔时并不全似之，而且加入了自己的意思。这就叫"师其心而略其迹"、"各有灵苗各自探"。

在查士标师法的众多画家中，得力于吴镇也不少。吴镇喜用湿墨，这正合他阔笔纵横的需要。现存的查画迹中和记载中也都可以证实，他除了师倪、米、董之外，便是参以梅华道人的笔法了。

查士标山水画风格的多样化，实际上也是一种"散"。所以，硬要总结出查士标的画是一种什么特色，也十分困难。只有一种画，即前面所述的"风神懒散，气韵荒寒"、"以疏散淹润之笔，发倪黄意态"的一路，在画史上是鲜见的，可以认真地算是他自己特有的、突出的风格。他在一幅《水墨山水图》[4]上自题："闲云无四时，散漫此山谷。幸乏霖雨姿，何妨媚幽独。"也可见出他的自我得意之情。

任何一位画家的成功，都有三个基本因素：一是师法传统，二是师法造化，三是本人的精神气质包括艺术修养。查士标绘画的成功，师法传统和本人的精神气质两个方面在其作品上是显而易见的。他对造化的师法乃是一种特殊意义的师法，其不寓托于画之形，而却流露于画之神、之韵。很多论者因查士标游览半生，以为他的画题皆来自"写生"或所谓"生活"。我却看不出查士标的画是来自什么"生活"。以《鹤林烟雨图》来说，虽然写于镇江，也用的是米点法，但图中高峰远岭、层峦叠嶂，绝非镇江之景，亦非苏扬等地之景，全出于他的想象或古人作品中变出。他对造化的师法主要是充拓心胸，涵养精神，培养气质。人不俗，画自不俗，人的心胸充实，画自不贫乏。如前节所云，查士标在长期游荡中，增强了他的散漫不经性格和超逸风度，其画亦因之。

石涛题画云："此道从门入者，不是家珍，而以名震一时，得不难哉？高古之如白秃、青溪。道山诸君辈，清逸之如梅壑、渐江二老，干瘦之如垢道人，淋漓奇右之如南昌八大山人，豪放之如梅瞿山、雪坪子、皆一代解人也。……"[5]石涛把查士标列为"一代解人"之一，而把当时的"正统派"、"四王"一类绘画排斥在外，是很有眼光的。他又认为查士标画的风格在"清逸"，其实只能代表查师倪而似渐江画的一路面貌，未能代表他全部画风。方董有一段话评议查士标的画风散为传神："时有举石谷画问麓台，曰：'太熟。'举二瞻画问之，曰：'太生。'张征君瓜田（庚）服其定论。什谓石谷之画不可生，生则无画；二瞻之画不可熟，熟则便恶。"（《山静居画论》）王原祁论石谷画"太熟"，查士标画"太生"，这一段话见张庚（号瓜田逸史）《国朝画征录》卷下《王原祁》条，方董解释得好。生正是查画的优点。石谷山水画繁岭复峰、重峦叠嶂、构图精密，他的画必须熟，生了就会像小儿学画，没有情趣了。查画懒散、荒寒，不能熟，熟了则乱而俗，近于胡涂乱抹了，生就显得超逸。其实查画生还有率的感觉，不同凡响。金绍城《画学讲义》有云："查梅壑平生得力处在生，王石谷得力处在熟。生非初学之生，以其工力纯熟之后，而以生出之也。故其落笔奇警，造境幽邃。生于王，恽之时，而能自立门户。"

有一位精鉴赏的权威宋荦（字牧仲，号漫堂，人称绵津先生，河南商丘人，官至吏部尚书，工诗词古文，与王士禛齐名），对查士标最为欣赏，常把王石谷比作王蒙，把查士标比作倪云林，而认为查画更加超逸。据查士标侄子弘道在《序〈种书堂遗稿〉》中云："绵津先生常言石谷画在规矩之中，梅壑画在北牡骊黄之外。"又其论画二十六绝句有云："黄鹤山樵吾最许，风流

---

4. 日本《宋元明清名画大观》。
5. 石涛题画真迹。曾载郑振铎编《明遗民画》，第47页。

不让欧波甥。青弁一图文敏拜，谁其继者虞山生。盖谓石谷也。"又云："倪画有无分雅俗，江南好事重云林。狮子林图最烜赫，一本犹抵双南金。意以梅伯况清闷。夫绵津先生以当代巨公，而于山野遗民惓惓不忘，情见乎词，盖不特重其画，抑且重其品矣。"宋荦还把查士标许为董其昌后一人而已，他在《寄查梅壑》诗中云："谁擅书画场，元明两文敏。华亭得天授，笔墨绝畦畛。梅壑黄山翁，老向竹西（扬州）隐。崛起艺坛中，华亭许接轸……"（见宋荦《西陂类稿》）宋氏的眼力是不错的。

查士标在当时赢得很多人的称赞，被列为"新安四大家"之一。《国朝画征录》如实记载查士标"与同里孙逸、汪之瑞、释弘仁称四大家"。"新安四大家"中以查士标的寿命最长。他的创作时间是弘仁的几倍（弘仁36岁之后才全力作画，50余岁即去世）。他从新安到吴地，又长期居住金陵、扬州、镇江等地，会及当时众多的著名人物，影响甚大。王石谷还把他放在"明四家"之首的沈石田之上，谓："……石田之笔力，尚不能作云林，而瞻老放笔辄与神似，盖其正与云林无二致也。余安能不倾叹之。"恽南田题他的画云："凡分擘渲染，点置村屋溪桥，真所谓旌旗变色，焕若神明。"如前所述，恽南田看了他为笪重光画的山水画后即把他和董其昌并提。

查士标处在明末清初的动乱时代，没有降清辱志，没有徘徊于仕途功名之中，没有在庸俗的官场中奔波流连。他是一个正直的艺术家，终生从事于山水画的研究和创作，为中国绘画增添了美的形式和数量。他的努力没有白费。他的作品当时就为很多收藏家所收藏，至今国内很多博物馆中都收藏他的绘画。而且流传至国外，在美、日、英等国大量收藏他的作品。他的姓名和绘事载入清代至今的画史书中。他为家乡赢得了光荣，《徽州府志》中记载他的小传。他为中国文化赢得了光荣，1984年5月，安徽省召开的"纪念渐江大师逝世三百二十周年大会暨黄山画派学术讨论会"中，全国几十家博物馆院在合肥举行珍品联展，查士标的绘画作为重点之一在安徽省博物馆展出，国内外学者反复瞻赏、研究他的艺术，流连忘返。在国外，很多国家的学者、教授对查士标的艺术作过专门的研究。目前，美国有人正以查士标的专题作她的博士论文。查士标的艺术在数百年之后仍然引起世界众多国家学者的兴趣，他在世界艺术之林中也占有一席之位。

# 所要者魂——谈李可染的艺术精神

中央文史研究馆馆员，北京画院艺委会主任，李可染艺术基金会理事长　李小可

感谢今天来首都博物馆参观和听讲座的朋友们。对我父亲，大家都很了解，他的艺术他的画，大家看得很多。但是这么一个艺术家，他为什么能创作出这样的作品，产生这个作品的条件和他一生追求的艺术精神是什么？我随着自己逐渐成熟才对父亲了解得越来越深。今年他的一幅《万山红遍》卖了 1.84 亿，我认为这是人们给一个艺术家的肯定，是对艺术家探索和创造精神及文化的一种肯定，同时也是对一个人的人品和艺术追求的肯定。

我父亲在 20 世纪 50 年代提出了一个主要的创作精神思想——"可贵者胆"和"所要者魂"。这两句话有两层意思。"可贵者胆"意为一个艺术家除了对传统进行传承外，还要对传统有突破，要有个人的创造性。古今中外，任何在历史上受到公认的艺术大家之所以得到人们的承认，是因为他拥有自己对艺术的创造性和对艺术的探索。在这个探索中既有对传统艺术的传承，更重要的是在传承的基础上如何融合和转变成自己的艺术风格和面貌。

"所要者魂"，这个"魂"实际是艺术家一生对待艺术道路的态度，也是一种艺术精神，或者说是对艺术道路的选择。我原来想它是我父亲精神上的情感表现，后来我认为这句话是一个综合的表达，实际包含着对文化的情感，甚至对人生命运感动的一种表达。他的艺术实际是与一个时代的民族文化和人生相联系的。"应该成为一个什么样的艺术家"这句话就成为他艺术中的核心问题。当时我父亲于 1986 年办展览的时候，吴冠中给他写了一篇文章，题目就叫《胆与魂》。文章的开头写道："李可染先生提出了'胆与魂'，这是世界上任何一个重要艺术家取得成功的关键。"一个艺术家除了技术上的表现外，还应该有一种情感或一种精神，一种对人生命运的感动。所以我父亲他一生也总结了很多警句，包括"可贵者胆，所要者魂"、"对于传统用最大的功力打进去，用最大的勇气打出来"、"千难一易"、"东方既白"等等。而这些话的意义也是他艺术精神的一种体现。张仃先生在一次研讨会上讲过："对于李可染的研究是一个很大的工程。"我认为一个艺术家风格的建立是靠条件的具备，条件具备了，风格的建立就是一个水到渠成的事，是自然的。欣赏艺术家作品的同时，也展现了艺术家背后所做的点点滴滴，从艺术家之间的交流，可以看到艺术家对人生和做事的态度，正是这种态度决定了他最后的成功。

记得我母亲前几年在家收拾抽屉的时候，发现我父亲的一个小纸条，上面写了四句话。这四句话应该是我父亲在晚年 80 岁之后，总结自己一生的四句话。第一句话是"渔人之子"，第二句话是"李白后人"，第三句话是"中华庶民"，第四句话是"齐黄之徒"。而这四句话应该是我父亲经过 80 多年漫长的艺术人生之后，回顾一生：我有今天，做人遵循的态度是什么——然后写了这四句话。这实际上是很普通的四句话。

第一句话，"渔人之子"，就是说他的出身。我的爷爷和奶奶都是文盲，曾经是捕鱼的人，没有文化，属于徐州乡土的老人。但是我父亲在李

可染旧居成立时说了一句话："我父母虽然没有文化，但是他们淳厚、勤劳、朴实和脚踏实地的人生态度，就是我最好的家学。"而这个家庭对他最朴素的影响也成了这个艺术家一生态度的基础。

第二句话，"李白后人"，因为姓李。但是我父亲的意思并不是说和李白有什么血缘关系，而是说他一生从事艺术文化的特征是一直坚持东方的，像李白的诗一样。中国的诗中充满了写意的诗意，这种空间、诗意、写意的表现是不同于其他国家的诗歌文化艺术的。他一生虽然有这么多经历，也受过西方教育，但是他坚持的还是中国民族传统东方文化的东西。

第三句话，"中华庶民"，是他80岁后回想，虽然有这样一些成就，但他还是普通的一个老百姓。我有他经常写的一个书法，内容是"中国人"。当时中国人在1840年鸦片战争以后受到外来人欺辱，人们老是有民族自卑感，而我父亲这幅书法饱含的情感是：作为一个中国人，我们能不能通过自己的努力把自己的文化富强起来。他有一句话说"儿不嫌母丑"。作为艺术家来讲，不要嫌自己家的母亲没有文化。当时徐州也是一个战乱的地方，但是怎么改变和认识我们自己的家乡、民族和祖国？再有名气，也还是应该用普通人的眼光去看待世界，这样你才会用很扎实、很平实的态度去看待人生。不仅是我父亲，20世纪当时的艺术大师们，包括董希文、黄永玉、李苦禅等等，虽然他们对绘画对艺术有很大的贡献，但他们对待人生都具有平实的态度。就像董希文临死前说的一句话："把我放平。"放平实际是他当时的一种状态，人们如何去看待自己的一生，应该用一种带有初衷的老百姓心态，看待这个世界会看得更真。

第四句话，"齐黄之徒"。其实他写这句话的时候，在绘画界已经很有名了。但是在他心中，如果没有前辈、师友们的支持、教诲和帮助，自己就没有今天。"齐黄之徒"这句话也是对曾经教育过他的先师们的感恩，不忘先辈，从他最初的启蒙老师一直到齐白石、黄宾虹、林风眠、徐悲鸿等等。同时也是文化血缘的传承。他有这种态度才能使自己艺术不停地往前走下去。

我父亲1907年生于徐州，他的童年和青年早期时代都是在徐州度过的，徐州是他的家乡。一直到晚年80多岁，他还是一口徐州话，乡音未改。徐州这个地方对他的影响有几个：第一，是徐州家庭的影响；第二，徐州实际是一个既有战乱又有文化底蕴的地方；第三，这是一个灾难频发的地方，过去淮河老是改口，徐州经常遭受自然灾害。所以这个地方的人们总是有一种饱受灾难后的坚韧。在我父亲年轻的时候，徐州有个黄河沿，黄河沿边上有许多民间艺人在那里卖艺。有变戏法的、练武术的、唱戏的。其中有一个最重要的叫柳琴戏。柳琴戏在徐州的土话叫"拉魂腔"。"拉魂腔"其实有点像地方戏中的豫剧、秦腔，用假嗓高音来表现人生命运中带有悲剧性的故事。听者落泪。这些戏对我父亲的心灵是一个触动。后来他提出"可贵者胆，所要者魂"。这个"魂"就是在艺术当中要有能打动人心魂的力量。

另一个方面，李可染13岁时在快哉亭看到许多文人在画水墨。其中有一个画家叫钱食芝，他是传统画"四王"山水的画家。钱食芝就是我父亲最早的启蒙老师，后来我父亲经常会拿一些画给他看。传说钱食芝还给我父亲作了一首诗："童年能弄墨，灵敏世应稀。汝自鹏搏上，余惭鹬退飞。"他认为将来这个小孩会像大鹏鸟一样高飞，而我们这些老人却是倒退的。当时我父亲才13岁，钱食芝先生怎么能预见这个人将来就会有一点成就呢？我想，这是关于艺术的一种感悟。我父亲当时在快哉亭被中国传统文化方式所感动，就像20世纪大家的作品，每一个人都有无法用语言表述的、自己所表现的特点，包括书法、山水、人物、花卉。一个小孩被文化所感动，而钱食芝被一个小孩感动了。

我父亲的主要学历是上了上海美专，待了一年多，是短暂的。因为上海美专是刘海粟先生开办的最早的美术学校。我父亲回忆说，除了在上海美专学到的一般艺术教育基础外，在上海听到了康有为讲话的同时，也看到了吴昌硕带有金石味的作品。但是对我父亲影响最大的是他22岁去考杭州美专的研究部，相当于现在的研究生。当时我父亲没有大学学历，只是一个中等专业学历。考杭州美专时，他并没画过油画，但考的是油画班。在路上，他碰见了一个叫张眺的同学。张眺问他来干什么，我父亲说想考这个美专试一试，但是没画过油画。张眺对我父亲说，他专门画油画，可以给他辅导。最后考试的结果是，我父亲考上了，张眺没考上。后来我父亲就跟林风眠校长讲，张眺这个人不得了，人品好、技法好，不仅是绘画，同时对文学、世界文学特别了解。经过我父亲的介绍，林风眠校长最后还是录取了张眺。杭州美专当时是东方文化和西方文化并存的、相对比较开放的一个学校。同时在这个学校里面教学的，既有潘天寿这种传统大师，也有国际上著名的法国后期印象派教授克罗多。受当时五四运动的影响，学校除了传播传统文化外，也有世界文化进行传播，介绍了当时法国印象派、后期印象派，包括德国的表现主义。所以说这个学校是一个相对开放的、给艺术家一个很大思考对比空间的学校。

在这个学校里，我父亲在克罗多的班里学习，但是他没有学过素描。当时上素描课经常也是"汗流浃背"。人家都学过、画过，他没学过，在那儿硬画。所以当时他在画板上写了一个"王"字，下课就放到教室里。实际他的意思是用自己"亡"命的精神把素描攻克下来。当时克罗多看我父亲画得很黑，也很结实，而我父亲也很紧张，克罗多还以为我父亲是不是生病了。后来克罗多又去上课时对我父亲说："我想了一下，中国的水墨是以黑为主，你就坚持你自己的感觉。"后来据说我父亲的素描在一年之后成了全校第一。在杭州美专时，他也得益于克罗多对人物造型的把握能力，包括对人物特征的把握。所以杭州美专对于我父亲来说是一个比较开放、值得思考的地方。除了我父亲，吴冠中、朱德群、董希文等这些画

家也都在杭州美专这个学校受过艺术的熏陶和影响。相对传统又开放的学习环境对于艺术家来讲是很重要的，可以说杭州美专是他艺术转折的一个节点。虽然在杭州学的是油画和西画，但是他最终在艺术的道路上选择了中国画。

林风眠是我父亲的校长。我父亲曾回忆说，他去重庆办画展，同时也去看望校长，看到他住在一个兵工厂的门房里，屋子不大，但堆满了画。我父亲回忆这个画面时很感慨地说："人们只知道林风眠先生画这种酣畅简洁的画，但是大家不知道他画成这么酣畅简洁的画，是下了多大功夫。"就比如他画的仙鹤、鹭鸶，表现的画面最简单，但最简里面又不简单，感觉非常丰富。我父亲也看到前辈大师在写意作品中，在酣畅的后边是反复的积累和积淀。另外我觉得，林风眠的作品带有一点悲剧性，不是很欢畅的，而是忧郁的，这是艺术的一种特殊感染力。这实际对我父亲也产生了影响。

当时我父亲在重庆办了一个水彩画展览，恰巧徐悲鸿先生带了东南亚的一个文化代表团，看

图1 徐悲鸿《猫》

到了李可染这个展览。看后他很惊讶，尤其是看到了一个描写蜀中的水彩，对徐悲鸿先生有所触动。他表示希望能接触一下李可染先生，后来又表示愿意用自己的画和可染先生换。当时徐悲鸿已经是艺术界的泰斗，而我父亲还是个名不见经传的年轻画家。但是一个大师愿意和一个画家结缘，这个"缘"正是已经看到我父亲潜力的一种表现。如果李可染没有碰到徐悲鸿，很可能是另外一个状态。这个猫（图1）就是当时徐悲鸿换给我父亲的作品，一直留到今天，后来捐赠给了北京画院，给了国家。

到了40年代中期，杭州美专和北平艺专同时邀请我父亲去任教。杭州美专是母校，北平艺专的校长是徐悲鸿先生。徐悲鸿先生说："如果你到北京，我给你介绍白石老人和黄宾虹先生。"当时我父亲就因为这个，一定要来北京。后来我父亲在回忆尼克松访华的时候，采访的时候记者问："你和吴作人先生都是齐白石的学生，都有艺术造诣，为什么要拜齐白石为师？"我父亲回答说："当时我们都四十多岁，如果我们这些四十岁的人不向齐白石、黄宾虹这些大师去学习，我们将要犯历史的错误。"后来他到了北京，经过徐悲鸿推荐，去拜见齐白石。当时我父亲带了几幅画，与白石老人坐在凳子上寒暄后，给白石老人看了一些画，说请白石老人指点批评一下。看了几张后，白石老人很吃惊，站起来到柜子那儿说："你出过画册么？"我父亲说："没有。"他就到柜子里找东西，说："以后你要出画册要用这种纸，这

图3 齐白石《海为龙世界，云是鹤家乡》

种纸可以延年，寿命长一点。"我父亲告别白石老人前，提出了一个要求，他说我非常敬仰您，特别想拜您为师。白石老人答应了。

拜了白石老人为师后，我父亲和母亲经常去看他，有一天临走时，他送给我父亲一件印章，刻的是个"李"字（图2），但是李下面有一个圈。之后见了白石老人他就问，图章刻得很好，为什么旁边有个圈？白石老人说："你身边有一颗珍珠。"他指的是我母亲邹佩珠。图3是白石老人为我母亲写的"海为龙世界，云是鹤家乡"。人们说白石老人很吝啬，但当时白石老人经常是画了一批画后打电话让我父亲赶紧来看。说可染你来挑，不然画可就没有了。实际白石老人对他的学生是非常关爱的。我父亲回忆时经常说："当白石老人把这个纸铺在桌子上一下笔，真是能吓你一跳，他有着出其不意的带有创意的想法。"后来我父亲拿了一些画给白石老人看，当时白石老人说了一些话："我非常喜欢徐渭的写意，很潇洒，但是我现在还在写楷书。"言外之意就是虽然你李可染现在画得快，有潇洒的一面，但是缺少笔墨的分量。从白石老人那里，我父亲学到的一是对生活极度敏感鲜活的表现，二是笔墨的表现特征。一直到1957年，我父亲和关良一起去德国写生访问，临走前我父亲一定要去拜别老师。

图2 齐白石刻"李"字印

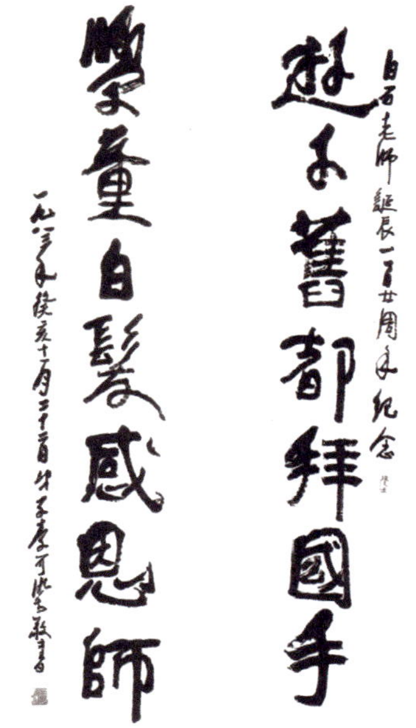

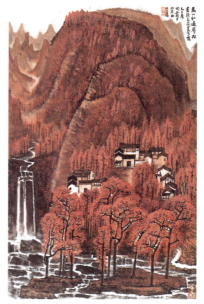

图4 李可染《游子旧都拜国手，学童白发感恩师》

白石老人知道后拿出了一盒印泥，是"夕阳红"，一克的价值相当于黄金的价值。当时看到老师拿出这么贵重的东西，我父亲不敢收，对白石老人说："这么贵重的印泥我不能收。"白石老人说："你还是拿去吧，有一天老师不在了，你盖印的时候就还会想起我。"不知道白石老人是不是有预感，我父亲出国回来，白石老人就过世了。白石老人实际和我父亲这一代的艺术家既是学生，也情同父子，甚至超过父子，有一种更深的文化的连接，他也期望这种文化能够传承下去。后来在白石老人过世120周年的时候，我父亲写了一个对联"游子旧都拜国手，学童白发感恩师"（图4）。

到了晚年，父亲仍然感激先辈对他的培育和教育，包括黄宾虹先生。黄宾虹先生和齐白石不一样，他是一个对传统文化史、学术了如指掌的人。对历代画家、历代画家风格的形成和对中国画的看法，他会讲出很多学术上的道理。当初我父亲第一次去见他的时候，黄宾虹很高兴，聊得很投机。当时他给我父亲拿了一张明代的画观赏，临走时送给了我父亲。后来每次去黄宾虹家的时候，我父亲都嘱咐我母亲不要打断黄老的话，因为"他讲的都是箴言，讲的都是他对美术独立的思考"。我父亲从黄宾虹老师这里学到浑然一体的积墨，将墨发挥到了一种极致。他把一个分散的、复杂

的东西变成整体的。"齐黄之徒"就是老师对一个艺术家的帮助是使他终生难忘的。实际上老师们除了影响我父亲的艺术探索外，也影响了他的人生态度。

50年代的时候，中国画系被取消了，因为我父亲过去学过西画，所以就被派去教水彩。但是他不甘于中国画不被认可，于是开始写生。1954年，他和张仃先生、罗铭先生出去写生，希望通过写生证明"中国画不能描写现实"是错误的观点。艺术其实是精微的，大的艺术家使之精放，在精放处见精微，这是世界所有艺术大师所共同坚持

图5 李可染《万山红遍》

图6 李可染《杏花春雨江南》

的意境。写生对于我父亲来讲就是"采"，创作后来的高级阶段是"炼"，采一炼十，就是把感受、感动的东西上升到一个笔墨化的韵味，这就是为什么他晚年堂号叫"墨天阁"。他的感染力是和西方不一样的。艺术的高级阶段是既有艺术家的个性，又有文化的特征，而不仅仅是传统的复制。

《万山红遍》（图5）是用朱砂创作的。朱砂是没有层次的，但是又要把没有层次的朱砂和山林层次结合表现出来。因此这张画特别有分量。一个艺术家过世了20年，为什么作品还被人们传颂？因为艺术家在创作艺术的过程中投入了他的生命，投入了他对艺术的探索。他这个人虽然不存在了，但他的作品还发挥着光芒。到了晚年，他的《杏花春雨江南》（图6）题材已经把墨用到了一个极致化，画面中没有什么线，看到原作的时候，会能感受到墨中的空气感，含烟带雨的墨已经和自然界、空气联系到一起，感觉非常简洁。他那几点留白、房屋，实际是一个极致化水墨，淋漓的笔墨带有写意。如果把这幅画放到西方艺术大师的旁边也毫不逊色，因为他有着东方文化的水墨，带有空气，带有书写性，带有特殊意境，同时也具有简洁的抽象性。《雨后飞瀑》（图7）的水墨当中含烟带雨，画带有声音感，而这种意境是艺术家在生活中感悟的人与自然，可以呼吸，可以感受到人们希望自然界纯净、带有潮湿、带有湿润、带有浑厚的意境。所以这幅画在中国画研究院展览时候，叶浅予先生看了后对我父亲说了一句话："可染先生，如果你这辈子只画这一幅画，这辈子足矣。"他是在说，你把水墨能画到这种意境真是一生没有白活。

所以到晚年时候总结一生，他说"实者慧"。一个艺术家为什么能成功？因为他以"实者"的态度对待自己、对待别人、对待客观世界，同时对待他表现的自然界。如果你没有一个实者，过高地飘飘然看待自己，很多东西会阻止你继续前进。"实者"既有绘画的真情实感，同时也有对艺术规律的真实态度。到了晚年，他说自己是白发学童，认为自己对自然界无限的天地来讲，对传统来讲，还是一个幼稚的学童。正是这样一个态度，这样不停前进的精神，使他在展览的时候说："我从来不太满意自己的作品，如果我还能再活100年，我可能画得更好，但是我又一想100年可能也还不够，无涯惟智。"人们对客观世界的认识是无穷无尽的，而我一生都在研究探索的过程中，虽然我今天取得了一些成就，但是这个成就也只是在人生道路上的一个过程。他还说了一句话是"东方既白"，说1840年中国是走向衰落的，但是通过我们中国人的不断努力，我们东方的文化会像苏东坡说的一样"东方既白"，会有一个辉煌美好的明天。像宝石一样，有自己的特殊表现，有自己不同于西方的文化魅力。

（根据作者2015年12月在首都博物馆"翰墨华章——新中国以来名家书画文牍大展"上的专题讲座《所要者魂——谈李可染的艺术精神》整理而成，经作者确认。）

图7 李可染《雨后飞瀑》

# 谈徐悲鸿的艺术精神

中国人民大学徐悲鸿艺术研究院院长，徐悲鸿纪念馆馆长，全国政协委员　徐庆平

大家今天都是冒着北京的红色预警天气来到首都博物馆听讲座，令我仿佛回到了三十年前的巴黎。巴黎的人都有一个习惯，每个星期天是绝对休息日。没有人去上班，全城所有的商店全部关门，你要买面包都买不到。街上没有人，人们也不待在家里，全都到博物馆去了，而且主要是去看艺术博物馆。去过巴黎的人，或者在法国生活过的人，就会养成这个习惯。通过审美让自己眼睛里有一个美的世界，已经成为巴黎人生活的内容。甚至到任何地方去度假，第一件事就是去那个地方的博物馆。为什么星期日都要去博物馆呢？因为这样，每个星期都可以提高自己的审美。在多少年以后，你会是一个非常有鉴赏力、非常有生活乐趣的人，而这一点你必须从小学起。看到很多小学生来看展览，我特别感动，这是我们梦寐以求的。要是真的每星期日都能看到很多小学生到博物馆来，在全国各地都能做到这样，中国就已经达到复兴了。所以今天在这里，我突然感觉好像回到了三十年前的巴黎。街上没什么人，没什么车，人都到博物馆来了。我想，这从一个方面说明了中国的进步，说明了中华民族复兴的进程。今天这个"翰墨华章——新中国以来名家书画文牍大展"也非常有意义，是我近年来看到的最好的展览之一。作品非常精到，大家的作品是展现给很高鉴赏力的观众的。在这样一个展览上做这个讲座，我感到非常荣幸。

这个展览重要的意义就在于它有很强的历史资料信息。比如说《北平艺专的教职员工手册》（图

图1 《北平艺专的教职员工手册》

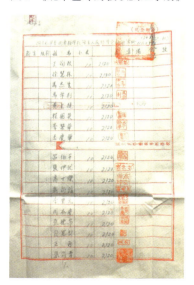

图2 《中央美术学院助学金》

1），里面记录了当时教职员工拿的工资，每个月多少钱；《中央美术学院助学金》（图2）记录了给每位同学发的钱。那个时候国家出钱给你学习，我虽没有过助学金，但是学费全都是国家出的，所以我始终记得是国家出钱培养的我。像现在很有名的画家靳尚谊，作品已经价值千万，这个助

学金表格上就有他当时签名领取的助学金。这些钱除了吃饭以外，还可以买牙膏、日用品。我们这个年纪的人能够接受高等教育是因为受到国家的帮助，实际上是老百姓的钱养活了我们。

我们每天所做的事都和审美有关，只是我们自己没有意识到。比如说我们每天用的钞票，我曾经跟很多朋友讲过，世界上最普及的艺术品就是钞票。每个人，每天，男女老少，没人能离得开它。钞票上的画是我们每天都要看到的。世界上最漂亮的钞票我认为是法国的法郎（图3），最常用的钞票上面是世界浪漫主义伟大画家德拉克罗瓦的

图3　德拉克罗瓦《自由指引人民》（法郎）

巅峰之作——《自由指引人民》。画的是自由女神举着步枪，旁边是老百姓起义，为建立美好的社会制度而牺牲。林语堂先生有一本书叫作《生活的艺术》，连续多少星期都在美国发行排行榜的第一位，内容是讲中国人审美的伟大。以至于他走到美国的街上，有人向他鞠躬，跟他说："我现在要做的第一件事，就是找一个中国的茶馆去喝一杯中国的茶。"

我特别对先君悲鸿公的一封信（图4）情有独钟。这是写给住在西城区宗帽胡同二条的温景博先生的。温先生是一位非常了不起的篆刻家，也是一位很有见识的文化人。通过这封信笺，我想从审美的角度让大家知道这就是生活和艺术的关系，看到这封信的美。

信的开始是"井白先生惠鉴，承手教"，"手教"两字写到第二行的顶上。为什么这么写？中国人写信不是简单的写字，同时也是艺术。写信者要把对方放到很尊敬的位置，放到一段的最前头。同时这个字也是让这个画面变得丰富。"承您的手教"，所以他把"手教"两个字搁到句首去。"并特赐刻印感甚"，意思是说我得到了您的手教，并且还赐给我您的刻印作品，使我感动异常。然后又写"先生治印"，又将"先生"搁到句首去。"工力甚深，刀法已极自由"，可见先父对他的评价非常高。图章不是简单地刻出来就可以了，刻印是中国极高的艺术，也是一种非常高雅的艺术审美。他评价井白先生的印已经达到了"极自由"的地步，同时又有章法，已经是很高的评价了。"唯于趣味，还有可商之处"，他同时提出仅仅在艺术的趣味上还没有达到最高点。他讲"印章原非普通人用之物，且又无用。仆尚主张一切艺术首要表情，治印亦然"，为什么有的人审美情趣高，有的人审美情趣低俗，就在于"表情"。艺术在用这个"表情"感动每个人。所以，看书法、看治印要看出表情。是雄强奋进的，还是低婉沉吟的，都有很深的表情，

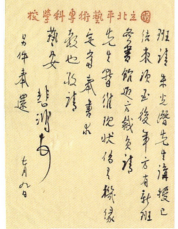
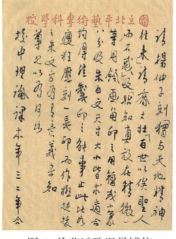

图4　徐悲鸿致温景博信

就好比我们说的字如其人。

接着他讲到自己，"故曾请白石翁刻'荒谬绝伦'、'吞吐大荒'……"有这么几个大的治印专家，一位是齐白石，他曾经为先父刻过"吞吐大荒"、"荒谬绝伦"；还有一位陈子奋，刻过"秀才人情"，这是我父亲经常用的印。以作品送人，也是中国特有的艺术形式。西方没有任何一个艺术家拿画送人，西方的画一般情况下是绝对不会送人的。但是中国人讲究文化、人情，用自己的书画作品来表现人情，用我父亲的话来讲这是"秀才人情"，有点自嘲的意思。他还请杨仲子刻过"独与天地精神往来"，请乔大壮刻过"百世以俟圣人而不惑"及"始知真放在精微"。从这几方印可以看出，艺术家钤印，不光是落款，也不光是让自己的画上面有一个红的东西，起到一个增添颜色的作用。中国画上虽叫"闲章"，其实是有很深的道理，有很深的情感在里面，如"吞吐大荒"，当然也有开玩笑的"秀才人情"。这些钤画角的章基本都使用大篆或小篆，就是青铜器上的文字和秦始皇统一天下的文字。

为什么要注意欣赏尺牍印章呢？因为文字是文明的标志。秦始皇统一全国制定了小篆，是我们今天唯一还在使用的古文字。小篆中讲究形状的美。小篆翻译成外文叫"圆形字"，就是在一个圆里面用横竖两条直线——有时候直线也变成曲线，用曲线和直线切割这个圆，使线与线之间出现了各种形状，再把这些形状组合起来，就有表情了，就有节奏了，就有韵律了，就有极丰富的内涵了。就像音乐的七种音，如果按顺序去弹奏就没什么意思，如果把它们进行不同的组合，排列出来，就会变成调，听着就好听了，如痴如醉了。小篆书法切割出的各种形状就像音乐的音符一样。所以说秦始皇的宰相李斯在制定小篆的时候极大地注意了美。中华民族在古代看书是用竹简，在竹板上用刀把文字刻出来是很困难的，不像其他有的文明，用钉子一样的东西打个眼，几个眼就是一个字，那多简单。而中国文字要考虑美，有内容，还有象形。弧线在圆上的布置，形

状之间的组合简直美到不可思议。所以很多外国人不懂中文，但是他就用墨画几道就觉得非常美，有独立的美感。

"治印之能事止此，未知尊兄以为何如。""尊兄"本来应该写在"未知"下面，但是又给升到第二行顶上去。后面内容说当时井白先生想谋个职，我父亲告诉他理论班已经有朱光潜先生在讲美术理论了，今年讲授也已经结束了，要到后年才有新班，而且图书馆"近方裁负"，刚减了人。"请先生暂维现状，倘有机会，定当奉书求教也。敬请艺安"。最后是"悲鸿顿首"。顿首的草书，形状像一个人跪下去磕头一样。

从这封信中可以看出写中国字不是简单的事，写信也不是普通的写字。当年我到林语堂故居纪念馆参观，他的女儿告诉我说，林语堂先生把我父亲给他的信都留下来，作为给女儿的书法教材。中国人应该怎么写信、怎么布白，这是他教育孩子的重要内容。

图 5 齐白石刻"吞吐大荒"印

下面我们看几个印章。首先我们看"吞吐大荒"（图5）的审美，这个印气魄特别大，而且丰富无比。"吞"字上面的"天"占满了空间，下面"口"字也尽量大。而且"天"字的撇和捺不一样长，为了体现"吞"的意义，所以让"口"尽量大，而右面的捺短一点，这就让整个字有了吞吐一切的气派。同时作者还让左面"大"字的横进到"吞"字中间来，而又让"吞"字的两横特别紧。如果你单看"吞"和"大"，一个那么大，一个那么小。但是你整个去看这方印，你会认为非常合适，既有变化，又有气魄。对美术的理解要注意两个因素，

一个是形状，一个是颜色，这是人审美的两个核心。从这个"荒"字看下面三个竖钩，为什么这样钩，而不用别的办法？真正懂得审美你就知道了。还有上面的两横，都是在使这个形状尽量有变化。"草"字头中间有变化，两横有变化。三个竖钩实际是一样的形状，但是通过大小和很多处理，看起来中间的竖像是狠一点，和第一个竖不同，跟第三个形状就更不同了，就相当于音乐的"哆来咪"，等于跳舞的"蹦擦擦"。它在无形之中给你一种美感。吞吐的"吐"字，"口"字边，两横拉上去，拉得那么长，实际上就是为了和旁边的方形有变化。都是长方形，有横着的、有竖着的、有大的、有小的，规则的形和不规则的形组合在一起，就给人非常丰富的美感。尽管齐白石先生没有上过学，一天学堂都没有进过，却仍然拥有这么高的审美，其实就是他从小时候，包括做木匠的时候，做任何事都在讲究审美所致。

图6 陈子奋刻"欲罢不能之工"印

"欲罢不能之工"（图6）是福建画家陈子奋先生为我父亲刻的印。意思是我太喜欢了，这件事想不干都不行，喜欢艺术都喜欢到骨髓里去了。这方印每个字、各个不同形状的安排，都让它产生极其自由的表情。

"往来千载"（图7），也是我父亲请陈子奋

图7 陈子奋刻"往来千载"印

先生刻的，在自己喜欢的画、收藏的画上盖这方印。意思是我们追求的东西很多都是很快就过去了，只有文化艺术能永远存在。就像上千年的小篆我们今天还在用。艺术应该是往来千载的。它代表了一个民族的最高智慧。这个"往"字非常巧妙，三横一竖的"主"字，能丰富到这个程度。"往来千载"刻的是朱文红字，就是要强调字本身的含义，就要传达出往来千载，运用这个线条的美让它达到极致。这是我们从这方印上看到的。

图8 乔大壮刻"退以竢圣人而不惑"印

信中提到的乔大壮的"退以竢圣人而不惑"（图8），不惑的"惑"刻得特别大，而且形状特别丰富。在"心"字中间加这样一竖，在别的地方是没有的，是独创。上面布白的创造，也没有第二个艺术家有同样的作品。所以我们说它的魅力和内容结合，达到了令人赞叹的程度。

图9 乔大壮刻"见笑大方"印

"见笑大方"（图9），过去"见"在金文里就是一个眼睛，我父亲请他刻这方印，嘱咐他刻朱文，而且四个字都要靠边，中间要多留点空，表现出虚心。笑上面的竹字头搁在中心，突出"笑"的形象，而且字要扁、要靠边，才能充分体现这句话的表情。

我父亲还有一方自己经常用的图章叫"江南布衣"（图10），想表达出"我是穿布衣的，不

是绫罗绸缎的读书人，我是最普通不过的一个老百姓"。这是他用得最多的一方印，大家可以从中看到他的人生态度。这方印使用的都是直线条。前面讲到小篆主要是以曲线切割形状，但是这方印把小篆的曲线全变成了直线，要表现傲骨英风，表现一个江南布衣的气魄。王侯将相没有什么了不起，一个正直的知识分子是最有气魄、最了不起的。后来他在希腊帕特农神庙的山上捡了一块

图10 齐白石刻"江南布衣"印

小石头，就用这块石头请人复制了这方印，两方印大小不一样。有的画用大一点的，有的画用小一点的。这也说明一个艺术家做人的态度。法国有一位古典主义、讲究优雅艺术的大画家，叫安格尔，他有一句名言："世界上最美的形状就是圆形。"我们试想，在秦代的时候，我们的古人在开始制定文字时候，就用这么高的审美去要求国民，这是何等了不起。

图11 徐悲鸿《牧童》

图11这幅画上有一方章，我曾经认不出来。这方章在其他画上都没有盖过。最后我找了康殷这位古文字学家，也是刻印的专家，他曾编写了中国从古到今的印典，一本一本很厚的书都是用

小楷写下来复印出版的。他把这四个字看出来了。这幅画上面有"静文爱妻保存"字样。为什么后来在画上都加上这几个字呢？因为我母亲比我父亲年纪小得多，他希望我母亲把他的作品长期保存下去，不要落到某一个人手里，别人就看不到了。他认为这是自己的宝贝，是他的得意之作。这幅画创作于当年他由滨城返回吉隆坡的路上。他去滨城办画展，为抗日筹款，所有的钱都用来支援抗战，捐献给阵亡将士的遗孤和流离失所的难民。这幅画是在非常忙碌、非常紧张的情况下画的。其实我父亲画画是非常严谨的，从来不用新纸、宿墨。我小时候给他研过很多次墨，往往研磨两三个小时才能研好。他很节约时间，不惜尺璧惜寸阴。每天早上我们都没起床，他就起来给请教他的人回信，包括小学生的来信，都要一封一封回。太阳出来后光线好了，他就画油画，光线差了再画国画。在这样的情况下，他画画都是用最好的材料。画画要纸墨相发，墨和纸之间产生的美感是很高的审美境界。所以我父亲的纸都是几十年的旧纸，都有一点灰色了，然后他加一点白在高光处，就造成很淡雅的色调。用好纸画画就像在丝绸上运笔，感觉很舒服。如果用新纸，就像在铁片上画一样。所以他从来不用新纸、宿墨。但这幅画是个例外，上面写"辛巳五月由槟过怡，居于逸庐，隔夜残墨，用试新纸，颇得意外之效，是可喜也"。这幅画美在对比特别强烈，有一只毛特别粗糙的牛和一个特别纤瘦、留着长头发的小孩。牛的这种糙毛恰恰是因为不好用的墨洇不开，可以说这是个意外。所以他说"是可喜也"。

图12 徐悲鸿刻"腐朽神奇"印

后来他专门为这幅画刻了一方章。因为他要求自己的作品诗、书、画、印要完美一致，而且要相得益彰。他刻了四个字，一个"神"字我看出来了，其他都不确定。结果康殷先生给看出来了，这方章刻的是"腐朽神奇"（图12）。最下面是个"奇"字，它的右上方是"神"字。画家就是用绘画材料中最不好的"新纸、宿墨"达到了出乎意料的效果，太高兴了，所以就专门刻了这方印。这方印到现在我都没找到，而且只在他这一幅画上见过。

《松荫课子图》（图13）这幅画是特别有历史价值的。画中拿着扇子端坐的这位长者是我的爷爷，看上去挺老的，实际这时候他才37岁。他在教我父亲读书。家里很穷，是种西瓜的，有几亩瓜地。我父亲很爱吃西瓜，但自己舍不得吃。因为经常闹灾荒，这几亩瓜地挣不到钱。一闹灾荒，

图13 徐悲鸿《松荫课子图》

爷爷就要带着父亲去周围县城、镇子去流浪，刻图章、写春联、画祖宗像。他们住破庙，住小旅馆。我父亲的童年、少年、直到17岁做小学、中学的美术老师，一直就是过这种日子。但是我的爷爷是当地有名的画家，诗书画印在当时是非常了得的，他为自己画的这幅《松荫课子图》写了一首很长的诗，里面有一句话，我将它作为我们家的家训："荏苒青春卅七年，平安两字谢苍天。无

才济世怀惭甚，书画徒将砚作田。平生淡泊是天真，木石同居养性情。"记得我父亲曾经给祖父几句评价，最后一句是"肆忘于山水之间，宴如也"。家里很穷，但到了山水之间就好像吃了最好的宴席一样。"且愿康儿勤学问，读书务本励躬行。"我父亲当年不叫徐悲鸿，叫徐寿康，但他后来觉得自己吃的苦超过世间一切艺人，自己又有远大志向，而且屡受挫折，所以像一只有鸿鹄之志的大雁一样，但却充满了悲哀，所以他叫自己悲鸿。画上的这时候，他还叫康儿，7岁想学画，父亲不许，让他把书读好。他花了几年时间把四书五经都读完，把历史《左传》读完。"读书务本励躬行"，我把这句话作为家训。我父亲是画画的，我也是画画教书的，我孩子也是画画的，读书要踏踏实实、勤勤恳恳地对待自己的学问。你要懂得这个根本，不断地激励自己，一点一点地学，这才是做学问。"求人莫若求诸己，自画松荫课子图"，自己的抱负、自己的理想、自己对孩子的期望都在这里。"落落襟怀难写处"，我的抱负、胸怀，我想要为社会做事情，但是无才济世。"光风霁月学糊涂"，我只能在这么好的光阴下面，光风霁月像郑板桥一样的难得糊涂。"白云留住出山心，水秀峰青卧此身。琴剑自娱还自砺，寸心千古永怀真。"我就在白云山水间待着了，琴剑是自娱的，但还要自己磨砺自己，这点心意不管到什么时候都不会改变，我这一辈子都要这么去做。

有一方章是"江南贫侠"（图14），中间的形状多是不规则的。另外，贫侠的"侠"字，那两个"人"字是不同的曲线造成的不同的形状。"江

图14 徐悲鸿刻"江南贫侠"印

图15 徐悲鸿《和合二仙》

南贫侠"是我父亲小时候给自己起的别号，这方章我只见过他用在了一张幅画上，是送给了当时帮助自己的一位厨师邻居的。那个时候家里很穷，就靠我父亲和祖父两个人刻图章、写春联、画祖宗像，流浪生涯。我爷爷去世时，家父是家中长子，家里穷到没钱买棺材。当时办丧事，请一位邻居帮忙做饭，没法感谢人家，就用这幅画《和合二仙》（图15）送给人家，画上是他自己刻的这方印"江南贫侠"。他的落款没有题徐悲鸿，也没有题徐寿康，题的是"神州少年"。那么一个边远农村的少年，没有钱进学校，从小就是以这种抱负对待人生。

图16 徐悲鸿《马》

展览中有一张马（图16），是他画的早期的马。这幅马是我侄子收藏的马，而且非常重要。这幅马画在我祖父去世时。父亲没有钱办丧事，写了

一封信，向祖父的一位朋友陶留芬先生借20块钱，信中写道"请你千万不要拒绝我，我一辈子化成牛马猪狗都感谢你"。之后，友人确实借了钱给我父亲。后来他画了这幅画送给陶留芬先生，感谢他帮助了自己。大家可以从这幅"马"看出他日后画马的雏形，大笔渲染，画大写意动物画就是开创在这里，而且正是开创在这个悲伤的时刻。这是一个时代的象征。

在画的最右面有一方印"真宰上诉"（图

图17 齐白石刻 "真宰上诉"印

17），说明这是他当时非常得意的作品。这四个字出自杜甫的一首诗，杜甫看到一幅非常好的水墨画，可以说是笔墨淋漓，因此作了一首诗来形容，其中有"元气淋漓障犹湿，真宰上诉天应泣"。我父亲说，艺术首先看有没有神情，治印亦然。画更是这样。"元气淋漓"杜甫早就提出来了，这是第一个标准。这幅画已经画了很久了，但是你看的时候还能感觉到好像刚画完，纸还是和湿的时候一样。这就是元气淋漓的效果。"真宰上诉"是指你的创造力、你的全部本领，你代表人类的情感，把它交给上帝，上帝看到后都感动得掉眼泪。我父亲从少年时代就吃了那么多苦，屡屡受挫，但就是在这种状态下愈挫愈坚。

大家都喜欢徐悲鸿的马，看他的马要注意几点。一个是从形象上，他是大写意动物画的代表。过去都是工笔画法，为皇室画的马非常肥，包括郎世宁画的那些马都是不能跑的马，而他的马是战马形象，腿特别长，夸张得很厉害，比一般的马腿长出很多，这就是杜甫形容的"竹批双耳峻，风入四蹄轻。所向无空阔，真堪托死生"。这种瘦马特

图18 徐悲鸿《追风》

别强壮，鼻孔特别大，胸部发达，白鼻梁黑腿。这是1940年他到印度克什米尔骑马长途跋涉，日夜和马在一起，充分了解马之后才形成的这种形象。所以看他早年画的马，如果是这种形象，一定是赝品。在这幅画（图18）中，马向前奔，在西方绘画中叫作大角度短缩透视。马从全正面跑过来，像一个人手指着你，这种马最难画。但是这种角度的动物和人物，使画面的力度倍增。所以他选择了最大的角度，取马的一往无前、无往不胜的这样一个姿态。这幅画就画在中国抗日战争最艰苦的时候——第二次长沙会战。在第二次长沙会战中，画家忧心如焚，希望中国像第一次一样把日本人打退，"企予望之"。他在这匹马上寄托了感情和希望。大家可以看到，他的马从一开始普通的马，到后来带入了个人的感情。中国绘画特别强烈的一个特点就是自况，画的不光是马，同时也是画自己。马象征着自己。"水草寻常行处有，相期效死得长征。"国家到了生死存亡的时候，他在新加坡，别人要多少，他画多少。这些钱都是用来抗日的。他的画表达的是对民族的期盼，代表的是民族的形象。这时候他的马代表的就是中国在这一时刻的精神。这种画不光中国从前没有，世界上也没有。全世界无论哪一位画马的高手，也没有这么深的内涵在里面。他在画马上，把文人画梅兰竹菊的自况发展到了一个极致，所以才成为中国画的象征。在他的笔下，不光是马，像狮子、公鸡、麻雀，都有中国艺术的崇高美妙之处。

（根据作者2015年12月在首都博物馆"翰墨华章——新中国以来名家书画文牍大展"上的专题讲座《谈徐悲鸿的艺术精神》整理而成，经作者确认。）

# 黄胄的艺术

炎黄艺术馆馆长，中央美术学院教授、山水画系主任　崔晓东

感谢首都博物馆邀请我来为"翰墨华章——新中国以来名家书画文牍大展"做这个讲座。研究黄胄先生是我们炎黄艺术馆最重要的工作内容和职责，我也是他的学生，今天由我来简单介绍一下黄胄先生的艺术特色和他所取得的成就。

黄胄先生是 20 世纪后半叶最杰出的画家、绘画大师，也是新中国美术最重要的开拓者和奠基人。他对那个时代产生了巨大的影响，他是一个开拓性的、里程碑式的画家，代表着新中国美术的最高成就，是那个时代少有的几位时代巨匠之一。

首先，我简单介绍一下黄胄先生的生平。黄胄先生出生于 1925 年，河北蠡县梁家庄（属于保定地区）人，1997 年去世，时年 72 岁。黄胄先生出生在旧中国，那时战乱不断，他们家的生活条件不好，他父亲在外面当兵，因此他年轻时经历了很多苦难，对旧社会及当时的社会现状有深刻的体验。他 14 岁时就开始喜欢画画，那时他就立志要当画家。1942 年，他遇到了韩乐然先生，一位当时很有名的、从法国留学回来的朝鲜族油画家。那时韩先生正想找一个爱好绘画的青年跟他去画画，帮他背行李和画具，于是黄胄就跟随了他，徒步旅行八百里秦川，共同生活了两三个月，从韩处学到一些外国美术知识。在这期间，1944 年，黄胄 19 岁时，正式拜赵望云为师，跟着他学中国画。对于黄胄的艺术生涯来说，比较重要的活动是在 1946 年随司徒乔先生去黄泛区写生，目睹了当时人民群众的苦难，正是这次写生，奠定了黄胄一生的艺术价值观。早期黄胄生活很困难，没有收入，经常吃不饱饭，经历过很深刻的困苦生活，因此他非常关心民众的苦难，非常

痛恨当时的社会现实，这段经历对他后来的艺术成长有很大影响。

1949 年，黄胄先生参加了中国人民解放军，成为一名解放军战士，在西北军区从事战士读物的美术工作。此后他的绘画成就开始受到画坛瞩目，对当时美术界产生了一定影响，1955 年被调到北京解放军总政治部创作室工作。在总政文化部撤销创作室编制后，又调到总政宣传部军人俱乐部工作，任美术组组长。随后于 1959 年调任军事博物馆从事专业创作。1966 年"文革"的时候，黄胄先生遭到了批判，成为当时"三家村"的黑画家，受到迫害，从此患了很多疾病，身体一直非常不好。1975 年，黄胄 50 岁时，转业到了轻工业部工艺美术公司担任顾问。1980 年，他开始筹建中国画研究院，就是现在的国家画院。1984 年，他辞去中国画研究院副院长职务，不久开始筹建炎黄艺术馆。炎黄艺术馆于 1989 年奠基，1991 年开馆，由黄胄先生担任首任馆长。1997 年，黄胄先生去世。这就是他的大概经历。

我们可以从黄胄的作品中，看到他的生命轨迹。《蔡家坡的牧羊人》（图 1）和《南山云深处》（图 2）是黄胄早期的作品，是 1943 年十几岁的时候画的，画的是他在陕西住的地方。他从这时

图 1 黄胄《蔡家坡的牧羊人》

图 2 黄胄《南山云深处》

候起就非常关注生活。而且黄胄从开始画画就到生活中去画速写，表现他眼睛所看到的生活，这是和其他很多画家不同的地方。

《遍地汹汹黄水》（图 3）、《行行好吧，大娘》（图 4）、《小秃儿》（图 5）描绘的是黄泛区的景象。1938 年 6 月的抗战时期，为了阻挡日军进攻，蒋介石派部队把黄河口给炸开了，当时淹了四十四

图 3 黄胄《遍地汹汹黄水》

个县、一千多万人口，黄河决口造成整个中原地区的人民都开始逃难。黄胄当时与司徒乔先生前往黄泛区写生，画了很多类似题材的作品。但是保留到现在的已经不多了，现在基本都存放在炎黄艺术馆。那个时候他就非常关注人民的苦难，对现实保持一种批判态度，所以他一直把群众生活作为最重要的表现内容。黄胄当时受到很多进步思想的影响。毛主席在关于《在延安文艺座谈会上的讲话》中说："生活是创作的唯一源泉。"这句话后来成为黄胄终生追随的信条，并认真加以实践。他把自己走的这条艺术道路总结为"生活之路"。这三幅作品正是描绘黄泛区人民的痛

图 4 黄胄《行行好吧，大娘》

图 5 黄胄《小秃儿》

苦和苦难。从 1938 年黄河决口开始，直到 1946 年，黄泛区还是一片泥泞，人民颠沛流离。

因为在旧社会人民吃不饱饭、没有地方住，而解放后人们的生活进入了一个新的时期。所以在这个时期里，他在创作中表现出来了人民群众在翻身以后的喜悦和对新生活的向往。对新社会、新生活的热爱。《爹去打老蒋》（图 6）是黄胄1949 年创作的，是一幅被关注度很高的作品，画的题材是一个妻子送丈夫去参军。徐悲鸿看到后非常喜欢，很欣赏，于是用自己的一幅画去换。这幅作品至今仍收藏在徐悲鸿纪念馆。黄胄先生没念过书，没受过正规学院教育，但他的三位老师韩乐然、赵望云、司徒乔，以及后来的徐悲鸿，

图6 黄胄《爹去打老蒋》

都对他的艺术道路有很大影响。很多人问，黄胄
先生没读过书，没上过美院，怎么还能画那么好？
黄胄说："可能我如果上过美院会画得更好。"
我认为黄胄先生有着远大的艺术理想、不懈的奋
斗精神、正确的艺术道路，同时他还具备难得的
绘画天赋。他的艺术才华是很少见的，可能要几
百年才能出一位。另外，他是一位特别勤奋的画家。
不是人人都能像黄胄这么勤奋，也不是人人都能
有这样的才能。

《幸福的道路》（图7）又名《金色的道路》。
当时青藏公路和康藏公路通车，对提高雪域高原
地区的经济文化和生活水平发挥了重要作用。这
幅作品是反映解放军进入西藏后，西藏人民的
喜悦心情。《苹果花开的时候》（图8）是他这
一时期的重要作品。这一时期的创作开始从表达
黄泛区的贫苦生活转变为解放后对新生活的向往
和期待。这种审美追求奠定了新中国美术的基础，
新中国美术就是从这种表现开始的。

《洪荒风雪》（图9）是黄胄的代表作之一，

创作于1953年，于1957年第六届世界青年联欢
节中获得金质奖章。这幅作品是新中国绘画中最
早的获国际奖艺术作品。当时他去西北采访看见
勘探队，那时正值新中国第一个五年计划，全面
经济建设开始，勘探队伍到处寻找矿藏。这个题
材喻示着他对未来生活的一种向往和期待。这幅

图8 黄胄《苹果花开的时候》

画非常有特点，骆驼画得很大，显得非常有气魄，
在中国传统绘画的基础上吸收了很多西方绘画的
特点，包括天和雪。这幅作品是新中国美术最重
要的作品，在当时影响非常大。

黄胄从50年代开始画新疆。由于他经常去西
北各地采访，新疆开始成为他绘画的主要题材。
他一生去过七次新疆，画了很多作品来描绘边疆
的生活。在美术界，他是比较早开始表现新疆的。
黄胄的新疆题材非常丰富，他长期在新疆深入生
活，对新疆的风土人情掌握得非常透彻、深入。

图7 黄胄《幸福的道路》

图9 黄胄《洪荒风雪》

图10 黄胄《丰收》

他能把新疆人那种美的状态和形象画出来。《丰收》（图10）是他50年代的创作。这幅作品跟传统的中国绘画不太一样，表现的是空间关系，包括色彩关系，是非常有创造性的。他把西方绘画的手段用到中国画里，这里的云、气氛，包括空间都是中国传统绘画不常见的。可以说黄胄先生是一位开拓性的、有创新精神的画家。《阿克陶巴扎一瞥》（图11）是他在贸易市场看到的生活景象，人们就在市场露天理发、刮胡子。《庆丰收》（图12）是黄胄很有名的一张画，后来挂在人民大会堂新疆厅。画面里的人物非常多，场面非常巨大。他特别擅长画体量大、人物众多的大题材。每个人的动作、表情、形象、人和人之间的关系都要表现出来，还很生动，这是非常难的。他画的舞蹈、人物、形态全都是在动的。动的难画，各个部分都要协调。在这个方面，黄胄先生有非常强的能力。他长期坚持观察生活，拥有很强的捕捉生活瞬间的能力。

图11 黄胄《阿克陶巴扎一瞥》

黄胄画过很多少数民族的题材。他画的《草原逐戏》（图13）是描绘哈萨克人风俗的作品，另外还画过像云南的傣族、四川的彝族等等很多民族。他本身是汉族，但是东南西北的少数民族他都画过，对边疆民族很有感情。

黄胄的笔墨是他独特的特点。他的笔墨不是十八描这类传统古人的笔墨，他的笔墨是从生活

图12 黄胄《庆丰收》

图13 黄胄《草原逐戏》

中来的。在生活中他画大量的速写，并把这种速写转换成非常生动的笔墨，线条直舒胸臆，有很多重复的线，都在动。这种用笔是过去绘画史中没有的。黄胄先生自己也说：一下就那么准就没意思了，像打篮球投篮，每次投都进去就没人看了，就是有难度，有进不去、有进去才好看。这是他独创的复线技法，在他之前没有，在他之后有很多人学他。

《奔腾急》（图14）画的是小学生骑着马上学。这是有一次出差去外地，人民美术出版社的社长邵宇先生来送他，只有两个小时的时间，他就在上车前非常快地画了这幅画送给他。后来邵宇先生又把它捐给了炎黄艺术馆。可以说，黄胄先生完全继承了中国画的气韵生动。他不会一边画一边找资料，或者再想想，他的画都在心里，一气呵成，没有丝毫障碍。如果看原作，就能够非常清楚地感觉到那种笔墨间的痛快淋漓，你会觉得所有的笔墨都在动，非常有美感。这就是黄胄的作品注意精神气韵的特点，线条的疏密组织、

图 14 黄胄《奔腾急》

线条的形态都对作品的表现有很大影响。

　　黄胄一生都在画速写，中国速写的发扬光大黄胄先生起了很大的作用，后来速写成了画家的必修课。其实速写是西方素描的一种，有快有慢，到中国以后发展成为速写。从他的这些速写中，我们可以看到他画速写能捕捉到人物特点、性格、场面和气氛，这是非常不容易的。我们一直提倡学生画速写，但是速写要想画好非常难，难在描绘的目标总是在动，总是在变。因此必须把那一瞬间将形象记住再画，需要大量的实践。我当年也画过很多速写，但很难画得像黄胄先生这么好。

　　《曹雪芹》（图15）是黄胄画的古代题材作品。到50年代以后，他觉得自己的传统功底不够，需要加强，包括书法和绘画，于是又开始钻研古代传统。

　　《七驴图》（图16）画的是黄胄很有名的题材——毛驴。黄胄画驴很出名，以至于很多人认为黄胄就是画毛驴的。齐白石画虾，徐悲鸿画马，黄胄画驴。有一次画展中没有驴，很多观众觉得

图 15 黄胄《曹雪芹》

黄胄的画展怎么能没有驴。黄胄先生喜欢驴忍辱负重和吃苦耐劳的精神。画驴是他练习笔墨的一种方法，后来画得多了就不用再看，都已经记在脑子里。除了画驴外，他也画了很多其他动物，

图 16 黄胄《七驴图》

比如猫、骆驼、鹤、松鼠、鹰、鸡、雁、鸭子、青蛙、水牛、猪、鸟、鹅……可以说所有动物他都画。李可染先生特别喜欢黄胄的狗，曾说"黄胄的狗

图 17 黄胄《梅花》

天下第一"。

　　《梅花》（图17）、《墨竹》（图18）是他60年代研究传统时期画的竹子和梅花，这期间，他进行了很多传统技法的训练，对后来80年代的创作有很大影响。黄胄先生在书法上也下了很大的功夫，形成了黄胄体，生动有气势。

图18 黄胄《墨竹》

图20 黄胄《海岛民兵》

黄胄先生是一位军人，画过很多国防题材。1973年，他到西沙群岛写生，正好赶上西沙海战，于是以唯一一位战地记者的身份参加了西沙海战。《西沙女民兵》（图19）和《海岛民兵》（图20）画的都是民兵和解放军一起保卫祖国的边疆海防。《民兵》（图21）、《过山战士》（图22）也是画的民兵。这些都是他那个时期画的速写。

图19 黄胄《西沙女民兵》

图21 黄胄《民兵》

黄胄先生画的《松鹰》（图23）是当时华国锋主席送给南斯拉夫元首的国礼，由叶剑英题字。《百驴图》（图24）被邓小平送给了日本的天皇。《欢腾的草原》（图25）是胡耀邦总书记将这幅画作为礼品送给了美国实业家、收藏家哈默博士，以感谢他对中国的投资。哈默去世后，他的孩子将这幅画送回到中国拍卖，拍了1.28亿元。这是黄胄非常有代表性的作品。

黄胄先生同时也是大收藏家，收藏了许多古代绘画。他从20世纪末就开始收藏，他收藏很多

绘画史上著名画家的作品。后来他的收藏都捐给了炎黄艺术馆，现在炎黄艺术馆的藏品就是以黄胄的收藏为基础，还有一些他捐给了故宫。

《鞠躬尽瘁为人民》（图26）是他在1977年周恩来总理去世后，为历史博物馆画的，现在还收藏在历史博物馆。

黄胄先生于50年代初期出现在画坛上，他以他那炽热的情感、强烈奔放的线条、生动活泼的人物，为画坛吹进了一阵强烈的春风。他那灵动的笔墨、充满动感的人物造型、生动而饱满的构图、扑面而来的生活气息，令人耳目一新，对当时画坛的僵化现象造成了强烈的冲击。黄胄先生的作品，手法简练、概括、去掉了许多烦琐的细节，弱

图22 黄胄《过山战士》

图23 黄胄《松鹰》

图24 黄胄《百驴图》

图25 黄胄《欢腾的草原》

图26 黄胄《鞠躬尽瘁为人民》

化了明暗和体积感，突出了人物的生动性和笔墨的自由流畅，弥补了严格写实给水墨人物画带来的弊端。他对当时画坛重要的贡献之一就是使笔和墨活了起来。使笔和墨的独立价值大为提高，这给当时的人物画家们一个非常重要的启示，使人们看到一个新天地，为水墨人物画开辟了一条新的发展之路，为20世纪60年代之后水墨人物画的繁荣，起到了重要的作用。

黄胄先生及其作品为我们及这个时代留下了许多宝贵的启示，首先画家要满怀热情地面对生活，不管我们接受什么样的严格训练都不能磨灭面对生活时的敏锐感觉和激情，以及迅速捕捉对象的能力和手段。还有，画家要重视培养、发展自己的个性，要找到适合自己的发展道路。还要勤奋，黄胄先生的勤奋是有口皆碑的，据说他一年要画二十多刀宣纸，这在一般人来说是不能想象的。他一个很突出的特点就是他通过大量的速写和反复的练习，将他所表现的人物、动物和其他对象熟记于心，当创作的时候，这些形象呼之欲出，这样才能保证他的作品自然，生动、流畅，才能形神兼备，才有神来之笔，这是中国画一个非常重要的特征。他是我们这个时代杰出的绘画大师，他以他的天才和勤奋为这个时代留下了大量优秀的艺术品和宝贵的艺术精神，他影响了他之后的几代人，他对今后水墨画的发展也将会有广泛和深刻的影响。

以上只是简要介绍了黄胄先生的艺术成就，由于本人水平能力有限，也由于时间的关系，很不全面。再次谢谢各位的光临！

（根据崔晓东先生2015年12月在首都博物馆"翰墨华章——新中国以来名家书画文牍大展"上的专题讲座《黄胄的艺术》整理而成，经作者确认。）

# 翰墨怡情

中国书画艺术鉴定研究中心副主任，中国人民大学徐悲鸿艺术研究院研究员　张忠义

听了前面三位专家（李小可、徐庆平、崔晓东）的讲座，受益匪浅。按照首都博物馆安排，今天由我就"大家翰墨"这部分展品作些讲解。

"大家翰墨"应该是此次展览里面分量最重的部分，汇集了1949年以来对新中国解放和建设事业做出贡献的，包括书画、文学、艺术等各个方面大家的作品，内容丰富，精彩纷呈。展品可归为三类：绘画、书法和文牍。文牍主要包括信札、手稿以及文献。众所周知，新中国以来的绘画，不仅在学术上受到认可，在艺术品市场上也已经受到广泛的关注。中国近现代书画始终是市场表现最强劲、最受欢迎的部分。

绘画我可以举两个例子：一件是李可染先生的《万山红遍》（图1），这件作品是近现代书画类单件作品里价格最高的，拍了将近3亿元人民币。

现在展厅里也有一件《万山红遍》（图2），大概3平方尺，刚刚拍了1.84亿。书法中最高价是北宋四大家之一黄庭坚的一件作品《砥柱铭》（图3），拍了将近4.4亿。文牍里面，晋代王羲之摹本《平安帖》（图4）拍了3亿多元。图5是

图1 李可染《万山红遍》

图2 李可染《万山红遍》

刚刚拍卖完的张大千致山田喜美子的一封信，两页纸拍了80多万，它的起拍价是8000元，以100倍的价格成交。图6是茅盾的一件文稿，前两年是1207万成交的。手稿类最高价格的作品，是1994年被比尔·盖茨拍下的达·芬奇手稿，他从拍卖会上花了3000多万美元，当时人民币汇价是八点几，也就是2.4亿多人民币。

这里有一个问题，为什么两页纸能拍80万，一份手稿能拍两亿多元或一张画能拍几亿元？它们的价值在哪里？文物艺术品为什么能有这种价格？

首先，我想讲一讲文物艺术品的特殊属性。

文物艺术品虽然也是一种产品，但是和一般产品不一样。比如说一台电视机是一个产品，你能看电视，它有使用功能，这是物质属性。文物艺术品也是物质的，摸得着、看得见。但是除了物质的之外，文物艺术品还有两个属性是一般产品不具备的。一个叫作文化属性，一个叫作精神属性。

文化是什么？文以载道，融会贯通。文化实际是人类创造所有文明的总和。展厅里"大家翰墨"

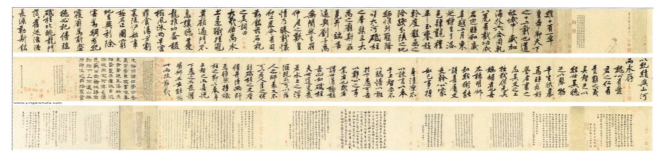

图3 黄庭坚《砥柱铭》

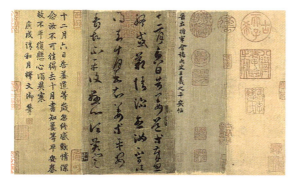

图4 王羲之（晋）摹本《平安帖》

图5 张大千致山田喜美子信

图6 茅盾文稿

这部分展品，很多都是文物级别的。它传达了特定历史时期的文化。像李可染、齐白石、黄胄的很多作品也都是文物，当然也有艺术品。当代作品都是艺术品，它具有一定的艺术价值。文物和艺术品的区别在于文物除了具有一定的艺术价值外，还要同时具有历史价值和科学文献价值。而精神属性就是文物艺术品通过其文化内涵，能够反映作者的思想感情、作者的审美情趣、作者对社会事物的认识态度，同时还能引起观众的精神碰撞。这点很重要，你拿一台电视机什么也表现不出来，但是一幅画、一幅书法却能够反映出作者的思想与观者的遐思。有一句话叫"书如其人，文如其人"。从书法绘画里面可以判断作者的修养、文化底蕴、他的性格和为人。因为具有这种特殊的属性，才会有特殊的价值。比如张大千写给山田喜美子的这些信，让我们了解到张大千60多岁在日本一段浪漫的历史，他彼时的文化艺术境遇和思想感情。既具有文献价值、历史价值，也表现出强烈的精神属性。我们刚才讲的值多少钱，都是它的经济价值，经济价值之所以高，前提是因为它具有特殊的属性。

第二，我想讲一讲文物艺术品的鉴赏标准。

展厅里挂了这么多作品，怎么叫好？怎么叫差？为什么许多作品大家都喜欢？作为审美来讲，应该有一个比较共同的认识，即鉴赏标准。我觉得，至今为止，中国南北朝时期谢赫提出的"六法论"最为经典：气韵生动、骨法用笔、应物象形、随类赋彩、经营位置、传移摹写。他主张从这六方面来评定书画艺术品的优劣。"气韵生动"的"生"是有生命力，"动"是能感动人，说的是好作品的宏观表现，一定要鲜活、要能感染人；"骨法用笔"说的是中国的书法绘画要在用笔上下功夫，笔墨是中国书画的最基本元素；"应物象形"说的是你要画什么就应该像什么，如果你画绿萝卜像西红柿就有问题；"随类赋彩"说的是你画的东西本来是什么颜色，就应该用什么颜色；"经营位置"，用现在的话来讲就是结构布局；"传移摹写"是说书画可以上下传承、可以临摹学习的。一千多年前谢赫提出的这六项审美方法，如今已经是全世界都非常认可的一个鉴赏文物、书画的标准。

另外，英国文艺复兴时期的哲学家培根曾说过："读史使人明智，读诗使人灵秀，数学使人周密，科学使人深刻，伦理使人庄重，逻辑修辞使人善辩，凡有所学皆成性格。"我觉得这句话非常具有哲理，不同的作品的确反映了不同作者的性格和思想。此次讲座之所以取"翰墨怡情"这么一个标题，目的就是希望我们能从这些不同作品中，感受到不同的快乐、启迪和收获。

第三，有了对文物艺术品价值观的认识，有了基本相同的审美标准，我们就可以对具体作品展开鉴赏活动。

我们选几件作品，来感受一下：

这是何香凝的一幅画《绿梅牡丹》（图7）。何香凝是一位革命家、政治家，同时也是一位书画艺术大家。在深圳有一个"何香凝纪念馆"，是以国家名义给个人建立的唯一的一座纪念馆。1995年江泽民亲自题写馆名。何香凝是岭南画派的重要代表人物，她的画主要表现为岭南和日本两种画风。日本画风的特点是工细，非常写实，这与日本民族的精神有关系。她所绘的如狮（图8）、虎等题材，虽是日本画风，但都有很深的爱国含义。另外一类是传统的中国画，此幅《绿梅牡丹》便是。画上的用笔、用墨、用色，尽显何香凝先生的高超绘画功力和深厚学养。更重要的是其借物抒情，饱含深刻寓意，展现了她革命的经历和伟大的情怀。

牡丹乃花中之王，中国人很熟悉也都很喜爱，寓意吉祥富贵，这是一个概念。绿梅呢？它是梅花中的佼佼者，原产地在台湾，现在大陆很多地

方都有了。梅花高洁、清爽、不畏严寒、敢于抗争，这是第二个概念。牡丹和绿梅交织在一起，层次分明，把两种象征内容画在一幅画上，前所未见，意义独特。这幅画是1954年何香凝送给燕铭同志的，燕铭即是中华人民共和国成立时国务院总理办公室主任兼文化部副部长齐燕铭。实际上这是何香凝对新中国的一种祝福，同时也告诉人们，中国尚未一统，革命尚未成功，同志仍需努力。

图7 何香凝《绿梅牡丹》

图8 何香凝《狮》

富贵繁荣要与艰苦奋斗伴生。

下面这幅作品是蒋兆和的《流浪儿》（图9），这幅画是我收藏的作品。蒋兆和先生是新人物画的开拓者，他把过去历史上传统人物画进行了改变和创新，把文人士大夫的审美情趣，转化到表现当代人生、人性和人文关怀上面。特别是对人物内心世界的刻画，在中国画史上达到一个新高度。他最有名的代表作品是解放前创作的《流民图》（图10），在全世界都有影响，现在收藏在中国美术

图9 蒋兆和《流浪儿》

图10 蒋兆和《流民图》

馆。当代很多人物画大家都是他的学生，可以说蒋兆和他的人物画在中国具有一种承前启后的作用。他的夫人叫萧琼，是北京四大名医萧龙友之女，是齐白石、溥心畬、王雪涛的学生，也是著名的书画家。这幅作品尺幅并不大，但是很精彩。右面是蒋兆和先生的作品，画得非常简单，属于大写意，就是寥寥几笔。我们看画里面，竖着一笔刷下来，表示的是一面墙，而墙下是一个流浪的小孩靠在墙上，两眼望天，瘦骨嶙峋，活灵活现，再加上蒋先生的自题："这个弱息螟蛉原是璞中琼琇，但如今却无依无靠，只落得踯躅街头，饿莩两眸渴望天宥。三十八年 兆和。"这幅画就具有了强大的感染力！最后一句话很重要，"渴望天宥"，这个"宥"字

是保佑的意思，孤苦伶仃，无依无靠，只能祈求上天保佑。这幅画是1949年画的，它实际上是记录了历史，这是中国旧社会状况的一种缩影，是非常精彩的。我在画幅下面写了一段小字："1998年冬携所藏兆和先生此幅画作，赴萧先生住所拜谒，见后甚喜，谓此乃蒋先生精品，且为兆和全集所未收，当即命女儿拍照留存，并欣然题书'丹青难写在神韵'。"这段文字记录了我携带此画拜谒萧琼先生的过程。萧先生的题字虽然寥寥几字，但却是点睛之笔。萧琼先生说："别看很简单，却写出了神韵，写出了生命力。"这与我前面讲到的"气韵生动"如出一辙。后来我将肖先生的书法与画作托裱到一张纸上，成就了这幅书画合璧，也是夫妻合璧。这在蒋先生的作品里面是很特别难得的。蒋兆和的女儿蒋代平曾借此幅画参加北京画院2012年6至7月间举办的"尽写苍生——蒋兆和绘画艺术发现展"，并特别将此画制作跨页收入画集。艺术是不朽的，文化是传承的，看似简单的一幅画，承载了多少历史，记录了多少故事。这幅画就体现了我们说的历史和科学文献价值。

上面讲的是两幅画，下面选出两幅书法和大家交流。

一幅是齐白石的书法行书《补题诗》（图11），齐白石不光中国人知道，全世界都知道，他是跟毕加索齐名的。齐白石先生没有上过学，是一个放牛娃出身，最后却取得了这么伟大的成就，一个原因是他的天分，另外一个原因则与他刻苦学习、一生勤奋是密切相关的。因为他一生以卖画为生，寿命又长，所以作品存世量大。在他的作品中绘画最多，书法相对较少，信札就更少。这件书法作品是一首七绝："几家楼阁雨中春，二十年来墨色新。此日重看头尽秃，画时还是二毛人。"底下小字注"有人以予前十二年之画请补题"。告诉我们他十二年之前画过一幅画，有人让他在那幅画上补题，于是就在画上题了这首诗。而这幅作品是他另一个朋友伯筠先生，拿来纸向齐白石索书，他想起这首诗，就重新书写一遍，可以看出齐白石先生对这首诗是情有独钟的。他还说过这么谦虚的话："此予平生

所短也。"意思说写书法是我的短处。实际上齐白石书法水平极高,已经自成一体。这幅书法行云流水、一气呵成,最有特色的是有三个"长杆"。一个是"中"字,一个是"年"字,一个是"纸"字。这三个长杆,苍劲有力,异常夺目。另外还有三个大的支脚——"还"字、"是"字、"人"字各有一个大支脚,力透纸背、入木三分。这样的布局和空白,使这幅作品具有极强的视觉冲击力,有一种拔山倒海的力量! 另外从内容看,"几家楼阁雨中春"说的是时间和环境;"二十年来墨色新"说的是自己始终在绘画,始终在创新;"此日重看头尽秃"是说今日当我再看此画的时候,已经开始掉头发、年纪已经比较大了;"画时还是二毛人"是说十二年前我画原画的时候,头上还有两种颜色(一般三四十岁头发就开始发白了有黑白两种颜色了),还比较年轻,

图11 齐白石《补题诗》

诙谐有趣,合辙押韵。它既表达了齐白石自己对光阴的珍惜,对绘画书法的坚守,又对他人产生明显的警示作用。

作品上面除了齐白石自己的名款印外,另外还有几方印,一方叫作"不是奇葩不落印",奇葩是与众不同、很难得的,齐白石盖了这么一方

印是因为他认为这幅作品非常精彩。还有一方"辛家曾藏"的收藏印,说明这件作品是在一个姓辛的家里收藏过的。还有"百花书斋",这也是一方收藏印。这些印章告诉我们:第一,这是齐白石的得意之作;第二,这件作品是经过名人辛冠洁收藏的,因为"百花书斋"就是辛冠洁的斋名。辛冠洁是一位书画收藏大家,也是一位老革命,从事抗日救亡运动,后来从事研究工作,还参加过《毛泽东选集》的编辑,最后在中国社会科学院哲学所离休。如果这件作品拍卖的话,因为有这些因素,它的价值会非常之高,所以这件东西我特意把它选出来,和大家进行交流。

我要讲的另一件作品行草书《贫交行》(图12)的作者是苏步青先生,曾任全国政协副主席。在我们的印象里,他不是书画家,而是著名的数学家。但看了这件作品,却不能不为他的书法和诗词水平所震撼。其书法水平要比许多挂有这个衔、那个衔的当代书法家强百倍! 一般人写楷书、行书还行,但草行书如没有专门功力是写不好的,写出来也是"胡画"。苏步青先生的草行书令人叹为观止,基本功扎实,笔力遒劲,行云流水,随意挥洒。"翻手"和"覆手"的两个"手"字写法是不一样的,犹如王羲之兰亭序中二十几个"之"字都不一样。虽然只有黑白两色,但墨色就像音乐符号,在白纸上不停跳跃变动,变化多端,谱写出一首壮美的旋律。

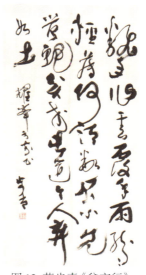

图12 苏步青《贫交行》

而它的内容更深刻，我作了释文："翻手作云覆手雨，纷纷轻薄何须数，君不见管鲍贫时交，此道今人弃如土。"这是一首七绝诗，虽然没落年款，但可以判定是写于"文化大革命"期间。"翻手作云覆手雨"是说变化无常、随心所欲；"纷纷轻薄"是对寡廉鲜耻的一种批判；"何须数"是说用不着来数落的那些罪恶；"君不见管鲍贫时交"中的"管鲍之交"是很有名的，通过春秋战国管仲、鲍叔牙"贫贱之交不可移"的历史故事，鞭笞"今人弃如土"的社会现象。这实际是通过诗词，抨击"文化大革命"今不如古、道德沦落、亲朋好友相背叛的丑恶现象，具有极其深刻的思想文化内涵。真是"数学使人周密"，用草行书写出来让你摸不着门径，更是锦上添花。试想一下，他如果用楷书来写，就没有了这种效果。这幅书法充分反映出一个数学家缜密的思维和深厚的底蕴，没有想到苏步青先生能有这种书法诗词作品传世，可称千古一绝。

前面分别选了两件绘画、两件书法，接下来我再选两件文牍。

一件是郭沫若的《调寄满江红》（图13）。郭沫若多才多艺，是著名文学家、诗人、剧作家、考古学家、书法家、思想家、古文字学家、历史学家、著名社会活动家，曾任中科院院长、全国人大常委会副委员长等职务。郭沫若的书法传统功力非常深厚，他学习过古代的颜真卿、柳公权书体，后来又学了米芾、黄庭坚，最后融汇各家形成了"郭体"。郭沫若主要的书法作品是行书，但这件作品却是难得一见的楷书作品，因为怕编辑认不出，写得是工工整整。展览把他《调寄满江红》原稿和《诗刊》发表时一系列辅助资料同时展出，两相对照，别有趣味。上阕是："充实光辉，大而化，空前未有。经纶外，诗词余事，泰山北斗。四十一篇风雅颂，亿千万众心手口。沁园春，水调有歌头，羌无偶。"下阕是："嫦娥舞，瘟神走，梅花笑，苍蝇朽，新史诗，将更地天恒久。砥柱擎天天不坠，红旗卷地地如绣，复从心，万岁共三呼，人长寿！"这是对毛主席诗词《调寄满江红》的唱和。整首诗是对毛主席诗词和毛主席本人的赞颂。正式发

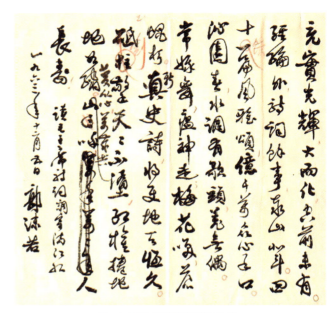

图13 郭沫若《调寄满江红》

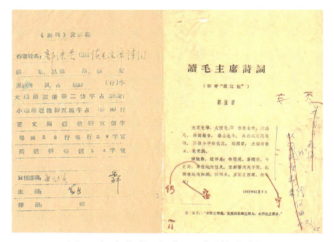

图14 郭沫若《调寄满江红》（修改稿）

表前后，他又反复作了修改、对照（图14），他把"三呼万岁，人长寿"等明显具有个人崇拜色彩的部分作了修改；把"将"字改成了"仍"，"将使"是未来时，"仍使"就不一样，仍是原来就有，已经恒久了，虽然一字之差，但意思就不一样了。"新与旧"改成了"新宇宙"。从中我们能看到他仔细推敲、反复琢磨的痕迹。从诗稿中可以深刻感受到他既激情勃发又小心翼翼的心理状态，既要歌功颂德又要恰如其分的良苦用心。他既是一位艺术家，更是一位政治家。他对艺术、对人生拿捏把握的程度，非常人能比。这类文牍是很难见到的，所以非常珍贵。

下面我们看一下赵朴初先生的作品。赵朴初

图15 赵朴初《莲花不着水》

先生跟郭沫若先生一样，年轻的时候就积极从事抗日救亡运动，是一位伟大的爱国主义者。郭沫若是共产党员，他不是，他终生没有入党。他是一位宗教领袖，是中国佛学院院长、中国佛教学会会长，当过全国政协副主席。图15是这次展览中的一件展品《莲花不着水》。"莲花不着水，日月不住空"，语出《华严经》："于诸惑业及魔境，世间道中得解脱；犹如莲花不着水，亦如日月不住空。"莲花清香廉洁，自淤泥中长出而不沾染肮脏、同流合污，始终保持清洁的品质。太阳月亮日夜带给人们光明，却不沉迷于天空的光辉，遵循自然，不停轮换。"莲花不着水，日月不住空"从现实生活中揭示事物规律，提醒世人不能执着于面前的美景，更要经得起黑暗和逆境。只有勤于修炼，才能脱离魔境，寻求解脱。短短十个字，揭示了深刻的人生哲理。赵朴初一生经受无数磨难，正是因为有这种洁身自好的修养和宠辱不惊的智慧，才能战胜各种挫折，创造人生辉煌。此幅为"赵体"楷书，中锋用笔，端庄规正，一笔一画，厚重沉稳，笔速缓慢，墨色均衡，凝神静气，情感安宁。观书法如临其境——莲花出水脱凡尘，梵音袅袅播福音，让人感受到佛法的肃穆庄严与佛家虔诚平和的心情。短短十个字，心无旁骛，仪态大方，充满了哲理和智慧。

赵朴初先生的书法作品一般尺幅都很小，但所有作品都内涵丰富，有文化，有精神内蕴，表达的意义深刻。图16是《读史一首》："读史聊当酒半斤。二千年事梦中论。徽尊端佑玩猴戏，谥赐文忠骗死人。阿Q精神沦骨髓，半闲岁月费经纶。蚁旋磨转无穷世，粉碎洪荒拼此身！读史一首，一九七五年三月二十四日初稿。"虽然尺幅很小，但是看后让人感觉非比寻常。

《读史一首》作于四人帮最猖狂的时候，通篇引经据典，通过典故、俚语，采用借喻、讥讽、模拟、夸张等技术手法，表达了对社会丑恶的深恶痛绝，对国家命运的担忧和誓死捍卫真理的决心。作者言自己读史如饮酒，谈史如梦呓。诗中，赵朴初把江青比作晚清的慈禧，把"文革"掌权势力比作宋代奸相贾似道，把他们的勾当视为耍弄人间的猴戏，揭露旧时统治者在大臣死后赐谥号"文忠"的骗术，告诫人民不要被当世"忠于"

图16 赵朴初《读史一首》

的口号所欺骗。一个"沦"字形容"阿Q精神"何等贴切！无疑是对当时人性"沉沦"、道德"沦丧"、狂妄自大、是非颠倒的社会现象的有力鞭笞。最后两句"蚁旋磨转无穷世，粉碎洪荒拼此身"最为精绝。"蚂蚁进磨盘——条条是道"本是一句民间俚语，用在这里，表达出坚定信念：磨盘虽重仍有缝隙，人民终将找到光明的出路。"洪荒"乃开天辟地时的蒙昧无知状态，以此形容当时那种黑暗的社会境况。作者发出激愤的呐喊：即使让我粉身碎骨，也要拼尽一生去为消除愚昧、争取光明而斗争！实际上这是在借酒浇愁，借古讽今，慷慨激昂，壮怀激烈！最难能可贵之处在于，赵朴初为使人们明白，将诗中暗喻政治腐败部分的典故作了鲜明注解："注：端佑，清西太后徽号之一，谓正直如神保佑百姓。宋贾似道名所居曰半闲庐，日以斗蟋蟀为事。"他是在以大无畏精神，以激昂的呼声唤醒人民。此诗可谓千古名篇，可称正义宣言！非有坚定信念，非有大学问、大智慧、大勇气者不能为。

而这幅书法也一反端庄平和之态："人"字一长捺，"身"字一长撇，非常突出，大有舍生取义之意味。侧锋行笔，四面出锋，速度飞快，感情激荡，棱角分明，刚劲爽利，让人感觉犹如佛界降妖伏魔金刚出世"狮子吼"，地动山摇！这简直就是一篇讨伐檄文，充分展现出他誓以生命捍卫真理的英雄气魄！读来让人震撼，让人奋起，让人热血沸腾。这些珍贵的诗词、书法作品，向我们展示了一位集佛、儒、艺、情于一身，真实、全面的赵朴初。

最后再介绍一下史树青先生的书法作品。史树青先生是中国历史博物馆研究员、著名的历史学家，是国家文物鉴定委员会副主任，也当过中国收藏家协会会长。史先生给我最大的印象就是博闻强记，知识非常丰富。有一次史先生率队，大概有十来位专家，我们一起在全国政协礼堂为群众免费鉴定书画。一个求鉴者拿了一件清代书法作品请我看，书法写得很好，但是作者我不熟悉。我说："抱歉，这个人我不太了解，我带您拿去给史老看一下。"史先生看后当即将这个人的生平简介，他是哪年的进士，这件作品如何说得非常清楚。我晚上借助大典一查，跟史先生所说完全吻合。后来我对史先生说："您真是活字典。"史先生对我说："忠义，要搞书画鉴定，你脑子里最少要记住六千个人的生平和书画特点。"这

确实值得佩服。

此次展览的这件史老作品（图17）是史老写给我的，这两首诗是他80多岁时的蝇头小楷，非常精彩，书法功底与诗词才华尽在其中。第一首，"少年易老学难成，一寸光阴不可轻，未觉池塘春草梦，阶前梧叶已秋声。宋朱熹偶成一首，勉学惜阴也"。"未觉池塘春草梦，阶前梧叶已秋声"，讲春去秋来循环得很快，人生百年转眼就过去了，但是学有成就很难；"少年易老学难成，一寸光

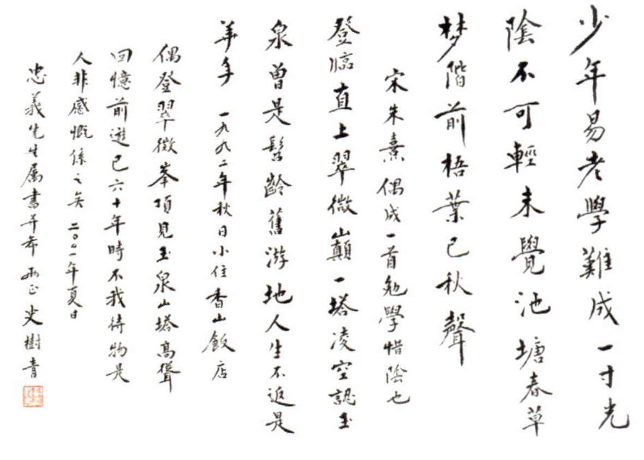

图17 史树青《诗两首》

阴不可轻"，你必须要争分夺秒地学习、工作，珍惜时光，不能浪费光阴。第二首，"登临直上翠微巅，一塔凌空认玉泉，曾是鬂龄旧游地，人生不返是华年。1992年，秋日小住香山饭店。偶登翠微峰顶，见玉泉山塔高耸，回忆前游已六十年，时不我待，物是人非，感慨系之矣。2001年夏日，忠义先生嘱书并希两正，史树青。"

这两首诗的意思是一样的，就是要珍惜时光，抓紧学习，做人做事。这是老一辈的学者、老一辈的大专家对我们年轻一代的激励。史树青先生2007年逝世，至今已近十年，今天这个讲座最后讲他的这两首诗，欣赏他书法和诗词的同时，既是对他的一种怀念，也是鞭策，激励我们见贤思齐，继往开来，不断取得新进步。

（根据作者2015年12月在首都博物馆"翰墨华章——新中国以来名家书画文牍大展"上的专题讲座《翰墨怡情》整理而成，经作者确认。）

# 李可染"空白期"的重大发现
## ——一批新发现的李可染铅笔画稿研读

中国国家画院研究员，李可染画院副理事长 王鲁湘

2016年清明时节，李可染画院美术馆举办了《千难一易——李可染速写作品展》的特别展览。之所以说特别，是因为展出的160余页速写稿，几乎全部都是未曾面世，也鲜为人知的。收藏家不愿意透露更多信息，只知是北京外地人，在邹佩珠先生在世时，曾由张忠义先生引荐，把这批速写稿带到三里河师牛堂，请邹先生过目。邹先生认定这是李可染真迹无疑，是早年间从家中流失的，但什么年月流失、流失到哪、如何流失，所有信息一概阙如。由于这批速写稿的珍贵性，邹先生甚至打算重金回购，但事仍未妥，老太太驾鹤西归，留下遗憾。

这批速写稿的一部分曾于丙申年春节前在首都博物馆"翰墨华章——新中国以来名家书画文牍大展"中展出，李可染先生的儿子、中央文史研究馆馆员、北京画院艺委会主任李小可，李可染画院院长李庚都去看了，觉得对于研究李可染、了解李可染十分重要，于是在纪念邹佩珠先生逝世一周年之际，将其全部于李可染画院美术馆展出，同时召开了对这批作品的专家学术研讨会。

这批手稿目前均以散页形式存在，但不排除其中有些是从笔记本或速写本上拆下来的，尤其是组画（如歌剧《白毛女》速写），原始存在状态应该是速写本。

这批手稿除了绘画，还有文字，也是用铅笔写下的，内容包括对民谣的记录、创作笔记以及标注性文字。

这批手稿都没有时间、地点的信息，也没有签名，但在有些手稿背面盖了"李可染"三字白文印（图1）。

图1 "李可染"白文印

这就给研究造成了极大的挑战。

鉴于这批手稿均以散页形式存在，因此，第一步的工作，就是根据内容归类。展览时的归类大体正确，但还有些问题。尤其是京郊土改和广西南宁土改的画稿极易错乱混淆，几张山水图稿的归类和命名也不准确，还有一张图稿一直被颠倒错认。

经过仔细排比、甄别，我的归类如下：

一 李可染北平观看歌剧《白毛女》速写稿，计33页，时间：1949年上半年（可能在4月）。

二 李可染北京大兴龙爪树村土改速写和创作草图，计18页，时间：1950年2月至10月。（附新年画印刷品《新得的黄牛》1幅）

三 李可染广西南宁农村土改速写和创作草图，计38页，时间：1950年10月至1951年间。

四 李可染《工农劳模北海游园大会》速写和创作草图，计21页，时间：1951年。（附新年画《工农劳模北海游园大会》2幅）

五 李可染课堂铅笔白描人物，计33页，时间：不详，应在1951年至1953年间。

六 李可染水彩人物头像，计2页，时间：不详，应在1951年至1953年间。

七 李可染临摹苏联素描人物稿，计2页，时间：不详，应在1951年至1953年间。

八 李可染铅笔漫画稿（大腿舞），计1页，时间：不详，估计为1950年。（附李可染宣传画《朝鲜人民军中国人民志愿军胜利万岁！》印刷品1幅）

九 李可染甘肃炳灵寺铅笔速写和水彩写生各1页，时间：1952年。

十 李可染铅笔画稿《大龙船》及水波纹稿，计2页，时间：1958年。（附李可染水墨画《鼓足干劲力争上游》印刷品1幅）

十一 李可染山水画铅笔稿，计13页，时间：1959年至1960年初。（附李可染水墨画《韶山》印刷品1幅，水墨画《娄山关夕照》印刷品1幅）

十二 还有两幅画的是大山中的建筑工地，时间也应为1950年年初。

总计167页，数量很大，内容丰富，时间跨度正好10年，贯穿20世纪50年代。

下面分别对这几个系列的画稿进行研读、分析，并结合当年的历史情境稍加阐述，看看能否还原这些发黄的画稿背后的信息，发现一些有价值的线索，填补李可染艺术"空白期"。更重要的是，从今天的语境回眸60年前，力图同情地理解一个艺术家面对社会大变革时的选择。也许，这167页草图和速写，能带我们走上60年前李可染的心路历程。

## 水墨画《白毛女》计划的破灭

在李可染的水墨人物画中，有一幅《杨白劳给喜儿扎红头绳》（图2）的作品，因其题材的新颖少见而引人注目。

李可染自20世纪30年代后期开始创作水墨人物，《钟馗》（图3）甚至在1937年的全国美展获过金奖。大家都知道，李可染基本上都以古代人物为创作对象，不是高士就是仕女，绝少涉足当代题材。但是，在1949年4、5月间，他却先是画了歌剧《白毛女》中的扎红头绳，又接着画了《街头卖唱》，似乎他的水墨人物画创作要有一个题材的转向。但是，令人奇怪的是，这种新题材也只不过是昙花一现罢了，接下来的李可染干脆金盆洗手，不但不碰此类有革命意义的新题材，甚至连水墨画都不画了。他转向新年画的创作，似乎要同水墨画告别了。

那么，到底发生了什么？

北平是"和平解放"的，解放军1949年1月进城，新政权迅速接管旧机构，李可染所在的北平国立艺专也被接管，并在翌年4月1日改建为中央美术学院。

虽然中华人民共和国要到10月1日才宣告成立，但在北平，自解放军进城之日起，即意味着新旧两个社会判然分别，"新社会"和"旧社会"两个政治名词开始流行。所有人都面临一个人生选择：跟"新社会"一起新生？还是同"旧社会"一起埋葬？

图2 李可染《杨白劳给喜儿扎红头绳》

图3 李可染《钟馗》

李可染当然选择同"新社会"一起新生。那幅《街头卖唱》，就是李可染表明自己政治选择的"投名状"。他画了盲眼卖唱艺人在街头唱"月儿弯弯照九州"的场景，把有浓厚阶级意识的歌词完整抄录于画面上，并明确题上是"写旧社会凄凉景象"。有趣的是，落款时间还是中华民国的三十八年五月，但是，李可染接受了这样一个政治观念：新社会开始了，旧社会结束了。

李可染此前作画，本无新旧之分，尤其没有政治上的新旧之分，现在不同了，必须分出新旧。当然，艺术家的李可染刚开始把新旧理解得很单纯：旧社会苦，新社会甜。要戴上阶级的眼镜看新旧社会，仇恨旧社会，热爱新社会。但是，旧社会刚刚结束，新社会尚未开始，怎么表达自己对这个新旧交替的时刻的态度呢？

其实，此事不劳李可染烦心，新政权主动把机遇送了上来。

进城后的革命文艺工作者从延安带来一出戏，就是著名的歌剧《白毛女》。估计留在北平城的文艺人士都去看过，不管是出于自愿还是被迫。但有一个人，竟然一口气去剧院看了不下十次，这个人就是李可染。

李可染喜欢看戏不假，他还会拉一手漂亮的胡琴，手音极好。但对《白毛女》，他可不完全是冲着戏去的。他敏感地意识到新政权打造这部歌剧的用意，就是用一个感人的故事告诉观众一个简单的道理："旧社会把人变成鬼，新社会把鬼变成人。"所以，如果他能把舞台上的《白毛女》画成系列水墨画，无疑是一条捷径，表明自己的政治立场已经同旧社会决裂，一步就踏进了新社会的革命文艺队伍。

于是，就有了不下十次的观戏，以及在没有灯光照明的剧场里摸黑速写舞台人物各种动作和神态的数十页铅笔稿。

我统计了一下，歌剧《白毛女》的速写，共有33页，计270多位人物造型，虽然都是寥寥数笔，但都极为传神。杨白劳、喜儿、大春、张二婶、黄世仁、狗腿子、地主婆、王大婶、管家……剧中人物几乎应有尽有（图4、图5）。杨白劳的形象画得最多，看来是多次观戏所画，其中扎红头绳就画了两次，那幅水墨《杨白劳给喜儿扎红头绳》就是"1949年4月某日夜观白毛女歌剧归来"所画，从构图看，应是参考了速写而作。

从李可染对歌剧《白毛女》的投入热情来看，他绝不会只是画一幅《扎红头绳》就了事的，他肯定有一个大计划。尽管已经没有任何资料可以显示他确有这么一个大计划，但从33页速写、270多个舞台人物及多个剧情场景的记录来看，李可染似乎是要创作一个《白毛女》的水墨画系列。《扎红头绳》只是一个初步尝试。

但是，这个尝试立马遭到了无情地打击。

邹佩珠先生生前曾经同我谈到，当年可染先生把他的《扎红头绳》还有《街头卖唱》给学院

图4 李可染《白毛女》舞台速写

图5 李可染《白毛女》舞台速写

有关人士看过，遭遇的是嘲笑。在他们看来，代表被侮辱被压迫的杨白劳、喜儿、歌女，都画得很丑，尤其是笔墨，还是旧社会的，很陈腐，画家的趣味有问题。

经过这一打击，内心无比敏感和脆弱的李可染只好收起他的雄心壮志，赶紧敛手屏息，不敢问津《白毛女》了。

更可怕的是，他甚至在接下来的几年里，对自己的水墨语言起了深刻的怀疑，不再有过去那样的潇洒自信。他认定自己的水墨语言还停留在旧社会，而新社会根本不喜欢也不接受他的水墨语言，他要想同新社会一起新生，不但绘画的思想、题材要根本改变，连水墨语言的"言说"方式也要根本改变。

那么，新社会能接受并喜爱的绘画言说方式是什么呢？是年画。准确地说，是从东北解放区靠山屯新年画发展起来的一种融合了工笔画和套色木版年画的新风格绘画。好在这个新年画风格的推手张仃就在中央美院，二人关系不错。于是，接下来的几年，李可染暂别水墨，而转向新年画创作。

## "共产党来了"
### ——李可染大兴龙爪树村土改组画浅探

1950 年 2 月，李可染参加了京郊大兴县龙爪树村的土改。这个地方位于今天的小红门地区，在东南三环与东南四环之间。作为土改工作队员，李可染也要发动农民斗地主，分田地分牛羊，还要帮助农民学习，鼓励生产，还要组织农民进行选举，包括劳军、参军。在一页速写纸上，李可染抄了四首明显是工作队员创作的新民谣，然后竖写列举了 12 项工作任务"反国贼／英雄（战斗、劳动）／建设／选举／土改／学习／鼓励生产／崇敬领袖／欢迎解放军／劳军／战役／参军"。

新政权在农村进行的工作，这 12 项基本上囊括了。

作为一个画家，李可染还有一项很重要的工作，那就是通过深入生活，搜集素材，准备创作以农村土改为内容的新年画。

从这批新发现的速写稿来看，李可染是想创作一组土改系列组画，分别是：《共产党来了》、《大家的事，大家商量》、《咱们有了土地》、《新得的黄牛》。还有一幅，画一位肩扛四齿钉耙的农民和一位手提鸟笼的二流子，姑且命名为《劳动光荣，不劳动可耻》吧。现在看来，只有《新得的黄牛》最后创作成了新年画。

从速写上人物的衣着看，一开始，确实是华北寒冬腊月，人们都穿棉衣棉裤棉鞋，或戴棉帽，或扎头巾，贫穷都写在他们的打满补丁的衣裤上。但李可染在这里的工作一直坚持到夏收。腊月进村，发动群众，建立基层政权组织，接下来赶在春耕之前，把土地牛羊农具分了，然后是春耕、夏收。

《共产党来了》一共有三稿草图，每一稿的人物逐渐增多，场面逐渐扩大，环境逐渐清晰。第一稿（图 6）画了六个人物：三个土改工作队的干部，两男一女，两人坐在桌边，边听边笔录，一人，应是队长，背立，面向听众，正在讲话，左手拿讲稿放背后，右手挥舞，共产党干部做报告很经典的姿势；三个农民听众，一老二少，老人身披棉大衣站立，俩小孩坐地上，都听得很入神。还画了一个脑袋，一个圆圈，表示还有其他人物。右上角写了"老树"二字，标明此处要画一棵老树。草图上方写了十几行小字："共产党／来了。／积极热心的／工（作）组／贫穷衣着破烂听众／有的抱着希望／有的脸打着问号。／孩子老头老婆／受苦的壮丁／古庙里石碑。／纯良受苦的脸／孩子爬

图 6 李可染《共产党来了》画稿 1

图7 李可染《共产党来了》画稿2

图8 李可染《共产党来了》画稿3

在树上／全心全意／群众关系。／小组表情。"这十几行字表达了李可染的创作构思，他是要创作一幅描写土改工作组进村召开动员大会场景的作品，题目就是《共产党来了》。共产党来了，给贫苦农民带来了希望，但有人还心存疑惑。中心是代表共产党的三个干部，他们的表情很重要，要体现出共产党全心全意为工农大众服务的宗旨。第二稿（图7）增加了一些农民听众，工作队长的姿势有了微妙的调整，身子弯下来，手势也向下，好像更亲和了些。第三稿（图8）比较完整，基本上把第一稿上文字中所描绘的场景都表达出来了，里三层外三层的群众，男女老少都有，地点是在一座古庙，有老树石碑。从草图看，《共产党来了》构思成熟，场面宏阔，主题重大，如果顺利完成，无疑会成为新中国美术史的极其重要的开山作之一。

《大家的事，大家商量》（图9），是在铅笔稿上用毛笔焦墨勾勒出12个人物，李可染用铅笔写了三行字："京郊土改杂写之一／大家的事，大家商量——村干部会议／觉悟后的农民，热烈，纯朴。"说明他画的是一个村干部开会的场景。这种场景最难布置，但李可染却分配安置得非常舒服，很灵活地运用了中国花鸟画"攒三聚五"的方法，甚至把山水画的围合空间也用了上来，聚散虚实主宾向背，考究极了。12个村干部彼此之间的关系，通过李可染的空间布置，也能清楚地呈现出来。《大家的事，大家商量》表现的是新中国在基层农村实行民主自治的社会新气象，李可染以敏锐的政治嗅觉捕捉到这一深刻的社会变化，同类主题的美术作品极其罕见，如果李可染把这幅作品稍加渲染敷色，其实就是一幅很好的水墨画，而且是重大主题，必将载入中国水墨人物画的史册。可惜，不知何由，还是没有画成作品！顺便说一句，那个手执烟锅子站着讲话的老农，好像杨白劳。李可染是不是想让杨白劳活到今天尝尝当家做主人的滋味？

图9 李可染《大家的事，大家商量》画稿

《咱们有了土地！》（图10）表现的是土改的中心工作，就是让贫苦农民分到属于自己的土地。李可染选择了一个三代四口之家，老人叫王德勤（应该是村里真名实姓的农民），带着儿子、儿媳，在新分到的土地上立界牌。他左手扶着界牌，右手指向前方，扭头向儿子、儿媳说："咱们有了土地！"小孙子则好奇地弯腰看着界牌上的字"王德勤旱地十亩"。他也许还不太明白这件事情的深刻的社会历史意义。一家三代四口人在同一件事情上的表情，同中有异。同的是都很喜悦，发自内心，但老人是高兴中抑制不住泪水的激动，

图10 李可染《咱们有了土地！》画稿

他左手扶界牌、右手指土地的肢体语言饱含着沧桑，就像拥抱自己的孩子。儿子和儿媳是高兴中含着欣慰，有了土地，生活就有着落，这心里也就踏实了。孙子是高兴中充满好奇，在地里立一块写着爷爷名字的界牌，怎么就让一家人这么高兴？早在重庆，老舍先生就称赞李可染是一位刻画人物心灵的大师。这幅《咱们有了土地！》再一次证明，即使不是古装人物，而是写实人物，李可染也能入微地刻画出他们的心灵。可惜的是，构思如此成熟的一幅画稿，最终也还是没有画成一件作品。一件有可能记录中国历史大事件的杰作，就这样停留在铅笔小稿上。遗憾！

《新得的黄牛》有一幅完整的铅笔稿（图11），还有一幅抽烟袋的老农速写，是该作品中的主要人物。谢天谢地，总算有一幅画稿被创作成了新年画！李可染是1950年2月到京郊龙珠树村参加土改，构思了这幅《新得的黄牛》铅笔画；同年12月，《新得的黄牛》（图12，年画，38.5×53cm）由人民美术出版社出版单图，新华书店发行，编号6880，印量1–10000份。该作品还收进了1953年出版的ORBIS·PRAHA出版社印刷的画册。可知这幅画，从事件发生、构思、起稿、修改、创作完成，历时共10个月。对比铅笔稿和年画，发现二者出现了较大的差异。铅笔稿一共有7个人物，而年画一共有9个人物。年画添加了两个人，一个是穿浅灰干部服的土改工作队干部，他成为画面的核心；一个是穿红色小裤子的

女孩。这两个人物不是随便添的。铅笔稿虽然能看出一家几口围着大黄牛的高兴劲儿，但要一眼看出这是一头从土改中分得的原本属于地主家的大黄牛，确实不明朗，这头大黄牛有可能就是这户农家的，这是一户殷实的中农。加上铅笔稿中还有一个抢眼的人物，那就是蹲在大黄牛前摩挲铁犁的青年农民。他的存在以及他的动作，使整幅画的意思完全可以解读为一户殷实的中农正在准备春耕，喂饱牛，擦亮犁，春耕就要开始了！

图11 李可染《新得的黄牛》画稿

图12 李可染《新得的黄牛》

所以，经过一个时期的思考，年画《新得的黄牛》增加了一个土改干部，他在兴高采烈地向老农介绍这头强壮的大黄牛，而老实的主稼汉，只是吧嗒吧嗒他的烟袋，内心高兴，也多少有些难为情（内心独白："毕竟是别人家的大黄牛，说牵就牵到咱家来了？"）也为了说明这是头别人家的大黄牛，李可染修改了大黄牛的神态，把铅笔稿

中大黄牛很温驯地伸着头的样子，改成了年画上的犟着脖颈歪着头的样子，说明它是被强拉到这个陌生院子里来的，跟这家人还不熟！牛角上还挂了条红布，表明它同某个有仪式性的社会事件的联系——土改分财富大会。还有一处重要改动，就是正面蹲地摸犁的青年农民，改成了背面蹲地摸牛，并扭头听土改干部说话。犁搁到了画面左下角不打眼的角落。这样，干扰主题的因素消失了，一切都围绕着大黄牛这个主角。铅笔稿上是一个小男孩左手牵绳右手拿草，年画上改为小男孩双手牵绳，添加一个穿红袄的小女孩拿草喂牛。这不仅为画面增添了一抹喜色，也更符合实际，因为刚到陌生人家的大黄牛可不是一只手就可以牵动的。喂料的老妇在铅笔稿上是低头喂料，年画上改为侧身扭头边听土改干部说话，边充满柔情地欣赏大黄牛。远处的青年农妇也边走边看着大黄牛。总之，在铅笔稿上，只有老汉一人看着大黄牛，现在，全家三代六口，都在看着大黄牛，摸着大黄牛，喂着大黄牛，牵着大黄牛，只有那个土改干部，他是在说着大黄牛！院门口，还有邻家两个小孩，正羡慕地看着这一家！这些细节的修改，记录了李可染对这一题材认识的深化过程。没有共产党，这户老实的庄户人家，怎么可能平白无故牵来别人家的一头大黄牛！所以，这幅画面上，怎么可能缺了代表共产党的干部！与其说大黄牛是主角，不如说穿灰制服的干部才是真正的主角，他（或者说他代表的共产党）才是导演这梦幻般的社会大变革的主角。共产党来了，不可能发生的事情发生了，过去说不通的道理，现在吧嗒着烟袋必须接受了。

共产党来了，改变的不只是生产资料和财富的占有权和分配权（如《咱们有了土地！》和《新得的黄牛》），也不只是议事权和决策权（如《大家的事，大家商量》），共产党来了，最大最深刻的变化，是要改变人，卑贱者变得最聪明，高贵者变得最愚蠢。那幅我姑且命之为《劳动光荣，不劳动可耻》（图13）的铅笔稿，也是李可染在京郊土改时所作，看来他也准备以此为题材创作

一幅关于改造游手好闲的二流子的作品。旧社会遗留下很多社会闲散人员，他们寄生于社会，好吃懒做，好逸恶劳，在新社会成为新政权改造的对象。李可染也敏感地捕捉到新政权的这一改造人的嗜好，画了这幅草图，一个积极乐观健康结实朴实的青年农民，肩扛四齿粪耙，骄傲地俯视从他身边走过的二流子，一个身穿长袍、头戴瓜皮帽、叼着烟杆、提着鸟笼的游手好闲之徒。他的身型是瘦弱的，脸是无精打采的，精神是萎靡不振的，人是病态的。新社会不要这样的人类，新社会要的都是青年农民这样的人类。当然，我们今天知道，当年这样改造人的运动，导致许多人道主义灾难以及对基本人权的践踏，但是，这是共产党改造世界的任务之一，而且是最终极的目标。因此，共产党来了，这样的社会现象就必定会发生。作为一个艺术家，李可染感觉到了，画出来了，这是他的敏感，是他用画笔来表达他对共产党和新社会的认识的一份答案。

从现存的速写稿来看，李可染是1950年2月进村，大概是到春耕后离开，经历了一个土改的全过程：动员——组织——分地分牛羊分车马——

图13 李可染《劳动光荣，不劳动可耻》画稿

春耕。《共产党来了》表现的是发动群众的动员工作，《大家的事，大家商量》表现的是建立基层农村组织，《咱们有了土地！》、《新得的黄牛》表现的是分地分牛羊。应该还有一个高潮，也是结果：农民在土改后分得的自家土地上进行春耕，用分得的自家大黄牛、大马车和犁。这份劳动的

心情是破天荒的。有速写稿的迹象表明，李可染确实想画土改后的第一次春耕。他深入开春后的地头，画了农民在地里劳动的各种身影：有挥锄挖地的，有扶犁耕地的，有挂锄眺望的，还有三位在地头吃饭的。但是，我们没有发现一个完整的构图，我们只是看到他在准备素材，这些素材都指向一个主题《春耕》。

由这些速写稿和草图可以得知，李可染作为一个画家，亲身参与史无前例的土地改革运动，以一个艺术家的观察和思考，把土改的重要节点都构思成一幅幅生动鲜活的画面，而画面上的人物、环境、房屋、牛羊、农具等等，都来自于画家在事件发生现场的第一手观察和记录，但又经过了画家的艺术构思，蕴含着画家对事件的思考和判断，以及美学评价。这样的经历，对于李可染是破天荒，这样的创作方法，对于李可染也是破天荒。看得出李可染对于这次土改所投入的热情，也看得出他对于这次画土改所寄予的期待。他不是要画一幅作品，而是要画一组作品，完整地表现土改的全过程。他要通过这一组作品向世界介绍中国正在发生的大变革，他还要通过这组作品完成一次自我的蜕变，告诉同行和世人，我李可染是可以与时俱进，可以为新社会、为工人农民服务的。

"共产党来了"这一主题，是李可染在1950年2月的京郊土改工作中深刻认识到的一个历史主题，它震撼了艺术家的心灵，改变了他对世界、对社会的认识，也改变了他对人性的认识。他观察着、记录着，努力予以理解和同情，并试图用新政权最喜欢的艺术语言和绘画形式表现出来。但是，我们看到的只有《新得的黄牛》。如果他的这一土改系列组画都能完成，那将是20世纪中叶最值得保存和研究的美术作品。因为，画家用他亲身参与者的身份来精细地记录和表现一个时代最惊心动魄的历史事件，这毕竟在美术史上是罕见的。许多重大历史事变都是在过去很久之后才由后来者描绘，而李可染《共产党来了》组画，是当事人的记录、思考和表现，这个当事人不是别人，而是20世纪中国最伟大的画家。因此，它

们的价值是无与伦比的，而它们中的多数最终没有完成，也是发人深省的。

## 南宁农村写生

1951年，李可染去广西南宁地区参加土改，同去的还有新华社著名记者李普。土改工作之余，李可染也画了一些速写。

同年前在北京大兴龙爪树村参加土改时的速写相比，广西的这批速写很随意，不似北京那批速写，目的性很强，都是冲着某一特定主题去的。

估计对于土地改革运动这一史无前例的社会大变革的激情，已经在北京大兴释放掉了，同时，对于土改的认识，在大兴时也已经进行了系统而深入的思考，所以在认识上也没有更新更深的思想。因此，创作激情是不如在北京大兴了。反映在速写上，是一些漫无目的的速记，倒是很生动，有劳作的，有娱乐的，有休闲的，各种生活中常见的人的状态。他还速写了牛、羊、猪、狗、鸡五畜各种角度的样子，特别是南方的水牛，这本是李可染熟悉而擅长的题材。他还画了广西特有的房子，画得很仔细，房子外面的环境（图14），房子里面的陈设、家具、灶台（图15）。有意思的是，李可染注意到了广西山水之美，他还画了几幅远处的村落、四周的群山、特有的喀斯

图14　李可染《南宁农村》画稿

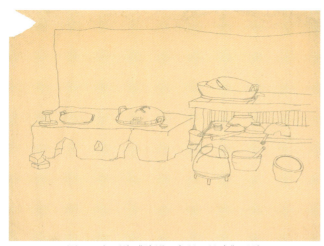

图15 李可染《陈设、家具、灶台》画稿

特石灰岩地貌。我想，李可染当时也许在心里掠过一丝念头，尤其对逆光剪影的群山有过某种感动。他在顺手勾勒这些群山的剪影时，万万没有想到，几年后，他还会来到广西，不是参加这急风暴雨的斗地主分田地的土改运动，不是来画揭露地主阴谋诡计、动员贫农检举揭发的宣传画，而是陶醉于山水之美，为祖国河山立传，为桂林山水代言，描绘山川之魂，画出那些旷代风华的山水传世之作。

但是，1951年的李可染，在广西，却只能漫无目的地记录这些被人们称作"生活"的对象，他不知要创作什么，也没有激情和想象。他的状态，有些彷徨。

倒是一页残损的稿纸，留下了一幅精彩的构图：右上角的远处，一只猎犬正在向前方狂吠的背影，一位壮族猎人，左手撑地，右手握火枪，正跃身而起。这一刹那，兔起鹘落，极具爆发力。构图采用对角线，焦点向右上角猎犬的方向集中。猎人健硕机警，像一只伺伏多时突然跃出的狮子！这幅铅笔画让我想起高更，想起李可染在杭州国立艺专追随林风眠、克罗多读油画研究生时的习作，那种由复杂到单纯的表现力，在这幅铅笔图上也同样看得出来。李可染确实在旁边写了几行小字，可惜残损，只能猜写的是："由复杂到单纯……不可开始便过单……"

这幅姑且命名为《猎手》的铅笔稿，应该是一幅创作稿，李可染可能让村里的壮族猎手摆了

模特。那么，在土改工作中，李可染为何要脱离中心政治任务去创作这么一幅非政治主题的作品呢？他后来到底有没有完成这幅作品？我们缺少资料来回答这个问题。我们只能推测，李可染是多么想在生活中发现那些真正有意思的画题啊！它可能无关乎政治，无关乎任务，但它美，有力量，是人类生存的常态，也是艺术要表现的永恒主题。

## 《工农劳模北海游园大会》——"工真劳人"

1950年9月，中共中央和政务院决定在庆祝中华人民共和国成立一周年的前夕，召开开国以来第一次全国工农兵劳动模范代表会议。出席会议的代表为464人，来自辽宁的著名的工人劳模马恒昌和来自河南的著名的农民劳模李顺达均在其中。9月25日，中央人民政府在中南海怀仁堂举行开幕典礼。10月1日，劳模们参加了中华人民共和国成立一周年纪念典礼，还参观游览了北京工厂、农场、学校和名胜古迹。北海公园，就是劳模们游览的名胜古迹之一。

1951年，李可染开始创作《工农劳模北海游园大会》，不知他是接到的任务，还是自己的选题。为了创作这幅年画风格的作品，他曾多次去北海

图16 李可染《工农劳模北海游园大会》画稿1

公园写生、游览、观察。这次收集到的铅笔写生稿，共有21纸，我根据内容，大体分出前后，依序编为北海稿1、北海稿2……北海稿21。由这21纸的内容和顺序，可以较为清晰地看出李可染在创作《工农劳模北海游园大会》过程中的思路

历程，其艺术构思和美学追求历历在目。

《北海稿1》（图16）用铅笔在速写纸上约略勾勒出北海公园的大势，用较重的线突出了积翠坊和白塔。看得出李可染要创作的作品，范围就锁定在北海公园的这个区间。这里是北海公园的标志性区间，而积翠坊和白塔又是北海的地标性建筑，李可染一眼就拿住这里，可谓"远取其势"。一直到作品完成，这个大框架没有变动。

《北海稿2》（图17）是走到积翠坊下，用铅笔简单勾了几根线，感觉一下仰观积翠坊的角度。坊倒是高大巍峨了，但景变小了。这样的角度和构图，符合西画风景的焦点透视，但装不下多少景，

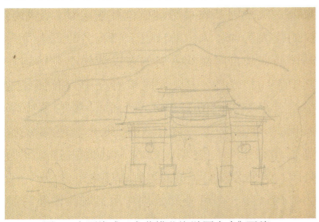

图17 李可染《工农劳模北海游园大会》画稿2

图18 李可染《工农劳模北海游园大会》画稿3

也装不下多少人，被李可染放弃了。

《北海稿3》（图18）是积翠坊前的古柳和盆棕的写生，后来都保留在作品中。虽是老树枯干，但新叶在风中翻飞，很有生机。

从《北海稿4》到《北海稿10》，都是琼岛上的景观和建筑。琼岛是北海景观的集萃之地，

岛上建筑多，树木密，道路复杂。李可染采取分区写生的办法，一个区块、一个区块地处理，牌坊、永安寺、悦心殿、船坞、三孔桥、紫藤架、正觉殿、山路……琼岛上的主要建筑及其周边环境，李可染分别进行了写生，费的力气最大。

《北海稿11》、《北海稿12》是北海湖面与湖西北岸上的五龙亭景区，还有远处西山的剪影。

除了景，还要有人。人有在陆上的，有在船上的，或坐或立或行。李可染还勾了一些游园人的身影，有男有女，有结伴的，有独行的。《北海稿13》、《北海稿14》、《北海稿15》就是在公园里随机勾勒的。

但《北海稿16》和《北海稿17》的20多个人物头像，就不是在公园里速写得来的。这些人物头像可能就是参加北海游园大会的劳动模范，李可染或许是根据什么资料画下来的。虽然是这么小的头像，但都采用了西式素描手法，写实，有光影明暗，工人、农民，老人、妇女都有。我估计这是根据劳模的照片画下来的。

《北海稿18》（图19）是一个创作的草图，采取的是《北海稿2》的焦点透视构图。高大巍峨的积翠坊顶天立地，占据画面主要空间，坊前是桌椅，劳模们在这里欢聚。透过牌坊，是远处的琼岛和白塔以及更远处一角的五龙亭。湖面很小很窄，容不下几条游船。这是一幅典型的西方风景画焦点透视构图，画出来也不一定不好看。从画稿上标注的文字看，李可染创作这幅作品是要表达三层意思："①劳动功勋者的光荣；②工农

图19 李可染《工农劳模北海游园大会》画稿18

联欢（联盟）；③首都美丽风光。"他还注上了"李顺达、马恒昌"两位主要劳动模范的名字，分别代表农民和工人，在画面的中心位置两人双手紧握。这样一个构图，是不是能够表达李可染想要表达的意思呢？肯定能，但不够。首先，联欢大会的气氛不够热烈欢快；其次，首都美丽风光成了衬景，积翠坊太占风头。还有，按照这样一个典型的西式风景透视构图，这幅画要采用什么风格来呈现呢？年画风格？中国界画风格？水墨山水画风格？好像都不太合适。很有可能是接近西画的风格。因为李可染搜集的劳动模范的头像都是素描头像，带光影明暗的，而李可染当时在中央美术学院从事的也是水彩和素描教学，画一张人物与风景并重的带有浓烈西画风格的游园图，对于当时的李可染来说，似乎是顺理成章的事情。

但李可染终究没有这么画，他也终究放弃了这幅构图，而重新构思出《北海稿19》（图20）。

同完成品相比，《北海稿19》已经相当接近了。

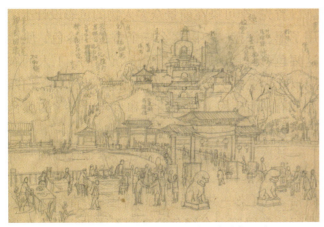

图20 李可染《工农劳模北海游园大会》画稿19

图21 李可染《工农劳模北海游园大会》

它大体上采用了《北海稿1》的构图架势，视点提高，全景式构图，积翠坊缩小，移向画面右边，坊前广场加宽，琼岛提高加大，琼岛上的建筑和树木成为重要景观，白塔突出，湖面加宽，于是增添了许多景点和游人活动空间，可以添加更多的人物，画面多了许多热闹的场景，比如拱桥上的秧歌队，树林里的集体舞，白塔周围迎风招展的四面红旗。李可染北海写生稿中的许多细节场景，也都可以派上用场了。这真是一幅皆大欢喜的构图，可以完美实现李可染在《北海稿18》的标注文字中所要表达的三点要求，尤其是其第②点"工农联欢"和第③点"首都美丽风光"。对这样一个新构图，李可染是满意的，他在《北海稿19》的左上边标注了两行字："青春的力量，朝气活泼。"

完成品（图21）同《北海稿19》相比，视点再度升高，采用了中国山水画中的"三远法"构图，以大观小，从前观后，整个北海湖面和湖对岸的五龙亭都收入画中，水天一色，境界变得十分辽阔。

从《北海稿18》到《北海稿19》再到完成品的这种变化，是怎么发生的呢？李可染是怎么想的呢？

好在李可染留下了文字，把他创作这幅画时的想法记录下来了。《北海稿20》和《北海稿21》分别写下了李可染的创作思路。《北海稿21》（图22）用钢笔很醒目地写了三行字："画给谁看？想达到怎样的效果？／为什么画？对大众有益，被大众喜爱／怎样画？"显然，这几句话

图22 李可染《工农劳模北海游园大会》画稿21

是李可染对自己的提醒。他自认为刚开始时对这几个问题是不明确的，所以才会出现《北海稿18》那样的构图。那个构图受过西画训练的人士是接受并喜爱的，但中国老百姓，更容易接受并喜爱《北海稿19》这样的构图。而《工农劳模北海游园大会》这样的美术作品，显然是要画给工农大众看的，要对工农大众有益并被工农大众喜爱的。解决了"画给谁看，为什么画"这样的问题，才能接下来问"怎样画"这样的美学问题。

在《北海稿21》上，李可染用铅笔写下了几个比较大的词语："健康"、"英俊"、"灿烂"、"鲜艳"、"鲜明，晴朗，再晴朗"。他还在这几个词语边上打上了杠杠，在"灿烂"和"鲜艳"边上打上了双杠，以示强调。显然，这几个词语就是这幅作品要追求的美学风格。而这种美学风格，就是中国民间绘画和民间艺术固有的美学风格，也是20世纪50年代新政权对美术的意识形态要求，这一要求挟着政治的力量对当时的艺术家们具有不可置疑的正确性，包括李可染在内的大陆艺术家们，都在思考着如何贴近这一美学风格，更好地实现这一美学风格。所以，李可染才会用两页纸，写下大大小小密密麻麻的文字，来明确提醒自己不要偏离这一美学风格，不要一不小心又滑到自己固有的"文人"的或"非大众"的美学趣味中去。

在20世纪50年代初，的确有两对审美范畴纠缠和困扰着李可染们。一对是"雅"与"俗"，一对是"中"和"西"。从李可染弃《北海稿18》而取《北海稿19》来看，在经过几年的思想改造之后，李可染于这两对审美范畴，是主动地弃"雅"与"西"而取"俗"与"中"，至少在创作《工农劳模北海游园大会》时，他的美学取舍是十分明确而坚定的。

在《北海稿21》的文字中，李可染写道："内容出发，民族形式，浓艳。"也就是说，李可染很清楚这一幅作品的特定内容规定了其特定形式，那就是"民族形式"，所以，《北海稿18》的西式风景透视构图就不合适。因为是表现"新气象，

青春力"，所以就必须是"晴朗，美丽，愉快，令人羡慕"。而要达到这样的效果，就一定要"浓艳"，尽管这可能不是自己真心喜爱的风格，但在这一幅画上，必须这样！

当然，李可染毕竟是李可染，在"怎样画"的问题上，李可染对这幅作品的艺术语言提出了非常具体的设计。

"如何掌握中国色调？"这是在构图、透视的问题解决后，接下来要做的很棘手的事。既然确定了"浓艳"、"灿烂"、"鲜艳"为作品的基调，那色彩如何掌握呢？李可染给自己提的要求是"尽可能用国画设色法"、"鲜明而有情调"。

注意，李可染于此提出"情调"二字，可见他对于"俗"还是有所保留的，"情调"是属于"雅"的范畴，用"情调"来节制"鲜明"和"浓艳"，这是李可染在这幅看似向"俗"妥协的作品中最有艺术用心的地方。那就让我们来分析分析，李可染于此作中在何处体现他的"情调"呢？

首先，李可染在前景众多人物的色彩设计上，用了黑、深蓝、灰褐这么三个重色和冷色，使得这幅色彩鲜艳的画的下部分是沉实的，工人的衣服以蓝为主，少有灰色；农民则蓝、灰、黑、白四色都有，而市民（包括妇女和少年儿童）的服色虽然轻亮，但也不火。

其次，是如何处理好绿色。绿是这幅画一个很重要的基调，大众也很喜爱绿色，但弄不好就俗。李可染一共用了深绿、青墨绿、青绿、翠绿、草绿、黄绿等六个绿色阶来画不同的树叶，在写生稿上他就用文字一一加以标记说明。绿得有层次，绿得很丰富，却又很统一，这也算是一种色彩学的"情调"吧。

第三，对线条的设计，尤见匠心。既然用"民族形式"，勾线是很重要的一环，李可染并没有简单地采用勾墨线的方式，而是采用了勾"色彩线"的方式。他对"色彩线"的设计是"细线，工整，挺劲"，这是指线型、线的质量；"与底色相差不远，多用温色、热色"，这是对"色彩线"的颜色的要求。也就是说，这幅《工农劳模北海游

园大会》，线条是若隐若现的，是随着底色走的，勾红柱的线，就是比红柱底色略深一点的深红色，勾绿瓦的线，就是比淡绿略深一点的草绿，也就是说，全幅作品其实是没有一根墨线的，这就使得这幅线描重彩绘画的线条隐而不彰，显得含蓄而温婉。这应该算是很高雅的一种"情调"了吧！

什么叫作"鲜明而有情调"？李可染在《北海稿20》的左下角用六个字给予了经典的诠释："不火，不冷，不灰"。在一边倒地向民间、向大众俗品位靠拢的历史语境的强大压力下，李可染用这六个字温文尔雅地保持了自己的审美情调。

事隔65年，在完全不同的历史语境中回首李可染《工农劳模北海游园大会》的创作过程，剖析其隐晦的心路和那一点不肯全然失守的雅操，确实令人心头有那么一丝悄然的感动。

在那张写满了密密麻麻小字的《北海稿21》的下边，李可染把纸调了90度，写下了四个比其他字都要大的字："工真劳人"。这一定是最后写的，什么意思呢？这就要说到李可染的老师齐白石了。"工真劳人"四字，语出齐白石。在1920年春作花果册上，齐白石题道："吾画梅学杨补之，由尹和伯处借钩双钩本也。友人陈师曾以为工真劳人，劝其改变。"这一年齐白石57岁，在北京，陈师曾劝其改变工细画风，认为工笔画梅，虽工劳人，于画无益，齐白石也觉得从湘潭胡沁园师所学工笔一路，总于自己有笔机不畅的感觉，遂接受陈师曾建议，开始画简笔大写意，后又创墨叶红花，始有自家率性面目。我只能这么猜想：《工农劳模北海游园大会》虽被标为年画，其实是一张工笔画，这么大一张工笔画，集山水、人物、界画于一体，场景壮阔，人物众多，建筑精准，关系复杂，色彩斑斓，线条精细，对于李可染这位写意画家来说，是一件空前绝后的作品，他以前没画过，以后也不会再画。从心底里说，他不是这个路子的画家，他并不情愿这样作画。因此，对于如此巨大的劳动付出，李可染慨然写下四字："工真劳人"。这也算作画家对自己这幅作品的客观评价吧。

令人感慨的是，作为一个中国水墨写意画家，李可染从石涛、八大入手，又拜齐白石、黄宾虹为师，以十年时间养成被徐悲鸿评为"放浪纵横，奇趣洋溢，笔歌墨舞，不可一世"的风格，却在1949年下半年后，不敢错施一笔一墨于纸上，只能小心翼翼、战战兢兢地从事这类政治现实主题的年画创作，他内心的郁闷是可以想见的。但他不能说，也不敢说。他在草稿上悄悄写下这四个字的时候，脑海中一定浮现出30年前老师齐白石同陈师曾对话的场景。他是多么想摆脱这般不自由的绘画状态啊！

## 铅笔白描人物及水彩与素描

李可染在新中国成立初期画了一批铅笔白描人物写生，都是在中央美院的教室里，请来模特儿，摆好各种姿势，一一画之。

统计了一下这批新近发现的画稿，共33张，其中，青年女性模特儿10张（穿夏装坐姿2张、穿冬装提包1张）；青年男性农民模特儿3张（坐姿1张、弄水桶1张、站姿扛锨1张）；老年女性模特儿4张（坐姿1张、双手挂耙爪站姿1张、弄水壶坐姿2张）；青年男性知识分子模特儿4张（坐姿看书2张、立姿夹书2张）；老年男性模特儿11张（手持烟袋坐姿3张、手抱铁锨坐姿1张、着中山装坐姿1张、挎柳条筐披长袍站姿1张、穿长袍抱卷纸篮站姿1张、披长袍踩凳站姿1张、拄笤帚站姿1张、抱簸箕站姿1张、扛柳条筐站姿1张）；光膀弄椅子男性模特儿1张。总计33张。

这批铅笔白描人物不同于生活中的人物速写，画家可以主动设计，是男是女？是老是少？是胖是瘦？要求什么职业？因为是着装模特儿，所以可以设计穿着的服装样式，以体现职业特征。画家还可以设计模特儿的动作，坐卧行立都由画家摆布。画家也可以从模特儿的正面、侧面、背面多角度描绘，还可以让模特儿拿一些道具如书、桶、棍等等。总之，这样的课堂着装模特儿写生，对学生可能是训练和学习，对老师则是创作前或创作中的素材准备：他已经有了某个构思，需要借模特儿帮他摆出画中人物的姿势，他再把它移到正在创作的作品中去。

我们现在已无从知道这 33 张铅笔白描人物，是一般性的课堂教学，老师与学生共同完成，共用一个模特儿，还是李可染专为自己的某幅作品的构思，而特意有针对性地设计的一组人物模特儿。

图 23 李可染《妇女头像》

如果是前者，我们只能说，在那样一个年代，一切唯苏联马首是瞻，中央美院的教学彻底苏化，甚至连本科四年的教学计划都由苏联专家来制定，苏式现实主义创作方法统治一切艺术，写实风格被推到唯一正确的地位，这样的情况下，李可染作为中央美院从旧社会过来的教员又能怎么样？他只能拼命往这个苏式美术体系上靠拢，所以，他也像学生一样，把铅笔削得尖尖的，老老实实临摹苏联画册上的素描人物。这批 50 年代的遗稿中，就有两幅外国人物铅笔素描，原作是苏联画家的。好在李可染曾随法国教授克罗多画过素描，否则他上手绝不会这么到位。我还见过李可染这一时期用水彩临摹苏联油画中的人物肖像，那水准也是一流的，非常专业。这批 50 年代遗稿中也有两幅水彩人物肖像，一男一女，画的是两个中年人，一看便知是普通的劳动者，那张

妇女头像（图 23）尤其精彩。总说李可染有扎实的西画基础，看过这两张水彩人物肖像和两张素描外国人物，就会知道所言不虚。

由此想起另外一个话题：李可染改革中国山水画，采用了一些西画的手法，如光影，如素描。光影，特别是侧逆光的采用，是为了解决中国山水画的灰调子不怎么精神和响亮的问题；而素描的采用，则主要是为了解决中国山水画调子不统一而散乱松碎的问题。所以李可染的水墨山水是有素描调子的，有从零度到五度的色阶关系，而这恰恰是其他没有受过扎实西画训练的山水画家所没有的。当然，并不是说中国山水画一定要具备这样的素描调子，没有这样的素描调子就不对不好不美。只是对于李可染来说，这样的素描调子本来就是他观察世界的方式，是他统一画面的方式，或者说，能够用素描调子来统一他所观察所描绘的世界，是他的艺术修养之一，不管用铅笔、用水彩、用水墨、用彩墨，他都会这么去观察世界，描绘世界。从 1956 年在万县写生明确提出从零度到五度的素描调子，一直到晚年纯用泼墨的大写意山水，他都在追求如何自由随意地在水墨中体现舒适而统一的素描调子。所以，当有人批评徐悲鸿用西画素描糟蹋了中国画时，李可染大惑不解，大不以为然。他甚至说，如果老天再给他几十年，他一定要从头把素描学得更好更扎实。他还对学生说："对于中国山水画，素描不是多了，而是远远不够。"

当然，从这批 33 张白描铅笔人物来看，我们似乎又能看出李可染对中国绘画以线造型方法的坚守。他用铅笔画出的每一条线，其实都是在体验毛笔行走的提按顿挫，但又不会重复宋元以来人物画线条的那种起笔落笔和转折，更不会出现古人十八描那样的线条形态。当年在教学中，就有美院学生问过李可染："解放军的棉大衣是什么描？"所以，在这批以农民形象为主的白描人物上，李可染也在认真探索新的有表现力的线条。他笔下的每一根线都很肯定准确地表现出对象的结构，人物造型准确简练，衣纹褶折很有质感，

神情的捕捉更是微妙，表现出不同年龄劳动者的朴素和自信。脸部五官描写，参以素描西法，略有明暗体面，点到即止，绝不像徐蒋那样用水墨皴擦来画明暗体面，但也不像传统的中国线描，毫无明暗体面。这批铅笔白描人物，在中国画人物的表现手法上中西结合，以中为主，参以西法，很有时代感，又很有民族范儿。

从李可染这一时期的新年画创作来看，自从1949年4、5月用传统写意水墨画了《街头卖艺》《杨白劳给喜儿扎红头绳》遭到批评之后，他就决意不再用水墨来画新人新事了。他选择了张汀等解放区艺术家创造的新年画风格来作为自己描绘新人新事的语言风格，而这种新年画风格有这么几个特征：1.表现的是当下现实生活中的真人真事；2.是有时代意义和政治意义的新人新事；3.是劳动者的事；4.是写实主义的造型；5.用中国线描勾勒轮廓；6.平涂填彩，色彩明亮但不艳俗。前面三点，是革命现实主义，后面两点，是中国风格。中国风格的革命现实主义绘画，就是新年画。

有理由推断，这批33张铅笔白描人物，就是为这样的新年画创作而进行的素材准备。如果没有1954年的江南山水写生的成功及引发的巨大反响，也许李可染就会在这条新年画人物画的道路上走下去了，那又会走出一个什么样的李可染呢？

## 李可染山水画中的毛泽东诗词意境
### ——新发现的几幅铅笔山水草图

1954年李可染、张汀、罗铭的江南山水写生，开启了中国山水画新的走向，成为山水画新的里程碑。这种深入生活和大自然直接对景作画的方式，也得到了肯定和很高的评价，认为是打破旧山水画程式束缚的有力武器。随之而来的是西安、南京、广州、上海、北京的画家们也纷纷以集体的方式走出画室，声势浩大地到祖国的真山真水和生产建设的现场去写生作画，掀起了波澜壮阔的山水写生运动，并形成新长安、新金陵、新岭南等地域性山水画新流派。李可染也继续他

的山水写生，分别于1956年、1957年、1959年三次远足，到黄山、三峡、秦岭、德国、桂林进行写生创作。以写生为基础进行创作的新山水画，就这样改写了中国山水画的生态环境，不写生的旧式山水画完全边缘化，积极、健康、明朗、清新、真实的新山水画取代了消极、萧索、荒寒、隐逸、造景的旧山水画。中国传统文化中最顽固的一个堡垒，50年代初甚至被人认为完全是封建糟粕应予抛弃的山水画，就这样经由实景写生的方式，而旧貌换新颜了。

就在美术界沉浸于新山水画的巨大成功之时，李可染却悄无声息地开始回眸传统山水画。

他发现了写生的新山水画一个致命的美学弱点：少意境，甚至有景无境，肤浅直露——而这恰恰是对景写生的天生局限。对比中国山水画史上那些杰作，这个弱点和局限太明显了。

所以，从1956年开始，李可染在写生中就开始对环境气氛进行一定程度的渲染，如《钱塘江远眺》、《夕照中的重庆山城》；1957年的德国写生，更是自觉进行意境升华，如《麦森教堂》、《德累斯顿暮色》等等。1959年桂林写生，甚至对景象进行大胆剪裁，并在章法布局上完全超越写生，采用中国山水画的高角度透视，如《漓江边上》（图24）。这一个时期，李可染思考的重心完全转移到山水画意境的创造，他读古代诗论、文论、

图24 李可染《漓江边上》

画论,看古人如何理解意境;他默然以范宽、李成、米芾、李唐、王蒙、黄公望、石溪、石涛、八大、龚贤为心目中的"十师",仔细研究他们的作品;他讲课和讨论问题,也总是以意境为中心;他还发表了谈意境的文章。他甚至在 1960 年前后,尝试着借鉴古人诗句,画了《柳溪渔艇图》、《雨后渔村》、《杏花春雨江南》、《人在万点梅花中》等明显超越写生而大胆造景的山水画。

李可染知道,如果停留在对景写生,尽管也能画出杰作,与油画风景不相上下,各有千秋,但与范宽的《溪山行旅图》、郭熙的《早春图》、黄公望的《富春山居图》等等中国山水画史上的伟大作品相比呢?此时此刻,中国传统山水画通过丘壑无尽、江山无尽而与四时同其序、与阴阳合其德、吞吐八荒、呼吸宇宙、直参造化玄机的伟大胸襟和神秘意境,像一个巨大的磁场,吸引李可染从山水画的写生创作进入意境创造。

就在这个关键时刻,有一个推手出现,他就是毛泽东。

毛泽东有很深的中国古典诗词造诣,他在其革命生涯的每一个时期,每一个重要的历史时空节点,都有诗词创作。他的气魄很大,诗词境界的时空打得很开,而且爱用颜色词来渲染情绪,意象恢宏瑰丽,极富山水画的意境美和画面感。巧的是,就在李可染苦于其山水画写生不能由景升华为境,视野束缚于写生的真实性而不能吞吐八荒、呼吸宇宙地自由浪漫驰骋于艺术想象中的时候,毛泽东发表并出版了他的诗词集,一时间,

"春风杨柳万千条,六亿神州尽舜尧"。

正在热情洋溢进行山水画写生的画家们,包括李可染、傅抱石、钱松岩、关山月,纷纷投入更大的热情来进行毛泽东诗词意境的山水创造。

图 26 李可染《万水千山》(《娄山关夕照》)画稿 1

图 27 李可染《万水千山》(《娄山关夕照》)画稿 2

图 28 李可染《万水千山》(《娄山关夕照》)画稿 3

图 25 李可染《韶山》画稿

这次发现的铅笔稿，其中就有几幅山水草图，应该是同毛泽东诗词有关的。一幅是韶山，毛泽东的故居，李可染在1969年建国二十周年时作为献礼画创作了一幅尺幅很大的作品。此后还创作了三幅同名作品，一幅无水塘，三幅有水塘。还有三幅草图，画面上是重重叠叠的山岭，打着旗帜的人马队伍蜿蜒于山道，有人牵马立在前面山头之上。这个构图，被现藏家定名为《娄山关》，其实准确地说是《长征》，或叫《万水千山》，是1959年的稿子。李可染在1959年画出水墨初稿，随后又画过二稿、三稿。颜色有施花青的，有施赭红的。最后一幅的时间是1964年。

从创作的成品来看，这样主题性的山水画，已然摆脱了写生的局限，画家可以从主题出发而自由想象，空间拓展的范围变得相当辽阔，甚至可以改变现实。如《韶山》画稿（图25），毛泽东故居前本是水塘，但李可染处理成了广场，这样就可以画来自全国各地的工农兵和少数民族群众齐聚韶山，面对那栋土坯瓦房和升起的曙光高举双臂欢呼迎接太阳升起，可以画无数红旗迎风招展。这大概就是所谓的"革命现实主义和革命浪漫主义相结合"的创作方法吧！至于《娄山关夕照》，是1971年创作的，同1959年的铅笔草图出入很大。所以我认为这三幅铅笔草图（图26、图27、图28），应当命名为《万水千山》，而不是《娄山关》。1971年创作的《娄山关夕照》，构图上同《万水千山》有相似有不似，相似处都是苍山如海，不相似处是前景处理，主要是去掉了前景的山头和山头上牵马站立的红军将士，而改成了在山谷中前行攀登走向远方的红军队伍。这一改动或许是吸取石鲁《转战陕北》的教训吧。《转战陕北》画了毛主席站立在断崖上的背影，被批判为"走投无路"。李可染的草图又何尝不可以受到这样的攻击呢？所以，创作于"文革"中的《娄山关夕照》，采取了更慎重的构图。

我曾经说过，当李可染在写生山水画的道路上寻求突破而又彷徨无助，心存疑虑迈不开步子的时候，是毛泽东推了他一把。这倒不是说毛泽东直接指导了李可染，或者给了李可染以政治上的保障，而是指恰逢其时地，毛泽东发表了他的诗词，诗词中想落天外、天马行空的浪漫主义，一下子打开了自苏式现实主义统治以来，封闭新山水画的那个死穴，于是画家们的胆子大了，艺术想象力解放了。对于李可染来说，恰好进入结束写生而"采一炼十"的阶段，时当1959年至1960年间。这是某种机缘巧合，但也是水到渠成，所以一蹴而就。李可染的新山水画，从现实主义跃入浪漫主义，从写景突变到造境。李可染1954年鼓励自己的山水画革新有八个字："可贵者胆，所要者魂。"事实上，是毛泽东的诗词给了李可染胆与魂。

铅笔稿中，还有另外几幅山水构图，一幅是火车穿行隧洞，险峻的重山，前景左下角还有一段盘山公路。还有一幅，是江上行舟，两岸也是崇山峻岭，江边还有停泊的船只，帆落桅立。另外三幅，构图虽有不同，但都看得出来是画长江三峡与楚江相接的那一段，有著名的夔门、建设中的大坝、一桥飞架南北的长江大桥。第一个构图，大坝为前景，万重群山及峡江为中景，楚江和大桥及城市为远景；第二个构图，夔门为前景，大坝为中景，大桥为远景；第三个构图，城市和大桥为前景，峡江为中景，大坝为远景。

这几幅山水构图，表现的都是祖国壮丽山河和伟大的建设工程。火车穿过隧道和江上行舟两张不一定同毛泽东诗词有什么直接联系，但三张长江的构图，显然是毛泽东诗词的意境表达："一桥飞架南北，天堑变通途"、"截断巫山云雨，高峡出平湖"。李可染这三个构图可以说是咫尺千里、江天寥廓，把壮丽的山河和宏伟的建设融于一图，是那个年代的经典结构，集中体现"革命现实主义和革命浪漫主义相结合"的创作方法。

令人疑惑的是，据目前所掌握的史料，李可染这三幅同社会主义建设相关的山水画构图，最终都没有完成作品。以李可染当年如日中天的影响力，如果他这三幅构图（尤其是长江三峡的那三幅构图）完成了水墨创作，那一定是他的山水画中的巨构，也一定会在全国引起轰动。但是，李可染没有去完成它们。

一个李可染研究中有意思的现象，几乎无人提及过，那就是：虽然李可染率先提出了写生山水的主张并身体力行，但除了 1954 年画过一点公园中游园的少先队员，李可染在写生中一直小心翼翼地回避那些有鲜明时代标志的景物，比如，他很少去画建设工地，他也不去画铁路、公路、轮船、大桥、水坝、烟囱、高压线铁塔和高楼大厦这些现代化建设的标志物。而所有这些，在与他同时期的山水画家笔下，可是争先恐后表现的符号啊！没有这些符号，怎么能是社会主义新山水画呢？

李可染的深刻与远见，就表现在这里。

至少从 1956 年开始，他摆脱了题材决定论，而当时，差不多全体大陆艺术家，还陷在题材决定论中苦苦挣扎不得超度。

至少从 1957 年开始，他就觉得在山水画中，意境是比题材远为重要的艺术核心，决定山水画新与旧的关键，是意境而非题材。

所以，从 1959 年开始，特别是进入 1960 年后，李可染将用 10 年时间来集中提炼他的意境图式，也就是所谓的"李家山水"。它们有新的图式、新的语言、新的意境，但唯独没有那些新山水画中随处可见、俯拾即是的建设的"符号"。李可染是从艺术、从美学，而非从社会学和政治学意义的层面来理解"新山水画"的，他的突破和坚守，都是站在艺术和美学的立场上的，尽管也需要为社会和政治服务，但站在这样的立场所为，必将于时间的洗礼中获得对社会和政治的超越与超脱。历史已然证明了这一点。

因此，当我看到这批铅笔勾勒的山水草图时，着实吃了一惊。可见，李可染也未能免俗，他也想同大家一样去画这样的新山水，毕竟在政治上又保险又讨好。但是，李可染还是李可染，他最终还是抵抗住了这样浅薄的诱惑，而更愿意选择"走一条远路"，一条也许更寂寞，但可以走得更长的"夜路"。在 60 年代，他同追随他

的学生们说过这样意思的话。因此，很快的，新山水画的宠儿和标本不再是他，转向了其他更愿意画符号的画家，李可染也因此获得了某种安宁，可以专心致志去做他为新山水画进行美学重建的寂寞的工作了。

但李可染同毛泽东诗词的缘分还没有了。据初步统计，李可染一共画过数幅表现毛泽东诗词意境的山水画。《万水千山》（三稿）、《万山红遍》（七稿）、《昆仑》、《娄山关夕照》、《井冈山》（三稿）。其中的《万山红遍》七幅，用去半斤乾隆上等朱砂。七幅尺幅和构图都有差异。而《井冈山》除了两幅竖构图的，还有一幅横构图，是在毛泽东去世之后，专门为毛主席纪念堂所作。

关于《万山红遍》，还想多说几句。在毛泽东诗词中，李可染最想画的恐怕就是《水调歌头·长沙》中的"万山红遍，层林尽染"。但怎么个"红遍"？怎么个"尽染"？用什么颜料来表达李可染心目中的那种红？大红？洋红？曙红？胭脂红？好像都不行。特别是，如何同墨色融和？正好在这个时候，有人告诉李可染，天津有人愿意出售一块半斤左右的乾隆御用朱砂。李可染二话没说，拽上此人便乘车去了天津。买回这半斤朱砂后，请人研磨成粉，调好胶，就在北京西山的八大处找了一处画室，开始创作《万山红遍》。

从 1962 年至 1964 年，李可染先后七次，用不同尺幅的上等宣纸，画了七稿《万山红遍》。等到画第七稿的时候，乾隆朱砂用尽，不得不掺和

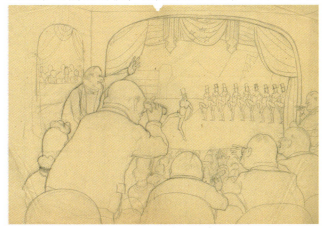

图 29 李可染漫画稿

了些洋红颜料。毛泽东生前看过李可染的《万山红遍》。当人民大会堂要为毛泽东的休息室配置绘画作品时，毛泽东亲自挑选了尺幅较大的第七稿《万山红遍》，悬挂在他堆满书籍的床头墙壁之上。毛泽东去世后，这幅《万山红遍》不知通过什么渠道流失海外。1999年，李可染艺术大展在台湾隆重举办。我陪同邹佩珠先生和李小可到台北，一下飞机就看到台北几条主要大街两旁的路灯柱上，悬挂着这幅《万山红遍》的招贴画，一城飘红啊！在"国立历史博物馆"的展厅，当邹佩珠先生看到这幅在灯光下熠熠闪亮的《万山红遍》原作时，热泪夺眶而出。再后来，2012年春，这幅《万山红遍》在北京保利拍卖会创下2.93亿元人民币的天价纪录。

## 其他画稿：与时俱进

图30 李可染《鼓足干劲，力争上游》

图31 李可染《大龙船》画稿

这批新发现的画稿，经归纳整理，还包括：

一 甘肃炳灵寺铅笔写生稿和水彩稿各一张。

1952年李可染参加中央文化部组织的赴炳灵寺石窟考察团，这两张画稿应是在炳灵寺现场所作。

二 抗美援朝宣传画《朝鲜人民军中国人民志愿军胜利万岁！》的印刷品和铅笔漫画稿（图29，无题，画面为脑满肠肥的美国大亨们在剧场观看美国姐的大腿舞）。

创作时间应在1950、1951年。李可染抗日战争初期，在军委三厅就是画漫画和宣传画的好手。此为重拾旧技。

三 《鼓足干劲，力争上游》水墨画（图30）和《大龙船》铅笔画稿（图31）。

应该是作于1958年"大跃进"运动。确实想象不到，"大跃进"运动能把深度沉浸于山水画革新的李可染也拽到这全民虚火之中，久未画人物，也从未画过龙蛇的李可染，居然也创作了这么一幅手把红旗驭龙腾飞的水墨人物画。而那幅铅笔《大龙船》的稿子，显然有一个更吓人的计划：李可染要据此画一幅大壁画！这是完全可能的。当时几乎全国的墙壁都用来画"三面红旗"（人民公社、总路线、大跃进），火箭、飞机、火车、中国龙等代表速度的东西充斥于墙头报纸。新成立不久的中央工艺美院还成立了壁画专业。美院的教师也被派出去指导壁画创作。李可染这幅《大龙船》的壁画稿把中国南方端午赛龙舟的场面稍加改变，让各界各业代表同乘龙舟，敲锣打鼓竞渡江河，天上的祥云参考了法海寺佛教壁画，鸽群飞翔，浪花飞溅。这是一幅有声有色热闹非凡的壁画，只是不知到底上壁还是没有上壁？

这批画稿告诉我们，在20世纪50年代，剧烈的社会变革带来的冲击，艺术家们无一幸免。象牙塔是不存在的，艺术家们要么拒绝，要么迎合。有主动地接受，也有被动地改造。李可染是选择了主动地接受。尽管不是共产党员，不是解放区来的革命文艺工作者，但李可染的政治觉悟还是蛮高的。他首先选择了在绘画题材上主动迎合新社会，所以他画了《街头卖唱》来控诉旧社会；

他还会十余次地去剧院观看革命歌剧《白毛女》，并打算画一个系列的《白毛女》题材。他选择人物画而不是山水画，是因为他知道新社会现在需要革命的人物画，而代表地主阶级闲情逸致和消极思想的山水画在新社会派不上用场。因此我们可以猜测，为了迎接新社会，李可染是想给自己重新定位为人物画家。但两幅水墨人物画的尝试得到的社会反响，挫败了他的计划。原先想得比较简单，只要题材换成革命的，把阶级斗争的内容加进去就行了。但是没有想到，语言和形式也要脱胎换骨！所以，用水墨来画新人物这条比较驾轻就熟的路就给堵死了。

1950 年，《人民美术》创刊号发表了李可染《谈中国画的改造》的文章。这是李可染面对新旧社会天翻地覆的大变革的历史大前提，而对于中国画，尤其是山水画的革新所做的大思考，可谓深思熟虑。但是，在实践中，李可染并没有找到一个契机，于是，他只能随波逐流地跟着中国美术界的大势，紧跟共产党的各项中心工作，去创作主题性的、时事性很强的新年画。1950 年和 1951 年在京郊大兴和广西南宁的两次土改工作经历，使李可染第一次可以根据自己的工作来创作，画自己工作的内容、工作的对象，画自己过去不熟悉而现在比较熟悉的人和事。对新年画的形式和语言风格，李可染很快上手，而且以他对中西绘画都很扎实的基本功，他迅速成为新年画的重要画家，除了《新得的黄牛》、《工农劳模北海游园大会》，他还创作了《领得土地证，洗雪千年泪》、《老汉今年八十八，始知军民是一家》、《我在家乡争模范，你到前线要立功》等新年画作品。因为每一幅画都要从生活中来，要搜集素材，熟悉生活场景，还要在生活中画速写，提炼主题，

根据主题构思情境、安排人物，对构图反复调整，所以一幅画的创作周期是很长的。他在北海速写稿的创作笔记上写下"工真劳人"，完全是对这种创作方法的真实感受。以前的李可染，无论是画山水还是画人物，多潇洒啊！一挥而就，逸笔草草，墨戏而已。如今却要斟酌思考好几个月才能完成一幅作品。以这样的进度，李可染已经算是勤奋和高产了。以前他只有一个身份——画家；如今他有两个身份——土改工作队员兼画家。社会工作和这种学习、思想改造要占去他很多时间，因此，有些画稿，最终没能成为作品，也就不足为奇了。因为，他还要画宣传画、画漫画、画壁画，总是有些所谓的"中心工作"需要他参与或配合。

从这批新发现的画稿，我们知道了李可染在那个所谓的"空白期"（1949 年至 1953 年）里，到底在干什么。这个所谓的"空白期"其实完全不空白，李可染在思考，在试探，在调整，在重新定位，在努力适应和迎合新社会，告别过去，开启未来。他做得很努力，很尽心，但也小心翼翼。在这段时期，李可染所做的工作，相对于他的前面（1949 年前）和后面（1954 年后），似乎不会被美术史所关注，至少，不会被浓墨重彩予以肯定和赞颂。在李可染漫长的艺术生涯中，这几年只是一个插曲。但是，这个插曲对于李可染是必要的，这段彷徨对于李可染是必然的，这段经历对于李可染是必需的。没有这段插曲的强行插断，李可染只能在他习惯的路上顺着惯性走下去，他本人是没有力量抽刀断流的。因此，没有这段"空白期"的"卧薪尝胆"、四年生息，就不会有 1954 年的爆发，不会有"李家山水"的凝重与深沉。

# 明永乐、宣德时期景德镇御窑瓷器概述

明代社会为了满足皇室的需求，政府需要设置专门的机构或工场，以采购、征用或制造各类生活必需品。有些物品是在京城的御用工场制造的，这里聚集有从全国各地征调的技艺精湛的工匠。另外，朝廷还在宫廷以外、制作各类工艺品已相当专业化的地方经营制造御用品的工场，派宦官前往督造所需物品，然后运至京城。例如：御用的丝绸来自苏州，锦缎来自杭州，纸张来自江西广信府，瓷器来自江西饶州府景德镇、浙江处州府龙泉县等。综观明代工艺美术的发展，人们一致认为以明初永乐、宣德时期取得的成就最大，而其中又以瓷器烧造所取得的成就最为显著。

## 一 明永乐、宣德时期的历史背景

元末明初改朝换代和争夺皇位所进行的战争，给民众带来极大灾难，社会生产力遭受重创。明太祖朱元璋（1328–1398年）的第四子朱棣（1360–1424年）夺取皇位后，为了巩固自己的统治，继承前任之所为，采取与民休养生息的政策，积极发展农业和手工业生产。社会经济得到较快恢复和发展，国力逐渐强盛。据《明史》（卷七十八·志第五十四·食货二"赋役"）记载："计是时，宇内富庶，赋入盈羡，米粟自输京师数百万石外，府县仓廪蓄积甚丰，至红腐不可食。"[1] 永乐皇帝推行积极的外交政策，曾派郑和（1371–1433年）六下西洋，中国人以空前规模走向海外。郑和率领庞大的船队先后访问了亚、非30多个国家和地区，既显示了大明的国力，亦增进了中国与亚、非各国的友好交往。永乐二十二年（1424年）八月十二日，朱棣在最后一次率兵亲征蒙古的归途中，在多伦以外的榆木川（今内蒙古自治区乌珠穆沁东南）病逝，终年64岁，庙号"成祖"。朱棣有四个儿子、五个女儿，嫡长子朱高炽（1378–1424年）于当年八月继皇帝位，取年号"洪熙"，并定次年为洪熙元年。洪熙元年（1425年）五月二十九日，47岁的朱高炽坐在皇位上不到一年，可能因病而英年早逝，庙号"仁宗"。其长子朱瞻基（1399–1435年）于当年六月二十七日即皇帝位，取年号"宣德"，定翌年为宣德元年。朱瞻基为洪熙帝与张皇后所生，永乐二十二年（1424年）十一月一日被立为皇太子。朱瞻基当了10年皇帝，宣德十年（1435年）正月初三日，38岁的朱瞻基意外死于乾清宫，庙号"宣宗"。宣德朝（1426–1435年）历时十年，从史料记载看，这期间史称其职、纲纪修明、仓庾充羡、百姓安居乐业。后来史学家们将仁宗、宣宗统治的和平发展时期称为"仁宣之治"，以比之于西汉"文景之治"。也有学者认为明王朝的鼎盛时期应该包括永乐朝，不妨称永乐、宣德时期为"永宣盛世"[2]。也有学者不同意这种提法。笔者认为，永乐、宣德时期能否称作"盛世"，确实值得商榷。

永乐、宣德时期社会安定、经济繁荣、文化

---

1.《明史》，清·张廷玉等撰。"二十四史"（简体字本），卷七十八，志第五十四，食货二"赋役"。中华书局，2000年，第1264页。
2.《明帝列传——洪熙帝、宣德帝》，姜守鹏著，吉林文史出版社，1996年。

昌盛，为工艺美术的发展奠定了基础。特别是永乐、宣德二位皇帝均深谙艺术、擅长丹青[3]。当时宫廷中笼络了一批职业画家，他们常陪伴皇帝作画。陈继儒（1558-1639年）撰《妮古录》（卷之一）曰："宣庙妙于绘事，其时惟戴文进以不称旨归，边景昭、吴士英、夏昶辈皆待诏，极被赏遇。"[4] 良好的艺术氛围，使得包括书画、陶瓷、漆器、珐琅、玉器、佛像等在内的各种工艺美术门类获得很大发展，取得了颇受后人仰慕的高度成就，其中尤以瓷器烧造表现得最为突出。以下仅就当时景德镇御窑瓷器烧造方面的几个问题谈些自己的看法。

## 二 从文献记载看明代永乐、宣德时期御窑瓷器的烧造

### （一）用途

明代永乐、宣德时期的御窑瓷器主要用于日常饮食、宫廷祭祀、赏赐等，不许私自买卖。从传世品和20世纪70年代以来考古工作者对景德镇珠山明代御器厂遗址发掘情况来看，永乐时期甜白釉瓷器的产量很大，究其原因，当与永乐皇帝的喜好有密切关系。《明实录·太祖实录》载："（永乐四年冬十月丁未）回回结牙思进玉枕（按：当为字形相近的"椀"字之误。《明史》卷六·本纪第六"成祖二"记为"椀"），上不受，命礼部赐钞遣归。谓尚书郑赐曰：'朕朝夕所用中国磁器，洁素莹然，其适于心，不必此也。况此物今府库亦有之，但朕自不用。彼贪而谲，朕受之，必应厚赍之，将有奇异于此者继踵而至矣！何益国事哉？'"[5] 这则史料很重要，它说明永乐皇帝平常喜欢使用"洁素莹然"的国产瓷器，而能称得上"洁素莹然者"，唯有当时景德镇御窑厂大

量烧造的甜白釉瓷器。

从文献记载来看，朱瞻基在即皇帝位以后、尚未改元以前就命景德镇御器厂烧造宫廷祭祀用瓷了。《明实录·宣宗实录》（卷九）载："（洪熙元年九月己酉）命行在工部于江西饶州府造奉先殿太宗皇帝几筵、仁宗皇帝几筵白磁祭器，于磁州造赵王之国各坛祭器。"[6]

杨荣撰《文敏集》载："宣德丁未（二年）二月戊寅，赐范银、图书五。其文曰：'方直刚正，忠孝流芳，关西后裔，建安阳荣，杨氏勉仁，且面致训，以表眷待之隆。'宣宗皇帝尝亲御翰墨，作春山、竹石、牧牛三图，题诗其上，装潢成卷赐公，并赐端砚、御用笔墨及白磁酒器、茶钟、瓶、罐、香炉之类。"又曰"宣德乙酉（四年）九月甲辰朔，赐白金、珍珠、钞币、白瓷器、苏合、香丸等物。"[7] 永乐二年（1404年）曾有外国人不顾明代朝廷禁令，私自来华购买瓷器而被大臣告发，但却得到永乐皇帝的宽恕。《明实录·太宗实录》载："（永乐二年五月甲辰）礼部尚书李至刚等奏：'琉球国山东王遣使贡方物，就令赍白金。诣处州市瓷器，法当逮问。'上曰：'远方之人知求利而已，安知禁令？朝廷于远人当怀之，此不足罪。'"[8]

这则史料既说明琉球国人喜爱龙泉青瓷，也说明永乐皇帝胸襟宽阔，不计较琐事。

### （二）生产制度

有关永乐时期景德镇御器厂的管理、督造情况已不可考。从文献记载看，宣德时期景德镇御器厂由"营缮所"管理。"营缮所"是个什么机构呢？系工部下设机构之一，属于七品衙门。直接负责管理御窑厂的是营缮所中的九品官员——营缮所丞。

---

3.《明经世文编》，明·陈子龙等选辑。中华书局，1962年。卷十六"杨文贞公文集二"之"恭题谢庭徇所授御制诗卷后"曰："昔我宣宗皇帝万几之暇，讲论道德之余间，游艺书画。时非厚重端雅之士，不得给事左右。永嘉谢庭循独见爱重，恒侍燕闲。盖庭循清谨有文，每承顾问，必以正对。尤精绘事，每有所进，必荷褒锡。"

4.《妮古录》，明·陈继儒撰。《筠轩清閟录·妮古录》，中华书局，1985年。

5.《明实录·太祖实录》，台湾"中央"研究院历史语言研究所版本，1967年。册七，第878页。

6.《明实录·宣德实录》，台湾"中央"研究院历史语言研究所版本，1967年。册十六，第231页。

7.《文敏集》，明·杨荣撰。辑入《景印文渊阁四库全书》第1240册，台湾商务印书馆，1983年。

8.《明实录·太宗实录》，台湾"中央"研究院历史语言研究所版本，1967年。册六，卷三一，第556页。

刊刻于明万历二十五年王宗沐撰、陆万垓增修《江西省大志·陶书》载："（洪武）三十五年始开窑烧造，解京供用。有御厂一所，官窑二十座。宣德中，以营缮所丞专督工匠。正统初，罢。天顺丁丑，仍委中官烧造。嘉靖改元，诏革中官，以饶州府佐贰督之。"[9]

清乾隆四十八年（1783年）《浮梁县志》（卷之五"陶政"之"陶厂"条）曰："唐武德四年，里人陶玉献假玉器，由是置务……明洪武初，镇如旧，属饶州府浮梁县。始烧造岁解，有御厂一所，官窑二十座。宣德中以营缮所丞专督工匠。正统初，罢。"[10]

### （三）烧造数量

文献记载和考古发掘所获得的资料证明，明代自洪武二年（1369年）开始，为了适应宫廷用瓷之需，朝廷即在景德镇设陶厂（后更名曰"御器厂"），专门烧造宫廷用瓷，永乐、宣德时期延续了这一制度。御器厂初设时有窑20座，后增至58座[11]。明代实施的匠籍制度使御器厂内汇集了当时全国最优秀的制瓷工匠。他们选用优质制瓷原料和烧瓷用燃料，不惜工本，烧造了大量至精至美的御用瓷器。这些瓷器经严格挑选后，被源源不断地解运至京城，除去日常使用损耗和不可抗力因素损坏外，仍有大量完整器流传至今。

由于明代嘉靖三十五年（1556年）刊刻的王宗沐纂修《江西省大志·陶书》中已提到，嘉靖以前景德镇御器厂烧造数量方面的记载已"案毁不可考"[12]。因此，现在很难统计出永乐、宣德时期景德镇御器厂的具体烧造数量。特别是有关永乐时期景德镇御器厂任何烧造数量方面的内容，在目前所见文献中均无从查到。宣德时期景德镇御窑厂的烧造数量虽仍无法全面了解，但从有关文献记载中却可窥其一斑。《明实录·宣宗实录》（卷七十）载："（宣德五年九月丁卯）罢饶州烧造瓷器。初，行在工部奏遣官烧造白磁龙凤纹器皿，毕，又请增烧。上以劳民费物，遂命罢之。"[13]至迟大约三年后，又见御器厂烧造瓷器的记载。明·李东阳等撰《大明会典》（工部·窑冶）载："宣德八年尚膳监题准：烧造龙凤磁器，差本部官一员，送出该监式样，往饶州烧造各样磁器四十四万三千五百件。"[14]"尚膳监"是明代专为宦官设置的机构——十二监之一，"掌御膳及宫内食用并筵宴诸事"。宣德时期的景德镇御器厂直至宣德十年（1435年）正月因宣宗病逝方停止烧造。

值得一提的是，通过流传至今的传世品和景德镇珠山明代永乐、宣德御器厂遗址出土的瓷片标本，我们可以对永乐、宣德时期景德镇御器厂的烧造数量有一个初步了解。目前仅收藏在台北故宫博物院的"宣德一朝官窑制品，即至二千件左右"[15]，永乐朝御窑瓷器232件[16]。故宫博物院仅收藏永乐、宣德御窑青花瓷器即达700多件[17]。

图1 明永乐青花海水云龙纹爵盘，1999年景德镇珠山出土

9. 《江西省大志·陶书》，王宗沐纂修、陆万垓增纂。明万历二十五年（1597年）刊刻，国家图书馆藏。
10. 《浮梁县志》（十二卷），程廷济总修、凌汝绵编纂。故宫博物院图书馆藏乾隆四十八年（1782年）刻本。
11. 《江西省大志·陶书》，王宗沐纂修，明嘉靖三十五年（1556年）刊刻。国家图书馆藏善本书。
12. 同11。
13. 《明实录·宣宗实录》，台湾"中央"研究院历史语言研究所版本，卷七十，第1654页。
14. 《大明会典》，明·李东阳等撰。江苏广陵古籍刊印社影印明刊本。第2632页。
15. 廖宝秀《宣德官窑菁华展导论》，载台北故宫博物院编辑委员会《明代宣德官窑菁华特展图录》，台北故宫博物院，1998年。
16. 《故宫瓷器录》（上册），台北故宫博物院、中央博物院理事会合编。民国五十三年（1964年）台北版。
17. 冯先铭《明永乐、宣德青花瓷器与外来影响》，载冯先铭主编：《中国古陶瓷研究》（中国古陶瓷研究会、中国古外销陶瓷研究会会刊）第二辑，紫禁城出版社，1988年。

1979 年至 1999 年，景德镇市陶瓷考古研究所配合景德镇的市政建设，在珠山周围进行过多次局部考古调查、清理和发掘，先后发现洪武、永乐、宣德、成化、正德御窑遗存，抢救发掘出丰富的遗物。迄今为止，历次考古调查、清理和发掘共获得明代洪武至正德御窑瓷器残片数十吨，粘接复原出的完整器数以千计[18]，其中有不少为传世品中所不见（图 1）。

这些复原瓷器中的珍品在日本及中国香港、台湾、大陆展出后，受到人们极大关注。1998 年在台湾鸿禧美术馆举办的"景德镇出土明宣德官窑瓷器展"共展出宣德官窑瓷器 199 件、宣德官窑瓷片标本 40 件[19]。2007 年在首都博物馆举办的"景德镇珠山出土永乐官窑瓷器展"共展出永乐官窑瓷器 117 件[20]。这些出土的瓷器标本，堪称研究永乐、宣德时期景德镇御器厂生产规模、管理制度、烧造品种等的重要实物资料。

## 三 永乐、宣德时期景德镇御窑瓷器的艺术成就

从传世品和出土物看，永乐、宣德时期景德镇御器厂烧造的御用瓷器可谓品类丰富、花色繁多，显示出非凡的创造力，明、清时期景德镇御器（窑）厂所产瓷器品种中的绝大多数在永乐、宣德时期即已出现，可谓应有尽有。从艺术风格看，如果说洪武时期的御窑瓷器尚过多留有元代瓷器体大厚重、装饰繁缛、工艺较为粗糙的遗风，那么，永乐时期的御窑瓷器则完全摆脱了元代瓷器的影响，开创了以器物大小适中、胎体厚薄适度、装饰纹样疏朗、文人气息浓郁等为特点的御用瓷器新风貌。这一艺术风格的形成，与擅长丹青、深谙艺术的永乐皇帝的审美观念有密切关系。

从大量传世和出土的永乐御窑瓷器看，当时景德镇御器厂除了继续烧造青花、釉里红、鲜

图 2 明永乐黄地绿彩锥拱云龙纹梨式执壶，1983 年景德镇珠山出土

图 3 明永乐白地绿彩灵芝竹叶纹器托，1994 年景德镇珠山出土

图 4 （左）14 世纪伊斯兰国家黄铜鎏金阿拉伯文器座；（右）明永乐青花阿拉伯文无当尊，故宫博物院藏

红釉、祭蓝（青）釉、紫金釉、黑釉瓷等传统品种外，还成功创烧出青花釉里红、青花加金彩、黄地绿彩（图 2）、红地绿彩、白地绿彩（图 3）、

---

18. 刘新园《明永乐官窑考》，载首都博物馆《景德镇珠山出土永乐官窑瓷器》，文物出版社，2007 年。
19. 鸿禧美术馆《景德镇出土明宣德官窑瓷器》，鸿禧艺术文教基金会，1998 年。
20. 首都博物馆《景德镇珠山出土永乐官窑瓷器》，文物出版社，2007 年。

白地矾红彩、白地金彩、绿地酱彩瓷以及甜白釉、仿龙泉釉、翠青釉瓷等十多个新品种。特别是永乐时期的青花瓷及鲜红釉、甜白釉瓷，质量精湛，备受后人推崇，对后来景德镇制瓷业产生过极其重要的影响。在器物造型方面，新的器形层出不穷，尤其是模仿伊斯兰国家的黄铜器、玉器、陶器等造型和纹饰，大量烧造的甜白釉或青花无当尊（图4）、双系活环背壶、绶带耳葫芦扁壶、如意耳扁壶、方流执壶、绶带耳蒜头口扁壶、花浇、折沿盆（洋帽洗）、委角方瓶、八方烛台、笔盒等，显示出永乐时期景德镇御器厂擅于吸收优秀外来文化创造崭新陶瓷艺术品的能力。

部分永乐御窑瓷器上署篆体"永乐年制"四

图5　（左上）明永乐青花缠枝莲纹压手杯器形；<br>（右上）双狮戏球纹碗心；（下）碗底

图6　（左）明永乐青花缠枝莲纹压手杯（残器），北京出土；<br>（右）杯心

字年款的做法，首次将御用瓷器打上了类似皇家商标性质的"烙印"，开启了明、清两代御窑瓷器上署帝王年号款之先河。永乐时期景德镇御窑厂

所烧造的瓷器大都不署年款，少部分署有年款者可分为青花料书写款、锥刻款和模印款三种。款识字体均为篆体，未见楷体。内容仅见"永乐年制"四字，不见"大明永乐年制"六字，故凡署六字年款者，不管是楷体还是篆体，皆为伪款。永乐御窑青花瓷器数量不少，但目前仅在传世或出土青花缠枝莲纹压手杯上见有所署青花篆体"永乐年制"四字款。据明末谷泰撰《博物要览》"新旧饶窑"条载："古之烧造饶器，进御者……若我永乐年造压手杯，坦口折腰，沙足滑底，中心画

图7　明永乐鲜红釉暗花云龙纹高足碗，2003年景德镇珠山出土

有双狮滚球，球内篆书'大明永乐年制'六字或四字，细若粒米，此为上品；鸳鸯心者次之，花心者又其次也。"[21]

故宫博物院收藏4件此种压手杯。一件杯心绘双狮戏球纹，球内署篆体"永乐年制"四字年款（图5）；另三件杯心画团花纹，五瓣葵花心内署篆体"永乐年制"四字年款。但目前尚未发现"鸳鸯心者"，也未发现谷泰所说署六字篆体款者。笔者见有北京市古陶瓷收藏爱好者所藏北京市基本建设工地出土的永乐青花缠枝莲纹压手杯残器，有在杯内底菊花心内署青花篆体四字款者（图6）和在折枝菊花枝杈间署青花篆体四字款者。

锥刻款和模印款主要见于永乐御窑单色釉瓷器上，位置多在碗、盘、高足碗等器物的内底心或内壁，款字作两行排列署于葵花心或单圈内。模印款主要见于内外鲜红釉高足碗和甜白釉薄胎印花器上，如甜白釉薄胎印花云龙纹盘、高足碗等。

21.《博物要览》，明·谷泰撰。辑入《丛书集成新编》第50册，第364页。（台湾）新文丰出版公司，1986年。应引起注意的是，1982年文物出版社出版、中国硅酸盐学会编《中国陶瓷史》等书，将《博物要览》一书的作者说成是谷应泰（卒于1689年以后），应是将两个相似的名字混淆了。究其根源，当源于李调元（1734—1803年）所辑丛书《函海》，其中收入一部题为《博物要览》的著作，他认为是谷应泰之作。其实《博物要览》的作者是谷泰（字宁宇），是晚明时期的学者，曾在李调元的家乡四川任职。谷应泰的文集名《筑益堂集》，其名著为《明史纪事本末》。

图 8a 明永乐甜白釉暗花莲花八吉祥纹僧帽壶，台湾清玩雅集藏

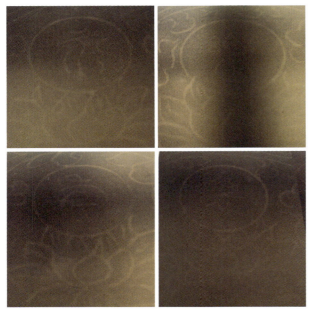

图 8b 明永乐甜白釉暗花莲花八吉祥纹僧帽壶"永"、"乐"、"年"、"制"款，台湾清玩雅集藏

锥拱款则主要见于永乐鲜红釉或甜白釉划花器上。如永乐鲜红釉高足碗，此类高足碗有两种：一种是内施白釉外施鲜红釉，碗内底单线圈内锥拱一朵五瓣葵花，花心内锥拱篆体四字双行年款，款字清晰；另一种是里、外均施鲜红釉，碗内底锥拱的篆体四字年款被鲜红釉覆盖，不甚清晰，但个别在内底模印的篆体四字年款却异常清晰（图 7）。传世品中见有永乐甜白釉暗花僧帽壶，颈部锥拱缠枝莲纹，四朵莲花分别托起锥拱的篆体"永"、"乐"、"年"、"制"四字（图 8），属于殊为少见的作品。永乐御窑瓷器上的刻、

印年款有时需对光侧视或透视方能看清。

永乐御窑瓷器上的篆体年款无论书写还是刻、印，都颇有章法。笔道流畅自然，笔画转折处柔和，字体结构严谨，苍劲浑厚，婉丽飘逸。此款识之蓝本必出自当时功力深厚的书法家之手。有学者将上海博物馆所藏永乐朝翰林学士沈度（1357-1434 年）的一方端砚底部刻划的篆体"永乐乙未秋翰林沈度识"与永乐御窑瓷器上所署年款字体仔细比较后认为，二者风格完全一致，因而认为永乐御窑瓷器上的篆体年款很可能是由当时翰林学士沈度书写后，下交景德镇御窑厂，再由工匠按墨迹摹写、刻画或做成泥模印在瓷坯上[22]。笔者赞成此种观点。沈度，字民则，号自乐，松江华亭（今上海）人，以擅书而入翰林院。焦竑（1540-1620 年）撰《玉堂丛语》（卷七）"巧艺"条载："太宗征善书者，试而官之，最喜云间二沈学士，尤重度书，每称曰：'我朝王羲之。'凡玉册、金简，用之宗庙朝廷、藏秘府、施四裔、刻之贞石、传于后世，一切大制作，必命度书之。书婉丽飘逸，雍容矩度，兼篆八分，八分尤高古，浑然汉意。"[23]

可见沈度名重当时。从传世沈度书法作品看，他擅书篆、隶、真、行诸体。既然"一切大制作，必命度书之"，而宫廷御用瓷器的制作毫无疑问属于大制作，那么，永乐皇帝命沈度为御用瓷器书写款识样本，应是顺理成章的事。

著名古陶瓷鉴定家孙瀛洲先生（1893-1966 年）在深入研究永乐御窑瓷器的基础上，曾将永乐御窑瓷器年款编成朗朗上口、便于记忆的歌诀，即："永乐篆款确领先，印刻暗款凸凹全。压杯青篆在内心，不是确知不胡言。"[24]

第一句"永乐篆款确领先"，是说永乐御窑开创了明、清两代在御窑瓷器上署帝王年号款之先河，而且字体为篆体。

22. 刘新园《景德镇明御厂故址出土永乐、宣德官窑瓷器之研究》，载《景德镇珠山出土永乐、宣德官窑瓷器展览》，香港市政局，1989 年（香港）。
23.《玉堂丛语》，明·焦竑撰。辑入《续修四库全书》（第 1172 册），上海古籍出版社，2002 年。据山东省图书馆藏明万历四十六年徐象枟曼山馆刻本，影印原书。
24. 吕成龙《明代陶瓷》，载耿宝昌主编《孙瀛洲的陶瓷世界》，紫禁城出版社，2005 年。第 48 页。

　　第二句"印刻暗款凸凹全"，是说永乐御窑瓷器上的篆体四字年款既有阴文刻划款，亦有阳文模印款。

　　第三句"压杯青篆在内心"，是说永乐青花压手杯之内底心署有青花篆体四字年款。

　　第四句"不是确知不胡言"，是说永乐御窑瓷器上所署四字年款只有亲眼所见，才有发言权。

　　宣德一朝虽历时仅有短暂的十年，但由于这期间没有大的天灾人祸，加之宣德皇帝治国有方、深谙艺术，致使这一时期工艺美术的各个门类几乎都取得过非凡成就。景德镇御器厂的御用瓷器烧造在永乐时期已奠定的良好基础上，获得更大的发展。从大量传世和出土的宣德御窑瓷器看，此时景德镇御窑厂除了继续烧造传统的青花、釉里红、青花釉里红、鲜红釉、甜白釉、祭蓝（青）釉、祭蓝釉白花、黑釉、紫金釉、仿龙泉釉、孔雀绿釉、

图9a 明宣德青花吹箫引凤图碗外底所署青花楷体"大明宣德年制"

图9b 从故宫博物院藏沈度书法上辑出的"大"、"宣"、"德"、"年"字

图10 明宣德御窑青花瓷器上的青花楷体四字年款，外围双圈

浇黄釉、孔雀绿釉青花、黄地绿彩、白地矾红彩瓷等至少15个品种以外，还成功创烧出洒蓝釉、瓜皮绿釉、淡茄皮紫釉、天青釉、铁红釉、仿汝釉、仿哥釉、仿钧釉、鲜红釉描金、青花五彩、青花加矾红彩、青花加金彩、黄地青花、白地铁红彩、白地黄彩、白地铁钴铜点彩等至少16个新品种。可谓品类丰富、洋洋大观。特别是永乐、宣德时期的青花、甜白釉、鲜红釉瓷，被后人誉为"三大名品"，其青花瓷器则被推为明代青花瓷器之冠。明、清两代景德镇御器（窑）厂所产瓷器品种中的绝大多数在宣德时期都已具备。

　　宣德时期的御窑瓷器不但产量比永乐时期大

图11 明宣德御窑青花残器上所署青花篆体"宣德年制"四字年款，1982年景德镇珠山出土

增，而且造型亦更加丰富、胎釉愈显精细、纹饰更趋精美。其最突出的成就在于开创了在御窑瓷器上大量署帝王年号款之先河，特别是所署楷体"大明宣德年制"六字双行外围双圈（图9）或"宣德年制"四字双行外围双圈（图10）的款式，属于首创，而且成为后来御窑瓷器上使用最多且久的款式。宣德御窑瓷器落款位置虽不固定，但由其开创的大量在器物外底署款的做法，却首次将以往人们不太关注的瓷器底足变成了展示具有皇家商标性质的落款和款字书法美的重要位置，景德镇御窑瓷器也自此步入了造型、胎釉、纹饰、款识无一不精的"完美"阶段。

宣德御窑瓷器上的年款在明、清两代各朝中最为复杂。从字数来看，可分为"大明宣德年制"六字和"宣德年制"四字两种。从书写方式来看，可分为青花料书写款、铁红彩书写款、矾红彩书写款、锥刻款和模印款等。从字体看，既有楷体款，又有篆体款，但篆体仅见有四字款。从落款位置看，除了最常见的在器物外底落款外，还见有在器内底心、器内腰部、外口边、颈部、肩部、外腰部、折沿下、耳部、柄上、流上、内口边和盖内等处落款者。六字款排列方式有一行竖写、六字分两行竖写、六字分三行竖写、一排横写等。款识外多围以双圆圈，另有个别围以单圆圈、双线长方框和双线长方框外复加双线圆圈者，也有无边栏者。再有极个别器物上的年款写于花心或锦纹中心。在宣德御窑瓷器年款中，最为多见的款式是以青料书写或以铁锥刻划楷体"大明宣德年制"六字双行外围双圈。青花楷体"宣德年制"四字年款较少见，所见青花花口蝶耳杯、青花藏文僧帽壶上的四字楷体款均署在外底，分两行排列，外围双圈。青花龙穿花纹高足碗、蓝釉白花鱼藻纹高足碗之外底所署青花楷体四字双行款，外无边栏。白釉"坛"盏上的青花楷体四字双行外围双圈款则署在内底。青花缠枝莲托八吉祥纹平底盘上的青花楷体四字款，自右向左一排横列

于外口沿下，无边栏。青花篆体四字年款极其罕见，见有仿汝釉高足碗，内底心落有青花篆体四字双行款，外围青花双圈。景德镇珠山曾出土落有青花篆体"宣德年制"四字年款的宣德御窑残器（图11）。宣德御窑瓷器上的锥拱楷体"大明宣德年制"六字年款多见于单色釉瓷器上，器物造型见有盘、碗、高足碗等，品种有黄釉、鲜红釉、酱釉、白釉、蓝釉等。盘、碗上的款锥拱于外底，高足碗上的款锥拱于内底，楷体"大明宣德年制"六字分两行排列，外围锥刻双圈。景德镇市珠山宣德御窑遗址曾出土一件白釉矾红彩云纹高足碗，其内底心既有锥拱楷体六字暗款，又有在其上以矾红彩书写的楷体六字款，属于极罕见的款识。锥拱篆体四字年款亦极罕见，台北故宫收藏的一件青花藏文高足碗，其内底锥拱篆体"宣德年制"四字双行款，外围锥拱双圈，圈外环绕八个锥拱莲瓣。

台北故宫收藏的另一件白釉暗花双龙纹高足碗之内壁锥拱篆体"宣德年制"四字双行款，外围锥拱单线圈，圈外环绕八个锥拱莲瓣纹[25]。至于模印款，台北故宫和北京故宫博物院均收藏有宣德白釉暗花云龙纹或异兽纹高足碗，在碗内腰部印有阳文篆体四字暗款，款外围以模印莲瓣，应属特别稀有之款。

著名古陶瓷鉴定家孙瀛洲先生（1893–1966）曾将宣德御窑瓷器上的年款编成四句口诀，即："宣德年款遍器身，楷刻印篆暗阳阴。横竖花四双单无，晋唐小楷最出群。"[26]

第一句"宣德年款遍器身"，是说宣德御窑瓷器上落款的位置不固定，除了常见的落款于器物外底外，还见有在器物内底、盖内、器内腰部、器外口边、颈部、口沿下、外腰部、肩部、壶流部等处落款者。

第二句"楷刻印篆暗阳阴"，是说宣德御窑瓷器上所署年款的形式多种多样，既有以青花料或釉上彩书写的楷体款，又有锥拱款、模印款、篆体款、暗款、阳文款、阴文款等。

25. 《明代宣德官窑菁华特展图录》，台北故宫博物院编辑委员会著。台北故宫博物院，1998年。图版106、95。
26. 孙瀛洲：《试谈明代永乐、宣德景德镇官窑瓷年款》，《故宫博物院院刊》1960年总第2期。

图12 明宣德御窑青花瓷器上所署青花楷体六字一行年款，外围四重边栏

第三句"横竖花四双单无"，是说宣德御窑瓷器上所署年款既有六字和四字一排横写款，又有六字一行、六字双行、六字三行、四字双行竖写款。款外有围以花瓣或锁字锦纹者，有围以四重边栏者（即双方框外复加双圆圈）（图12），有围以双线圆圈者，有围以单线圆圈者，也有无边栏者。

第四句"晋唐小楷最出群"，是说宣德御窑瓷器所署年款中，有一种字体非常优美的极似晋唐小楷书法风格的六字双行款，其笔法工整、清秀、遒劲，像写在纸上一样自然大方。

这四句口诀对于我们理解宣德御窑瓷器年款的特征大有裨益。实际上，由于宣德御窑瓷器上的年款都是由工匠照样摹写，故很难达到整齐划一、完全一致，每一个字的特征都很难用文字来描述。以"大明宣德年制"六字来说，孙瀛洲先生曾注意到仅"大"字就有几种不同的写法，其一横被第二笔的一撇分割后，有左边长者，有右边长者，也有左、右相等者，且这一横还有长短之分。"年"字除一般写法外，还有最明显的五种不同的写法。楷体"德"字"心"上无一横，而篆体"德"字"心"上有一横。

有学者提出宣德御窑瓷器所署年款之蓝本也应出自当时功力深厚的大书法家沈度之手，笔者

同意此种看法。因为经过将宣德御窑瓷器年款与故宫博物院藏沈度书法作品（图13）比较后可以发现，二者属于统一风格。可以肯定的是，当时景德镇御窑厂按沈度墨迹往瓷器上临摹者决非一人，因同一个蓝本，只有不同的人临摹，才会在风格上形成细微差别。

图13 明沈度敬斋箴册页（十二页之一），故宫博物院藏

## 四 后世对永乐、宣德御窑瓷器的品评

在中国传统观念中，历来是重士、农、工而轻商。大约从16世纪中叶以来，随着商品经济的发展，世风逐渐转变，商业活动进入社会各阶层，有力地冲击着传统的"重农抑商"观念和森严的封建等级制度。商人凭借其逐渐积累起来的丰厚的物质财富，从事原本士族阶层才能涉猎的各种各样的文化活动并加以炫耀。他们兴建豪华的私家园林和大型藏书楼、购买宋版珍本图书和唐代书画、收藏三代青铜器、僭越乘轿、模仿士大夫旅游、使用精细家具等。从文献记载看，这一风气滥觞于江南吴地文人雅士，徽商则对之推波助澜。

明中叶以后，随着商品经济的日趋繁荣，封建特权日益加大，达官、贵人的消费欲望愈来愈膨胀，消费幅度亦惊人增长，对于商品的追求出现高、精、尖的倾向[27]。晚明名士袁宏道（1568–1610年，字中郎），曾专论"时尚"谓："古今好尚不同，薄技小器，皆得著名。铸铜如王吉、养娘子，琢琴如雷文、张越，窑器如哥窑、董窑，漆器如

27.《明清史散论》，王春瑜著。东方出版中心，1996年。

张成、杨茂、彭君宝，经历几世，士大夫宝玩欣赏，与诗画并重。当时文人墨士、名公钜卿，煊赫一时者，不知湮没多少。而诸匠之名，顾得不朽，所谓五谷不熟，不如稊稗者也。近日小技著名者尤多，然皆吴人。瓦瓶如龚春、时大彬，价至二三千钱，龚春尤称难得，黄质而腻，光华若玉。铜炉称胡四，苏、松人有效铸者，皆不能及。扇画称何得之。锡器称赵良璧，一瓶可值千钱，敲之作金石声。一时好事家争购之，如恐不及。其事皆始于吴中，猾子转相售受，以欺富人公子，动得重赏，浸淫至士大夫间，遂以成风。然其器实精良，他工不及，其得名不虚也。千百年后，安知不与王吉诸人并传哉？"[28]

由于明代社会对进入上层精英所设立的标准是必须具备良好的教养和学识，如谈吐高雅、擅长赋词吟诗、讨论哲人、鉴赏艺术品等，致使从16世纪中叶以来，为适应社会需求，出现大量谈论古董收藏和文学鉴赏的作品，数量达到空前。

明代晚期，在人们的精神领域出现一种新的现象，即整个社会沉湎于好古玩物。"好古"不仅仅是喜好明代以前的古董，即使是明代永乐、宣德、成化各朝工艺品也包括在内。究其原因，一方面是由于明代以前的古董稀少难觅，另一方面明代永乐、宣德、成化各朝工艺品的确精美绝伦、惹人喜爱。

沈德符撰《万历野获编》曰："玩好之物以古为贵，惟本朝则不然。永乐之剔红、宣德之铜、成化之窑，其价遂与古敌。盖北宋以雕漆擅名，今已不可多得，而三代尊彝法物，又日少一日。五代迄宋，所谓柴、汝、官、哥、定诸窑，尤脆薄易损，故以近出者当之。"[29]

晚明书画家、万历进士董其昌（1555-1636年）撰《骨董十三说》曰："世称柴、汝、官、哥、定五窑，此其著焉者。更有董窑、象窑、吉州窑……皆有传者，俱不及五窑。本朝宣、成、嘉三窑，直欲上驾前代。"[30]

明代陈继儒（1558-1639年）撰《妮古录》（卷之一）曰："宣庙时瓷器及蟋蟀澄泥盆最为精绝。"[31]

沈德符撰《万历野获编》（卷二十六，"玩具"）曰："本朝瓷器，用白地青花，间装五色，为古今之冠。如宣窑品最贵，近日又贵成窑，出宣窑之上。盖两朝天纵，留意曲艺，宜其精工如此。"[32]

晚明文人文震亨（1585-1645年）撰《长物志》（卷一二）"香茗"之"茶壶茶盏"曰："茶壶以砂者为上……宣庙有尖足茶盏，料精式雅，质厚难冷，洁白如玉，可试茶色，盏中第一。"（卷七）"器具"之"香木橼盘"曰："香橼盘有古铜青绿盘，有官、哥、定窑、青冬磁、龙泉大盘，有宣德暗花白盘、苏麻尼青盘、朱砂红盘，以置香橼，皆可。"（卷七）"器具"之"海论铜玉雕刻窑器"曰："三代、秦、汉人制玉……窑器，柴窑最贵……宣窑冰裂、鳝血纹者，与官、哥同，隐纹如橘皮。红花、青花者，俱鲜艳夺目、堆垛可爱……至于永乐细款青花杯、成化五彩葡萄杯及纯白薄如玻璃者，今皆极贵，实不甚雅。"[33]

明代田艺蘅撰《留留青》（"宣窑"条）曰："大明永乐窑、宣德窑、成化窑皆纯白，或回青、石青画之，或加彩色。宣德之贵，今与汝敌，而永乐、成化亦以次重矣……今宣窑兴，而与汝窑争价，亦足观也。"[34]

清代程哲撰《蓉槎蠡说》（卷十一）曰："窑器所传柴、禹、官、哥、钧、定可勿论矣。在胜朝则有永、宣、成、弘、正、嘉、隆、万官窑，其

28.《袁宏道集笺校》，明·袁宏道著，钱伯城笺校。卷二十"瓶花斋集之八——杂录"之"时尚"条，记万历二十六年至万历二十八年事。上海古籍出版社，1981年。
29.《万历野获编》，明·沈德符撰。中华书局，1997年。
30.《骨董十三说》，明·董其昌撰。民国刻静园丛书本。
31. 同4。
32. 同29。
33.《长物志》，明·文震亨原著、陈植校注、杨超伯校订。江苏科学技术出版社，1984年。
34.《留留青》，明·田艺蘅撰。见《留青日札》下册，上海古籍出版社，1985年。页1275。

品之高下，首成窑，次宣、次永、次嘉，其正、弘、隆、万间亦有佳者……宣窑之祭红杯、盘，有通体红者，有红鱼者，百果者，有西红宝石垩涂烧者，其宝光凸起。紫黑者，火候失也。"[35]

清人朱彝尊（1629-1709 年）撰《曝书亭集》（卷三十六）"感旧集序"条曰："见新而贵旧者，人之情也……盖尝以月之朔望，观于京帅慈仁寺。比日中，天下之货咸集，贵人入市，见陈瓷碗争视之。万历窑一器索白金数两，而宣德、成化款识者，倍蓰焉。"[36]

约成书于雍正、乾隆年间张九钺（1721-1803年）撰《南窑笔记》曰："宣窑……又有霁红、霁青、甜白三种，尤为上品……一切釉水，以霁红为难。旧红名鲜红，又名宣烧，盖珍重之也。"[37]

民国人许之衡（1877-1935 年）撰《饮流斋说瓷》（"说花绘"第五）曰："宣窑之美为有明一代冠，不但宣红、宣黄彪炳奕叶已也，即青花五彩各器亦发明极多，成为后代所祖。"[38]

从以上文人品评来看，自明代晚期以来，永乐、宣德时期的御窑瓷器博得极高评价，其价格已与宋代汝、官、哥、定等名窑瓷器相匹敌。这一方面是因为宋代名窑瓷器在当时已属于稀有之物，很难觅得；另一方面也说明永乐、宣德时期的御窑瓷器确实达到较高的艺术水准，博得文人雅士的青睐。

## 五 后世对永乐、宣德御窑瓷器的仿制

明代晚期确立窑器重永乐、宣德、成化的鉴藏风气以后，影响深远。直至今日，这三朝御窑瓷器都是鉴赏家竞相搜求的目标，而且由此亦促使仿造此三朝御窑瓷器之风兴盛。尤以明代正德、万历和清代康熙、雍正、乾隆景德镇御器（窑）厂及清末民国、20 世纪 80 年代以来仿造最多，

质量亦最精。这些仿品多依原物摹制，不署款识者庶几乱真。传世品和出土物中见有：

明正德仿宣德青花缠枝莲纹盘。

明万历仿永乐青花缠枝莲纹压手杯、仿宣德青花折枝花果纹葵口碗、仿宣德青花阿拉伯花纹馒头心碗、仿宣德青花缠枝牵牛花纹四方角委瓶、仿宣德青花阿拉伯花卧足碗等。

清康熙仿永乐青花鱼篓式尊、仿永乐青花松竹梅纹碗、仿永乐青花压手杯、仿永乐甜白釉葵瓣口碗、仿永乐影青凉帽式小碗、仿宣德青花折枝花果纹葵口碗、仿宣德青花缠枝花纹水盂、仿宣德青花玉壶春瓶、仿宣德鲜红釉僧帽壶、仿宣德豆青釉荷叶式洗等。

清雍正仿永乐青花梅瓶、仿永乐青花锦纹蒜头口双耳扁壶、仿永乐青花折枝茶花纹双耳扁壶、仿永乐青花海水白龙纹天球瓶、仿永乐青花竹石芭蕉纹玉壶春瓶、仿永乐甜白釉划花梅瓶、仿宣德青花梅瓶、仿宣德青花藏文缠枝莲托八吉祥纹僧帽壶、仿宣德青花牵牛花纹四方委角瓶、仿宣德青花书灯、仿宣德青花团龙凤纹葵花式洗、仿宣德白釉暗花菊瓣纹鸡心碗等。

清乾隆仿永乐青花描金缠枝苜蓿花纹碗、仿永乐青花竹石芭蕉纹玉壶春瓶、仿永乐青花折枝花果纹执壶、仿宣德青花绵纹壮罐、仿宣德青花梅瓶、仿宣德青花仕女游园图盘、仿宣德青花鸟食罐等。

民国仿宣德青花双凤穿花纹罐、仿宣德青花折枝花纹菱花口折沿盘等。

现代景德镇仿永乐、宣德景德镇御窑瓷器品种之全、数量之多超过以往任何时期。常见的有仿永乐青花缠枝莲纹压手杯、仿永乐青花阿拉伯花纹绶带耳葫芦式扁瓶、仿永乐青花如意耳蒜头口扁壶、仿永乐青花海水白龙纹扁壶（图 14）、仿永乐青花缠枝花纹折沿盆（图 15）、仿宣德青

35.《蓉槎蠡说》，清·程哲撰。辑入《续修四库全书》第 1137 册，上海古籍出版社，2002 年。
36.《曝书亭集》，清·朱彝尊撰。辑入《景印文渊阁四库全书》第 1318 册，（台湾）商务印书馆，1983 年。
37.《南窑笔记》，清·张九钺撰。辑入邓实等编、黄宾虹续编：《美术丛书》（四集四十辑）第一辑，神州国光社，民国二十五年（1936 年）。
38.《饮流斋说瓷》，民国·许之衡撰。辑入《中国陶瓷名著汇编》，中国书店，1991 年。

图14 新近景德镇仿永乐青花海水白龙纹扁壶

图15 新近景德镇仿永乐青花缠枝花纹折沿盆

图16 新近景德镇仿宣德青花缠枝牡丹纹方流执壶

图17 新近景德镇仿宣德孔雀绿釉盘

花缠枝牡丹纹方流执壶（图16）、仿宣德洒蓝釉钵碗、仿宣德孔雀绿釉盘（图17）等。

上述仿品有的署款，有的不署款。明代正德、万历及清代康熙、雍正、乾隆朝仿宣德御窑瓷器署款者，或仿写"大明宣德年制"款，或署当朝款。现代景德镇仿永乐御窑瓷器或不落款（图18），或画蛇添足落楷体"大明永乐年制"六字或篆体"永乐年制"四字款（图19）。因目前所见永乐御窑青花瓷器只有压手杯在内底落青花篆体"永乐年制"四字双行款，其他均不落款，故除了仿永乐青花压手杯以外，在其他任何所仿永乐御窑青花瓷器上署

图18 （上）明永乐青花缠枝花香瓜纹折沿盘
（下）新近景德镇仿永乐青花缠枝花香瓜纹折沿盘

图19 新近景德镇仿永乐青花缠枝花纹高足碗

图20 近年臆造的明宣德五彩盖罐

永乐年款者，均属"画蛇添足"。现代仿宣德御窑瓷器一般都署楷体"大明宣德年制"六字或"宣德年制"四字款。值得注意的是出现不少在臆造的宣德御窑瓷器上署青花楷体"大明宣德年制"款者（图20）。清代雍正、乾隆时期景德镇御窑厂所仿永乐、宣德御窑瓷器达到很高水平，一些不署款者常使人真赝难辨（图21、图22）。鉴别时，主要还应结合造型、纹饰、胎釉彩、制作工艺、款识等特征仔细观察，寻其破绽，千万不可偏重其中的一个方面，否则就会上当受骗，这方面的例子不胜枚举。

图21a 明永乐青花锦纹绶带耳蒜头口扁壶

图21b 清雍正仿明永乐青花锦纹绶带耳蒜头口扁壶

图22 明永乐青花锦纹壮罐

第二部分　艺术市场报告

# 2015 年拍卖市场纵览：调整中出现新趋势

易拍全球战略发展部

自 2012 年中国经济增速跌破 8% 开始，到刚刚过去的 2015 年，中国经济下行压力逐年增加。国家统计局发布的 2015 年全年主要经济数据显示，GDP 同比增长 6.9%，这是我国自 1991 年以来最低的经济增速。同时，投资增速降至 1999 年以来的最低水平，外贸出口自 2009 年国际金融危机以来首次出现负增长。对于这种经济增长持续放缓的态势，习近平总书记在 2014 年 APEC 峰会上指出，中国经济正在从增长速度偏高、经济偏热、经济增长不可持续累积的"旧常态"步入经济增长更趋平稳、增长动力更为多元的"新常态"。

经济形势的整体下滑，让投资者变得更加谨小慎微，消费者也变得越来越理性。参与经济运行的各行业在宏观经济影响下，告别高增长、高投资时代，进入以保增长、稳增长为目标的调整期，中国文物艺术品拍卖市场当然也概莫能外。中国拍卖行业协会于 2016 年 3 月 30 日发布的 2015 年拍卖业蓝皮书显示：2015 年全国共举办文物艺术品拍卖 2352 场，成交额约 280 亿元，较 2014 年同比减少约 30 亿元，"量、额双减"成为去年艺术品拍卖市场的关键词。北京保利、中国嘉德等 10 家拍卖公司的专场数量、上拍量、成交量和成交额均下降超过 13%。有些中小型企业出于谨慎甚至暂停了春、秋两季拍卖活动。实际上，中国艺术品拍卖市场的调整从 2012 年的陡峭式降温就已经开始，只是在 2015 年，环境更加严峻，调整更加深化、剧烈。

虽然经济大环境不容乐观，但随着近两年来移动互联技术的强劲渗透、金融资本的介入、需求结构从基本需求型转向发展型和享受型、中产阶级消费进一步向中高端消费升级等一系列变化的影响，使得文物艺术品拍卖市场格局有了全方位的重新解构，形成以下新趋势。

## 趋势一：深度调整进一步提高了市场价值量，优化市场结构和氛围

为了对当下所面临的文物艺术品拍卖市场环境有一个客观的认知，我们有必要简单回顾一下其发展历程。

纵观中国文物艺术品拍卖市场（以下简称"艺术拍卖市场"）发展的 24 年，可分为三大阶段。从 1992 年到 2002 年为第一阶段，这十年是一个以收藏为需求主导的市场，市场环境比较单纯，总体规模不大，艺术拍卖市场还处于非常小众的阶段。第二阶段从 2003 年至 2011 年春拍，艺术拍卖市场进入资本介入、规模急剧扩张的发展阶段。2003 年，随着社会礼品需求的旺盛，以中国书画为代表的艺术拍卖市场进入了"收藏"与"礼品"共需的新阶段，艺术品"财富"功能开始凸显，甚至一定程度上成了"硬通货"。2008 年全球金融危机爆发，国内大量资金从股票证券和房地产两大传统市场抽出，热钱涌入艺术拍卖市场，部分艺术品价格成倍上涨，严重背离价值。2010 年更是进入了火热的"亿元时代"，落槌价动辄上亿元的拍品屡见不鲜。此时，艺术拍卖市场已经由投资转向投机，市场乱象丛生。拐点出现在 2011 年，央行货币政策持续紧缩，投资者采取持

币观望的态度。这年秋拍，拍卖市场成交额与成交率双双回落，大幅萎缩，拍卖行业初步开始了盘整和洗牌。2012 年持续至今，艺术拍卖市场进入第三阶段——深度调整期。

一个健康的市场应该呈现螺旋式上升，即小幅攀升与小幅回落交替出现。通过回顾可以看出，从 2003 年中国艺术拍卖市场成为一个以交易、投机为导向的市场开始，积累了太多的不健康的攀升势能，当到达一个即将突破弹性范围的顶点时，随之而来的必然是剧烈的回落，可以说这完全符合市场发展规律。我们应该看到，正是这次深度回调，导致竞争加剧，促使艺术拍卖市场向着健康化、正规化发展：

1. 经过三年多的深度回调，市场淘汰掉大批或实力赢弱或鱼目混珠、毫无专业能力、信誉缺失却扰乱市场的低档拍卖公司，这将有利于拍卖环境的肃清，构建市场诚信；中型拍卖公司努力尝试轻便化经营，降低运营成本。例如，增加小规模的拍场次数，由于规模小，可以把展拍场所从酒店挪到拍卖公司办公场所。同时，把那些成交率和成交额不高的项目砍掉，而趋向于对拍品能否成交进行更加精准的判断和选择，宁缺毋滥，而这正是国际拍卖行一直以来的经营方式，保证高成交率，提高单品成交额；那些经营时间久、品牌坚实的大公司更加重视品牌建设、专业化服务和规范化运作，利用低谷期集中整合市场资源，有利于进一步做大做强。拍卖行业的整体品牌也将因此而得到优化，拍品的质量也将因为越来越集中在少数大型拍卖公司而会有所提高。

2. 提升艺术品拍卖市场价值含量：一直以来，文物、艺术品都是拍品中的主力军，从这个意义上说，拍卖行业算是一种文化类产业。对于一个文化行业或企业来说，在规范化、成熟化以后，是否能够长远发展，保持强有力的核心竞争力，关键在于专业水平和学术水平。因此，近两年来，拍卖公司开始以前所未有的学术的态度对拍品进行梳理、定位，提升拍品的学术含量、文化含量，以增强整个艺术品拍卖市场的价值含量。主要表现是：

第一，对专场拍卖的学术策划，比如举办各类学术性专题展览，甚至联合有关机构开展鉴证备案、青年艺术家评选等活动，挖掘新的市场关注点，从学术角度优化拍品结构。

第二，对拍品进行严格把关和深度研究。例如，举办大师作品的拍卖专场时，拍卖公司会从学术的角度，梳理大师不同时期、不同题材或者不同风格的作品，进行拍品分类细化，既在拍品筛选上做到了精益求精，又对藏家的收藏十分具有指导意义。

3. 以学术赢得交易，逐渐改变以投资性宣传为主的营销战略模式，并承担了更多的文化教育和宣传的社会责任。例如，投入大量资金举办各类公益性的有关古董艺术品收藏、鉴赏、投资的沙龙、讲座、博览会，从而对新买家市场进行培养，并为藏家搭建了一个个突显互动性和文化性的交流平台。有的拍卖公司甚至还与光华管理学院等知名院校合作开设艺术学院或研究中心等，既培养了人才，又进行了市场教育，让更多的人成为潜在客户，还提升了品牌形象，可谓三全其美。

## 趋势二：拍品品类更加多元化，拍品价格理性化

1. 拍品品类的多元化，体现在以下几个方面：

第一，小门类拍品悄然走红。前面提到的艺术市场理性回归，泡沫破裂，导致无论是艺术品经营者还是艺术品藏家都不再盲目跟风，渐渐趋向具备良好的经营和收藏的心态，不再拘泥于一二线名家作品、古董古玩等常规品类，一些新兴的艺术家作品或者小门类拍品也悄然走俏。比如当代摄影作品、手迹信札等渐受欢迎。中国嘉德 2015 年秋拍推出的"名人手迹签名收藏专场"中，99 件拍品成交率 89.9%，总成交额 634.915 万元，市场接受度可见一斑。

第二，拍品品类国际化。我国艺术品市场收藏投资群体年轻化趋势明显，究其原因，这是市场的参与人群进行更替的必然结果。这些年轻的

收藏群体，由于其生长在世界经济一体化、文化大融合、互联网普及应用的大时代下，因此他们的审美眼光与鉴赏能力都更加国际化。绘画、雕塑、西洋古董银器、家具、设计家具等一些国外拍卖公司的强势品类为他们所青睐。而国内拍卖公司为了扩大用户群体，吸引愈发年轻化的新买家，也开始推出西洋艺术品专场。如中国嘉德推出"灵感艺术设计专场"，呈现了国内外一批优秀艺术家、设计师的经典制作，所涉艺术门类众多，涵括钢琴、建筑装置及手图、珠宝、漆器、服装、玻璃器、版画、雕塑等艺术形式。再如，去年秋拍期间，北京保利与广东古今不约而同地推出西洋古董银器专场。

第三，拍品板块不断细化。细分已有的、潜在的市场受众人群，深耕细作地挖掘买家需求，细化拍品板块，成了拍卖公司应对市场不景气一个有力的新策略。比如，书法拍卖今年出现了"概念性"分类，品类非常细致，一反从前古代书法、当代书法、近现代书法的泛泛之分。细化后的分类维度有：朝代之分，比如"明清书法专场"；创作者之分，比如"清中期四大书家专场"、"二王书法专场"；社会角色之分，比如"明清状元书法专场"等。越来越细致的分类，可以更为具体和妥帖地迎合不同买家的需求，还可以更好地观察买家的偏好和市场的取向，为拍卖公司有策略、有重点地征集拍品提供有力依据。

2. 拍品价格合理化

从拍品价格上看，精品依旧高价成交，但成交数量明显减少，2015年秋拍仅出现四件过亿拍品，而100万元以下的普品交易在数量和市场份额占比上具有突出优势。高价市场缩水的原因，主要是由于当前市场不景气，市场悲观情绪较浓。一来高价位作品很难找到下一个接手人；二来藏家对精品比较惜售，高价位拍品很难从藏家手中征集到。而平价市场较受欢迎的原因，一则为市场理性回归，买家渐渐具备良好的收藏观和投资策略；二则把天价拍品作为重要融资手段、大肆炒高拍品价格的现象大大

减少，拍品价格和实际价值逐渐趋同，使得拍品价格体系更为科学和理性。

## 趋势三：拍卖行业积极拥抱互联网＋

如今互联网不断改变着人们的生活方式，各行业都在拥簇着互联网，艺术品市场行业也不例外，其中艺术品电商是表现形式之一。一组来源于网络的数据显示，到2014年，含拍卖公司线上业务的中国艺术品电商已不低于2000家。中国艺术品电商之所以呈现出如此快速、规模的发展，主要涉及三个大因素，每个都不可或缺：

首先，是国家政策支持下的互联网的高速发展和人们对互联网的依赖相互促进，已经形成了共生机制，不可分割。2000年时，中国互联网网民为2250万，而到了2014年已经达到6.32亿。如此巨大的规模，为各行业的发展带来无限的想象空间。对于文化产业，2014年两会中，政府工作报告首次将文化产业写入"经济结构优化升级"部分，要求全年文化产业发展增速达到15%，并提出文化产业要与互联网、金融与地产领域"跨界"融合以寻求突破。在今年两会中李克强总理提出"互联网＋"概念，再次释放出国家鼓励、支持实体经济通过互联网进行模式创新、创造更大经济价值的信号。在这种背景下，艺术品行业具有明显的利好形势。

第二，是人们对艺术的多重性需求的增加。随着新生势力中产阶级的兴起，他们不仅关注财富的增长，对生活品位提升和身份认可也有极大的需求。因此艺术作为兼具投资性、鉴赏性与财富标志性的商品，走进了大家的视野。在2014年，胡润发布的《2013高净值人群另类投资白皮书》报告称，目前中国高净值人群中（个人资产在600万元以上的人群），进行另类投资的比例约为56%，其中，有艺术品投资的占了64%。在今年4月，中国民生银行与胡润百富联合发布的《2014-2015中国超高净值人群需求调研报告》中梳理了超高净值人群的十大需求，其中艺术品

購买位列第五大需求。这一点从易拍全球这几年的客群比例变化也可以看出。易拍全球上线初期，90%的客户都是业内的专业买家，购买的品类也以中国古董居多，比如瓷器、书画、杂项。但到今年，非专业买家的比例已经上升到30%，购买的品类除了有少部分中国古董，更多的是具有文化历史传承的、又和生活品质相关的艺术品。比如西方古典艺术、银器、钟表、古董家具、古董珠宝等。

第三，随着艺术品市场已有消费存量市场的趋于饱和，艺术品经营机构要想长期发展下去，必须找到新的突破口。而网络正好以其发达快速的资讯传播和便捷的交易方式，让艺术品获得更广阔的用户群体。中国拍卖行业协会媒体通气会上发布了一组数据：仅2015年上半年，网络拍卖成交额就出现了强劲的逆势增长，2015年上半年，拍卖成交总额1803.9亿元，与去年同期相比减少24.3%，然而同年上半年，拍卖行业网拍成交金额76.1亿元，同比增长11.2%。易拍全球每年都要做一个关于艺术品在线交易的数据统计，2015年的数据显示，目前市场上已有32%的用户曾经至少有一次在线交易艺术品的经历，有38%的用户愿意尝试在线交易，这两个数据在2014年分别是28%和25%。而易拍全球本身2014年活跃买家的增长率达到100%。

与传统拍卖相比较而言，在线拍卖具有传统拍卖行所不具备的发展优势：

第一，从宣传成本上来看，通过互联网这个有效的传播手段，可以让不便或无暇到达现场的用户在线看图录，省下了拍卖公司四处巡展的时间、金钱花费，节约了大量纸质印刷图录的成本。第二，从买家角度讲，买家自己也会受到地域和语言等限制，很难做到天南海北到处奔波，参加每一场心仪的拍卖会。因此，可以通过网络，远程参拍竞价。第三，从信息交流角度讲，整个艺术品市场呈现信息很不对称的状态，除了专业的研究人员和相对资深的藏家，大部分买家都是比较外行的，缺乏相关知识储备。而网络的存在，使得藏家可以随时随地查阅关于拍品的相关信息，学习相关知识，了解拍品的往年成交情况和大致行情，还可以通过网络和其他藏家或者专家自由地交流和探讨。

当然，凡事各有利弊，艺术品是特殊商品，具有独创性、权利专属性，不少商品还具有唯一性，价格难以精确定位，对保真、物流运输等要求都很高。但是，这些都是可以凭借技术手段和监管手段可以解决的问题，并不能因此抹杀互联网电子商务的优点和必要性。

综上所述，我们看到，这次的格局调整，促成了拍卖资源的重新整合，以及中国文物艺术品拍卖的理性回归。只有精品多、声誉好、服务强的拍行才能够幸存和成长，而最终在残酷环境下胜出的，这必然都是强者，必然会将这个市场推向一个更健康、更完善的发展方向。

不塞不流，不止不行。艺术品拍卖，作为一个经济现象，与经济大环境的发展当然有着一致的变化曲线。而这次的格局调整，恰恰也是中国经济正在从不健康过热增长的"旧常态"到更趋平稳、增长动力更为多元的"新常态"的具体表现之一。经济的发展自有其不可阻挡的趋势和规律，无论是哪个产业的经营者和参与者，都只有在经营中时刻保持对大格局的关注，保持清醒而理性的头脑，才能准确预测、科学决策，在竞争和动荡中立于不败之地，拥抱光明的未来。

# 2015 年中国艺术品市场

## 一　宏观经济形势严峻,艺术市场持续探底

从宏观来看,中国面临经济增长和企业盈利双下降的压力。2016 年是中国"十三五"规划开局的第一年,供给侧改革成为重点。供给侧改革的目的在于去制造业过剩产能、减少房地产库存、降低企业负担和鼓励创新创业等。但是供给侧改革见成效至少需要 3 至 5 年时间,并不会使 2016 年的经济马上提速。中国经济重回持续稳定增长的轨道需要时间。就资产选择来说,人民币对美元贬值是大概率事件,3% 至 5% 的投资回报率将成为常态,希望通过高杠杆得到高回报的风险加大。

2015 年中国艺术品拍卖市场成交总额为约 506 亿元,比 2014 年缩水 20%,其中上半年中国艺术品总成交额约为 244 亿元人民币,为 2011 年以来最低谷,同比 2014 年春缩水 27%。这主要是宏观经济调整和艺术品市场周期性发展变化双重作用的结果。下半年成交总额约为 257 亿元,比去年减少 19.1%。尽管本年度对于大多数中国艺术品拍卖机构而言,是持续艰难的一年,但拍卖市场规模在连续下跌后基本维持在大涨前 2010 年的水平。

2015 年秋拍中国艺术品市场延续了春拍的疲软态势。2015 年中国纯艺术品市场规模进一步萎缩,总成交额为 48.59 亿美元(约 310 亿元人民币),全球市场份额由 2014 年的 37.22% 下滑至本年度的 30.19%,退居全球第二。

从整体成交情况来看,成交价格两极分化的现象愈加明显。高端作品市场支撑力度加强,中低端拍品市场波动较大。100 万美元以上的高端作品贡献了 35.79% 的市场份额,同比提高 10.55%。其他价格区间市场份额呈全面下滑态势,其中 5 万美元至 50 万美元价格区间降幅最大,同比下降 5.7%。在经济形势下行的情况下,藏家的艺术品市场信心不足,对这部分区间的作品购买需求并不大。这说明藏家的眼光越来越挑剔,这是市场成熟的表现。区域市场方面,港澳台地区表现相对稳定坚挺,市场份额有所上调,而内地拍卖行

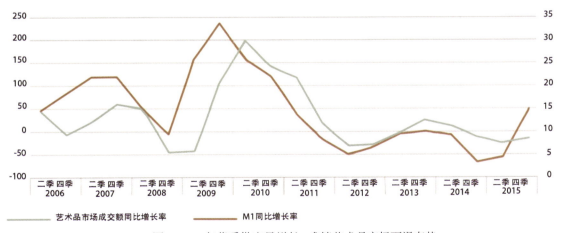

图 1　2015 年货币供应量增长,难挡艺术品市场下滑态势

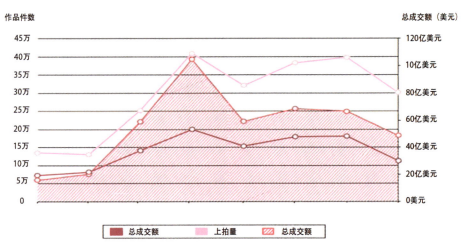

作品件数 ............ 总成交额（美元）

图例：总成交额　上拍量　总成交额

图 2　2008 年至 2015 年中国纯艺术拍卖成交额变化图

情出现大面积下滑，尤其是京津地区下跌幅度最大，降幅达 36%。2015 年，香港纯艺术拍卖成交总额上涨 9,175 万美元（约 5.85 亿人民币），成为中国唯一成交额上涨的城市。北京地区以 20.42 亿美元（约 130 亿人民币）依然坐稳中国纯艺术品市场的头把交椅，但优势地位相对弱化，市场份额下滑 4.04%。广州地区各家拍卖行寻求差异化经营方式，形成了独特的地方特色，市场份额同比提升 1.52%，成交总额略微下调，降幅为 3.53%。

## 二　书画板块

### 书画板块持续下滑，主导地位弱化

2015 年，中国书画市场份额持续下滑，当代艺术增长乏力，瓷杂板块却表现出良好的回升势头。

2015 年，受制于中国宏观经济形势的紧缩，股票市场的持续震荡，加上国家反腐力度的加强，中低档的礼品市场受到极大限制，这部分需求减少后影响了主体市场的交易情况，中国书画板块缩水幅度也进一步加大。多年来，中国艺术品市场中字画一枝独秀的现象，造成了长期对字画市场的依赖和资源枯竭，2015 年拍品的征集难度愈加明显，释出量缩水严重。

2015 年中国书画板块再遭重创，主导地位进一步被弱化。据统计，2015 年拍卖中国书画共上

| 城市 | 总成交额<br>（百万美元） | 总成交额同比<br>2014 年 | 市场份额 |
|---|---|---|---|
| 北京 | 2,042.80 | −33.62% | 42.04% |
| 香港 | 1,157.20 | 8.61% | 23.82% |
| 上海 | 440.30 | −48.34% | 9.06% |
| 广州 | 298.80 | −29.27% | 6.15% |
| 杭州 | 222.50 | −3.53% | 4.58% |
| 南京 | 159.20 | −19.05% | 3.28% |
| 天津 | 70.30 | −52.97% | 1.45% |
| 台北 | 68.10 | −50.34% | 1.40% |
| 济南 | 63.90 | −53.20% | 1.31% |
| 郑州 | 51.70 | −2.12% | 1.06% |

图 3　2015 纯艺术品成交额城市 TOP10

拍 26.09 万件，成交 94848 件，成交额同比 2014 年下滑 32.42%，为 229.07 亿元。无论是从成交规模上，还是从成交总额上来看，本年书画市场的行情都是 2010 年以来的最低水平。

值得关注的是，各拍卖公司采取的"量小而精"策略反响不错，古代书画和近现代书画释出多件天价精品，提振了市场信心。46 件 500 万美元以上的中国书画拍品，贡献了 12.90% 的市场份额，其中，古代书画贡献了 30.96% 的份额，近现代书画贡献 57.74%，由此凸显这两板块的硬通货属性。

### 古代书画表现坚挺，成交额逆市增长

2015 年度古代书画表现稳健坚挺，成交量比

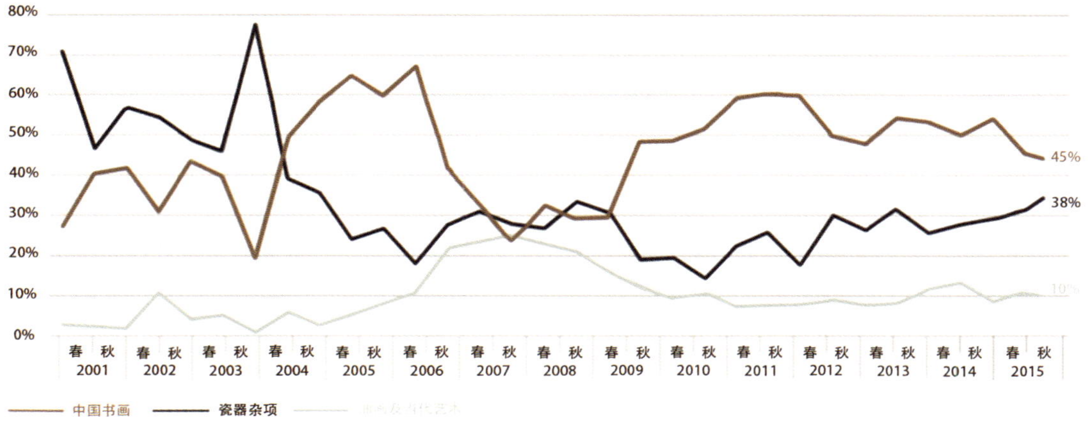

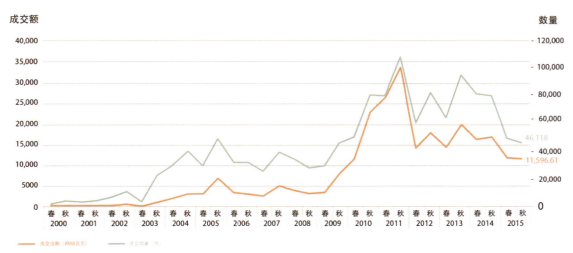

图 4　2000 年春至 2015 年秋三大艺术品类成交额占比图

图 5　2000 年至 2015 年秋拍,中国书画市场行情走势图

2014 年减少 14%,成交额反而增长 10%。"石渠宝笈"和宫廷书画支撑了本年度的热点和高价。北京故宫举办的"石渠宝笈特展"与拍卖中的古代书画精品产生联动效应。根据统计,古代书画市场份额同比 2014 年呈现上升的态势,由 2014 年秋的 17.52% 上涨到 27.31%。其中,著录于《石渠宝笈》的作品共释出 13 件,且全部成交,金额达 2.9 亿元。在 2015 秋拍古代书画拍卖 TOP10 中有 5 件作品经《石渠宝笈》著录,且有文徵明、董其昌、冯宁等多位古代书画家刷新个人拍卖纪录。宫廷书画因其珍稀而价格高企,如北京保利推出的《乾隆帝御笔平定台湾二十功臣像赞》(7475 万元人民币),香港苏富比推出市场罕见的郎世宁《纯惠皇贵妃朝服像》(1.21 亿港币),成交表现出色。

## 近现代书画持续下滑,大师势头强劲

近现代书画板块表现欠佳,成交量比 2014 年减少 40%,成交额下滑 24%,但在中国近现代书画榜单上,名家力作高价换手。表现势头最强劲的当属李可染,其凭借 237 件拍品,以 1.48 亿美元的总成交额位居中国艺术家排行榜第三位,紧追张大千和齐白石,在 2015 年全球前 500 名艺术家成交额排名中,由 2014 年的 32 名上升至 18 名。另一位艺术家大师潘天寿也备受欢迎,个人作品总成交额比去年增长 144%,其《鹰石山花图》成交价为 4,502 万美元(约 2.79 亿人民币),进入 2015 年全球纯艺术品拍卖前 20 榜单,此件作品十年增长近 20 倍,平均年复收益率超过 30%。这说明作品只要在美术史上有定论,在传承出处上清晰有序、无争议，依然能带来超过预期的明星价格。

## 当代书画价量齐跌

当代书画由于此前价格虚高造成的泡沫还在消化，加上反腐对这部分市场的剧烈冲击，成交额下滑 58%，当代名家范曾、何家英等多位艺术家的成交额大幅缩减。通过研究 AMMA 独家研发的当代书画 50 指数发现，2015 交易量和收益率齐跌，以 2015 年秋拍为例，重复交易数量 31 对，收报 2097 点，同比 2014 年同期下跌 79.6% 和 17.4%。

## 三 瓷杂

### 瓷杂板块国内市场表现抢眼，
### 明代瓷器价值回归

据雅昌艺术市场监测中心（AMMA）不完全统计，2015 年春拍瓷器板块上拍量国内地区以 8726 件占据了总上拍量的 56%，海外及港澳台地区瓷器上拍量则有 6904 件，占据总上拍量的 44%，同比基本持平。但是，从成交金额来看，海外及港澳台地区以 11.92 亿元的成交额占据了 2015 年春拍瓷器板块成交总额的 55%。上拍量和成交额的反差说明一个问题，那就是精品存在率的问题。但是从 2015 年的秋拍中，国内拍卖公司在瓷杂板块中的表现却有着明显的提升。据 AMMA 不完全统计，2015 年秋拍瓷杂板块上

| 艺术家 | 总成交件数 | 总成交额（美元） | 总成交额同比 2014 年 |
|---|---|---|---|
| 张大千 | 879 | 279.40 | −13% |
| 齐白石 | 658 | 213.27 | −32% |
| 李可染 | 237 | 148.20 | 43% |
| 潘天寿 | 119 | 121.31 | 144% |
| 傅抱石 | 162 | 99.32 | −35% |
| 徐悲鸿 | 216 | 98.64 | −30% |
| 黄 胄 | 558 | 91.83 | −41% |
| 陆俨少 | 596 | 81.90 | −35% |
| 黄宾虹 | 330 | 78.69 | −40% |

图 6 2015 年中国近现代书画大师成交额

拍量中国内地地区以 83394 件拍品，占据了总上拍量的 69.55%，海外及港澳台地区瓷杂上拍量有 41703 件拍品，占据了总上拍量的 30.45%；在成交额方面，国内地区以 51.09 亿元占据了总成交额的 52.18%。相比往年海外及港澳台地区在瓷杂方面优势显著的态势，2015 年内地地区瓷杂板块的表现可谓交出了一份"抢眼"的答卷。

从 2015 年秋拍瓷杂板块成交 TOP10 榜单中可以看出，国内拍卖公司占据了前三名的位置，上榜数量也从 2015 年春拍的四席上涨到了七个席位。在 2015 年秋拍的瓷杂板块之中，国内地区在拍品征集和市场培养方面下足了功夫，并且收到了显著的效果。在北京保利十周年秋拍中，"禹贡——十周年古董珍玩之夜"精彩纷呈，成交率

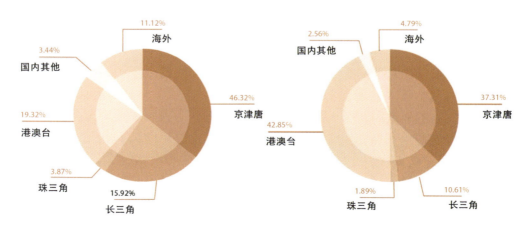

图 7 2015 年秋拍各地区瓷杂上拍数量及成交金额

87%，8 件拍品都以过千万成交，总成交额为 2.5 亿元；"大明格古"成交率 75%，总成交额 7800 万元；"十二瓶花谱——清代御窑花器"获白手套，总成交额 7100 万元；"宫廷艺术与重要瓷器、玉器、工艺品"总成交率为 68%，总成交额 1.84 亿元。总体成交稳定，精品均有上佳表现。

对于国内瓷杂板块拍卖，我们也持乐观态度。海外存货再多也是有限的，源源不断的供给已经导致枯竭。随着著名古董商安思远于 2014 年谢世，已有惊呼之声：西方收藏中国艺术品的时代已告结束！2015 年秋拍市场也显出端倪：海外精品的释出量明显下降，虽然中国人不可能在很短的时间内把海外市场抽干，但是主要精品流回中国已成事实。与中国当代艺术想要打破区域壁垒走向世界不同，中国古董本来就是一个非常国际化的板块，由于中国人一再把价位拉高，导致国际参与者越来越少，反而是在越发中国化。尽管很多内地古董商、藏家为避税，在香港或纽约等地建库房，但更多的人还是将东西运往了国内。中国文物政策明确规定了文物的有进无出，使得越来越多的东西就此沉淀下来，已然是个不可逆转的趋势。虽然市场在冲高后出现调整，但中国古董新的市场基准线已经划定，很多藏家已欣然接受新的市场价位。如此一来，内地的货源优于海外几成定局。受限于中国文物政策，境外拍行难以在国内一展身手，因此内地瓷器杂项拍卖将

在未来超越海外及港澳台是可以预见的。

## 佛像成绩优异，领跑杂项板块

佛像市场在 2015 年逆市上涨，由 2014 年春拍的 5 亿元上涨到 2015 年春拍的 7.6 亿元，同比 2014 年上涨了 52%。3 月，佳士得 2015 春季亚洲艺术周"锦瑟华年——安思远私人珍藏"中，57 件拍品取得了 6110.75 万美元（约 3.89 亿元人民币）的成绩，成交率 100%；嘉德 2015 春拍"圣域庄严——金铜佛造像"中，近 150 件拍品斩获 4189.1 万元，成交率达 92%，在市场疲软的态势下，这一成绩堪称优异。

藏家对佛像艺术品的追捧出现了前所未有的热度，即便在 2015 年，整个艺术品市场行情萎缩的情况下，佛像拍卖市场也是异常火爆。这种市场提振是由于 2014 年末，上海藏家刘益谦在香港 3.1 亿元天价入手明永乐唐卡引起的，说明了一个高价拍品带动整个板块行情的情况是比较明显的。同时，这也说明真正好的佛像、唐卡等，本身存世量并不多，且流失海外的比较多。

总体来说，佛教艺术品的收藏市场还是比较健康良性地在发展。佛教艺术品在拍卖市场里是单纯的收藏艺术品，放到整个中国传统文化里来说又是具有精神信仰内在的宗教艺术品，这是佛教艺术品同其他收藏门类的显著区别。欣赏佛教艺术品，

| 排名 | 拍品名称 | 成交价（RMB，万元） | 拍卖公司 | 拍卖时间 |
|---|---|---|---|---|
| 1 | 14 世纪 释迦牟尼 | 10350 | 北京保利 | 2015-12-07 |
| 2 | 顾景舟 1959 年制 松鼠葡萄十头套组茶具 | 8960 | 北京东正 | 2015-11-19 |
| 3 | 清乾隆 白玉双龙钮宝玺"太上皇帝之宝" | 7475 | 北京保利 | 2015-12-07 |
| 4 | 清雍正 珐琅彩赫墨梅竹圆碗 蓝料双方框 | 6998 | 佳士得 | 2015-12-02 |
| 5 | 明永乐 铁鋄金龙纹钺刀 | 6670 | 北京翰海 | 2015-11-28 |
| 6 | 13 世纪 尼泊尔马拉王朝早期 鎏金铜释迦牟尼佛立像 | 6584 | 佳士得 | 2015-12-02 |
| 7 | 清乾隆 粉彩九桃天球瓶 | 5218 | 香港苏富比 | 2015-10-07 |
| 8 | 13 世纪 交脚弥勒菩萨 | 3910 | 北京保利 | 2015-12-07 |
| 9 | 明万历 金累丝鋄云龙纹嵌宝石执壶 | 3622 | 北京保利 | 2015-12-07 |
| 10 | 清乾隆 铜鎏金太平有象水法转花音乐自鸣钟 | 3622 | 北京保利 | 2015-12-07 |

图 8　2015 年秋拍瓷杂板块成交 TOP10

不仅是从工艺审美的角度，还要从宗教信仰方面包括精神上的高度融合等方面去欣赏。佛教艺术品的市场，一直没有出现过爆炒的情况，因为佛教艺术品的收藏讲究"眼缘"。从艺术的审美角度来说，佛教艺术品的造型也是多种多样的，单独炒作一种造型的佛教艺术品是没有意义的。此外，佛教艺术品在众多的收藏门类里面"沉淀率"最高。很多收藏其他门类的藏家也会有一两尊佛像收藏，而且绝对不会转让，二次交易的很少，造成货源的稀缺，这种非人为自然的货源稀缺就会造成市场良性的上涨。这对于佛教艺术品的市场来说是一项具有推动性的因素。

### 紫砂再获关注，大师作品不断刷新纪录

2015 年对于紫砂这一瓷杂板块来说是不平凡的。2015 年 5 月 22 日，上市公司中超电缆发布的一则公告——子公司中超利永斥资 1.04 亿元收购 28 把顾景舟紫砂壶，将大众的目光重新拉回到

成交价达到 2817.5 万元，创当时其紫砂壶单品的拍卖纪录。2015 年 6 月 6 日晚 7 点开槌的北京保利"冲淡自然——翦淞阁文房韵物志"专场中"陈鸣远制素带壶"以 3162.5 万元成交，成为该场第一高价拍品并刷新当时中国紫砂壶拍卖纪录。这件由清初陈鸣远制作的素带壶系"估价待询"拍品。1800 万元起拍后立即引来各方追捧，经过激烈的竞逐最终以 2750 万元落槌，加上佣金实际成交价达 3162.5 万元，刷新了之前由顾景舟制九头咏梅茶具（2875 万元中国嘉德成交）所创下的纪录。

据 AMMA 不完全统计，2015 年秋拍紫砂板块共上拍 4264 件拍品，同比减少了 497 件；共成交 1296 件拍品，同比减少了 608 件；成交率为 30.39%，同比也有所下降。但是 2015 年秋拍紫砂板块成交总额为 4.3 亿元人民币，同比上涨了 8.75%，出现这种情况是因为拍品精品率提高的缘故，藏家对于拍品要求越来越高，而拍卖公司只能提高自身的征集质量来吸引更多的藏家关注，在这样一个前提下，减少普品的上拍，增加精品

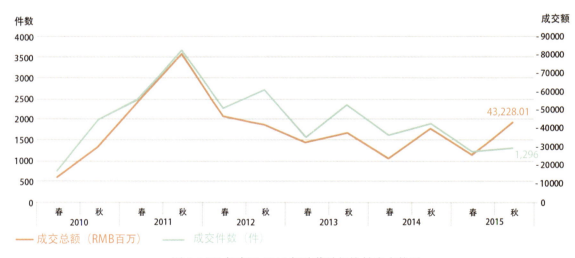

图 9 2010 年春至 2015 年秋紫砂板块拍卖走势图

紫砂壶收藏。对于 1.04 亿元购得顾景舟大师的 28 把紫砂壶，中超电缆解释称，基于顾景舟紫砂壶拍卖价格逐年趋高的趋势，市场价应该是超过 2 亿元，甚至可以达到 3 亿元的价值。2015 年 5 月 19 日，北京东正 2015 春拍"紫器东来——茶道具专场"在北京嘉里大酒店举槌，其中，顾景舟作于 1948 年的"大石瓢"紫砂壶以 2450 万元落槌，

的出现，就成了成交总额上涨的主要因素。

2015 年恰逢顾景舟 100 周年诞辰。从五年前作品正式晋升"千万元俱乐部"开始，这位已故工艺泰斗的作品价格就连爬直上，在中国的艺术品拍卖市场上掀起一轮又一轮的"顾景舟热"。顾景舟的壶连创高价成交，直接就把整个中国紫砂壶产业的大盘拉起来了。随着大量社

会资本的涌入，一些年轻工艺师的作品也迅速炒到了天价。

在市场上真正掀起顾景舟热之前，紫砂壶作为陶瓷里边的实用器，是非常大众化的工艺产品，在艺术品拍卖市场上，相比书画、瓷器等其他主流拍品，一直有点边缘化。那么，为什么拍卖市场上的陶瓷还屡屡能被藏家推到天价？主要原因在于，那些都是有文物价值和历史档案性质的古董。也正因如此，第一批冲到天价的景舟壶，是顾景舟与吴湖帆等艺术家合作的艺术衍生品。因为有一些真正的艺术家参与创作，提升了工艺品的艺术含量，从而使得这些天价壶在拍卖市场上有了更强的说服力。

## 四　油画及当代艺术深度调整，青年艺术家成交乐观

2015 年度，油画及当代艺术板块由于受到此前中国当代艺术价格泡沫的持续影响，经历了小幅的震荡调整后，市场下行趋势明显。2015 年度油画及当代艺术板块总成交量比 2014 年度缩减 26.44%，为 8,376 件，总成交额下滑 16.91%，为 8.86 亿美元（约 56.5 亿元人民币）。

从市场观察来看，该板块在 2015 年度出现一些策略变化和结构调整：大陆和港台地区油画及当代艺术板块的成交额差距拉大，由 2014 年相差 8% 扩大到 35%。港台地区深化泛亚洲策略，加大了日韩和东南亚艺术家的拍品比例，市场反应较好，其中，草间弥生的作品《1960 年作 No.Red B》在香港苏富比以 722 万美元（约 4606 万元人民币）刷新个人拍卖纪录。中国大陆的拍卖公司对日韩艺术家作品的态度从跟风到冷淡，大部分拍卖公司仍在探索发展方向。

内地的调整体现在两个方面：其一，2015 年中国大陆数家拍卖公司将部分当代水墨并入油雕板块。如北京匡时在部门架构上做出调整，将油画雕塑部与当代水墨部合并，升级为现当代艺术部，2015 年秋拍其当代水墨扩容明显，

数量占当代艺术专场的三分之一。同样，苏富比（北京）当代水墨作品量比重提高，由 2014 年的 29% 增至 2015 年的 59%。其二，部分内地拍卖专场进行了多元化尝试，成绩可观。如中国嘉德秋拍首次推出的"中国 20 世纪及当代艺术之夜"，三次尝试"个案性"专场梳理；北京保利加大 20 世纪早期油画的比重，持续推进抽象绘画和新绘画板块；鉴于中国藏家购买西方大师的热情提升，西泠拍卖秋拍的"中国首届近现代西方大师作品"专场全部成交。

为了应对现当代艺术板块的整体缩水，本年度买家的视线转向相对稳健的早期油画和价格还尚低的当代艺术名家、抽象绘画及新绘画作品。早期油画仍旧是赵无极、朱德群、常玉、吴冠中四位大师支撑高价，在 2015 年中国油画艺术品高价 TOP100 中，他们四位贡献了 74% 的作品量。除此之外，本年度出现了多场学术梳理的"个案"专场，成交良好。如中国嘉德从春拍的"济广致远——王济远艺术专场"到秋拍的"沙耆比利时时期艺术专场"，均实现 100% 成交，早期油画的学术价值被深度挖掘，其托市的作用再次彰显出来。

当代艺术明星和一线被低估的艺术家的轮动变化。当代艺术的领军人物从曾经的当代艺术"F4"逐渐调整为具有相当的实力、未参与之前的上涨高潮的艺术家，如赵半狄、石冲、毛焰、段建伟等一批符合中国本土审美价值标准的艺术家。曾梵志、张晓刚、刘炜等艺术家的价格基本回落至 200 万美元（约 1276 万元人民币）。而本年度，石冲作品《欣慰的年轻人》以 611 万美元（约 3898 万元人民币）成交，刷新了个人拍卖的最高价纪录；毛焰个人拍卖作品成交额比 2014 年增长 78%。

抽象绘画板块中的尚扬在本年度表现优异，2015 年共推出 34 件作品，成交总额比 2014 年增长 188%。青年艺术家整体成交乐观，新绘画板块中贾蔼力、刘炜、王光乐等成为青年艺术家市场的主力，北京保利推出的两场新绘画专场成交率都在 88% 以上，本年度香港佳士得推出的刘炜

《2009-2010 年作天安门》，以刷新个人拍卖纪录的 84.99 万美元（约 542 万元人民币）成交。

## 五 中国艺术品市场的制约与 2016 年投资预期

2015 年除了受经济面疲软、艺术市场资源供应不均衡等因素制约，资金流单一也是制约中国艺术品市场迅速发展的因素之一。首先，中国的艺术品市场与西方相比体量不算小，但是精品率和单品价位没能达到与规模相匹配的高度，原因在于海外市场的资金更加全球化，相比资金单一的国内市场，在艺术品定价上更有话语权（高位成交）。其次，目前中国艺术品普遍具有强烈的地域文化色彩，书画与瓷杂品类尤其如此。在海外，高价拍品的买家也多为华人藏家，中国正处经济发展迅速要买回自己的历史和文化的阶段。如今，助推中国艺术品市场国际化尤为重要，许多国内拍卖公司向海外扩张，凝聚多元资金流，加快中国艺术品市场的全球化进程，这样在中国艺术市场低迷时，多元化资金流也能起到托市的作用。

而对于需求面萎缩的说法，见仁见智。首先抛开反腐的持续性影响而论，因为如果单靠礼品市场的强劲支撑换来的泡沫式增长数据，并非是真实的市场成绩，学术价值的回归才会促进市场健康理性地发展。基于拍卖市场单品不可复制的特殊性，整体交易量萎缩尚不能表明市场的不景气，那么实际交易中的谨慎与观望则成了打压市场信心的利剑。大概只有每年 25% 以上的萎缩，市场才会变得冷静。2015 年多数拍卖公司征集非常艰难，使本该有的学术态度重新受到重视与追捧，这是 2015 年拍卖市场一个显著的特点。另外，业内还有一种声音，认为在这样的市场环境下，真正的需求支撑市场规模，经过几年的盘整，持续的刚性需求有望随着未来经济的回暖稳步放量。

面对艺术品市场的起伏变化，接下来的中国艺术品市场前景如何？纵观 20 多年来的中国艺术品市场，其发展的阶段性是明显的，暴涨期和停滞期既有相关性又有各自独立的市场运作规律。艺术品市场作为中国宏观经济的平行现象，一方面是因为多年以来中国经济的蓬勃发展而发展，又因为中国经济的结构性转型和瓶颈状态而停滞，受限于大环境反应大环境的起伏变化，虽然有自己的发展规律，但是在资金层次上依然受到流动性及投资机会的影响和制约。艺术品成交的规模缩量企稳，是 2011 年之后的持续趋势。

2015 年中国艺术品市场表现差强人意，使艺术品市场信心无力提振。AMMA 的艺术品市场信心度调查结果也印证了这一表现。2016 年第一季度的市场信心指数为 12 点，较上一季度下跌 5 个点，信心指数创历史最低，市场参与者对 2016 年第一季度中国艺术品市场的整体表现仍不乐观。

被调研者中有 39.55% 认为 2016 年第一季度艺术市场会有所回升，而 34.46% 的参与者认为艺

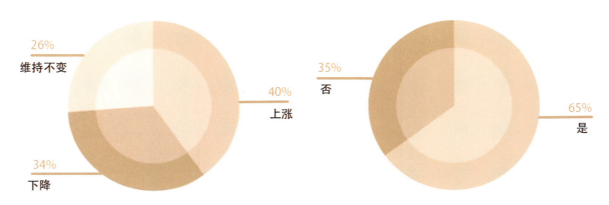

图 10　2016 年第一季度艺术市场走势判断、2016 年第一季度艺术市场购买时机判断

术市场走势不妙，"看好"与"看衰"比例相差5个百分点。尽管对市场走势的看法各不相同，仍然有64.97%的市场参与者认为第一季度是入手艺术品的好时机，这是否应了现代华尔街的风云人物吉姆·罗杰斯的投资哲学，即"当市场萧条的时候，就是投资最好的时候，当恐惧声环顾四周的时候，要保持冷静购买，当人们乐观的时候要卖掉"。但艺术品毕竟与股票不同，艺术品更重要的还要看品质、审美特性及珍稀程度等诸多因素。目前艺术品市场并不缺乏购买力，而更多缺的是"对的、合适的"艺术品，市场中一旦有精品佳作释出，必将备受市场关注。而艺术品市场在一定程度上是一个信心市场，尤其在向衰的经济压力之下，大众对于艺术品市场的信心就显得尤为重要。这种信心可能会对中国艺术品市场的发展走势有一定的影响。

对于2016年中国艺术品市场的投资购买意向，与2015年同期相比，有所转移。2016年被调研者对于中国近现代书画、中国古代书画、早期油画、瓷器、玉器、钟表珠宝的关注度与2015年相比并无大幅度变化。但对中国当代艺术的购买意愿大大降低，从2015年的21.18%降至9.57%，降幅达11.61%。造成此现象的原因主要有两点：第一，市场上之前出现的当代艺术明星拍品价格过高，使当代艺术板块存在较大的泡沫；第二，由于经济环境及艺术市场的状况并不理想，当代艺术板块许多精品并未释出。随着中国艺术品市场的逐渐成熟，短期投资回报型的参与者日趋减少，稳定或长期的收藏型参与者逐渐增多，对于拍品质量的要求日益提升。

# 六 2015年中国艺术品市场各门类 TOP10

书画

| 排名 | 拍品名称 | 成交价（RMB） | 拍卖公司 |
|---|---|---|---|
| 1 | 潘天寿《鹰石山花图 》 | 279450000 | 中国嘉德 |
| 2 | 崔如琢《葳蕤雪意江南》 | 190452000 | 保利香港 |
| 3 | 李可染《万山红遍》 | 184000000 | 中国嘉德 |
| 4 | 李可染《井冈山》 | 126500000 | 中国嘉德 |
| 5 | 齐白石《叶隐闻声》册页 | 115000000 | 北京保利 |
| 6 | 郎世宁《纯惠皇贵妃朝像》 | 112942800 | 香港苏富比 |
| 7 | 崔如琢《山水》 | 110090460 | 保利香港 |
| 8 | 潘天寿《劲松》 | 93150000 | 中国嘉德 |
| 9 | 八大山人《松石草堂图》 | 81650000 | 北京传是 |
| 10 | 文微明《杂咏诗卷》 | 81650000 | 北京保利 |

古董杂项

| 排名 | 拍品名称 | 成交价（RMB） | 拍卖公司 |
|---|---|---|---|
| 1 | 枕形缅甸天然鸽血红红宝石戒指及钻石戒指 | 116417800 | 香港佳士得 |
| 2 | 14世纪 释迦牟尼 | 103500000 | 北京保利 |
| 3 | 南宋 官窑青釉八方弦纹盘口瓶 | 91901160 | 香港苏富比 |
| 4 | 顾景舟 1959年制 松鼠葡萄十头套组茶具 | 89600000 | 北京东正 |
| 5 | 清雍正 "雍正帝御宝"白玉九螭纽方玺 | 84670440 | 香港苏富比 |
| 6 | 椭圆形及枕形缅甸天然鸽血红红宝石及梨形 D–G/IF–SI1 钻石项链 Etcetera 设计 | 80388360 | 香港佳士得 |
| 7 | 长方形浓彩粉红色 IF Type IIa 钻石戒指 Harry Winston 镶嵌 | 78145560 | 香港佳士得 |
| 8 | 清乾隆 白玉双龙钮宝玺"太上皇帝之宝" | 74750000 | 北京保利 |
| 9 | 清雍正 粉彩过枝福寿双全盘（一对） | 72468600 | 香港苏富比 |
| 10 | 清雍正 珐琅彩赭墨梅竹图碗 | 69982040 | 香港佳士得 |

| 排名 | 拍品名称 | 成交价（RMB） | 拍卖公司 |
|---|---|---|---|
| 1 | 吴冠中《木槿》 | 69000000 | 北京保利 |
| 2 | 常玉《蓝色辰星》 | 65585880 | 香港佳士得 |
| 3 | 吴冠中《红梅》 | 53939880 | 香港苏富比 |
| 4 | 常玉《蔷薇花束》 | 48498000 | 保利香港 |
| 5 | 赵无极《07.04.61》 | 44901480 | 香港苏富比 |
| 6 | 草间弥生《No.Red B》 | 44815440 | 香港苏富比 |
| 7 | 石冲《欣慰中的年青人》 | 37950000 | 中国嘉德 |
| 8 | 常玉《黄桌上的菊花瓶》 | 37798840 | 香港佳士得 |
| 9 | 吴冠中《小桃红》 | 36529680 | 香港苏富比 |
| 10 | 赵无极《无题（大教堂）》 | 34120760 | 香港佳士得 |

# 2015 年全球艺术品市场

## 一　引言

美国市场在连续五年将头把交椅拱手让给中国后，2015 年则凭借在纽约实现的多场天价专拍重新夺回了艺术市场的主导地位。而在太平洋的另一边，2015 年下半年，中国市场仍在做着积极稳定的调整。

在经济尤为不景气的大环境下，西方艺术市场仍显示出不俗的表现，2015 年获得了与 2014 年持平的总成交额（112 亿美元）。这种蓬勃的发展得益于世界各地的博物馆馆藏系列的全新架构，包括美国、欧洲、中东和大亚洲。

中国大型收藏家特别积极地进行多样化收购。他们深谙国内市场格局的风吹草动，在带动同胞艺术家的身价上涨之后，便将筹码投注在西方古代大师、印象派大师、现代主义和当代主义大师身上。

最令人瞠目结舌的拍卖纪录不再源于亿万富翁的投资冲动。收购名师佳作的背后更涉及了一套完善的经济战略：无论是高更、莫迪里阿尼，还是梵高的杰作都是全球文化影响力和参观人次指数的保证。运筹帷幄的实力亚洲买家或者中东买家都相继大力发展博物馆的产业链。每年全球新增超过 700 家博物馆，这已成为 21 世纪全球经济的现状。实际上，2000 年至 2014 年间所造的博物馆数量要比整个 19 世纪和 20 世纪的建馆数总和还多。该行业对博物馆藏品的趋之若鹜是促使艺术市场蓬勃发展的关键因素之一。

从各大专拍中入手的杰作并非冲动之举，恰恰相反，这体现了一个简单且无可取代的经济推论：每一家博物馆都需要"属于自己的"蒙娜丽莎（Joconde）来证明自身价值。由于这些杰作旨在用于展览，所以不太可能在不久的将来重新出现在拍卖市场。这就是这些标志性杰作创造爆炸式天价的原因，这也是为什么这些艺术家中的三位（贾科梅蒂、莫迪里阿尼和毕加索）在 2015 年相继突破了 1.4 亿美元的大关……这在拍卖史上也实属首例。

佳士得和苏富比占据着拍卖市场的主导地位，仅通过 3.4 万批次拍品就创下了 95 亿美元的战绩，

| 序号 | 拍卖公司 | 总成交额 | 拍出件数 |
|---|---|---|---|
| 1 | 佳士得 | 4968338763 | 19238 |
| 2 | 苏富比 | 4570332893 | 14805 |
| 3 | 保利拍卖 | 833136882 | 9922 |
| 4 | 中国嘉德 | 553020191 | 7695 |
| 5 | 菲利普斯 | 397524395 | 3311 |
| 6 | 北京匡时 | 294044650 | 3720 |
| 7 | 上海嘉禾 | 160679547 | 1893 |
| 8 | 西泠印社 | 199486812 | 3140 |
| 9 | 北京翰海 | 147791657 | 4492 |
| 10 | 邦瀚斯 | 143121888 | 8949 |

\* 含北京保利、保利香港、保利山东、保利厦门及广东保利

图 1　2015 年拍卖成交总额前十强拍卖行

（占据全球拍卖市场交易量的 7%）。这些盈利中有超过一半都得益于在伦敦和纽约两个城市成交的不到 1000 件的拍品杰作。为了满足全球对高端拍品的需求（在西方专拍注册的投标人通常来自 30 多个国家），拍卖行不得不提供最高品质的、具有确定价值的杰作，而最理想的是那些在很长时间内未出现在交易市场的作品。能否说服各大收藏家脱手杰作，是金融和媒体宣传方面成功的首要条件。

如今这些拍卖行正重新调整着拍品结构和拍卖日期。尤其是佳士得打破了艺术史各个时期的

局限，将一批极少数的顶尖拍品汇聚一堂，并为此举办了专场。这场革命的标志：《展望过去》专场（Looking Forward to the Past）于2015年5月11日举行，共成交了34批次拍品，总成交额高达7.058亿美元，并创下了公开拍卖史上总成交额第三高以及平均拍品价格最高的佳绩。

互联网的普及已成为全球各大拍卖行的主要筹码，并成为全球拍卖市场发展的核心战略。如今，全球4,500家拍卖行中高达95%都创建了相关网站（2005年这一数据仅为3%）。移动互联网已成为促进各大拍卖行对运作模式进行范式变革的重要因素。

如今在高端市场上，菲利普斯的成功正威胁着佳士得和苏富比在西方的霸权地位。菲利普斯进驻了伦敦和纽约这两个最大的市场。并通过短短5年的时间，凭借在当代艺术板块独具慧眼的造诣，将营业额翻番。他们迅速上升至全球最佳拍卖行第五名的位置，赶超了拥有悠久历史的邦瀚斯拍卖公司（Bonhams）。

而中国方面，六大拍卖公司稳居于前十强拍卖行的榜单，它们分别为：荣登全球第三大拍卖行的北京保利国际拍卖有限公司、中国嘉德国际拍卖有限公司、北京匡时国际拍卖有限公司、上海嘉禾拍卖有限公司、西泠印社拍卖有限公司和北京翰海拍卖有限公司。如果说中国当代艺术在

2006年至2009年间经历了增值的高峰期，那么目前中国大陆的当代艺术拍品则失去了其国际吸引力，不过中国艺术市场正在积极进行重新整合并为市场提供新的艺术拍品。

## 二 全球艺术品市场最新趋势

### 西方市场的地位得到加强巩固，中国市场平稳发展

Artprice与雅昌艺术市场监测中心曾在2015年的半年报中指出：在当今全球经济和金融的大背景下，西方艺术品交易市场基本持平，而中国市场却存在缩水现象。纯艺术类市场的交易额从2014年的179亿美元滑落至2015年的160亿美元。究其原因，不难发现中国市场的持续调整必然导致下滑现象的产生。然而，与2015年上半年相比，下半年的调整对市场的影响尤为突出。

在中国大陆、香港和台湾的总成交额从66亿美元下滑至48亿美元时，西方市场仍然交出了一份令人满意的年末答卷，年度总成交额表现稳定（112亿美元）。对于中国这个快速成长起来的年轻后辈来说，这样的自我调节过程不必过度担忧。

过去8年间，中国的纯艺术类拍卖实现了305%的飞速增长。从2008年的16亿美元飙升至今年的

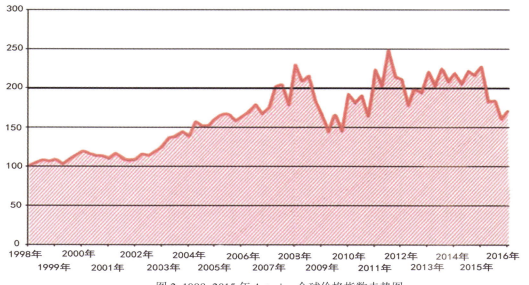

图2 1998–2015年Artprice全球价格指数走势图

49 亿美元。中国收藏家横扫世界各大拍卖会现场，将不少年度最引人瞩目的拍品收入囊中，诸如阿米地奥·莫迪里阿尼的《侧卧的裸女》（Nu Couché）。

现代艺术拍品在西方市场不仅颇受青睐，更是唱起了主角。全球买家对现代艺术作品趋之若鹜。现代艺术板块聚集了众多杰作，而且是一个不断增长的市场（2015 年，共有 622 件拍品踏入了百万美元等级的门槛）。紧随其后的是战后艺术和当代艺术板块，这两个板块总计成交了 483 件百万美元级拍品。而长久以来，在博物馆高水准馆藏作品的需求推动下，古典大师艺术板块成交的百万美元等级的拍品仅有 69 件。因此，古典艺术大师板块反而成为西方市场上最亲民的板块。其中，77% 的拍品成交价还不到 5000 美元。

## 三 以创作时期为主线剖析市场

### 难觅踪迹的"古典大师"们

古典艺术大师板块（于 1760 年前出生的艺术家）几乎在西方市场销声匿迹。年度总成交额在 10 年间不升反降：2005 年为 5.495 亿美元，2015 年则跌至 5.383 亿美元。之所以形成这样的格局，一方面是因为市场流通的古典艺术杰作十分稀缺，另一方面可能与现代艺术作品相较，古典艺术大

师作品脱离潮流，因而投机性较小有关。随着时间的流逝，古典艺术精品更加踪迹难觅，因为博物馆和私人藏家不会将高品质作品轻易转手。

2015 年，中国市场有 4 幅古典时期的杰作以超过 1000 万美元的价格成交，而相较之下，西方市场仅有德国艺术家老卢卡斯·克拉纳赫（Lucas Cranach）（1472–1553 年）的《真理之口》（The Boccadella Verità）以 1440 万美元的高价于伦敦苏富比落锤（2015 年 7 月 8 日）。通常这些大师杰作会被当作艺术瑰宝一般由艺术家们的后人代代相传。然而，即使是这幅出自克拉纳赫大师之手，并积淀了五个世纪之久的杰作，其拍卖结果相较同一年度的当代艺术杰作还是相差甚远。

### 19 世纪艺术作品供不应求

19 世纪的艺术品（画家生于 1760 年至 1860 年间）和古典艺术品的共同之处在于它们大多被受过良好教育的、精益求精的精英阶层收于囊中，绝不会轻易出售。一旦标志性的杰作在拍卖市场亮相，便一定会引起全球买家的一阵骚动，特别是亚洲买家。

梵高（Vincent Van Gogh）、克劳德·莫奈（Claude Monet）、保罗·高更（Paul Gauguin）、爱德华·马奈（Edouard Manet）、埃德加·德加（Edgar

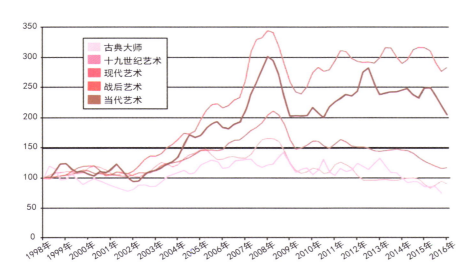

图 3　1998 年至 2015 年各艺术时期的价格指数走势图

Degas）、保罗·塞尚（Paul Cézanne）、居斯塔夫·库尔贝（Gustave Courbet）、约翰·康斯特勃（John Constable）、乔治·秀拉（Georges Seurat），市场对他们的需求是全球化的。2015 年，这些 19 世纪艺术家所创造的达到博物馆馆藏级别的精品，都突破了 1000 万美元大关。年度最佳拍品花落梵高的《阿里斯康道路》（L'allée des Alyscamps，1888 年），以 6633 万美元的高价被亚洲藏家收入囊中（纽约苏富比，2015 年 5 月 5 日），该作品在 2003 年的成交价仅为 1170 万美元（佳士得），最终成交价比 12 年前高出 460%。

与古典艺术板块的境遇相反，19 世纪欧洲艺术先锋作品，尤其是法国大师的作品要比同期的中国艺术作品更受市场的青睐。尤其是中国和日本收藏家十分欣赏在这个伟大的艺术时期所创作的作品。2015 年，19 世纪时期艺术板块的表现要比古典艺术板块优秀得多，年度总成交额超过 13 亿美元，占据西方交易市场的 12%，尽管成交量呈略微下降趋势，不过总成交额还是实现了 62% 的增长。

**现代艺术板块的傲人战绩**

52 亿美元的年度总成交额造就了现代艺术板块（艺术家诞生于 1860 年至 1920 年间）历史性的一年。这样的佳绩也在情理之中，因为毕加索、莫迪里阿尼和贾科梅蒂三位大师分别刷新了三项世界纪录，他们的拍品在 1.41 亿美元至 1.79 亿美元间成交。

现代艺术板块还因为一些天价拍品而水涨船高，例如马克·罗斯科（Mark Rothko）、弗朗西斯·培根（Francis Bacon）；还有市场罕见的来自皮特·蒙德里安（Piet Mondrian）的《构图 III》（Composition No.III），拍得了 5056.5 万美元（与此前 5 月 14 日由纽约佳士得预估的 2500 万美元大相径庭）；而古斯塔夫·克里姆（Gustav Klimt）的《格璐德勒弗（格尔塔·费舒瓦尼）肖像》（Portrait of Gertrud Loew）也以超过 3900 万美元的高价成交（伦敦苏富比，6 月 24 日）；卡西米尔·马列维奇（Kasimir

Malevitch）的两幅抽象油画分别拍得 3380 万美元和 3770 万美元：《至上主义，第 18 号构造》（Suprematism, 18th Construction，伦敦苏富比，6 月 24 日）以及《神秘的至上主义（黑色十字与红色椭圆）》(Mystic Suprematism，纽约苏富比，11 月 5 日）。

现代艺术板块仍保持着西方市场的主心骨地位，占据拍品成交总量的 41%，却赢得了总成交额 47% 的份额。该板块的表现比战后艺术时期与当代艺术加起来都更加卓越。（后两个板块占据拍品总成交量的 38%，而总成交额则占据了 35% 的份额。）

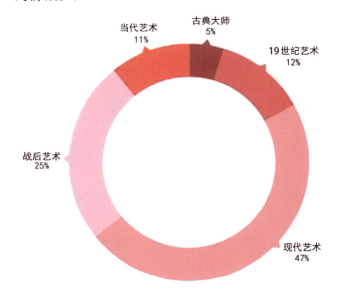

图 4 2015 年纯艺术各时期的成交总额

**战后艺术板块十年间增长了 308%**

战后艺术板块是仅次于现代艺术的第二大受关注的板块。西方市场中四分之一的交易额归功于它（28 亿美元）。其中油画的表现尤为出众，80% 的成交额都由油画交易产生。超过 3.5 万件油画作品掌握了 80% 的年度收益，而十年前的交易额仅为 2 万件。西方市场新晋产生了 318 幅百万美元等级的战后艺术拍品（占据总成交批次的 0.35%，却实现了 60% 的总成交额）。其中四件油画拍品更是以超过 5000 万美元的价格成交，分别来自于罗伊·利希滕斯坦（Roy Lichtenstein）、塞·托姆布雷（Cy Twombly）、安迪·沃霍尔（Andy Warhol）（三位皆进入全球前十强艺术家）和卢西安·弗洛伊德（Lucian Freud）。

短短十载，战后艺术板块异军突起，涨幅高达308%，大师级作品不断涌现，其中佼佼者众多：西格马尔·波尔克（Sigmar Polke）拔得头筹。他于1967年创作的油画《丛林》（Jungle）从2011年的910万美元跃升至如今的2713万美元（纽约苏富比，2015年5月12日）。其身价在十年间飞涨了267%；其他可圈可点的纪录为罗伯特·莱曼（Robert Ryman）的《桥》（Bridge，2060.5万美元，纽约佳士得，5月13日）；弗兰克·斯特拉（Frank Stella）的《德拉瓦交叉点》（Delaware Crossing，1369万美元，纽约苏富比，2015年11月4日）。此外，赵无极和草间弥生（Yayoi Kusama）作品的市场表现也相当稳健，拍品成交价都超过了700万美元。草间弥生更是唯一一位进入全球前五十强的战后女性艺术家。

### 当代艺术十五年间的总成交量激增 1,200%

与2014年相比，即使当代艺术板块的增速放缓，

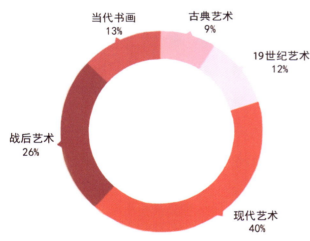

图5 西方艺术市场各创作时期作品成交件数比

十年间的成交额仍增长了超过10亿美元。今年，西方市场的当代艺术拍品的成交批次超过4.56万件，为2005年的4倍，年收益为12亿美元（2000年为9300万美元）。然而，该板块全年成交额的近一半是由身价斐然的10位艺术家贡献的，他们也分别跻身全球前百强艺术家。这些市场的宠儿大

多为欧美艺术家，他们分别是：让－米歇尔·巴斯奇亚（Jean-Michel Basquiat，年度总成交额为1.323亿美元）、克里斯托弗·伍尔（Christopher Wool，1.139亿美元）、杰夫·昆斯（Jeff Koons，5670万美元）、彼得·多伊格（Peter Doig，4760万美元）、马丁·基彭伯格（Martin Kippenberger，4000万美元）、鲁道夫·斯汀格尔（Rudolf Stingel，3000万美元）、理查德·普林斯（Richard Prince，2920万美元）、奈良美智（Yoshitomo Nara，2900万美元）、达米恩·赫斯特（Damien Hirst，2460万美元），以及唯一的一名中国艺术家曾梵志（2340万美元）。

当代主义板块踏入年度百万美元等级的最年轻的两位艺术家都出生于1968年：马克·格罗蒂扬（Mark Grotjahn）和克里斯·奥菲利（Chris Ofili）。对马克而言，他的一幅于2011年创作的无题油画以650万美元成交（纽约苏富比，2015年5月12日），证实了他身价的飞跃。而对克里斯来说，伦敦佳士得在6月30日拍出了他的《圣母玛利亚》（Holy Virgin Mary），预先估价在220万美元至283万美元之间，最终却出人意料地以超过450万美元的高价转手。

这两位身价暴增的画家背后都有业界权威机构的鼎力相助。马克·格罗蒂扬属于高古轩（Gagosian）阵营，而克里斯·奥菲利则得到了查尔斯·萨奇（Charles Saatchi）的支持。另外一些具有投资价值的当代艺术家：鲁道夫·斯汀格尔（b.1956）在2015年共有四幅作品刷新了交易纪录（其作品分别在纽约和伦敦，以290万美元至470万美元间的高价成交）乔纳斯·伍德（Jonas Wood，b.1977）则在高古轩画廊的庇佑下在2015年连续21次刷新了个人纪录。其作品最终于2015年10月16日在伦敦佳士得以84万美元的高价拿下了个人最佳拍卖成绩《无题 M.V. 景观》[Untitled（M.V. Landscape）]。

### 四 各门类拍品价格分析

2015年间，约有86.57万批次的纯艺术作品

在全球各大公开拍卖现身，其中超过56.4万批次来自西方市场。该数据同比2014年实现了3%的增幅。在林林总总的拍品批次中，约有三分之一的拍品在最后关头退出竞拍，或因低于预估价格而流拍。艺术市场的优胜劣汰和严苛的筛选机制

| 作品件数占比 | 成交金额……以下 |
|---|---|
| 100% | 小于1亿7,937万美元 |
| 99% | 341000美元 |
| 98% | 149725美元 |
| 96% | 63580美元 |
| 95% | 48480美元 |
| 94% | 38140美元 |
| 92% | 26330美元 |
| 90% | 19320美元 |
| 80% | 6875美元 |
| 75% | 4886美元 |
| 70% | 3595美元 |
| 60% | 2050美元 |
| 50% | 1234美元 |
| 40% | 768美元 |
| 30% | 488美元 |
| 20% | 292美元 |
| 10% | 149美元 |

图6 2015年西方纯艺术拍品各价格区间占比

可见一斑，从而规避盲目投机。剩下的35.1万件批次在西方交易市场分别在5美元至1.79亿美元的价格区间内成交。纯艺术类拍品市场绝对能覆盖所有价格范畴的拍品。实际上四分之三的摄影、素描和版画作品的成交价都在5000美元以下，而75%的画作和雕塑作品也都以低于7200美元的价格成交。

尽管艺术品价格指数整体上扬，但如同Artprice指数图表中所证实的那样，价格幅度波动最大的要数高端艺术拍品。随着博物馆产业的崛起，大师佳作的投资潜力毋庸置疑，即便是目前市值只有几万美元的作品也属于值得入手的投资目标。

如今，艺术市场的结构需要按照不同的价格范围来区分：最实惠的价格汇聚了大量艺术拍品，但其经济重要性仍显薄弱。2万美元以上的交易品，逐渐形成非常受欢迎的新投资类别，美其名曰"艺术作为一种投资"（Art as an investment）。

## 一个大部分由平价拍品组成的市场

总体而言，拍品价格结构的分类体现了一个尤为密集和多样化的平价市场。该市场汇聚不同历史时期、不同品类和不同质量的拍品。拍卖研究表明，当今近一半的交易以低于1234美元的价格成交。这些艺术品在最终被新主人收入囊中之前，都需经过拍卖机构的汇总、检验、展出，方能竞拍交易，这些看似"划算"的商品也是经过严苛的筛选和价值评估的。

市场价格比较亲民的主要集中在油画（42%）、水彩素描（29%）和版画（18%），而摄影（4%）和雕塑（6%）作品所占比例依旧较低。因此，很显然，油画不仅是艺术市场的媒介之王，还统领着小额交易的半壁江山。撇开那些大师级作品不谈，成交价出现在这个价位等级最多的艺术家都是那些最有名的艺术家。

2015年的交易总量中有40%拍品的成交价介于1234美元至2万美元之间。这支市场的主力军品质相近，其中包括约800件由毕加索署名的陶瓷和同样数量的版画。这一价格区间的版画还来自于美国波普艺术（Pop Art）的领军人物：安迪·沃霍尔为437件，草间弥生成交了236件，以及罗伊·利希滕斯坦的222件。除此之外，还有伦勃朗（Rembrandt）的360幅创作于17世纪的蚀刻画。

不过版画并非一枝独秀，中端拍卖市场也是油画的天下（41%）。2015年在这个价格区间内（1234美元至2万美元），还涌现了五位特别具有市场活力而且价格平易近人的艺术家，他们分别是法国艺术家伯纳德·奥贝坦（Bernard Aubertin，152件）、让·加布里埃尔·多姆格（Jean Gabriel Domergue，94件）和克劳德·维纳尔（Claude Venard，86件）；意大利艺术家朱塞佩·艾玛迪奥（Giuseppe Amadio，93件）和瑞典艺术家本特·林德斯特罗姆（Bengt Lindstrom，84件）。

## 最易入手的艺术媒介

如今，绘画作品依旧主宰着艺术市场，2015年共拍出了969件百万美元等级的绘画拍品，牢

牢锁住了高端市场三分之二的份额，剩下的三分之一几乎由雕塑（16%）和素描（8%）完美填补。但这并不影响每年油画包揽各个等级拍品的冠军宝座。

雕塑和素措拍品的价格结构与油画拍品存在着一定的可比性。同理可证，成交批次中大部分作品（70%）价格低于 1 万美元，而成交价在 1 万美元至 10 万美元之间的作品不足成交总批次的 17%。

对艺术界的青年才俊来说，该价格等级是进入更高端市场的关键途径。因此，不少知名度较高的年轻雕塑艺术家如今的拍卖价格仍在 1 万至 10 万美元之间。例如，高古轩画廊旗下的两颗新星：斯特林·鲁比（Sterling Ruby）和托马斯·豪斯雅戈（Thomas Houseago），（分别成交了 7 件和 6 件雕塑作品）；还有涂鸦艺术家考斯（Kaws，10 件）和法籍葡萄牙裔艺术家琼娜·瓦斯康丝勒（Joana Vasconcelos，7 件）。

毫无悬念，水彩素描领域向来是中国现代艺术家的天下。而 2015 年西方艺术家的佼佼者中不乏亚历山大·卡尔德（Alexander Calder）、弗朗西斯·牛顿·苏沙（Francis Newton Souza）以及索尔·勒维特（Sol Lewitt），他们分别成交了 65 件、64 件和 55 件作品。此外在西方市场，约有 1449 件纸本作品以超过 10 万美元的价格落槌。其中还能找到长期以来市面上难得一见的意大利文艺复兴时期的大师习作。

版画与其印刷品毫无疑问成为艺术市场上最亲民的艺术类别。其中 95% 的作品成交价不到 1 万美元。值得注意的是，今年有 8 件复制品的售价突破百万美元大关，去年则为 16 件。格哈德·里希特（Gerhard Richter）的《网格笼子》系列（2011 年）编号 10/16，于 2015 年 11 月 12 日在纽约苏富比以 135 万美元的高价落锤；而沃霍尔的三个系列、毕加索的一件直刻画，以及贾斯珀·约翰（Jasper Johns）的一件单版画都拍出了更高的成交价。

最后，介于原创与复制之间的中间类别——摄影作品之间的价格也相差甚远。如同版画一样，每年只有凤毛麟角的摄影作品能踏入百万美元级门槛（2015 年为 7 件）。85% 的拍品都以不到 1 万美元的价格成交。其中一些艺术家的作品在市场上流通频繁，尤其是美国摄影师安塞尔·亚当斯（Ansel Adams，本年度共成交了 149 幅摄影作品）、法国摄影师亨利·卡蒂埃－布列松（Henri Cartier-Bresson，123 件）和爱德华·布巴（Edouard Boubat，118 件）。

## 长期与平价投资策略

收购价超过 2 万美元的艺术品不再被认为是冲动投资。事实上，如果投资得当，此类投资可晋升为潜力无限的金融投资组合。

固然，应该将价格指数变化带来的风险考虑在内，不过这些风险能与产生巨大收益的期望值相互抵消。

2015 年价格指数上涨最为惊人的拍品非达利的《格拉第瓦》（Gradiva，1933 年）莫属。这件由苏富比总裁阿尔弗雷德·陶布曼（Alfred Taubman）于 1995 年 5 月以 5.5 万美元购得的拍品，在 2015 年 11 月 5 日由纽约苏富比举办的专拍中以高达 121 万美元的价格易主，30 年来的溢价高达 2,100%

无独有偶，大卫·霍克尼（David Hockney）的《有思想的椅子》（Chaira with amind of itsown，1937 年）在 1997 年的身价为 6.025 万美元，而

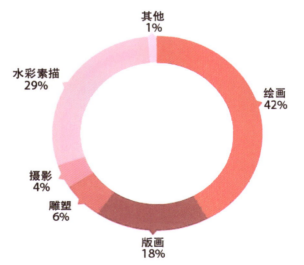

图 7 2015 年平价市场（低于 1234 美元）的艺术品品类分布

其他 1%
绘画 42%
水彩素描 29%
摄影 4%
雕塑 6%
版画 18%

| 拍卖公司 | 城市 | 2015 年 | 2014 年 |
|---|---|---|---|
| 佳士得 | 纽约 | 54 | 55 |
| 苏富比 | 纽约 | 41 | 31 |
| 苏富比 | 伦敦 | 29 | 20 |
| 佳士得 | 伦敦 | 13 | 23 |
| 中国嘉德 | 北京 | 7 | 1 |
| 保利北京 | 北京 | 6 | 1 |
| 北京传是 | 北京 | 2 | |
| 保利香港 | 香港 | 2 | |
| 菲利普斯 | 纽约 | 2 | 3 |
| 苏富比 | 香港 | 1 | 2 |
| 佳士得 | 香港 | 1 | |
| 西泠印社 | 杭州 | 1 | |
| 菲利普斯 | 伦敦 | 1 | |
| 苏富比 | 巴黎 | | 1 |

图 8 2015 年拍卖行高端拍品成交情况排行榜
（成交金额≥ 1000 万元美元的作品件数）

2015 年 5 月 13 日的转手价为 70 万美元。诸如此类价格指数的飙升在世界各地上演着。在德国，女艺术家加布里埃尔·穆特（Gabriele Münter）的作品《莫尔巴赫的雪屋》（Moorbach mit Hausern im Schnee，1932 年），曾于 1997 年在科隆伦佩茨拍卖行（Lampertz）以 3.3 万美元成交，而在 2015 年 12 月 4 日在慕尼黑的卡尔和法贝尔拍卖行（Karl & Faber）以 30 万美元转手；福斯托·梅洛蒂（Fausto Melotti）的作品《线》（Linee，1961 年）于 1990

年现身米兰苏富比的时候，成交价为 6.61 万美元，而到了 2015 年 6 月 10 日在维也那的多禄泰拍卖行（Dorotheum）再度转手时，价格飙升至 41.63 万美元。如今，艺术市场出现了真正的投资策略，其中一些战略的运用也越来越成熟。例如扬·勃鲁盖尔二世（Jan Brueghel II.）的《别碰我》（Noli me tangere）刚于 2015 年 4 月 29 日在伦敦苏富比以 7.6345 万美元的价格成交，短短 6 个月之后，又于 10 月 20 日在维也纳多禄泰拍卖行迅速以 12.84 万美元转手，溢价了 68%。这类快进快出的投资方式被业内人士称为"投机倒把者"（Art flippers）。然而这种现象并非个案，更有甚者在 3 年之内就利用价格涨幅的差价赚取了高额利润。

当然，有时会因为缺乏定性分析信息而造成不良交易存在的情况。2015 年，年度跌幅最大的作品之一来自安德烈斯·塞拉诺（Andres Serrano）的作品《黑耶稣》（Black Jesus，2010 年）。伦敦佳士得在 2010 年 7 月的拍卖成交价为 11 万美元，而 2015 年 6 月 23 日在巴黎的转手价格却只有 3.2 万美元。不过，总体而言，2 万至 10 万美元价格区间的艺术品投资非常值得考虑。事实上，凡该价格区间内购入的拍品，并于 2015 年转手的，若平

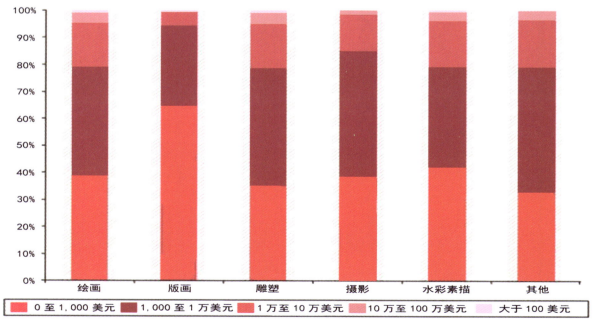

图 9 2015 年按拍卖价格区间划分的纯艺术类拍品品类结构图

均持有期为 10 年，可得到 9.6% 的年度总回报率。

## 光芒四射的高端市场

超高端的专场拍卖往往局限于那几座大型首都，由极少数知名拍卖行策划。超高端市场交易对整个市场而言，所占的比例非常小，犹如沧海一粟。2015 年，仅有 160 件拍品突破千万美元级门槛，该数字仅占成交总量的 0.04%。

实际上，在高端市场中最吸引眼球的拍卖结果自然是 2015 年的那两件刷新 1.7 亿美元成交纪录的作品。然而要知道，2015 年全年间，西方的 460 个城市内共举行了 5400 场受监管的拍卖会。令人眼花缭乱的高端拍卖着实吸引眼球，却不能真实反映出市场的整体面貌。这些专拍往往对潮流的风向标大肆宣传（哪些艺术家正当红？哪些是艺术史的经典大师？等等），导致了很多名字几乎每半年内就会重复出现，并在同一类型的拍卖中，这些人不断刷新着个人最好成绩。

因此，每年艺术市场都会推出几场重量级的拍卖盛会：纽约和伦敦的苏富比和佳士得分别组织了印象主义专拍、战后艺术和当代艺术专拍。

在博物馆产业迅速发展的背后所涉及的经济和政治赌注也解释了高端市场存在的重要性。公共博物馆的扩张需要不断丰富其馆藏，而私人博物馆也对高品质的艺术杰作趋之若鹜。高端拍品的价格自然呈爆炸式增长。如今，艺术品的经济利益不再仅限于交易过程中产生的利润，它也可是吸引游客到珍藏经典作品之博物馆或艺术中心的"自由现金流"（Free Cash Flows）资产发动机。

## 五　全球市场的地理分布

尽管有六十多个国家进行着拍卖业务，但是仅拍卖业的三大巨头美国、中国和英国，在市场盈利方面便占据了艺术市场 87.5% 的份额。这三驾马车共产生了全球总盈利 160 亿美元中的 140 亿美元。年度收益的最大赢家非美国莫属，仅凭

着 12% 的成交批次便占据了全球 38% 的收益。显然，纽约已经恢复了其高端艺术的霸主地位：美国的平均拍品成交额高达 10.7 万美元，同比中国的 4.3 万美元，中国的增势放缓。因此，后者存在的经济风险自然对国内市场的调整产生一定影响。不稳定性让投资市场不容乐观，中国实力收藏家都不愿意将他们最优秀的藏品托付给拍卖行。而另一些则将目光转移到那些有确定价值的西方拍品上，从而使藏品和投资多元化。

中国买家为美国拍卖市场的增长（2015 年增长 9%）做出了一定贡献。但根据 Artprice 与雅昌艺术市场监测中心上半年的数据统计，中国的年度收益减少了 27%（近 20 亿美元）。2015 年下半年略有改善，中国占据全球市场份额的 30%，而该放缓的趋势不会有损于香港市场对西方拍卖行的吸引力：法国艾德拍卖行（Artcurial）开始在香港举办专拍；英国邦瀚斯拍卖公司于 2014 年聘用了马格纳斯·伦弗鲁（Magnus Renfrew）统领亚洲区业务，旨在巩固其拍卖行在亚洲的地位；而拍卖行巨头苏富比更是在两天内在香港接连举办了 8 场专拍（2015 年 10 月 4 日和 10 月 5 日）。与其说香港市场正处于挑战阶段，不如说它正处于结构调整和重组阶段。比如 10 月举行的声势浩大的第 10 届亚洲艺术国际博览会——典亚艺博 Fine Art Asia 就是一例。

英国尽管下跌了 11%，仍位居第三（30 亿美元，占全球营业额的 19%），排在中国（49 亿

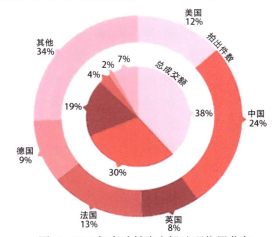

图 10　2015 年全球拍卖市场地理位置分布

美元）之后，但年度交易结果在 10 年内实现了超过两倍的增长。伦敦在高质量的统一性表现方面为欧洲之冠，并展现了画廊文化的高度活力。

不到 20 年间，伦敦的画廊数量已增长了 10 倍，至少达到 300 家。其中不乏佩斯画廊、西蒙·李画廊、里森画廊、维多利亚·米罗画廊、蛇形画廊，还有玛丽安·古德曼画廊这些巨头。而画廊主拉里·高古轩刚刚在伦敦开设了第三家分画廊。事实证明，伦敦是收藏家的胜地（这里的人均亿万富豪人数居全球首位）。在伦敦举行的展览对艺术家身价的影响可能立竿见影，而且各大拍卖行与各大画廊密不可分。

作为排行榜上的第四名，法国的年度总成交额为 5.765 亿美元，占据全球市场 4% 的份额，年度总成交额下降了 7%。若要描述法国年度总成交额所占的比重，这一数额可等同于一场成功的纽约或伦敦专拍所取得的佳绩。20 世纪 50 年代，仅法国第一拍卖行阿德尔（Ader）便实现了等同于苏富比和佳士得两家之和的营业额，几乎占据了全球盈利的半壁江山。

法国不再能与艺术市场的领导者，如中国、美国和英国相抗衡。今年法国创下的拍卖纪录为 620 万美元，来自活跃于 18 世纪的中国艺术家顾铨创作的卷轴国画。同比之下，来自毕加索的《阿尔及尔的女人（O 版）》（Les Femmes d'Alger, O Version）创下的世界纪录则高达 1.793 亿美元。尽管这是一个不可逾越的差距，但法国仍保持着其产生百万美元级拍品的稳健步伐。今年同 2014 年一样，共有 53 件作品踏入百万美元级门槛。法国艺术市场之所以能保持世界第四的位置要感谢跨国拍卖公司佳士得和苏富比的努力。

由弗朗索瓦·皮诺（Francois Pinault）掌控的佳士得涨势强劲（增长 12%）仅纯艺术类拍卖就取得了超过 1.17 亿美元的喜人成绩，佳士得占据法国总盈利的 20%。巴黎阿居特拍卖行（Aguttes）作为巴黎德鲁奥拍卖行（Drouot）旗下最具活力的一员，其飞跃式的进步也有目共睹，涨幅高达 44%，力压科尔内特圣西尔拍卖行（Cornette

desaint Cyr）。此外，阿居特拍卖行的两件拍品都创下了 450 万美元的佳绩，而且两件拍品都来自法籍华裔艺术家常玉的作品，并跻身 2015 年度法国最佳拍品前十强排行榜（其他八件拍品分别由佳士得和苏富比产生）。在 2014 年实现创纪录的一年后，巴黎苏富比的总成交额下跌了 23%，而法国第三大拍卖行艾德拍卖行的总成交额同比下降了 19%。在排名前十强的国家中，德国居于法国之后，占据全球市场份额的 2%，其年度盈利下降了 7%（2.57 亿美元）。而意大利增幅显著（增长了 7%，合 1.69 亿美元）。瑞士在今年呈大幅下滑趋势（跌幅高达 34%）。最后一个年度总盈利跻身 1 亿美元的国家来自奥地利，它保持了一个稳定的交易结果（1.036 亿美元），占据第八名的位置，排在澳大利亚之前。十强排行榜中进步最出色的非韩国莫属，作为榜单的第十名实现了高达 77% 的涨幅。

## 新兴市场的发展空间

韩国 2015 年创下了 7500 万美元的拍卖总成交额，排在前十强国家的最后一名，领先于荷兰、日本和比利时。这样的佳绩不仅归功于 K- 拍卖公司（K Auction），更应归功于韩国历史最悠久的拍卖公司（成立于 1998 年）——首尔拍卖行（Seoul Auction）的不懈努力。首尔拍卖行自 2008 年起还在香港设立分行，并借助这个亚洲的艺术枢纽推广知名韩国艺术家：金焕基（Kim Whan-Ki）、朴栖甫（Park Seo-Bo）、李禹焕（Lee U-Fan）和郑相和（Chung Sang-Hwa）。2015 年，画廊主和西方爱好者对单色画派（Dansaekhwa）的作品趋之若鹜，尤其在伦敦弗里兹艺术博览会（Frieze Masters）和迈阿密巴塞尔艺术博览会颇受欢迎。

多场致力于单色画运动的展览在美国和巴黎举办，法国首都值此契机庆祝巴黎与首尔建交 130 周年。韩国艺术家甚至在第 56 届威尼斯双年展上大放异彩……密集的新闻宣传带来了高额的落锤价。韩国因此在国际舞台上很好地推广了本土艺术家，提高国际市场的需求，从而打造日益成熟的交易市场并实现惊人的增长。

全球需求量不断上涨的还有全球排名第12位的印度。印度市场不断巩固并加快国际化的步伐。印度实现三位数快速增长的秘密（4,890万美元的收益比2014年高出了112%）一部分得益于佳士得入驻了印度，从而为市场打了一针强心剂。在2013年12月在孟买举行了首次专拍后，佳士得于2015年12月15日为第三次拍卖举槌。仅凭着这一场专拍便为佳士得囊括了印度近三分之一的年度收益。

最佳拍品花落华苏迪奥·桑图·盖同德（Vasudeo Santu Gaitonde）（1924年至2001年）。在艺术家在古根海姆博物馆举办回顾展"华苏迪奥·桑图·盖同德：绘画如同过程，绘画如同生命"（V.S.Gaitonde: Painting as Process,Painting as Life，2014年10月至2015年2月）的几个月后，他的一幅油画的价格已于去年12月15日飙升至440万美元，创下印度油画史上的绝对拍卖纪录。大部分印度裔艺术家都很好地融入了伦敦和纽约艺术市场，这些重量级印度艺术家包括：纳斯林·默哈姆迪（Nasreen Mohamedi）、达拉尔·鲍斯（Nandalal Bose）、夏冈宁德拉那特·泰戈尔（Gaganendranath Tagore）、弗朗西斯·牛顿·苏沙（Francis Newton Souza），还有阿姆里塔·谢吉尔（Amrita Sher-Gil）。他们的受众群非常国际化。印度艺术品的买家不仅限于印度，而且越来越多来自美国和欧洲。

另一个在亚洲市场值得关注的进步：菲律宾的年度盈利增长了92%，排在比利时之后（4230万美元，同比下降12%），占世界排名第17位。菲律宾共成交了不到1200件拍品，却产生了3280万美元的总成交额。菲律宾艺术市场的质量越来越上乘，平均拍品价格超过2.8万美元。相较之下，日本则低于6000美元（在全球市场上排名第11位）。菲律宾市场的健康发展很大程度上依赖于现代艺术和当代艺术板块。比如艺术家弗朗西斯科·卡洛斯（Francisco Carlos）

（1913-1968年）的一幅油画作品呈爆炸式增长，于2015年6月在马卡迪以42.085万美元，超出预估值5倍的佳绩落锤。（《甘薯挖掘者》（Camote Diggers），于莱昂画廊（Leon Gallery）成交）。而年轻的菲律宾艺术家，比如罗纳德·文图拉（Ronald Ventura）（b.1973）和何塞·约翰·桑托斯三世（Jose John Santos III）（b.1970）都已打入国外市场，尤其进入重要的艺术枢纽香港。菲律宾打算利用位于香港、台湾和新加坡十字路口的有利地理位置，着重发展以当代艺术为载体的艺术板块。该发展策略的结晶便是今年在马卡迪持续举办第三届菲律宾艺术博览会（Art Fair Philippines，2016年2月18日至21日）。

尽管大中华地区增速放缓，尤其是香港，但其依旧是艺术投资的黄金之地。法国艾德拍卖行继续在香港实施其国际扩张战略。2012年至2014年间，艾德曾在布鲁塞尔、米兰和维也纳设立办事处，随后于2015年在慕尼黑和香港设立分部。艾德在欧洲建立网络并打开亚洲市场的大门很可能让这家拍卖行重获新生，尤其因为在香港举办的首场专拍圆满收关（"从巴黎到香港"（From Paris to Hong Kong），于2015年10月5日至10月6日举办，共实现了820万美元的总成交额）。

为了最大程度地吸引艺术爱好者，艾德推出了多样化的拍品，并展出各种珍贵杰作，比如旅法华裔艺术家王克平和曾海文的佳作，或由埃尔热（Hergé）、比拉（Bilal）或墨比斯（Moebius）署名的素描作品。艾德力求填补漫画市场在中国的空白。该市场也是拥有众多漫画和动漫消费者的潜力市场。该战略已初见成效，因为这场专拍中的明星拍品，由埃尔热创作的《蓝莲花》（LotusBleu）以119.5万美元的高价被亚洲收藏家购得。

### 不同国家相应的作品密集度

就盈利而言，纽约（37%）和伦敦（19%）前所未有地引领着艺术品市场。仅这两大交易市场就占据了全球收益的57%（92亿美元），而成交的拍品数量仅占全球拍品总量的 20%。同比，巴黎只占据全球 3% 的盈利份额。

伦敦和纽约的作品均价特别高，大师级明星拍品都留给了那些享有盛名的专拍。中国占据了全球年度总成交额的约 30%（48.58 亿美元），成交量占世界总量的 24%。而作为全球第四把交椅的法国仍然是个拥有丰富欧洲艺术作品的大宝库，成交量比美国多出 4000 件拍品，比英国多出 23000 件拍品。尽管就总成交额而言，法国远远落后于市场的大三巨头，不过法国却是平价拍品的交易重镇，81% 的拍品的成交价低于 5000 美元，而这个比例在超高端市场，如英国和美国的比率大约在 60%。但艺术市场并不应当只局限于美国、中国和英国这三驾马车上。因为 41% 的交易量都在其他地方发生。首先在法国（占交易总量的13%）、德国（9%）和意大利（5%）；以及比利时和日本（各占 3%），瑞士、澳大利亚和加拿大（2%）等。要注意的是，拍品密集度非常高的国家，如奥地利、荷兰、瑞典、捷克、西班牙、波兰、南非和爱尔兰，它们在 2015 年的拍品平均交易密度在 5000 至 6000 件之间。这些市场以平价拍品为主，很少出现壮观的六位或七位数的拍卖结果。

## 六 聚焦全球艺术市场热点

2015 年，在所有艺术市场大趋势中，除了韩国单色画运动艺术家的迅速崛起，西方市场也被意大利战后时期艺术家所唤醒。在近期的众多展览过后，这些意大利艺术家的身价一路飙升，其中包括 2014 年在巴黎现代艺术博物馆（Musée d'Art Moderne）举行的鲁西奥·芳塔纳个展，以及在纽约古根海姆博物馆（Guggenheim）为纪念阿尔贝托·布里（Alberto Burri）诞辰一百周年而举行的回顾展"绘画的创伤"（The Trauma of Painting），2015 年 10 月 9 日至 2016 年 1 月 6 日）。米兰、伦敦和纽约的艺术市场对于该板块杰作趋之若鹜，不仅带动了作品本身的升值，更可能为

重新立法提供可能性。

### 意大利艺术引起买家热潮

如果说 20 世纪上半叶艺术家出现身价暴涨的情况，那便是买家预期到未来市场的萎缩。所以应该趁热下手，因为根据 1939 年的法律规定，凡创作年限超过 50 年以上的意大利艺术家的作品，在离境时必须取得出口许可，这一立法是为了限制国宝外流他国的现象。

这项由政府提出的限制举措是这场与时间赛跑的真正导火索，市场价格也在这种紧急情况下大幅飙升。因此，苏富比和佳士得举办的"意大利艺术专场"取得了史无前例的成功。这两家知名拍卖行的成交额均超过了 6200 万美元，并诞生了不少令人印象深刻的拍卖纪录。这两场拍卖的亮点是: 苏富比凭借 2440 万美元,创下了鲁西奥·芳塔纳（1899–1968 年）的个人拍卖新纪录，但是这个纪录很快在一个月后由纽约佳士得举办的专拍中，被 2910 万美元的新纪录所取代。这两次纪录均来自《上帝的结局》（La Fine de Dio）系列作品（仅有 38 件）。该系列作品的价格在 2000 年初期还不到 200 万美元，其他艺术家也在这场热潮中受益良多。以下举几个例子，不过他们的上涨势头没前者那么惊人:

恩里克·卡斯特拉尼（Enrico Castellani, b.1930）目睹了市场对他作品的痴迷。他在两年前就产生了百万美元级别的拍品。其作品的价格指数自 2000 年起上涨了 1559%。今年他的作品成交总额累计超过 2440 万美元，让他荣登盈利最高的全球艺术家百强排行榜的第 94 位。

皮耶·保罗·卡佐拉里（Pier Paolo Calzolari, b.1943）：他的身价自 2000 年以来上涨了 1351%。他的最新拍卖纪录为 72.5 万美元，来自一件 1976 年创作的活体雕塑。这件作品表现了小油灯上舞蹈的火苗（2015 年 5 月 13 日，纽约菲利普斯）。

阿里杰罗·波堤（Alighiero Boetti, 1940–1994 年）以年度总成交额 2560 万美元位列全球

榜单的第 89 位。他的身价自 2000 年以来上涨了 1280%，并且逐步趋于平稳。其刺绣世界地图的作品于 6 月在伦敦佳士得以 240 万美元成交（《地图》（Mappa），2015 年 6 月 30 日）。阿尔贝托·布里（1915–1995 年）：他的价格指数自 2000 年以来上涨了 308%。从 2014 年至今，他已有 3 件作品在拍卖行突破 500 万美元，其中有一件还是在 2015 年 10 月在纽约古根海姆博物馆举办阿尔贝托·布里回顾展期间成交的。

保罗·斯克基（Paolo Scheggi, 1940–1971 年）今年再创新高：1750 万美元的年度总成交额让他位列全球榜单的第 118 位。在 2015 年之前，他没有任何一件拍品的成交价达到 100 万美元：不过今年分别在伦敦和米兰共有五次实现了突破百万美元的佳绩。

卢西亚诺·法布罗（Luciano Fabro, 1936–2007 年）打破了他的个人纪录。420 万美元的年成交额全部来自一件铜雕作品。该成交价高出其估价四倍之多（《意大利移民》（Italia dell'emigrante, 1981 年），伦敦佳士得，2015 年 10 月 16 日）。

## 正在兴起的拉美艺术家

2014 年 12 月，美国和古巴宣布重启双边关系正常化。同一时期，古巴艺术的价值在西方市场也得到了重新开发。从更广泛的层面来说，整个拉美艺术品的升值速度正在加快。近几年来，各大知名博物馆（纽约古根海姆博物馆、巴黎乔治·蓬皮杜国家艺术文化中心（Centre Georges Pompidou）、伦敦泰特现代美术馆、纽约现代艺术博物馆）通过专门的收购基金会，比如纽约现代艺术博物馆的拉美及加勒比海基金会，相继收集拉美艺术的信息并收购相关作品。2015 年的重大事件之一就是"林飞龙回顾展"的盛大开幕。这个巡展始于巴黎乔治·蓬皮杜国家艺术文化中心（2015 年 9 月 30 日至 2016 年 2 月 15 日），之后经过马德里索菲亚王后国家艺术中心（Centro

de Arte Reina Sofia），（2016 年 4 月 12 日至 2016 年 8 月 15 日），最后入驻伦敦泰特现代美术馆（2016 年 9 月 14 日至 2017 年 1 月 8 日）。

拍卖市场方面，菲利普斯、苏富比和佳士得都举办了拉美艺术专拍。这些专拍一方面旨在刺激富裕的高端收藏家能够入手那些具有稳定投资价值、却在价格方面没有欧美艺术大师那么昂贵的同时期拉美艺术家的作品（比如：林飞龙、李欧诺拉·卡灵顿（Leonora Carrington）或者罗贝托·马塔（Roberto Matta）），另一方面旨在为那些没有那么富裕的收藏爱好者提供众多 5000 美元以下的选择［比如：尼诺·蔡斯（Nino Cais）、埃尔巴·达马斯特（Elba Damast）、伊万·卡波特（Ivan Capote）、米里娅姆·梅德尔兹（Miriam Medrez）、厄内斯托·普约尔（Ernesto Pujol），或拉卡拉博士（Dr.Lakra）］。在买家日益严苛且谨慎的今天，该市场也日渐稳固。

林飞龙（1902–1982 年）：油画作品《预兆》（Présages，1947 年）取得的 260 万美元的拍卖成绩仅仅是他拍卖历史上第三个人最好成绩（菲利普斯，2015 年 5 月 26 日）。他的个人绝对拍卖纪录一直由一件 1944 年的作品保持着。该作品于 2012 年以 450 万美元的高价成交（《偶像（天空之神和死神）》苏富比纽约）。就总成交额而言，他位列全球艺术家的第 165 位。林飞龙自 2000 年以来的身价涨幅为 78%。另外一个非常吸引市场的地方便是其作品价格很"亲民"（60% 的作品成交价低于 5000 美元）。其素描作品的平均价格在 1 万至 2 万美元之间。

李欧诺拉·卡灵顿（1917–2011 年）：2014 年 11 月 24 日，苏富比在纽约隆重推出了一场从未在拍卖行亮相过的、来自墨西哥企业家洛伦佐·H.赞布拉诺（Lorenzo H.Zambrano）的个人收藏。正是在此次专拍上，墨西哥超现实主义艺术家李欧诺拉·卡灵顿的作品以 262 万美元刷新了个人拍卖新纪录［《圣安东尼的诱惑》（The Temptation of St. Anthony）］。2015 年，苏富比试图通过卡灵顿另外一幅于 1954 年创作的《丛林》（El Juglar）

重现当年的辉煌。这件作品的估价在 150 万到 200 万美元之间。诚然，这件巨作是博物馆馆藏级别的作品，苏富比也在拍品目录中花了近 4 页来介绍这件作品，但最终还是流拍。因为该作品在 2008 年的成交额只有估价的一半（71.3 万美元，2008 年 5 月 28 日，纽约佳士得）。虽然卡灵顿已经是一位身价数百万美元的艺术家，但收藏家们也不是随便什么价格都能买账的。

罗贝托·马塔（1911-2002 年）：他在 2015 年凭借 690 万美元的年度总成交额跻身全球五百强艺术家（排行榜上位列第 263 位）。他的年度最佳拍卖纪录来自 1946 年创作的一幅油画《玻璃安装工邂逅弱光》（La rencontre du vitreur avec le forcatde la lumière）。这件作品的成交价比最高估价高出 30 多万美元（94.1 万美元，纽约佳士得，2015 年 5 月 27 日）。市场的谨慎导致他遭遇了与卡灵顿一样的尴尬：其油画作品《记忆中的喷泉》（Geyser de la mémoire）的估价在 20 万至 30 万美元之间，于 2015 年 11 月 19 日流拍。不过这件作品曾于 2012 年 3 月 27 日在巴黎卡马得拍卖行（Camard）曾取得过 16.605 万美元的成交价。

曼努埃尔·曼迪夫（Manuel Mendive, b.1944）是艺术市场正在冉冉升起的新星之一。他在 2015 年共刷新了三次个人拍卖纪录。其成交价在 6.8 万美元到 10 万美元之间。他的年度总成交额也呈爆炸式增长，同比 2013 年翻了 15 倍。市场对其作品的需求量恐怕会不断扩大：他的一些作品在 2015 年迈阿密巴塞尔艺术博览会（Art Basel）上被展出。

塔妮娅·布鲁格拉（Tania Bruguera，生于 1968 年）：曾经一度处于舆论的风口浪尖，她因在哈瓦那革命广场表演的行为艺术而被捕。被释放后，她又在 2015 年哈瓦那双年展（Biennale de La Havane）期间被剥夺了护照。为了向她致敬，拍卖市场推动其雕塑作品《移动》（Destierro）的竞价一路飙升至 8.125 万美元（纽约菲利普斯，2015 年 5 月 26 日）。同样是这件拍品，在 12 月的迈阿密巴塞尔艺术博览会上的成交价又提升了 11 万元。

## 旅法华裔艺术家受到追捧

作为拍卖市场的主力军，20 世纪的旅法华裔艺术家在香港、北京和巴黎都非常受欢迎。中国收藏家对这些曾在 20 世纪旅居巴黎的艺术同胞格外感兴趣，因为他们的作品结合了亚洲的传统美和西方的现代感。这些艺术家的作品都有着非常典型的跨文化烙印。旅居国外的中国艺术家往往在东西方都有非常坚固的市场需求，当然还得益于亚洲庞大的资金支持。

我们已经见识到近几年来赵无极和朱德群身价飙升的态势，他们也是抒情抽象派（abstraction lyrique）的旅法华裔艺术家中最具代表性的两位。2006 年至今，赵无极共有近 250 件拍品的成交价突破百万美元大关。其中于 1958 年创作的巨幅油画在 2013 年创下了 1460 万美元的拍卖纪录（北京苏富比，2013 年 12 月 1 日）。他的价格指数自 2000 年起飙升了 1030%，而同一时期，朱德群更是暴涨了 1751%，他们的身价都已相当之高，艺术市场的执行者尝试着挖掘其他艺术大师，但近几年都未能如愿。

常玉（1901-1966 年）诠释了市场的拓张。1901 年，这位法籍华裔艺术家出生于四川。20 世纪 20 年代他来到蒙帕纳斯定居。他是毕加索的忠实捍卫者，随后也成了亨利·马蒂斯（Henri Matisse）的朋友。他更是西方和中国现代化的一座不可或缺的桥梁。事实上，他的身价自 2000 年起已上涨了近 883%，但是他的大部分作品是在中国境内成交的，也正是在他的祖国，他凭借作品《瓶菊》创下了 3360 万美元的拍卖纪录，比估价高出了 30 倍（2013 年 10 月 28 日于山东春秋国际拍卖行成交）。2015 年，他的年度总成交额超过 4,300 万美元，全球排名上升至第 56 位。他的市场主要集中在香港（今年他的静物画《蓝色辰星（菊花与玻璃瓶）》在香港佳士得拍得了 1050 万美元的高价），紧接着在法国，其拍品价格也一路飙升（《白瓶中的两支大粉绣球花》在阿居特拍卖行以 440 万美元成交，2015 年 6 月 2 日）。

林风眠（1900-1991年）比赵无极和朱德群要早一辈去巴黎，后两位也是他的学生。林风眠自幼受到父亲的启蒙开始钻研中国绘画和书法，他是最早学习欧洲油画技巧的中国艺术家之一。20世纪20年代，这样的绘画技巧对国人来说还非常陌生。在20世纪20年代末回到中国后，他成为杭州学生们心目中的成功典范。包括赵无极和朱德群在内，都跟随了老师的步伐，纷纷在1945年之后赴法留学。他的作品在2015年的总成交额达到5490万美元，位居全球第46位。2000年至今，他的身价增长了887%。

曾海文（又名唐海文，1927-1991年）最先于1948年抵达法国，比赵无极早几个月到达巴黎。向来低调的曾海文得到了业界的重新审视。很多大型艺术展都有他作品的身影，比如巴黎现代艺

# 七 2015年度艺术家 TOP10

全球市场超过30亿美元的成交额归功于十位艺术家创下的优异成绩。艺术市场上超过18%的份额均出自这十强之手，成交价也一路水涨船高，最终十大拍卖纪录总额同比2014年高出了5亿美元。

毕加索、莫迪里阿尼、贾科梅蒂、托姆布雷、芳塔纳（Fontana）和利希滕斯坦的拍品纪录都再创新高。

## 中国艺术家暂别排行榜前十

哪些艺术家撑起了高端艺术市场的半壁河

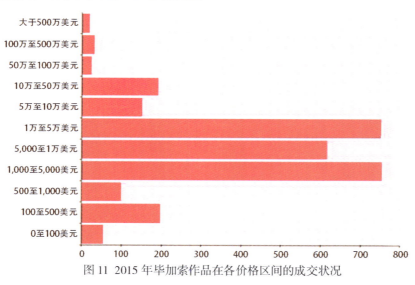

图11 2015年毕加索作品在各价格区间的成交状况

术博物馆（Musée d'Art Moderne de Paris）、芝加哥艺术学院（l'Art Institute de Chicago）和香港M+博物馆（musée M+ de Hong Kong）。也正是在香港，曾海文的作品受到了市场的追捧。香港佳士得为了抬高他的身价，很罕见地在2015年花了整个十月为他举办了个展（共展出42件作品，其中的31件进行了私人拍卖）。此举也引起拍卖市场的一阵骚动：曾海文的价格指数在10年间上涨了291%。不仅跻身全球五百强艺术家之列，今年他的一幅于20世纪60年代创作的抽象画更是创下了43.86万美元的个人最佳拍卖纪录（香港苏富比，

山？首先是发起现代艺术及战后艺术革命的男性艺术家（没有一位女性艺术家在此领域崛起）。他们都是在1840年至1928年之间在欧美出生的艺术家。今年中国艺术家张大千（1899-1983年）和齐白石（1864-1957年）憾别前十强排行榜，分别位列榜单的第12名和第13名。年度盈利分别下降了30%和41%。遥想2011年，两位艺术大师在艺术品拍卖市场的表现令人惊艳，年度总成交额均超过5亿美元。中国市场的调整正受到美国市场超凡表现的挑战，美利坚也理所当然地包揽了今年的十强拍卖纪录。对比艺术市场，中美之

间"软实力"的博弈也愈发激烈。纵观 2015 年的数据，种种迹象表明这场博弈将在未来几年里仍会继续。

## 三件成交额均超 1 亿美元的作品

毕加索的《阿尔及尔的女人（O 版）》以 1.794 亿美元的成交价一举打破全球拍卖纪录。这个天价出现在 2015 年 5 月 11 日由佳士得举办的《展望过去》专场上。毕加索推翻了 2013 年 11 月由弗朗西斯·培根创作的一幅三联画所创下的 1.424 亿美元的世界纪录。在同一场拍卖会上，贾科梅蒂也刷新了雕塑拍品的世界纪录（《指示者》（L'Homme au doigt）创作于 1947 年，以 1.412 亿美元的天价成交）。除了毕加索和贾科梅蒂之外，还有一位艺术家的作品也进入 1 亿美元俱乐部：莫迪里阿尼。他的作品《侧卧的裸女》（Nucouché，1917 年至 1918 年）的成交价高达 1.704 亿美元。

### 第 1 名 巴勃罗·毕加索：6.5 亿美元

围绕着毕加索（Pablo Picasso，1881–1973 年）作品的交易愈演愈烈。毕加索的神话正前所未有地达到新的高度。惊人的数字说明一切：2015 年，市场共消化了 2875 件大师作品（平均每天有 8 件毕加索的作品成交）。全球总成交额超过 6.5 亿美元（年增长率高达 49%）。毕加索超越了 2014 年市场领军者沃霍尔，重新夺回全球最炙手可热艺术家的宝座。其中创下 1.793 亿美元的天价之作便是艺术家于 1955 年创作的油画作品《阿尔及尔的女人》（Les Femmesd'Alger）中的一个版本。那么这个价格相当于什么概念？具体来说，这场仅仅持续了十多分钟的竞价竟然产生了比全球第六大市场意大利的年度总成交额还要高的价格（2015 年总成交额为 1.69 亿美元）。

《阿尔及尔的女人》可能并不是艺术史学家眼中最伟大的毕加索杰作，但是佳士得出众的市场营销策略将这件作品一步步推向了巅峰，并一举在全球艺术品拍卖纪录史上书写了全新篇章。

这幅画作曾于 1997 年拍得了 3190 万美元（纽约佳士得，1997 年 11 月 10 日）。当然，1.474 亿美元的差价中包含着溢价成分，不过这也是获得艺术品拍卖市场上的最昂贵拍品头衔的殊荣所需支付的代价。《阿尔及尔的女人（O 版）》还让毕加索在拍卖史上第三次突破 1 亿美元大关。

毕加索的神话始于 2004 年。当时，他的作品《拿烟斗的男孩》（Garcon à la pipe）以 1.04 亿美元的高价成交（纽约苏富比，2004 年 5 月 5 日）。之后是《裸体、绿叶和半身像》（Nude,Green Leaves and Bust，1932 年），成交价为 1.06 亿美元（纽约佳士得，2010 年 5 月 4 日）。其作品价格从未停止过攀升的步伐。从 2000 年起至今，溢价高达 177%，其中近十年来上涨了 95%。

### 第 2 名 安迪·沃霍尔：5.23 亿美元

尽管今年沃霍尔（Andy Warhol，1928–1987 年）的作品成交量只有毕加索的一半，但是这位波普艺术大师的作品还是充斥着艺术市场：共 1453 批次的拍品成交，流拍率为 36%（除版画外）。毕加索第一的宝座并非遥不可及。

今年，他的最佳拍卖成绩来自《彩色的蒙娜丽莎》（Colored Mona Lisa，1963 年）创下的 5610 万美元，这幅高超过 3 米的油画的创作灵感基于蒙娜丽莎的肖像画并加以波普艺术的处理。该拍品于 5 月 13 日在纽约佳士得被售出。从处女拍到今日，这件作品已经成为沃霍尔的第八大昂贵之作。但是请不要忘记，他的《银色车祸（双重灾难）》[Silver Car Crash（Double Disaster）]以 1.054 亿美元成交（2013 年 11 月 13 日，苏富比），早在 2013 年就踏入 1 亿美元门槛。

2015 年沃霍尔作品的第二佳拍卖成绩是 2015 年 11 月 11 日在纽约苏富比由史蒂文·科恩（Steven Cohen）送拍的大型肖像画《毛泽东像》（Mao，1972 年）。其成交价为 4750 万美元，比 1996 年 6 月 26 日同一件作品在伦敦拍卖时的成交价高出了 47 倍。因此，很难预测成交价上下数百万美元的浮动。其作品价格下跌的情况尽管实属罕见，但还是存在的。在 11 月 10 日佳士得举行的晚拍中，一件来自拍品目录封面上的作品《玛丽莲·梦露四联画》（Four Marilyns）便遭遇了滑铁卢。2013年，这幅油画在菲利普斯的成交价曾为 3820 万美元，但此次成交价仅为 3600 万美元。因此它的新主人在 2015 年"节省"了 200 万美元。同样在 11月 10 日当晚，四件沃霍尔的作品惨遭流拍，而佳士得原本的估价在 2020 万美元至 2780 万美元之间。估价在 800 万至 1000 万美元的《自画像（九联画）》[Self-Portrait（Nine Times）] 遭遇流拍，损失惨重。另外两件作品也在次日苏富比的专拍中流拍，一件估价在 500 万至 700 万美元的《布里洛盒子（3 分优惠）》（Brillo Painting（3Off），另外一件估价在 200 万至 300 万美元的《钻石灰尘鞋》（Diamond Dust Shoes）。尽管高端艺术市场的前景一片大好，不过它对作品也愈加苛求，面对众星捧月的艺术大师也展示了其成熟的一面。

据统计，今年共有 40 余件沃霍尔的重量级作品没能找到买家。如果按照流拍作品的最高估价计算的话，共损失了 1.1 亿美元。同比 2014 年，今年沃霍尔作品的总成交额减少了 1.3 亿美元（下降 20%），这个缺失中的很大一部分归咎于这些流拍的作品。尽管如此，2015 年仍旧是这位艺术家在拍卖市场表现第二佳的一年。

至于那些成交价低于 1000 美元的作品，大量发行的丝网版画作为沃霍尔重要的创作形式之一，充斥着市场。盖有"桑德·B. 莫宁"（Sunday B. Morning）印章的玛丽莲·梦露头像的陶版画作品在拍卖行的成交价均在 1000 美元以下。这些作品构成了沃霍尔市场的主力军：约占 40%。

### 第 3 名 克劳德·莫奈：3.38 亿美元

克劳德·莫奈（Claude Monet，1840–1926 年）在 2015 年的表现非凡，共有 12 件作品的成交价超过 1000 万美元，年度总成交额上涨了 24%。2015 年，仅 36 件拍品就产生了 3.38 亿美元。佳士得，特别是苏富比，都将重心放在了这位印象主义大师的作品上：苏富比于 2015 年开年就成交了 5 件莫奈的油画，总成交额高达 7400 万美元，其中一半得益于《威尼斯大运河》（Grand Canal，1908 年）。该作品以 3650 万美元落槌，而其在 2005 年的价格为 1280 万美元。还有 2015 年 5 月，一场印象主义及现代主义专场也将重心放在了莫奈的作品上（63 件拍品中有 6 件莫奈的作品）。

为了提前吸引来自美国的收藏家，拍品目录的评论回顾了《睡莲》（Nymphéas）对于抽象派表现主义画家的影响，包括马克·罗斯科、克莱

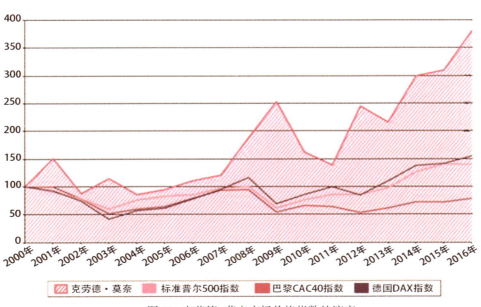

图 12　克劳德·莫奈市场价格指数的演变

福特·斯蒂尔（Clifford Still）、杰克逊·波洛克（Jackson Pollock）和山姆·弗朗西斯（Sam Francis）。这些彩色抽象派创始人中，一些大师的作品在拍卖行也拍出了5000万美元以上的高价。这个赌注对于苏富比来说异常重要，因为莫奈六件作品的总估价超过1.1亿美元。从1875年创作的作品《埃皮奈道路雪景》（Chemin d'Epinay，估价在600万至800万美元间）到1916年创作的《睡莲》（Nymphéas）（《睡莲池与玫瑰》（Bassins aux Nymphéas,les rosiers），估价在1800万至2500万美元之间），还有两幅莫奈在中年时期围绕着著名的吉维尼花园所创作的油画，这也是他创作成熟期中最常见的主题。这六件拍品中有五件找到了新主人，共实现了1.152亿美元的总成交额，占据当晚拍卖总额的三分之一。当然，这场晚拍的高潮来自《睡莲》（Nymphéas）创下的5400万美元，它也为莫奈赢得了第三佳拍品的好成绩。作为前十排行榜的常客，莫奈仍是艺术市场的一大支柱，他作品的价格指数在近十年中增长了382%。

### 第4名 阿米地奥·莫迪里阿尼：2.51亿美元

莫迪里阿尼（Amedeo Modigliani，1884–1920年）并不是一个多产的艺术家（大约创作了460幅油画，一千多幅素描和25件雕塑），其中保存完好的作品更是少之又少，大部分已被烧毁或者遗失。市场对这位艺术家趋之若鹜，他同时也是毕加索、布拉克（Braque）、图卢兹－洛特雷克（Toulouse–Lautrec）、塞尚和布朗库西（Brancusi）的挚友。他是20世纪史诗级的艺术家之一，基于市场对他的热爱，他的身价水涨船高。2015年对他而言是极具历史意义的一年，总成交额同比上一年上涨了125%。

这般惊人的涨势主要归功于两件作品，它们分别于11月4日在苏富比，以及于11月9日在佳士得被拍出。《宝丽特·茹丹肖像》（Paulette Jourdain，1919年）及《侧卧的裸女》共占据了其年度总成交额85%的份额。这两件拍品是如何达到2.132亿美元的傲人佳绩？《宝丽特·茹丹肖像》是莫迪里阿尼创作的最后一批油画之一。它也一直

是著名收藏家兼苏富比前总裁陶布曼先生最钟爱的杰作之一。这件作品被苏富比收入77件陶布曼个人藏品的专拍。《宝丽特·茹丹肖像》从1700万美元起拍，最终将成交价定格在4,280万美元。

五天后，全世界的目光都聚集在佳士得推出的绝世巨作《侧卧的裸女》（Nu Couché）身上。其估价就高达1亿美元。从7,500万美元起拍，几秒钟后就突破了1亿美元大关。在一轮持续9分钟的激烈竞价后，以1.52亿美元落槌。最终，这幅《侧卧的裸女》以高达1.704亿美元的天价成交，成为仅次于毕加索的《阿尔及尔女人（O版）》的第二高价拍品。作为比毕加索的油画更具代表性的作品，《侧卧的裸女》是20世纪最知名的巨作之一。这位新买家是来自中国的亿万富翁，新理益集团董事长刘益谦，他为自己的美术馆挑选了最好的藏品。

### 第5名 阿尔贝托·贾科梅蒂：2.47亿美元

如果说毕加索是绘画界当仁不让的头把交椅，那么阿尔贝托·贾科梅蒂（Alberto Giacometti，1901–1966年）就是雕塑界的头号人物。其雕塑作品所折射出的精神境界，令全世界为之倾慕。2014年，正是贾科梅蒂成就了最佳拍卖纪录（《双轮车》（Le Chariot）于2014年11月4日在苏富比以1.009亿美元成交）。这是艺术家第二次突破1亿美元大关。2015年，他更上一层楼。作品《指示者》（1947年）在经过了数分钟的竞拍后，将战果定格在1.412亿美元，比最高估价高出1100万美元，一举成为全球最昂贵的雕塑作品。这件纤长的青铜雕像高为1.77米，共打造了6个版本。其中一件现坐落于伦敦泰特美术馆（Tate Gallery），另外一件则在纽约现代艺术博物馆（MOMA）落户。而5月11日成交的这件，曾在长达45年的时间里被私人珍藏，对于稀缺巨作极其敏感的高端市场来说定是抢手之作。2015年对于贾科梅蒂而言是载入史册的一年：2.47亿美元的总成交额彰显其杰出的表现。14%的拍品成交价都超过了100万美元，其中当然不乏青铜雕塑，

还包括两幅油画作品。

## 第6名 弗朗西斯·培根：2.32 亿美元

2013 年至 2014 年间，培根（Francis Bacon，1909–1992 年）刷新了历史最佳拍卖纪录。他的三联画作品《弗洛伊德肖像画习作》（Trois études de Lucian Freud）在纽约佳士得拍出了 1.424 亿美元的天价（2013 年 11 月 12 日）。今年，毕加索和莫迪里阿尼刷新了培根所保持的纪录。培根则在年度总成交额前十强排行榜上排名第六，他的年度总成交额减少了 24%。

今年，拍卖行对于培根作品的期望值过高。若起初没有设定过高的底价，培根还是应该能达到 3 亿美元。然而估价过于乐观。首先是 2015年 7 月 1 日的苏富比专拍上的主推拍品《教皇一世习作》（Study for a Pope I）。当这件伟大的代表作未能达到其最低估值，即 3900 万美元的时候，整个拍卖会场一片寂静。早在 10 年前这件作品就已 1000 万美元的高价成交，导致了这件 1961年完成的红绿色肖像的市场估价过高（纽约佳士得，2005 年 11 月 8 日）。

2,900 万美元的溢价就算对全球最富有的买家而言，都显得很夸张。培根作品的价格正在逐步趋于平稳，但是他的市场还是保持着激进的态势。他的《自画像》（Self-portrait）和《自画像的三幅习作》（Threestudies for self-portrait）在 7 月 1 日分别拿下了 2390 万美元和 2300 万美元，达到了预期的估价。培根年度最佳拍卖成绩定格在 4770 万美元，来自于 5 月 13 日在佳士得成交的《亨丽埃塔·莫赖斯肖像》（Portrait of Henrietta Moraes，1963 年）。前位买家仅仅珍藏了 3 年。《亨丽埃塔·莫赖斯》（Henrietta Moraes）通过两次上拍，身价便飙升了 1410 万美元。

## 第7名 塞·托姆布雷：2.23 亿美元

塞·托姆布雷（Cy Twombly，1928–2011 年）在今年终于厚积而薄发，凭借 7050 万美元一举刷新了个人世界拍卖纪录。他的作品《无题（纽约市）》[Untitled（NewYork City）]，1968 年] 所拍得的佳绩对于苏富比来说也是场非常重要的胜利，因为艺术家的前一个纪录，是其竞争对手佳士得创下的，要比最新纪录低一百万美元（《无题》Untitled），6960 万美元，2014年 11 月 12 日）。为了让读者有个更清晰的概念，《无题（纽约市）》[Untitled（New York City）] 要比毕加索罕见的蓝色时期（Période Bleue）初期作品《浮华》（La Gommeuse，1901 年）更加昂贵。毕加索的这件经典画作于 2015 年 11 月 5 日在苏富比的成交价为 6750万美元。塞·托姆布雷在很短的时间内就取得了和毕加索经典佳作同等级的拍卖价格。他的拍卖纪录在短短两年内便上涨了 5000 万美元 [2013 年，《诗海》（Poems to the Sea）凭借 1920 万美元曾创下了艺术家的个人拍卖纪录，纽约苏富比]。2015 年，艺术家共有 5 件作品突破 1000 万美元大关，而上一年仅为 2 件。如此的增势是相当惊人的，其价格指数在 5 年内上涨了 340%。

画商拉里·高古轩并没有看走眼：自 20 世纪 80 年代起托姆布雷成为他画廊的主力军，其作品于 2015 年 10 月在伦敦梅菲尔地区新开设的画廊作为首展展出。作为高端西方艺术品拍卖新兴的中流砥柱，托姆布雷已经赶超了其他美国战后时期艺术家（波洛克位居他之后，排在全球榜单第 49 位）。年初拍卖的成功很大一部分归功于苏富比 2 月 10 日成交的三件托姆布雷的作品，共获得了 1780 万美元的总成交额，占据整场拍卖会近 10% 的盈利。翌日，另外三件托姆布雷的作品也在佳士得拍得了 3750 万美元，占据这场享誉盛名的专拍总盈利上涨超过了 20%。随着总成交额 55% 的增长率（75 件作品共拍得 2.23 亿美元），托姆布雷今年将罗斯科甩在了身后。

## 第8名 马克·罗斯科：2.19 亿美元

尽管罗斯科（Mark Rothko，1903–1970 年）的年度总成交额出现 22% 的调整，但其表现还是可圈可点。2015 年共计 2.19 亿美元的成交额为罗斯科创下了拍卖史上第三的好成绩，仅次于 2007 年和 2014 年。罗斯科今年共有 8 件作品的成交价突破 100 万美元（同比 2014 年为 12 件）。更凭借一幅于 1958 年创作的大幅面油画《第 10 号》（No. 10），以 8190 万美元的高价获得了 2015 年第五佳拍品的好成绩（纽约佳士得，2015 年 5 月 13 日）。《第 10 号》（No. 10）是罗斯科第二昂贵的拍品，仅次于著名的《橙、红、黄》（Orange, Red, Yellow，1961 年）。该拍品于 2012 年在同一家拍卖行创下了 8,680 万美元的高价。罗斯科总能激起拍卖市场的热情，市场对他作品的需求从未减弱过。必须要指出的是，他的彩色油画日益罕见：2015 年一共就只有 8 幅油画在拍卖市场亮相，而且无一流拍。

### 第 9 名 鲁西奥·芳塔纳：2.14 亿美元

2015 年是鲁西奥·芳塔纳（Lucio Fontana，1899–1968 年）扬眉吐气的一年。他凭借年度总成交额高达 120% 的增长率，在全球艺术市场表现最佳艺术家排行榜上从第 25 名一跃升至第 9 名。其作品价格的爆发源于市场对意大利战后时期艺术家的追捧。这些艺术家的身价都在一路攀升。这位喜好在画布上打洞和划痕的艺术家在十年间内身价上涨 95%。2000 年至今更是上涨了 380%。升值潜力需用百万美元计算。

今年是芳塔纳在拍卖市场表现最出色的一年，共有 5 件作品的成交价超过 1000 万美元。其中卵形作品刷新了两项个人拍卖纪录，并占据了其年度总成交额四分之一的份额（超过 5300 万美元）。第一个纪录为 10 月 15 日在伦敦苏富比的意大利艺术专场上创造的。纯黑色作品《空间概念，上帝的结局》（Concetto Spaziale, La Fine Di Dio，1963 年）最终的成交价高达 2440 万美元。然而这个纪录于一个月后在佳士得被打破，出自同一系列的另一件作品，不过这次为明黄色。最终该作品以 2910 万美元落槌，比一个月前的

纪录高出了数百万美元。《上帝的结局》（La Fine Di Dio）系列的尺寸（17×123 厘米）令人印象深刻，并且比划痕系列的作品更加罕见，因此它的价格在 10 年内翻了 15 倍。

### 第 10 名 罗伊·利希滕斯坦：2.12 亿美元

作为与沃霍尔齐名的美国波普艺术大师，利希滕斯坦（Roy Lichtenstein，1923–1997 年）以取得年度总成交额个人最佳成绩位列榜单第 10 位。他收获的 2.12 亿美元的成交额分别来自 475 件拍品，同比上一年度上涨了 68%，同时也让他在排行榜上前进了 4 个名次。其中最引人瞩目的拍卖结果来自《护士》（Nurse，1964 年）。这幅油画在 1995 年的成交价仅仅为 150 万美元，而 20 年后飙升至 9530 万美元，溢价高达 6055%。《护士》超过艺术家的前一项个人拍卖纪录高达 3,900 万美元之多，更成就了 2015 年全球第四佳拍品佳绩。

利希滕斯坦成为年度进步最快的艺术家之一，并与其他六位艺术家［毕加索、莫迪里阿尼、培根、贾科梅蒂、蒙克（Munch）和沃霍尔］齐名，跻身成交额超过 1 亿美元的艺术家俱乐部。利希滕斯坦的身价在十年间上涨了逾 100%，并展现了美国战后艺术板块的强劲势头。

和沃霍尔一样，利希滕斯坦也是借用"大众传媒"意象的高手，并非原创。他们的另外一个共同点就是丝网印刷工艺都是他们采用的重要艺术表现形式。2015 年，一组向莫奈致敬的共 23 件作品的《倒影中的睡莲池》（Water Lily Pond with Reflections），以 74.2 万美元成交，比其最高估价高出 30 万美元（纽约苏富比，2015 年 5 月 13 日）。这也表明身价暴涨不仅局限于他的油画作品，同样包括这些批量发行的作品。

而价格在 1000 美元以下的版画则占据了利希滕斯坦创作的 87% 的份额。一般来说印刷千份的版画作品通常以数百美元便能成交，而那些最昂贵和最稀缺的印刷作品则需数十万美元的投资。

第三部分　年度重要拍品

# 中国书画

潘天寿  鹰石山花图
中国嘉德 2015-05-17 Lot0707
镜心 设色纸本 182.3×141.8cm
成交价：RMB279,450,000

# 古代书画

## 八大山人（1626-1705）

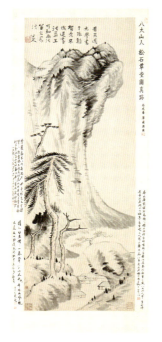

松石草堂图
北京传是 2015-12-05 Lot0047
立轴 设色纸本 166×60cm
成交价：RMB81,650,000

仿董巨山水
中贸圣佳 2015-11-22 Lot0450
立轴 水墨纸本 124.5×29.5cm
成交价：RMB39,100,000

莲石图
北京保利 2015-06-05 Lot2018
立轴 水墨纸本 164×77cm
成交价：RMB22,425,000

荷花翠鸟
北京保利 2015-06-05 Lot2019
立轴 水墨纸本 121×66cm
成交价：RMB17,250,000

荷花
上海工美 2015-06-28
Lot0815
镜心 水墨纸本
32×26cm
成交价：RMB12,650,000

水仙
上海工美 2015-06-28
Lot0816
镜心 水墨纸本
31×30cm
成交价：RMB12,650,0

# 陈洪绶（1599-1652）

**1695 年作　行书节录《渑水燕谈录》**
中国嘉德 2015-05-18 Lot0976
立轴 水墨纸本 121.5×37.5cm
成交价：RMB6,900,000

**江山清远**
北京匡时 2015-06-06 Lot0906
立轴 水墨纸本 187×48.5cm
成交价：RMB6,900,000

**秋林策杖图**
上海嘉禾 2015-12-13 Lot8005
镜心 设色绢本 85.5×33cm
成交价：RMB12,650,000

**陈洪绶、严湛　仙人图**
中贸圣佳 2015-05-19 Lot0562
立轴 设色绢本 216×99cm
成交价：RMB6,900,000

# 程嘉燧（1565-1643）

**桐下授教图**
北京匡时 2015-12-04 Lot0702
立轴 设色绢本 162×54.5cm
成交价：RMB5,290,000

**1641 年作　幽亭听泉图**
北京匡时 2015-06-06 Lot0907
立轴 设色绢本 64.5×26.5cm
成交价：RMB5,175,000

**天启丁卯（1627）年作　西涧图**
中国嘉德 2015-11-16 Lot1495
镜心 设色纸本 126.5×49.5cm
成交价：RMB10,350,000

## 陈淳（约 1482-1539）

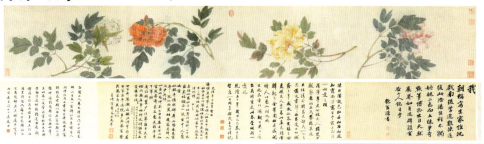

四季牡丹
北京匡时 2015-12-04 Lot0717
手卷 设色纸本 引首 28.5×91cm；本
幅 29×179cm；题跋 29×237cm
成交价：RMB7,475,000

## 崔子忠（1594-1644）

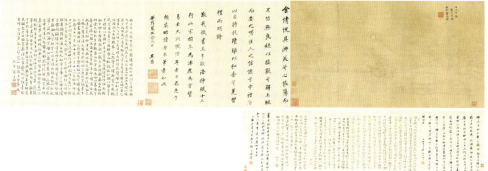

崔子忠、董其昌 洛神赋书画合
璧卷
北京匡时 2015-12-04 Lot0718
手卷 水墨绫本 / 纸本
绘画 31.5×56cm；书法 28.5×37.5cm；
题跋 29×37.5cm；33×121cm
成交价：RMB6,785,000

## 丁观鹏（? -1771 后）

## 丁云鹏（1547-1628）

1745 年作 萧翼赚兰亭序
北京保利 2015-06-05 Lot1945
手卷 设色纸本 28×89cm
成交价：RMB17,825,000

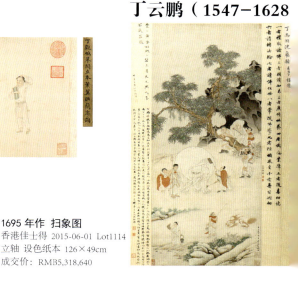

1695 年作 扫象图
香港佳士得 2015-06-01 Lot1114
立轴 设色纸本 126×49cm
成交价：RMB5,318,640

## 董其昌（1555-1636）

疏林茅屋图
中国嘉德 2015-11-15 Lot1327
手卷 水墨纸本 26.3×146cm
成交价：RMB69,000,000

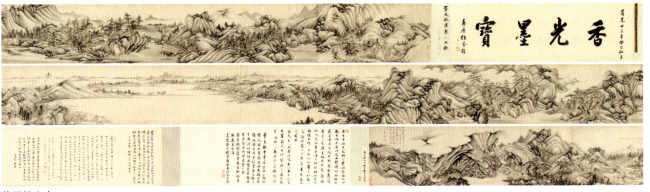

**仿巨然山水**
北京保利 2015-06-05 Lot2029
手卷 设色纸本 本幅 43.5×945cm；题跋 43×258cm
成交价：RMB30,475,000

**临《淳化阁帖》（十开）**
保利香港 2015-04-07 Lot0988
册页 水墨纸本 25×13cm×10
成交价：RMB12,379,380

**行书《承德郎米公传》（十七开三十三页）**
中国嘉德 2015-05-17 Lot0812
册页 水墨绫本 35.1×20cm×33
成交价：RMB9,430,000

**草书《长安秋夜》**
中贸圣佳 2015-05-19
Lot0536
立轴 水墨纸本
346×93cm
成交价：RMB7,245,000

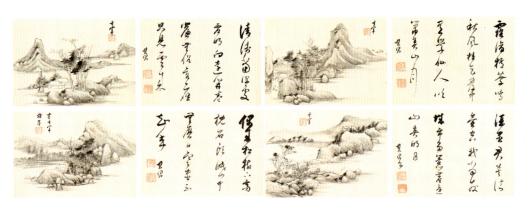

**书画合璧册（八开）**
北京匡时 2015-12-04 Lot0722
册页 水墨纸本
本幅 22×30cm×8
成交价：RMB5,635,000

**甲寅（1614）年作 仿鲁公书唐人七古卷**
中国嘉德 2015-05-17 Lot0811
手卷 水墨绫本 书 27×488.5cm；跋 27.5×94.5cm
成交价：RMB5,520,000

**1629 年作 楷书箴言**
北京保利 2015-06-05 Lot2057
手卷 水墨绫本 心 54×857cm；跋 54×90cm
成交价：RMB5,175,000

**1622 年作 仿倪瓒山水**
香港佳士得 2015-11-30 Lot0875
镜心 水墨绢本 113×55.5cm
成交价：RMB5,155,880

**1607 年作 临怀素《自叙帖》**
香港佳士得 2015-06-01 Lot1081
手卷 水墨绢本 27.3×812cm
成交价：RMB5,030,280

# 冯宁（1736-1795）

**金陵图**
保利香港 2015-10-05 Lot0996
手卷 设色纸本 35×1050cm
成交价：RMB42,678,240

# 傅山（1607－1684）

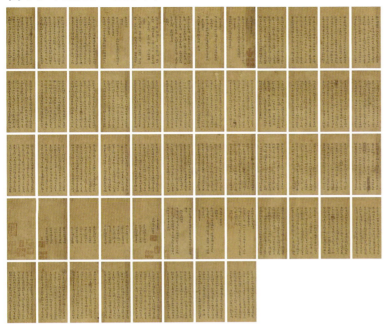

1655 年作 楷书《金刚经》册（五十六开）
西泠印社 2015-07-04 Lot0257
册页 水墨纸本 15×6.5cm×56
成交价：RMB17,825,000

草书七言诗
中贸圣佳 2015-05-19 Lot0539
立轴 水墨纸本 185×47cm
成交价：RMB6,325,000

草书米芾诗
北京匡时 2015-12-04 Lot0850
立轴 水墨绫本 217×48cm
成交价：RMB 5,635,000

# 龚贤（1618－1689）

溪山渔隐
纽约苏富比 2015-03-19 Lot0505
手卷 水墨纸本 31.6×918cm
成交价：RMB15,089,010

# 郭忠恕（？ －977）

楼台仕女图
北京匡时 2015-12-04 Lot0707
镜心 设色绢本 28.5×31cm
成交价：RMB5,750,000

# 赫奕（1716－1793）

烟树山亭
北京匡时 2015-12-04 Lot0720
手卷 设色绢本 29×175cm
成交价：RMB25,530,000

# 华嵒（1682—1756）

**丙寅（1746）年作　柳禽图**
中国嘉德 2015-05-18 Lot1059
镜心　设色纸本　118×52.5cm
成交价：RMB7,475,000

**1734 年作　重阳秋光图**
北京保利 2015-06-05 Lot2046
立轴　设色纸本　121×55cm
成交价：RMB5,060,000

# 黄慎（1687—？）

**雍正十二年（1734）作　紫阳问道**
上海朵云轩 2015-12-17 Lot1096
立轴　设色绢本　201.5×160.5cm
成交价：RMB7,360,000

**1756 年作　杂画册（十二开）**
北京匡时 2015-06-06 Lot0921
册页 水墨／设色绢本
25.5×35cm×12
成交价：RMB5,865,000

# 金农（1686—1763）

**隶书《华山庙碑》册（五十四开）**
中国嘉德 2015-05-17 Lot0803
册页 水墨纸本　单页 29×15.5cm
成交价：RMB40,250,000

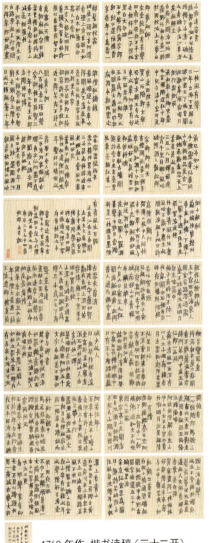

**1760 年作 楷书诗稿（三十二开）**
北京保利 2015-06-05 Lot2065
册页 水墨纸本 22×25cm×16
成交价：RMB7,935,000

**1758 年作 隶书《鹤赋》**
北京匡时 2015-12-04 Lot0859
立轴 水墨纸本 190×60cm×4
成交价：RMB6,325,000

## 金廷标 （生卒年不详）

**听泉图**
中国嘉德 2015-05-17 Lot0793
立轴 设色纸本 112.7×148.3cm
成交价：RMB36,800,000

## 渐江（1610-1664）

**戊戌（1658）年作 梅花亭轴**
上海驰翰 2015-12-15 Lot0369
立轴 设色纸本 121×67cm
成交价：RMB6,900,000

## 康有为（1858-1927）

**1923 年作 行书《北戴河纪游》诗**
西泠印社 2015-12-26 Lot0717
镜心 水墨纸本 147×294.5cm
成交价：RMB6,210,000

## 康熙帝（1654—1722） 蓝瑛（1585—1664）

行书《雨后见桃花诗》
中国嘉德 2015-05-18 Lot1006
立轴 水墨金笺 206×57.5cm
成交价：RMB6,210,000

秋山高寺
中鸿信 2015-07-29 Lot0340
立轴 设色绢本 327×105 cm
成交价：RMB32,890,000

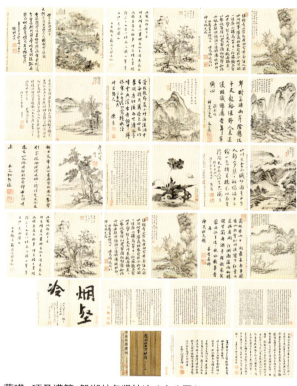

蓝瑛、项圣谟等 鸳湖社名贤妙迹（十八开）
北京保利 2015-12-07 Lot16031
册页 设色纸本 29×39cm×18
成交价：RMB20,700,000

## 郎世宁（1688—1766）

拟古山水（四屏）
西泠印社 2015-07-04 Lot0119
设色绢本 160.5×44.5cm×4
成交价：RMB5,290,000

郎世宁等 《纯惠皇贵妃朝服像》
香港苏富比 2015-10-07 Lot3202
镜心 设色绢本 198×123cm
成交价：RMB112,942,800

# 李流芳（1575-1629）

江山萧木（八开）
纽约苏富比 2015-03-19 Lot0437
册页 水墨金笺 24×50cm×8
成交价：RMB7,200,150

# 梁启超（1873-1929）

# 陆远（生卒年不详）

行书《金刚经》
北京匡时 2015-06-06 Lot1007
手卷 水墨纸本 22.5×235cm
成交价：RMB5,750,000

丙子（1696）年作 岁朝喜庆图
上海嘉禾 2015-12-13 Lot8008
立轴 设色纸本 125×60cm
成交价：RMB34,500,000

# 马守真（1548-1604）

马守真、王穉登 己亥（1599）年
作 水仙顽石图
中国嘉德 2015-11-15 Lot1325
手卷 水墨纸本 画 39.5×473cm；
跋 39.5×64cm
成交价：RMB16,100,000

# 梅清（1623-1697）

1693 年作 仿古图册（十二页）
西泠印社 2015-07-04 Lot0270
册页 水墨纸本 20.5×27.5cm×12
成交价：RMB5,577,500

# 倪元璐（1594-1644）

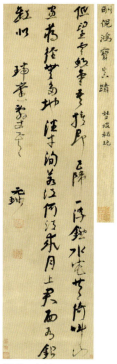

**行书五言诗**
中国嘉德 2015-05-17 Lot0809
立轴 水墨绢本 189×47.5cm
成交价：RMB9,200,000

**草书七言诗**
北京匡时 2015-12-04 Lot0848
立轴 水墨绢本 130×38cm
成交价：RMB5,520.000

# 仇英（约 1498-1552）

**1550 年作 仙山楼阁**
上海工美 2015-06-28 Lot0814
立轴 设色纸本 113×42cm
成交价：RMB34,500,000

**泽普瀛壖图·恩周两淀图（二卷）**
香港佳士得 2015-06-01 Lot1077
手卷 设色纸本 29×138cm×2
成交价：RMB13,488,840

**蓬莱仙弈图**
纽约佳士得 2015-09-16 Lot0411
手卷 设色绢本 29×93.5cm
成交价：RMB11,503,265

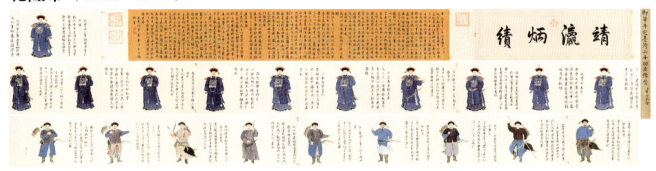

北湖图
北京匡时 2015-06-06 Lot0920
手卷 设色纸本
引首 21×65cm；本幅
21×81.5cm；题跋 21×483cm
成交价：RMB5,980,000

# 乾隆帝（1711-1799）

御笔平定台湾二十功臣像赞
北京保利 2015-06-05 Lot2014
手卷 设色纸本 31×186cm
成交价：RMB74,750,000

行书御制诗并序
中贸圣佳 2015-05-19 Lot0541
手卷 水墨纸本
引首 34×89cm；正文 34.5×89.5cm；
题跋 34.5×62cm 及 34.5×134.5cm
成交价：RMB25,300,000

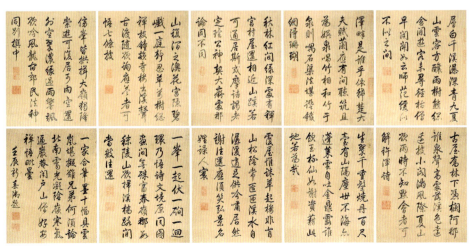

壬辰（1772）年作 行书题画诗（十开）
中国嘉德 2015-11-15 Lot1331
册页 水墨纸本 31×23cm×10
成交价：RMB15,525,000

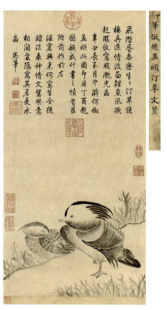

辛丑（1781）年作 仿赵孟頫汀草文鸳图
中国嘉德 2015-05-17 Lot0794
立轴 水墨纸本 71×36cm
成交价：RMB12,420,000

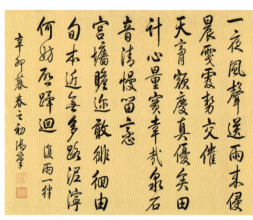

辛卯（1771）年作 行书《喜雨帖》
中国嘉德 2015-05-18 Lot1009
镜心 水墨绢本 106×128.5cm
成交价：RMB10,005,000

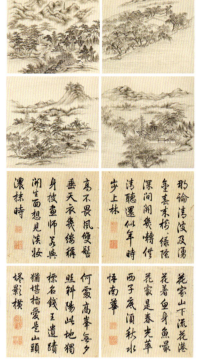

乾隆御题、董邦达绘 西湖十景 （四屏）
北京保利 2015-12-07 Lot16005
水墨纸本 24×24cm×4
成交价：RMB9,890,000

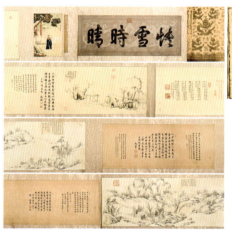

朱摹《快雪时晴帖》卷
北京翰海 2015-06-27 Lot1499
手卷 水墨纸本 引首 51.5×132cm；
小像 53×36cm； 正文 59×107cm；
补景 58×179cm 及 58×241cm；
正文 54×132cm， 54×132cm
成交价：RMB8,625,000

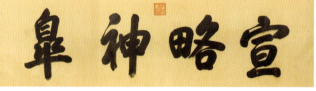

御笔 "宣略神皋"
中贸圣佳 2015-05-19 Lot1499
横披 水墨绢本 75.5×253cm
成交价：RMB5,750,000

# 钱维城（1720-1772）

# 任颐（1840-1896）

菊花图
上海明轩 2015-06-21 Lot0309
镜心 设色纸本 180×83cm
成交价：RMB29,325,000

花鸟三屏
北京匡时 2015-06-06 Lot0811
立轴 设色纸本 133.5×64cm×2；135×66cm
成交价：RMB12,650,000

# 沈周（1427-1509）

**甲子（1504）年作梅雨送诗图**
上海嘉禾 2015-12-14 Lot0850
立轴 水墨纸本 118.5×65.5cm
成交价：RMB5,635,000

**乾坤雪意**
纽约苏富比 2015-03-19 Lot0519
立轴 设色纸本 243×120cm
成交价：RMB5,171,586

# 石涛（1642-1707）

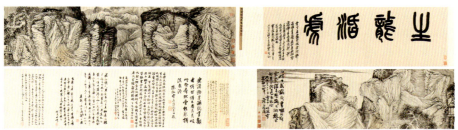

**1706 年作 奇峰怪石图**
北京保利 2015-06-05 Lot 2020
手卷 水墨纸本 画心 31×245cm；题跋 31×120cm
成交价：RMB64,400,000

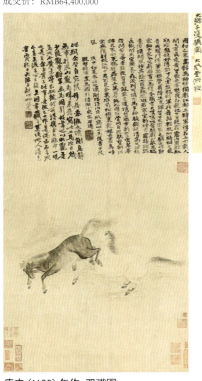

**庚申（1680）年作 双骥图**
中国嘉德 2015-11-15 Lot1324
镜心 水墨纸本 88.5×44cm
成交价：RMB32,200,000

**清湘杂画册（十开）**
纽约苏富比 2015-03-19 Lot0464
册页 水墨纸本 33.5×24.5cm×10
成交价：RMB21,850,890

**诗书画三绝册（二十四开）**
纽约苏富比 2015-03-19 Lot0497
册页 设色纸本 23.7×16.4cm×24
成交价：RMB24,705,906

## 宋徽宗（1082-1135）

**晴竹图（传）**
香港佳士得 2015-11-30 Lot0849
立轴 设色绢本 123.5×54.5cm
成交价：RMB5,155,880

**碧山诗意图**
北京保利 2015-12-07 Lot16025
立轴 设色绢本 141×72cm
成交价：RMB6,670,0000

## 唐寅（1470-1523）

**红树秋山（传）**
香港佳士得 2015-11-30 Lot0890
立轴 设色绢本 164×71cm
成交价：RMB24,465,800

**金昌暮烟**
上海嘉禾 2015-12-13 Lot8003
立轴 设色绢本 98.5×47.5cm
成交价：RMB13,455,000

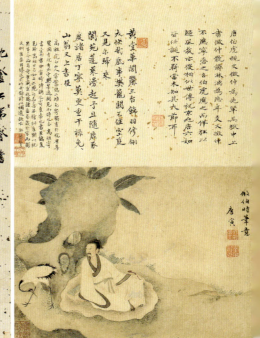

**唐寅、端方 训鹤图·行书五言联**
北京保利 2015-06-06 Lot2424
立轴 设色纸本 40×26cm；130×32cm×2
成交价：RMB5,520,000

# 王铎（1592－1652）

**1651 年作 行书五言诗**
西泠印社 2015-12-26 Lot0440
立轴 水墨绫本 214×52cm
成交价：RMB19,205,000

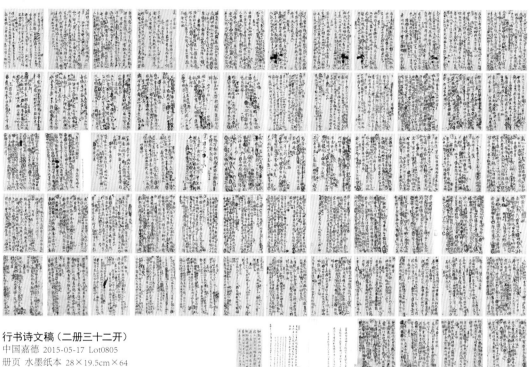

行书诗文稿（二册三十二开）
中国嘉德 2015-05-17 Lot0805
册页 水墨纸本 28×19.5cm×64
成交价：RMB17,480,000

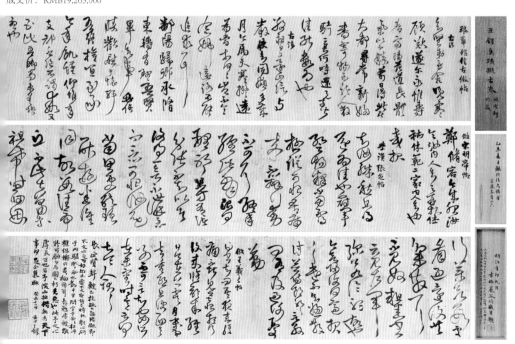

**1643 年作 草书《为长正贤契临阁帖卷》**
香港佳士得 2015-11-30 Lot0888
手卷 水墨绫本 26.5×338cm
成交价：RMB15,730,360

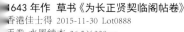

辛巳（1641）年作 行书《自作诗》
中国嘉德 2015-05-17 Lot0808
立轴 水墨绫本 277.5×47.5cm
成交价：RMB11,500,000

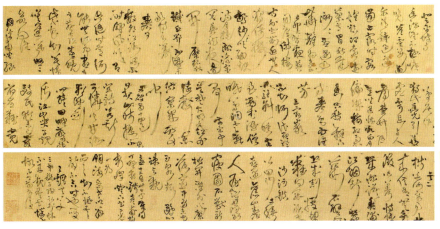

**1649 年作 草书五律八首**
北京匡时 2015-06-06 Lot1035
手卷 水墨绢本
本幅 27.5×479cm；
题跋 28×102cm
成交价：RMB11,385,000

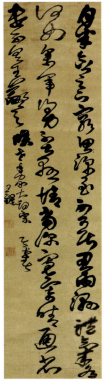

**乙亥（1635）年作 临王羲之《月半念足下帖》**
中国嘉德 2015-05-17 Lot0807
立轴 水墨绫本 202.5×45cm
成交价：RMB8,970,000

**草书 节临王献之《安和帖》**
香港苏富比 2015-10-05 Lot1135
立轴 水墨绫本 273×51cm
成交价：RMB6,970,560

**行书自作诗**
北京保利 2C15-06-05 Lot2063
立轴 水墨绫本 236×52cm
成交价：RMB6,900,000

**1651 年作 行书临阁帖**
北京保利 2015-12-07 Lot2126
立轴 水墨绫本 200×47cm
成交价：RMB5,750,000

**庚寅（1650）年作 草书自作诗**
上海嘉禾 2015-12-13 Lot8007
立轴 水墨绫本 207×50cm
成交价：RMB5,175,000

## 王翚（1632-1717）

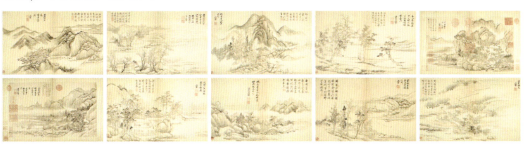

**1698 年作 山水册（十开）**
邦瀚斯 2015-05-31 Lot0122
册页 设色纸本
25.5×39cm×10
成交价：RMB28,803,960

**晴峦晓别图**
中贸圣佳 2015-05-19 Lot0560
手卷 设色纸本 本幅 30×95cm；
题跋 32×268cm
成交价：RMB8,165,000

**1703 年作 临赵松雪《水村图》**
中国嘉德 2015-05-17 Lot 0796
手卷 水墨纸本 28×133.5cm
成交价：RMB5,290,000

**罗浮山樵图**
中国嘉德 2015-10-07 Lot 1268
立轴 水墨纸本 124×55cm
成交价：RMB5,984,160

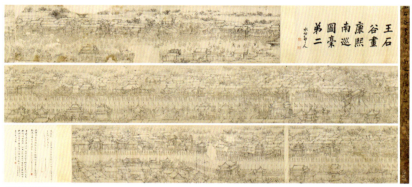

**康熙南巡图**
北京保利 2015-06-05 Lot2045
手卷 水墨纸本 本幅 64×1127cm；题跋 59×118cm
成交价：RMB3,565,000

## 王鉴（1598-1677）

## 王时敏（1592-1680）

**1674 年作 溪山仙馆图**
西泠印社 2015-06-06 Lot0910
立轴 设色纸本 78×39cm
成交价：RMB10,005,000

**仿元人山水册（八开）**
纽约苏富比 2015-03-19 Lot0442
册页 设色纸本 34.9×24.2cm×8
成交价：RMB9,078,450

**仿子久笔意山水**
北京保利 2015-12-07 Lot16021
立轴 水墨纸本 116×50cm
成交价：RMB10,350,000

## 王原祁（1642-1715）

**仿黄大痴山水**
北京保利 2015-06-05 Lot2047
立轴 水墨纸本 132×58cm
成交价：RMB17,250,000

**仿古山水册（十二开）**
北京保利 2015-06-05 Lot2048
册页 设色绢本 33×21cm×12
成交价：RMB5,060,000

## 文伯仁（1502-1575）

**初雪读书图**
中贸圣佳 2015-11-22 Lot0910
立轴 设色纸本 291.5×135cm
成交价：RMB8,050,000

## 文徵明（1470-1559）

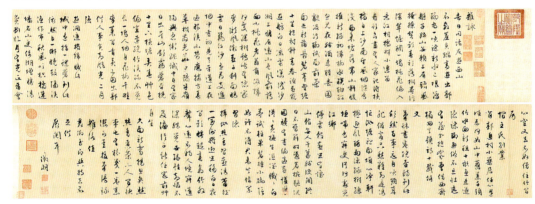

**《杂咏诗卷》**
北京保利 2015-12-07 Lot1602
手卷 水墨纸本 25×258cm
成交价：RMB81,650,000

**楷书楚辞精品册（九开）**
西泠印社 2015-07-04 Lot0251
册页 水墨纸本 本幅 21×22.5cm×8；21×8.5cm；题跋 21×15cm
成交价：RMB14,950,000

**行书自作诗**
北京匡时 2015-12-04 Lot0839
手卷 水墨纸本 本幅 33.5×610cm；题跋 33.5×80cm
成交价：RMB6,095,000

**草书七言诗**
西泠印社 2015-12-26 Lot0442
立轴 水墨绢本 176×63.5cm
成交价：RMB12,650,000

## 吴镇（1280-1354）

**1526 年作　溪山访友图**
广州华艺 2015-12-20 Lot0011
立轴 设色纸本 132×61.5cm
成交价：RMB5,520,000

**行书《游西苑诗》**
北京匡时 2015-12-04 Lot0840
立轴 水墨纸本 175×84cm
成交价：RMB5,175,000

**1534 年作　夏山观瀑图**
北京保利 2015-06-05
Lot2015
镜心 设色纸本 130×32cm
成交价：RMB3,680,000

**雨歇空山**
上海工美 2015-06-28 Lot0812
立轴 水墨纸本 51×27cm
成交价：RMB35,650,000

## 项圣谟（1597-1658）

**临韩滉《五牛图》**
上海工美 2015-06-28 Lot0813
手卷 设色纸本 本幅 29×185.5cm；题跋 29×54cm
成交价：RMB22,080,000

**1639 年作 江山雪霁图**
北京匡时 2015-12-04 Lot0719
手卷 设色纸本 本幅 28×137cm；题跋 28×35cm
成交价：RMB9,430,000

## 萧云从（1596-1673）

**1664 年作 仿黄公望《江山胜览图》**
西泠印社 2015-12-26 Lot0515
手卷 设色纸本 本幅 34.5×768cm；题跋 34.5×54cm
成交价：RMB8,970,000

## 谢时臣（1487-1567）

**麦舟兼赠**
北京保利 2015-06-05 Lot2026
立轴 设色绢本 184×101cm
成交价：RMB16,675,000

## 杨慎（1488-1559）

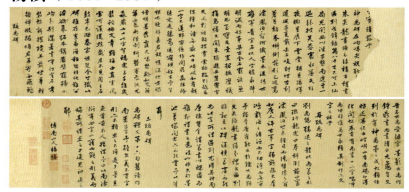

**行书《禹碑考证》卷**
中国嘉德 2015-05-17 Lot0814
手卷 水墨纸本 29.5×230cm
成交价：RMB20,125,000

## 伊秉绶（1754-1815）

**行书七言诗**
西泠印社 2015-07-04 Lot0081
立轴 水墨纸本 192.5×94cm
成交价：RMB5,060,000

## 佚名

**楷书佛经册（三十九开）**
纽约苏富比 2015-03-19 Lot0427
设色纸本 33×24cm×39
成交价：RMB87,816,786

宋人摹郭忠恕《四猎骑图》
北京匡时 2015-06-06 Lot0913
手卷 设色绢本 39.5×192cm
成交价：RMB80,500,000

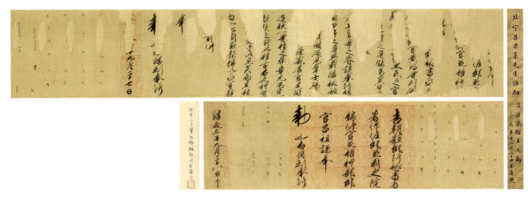

南宋 吕祖谦告身
北京匡时 2015-06-06 Lot1037
手卷 水墨绫本 26×226.5cm
成交价：RMB28,750,000

宋人写经图
上海明轩 2015-06-21 Lot0362
立轴 设色绢本 115.5×49cm
成交价：RMB18,170,000

成都将军法什尚阿巴图鲁云骑尉鄂辉像
北京保利 2015-12-07 Lot16022
镜心 设色绢本 187×84cm
成交价：RMB17,480,000

御苑市朝图
北京匡时 2015-12-04 Lot0708
立轴 设色绢本 107×52cm
成交价：RMB9,660,000

明 圣迹图（三十九开）
中国嘉德 2015-11-15 Lot1338
册页 设色纸本 50×74cm×39
成交价：RMB9,200,000

铜人全图（四十六开）
中鸿信 2015-07-29 Lot0348
册页 设色绢本 36.5×23cm×46
成交价：RMB8,050,000

## 雍正帝（1678-1735）

《清凉石旧作》
天津鼎天 2015-07-05 Lot0113
立轴 水墨纸本 127×60cm
成交价：RMB10,465,000

## 禹之鼎（1647-1716）

带经荷锄图
北京保利 2015-06-05 Lot2010
手卷 设色绢本 本幅 39×102cm；
题跋 39×821cm
成交价：RMB9,200,000

## 袁江（1662-1735）

袁江、王云、陈卓、施淳 1697 年作 为惠翁贺寿四景山水（四帧）
西泠印社 2015-12-26 Lot0425
镜心 设色绢本 191×50.5cm×4
成交价：RMB13,225,00

## 袁耀（生卒年不详）

楼观沧海
中贸圣佳 2015-11-22 Lot0426
立轴 设色绢本 172×95cm
成交价：RMB6,900,000

## 恽寿平<br>（1633-1690）

1689 年作 艳秋图
北京匡时 2015-12-04 Lot0714
镜心 设色绢本 165×69.7cm
成交价：RMB16,100,000

# 查士标（1615-1698）

**1696 年作 烟江独泛**
北京翰海 2015-11-27 Lot0512
手卷 水墨纸本 13×145.5cm
成交价：RMB23,000,000

# 张弼（1425-1487）

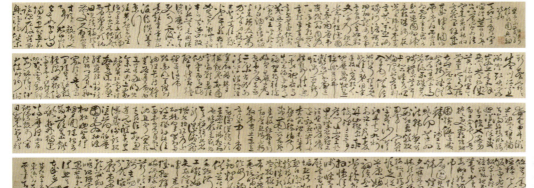

**草书千字文**
广州华艺 2015-05-24 Lot0426
手卷 水墨纸本 24×829.6cm
成交价：RMB5,472,114

# 张瑞图（1570-1644）

**行书《奉和春初幸太平公主南庄应制》**
北京保利 2015-06-06 Lot6208
立轴 水墨纸本 338×96cm
成交价：RMB14,375,000

**行草唐人诗**
北京保利 2015-12-07 Lot16050
立轴 水墨绫本 258×50cm
成交价：RMB9,430,000

**行草五言诗**
香港佳士得 2015-06-01 Lot1065
立轴 水墨绫本 248×53cm
成交价：RMB6,760,440

# 张逊（生卒年不详）

**竹石图**
中国嘉德 2015-04-03 Lot2092
立轴 水墨绢本 132×52cm
成交价：RMB7,590,000

## 赵孟頫（1254-1322）

山堂诗
北京传是 2015-12-05 Lot0056
立轴 水墨纸本 62×32cm
成交价：RMB15,525,000

## 郑燮（1693-1765）

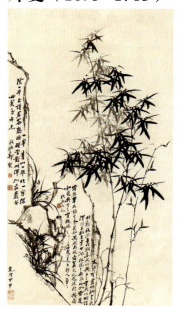

甲申（1764）年作 竹石图
中国嘉德 2015-05-17 Lot0792
镜心 水墨纸本 185×102cm
成交价：RMB5,750,000

## 郑重（生卒年未详）

江山胜览图
中国嘉德 2015-05-17 Lot0799
手卷 设色纸本 27.5×406cm
成交价：RMB46,000,000

## 诸昇（1618-？）

1689 年作 万竿烟雨图
北京匡时 2015-06-06 Lot0915
手卷 设色绢本 引首 47×116cm；本幅 47×419cm
成交价：RMB5,290,000

## 祝允明（1461-1527）

祝允明、唐寅、文徵明、陈淳等 吴门名士手柬
中国嘉德 2015-05-17 Lot0813
手卷 水墨纸本 本幅 24×368.5cm；题跋 24×228cm
成交价：RMB37,375,000

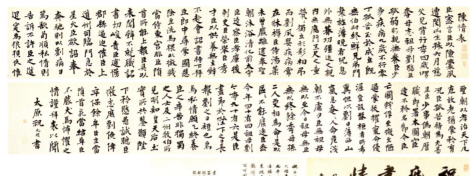

**楷书《陈情表》**
北京匡时 2015-12-04 Lot0838
手卷 水墨纸本 引首34×72cm；本幅
33×410cm；题跋33×55cm
成交价：RMB5,520,000

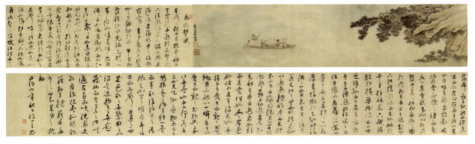

**仿米芾《黄州竹楼记》**
纽约苏富比 2015-03-19 Lot0510
手卷 水墨纸本 23.7×168cm
成交价：RMB5,472,114

**祝允明、陈楫 1511年作 草书《前赤壁赋》·赤壁夜游图**
西泠印社 2015-07-04 Lot0254
手卷 设色纸本 绘画30×116cm；
书法30×280cm
成交价：RMB5,175,000

# 邹一桂（1688-1772）

**菊石图**
北京匡时 2015-12-04 Lot0721
镜心 设色纸本 118×63cm
成交价：RMB9,200,000

# 近现代书画

## 陈佩秋（1922-）

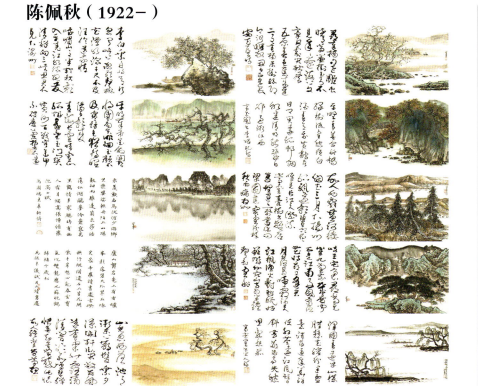

**丁卯（1987）年作 唐人诗意册（二十四开）**
上海嘉禾 2015-12-13 Lot0263
册页 设色纸本 32.5×43.5cm×24
成交价：RMB5,520,000

## 陈文希（1906-1992）

**1969 年作 猿**
保利香港 2015-10-05 Lot0322
镜心 设色纸本 145×366cm
成交价：RMB7,274,700

## 程十发（1921-2007）

**壬戌（1982）年作 补衮图**
上海嘉禾 2015-12-13 Lot8029
镜心 设色纸本 136×68cm
成交价：RMB11,500,000

**己巳（1989）年作 秋山图**
上海嘉禾 2015-05-08 Lot8068
立轴 设色纸本 137×67cm
成交价：RMB6,440,000

庚午（1990）年作　山水（十二开）
中国嘉德 2015-05-17 Lot0692
册页 设色纸本 49×30.5cm×12
成交价：RMB5,060,000

# 傅抱石（1904－1965）

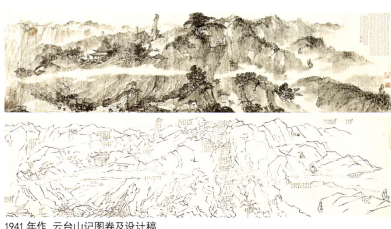

1941 年作　云台山记图卷及设计稿
北京保利 2015-12-06 Lot1197
镜心 水墨纸本 图卷 33×117cm；设计稿 33×115cm
成交价：RMB42,550,000

1945 年作　郑庄公见母
中国嘉德 2015-11-15 Lot1249
立轴 设色纸本 105×60cm
成交价：RMB79,925,000

1964 年作　芙蓉国里尽朝晖
北京匡时 2015-12-04 Lot0624
立轴 设色纸本 68×92cm
成交价：RMB34,500,000

**1945 年作　二湘图**
香港苏富比 2015-10-06 Lot1463
立轴　设色纸本 90×61cm
成交价：RMB29,164,560

**东山携妓图**
荣宝斋（上海）　2015-12-30 Lot0087
立轴　79×37.5cm
成交价：RMB19,550,000

**1930 年作　屈子行吟图**
北京匡时 2015-12-04 Lot0623
立轴　设色绢本 109.5×40cm
成交价：RMB15,180,000

**王维《渭城曲》诗意**
北京保利 2015-06-04
Lot0677
镜心　设色纸本 64×74cm
成交价：RMB14,375,000

**1945 年作　梦百合山**
香港佳士得
2015-06-02 Lot1541
镜心　设色纸本
76.2×45.2cm
成交价：RMB13,969,44

**1960 年作　武则天（二幅）**
北京匡时 2015-06-06 Lot0826
镜心　设色纸本 30×23cm×2
成交价：RMB13,225,000

**1957 年作　将到西那亚火车中所见**
香港苏富比 2015-10-06 Lot1292
镜心　设色纸本 48.3×57.3cm
成交价：RMB12,888,960

**癸未（1943）年作　高林小憩**
上海朵云轩 2015-12-16 Lot0172
立轴 设色纸本 90×59cm
成交价：RMB12,650,000

**1945 年作　湘夫人**
北京匡时 2015-06-06 Lot0827
镜心 设色纸本 56×66cm
成交价：RMB9,775,000

**听泉图**
北京诚轩 2015-11-13 Lot0274
立轴 设色纸本 109×59cm
成交价：RMB9,315,000

**乙酉（1945）年作
玉阙仙女**
广州华艺 2015-12-20
Lot0080
镜心 设色纸本
114×30cm
成交价：RMB9,200,000

**东山丝竹**
中国嘉德 2015-05-17
Lot 0754
镜心 设色纸本
89×58cm
成交价：RMB9,200,000

**1963 年作　听泉图**
广东崇正 2015-06-19 Lot0504
镜心 设色纸本 94×42cm
成交价：RMB9,200,000

**1962 年作　西陵峡图**
西泠印社 2015-07-05 Lot2690
镜心 设色纸本 73×99cm
成交价：RMB8,050,000

**1943 年作　观云图**
北京保利 2015-06-04 Lot0587
立轴 设色纸本 98×56cm
成交价：RMB7,475,000

**1965 年作　雪山行军**
香港佳士得 2015-06-02 Lot1227
立轴 设色纸本 32.3×47cm
成交价：RMB6,760,440

**1944 年作　杜牧诗意图**
香港佳士得 2015-12-01 Lot1369
镜心 设色纸本 203×125.5cm
成交价：RMB6,732,200

**1960 年作　太华秋游图**
北京保利　2015-06-04 Lot0678
立轴　设色纸本　88×45cm
成交价：RMB6,670,000

**1943 年作　白云祇在此山腰**
北京保利　2015-06-04 Lot0680
立轴　设色纸本　71×34cm
成交价：RMB6,670,000

**1965 年作　观瀑图**
香港佳士得　2015-06-02 Lot1228
立轴　设色纸本　74×52cm
成交价：RMB6,279,840

**江流风帆图**
西泠印社　2015-07-05 Lot2688
镜心　设色纸本　87.5×45cm
成交价：RMB6,210,000

**癸卯（1963）年作　溪山归樵**
中国嘉德　2015-05-17 Lot0714
立轴　设色纸本　92×45cm
成交价：RMB5,865,000

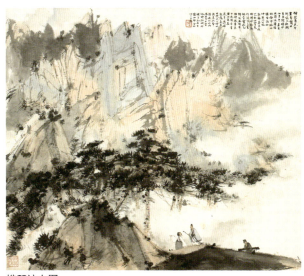

**携琴访友图**
保利香港　2015-10-05 Lot0653
镜心　设色纸本　54×58.5cm
成交价：RMB5,819,760

**1953 年作　溪山听瀑**
北京保利　2015-12-06 Lot1200
镜心　设色纸本　99×58cm
成交价：RMB5,520,000

**1944 年作　瀑下休憩**
香港佳士得　2015-12-01 Lot1366
立轴　设色纸本　116×40cm
成交价：RMB5,352,920

**1951 年作　嘉陵江景**
香港佳士得　2015-06-02 Lot1373
镜心　设色纸本　33.5×153cm
成交价：RMB5,318,640

**1963 年作　高峡出平湖**
中国嘉德 2015-05-16 Lot0104
立轴 设色纸本 90×56.5cm
成交价：RMB5,290,000

**1962 年作　春江泛舟**
广州华艺 2015-12-20 Lot 0154
立轴 设色纸本 77.5×49.5cm
成交价：RMB5,175,000

**1946 年作　牧羊女**
北京匡时 2015-06-06 Lot0829
镜心 设色纸本 133×65cm
成交价：RMB6,555,000

# 关良（1900－1986）

**关良、朱屺瞻　乙卯（1975）年作　李逵扯招谤徽宗**
中国嘉德 2015-05-17 Lot0724
镜心 设色纸本 142×131cm
成交价：RMB7,360,000

**1979 年作　达摩面壁图**
上海明轩 2015-06-21 Lot0146
立轴 设色纸本 137.5×68cm
成交价：RMB6,900,000

**1983 年作　铁骨幽香透国魂**
广东崇正 2015-06-18 Lot0351
镜心 水墨纸本 180.5×94.5cm
成交价：RMB5,175,000

# 关山月（1912－2000）

**1988 年作　满山红**
北京保利 2015-06-04 Lot0592A
横披 设色纸本 121×244cm
成交价：RMB6,900,000

# 郭沫若（1892—1978）

**郭沫若、康生 1964 年作 致谷牧行书**
广东崇正 2015-06-18 Lot0395
立轴 水墨纸本 200×106cm
成交价：RMB16,100,000

# 何海霞（1908—1998）

**万山红遍**
北京保利 2015-12-07 Lot2020
镜心 设色纸本 141×363cm
成交价：RMB33,350,000

**华山雄姿**
广东崇正 2015-12-18 Lot0374
立轴 设色纸本 179×96cm
成交价：RMB7,130,000

**1976 年作 秦岭新貌**
北京匡时 2015-06-06 Lot0831
镜心 设色纸本 177.5×94.5cm
成交价：RMB5,980,000

# 弘一（1880—1942）

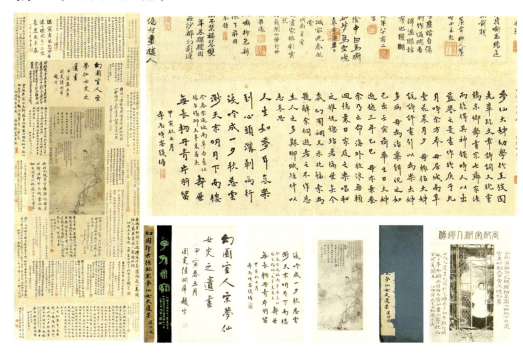

**弘一、吴昌硕、宋梦仙、陈三立等 1900 年作 倚阑听风图**
西泠印社 2015-12-27 Lot2404
立轴 设色纸本 画心 55×27cm；
诗堂 168.5×61.5cm
成交价：RMB5,750,000

# 黄宾虹（1865－1955）

**1947 年作　闽江泛舟**
北京保利 2015-06-04 Lot0670
立轴 设色纸本 149×79cm
成交价：RMB18,975,000

**1944 年作　拟董巨二米大意**
北京保利 2015-06-04 Lot0672
立轴 设色纸本 174×91.5cm
成交价：RMB13,800,000

**1924 年作　林泉高致图**
香港苏富比 2015-10-06 Lot1336
立轴 设色纸本 178×94.3cm
成交价：RMB10,916,160

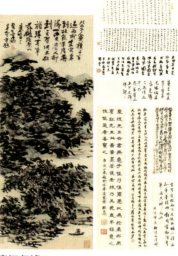

**春江归棹**
北京匡时 2015-06-06 Lot0841
立轴 设色纸本 86×32cm
成交价：RMB10,580,000

**1946 年作　五十万卷楼图**
香港苏富比 2015-04-06 Lot1282
立轴 设色纸本 117.5×52.8cm
成交价：RMB9,554,880

**拟古山水**
西泠印社 2015-07-05 Lot2649
四屏 设色绢本 160×40cm×4
成交价：RMB9,315,000

**1953 年作　溪山秋阁图**
北京匡时 2015-12-04 Lot0636
立轴 设色纸本 96×44.5cm
成交价：RMB8,855,000

**江上行舟**
上海嘉禾 2015-12-13 Lot8020
立轴 设色纸本 103×39cm
成交价：RMB8,510,000

**1951 年作　行书《纪游旧作》**
北京匡时 2015-12-04 Lot0827
镜心 水墨纸本 32.5×130cm
成交价：RMB8,050,000

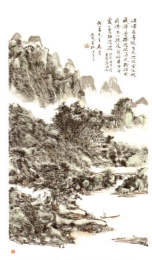

**丙戌（1946）年作 湖山泊舟**
北京诚轩 2015-05-18 Lot0061
镜心 设色纸本 99×49.8cm
成交价：RMB7,475,000

**清溪闲眺**
中国嘉德 2015-11-15 Lot1233
镜心 设色纸本 113×40.5cm
成交价：RMB7,130,000

**西山翠微图**
北京保利 2015-12-06 Lot1194
镜心 设色纸本 151×81cm
成交价：RMB6,900,000

**繁花蝴蝶**
中国嘉德 2015-05-17 Lot0699
镜心 设色纸本 73.5×39.5cm
成交价：RMB5,520,000

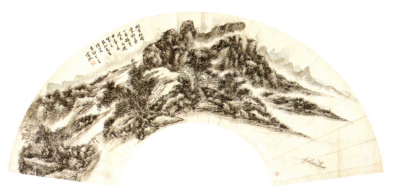

**1951 年作 湖舍初晴**
北京翰海 2015-06-27 Lot1262
扇面 设色纸本 38×126cm
成交价：RMB6,900,000

**漓江纪游**
中国嘉德 2015-11-15 Lot1231
立轴 设色纸本 87×33.5cm
成交价：RMB6,325,000

**夏山溪云图**
西泠印社 2015-12-26 Lot0721
立轴 设色纸本 128×43cm
成交价：RMB5,865,000

**辛卯（1951）年作 李唐笔意山水图**
上海嘉禾 2015-05-08 Lot8031
镜心 设色纸本 83×43cm
成交价：RMB5,750,000

**辛卯（1951）年作 西泠桥头**
中国嘉德 2015-11-15 Lot1229
镜心 设色纸本 88×32cm
成交价：RMB5,175,000

# 黄胄（1925-1997）

**1986 年作 草原逐戏图**
北京保利 2015-12-06 Lot1112
镜心 设色纸本 120×250cm
成交价：RMB41,400,000

**乙丑（1985）年作 听琴图**
中国嘉德 2015-11-15 Lot1236
镜心 设色纸本 94.5×251cm
成交价：RMB40,825,000

**歙江遁迹**
中国嘉德 2015-11-15 Lot1230
镜心 设色纸本 88×32cm
成交价：RMB5,175,000

**新安小景**
北京保利 2015-06-04 Lot0671
镜心 设色纸本 107×52cm
成交价：RMB5,175,000

**1975 年作 风华正茂**
广东崇正 2015-06-18 Lot0410
立轴 设色纸本 152×83cm
成交价：RMB39,100,000

**黄胄、谢稚柳、程十发、刘海粟等**
**1983 年作 驱邪纳福**
广东崇正 2015-06-18 Lot0409
立轴 设色纸本 248×124cm
成交价：RMB18,975,000

**出诊图**
荣宝斋（济南）2015-06-12 Lot0058
立轴 设色纸本 178×95cm
成交价：RMB18,400,000

**1988 年作 新疆风情组画**
北京保利 2015-12-06 Lot1111
镜心 设色纸本 95×45cm×4
成交价：RMB13,800,000

**1975 年作 高原挥鞭**
广东崇正 2015-06-18 Lot0412
镜心 设色纸本 70×139cm
成交价：RMB13,225,000

**1976 年作 日夜想念毛主席**
北京匡时 2015-12-04 Lot0607
镜心 设色纸本 166×96.5cm
成交价：RMB10,925,000

**1976 年作 出诊图**
北京保利 2015-06-05 Lot1363
立轴 设色纸本 173×95cm
成交价：RMB10,350,000

**1987-1988 年作 澜沧江组画**
北京保利 2015-12-06 Lot1110
镜心 设色纸本 95×45cm×4
成交价：RMB10,350,000

**1976 年作　日夜想念毛主席**
北京传是 2015-12-05 Lot0386
立轴 设色纸本 167×95cm
成交价：RMB8,970,000

**1975 年作　驯马图**
北京匡时 2015-12-04 Lot0666
镜心 设色纸本 97.7×181cm
成交价：RMB8,050,000

**1976 年作　飞雪迎春**
中国嘉德 2015-05-17
Lot0721
镜心 设色纸本
165×94cm
成交价：RMB7,820,000

**1975 年作　公社种鸡场**
中国嘉德 2015-05-17 Lot0723
镜心 设色纸本 139×69cm
成交价：RMB5,635,000

**织网图**
广州华艺 2015-12-20 Lot0151
镜心 设色纸本 95.5×69.5cm
成交价：RMB5,175,000

# 黎雄才（1910-2001）

**1965 年作　新丰江水库**
广东崇正 2015-12-18 Lot0296
镜心 设色纸本 143.5×218cm
成交价：RMB8,165,000

# 李可染（1907－1989）

**1964 年作 万山红遍**
中国嘉德 2015-11-15 Lot1237
镜心 设色纸本 75.5×45.5cm
成交价：RMB184,000,000

**1976 年作 井冈山**
中国嘉德 2015-05-17 Lot0716
镜心 设色纸本 181×129cm
成交价：RMB126,500,000

**1978 年作 长征**
西泠印社 2015-07-05 Lot2754
镜心 设色纸本 181×95cm
成交价：RMB79,350,000

**1965 年作 昆仑雪山图**
北京保利 2015-12-06 Lot1166
立轴 设色纸本 70.2×46.5cm
成交价：RMB70,150,000

**1986 年作 高岩飞瀑图**
北京保利 2015-06-04 Lot0665
镜心 水墨纸本 128×68cm
成交价：RMB23,000,000

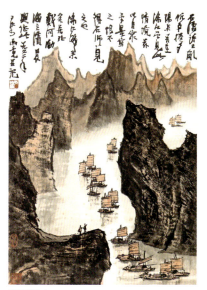

**漓江秋山**
荣宝斋（济南） 2015-06-12 Lot0013
镜心 设色纸本 69.5×46cm
成交价：RMB20,700,000

**1972 年作 延安颂**
北京保利 2015-12-06 Lot1207
镜心 设色纸本 45×92cm
成交价：RMB16,675,000

**1972 年作 寄畅园图**
北京保利 2015-06-04 Lot0666
立轴 设色纸本 69×48cm
成交价：RMB11,500,000

**漓江天下景**
上海工美 2015-06-28 Lot0803
立轴 设色纸本 84×51cm
成交价：RMB9,775,000

**加官**
中国嘉德 2015-11-15 Lot1252
立轴 设色纸本 97×37.5cm
成交价：RMB8,855,000

**1977 年作 襟江阁**
中国嘉德 2015-05-17 Lot0582
镜心 设色纸本 69×46.5cm
成交价：RMB7,475,000

**1962 年作 嘉陵江边**
中国嘉德 2015-05-17 Lot0753
镜心 设色纸本 70×47cm
成交价：RMB6,900,000

**杜甫诗意图**
中国嘉德 2015-11-15 Lot1238
镜心 水墨纸本 67×45cm
成交价：RMB6,900,000

**1982 年作 雨后云山**
北京匡时 2015-06-06 Lot0818
镜心 设色纸本 68.5×45cm
成交价：RMB6,325,000

**1984 年作 清漓胜景图**
香港佳士得 2015-12-01 Lot1387
立轴 设色纸本 86×53cm
成交价：RMB5,944,040

**漓江水岸图**
西泠印社 2015-07-05 Lot2753
镜心 设色纸本 70×45.5cm
成交价：RMB5,750,000

**1979 年作 漓江泛舟**
上海朵云轩 2015-06-18 Lot0377
立轴 设色纸本 68×81cm
成交价：RMB5,290,000

# 李苦禅（1899-1983）

**1972 年作 荷花翠鸟**
广东崇正 2015-06-18 Lot0385
镜心 设色纸本 96×180.5cm
成交价：RMB6,440,000

**松鹰图**
荣宝斋（济南） 2015-06-12 Lot0064
镜心 设色纸本 94×180cm
成交价：RMB5,750,000

# 林风眠（1900-1991）

**戏剧人物**
广州华艺 2015-05-24 Lot0067
镜心 设色纸本 68×66cm
成交价：RMB7,590,000

**宝莲灯**
香港苏富比 2015-04-06 Lot1526
镜心 设色纸本 66×63.8cm
成交价：RMB7,327,560

**繁花群鸟**
中国嘉德 2015-11-15 Lot1256
镜心 设色纸本 69×138.5cm
成交价：RMB6,670,000

**清荷**
香港苏富比 2015-04-06 Lot1226
镜心 设色纸本 67.3×66cm
成交价：RMB6,359,160

**窗畔裸女**
香港苏富比 2015-10-06 Lot1240
镜心 设色纸本 66.9×67.4cm
成交价：RMB5,786,880

**拈花仕女**
北京保利 2015-06-03 Lot4023
设色纸本 65×65cm
成交价：RMB5,750,000

**美人图**
广州华艺 2015-12-20 Lot0345
立轴 设色纸本 114×39cm
成交价：RMB5,750,000

**仕女**
广州华艺 2015-12-20 Lot0346
镜心 设色纸本 68×68cm
成交价：RMB5,462,500

**理鬓图**
香港苏富比 2015-04-06 Lot1528
立轴 设色纸本 69.2×69.2cm
成交价：RMB5,390,760

**宝莲灯**
北京保利 2015-06-04 Lot0689
镜心 设色纸本 68×70cm
成交价：RMB5,290,000

**仕女**
广州华艺 2015-05-24 Lot0068
镜心 设色纸本 68×68cm
成交价：RMB5,175,000

**1960 年代作 秋景**
北京诚轩 2015-05-17 Lot0857
设色纸本 68.2×69.1cm
成交价：RMB5,060,000

# 林散之（1898-1989）

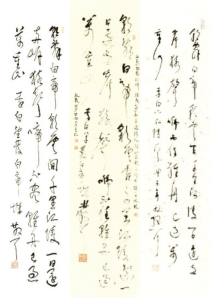

李白诗三首
南京经典 2015-01-04 Lot0034
镜心 / 立轴 水墨纸本 136×29cm；
130×30cm； 107×26cm
成交价：RMB5,750,000

# 刘旦宅（1931-2011）

1997 年作 观世音造像
北京匡时 2015-12-04 Lot0605
立轴 设色纸本 136×66.5cm
成交价：RMB7,820,000

# 刘海粟（1896-1994）

艳斗汉宫春
广州华艺 2015-05-24 Lot0239
镜心 设色纸本 180.5×564cm
成交价：RMB6,325,000

# 刘奎龄（1885-1967）

1941 年作 动物八屏
北京保利 2015-06-05 Lot1364
立轴 设色纸本 131×40cm×8
成交价：RMB9,200,000

# 陆俨少（1909-1993）

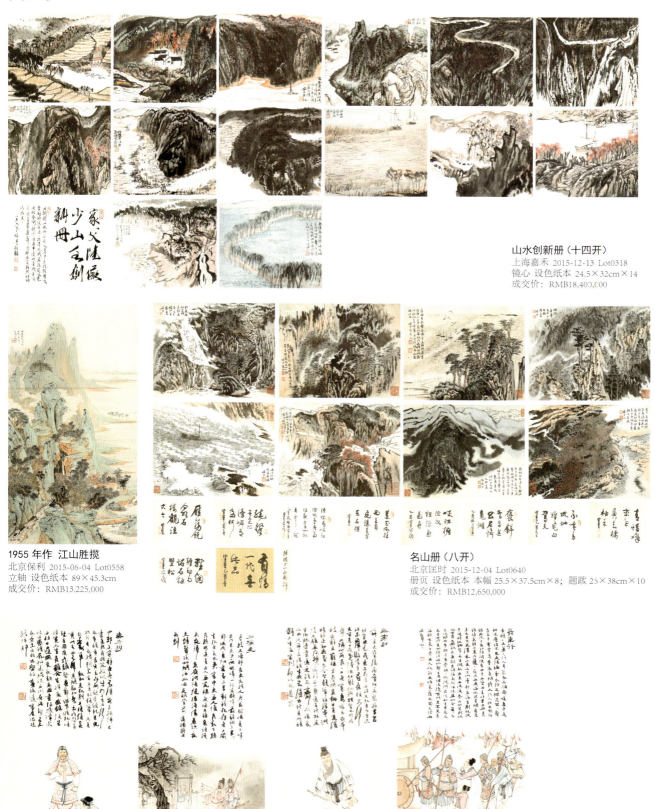

山水创新册（十四开）
上海嘉禾 2015-12-13 Lot0318
镜心 设色纸本 24.5×32cm×14
成交价：RMB18,400,000

1955 年作 江山胜揽
北京保利 2015-06-04 Lot0558
立轴 设色纸本 89×45.3cm
成交价：RMB13,225,000

名山册（八开）
北京匡时 2015-12-04 Lot0640
册页 设色纸本 本幅 25.5×37.5cm×8；题跋 25×38cm×10
成交价：RMB12,650,000

杜甫诗意人物
上海工美 2015-12-13 Lot0299
四屏 设色纸本 68×32cm×4
成交价：RMB10,465,000

**丁酉（1957）年作 闽西春色**
上海嘉禾 2015-12-13 Lot8030
镜心 设色纸本 45×94cm
成交价：RMB9,200,000

**1978 年作 峡江图**
北京匡时 2015-06-06 Lot0838
立轴 设色纸本 123×55.5cm
成交价：RMB6,555,000

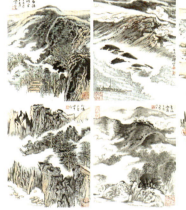

**1977 年作 丁巳山水册（十二开）**
北京保利 2015-12-06 Lot1173
册页 设色纸本 34×27cm×12
成交价：RMB6,555,000

**1984 年作 轻舟千里图**
北京保利 2015-12-07 Lot2036
立轴 设色纸本 177×47cm
成交价：RMB6,440,000

**1978 年作 朱砂冲哨口**
北京保利 2015-06-05 Lot1348
立轴 设色纸本 137×68cm
成交价：RMB6,325,000

**丁卯（1987）年作 秋山黄叶**
中国嘉德 2015-05-16 Lot0311
立轴 设色纸本 138×69.5cm
成交价：RMB5,980,000

**1978 年作 天台怀旧**
香港苏富比 2015-04-06 Lot1447
立轴 设色纸本 133.5×66.8cm
成交价：RMB5,874,960

**1976 年作　旧貌变新颜**
北京保利 2015-12-06 Lot1196
镜心　设色纸本 55×111cm
成交价：RMB5,750,000

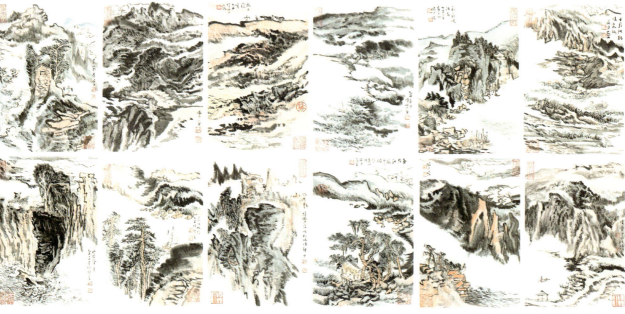

**1985 年作　杜甫诗意山水册（十二开）**
北京保利 2015-12-07 Lot2009
册页　设色纸本 34×22cm×12
成交价：RMB5,405,000

**巫峡高秋**
广州华艺 2015-05-24 Lot0180
镜心　设色纸本 124.5×68.5cm
成交价：RMB5,750,000

**万山红遍**
上海工美 2015-06-28 Lot0807
镜心　设色纸本 52.5×110cm
成交价：RMB5,405,000

# 马晋（1900-1970）

**春郊阅骏图**
香港苏富比 2015-04-06 Lot1499
手卷 设色绢本 45.5×438cm
成交价：RMB5,874,960

# 潘天寿（1897-1971）

**鹰石山花图**
中国嘉德 2015-05-17 Lot0707
镜心 设色纸本 182.3×141.8cm
成交价：RMB279,450,000

**鹰石图**
上海嘉禾 2015-12-13 Lot8025
镜心 设色纸本 110×300cm
成交价：RMB115,000,000

**1964 年作 劲松**
中国嘉德 2015-11-15
Lot1261
立轴 设色纸本
207×151cm
成交价：RMB93,150,000

**1961 年作 朝霞**
中国嘉德 2015-11-15
Lot1262
横披 设色纸本
144×195cm
成交价：RMB69,000,00

**红荷图**
西泠印社 2015-12-26
Lot0745
镜心 设色纸本
37.5×150.5cm
成交价：RMB16,100,0

**1965 年作　晴晨**
广东崇正 2015-12-18 Lot0368
立轴 设色纸本 75×41cm
成交价：RMB11,270,000

**1964 年作　满堂清芳**
纽约佳士得 2015-03-18 Lot0310
镜心 设色纸本 144.8×57.8cm
成交价：RMB9,798,465

**1941 年作　兰石图**
中国嘉德 2015-05-17
Lot0708
立轴 水墨纸本
179.7×49cm
成交价：RMB7,820,000

**乙酉（1945）年作唐人诗意图**
上海嘉禾 2015-12-13
Lot8024
立轴 设色纸本 66.5×32cm
成交价：RMB5,635,000

**1947 年作　湘江水禽**
北京匡时 2015-12-04
Lot0638
立轴 设色纸本
133×34.5cm
成交价：RMB5,175,000

**1964 年作　翠石双雀**
北京匡时 2015-06-06 Lot0842
立轴 设色纸本 96.5×45cm
成交价：RMB9,430,000

**鱼鹰**
中贸圣佳 2015-11-22 Lot0201
镜心 设色纸本 89×50cm
成交价：RMB8,510,000

**1965 年作　荷风**
广东崇正 2015-06-19 Lot0503
立轴 设色纸本 68×45.5cm
成交价：RMB5,520,000

# 溥儒（1896-1963）

**1950 年作　磐石墨鸡图**
邦瀚斯 2015-11-28 Lot0183
镜心 设色纸本 67.5×133cm
成交价：RMB8,012,960

**水鸟**
北京保利 2015-12-06 Lot1105
立轴 设色纸本 85×34cm
成交价：RMB5,060,000

**山居著书图**
中国嘉德 2015-11-15 Lot1242
立轴 水墨纸本 255.5×104cm
成交价：RMB5,980,000

暮色千峰雨
香港佳士得 2015-06-02 Lot1536
镜心 设色绢本 9.5×174cm
成交价：RMB5,030,280

# 齐白石（1864－1957）

"叶隐闻声"花卉工笔草虫册（十八开）
北京保利 2015-12-06 Lot1192
册页 设色纸本 32×26cm×18
成交价：RMB115,000,000

吉寿永昌
中国嘉德 2015-11-15 Lot1253
立轴 设色纸本 243×61.5cm
成交价：RMB41,400,000

双寿
北京保利 2015-06-04
Lot0656
镜心 设色纸本 245×60cm
成交价：RMB25,300,000

1937 年作 放牛
北京匡时
2015-06-06 Lot0805
立轴 设色纸本
133×33.8cm
成交价：RMB20,125,000

宰相归田
香港佳士得 2015-06-02 Lot1239
镜心 设色纸本 94×50cm
成交价：RMB18,935,640

松山陋室图
上海嘉禾 2015-05-08 Lot804
立轴 设色纸本 137×34cm
成交价：RMB18,400,000

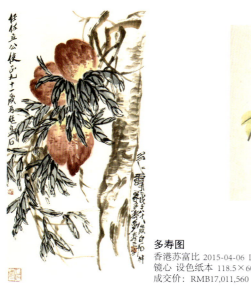

多寿图
香港苏富比 2015-04-06 Lot1348
镜心 设色纸本 118.5×60.4cm
成交价：RMB17,011,560

1942 年作 九秋图
香港佳士得 2015-06-02 Lot1246
镜心 设色纸本 66.7×166.1cm
成交价：RMB16,692,840

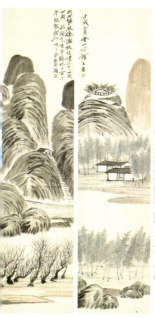

1922 年作 四季山水（四幅）
香港佳士得 2015-12-01 Lot1485
镜心 设色纸本 137.5×31cm×4
成交价：RMB16,190,120

大寿
香港佳士得 2015-06-02 Lot1250
立轴 设色纸本 100×34cm
成交价：RMB15,795,720

1941 年作 蝶舞花间
香港佳士得 2015-06-02 Lot1244
立轴 设色纸本 150×66.8cm
成交价：RMB13,969,440

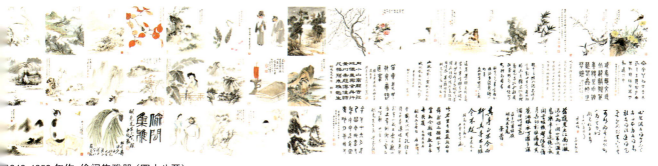

1948-1952 年作 偷闲集雅册（四十八开）
北京保利 2015-12-06 Lot1193
册页 设色纸本 33×26cm×48
成交价：RMB11,500,000

**1938 年作 石墨居闲步归来图**
香港佳士得 2015-06-02 Lot1255
镜心 设色纸本 22.4×98cm
成交价：RMB9,644,040

**蔬卉（四屏）**
荣宝斋（济南）2015-06-12 Lot0001
镜心 设色纸本 52.5×20.5cm×4
成交价：RMB9,200,000

**老当益壮**
中国嘉德 2015-11-15 Lot1254
立轴 设色纸本 96.5×41cm
成交价：RMB9,200,000

**荷塘野趣**
北京匡时 2015-12-04 Lot0650
镜心 设色纸本 135×70cm
成交价：RMB9,200,000

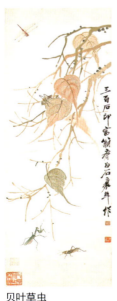

**1930 年作 鹰**
香港佳士得 2015-06-02
Lot1249
立轴 设色纸本
170.5×43.1cm
成交价：RMB8,682,840

**贝叶草虫**
香港佳士得 2015-06-02
Lot1245
立轴 设色纸本 104×34cm
成交价：RMB8,202,240

**1929 年作 红线盗盒**
香港佳士得 2015-06-02
Lot1234
立轴 设色纸本 137×35.8cm
成交价：RMB8,202,240

**戊子（1948）年作 东方朔献
寿图**
上海嘉禾 2015-12-13 Lot0546
立轴 设色纸本 104.5×35cm
成交价：RMB8,050,000

**大富双寿图**
北京保利 2015-12-07 Lot20
镜心 设色纸本 100×34cm
成交价：RMB8,050,000

**烛照吉寿图**
上海嘉禾 2015-05-08 Lot8040
镜心 设色纸本 107×33cm
成交价：RMB8,050,000

**花犬迎归**
北京保利 2015-12-06 Lot1141
立轴 水墨纸本 100×34cm
成交价：RMB7,590,000

**四季清兴**
北京保利 2015-06-05 Lot1332
立轴 设色纸本 130×32cm×4
成交价：RMB7,590,000

**鹤寿**
香港佳士得 2015-12-01 Lot1231
镜心 设色纸本 179.5×48.5cm
成交价：RMB7,421,840

**钟馗**
香港佳士得 2015-06-02 Lot1238
立轴 设色纸本 101.2×33.6cm
成交价：RMB7,241,040

**国色天香**
中国嘉德 2015-05-16 Lot0128
镜心 设色纸本 118×42cm
成交价：RMB6,900,000

**得财图**
西泠印社 2015-12-26 Lot0252
立轴 设色纸本 88.5×47cm
成交价：RMB6,900,000

**秋意（四屏）**
中国嘉德 2015-05-17 Lot0731
镜心 设色 / 水墨纸本 135×30cm×4
成交价：RMB6,900,000

**1951 年作 向日葵**
北京保利 2015-06-05 Lot1335
立轴 设色纸本 138×35cm
成交价：RMB6,900,000

**1922 年作 隔溪松山图**
北京保利 2015-06-05 Lot1330
立轴 设色纸本 135×66cm
成交价：RMB6,670,000

**1928 年作 白衣大士**
香港苏富比 2015-06-02 Lot1236
立轴 设色纸本 135×33.5cm
成交价：RMB6,279,840

**1933 年作 握兰簃裁曲图**
北京保利 2015-12-06 Lot1185
立轴 设色纸本 64×47cm
成交价：RMB5,980,000

牡丹鸳鸯
中国嘉德 2015-05-17 Lot0728
立轴 设色纸本 44×68cm
成交价：RMB5,980,000

1940 年作　大寿
香港佳士得 2015-12-01 Lot1487
镜心 设色纸本 100×33.8cm
成交价：RMB5,944,040

鸬鹚青柳
香港佳士得 2015-12-01 Lot1488
双挖镜心 设色纸本 135.5×34cm
成交价：RMB5,944,040

1952 年作　麦穗蜻蜓
北京翰海 2015-06-26 Lot0080
立轴 设色纸本 100×33cm
成交价：RMB5,635,000

1951 年作　花实各三千年
北京保利 2015-06-05 Lot1334
镜心 设色纸本 69×35cm
成交价：RMB5,635,000

篆书七言联
上海嘉禾 2015-12-13 Lot0539
立轴 设色纸本 136×34cm
成交价：RMB5,232,500

海棠双蝶
北京保利 2015-12-07 Lot1405
立轴 设色纸本 98×33cm
成交价：RMB5,290,000

**铁拐李**
上海嘉禾 2015-12-13 Lot0539
立轴 设色纸本 136×34cm
成交价：RMB5,232,500

**紫藤**
北京翰海 2015-06-26 Lot0233
立轴 设色纸本 131×35cm
成交价：RMB5,175,000

**莲蓬图**
北京保利 2015-06-04 Lot0658
立轴 设色纸本 179×16cm
成交价：RMB3,450,000

# 钱瘦铁（1897－1967）

**1952 年作 黄山**
上海道明 2015-05-09 Lot0344
横披 设色纸本 108×531cm
成交价：RMB5,980,000

# 沈尹默（1883－1971）

**行书《秋明余事》**
广州华艺 2015-05-24 Lot0304
手卷 水墨纸本
尺寸一 30.5×361cm；
尺寸二 28.5×230.5cm；
后跋 30.5×88cm
成交价：RMB5,520,000

# 石鲁（1919－1982）

**1971 年作 冬梅**
纽约佳士得 2015-03-18 Lot0323
立轴 设色绢本 130×66.5cm
成交价：RMB22,070,025

**桃妮**
北京匡时 2015-06-06 Lot0830
立轴 设色纸本 134.5×69.5cm
成交价：RMB21,850,000

石鲁、李琼久 杂花册（十二开）
北京保利 2015-06-05 Lot0815
册页 设色纸本 35×45cm×12
成交价：RMB10,005,000

仙寿
北京匡时 2015-12-04 Lot0652
立轴 设色纸本 127×63cm
成交价：RMB9,085,000

1972 年作 华岳雄秀
香港佳士得 2015-06-02 Lot1263
镜心 设色纸本 143.5×212cm
成交价：RMB7,241,040

1972 年作 华岳之雄
北京匡时 2015-12-04 Lot0653
立轴 设色纸本 178×95.5cm
成交价：RMB6,440,000

# 吴昌硕（1844-1927）

华岳奇峰
中贸圣佳 2015-11-22 Lot0353
镜心 设色纸本 150×82cm
成交价：RMB6,440,000

丁巳（1917）年作 富贵神仙
上海嘉禾 2015-12-13 Lot8013
立轴 设色纸本 178×90cm
成交价：RMB10,120,000

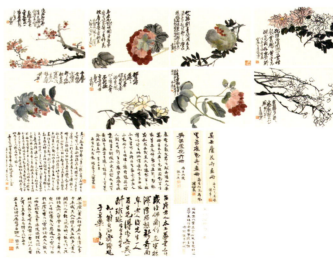

致三多花卉册
中国嘉德 2015-11-15 Lot1266
册页 设色纸本 27×32cm×8
成交价：RMB43,700,000

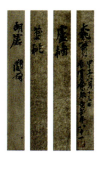

戊午（1918）年作 虞山古藤
中国嘉德 2015-05-16 Lot0254
立轴 设色纸本 179.5×95.5cm
成交价：RMB9,200,000

1924 年作 兰石花果
西泠印社 2015-07-05 Lot2626
四屏 水墨纸本 142×51.5cm×4
成交价：RMB18,975,000

1906 年作 墨梅册（十开）
北京保利 2015-12-06 Lot1146
册页 水墨纸本 24.5×36.5cm×10
成交价：RMB8,625,000

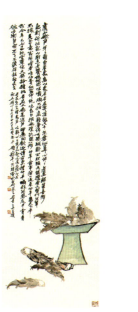

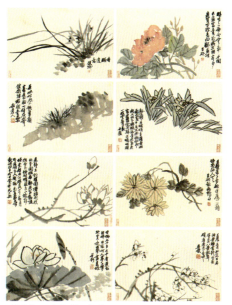

1917 年作 象笋图
北京保利 2015-12-06 Lot1151
立轴 设色纸本 178×48cm
成交价：RMB6,900,000

壬辰（1892）年作 花卉册（八开）
中国嘉德 2015-11-15 Lot1265
册页 水墨 / 设色纸本 26.5×39cm×8
成交价：RMB6,325,000

1910 年作 红梅寿石
北京保利 2015-06-04 Lot0700
立轴 设色纸本 176.5×96.5cm
成交价：RMB5,980,000

**丙辰（1916）年作 三千年结实之桃**
中国嘉德 2015-05-16 Lot0255
立轴 设色纸本 149×80.5cm
成交价：RMB5,980,000

**篆书节录《诗经》**
西泠印社 2015-07-05 Lot2627
四屏 水墨纸本 170.5×46cm×4
成交价：RMB5,520,000

# 吴冠中（1919-2010）

**松魂**
香港佳士得 2015-06-02 Lot1388
镜心 设色纸本 70×138cm
成交价：RMB18,935,640

**太湖之滨**
广州华艺 2015-05-24 Lot0190
镜心 设色纸本 82×150cm
成交价：RMB18,400,000

**故乡苇塘**
香港苏富比 2015-04-06 Lot1234
镜心 设色纸本 70×140cm
成交价：RMB14,590,560

**1984 年作 白皮松**
香港佳士得 2015-05-30 Lot0016
镜心 设色纸本 117×95cm
成交价：RMB13,488,840

1989 年作 荷塘
香港佳士得 2015-06-02 Lot1387
镜心 设色纸本 66×133cm
成交价：RMB12,527,640

白桦
北京保利 2015-06-04 Lot0690
镜心 设色纸本 140×70cm
成交价：RMB9,200,000

1986 年作 雪岭奔流
香港苏富比 2015-10-06 Lot1230
镜心 设色纸本 96×75cm
成交价：RMB8,943,360

根
香港佳士得 2015-12-01 Lot1382
立轴 设色纸本 67.5×135.5cm
成交价：RMB9,884,840

山村好风光
北京保利 2015-06-04 Lot0310
镜心 设色纸本 96.5×179cm
成交价：RMB9,890,000

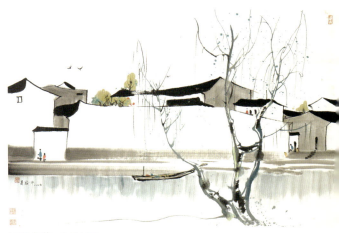

1988 年作 水乡人家
香港佳士得 2015-06-02 Lot1557
镜心 设色纸本 68×99cm
成交价：RMB8,682,840

1988 年作 山居图
北京匡时 2015-06-06 Lot0835
镜心 设色纸本 68.5×137cm
成交价：RMB9,775,000

苏州园林
北京翰海 2015-06-27 Lot1383
镜心 设色纸本 68×133.5cm
成交价：RMB7,475,000

**1990 年作 荷塘月色**
上海嘉禾 2015-12-13 Lot8044
镜心 设色纸本 97×181cm
成交价：RMB7,245,000

**1990 年作 群虎图**
北京保利 2015-12-06 Lot1051
镜心 设色纸本 68.5×137.5cm
成交价：RMB6,900,000

**1995 年作 鱼鹰**
香港苏富比 2015-10-06 Lot1231
镜心 设色纸本 69×138cm
成交价：RMB6,181,440

**1992 年作 乡音**
香港苏富比 2015-10-06 Lot1225
镜心 设色纸本 68×68cm
成交价：RMB5,490,960

**1993 年作 水上人家**
香港苏富比 2015-04-06 Lot1233
镜心 设色纸本 67×137cm
成交价：RMB5,100,240

**1992 年作 熊猫（四）**
保利香港 2015-10-05 Lot0140
设色纸本 68.5×136.5cm
成交价：RMB5,043,792

# 吴湖帆（1894-1968）

**1935 年作 仿赵氏一门《三马图》**
北京保利 2015-12-06 Lot1145
手卷 设色纸本 引首 31×67cm；本幅 31×65.5cm×3
成交价：RMB14,950,000

癸未（1943）年作 翠岚居隐
北京诚轩 2015-05-18 Lot0115
立轴 设色纸本 108.5×53cm
成交价：RMB15,525,000

1955 年作 危石青松
上海工美 2015-06-28 Lot0802
立轴 设色纸本 79×40cm
成交价：RMB7,245,000

丙子（1936）年作 万壑松风
北京诚轩 2015-11-13 Lot0329
镜心 水墨纸本 95×50cm
成交价：RMB7,130,000

戊寅（1938）年作 梅雨初晴
上海朵云轩 2015-12-16 Lot0358
镜心 设色纸本 130.5×66cm
成交价：RMB5,520,000

乙巳（1965）年作 花木
上海朵云轩 2015-06-18
Lot0311
四屏 立轴 设色纸本
57×29cm×4
成交价：RMB5,750,000

# 吴一峰（1907-1998）

1954 年作 岷江胜槩
北京保利 2015-06-05 Lot1627
手卷 设色纸本 17×820cm
成交价：RMB19,550,000

# 谢稚柳（1910-1997）

1960 年作柳岸双骏图
上海明轩 2015-06-21 Lot0153
竟心 设色纸本 102×68.5cm
成交价：RMB11,500,000

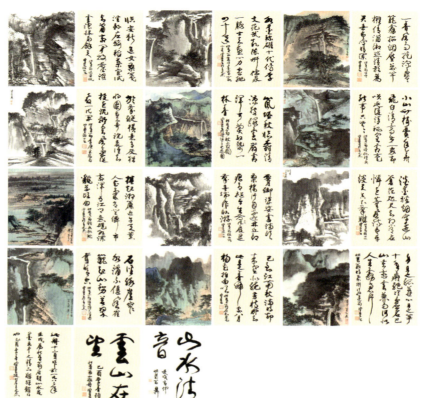

1982 年作 山水清音图（十二开）
上海明轩 2015-06-21 Lot0152
册页 设色纸本 43×32.5cm×12
成交价：RMB10,350,000

山村飞瀑
上海工美 2015-06-28 Lot0801
立轴 设色纸本 113×66cm
成交价：RMB10,465,000

1946 年作 秋山吟侣
北京翰海 2015-06-26 Lot0254
立轴 设色纸本 148×79.5cm
成交价：RMB8,740,000

柳瀑青山
香港佳士得 2015-12-01 Lot1433
立轴 设色纸本 109.4×58.3cm
成交价：RMB5,944,040

海棠山鹑图
广州华艺 2015-05-24 Lot0185
立轴 设色纸本 74×36.5cm
成交价：RMB5,520,000

# 徐悲鸿（1895-1953）

**1943 年作 奔马图**
北京传是 2015-12-05 Lot0540
立轴 设色纸本 136×71cm
成交价：RMB66,240,000

**1944 年作 落花人独立**
北京保利 2015-12-06 Lot1142
立轴 设色绢本 107×40cm
成交价：RMB30,475,000

**1944 年作 双鹫图**
香港佳士得 2015-06-02 Lot1611
立轴 设色纸本 120×91cm
成交价：RMB24,318,360

**1935 年作 醒狮图**
北京保利 2015-06-04 Lot0663
镜心 设色纸本 112×81cm
成交价：RMB17,825,000

**1937 年作 古柏双骏**
北京匡时 2015-12-04 Lot0655
镜心 设色纸本 128.5×76.3cm
成交价：RMB17,825,000

**辛巳（1941）年作 紫兰**
中国嘉德 2015-05-17 Lot0702
立轴 设色纸本 74.5×41cm
成交价：RMB13,800,000

**戊寅（1938）年作 钟馗**
中国嘉德 2015-11-15 Lot1248
立轴 设色纸本 101×62cm
成交价：RMB12,650,000

**奔马**
荣宝斋（上海）
2015-12-30 Lot0082
立轴 设色纸本
85.5×57cm
成交价：RMB11,500,000

**双骏图**
荣宝斋（济南）
2015-06-12 Lot 0055
立轴 设色纸本
108×56cm
成交价：RMB11,270,000

**奔马**
荣宝斋（上海）
2015-12-30 Lot0085
镜心 设色纸本
108×55cm
成交价：RMB10,35

**1939 年作　春风得意马蹄急**
广州华艺 2015-12-20 Lot0142
镜心 设色纸本 80×108cm
成交价：RMB10,350,000

**一马当先**
荣宝斋（上海） 2015-12-30 Lot0083
立轴 设色纸本 105×53cm
成交价：RMB9,775,000

**1937 年作　战马**
上海嘉禾 2015-12-13 Lot8036
镜心 设色纸本 102×67cm
成交价：RMB7,820,000

**1944 年作　雄鸡**
广州华艺 2015-05-24 Lot0153
镜心 设色纸本 92×61cm
成交价：RMB7,590,000

**1943 年作　日暮倚修竹**
北京保利 2015-06-04 Lot0664
立轴 设色纸本 148×42cm
成交价：RMB7,475,000

**1944 年作　寒山拾得**
北京保利 2015-06-04 Lot 0701B
镜心 设色纸本 100×58cm
成交价：RMB7,360,000

**1945 年作　奔马**
中国嘉德 2015-11-15 Lot1246
立轴 水墨纸本 105×60cm
成交价：RMB6,900,000

**1941 年作　立马图**
北京保利 2015-06-05 Lot1315
镜心 设色纸本 135×65cm
成交价：RMB6,670,000

**1934 年作　授砚图**
香港佳士得 2015-06-02 Lot1225
立轴 设色纸本 35.5×53cm
成交价：RMB6,568,200

**1941 年作　雄风独立**
北京诚轩 2015-11-13 Lot0305
镜心 设色纸本 96×87.8cm
成交价：RMB6,325,000

**1937 年作 巴人汲水**
北京保利 2015-12-06 Lot1164
立轴 设色纸本 88×50cm
成交价：RMB5,865,000

**1917 年作 双虎图**
西泠印社 2015-12-26 Lot0051
镜心 设色绢本 130.5×85cm
成交价：RMB5,635,000

**1931 年作 双鹅图**
保利香港 2015-10-05 Lot0667
立轴 设色纸本 81×47cm
成交价：RMB5,528,772

**1937 年作 怅望**
北京保利 2015-06-04 Lot0662
镜心 设色纸本 102×63cm
成交价：RMB5,520,000

# 于非闇（1889-1959）

**1944/1937 年作 食草图·行书四言联（一堂）**
北京保利 2015-06-05 Lot1353
镜心 设色纸本 绘画80×44 cm；对联 104×30cm×2
成交价：RMB5,175,000

**戊子（1948）年作 五色鹦鹉图**
中国嘉德 2015-05-17 Lot0697
镜心 设色纸本 130×66cm
成交价：RMB6,095,000

**1957 年作 四季花图团扇**
香港佳士得 2015-12-01 Lot1491
镜心 设色绢本 206.5×43cm
成交价：RMB5,549,960

**杏竹雪羽**
北京匡时 2015-12-04 Lot0627
镜心 设色绢本 55×113cm
成交价：RMB5,060,000

1945 年作 花鸟草虫
香港佳士得 2015-06-02 Lot1208
手卷 设色纸本 26.5×462cm
成交价：RMB5,799,240

# 张大千（1899-1983）

拟宋人山寺图
上海嘉禾 2015-12-13 Lot8034
镜心 设色绢本 136×75cm
成交价：RMB55,200,000

1950 年作 拟唐人秋郊揽辔图
香港苏富比 2015-04-06 Lot1306
镜心 设色纸本 100.2×54.3cm
成交价：RMB41,286,120

1978 年作 云泉古寺
香港苏富比 2015-04-06 Lot1486
镜心 设色纸本 70.9×138.5cm
成交价：RMB35,863,080

人物山水二十八屏
北京保利 2015-06-04 Lot0693
镜心 设色纸本 95×42cm×28
成交价：RMB31,050,000

**1973 年作 云山依水**
北京保利 2015-12-06 Lot1167
镜心 设色纸本 69×241cm
成交价：RMB28,750,000

**丙子（1936）年作 天女拈花图**
广州华艺 2015-12-20 Lot0079
立轴 设色纸本 144×65.5cm
成交价：RMB23,000,000

**1969 年作 云山居隐**
香港佳士得 2015-06-02 Lot1528
镜心 设色绢本 72×102cm
成交价：RMB22,524,120

**1973 年作 风荷**
香港苏富比 2015-10-06 Lot1250
镜心 设色纸本 66×209cm
成交价：RMB20,286,960

**羲之换鹅图**
中国嘉德 2015-05-17 Lot0742
立轴 设色纸本 172.5×75cm
成交价：RMB19,550,000

**1965 年作 翠盖云裳香满塘**
香港苏富比 2015-04-06 Lot1451
镜心 设色纸本 91×160.5cm
成交价：RMB19,432,560

**1979 年作 荷塘**
香港苏富比 2015-10-06
Lot1478
镜心 设色纸本 90×178cm
成交价：RMB18,314,160

**幽荷清漪**
香港佳士得 2015-06-02
Lot1497
镜心 设色纸本 95×179.5cm
成交价：RMB16,692,840

**临王蒙《夏山高隐图》**
上海道明 2015-12-16 Lot0019
立轴 设色纸本 158×71cm
成交价：RMB18,400,000

**丁丑（1937）年作 陶圃松菊图**
中国嘉德 2015-05-17 Lot0740
立轴 设色纸本 165×64.5cm
成交价：RMB17,250,000

**1942 年作 琵琶行诗意图**
北京匡时 2015-06-06 Lot0848
镜心 设色绢本 124.5×69cm
成交价：RMB15,870,000

**甲申（1944）年作 赤莲供养观音大士图**
上海嘉禾 2015-12-13 Lot8033
立轴 设色纸本 73×45.5cm
成交价：RMB14,950,000

戊子（1948）年作 拟石溪溪山留客图
中国嘉德 2015-04-07 Lot0061
镜心 设色纸本 134×66cm
成交价：RMB13,920,750

1947 年作 溪山高隐图
北京匡时 2015-12-04 Lot0613
立轴 设色纸本 137×60cm
成交价：RMB13,800,000

辛巳（1941）年作 前后赤壁
中国嘉德 2015-11-15 Lot1241
立轴 设色纸本 128×51.5cm×2
成交价：RMB13,800,000

1947 年作 李德裕见客图
北京保利 2015-06-05 Lot1338
镜心 设色纸本 33.5×95.5cm
成交价：RMB13,800,000

1973 年作 秋山晓色
香港苏富比 2015-04-06 Lot1521
镜心 泼彩金纸卡 52×40cm
成交价：RMB10,716,960

庚辰（1940）年作 茶花蝴蝶
中国嘉德 2015-05-17 Lot0743
镜心 设色纸本 87.5×38.5cm
成交价：RMB10,350,000

甲申（1944）年作 持莲仕女
中国嘉德 2015-05-17 Lot0745
立轴 设色纸本 111.5×49.5cm
成交价：RMB10,350,000

1945 年作 果洛番女礼佛图
北京匡时 2015-12-04 Lot0616
立轴 设色纸本 111×68cm
成交价：RMB9,775,000

**仿石涛山水（八开）**
北京保利 2015-06-04 Lot0588
册页 设色纸本 74×47cm×8
成交价：RMB9,660,000

**辛巳（1941）年作　青山探幽图**
广州华艺 2015-12-20 Lot0065
立轴 设色纸本 124×61.5cm
成交价：RMB9,085,000

**丙戌（1946）年作　仿董源《松泉图》**
中国嘉德 2015-05-17 Lot0748
镜心 设色纸本 121×48cm
成交价：RMB8,625,000

**1947 年作　仿王蒙春山读书图**
香港佳士得 2015-12-01 Lot1148
手卷 设色纸本 119.7×58cm
成交价：RMB8,407,040

**1965 年作　野水春云**
香港苏富比 2015-10-06 Lot1395
立轴 设色纸本 117.5×67cm
成交价：RMB7,956,960

**1946 年作　杖经图**
香港佳士得 2015-12-01 Lot1145
镜心 设色纸本 76×39cm
成交价：RMB7,914,440

**溪山深处图卷**
香港苏富比 2015-04-06 Lot1512
手卷 设色纸本 28×173cm
成交价：RMB8,295,960

**1932 年作 黄山青龙潭**
保利香港 2015-04-07 Lot0494
立轴 设色纸本 249×125cm
成交价：RMB7,713,306

**1968 年作 横贯公路·书法（两幅）**
香港佳士得 2015-12-01 Lot1338
立轴 设色 / 水墨纸本 135×69cm×2
成交价：RMB6,929,240

**1976 年作 浮峦暖翠**
香港佳士得 2015-12-01 Lot1144
镜心 设色纸本 64×134.5cm
成交价：RMB6,929,240

**蜀山行旅**
荣宝斋（济南）2015-06-12 Lot0016
立轴 设色纸本 105×40.5cm
成交价：RMB6,900,000

**泼彩山水**
北京保利 2015-06-04 Lot0686
镜心 设色泥金 98×51cm
成交价：RMB6,900,000

**1963 年作 仿王蒙《青卞隐居图》**
保利香港 2015-10-05 Lot0668
立轴 设色纸本 116×50cm
成交价：RMB6,789,720

**1953 年作 秋江钓艇**
北京保利 2015-06-04 Lot0685
立轴 设色纸本 106.5×52cm
成交价：RMB6,785,000

**1947 年作 临王蒙《夏山隐居图》**
北京保利 2015-06-04 Lot0684
立轴 设色纸本 116×63cm
成交价：RMB6,210,000

**1949 年作 松堂读书**
北京保利 2015-06-05 Lot1603
立轴 设色纸本 114×47cm
成交价：RMB5,980,000

**1947 年作 松壑茅亭图**
北京保利 2015-06-04 Lot0560
立轴 设色纸本 133×65cm
成交价：RMB5,865,000

**云间古寺**
香港佳士得 2015-06-02 Lot1656
镜心 设色纸本 52.5×45cm
成交价：RMB5,799,240

**1944 年作 春色入帘中**
香港佳士得 2015-06-02 Lot1534
镜心 设色纸本 39×69.5cm
成交价：RMB5,799,240

**1979 年作 江村滴翠**
北京诚轩 2015-11-13 Lot0246
镜心 设色纸本 62×112.5cm
成交价：RMB5,750,000

**东山丝竹**
广州华艺 2015-12-20 Lot0078
立轴 设色纸本 185×95cm
成交价：RMB5,750,000

**松桐蕉梅（四屏）**
中贸圣佳 2015-11-22 Lot0217
立轴 设色纸本 150×40cm×4
成交价：RMB5,635,000

**1980 年作 泼彩山水**
上海明轩 2015-06-21 Lot0174
镜心 设色纸本 35×69.5cm
成交价：RMB5,635,000

**1973 年作 富春泛舟图**
西泠印社 2015-12-26 Lot0243
镜心 设色纸本 116.5×45cm
成交价：RMB5,232,500

**庚辰（1940）年作 味江山水**
中国嘉德 2015-05-17 Lot0746
立轴 设色纸本 92.5×40cm
成交价：RMB5,175,000

# 赵望云
## （1906-1977）

**1967 年作 烟云放棹**
香港佳士得 2015-12-01 Lot1199
镜心 设色绢本 82.5×77cm
成交价：RMB5,451,440

**1962 年作 墨荷**
香港佳士得 2015-12-01 Lot1198
镜心 水墨纸本 179×88.5cm
成交价：RMB5,451,440

**庚辰（1940）年作 西秦第一**
广州华艺 2015-12-20 Lot0066
立轴 设色纸本 130×65.5cm
成交价：RMB5,175,000

**1944 年作 天山薄暮**
北京匡时 2015-06-06 Lot0828
镜心 设色纸本 164.5×92cm
成交价：RMB8,050,000

**泼彩山水**
中贸圣佳 2015-05-19 Lot0326
镜心 设色纸本 44×59cm
成交价：RMB5,290,000

# 当代书画

## 崔如琢（1944－）

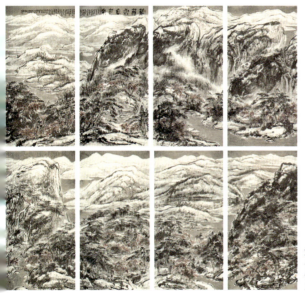

2013 年作　山水四屏
保利香港 2015-10-05 Lot2309
镜心　设色纸本　295×142cm×4
成交价：RMB110,090,460

2013 年作　葳蕤雪意江南
保利香港 2015-04-06 Lot2314
镜心　设色纸本　292×143cm×8
成交价：RMB190,452,000

2011 年作　秋水一抹碧　残霞几缕红
北京保利 2015-12-06 Lot6768A
镜心　设色纸本　143×365cm
成交价：RMB28,750,000

2012 年作　花似玉雕叶似烟
北京翰海 2015-11-27 Lot0619
镜心　设色纸本　144×367cm
成交价：RMB26,450,000

**2014 年作 飞雪伴春**
中国嘉德 2015-11-16 Lot1819
镜心 设色纸本 146×370cm
成交价：RMB25,300,000

**2013 年作 秋韵**
北京翰海 2015-11-07 Lot1033
镜心 设色纸本 引首 44×95.5cm；画心 47×531cm
成交价：RMB11,500,000

**2013 年作 雨意江南**
北京翰海 2015-11-07 Lot1031
手卷 设色纸本 引首 47.5×120cm；画心 46×527.5cm
成交价：RMB9,430,000

**2010 年作 石洁竹青好父母**
保利香港 2015-10-05 Lot2313
镜心 设色纸本 211×72cm
成交价：RMB9,699,600

**2010 年作 红竹**
保利香港 2015-10-05 Lot2310
镜心 设色纸本 211×72cm
成交价：RMB9,214,620

**2011 年作 万山一夜雪 飞石点银龙**
北京翰海 2015-11-07 Lot1012
镜心 设色纸本 271×97cm
成交价：RMB9,200,000

**2011 年作 春雨鸣山渠 流云度高木**
北京翰海 2015-11-07 Lot1029
镜心 设色纸本 270×96.5cm
成交价：RMB9,200,000

**2013 年作 浓春**
北京翰海 2015-11-07 Lot1035
手卷 设色纸本 引首 45×90cm；画心 47×534cm
成交价：RMB9,200,000

**2013 年作 雪溪丹枫**
北京翰海 2015-11-07 Lot1030
手卷 设色纸本 引首 47×120cm；画心 47×529cm
成交价：RMB9,200,000

**2010 年作 青藤不可见**
保利香港 2015-10-05 Lot2312
镜心 设色纸本 211×72cm
成交价：RMB8,826,636

**2009 年作 画比真荷大**
保利香港 2015-10-05 Lot2311
镜心 设色纸本 211×72cm
成交价：RMB8,729,640

**2011 年作 怪来诗思清入骨**
北京翰海 2015-11-07 Lot1034
镜心 设色纸本 270×97cm
成交价：RMB8,625,000

2013 年作 夏晴
北京翰海 2015-11-07 Lot1032
手卷 设色纸本 引首 45×95cm；画心 47×530cm
成交价：RMB8,280,000

2012 年作 冷秋
北京翰海 2015-11-07 Lot1028
镜心 设色纸本 70×346cm
成交价：RMB8,050,000

2011 年作 云开见山高 木落知风动
北京翰海 2015-11-07 Lot1011
镜心 设色纸本 269×97cm
成交价：RMB8,280,000

2012 年作 黄叶漫山雪拥门
保利香港 2015-04-06 Lot2318
镜心 设色纸本 75.5×144cm
成交价：RMB7,618,080

2008 年作 忽如一夜春风来
北京翰海 2015-11-07 Lot1010
镜心 设色纸本 71.5×330.5cm
成交价：RMB7,475,000

2012 年作 积雨暗林屋
保利香港 2015-04-06 Lot2316
镜心 设色纸本 75×145cm
成交价：RMB7,141,950

2012 年作 江天雪意
保利香港 2015-04-06 Lot2313
镜心 设色纸本 37×287.5cm
成交价：RMB6,856,272

2012 年作 天边去影投沙渚
保利香港 2015-04-06 Lot2317
镜心 设色纸本 75.5×145cm
成交价：RMB6,856,272

2012 年作 春雨欲晴时
保利香港 2015-04-06 Lot2315
镜心 设色纸本 76×145cm
成交价：RMB6,665,820

2012 年作 秋山平远
保利香港 2015-04-06 Lot2312
镜心 设色纸本 37×285cm
成交价：RMB6,665,820

2011 年作 书画非小道
世人形似耳
北京翰海 2015-11-07
Lot1025
镜心 设色纸本
217.5×76cm
成交价：RMB6,325,000

**2012 年作 溪山为伴**
保利香港 2015-04-06 Lot2310
镜心 设色纸本 37×287.5cm
成交价：RMB6,189,690

**2013 年作 秋水凝神**
北京保利 2015-12-06 Lot6768
立轴 设色纸本 137.5×68.5cm
成交价：RMB5,750,000

**2011 年作 绿树荫浓夏日长**
北京翰海 2015-11-07 Lot1027
镜心 设色纸本 217×76cm
成交价：RMB5,750,000

**2012 年作 春草绿色**
北京翰海 2015-11-27 Lot0617
镜心 设色纸本 38×290cm
成交价：RMB5,750,000

**2011 年作 秋山清烟**
北京翰海 2015-11-07 Lot1024
镜心 设色纸本 96×181cm
成交价：RMB5,750,000

**2013 年作 荷风送香气**
北京翰海 2015-11-07 Lot1042
镜心 设色纸本 47.5×179cm
成交价：RMB5,750,000

2013 年作 寒秋
北京翰海 2015-11-07 Lot1026
镜心 设色纸本 96×180cm
成交价：RMB5,520,000

2011 年作 楚天阔浪浸斜阳
保利香港 2015-10-05 Lot2321
镜心 设色纸本 75.5×46.5cm
成交价：RMB5,431,776

## 范曾（1938-）

1993 年作 林泉高致
北京匡时 2015-12-04 Lot0663
镜心 设色纸本 142×346cm
成交价：RMB6,440,000

## 何家英（1957-）

己未（1979）年作 钟馗雅趣图
广东崇正 2015-12-18 Lot0367
立轴 设色纸本 180×97cm
成交价：RMB6,095,000

2013 年作 清暑四美图
天津鼎天 2015-07-05 Lot0515
镜心 设色纸本 139×35cm×4
成交价：RMB13,800,000

# 黄建南（1952-）

2014 年作 金土地
北京保利 2015-12-06 Lot6856
镜心 设色纸本 123×129cm
成交价：RMB5,290,000

# 黄永玉（1924-）

乙卯（1975）年作 荷花
中国嘉德 2015-11-15 Lot1257
镜心 设色纸本 165×100.5cm
成交价：RMB7,475,000

# 李刚（1943-）

2013 年作 万木涵秋
北京翰海 2015-12-20 Lot0113
镜心 设色纸本 97×176cm
成交价：RMB6,210,000

# 刘国松（1932-）

2012 年作 雪网山痕皆自然 A——西藏组曲之 181
北京保利 2015-06-03 Lot4077
镜心 设色纸本 188×463cm
成交价：RMB10,235,000

1970 年作 子夜太阳 III（五联作）
香港佳士得 2015-11-28 Lot0053
镜心 设色纸本 单幅：139.7×73cm；整体：139.7×375cm
成交价：RMB7,520,360

# 任重（1976-）

甲申（2004）年作 金泥玉屑册（十开）
上海嘉禾 2015-12-13 Lot8048
镜心 设色金笺 35×35cm×10
成交价：RMB6,210,000

# 王传峰（1967-）

鱼
中国嘉德 2015-11-16 Lot1860
镜心 设色纸本 68×71cm
成交价：RMB5,175,000

# 徐冰（1955-）

2012 年作 新英文书法《春江花月夜》
北京保利 2015-06-03 Lot4049
水墨纸本 187×98cm
成交价：RMB5,175,000

# 邢东（1976-）

2013 年作 吉祥喜事连又连
北京翰海 2015-11-27 Lot0713
镜心 设色纸本 68×136cm
成交价：RMB12,650,000

# 西画及当代艺术

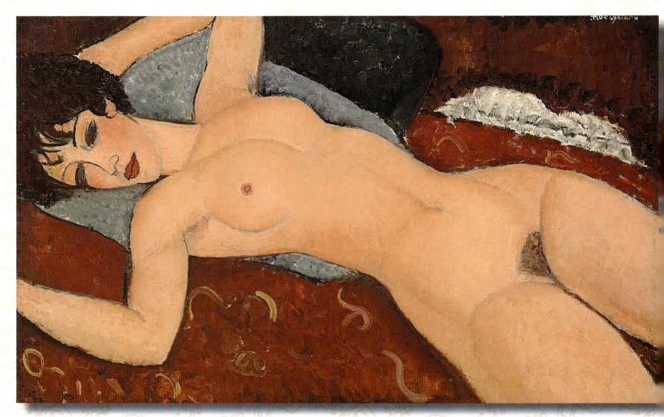

阿梅代奥·莫迪利亚尼
**1917/1918 年作 侧卧的裸女**
纽约佳士得 2015-11-09 Lot0008
布面油画 60×92cm
成交价：RMB1,082,071,750

# 西画及当代艺术

## 阿凡迪

1959 年作　阿凡迪与孙儿
香港佳士得 2015-05-30 Lot0003
布面油画　119×100.5cm
成交价：RMB6,279,840

## 阿梅代奥·莫迪利亚尼

1917/1918 年作　侧卧的裸女
纽约佳士得 2015-11-09 Lot0008
布面油画　60×92cm
成交价：RMB1,082,071,750

## 艾轩

2007 年作　荒原的黎明
广州华艺 2015-05-24 Lot0716
布面油画　110×110cm
成交价：RMB5,750,000

## 艾未未

2008/2009 年作　中国地图
香港苏富比 2015-10-04 Lot1074
被拆清朝庙宇的铁力木　高 88cm；125×91.5cm；
高 90.5cm；7.3×4.5cm；高 90.7cm；9.6×3.4cm
成交价：RMB9,732,480

## 安迪·沃霍尔

1981 年作　枪
纽约佳士得 2015-11-09 Lot0021
布面丙烯画　177×228cm
成交价：RMB75,723,750

## 巴勃罗·毕加索

1969 年作 Homme à l'épée
纽约佳士得 2015-11-09 Lot0020
木板油画 145.5×114cm
成交价：RMB143,287,750

1933 年作 Le peintre et son modèle
纽约佳士得 2015-11-09 Lot0001
素描纸本 28×26cm
成交价：RMB10,699,750

## 巴尔蒂斯

阿布迪小姐
纽约佳士得 2015-11-09 Lot0018
布面油画 185×135cm
成交价：RMB62,922,150

## 白发一雄

1977 年作 十万八千本护摩行
香港苏富比 2015-04-04 Lot1057
布面油画 130×162cm
成交价：RMB19,432,560

1999 年作 秘火
保利香港 2015-04-06 Lot0157
布面油画 185×262.5cm
成交价：RMB15,236,160

1961 年作 T53
香港苏富比 2015-10-04 Lot1056
布面油画 130×97cm
成交价：RMB9,436,560

1987 年作 浊沙
香港佳士得 2015-11-28 Lot0041
布面油画 96×129cm
成交价：RMB9,293,720

1968 年作 庆长十九年（大阪冬之阵）
香港佳士得 2015-05-30 Lot0067
布面油画 173.5×366cm
成交价：RMB9,163,440

1992 年作 宝鸡
香港佳士得 2015-05-30 Lot0065
布面油画 162×128cm
成交价：RMB8,682,840

1963 年作 无题
香港佳士得 2015-05-30 Lot0066
布面油画 131×162.5cm
成交价：RMB8,682,840

1975 年作 Tenjnkai
香港佳士得 2015-05-30 Lot0068
布面油画 116.5×91cm
成交价：RMB6,760,440

1974 年作 达陀之火
香港苏富比 2015-10-05 Lot0707
布面油画 97×130cm
成交价：RMB5,688,240

## 保罗·高更

## 保罗·塞尚

1902/1903 年作 unique Thérèse
carved miro wood, gold gilding
and copper nails
纽约佳士得 2015-11-09 Lot0005
烫金木雕 高 66cm
成交价：RMB196,627,750

1891 年作 于大溪 Jeune homme à
la fleur
纽约佳士得 2015-11-09 Lot0006
布面油画 45.5×33.5cm
成交价：RMB 86,391,750

1884 年作 树下的两头牛
西泠印社 2015-12-26 Lot0844
布面油画 35×27cm
成交价：RMB6,670,000

1892-1896 年作 L'homme à la pipe
(ètude pour un joueur de cartes)
(recto); Père Alexandre (verso)
纽约佳士得 2015-11-09 Lot0007
水彩纸本 48×32cm
成交价：RMB132,619,750

## 草间弥生

1960 年作 No.Red B
香港苏富比 2015-10-04 Lot1062
布面油画 175.5×133cm
成交价：RMB44,815,440

2012 年作 南瓜 AA
香港苏富比 2015-04-04 Lot1067
压克力画布 145.5×145.5cm
成交价：RMB8,973,840

1995 年作 无限星网
香港苏富比 2015-04-04 Lot1068
压克力画布 290.5×520.5cm
成交价：RMB5,874,960

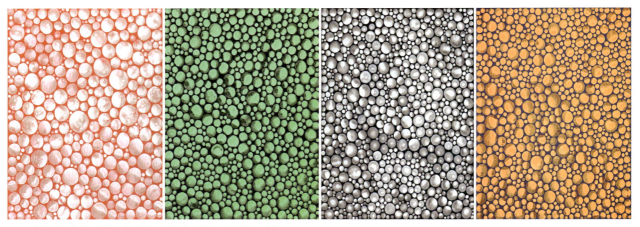

1999 年作 圆点的积累绿之季节·圆点的积累·及夕照（四件）
保利香港 2015-04-06 Lot0156
压克力画布 91×291cm
成交价：RMB5,237,430

## 查克·克劳斯

## 常书鸿

1989 年作 无限的网 Q.N.I
香港佳士得 2015-11-28 Lot0058
压克力画布 162×130cm
成交价：RMB5,747,000

2007 年作 自画像
纽约佳士得 2015-11-09 Lot0032
亚麻布油画 183×152.5cm
成交价：RMB15,271,750

1942 年作 静物·鸡
中国嘉德 2015-11-14 Lot0236
布面油画 85.5×105cm
成交价：RMB6,325,000

## 常玉

1950 年作 蓝色辰星（菊花与玻璃瓶）
香港佳士得 2015-05-30 Lot0013
油彩纤维板 75×92cm
成交价：RMB65,585,880

1929 年作 蔷薇花束
保利香港 2015-10-05 Lot0133
布面油画 73×50cm
成交价：RMB48,498,000

40 年代作 黄桌上的菊花瓶
香港佳士得 2015-11-28 Lot0007
布面油画 59.5×40cm
成交价：RMB37,798,840

1940 年作　斑马之恋
香港佳士得 2015-05-30 Lot0014
油彩纤维板 72.5×92cm
成交价：RMB19,832,760

30 年代作　镜前母与子
北京保利 2015-12-05 Lot5921
布面油画 55×46cm
成交价：RMB11,500,000

## 陈澄波

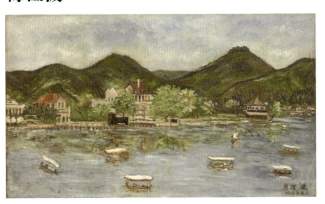

60 年代代作　鱼
中国嘉德 2015-04-04 Lot1003
纸板油画 23×35.5cm
成交价：RMB5,100,240

1928 年作　西湖泛舟
香港苏富比 2015-10-04 Lot1031
布面油画 80.5×130cm
成交价：RMB9,929,760

## 陈逸飞

2003 年作　透视装女
西泠印社 2015-12-26 Lot0927
布面油画 200×200cm
成交价：RMB7,820,000

1989 年作　吹单簧管的女孩
广东崇正 2015-12-18 Lot1347
布面油画 72×60cm
成交价：RMB5,520,000

1990 年作　排练
北京保利 2015-12-05 Lot5556A
布面油画 76.5×81.5cm
成交价：RMB5,462,500

# 村上隆

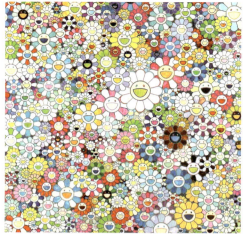

2012 年作　当我闭上眼，看见香格里拉
香港佳士得 2015-11-28 Lot0062
布面丙烯画 200×200cm
成交价：RMB11,362,640

2013 年作　Melting DOB: Complex Blue
香港佳士得 2015-11-28 Lot0063
亚克力银箔画 150×150cm
成交价：RMB6,436,640

2011 年作　命运无法躲避，我唯以笑对之
北京保利 2015-06-03 Lot4047
布面丙烯画 147×120cm
成交价：RMB7,705,000

# 丁方

1993 年作　悼歌（两联作）
中国嘉德 2015-11-14 Lot0268
布面油画 综合材料 200×170cm×2
成交价：RMB11,500,000

# 耿建翌

1985/1992 年作　理发系列之一：《1985 年夏季的清洗》/《大合影》
中国嘉德 2015-11-14 Lot0264
布面油画 122×89cm；122×89cm
成交价：RMB6,670,000

# 丁雄泉

1975 年作　世界小姐
罗芙奥 2015-06-07 Lot0235
压克力画布 222×396cm
成交价：RMB11,376,640

# 方力钧

1996 年作　1996.4
香港苏富比 2015-04-04 Lot1047
布面油画　180.5×230cm
成交价：RMB17,495,760

2007 年作　无题
上海朵云轩 2015-06-19 Lot1855
布面油画　250×360cm
成交价：RMB13,455,000

# 古那弯

1960 年作　游击队准备袭击
香港佳士得 2015-11-28 Lot0046
布面油画 145×158cm
成交价：RMB6,436,640

# 古元

50-90 年代作　水彩作品
（一百五十件）
北京翰海 2015-06-26 Lot1001
水彩纸本 尺寸不一
成交价：RMB17,020,000

# 何多苓

# 关良

新安水电站
中国嘉德 2015-05-17 Lot1569
布面油画 61×82.5cm
成交价：RMB5,750,000

1991 年作　白衣彝女
中国嘉德 2015-11-14 Lot0245
布面油画 86×71.5cm
成交价：RMB7,130,000

## 亨德拉·古拿温

摩诃婆罗多：班度的骰子
香港苏富比 2015-04-04 Lot1032
布面油画 202×386cm
成交价：RMB21,369,360

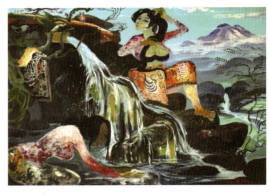

濯洗瀑布下
香港苏富比 2015-10-04 Lot1067
布面油画 140×200cm
成交价：RMB7,956,960

## 亨利·德·图卢兹－罗特列克

## 胡安·泪罗

市集
香港苏富比 2015-10-04 Lot1057
布面油画 196×136cm
成交价：RMB7,463,760

1892 年作 Le baiser peinture à l'essence on board
纽约佳士得 2015-11-09 Lot0016
布面油画 45.5×58.5cm
成交价：RMB79,279,750

1975 年作 Jeune fille s'évac
纽约佳士得 2015-11-09 Lot0012
青铜彩绘 高 152.5cm
成交价：RMB34,118,550

## 基希纳

1909 年作 Im See badende
Madchen, Moritzburg
纽约佳士得 2015-11-09
Lot0003
布面油画 91×120cm
成交价：RMB86,391,750

1913 年作 unique Tanzeri
mit gehobenem Bein
纽约佳士得 2015-11-09
Lot0002
橡木雕塑 高 66.5cm
成交价：RMB50,831,750

# 贾蔼力

2010 年作　早安，世界（三联作）
香港苏富比　2015-04-04　Lot1043
布面油画　200×288cm；200×406cm；200×373cm
成交价：RMB10,716,960

2007 年作　无名日 2（两联作）
上海佳士得　2015-04-25　Lot0118
布面油画　267×200cm×2
成交价：RMB9,390,000

2007 年作　弃之荒野（两联作）
香港佳士得　2015-11-28　Lot0056
布面油画　290×200cm×2
成交价：RMB6,338,120

2009 年作　面包车
北京保利　2015-12-05　Lot5630
布面油画　110×400cm
成交价：RMB6,210,000

## 贾科梅蒂

## 杰夫昆斯

1964 年作 James Lord
纽约佳士得 2015-11-09 Lot0019
布面油画 116×80.5cm
成交价：RMB132,619,750

1957 年作 Femme debout brorze
with brown and green patina
纽约佳士得 2015-11-09 Lot0014
青铜雕塑 高 69cm
成交价：RMB47,275,750

1990 年作 Hand on Breast
纽约佳士得 2015-11-09 Lot0011
布面油彩 246.5×364cm
成交价：RMB9,175,750

## 姜国芳

2008 年作 三月春思梦（三联作）
香港苏富比 2015-04-05 Lot5049
布面油画 80×240.5cm；80×27cm×2
成交价：RMB5,874,960

## 金焕基　　　　靳尚谊

1956 年作 蓝山
香港佳士得 2015-05-30 Lot0007
布面油彩 100×64.5cm
成交价：RMB11,085,840

1988 年作 沉思
上海明轩 2015-06-21 Lot0472
布面油画 65×53.5cm
成交价：RMB5,750,000

2012 年作 舞蹈演员
广州华艺 2015-05-24 Lot0712
布面油画 53×53cm
成交价：RMB5,692,500

# 居斯塔夫·库尔贝

1862 年作 Femme nue couchée
纽约佳士得 2015-11-09 Lot0010
布面油画 75×97cm
成交价：RMB97,059,750

# 卡洛斯·维亚鲁斯·弗朗西斯科

穆斯林订婚礼
香港苏富比 2015-04-04 Lot1026
布面油画 109.5×176cm
成交价：RMB8,295,960

# 克劳德·莫奈

1864 年作 翁弗勒尔的恩宠圣母教堂
西泠印社 2015-12-26 Lot0839
布面油画 52.5×67.5cm
成交价：RMB20,700,000

# 勒迈耶

舞者
香港苏富比 2015-04-04 Lot1022
布面油画 100×119.5cm
成交价：RMB16,527,360

1948 年作 荷花池畔九女子图
香港苏富比 2015-10-04 Lot1066
布面油画 100×120cm
成交价：RMB10,916,160

# 李曼峰

峇里舞者
香港佳士得 2015-11-28 Lot0044
布面油画 90×120cm
成交价：RMB6,141,080

屋里和窗边的峇里女子
香港佳士得 2015-05-30 Lot0019
布面油画、原装手雕峇里式框 73×89cm
成交价：RMB5,799,240

1948 年作 采莲
香港佳士得 2015-11-28 Lot0011
木板油画 91×122cm
成交价：RMB12,840,440

1960 年作 破浪
香港苏富比 2015-10-04 Lot1060
木板油画 82×320cm
成交价：RMB6,773,280

## 李禹焕

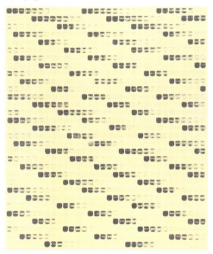

1979 年作 始于点
香港佳士得 2015-05-30 Lot0054
颜料、油彩画布 129.5×61cm
成交价：RMB6,952,680

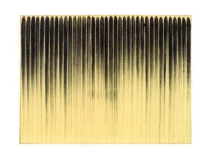

1977 年作 从线
香港苏富比 2015-04-04 Lot1055
矿物颜料、胶水画布 112×145.5cm
成交价：RMB5,681,280

## 李宗津

1965 年作 毛泽东像
上海明轩 2015-06-21 Lot0473
布面油彩 73×60.5cm
成交价：RMB5,635,000

## 理查德·普林斯　林风眠

2002 年作 Heartbreak Nurse #2
纽约佳士得 2015-11-09 Lot0026
布面墨水和丙烯画 183×114cm
成交价：RMB28,073,350

碧翠盈塘
香港苏富比 2015-10-06 Lot1241
设色纸本 66×65cm
成交价：RMB9,436,560

中国戏曲系列：杨门女将
香港佳士得 2015-05-30 Lot0012
布面油彩 53×43cm
成交价：RMB8,202,240

## 刘炜

京剧系列：连环套
广州华艺 2015-05-24 Lot0066
布面油画 55.5×43cm
成交价：RMB6,900,000

清荷
香港苏富比 2015-04-06 Lot1226
设色纸本 67.5×66cm
成交价：RMB6,359,160

1994 年作 游泳
香港苏富比 2015-10-04 Lot1077
布面油画 150×200cm
成交价：RMB12,888,960

2001 年作 猴子
北京匡时 2015-06-06 Lot2576
布面油画 252×166cm
成交价：RMB5,520,000

2009/2010 年作 天安门（三联作）
香港佳士得 2015-11-28 Lot0055
布面油画 250×180cm×3
成交价：RMB5,451,440

## 刘小东

## 刘野

1993 年作 大雨（纽约）
中国嘉德 2015-11-14 Lot0243
布面油画 142×182cm
成交价：RMB11,500,000

1991 年作 白头到老
北京保利 2015-12-05 Lot 5546
布面油画 150×120cm
成交价：RMB10,350,000

2006 年作 Boogie Woogie, Little Girl in New York
香港苏富比 2015-10-04 Lot1089
压克力及油画画布 210×210cm
成交价：RMB8,943,360

# 鲁道夫·邦尼

1948 年作 市场情景
香港佳士得 2015-11-28 Lot0045
布面油彩 150×400cm
成交价：RMB21,247,480

# 罗穆尔多·罗格泰利

1939 年作 峇里岛女孩
邦瀚斯 2015-10-03 Lot0005
布面油彩 155×117.5cm
成交价：RMB5,951,280

# 罗讷德·温杜拿

光环
香港苏富比 2015-04-04 Lot1036
布面油画 235×366cm
成交价：RMB6,359,160

喧腾
香港苏富比 2015-10-04 Lot1093
布面油画 152×213cm
成交价：RMB5,786,880

# 罗伊·利希滕斯坦

1964 年作 护士
纽约佳士得 2015-11-09 Lot0013
布面油画 122×122cm
成交价：RMB605,567,750

1964 年作 哭泣的女孩
纽约佳士得 2015-11-09 Lot0022
瓷釉钢板 117×117cm
成交价：RMB84,969,350

1964 年作 睡着的女孩（学习）
纽约佳士得 2015-11-09 Lot0031
彩铅纸本 15×15cm
成交价：RMB9,175,750

# 罗中立

2007 年作 过河系列
罗芙奥 2015-05-31 Lot0059
布面油彩 160×200cm
成交价：RMB5,286,600

# 马塞尔·杜尚

1924 年作 Monte Carlo Bond
(No.30)
纽约佳士得 2015-11-09 Lot0009
Imitated Rectified Readymade ink，gelatin
silver print collage and tax stamp on printed
paper 31×19.5cm
成交价：RMB15,271,750

# 毛旭辉

1992 年作 '92 家长（三联作）
香港苏富比 2015-04-04 Lot1064
布面油画 180×110cm×3
成交价：RMB5,874,960

# 毛焰

1996 年作 记忆或者舞蹈的黑色玫瑰
北京保利 2015-06-03 Lot4036
布面油画 230×150cm
成交价：RMB10,350,000

1995 年作 尖角黑玫瑰
保利香港 2015-10-05 Lot0215
布面油彩 200×100cm
成交价：RMB7,080,708

# 奈良美智

2006 年作 The Little Star Dweller acrylic and
glitter on canvas
纽约佳士得 2015-11-09 Lot0024
压克力画布 227×181cm
成交价：RMB21,672,550

1995 年作 Yr.Childhood
香港佳士得 2015-05-30 Lot0035
压克力画布 120×110cm
成交价：RMB15,795,720

1995 年作 Tempest
香港佳士得 2015-11-28 Lot0069
压克力画布 120×110cm
成交价：RMB10,870,040

1999 年作 Sleepless Night（in the White Room）
香港佳士得 2015-11-28 Lot0059
压克力画布 120×110cm
成交价：RMB10,870,040

1999 年作 In the Darkland
香港苏富比 2015-10-04 Lot1064
压克力画布 120×110cm
成交价：RMB9,929,760

2012 年作 Let's Talk About"Glory"
香港苏富比 2015-10-04 Lot1063
压克力麻布裱于木板 151×108.5cm
成交价：RMB7,956,960

# 朴栖甫

1975 年作 描法第 65-75 号
香港佳士得 2015-11-28 Lot0006
油彩铅笔画布 130×195cm
成交价：RMB7,717,400

# 尚扬

1994 年作 诊断 -3
中国嘉德 2015-05-17
Lot1599
布面丙烯画 193×153cr
成交价：RMB8,050,000

2007 年作 董其昌计划 -7
北京保利 2015-06-03 Lot4072
布面油画 128×416cm
成交价：RMB6,440,000

## 石冲

2009 年作 董其昌计划 -23
西泠印社 2015-12-26 Lot0900
综合媒材 300×272cm
成交价：RMB5,520,000

1995 年作 95 大风景 -4
北京保利 2015-12-05 Lot5526
布面油画 170×200cm
成交价：RMB5,520,000

1995 年作 欣慰中的
年青人
中国嘉德 2015-11-14
Lot0246
布面油画 152×74cm
成交价：RMB37,950,000

## 田中敦子

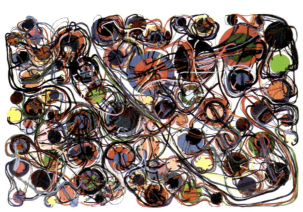

1977-1984 年作 77R-'84'
香港佳士得 2015-11-28 Lot0039
压克力画布 130×97cm
成交价：RMB6,732,200

1993 年作 93C
香港苏富比 2015-04-04 Lot1058
压克力画布 130×193.5cm
成交价：RMB5,874,960

1993 年作 93A
香港佳士得 2015-11-28 Lot0034
压克力画布 194×130.5cm
成交价：RMB5,451,440

## 王怀庆

1992 年作 相对有声
香港苏富比
2015-04-04 Lot1014
布面油画 130.5×143.5cm
成交价：RMB11,685,360

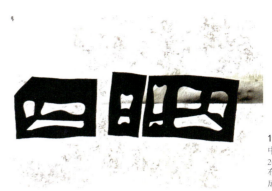

1999 年作 榻
中国嘉德
2015-04-06 Lot0
布面油画 140×
成交价：RMB8,

## 王沂东

2008 年作 初雪
北京保利 2015-06-03 Lot4095
布面油画 117×78cm
成交价：RMB6,325,000

## 吴大羽

1980 年作 谱献 -63
中国嘉德 2015-05-17 Lot1570
布面油画 53.5×37cm
成交价：RMB11,500,000

1980 年作 无题 -19
北京保利 2015-06-03 Lot4022
布面油画裱于纸板 54×39cm
成交价：RMB10,350,000

繁花争艳
香港苏富比 2015-04-04 Lot1010
布面油画 45.5×32.5cm
成交价：RMB5,874,960

1980 年作 飞羽
中国嘉德 2015-11-14 Lot0231
布面油画 45.5×33cm
成交价：RMB5,865,000

## 吴冠中

1975 年作 木槿
北京保利 2015-06-03 Lot4006
布面油画 120×80cm
成交价：RMB69,000,000

**1973 年作 红梅**
香港苏富比 2015-04-04 Lot1006
布面油画 89.5×70cm
成交价：RMB53,939,880

**1973 年作 小桃红**
香港苏富比 2015-10-04 Lot1033
布面油画 61×46cm
成交价：RMB36,529,680

**1975 年作 滨海城市（青岛）**
保利香港 2015-04-06 Lot0150
木板油彩 46×61cm
成交价：RMB31,424,580

**1973 年作 荷花**
香港苏富比 2015-04-04 Lot1009
布面油画 61×50cm
成交价：RMB27,728,520

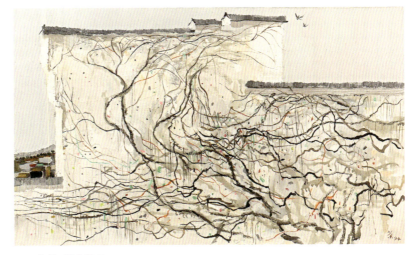

**1994 年作 墙上秋色**
香港苏富比 2015-04-04 Lot1008
布面油画 60.5×93cm
成交价：RMB25,920,840

**1973 年作 紫竹院的早春**
北京保利 2015-12-05 Lot5509
布面油画 60×81cm
成交价：RMB24,725,000

**1987 年作 山居**
广州华艺 2015-12-20 Lot0683
布面油画 106×77.5cm
成交价：RMB18,400,000

故乡苇塘
香港苏富比 2015-04-06 Lot1234
镜框 设色纸本 70×140cm
成交价：RMB14,590,560

1984 年作 白皮松
香港佳士得 2015-05-30 Lot0016
设色纸本 117.5×96cm
成交价：RMB13,488,840

1978 年作 园林（江南园林）
香港佳士得 2015-11-28 Lot0020
木板油画 69×54cm
成交价：RMB10,377,440

1973 年作 长江三峡
保利香港 2015-04-06 Lot0151
木板油彩 58×43cm
成交价：RMB9,522,600

1961 年作 大昭寺
北京保利 2015-12-05 Lot5508
木板油画 46×61cm
成交价：RMB9,200,000

1981 年作 鲁迅乡土组画之一：老屋
（老墙）
香港佳士得 2015-11-28 Lot0018
设色纸本 50×50cm
成交价：RM38,407,040

1985 年作 彩山
香港苏富比 2015-04-04 Lot1005
布面油画 46×54cm
成交价：RMB7,327,560

1972 年作 李村树（二）
香港苏富比 2015-04-04 Lot1004
纸板油画 34×26cm
成交价：RMB6,068,640

1959 年作 井冈山小景
北京保利 2015-06-03 Lot4004
布面油画 46×61.5cm
成交价：RMB5,980,000

1978 年作 江边竹林
香港苏富比 2015-04-04 Lot1007
木板油画 44×43cm
成交价：RMB5,874,960

## 吴作人

## 徐冰

1972 年作 白皮松
北京保利 2015-06-03 Lot4000
纸本油画 34×26cm
成交价：RMB5,865,000

1939 年作 嘉陵江边
中国嘉德 2015-05-17 Lot1543
布面油画 70×100cm
成交价：RMB5,290,000

2001 年作 鸟飞了
北京保利 2015-06-03 Lot4050
装置 尺寸不一
成交价：RMB11,500,000

## 颜文樑

## 亚历山大·阿契本科

颜文樑、潘玉良、雷雨、钱延康、李咏森、张眉孙、刘海粟、陈抱一、吴作人、钱延康等 百年华彩——二十世纪前辈优秀艺术家水彩作品专辑
北京保利 2015-06-04 Lot4262
尺寸不一共 62 件
成交价：RMB5,520,000

梳头女子
纽约佳士得 2015-11-09 Lot0023
青铜雕塑 高 179cm
成交价：RMB12,985,750

# 杨飞云

2010 年作 唐韵
广州华艺 2015-05-24 Lot0714
布面油画 180×150cm
成交价：RMB8,050,000

2004 年作 小憩
广州华艺 2015-12-20 Lot0684
布面油画 145×115cm
成交价：RMB6,900,000

# 余本

1935 年作 晚归
中国嘉德 2015-11-14 Lot0237
布面油画 82×94cm
成交价：RMB6,325,000

# 余友涵

1990/1991 年作 1991.1
保利香港 2015-04-06 Lot0237
布面油彩 118×167cm
成交价：RMB7,427,628

2007 年作 毛主席和韶山农民谈话
保利香港 2015-04-06 Lot0236
布面油彩 214×154cm
成交价：RMB7,141,950

1986 年作 无题
香港佳士得 2015-11-28 Lot0061
压克力画布 157.5×132cm
成交价：RMB6,929,240

# 俞晓夫

1998 年作 钢琴课
北京翰海 2015-06-26 Lot0897
布面油画 135×180cm
成交价：RMB5,290,000

# 元永定正

1964 年作 作品
香港苏富比 2015-10-04 Lot1054
砾石、合成树脂及油画画布裱于木板 91×116cm
成交价：RMB5,984,160

# 曾梵志

**1998 年作 面具系列**
香港佳士得 2015-05-30 Lot0037
布面油画 169×144cm
成交价：RMB16,692,840

**2009 年作 无题 10-1-2**
香港苏富比 2015-10-04 Lot1072
布面油画 200×400cm
成交价：RMB11,902,560

**2006 年作 自画像（行进者）**
保利香港 2015-04-06 Lot0159
布面油画 215×330.5cm
成交价：RMB8,570,340

**2002 年作 我们系列：毛泽东**
罗芙奥 2015-06-07 Lot0271
布面油画 100×100cm
成交价：RMB7,272,000

**2001 年作 无题 11**
北京保利 2015-06-03 Lot4038
布面油画 218×146cm
成交价：RMB6,670,000

**2001 年作 无题**
上海佳士得 2015-10-24 Lot0407
布面油画 220×145cm
成交价：RMB6,630,000

**2006/2007 年作 肖像 06-1**
香港佳士得 2015-05-30 Lot0048
布面油画 219×149cm
成交价：RMB6,279,840

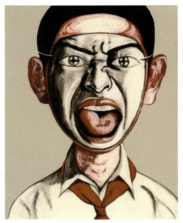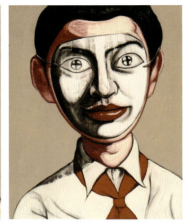

1996 年作 三年级一班 15, 16 及 24 号（三件）
香港苏富比 2015-04-04 Lot1060
布面油画 48×38cm
成交价：RMB6,359,160

## 张恩利

2001 年作 面具系列 2001 No.5
保利香港 2015-10-05 Lot0216
布面油画 109.5×109.5cm
成交价：RMB5,819,760

2006 年作 小威
上海明轩 2015-06-21 Lot0442
布面油画 100×100cm
成交价：RMB5,750,000

2001 年作 吸烟
中国嘉德 2015-05-17 Lot1597
布面油画 200×220cm
成交价：RMB5,750,000

## 张培力

1985 年作 仲夏的泳者
保利香港 2015-10-05 Lot0209
布面油彩 173.5×170cm
成交价：RMB13,676,436

## 张晓刚

1993 年作 天安门 3 号
香港苏富比 2015-10-04 Lot1076
布面油画 100×129cm
成交价：RMB18,018,240

**1995 年作 血缘——大家庭·全家福**
北京保利 2015-12-05 Lot5547
布面油画 99.5×130cm
成交价：RMB16,790,000

## 赵半狄

**1990 年作 涂口红的女孩**
中国嘉德 2015-11-14 Lot0242
布面油画 170×109cm
成交价：RMB13,800,000

## 赵无极

**1961 年作 07.04.61**
香港苏富比 2015-04-04 Lot1016
布面油画 195×114cm
成交价：RMB44,901,480

**1951/1952 年作 无题（大教堂）**
香港佳士得 2015-11-28 Lot0024
布面油彩 81×100cm
成交价：RMB34,120,760

**1955 年作 雷霆万钧**
香港佳士得 2015-11-28 Lot0025
布面油彩 65×100cm
成交价：RMB29,523,160

**1960 年作 12.04.60**
香港佳士得 2015-05-30 Lot0029
布面油彩 100×80cm
成交价：RMB28,803,960

**1959 年作 02.04.59**
香港苏富比 2015-04-04 Lot1017
布面油画 89×130cm
成交价：RMB26,824,680

第三部分　年度重要拍品

1966 年作 08.03.66
香港苏富比 2015-10-04 Lot1020
布面油画 150×162cm
成交价：RMB19,793,760

1991 年作 16.9.91
罗芙奥 2015-06-07 Lot0239
布面油彩 114×146cm
成交价：RMB16,353,920

1966 年作 19.12.66
罗芙奥 2015-06-07 Lot0238
布面油彩 195×96cm
成交价：RMB16,353,920

1952 年作 海港
香港苏富比 2015-10-04 Lot1019
布面油画 60×72.5cm
成交价：RMB14,861,760

1955 年作 夜 子夜
香港苏富比 2015-04-04 Lot1015
布面油画 54.5×46.5cm
成交价：RMB14,590,560

1954/1955 年作 田野
保利香港 2015-10-05 Lot0131
布面油彩 46×61cm
成交价：RMB14,549,400

1954 年作 火鸟
保利香港 2015-04-06 Lot0145
布面油彩 73×92cm
成交价：RMB14,283,900

1961 年作 17.06.61
香港佳士得 2015-05-30 Lot0056
布面油彩 60×73cm
成交价：RMB13,969,440

1999 年作 24.09.99
罗芙奥 2015-12-06 Lot0153
布面油彩 162×130cm
成交价：RMB13,603,200

1952 年作 双裸女
香港苏富比 2015-04-04 Lot1019
布面油画 45.5×55cm
成交价：RMB13,137,960

1968 年作 18.3.68
香港佳士得 2015-05-30 Lot0057
布面油彩 95×105cm
成交价：RMB12,527,640

1956 年作 夜，深夜
香港佳士得 2015-05-30 Lot0031
布面油彩 33×55cm
成交价：RMB12,527,640

1953 年作 归航
香港苏富比 2015-10-04 Lot1018
布面油画 60×92cm
成交价：RMB11,902,560

1955 年作 父亲的花园
香港佳士得 2015-05-30 Lot0030
布面油彩 38×46cm
成交价：RMB11,566,440

1993 年作 15.2.93
北京佳士得 2015-06-02 Lot0028
布面油彩 162×150cm
成交价：RMB10,856,000

1997 年作 19.06.97
香港苏富比 2015-04-04 Lot1018
布面油画 114×195cm
成交价：RMB10,716,960

1969 年作 7.12.69
罗芙奥 2015-11-29 Lot0026
布面油彩 73×92cm
成交价：RMB10,180,400

1959 年作 16.05.59
香港苏富比 2015-04-05 Lot5001
布面油彩 73×54cm
成交价：RMB9,748,560

1955 年作 中国城
香港佳士得 2015-11-28 Lot0021
布面油彩 54×65cm
成交价：RMB8,899,640

1956 年作 热风
香港佳士得 2015-05-30 Lot0027
布面油彩 46×55cm
成交价：RMB8,202,240

1961 年作 27.05.61
香港苏富比 2015-10-04 Lot1021
布面油画 100×73cm
成交价：RMB7,956,960

1974 年作 06.02.74
保利香港 2015-04-06 Lot0146
布面油彩 65×81.5cm
成交价：RMB7,237,176

1982 年作 23.3.82
北京保利 2015-06-03 Lot4018
布面油画 114×146cm
成交价：RMB6,785,000

1981 年作 1.10.81
香港佳士得 2015-05-30 Lot0058
布面油彩 73×60cm
成交价：RMB5,991,480

1948 年作 粉红佳人
香港苏富比 2015-10-04 Lot1017
布面油画 65×54cm
成交价：RMB5,984,160

1974 年作 19.8.74
保利香港 2015-04-06 Lot0148
布面油彩 73×60cm
成交价：RMB5,713,560

## 钟泗宾

## 周春芽

1984 年作 20.8.84
北京保利 2015-06-03 Lot4019
布面油画 73×92cm
成交价：RMB5,060,000

1953 年作 峇厘舞会
香港佳士得 2015-11-29 Lot0368
布面油画 134×87.5cm
成交价：RMB6,338,120

2008 年作 绿狗
上海明轩 2015-06-21 Lot0437
布面油彩 200×250cm
成交价：RMB6,325,000

## 朱德群

1985 年作 冬之微妙
保利香港 2015-10-05 Lot0136
布面油画 130×100cm
成交价：RMB28,128,840

1985 年作 冬季苏醒
香港佳士得 2015-05-30 Lot0026
布面油彩 129.5×96cm
成交价：RMB18,038,520

1968 年作 构图第 290 号
香港佳士得 2015-05-30 Lot0023
布面油彩 147×115cm
成交价：RMB16,244,280

1959 年作 八仙山之秀
香港佳士得 2015-05-30 Lot0022
布面油彩 100×65cm
成交价：RMB15,795,720

1970 年作 回忆，1970 年 5 月 14 日
保利香港 2015-04-06 Lot0152
布面油彩 97×162cm
成交价：RMB14,283,900

1990 年作 黎明幻影
香港佳士得 2015-05-30 Lot0060
布面油彩 130×195cm
成交价：RMB12,527,640

2005 年作 温馨的回忆
香港佳士得 2015-05-30 Lot0059
布面油彩 130×195cm
成交价：RMB11,085,840

1991 年作 希望诞生了
香港佳士得 2015-05-30 Lot0061
布面油彩 180×230cm
成交价：RMB10,605,240

2004 年作 忆中雾
香港苏富比 2015-10-04 Lot1035
布面油画 130×195cm
成交价：RMB9,436,560

1985 年作 冬之组合
香港佳士得 2015-11-28 Lot0017
布面油画 80.5×65cm
成交价：RMB9,392,240

2006 年作 发光的形式
保利香港 2015-10-05 Lot0138
布面油彩 130×195cm
成交价：RMB8,729,640

2004/2005 年作 珍惜的一刻
北京保利 2015-06-03 Lot4020
布面油画 130×195cm
成交价：RMB8,280,000

1995 年作 无题
北京保利 2015-06-03 Lot4021
布面油画 195×130cm
成交价：RMB8,280,000

1961 年作 构图第 79 号
香港佳士得 2015-05-30 Lot0024
布面油彩 116×81cm
成交价：RMB7,721,640

1959 年作 构图第十六号
中国嘉德 2015-04-06 Lot0764
布面油画 130×81cm
成交价：RMB7,610,010

985 年作 无题
香港佳士得 2015-11-28 Lot0027
布面油画 81×65cm
成交价：RMB6,929,240

1976 年作 夜光
香港苏富比 2015-10-04 Lot1028
布面油画 130.5×96.5cm
成交价：RMB5,984,160

1992 年作 实质掌握
罗芙奥 2015-06-07 Lot0236
布面油彩 162×130cm
成交价：RMB5,817,600

**1979 年作 构图**
香港佳士得 2015-05-30 Lot0062
布面油彩 81×65cm×3
成交价：RMB5,607,000

## 朱铭

**1994 年作 太极系列：单鞭下势**
香港苏富比 2015-10-04 Lot1005
铜雕 122.5×189×90cm
成交价：RMB7,956,960

**1994 年作 太极系列：转身蹬脚**
香港苏富比 2015-10-04 Lot1014
铜雕 173×172×150cm
成交价：RMB7,956,960

**1995 年作 太极系列：推手**
香港苏富比 2015-10-04 Lot1022
铜雕 118.5×142×95cm
成交价：RMB5,984,160

## 朱沅芷

**1926/1927 年作 正在阅读的男子**
香港苏富比 2015-10-04 Lot1030
木板油画 59×47cm
成交价：RMB7,661,040

# 古董杂项

14 世纪 释迦牟尼
北京保利 2015-12-07 Lot7333
高 77cm
成交价：RMB103,500,000

# 瓷器

**南宋 官窑青釉八方弦纹盘口瓶**
香港苏富比 2015-04-07 Lot0001
高 22cm
成交价：RMB91,901,160

**清雍正 粉彩过枝福寿双全盌（一对）**
香港苏富比 2015-04-07 Lot0112
高 14.5cm
成交价：RMB72,468,600

**清雍正 珐琅彩赭墨梅竹图碗**
香港佳士得 2015-12-02 Lot2888
直径 10cm
成交价：RMB69,982,040

**清雍正 青花穿花龙纹长颈胆瓶**
香港苏富比 2015-04-07 Lot0108
高 38.5cm
成交价：RMB61,170,600

**清乾隆 粉彩九桃天球瓶**
香港苏富比 2015-10-07 Lot3610
高 54.5cm
成交价：RMB52,180,560

**清乾隆 青釉浮雕"吉庆有余"青花描金粉彩婴戏图八方瓶**
香港苏富比 2015-04-07 Lot3616
高 44cm
成交价：RMB51,228,360

**清乾隆 青花苍龙教子穿莲纹螭龙耳尊**
香港佳士得 2015-06-03 Lot3128
高 35.5cm
成交价：RMB44,952,120

**清乾隆 黄地洋彩"锦上添花"暗八仙双龙耳瓶**
香港苏富比 2015-04-07 Lot3608
高 75cm
成交价：RMB41,286,120

**明宣德 青花牵牛花纹四方倭角瓶**
伦敦苏富比 2015-05-13 Lot0038
高 13.5cm
成交价：RMB36,835,100

唐 三彩贴花卉纹凤首执壶
伦敦苏富比 2015-05-13 Lot0104
高 37cm×2
成交价：RMB26,105,500

清乾隆 青花矾红彩海水腾龙纹如意耳扁壶
香港苏富比 2015-10-07 Lot3633
高 25.5cm
成交价：RMB24,561,360

北宋 定窑刻牡丹花纹盌
纽约苏富比 2015-03-17 Lot0005
直径 20.5cm
成交价：RMB21,099,570

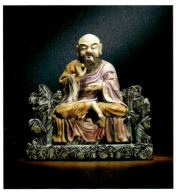

清雍正／乾隆 粉彩罗汉坐像（两尊）
香港佳士得 2015-06-03 Lot3020
高 23cm
成交价：RMB20,729,880

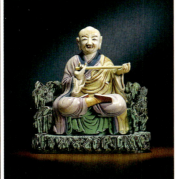

明成化 白釉磬口加康熙五彩过枝松鼠葡萄盘
北京保利 2015-12-08 Lot8621
直径 20cm
成交价：RMB20,700,000

明永乐 御窑青花葡萄纹花口大盘
北京东正 2015-11-19 Lot5033
直径 43cm
成交价：RMB20,700,000

当代 世博和鼎
北京翰海 2015-11-28 Lot2872
高 88cm
成交价：RMB20,125,000

清乾隆 松石绿地粉彩描金折枝四季花卉
盖罐（一对）
北京保利 2015-06-06 Lot6425
高 41cm
成交价：RMB20,125,000

**明宣德 青花鱼藻纹葵花式洗**
香港苏富比 2015-10-07 Lot3605
高 18cm
成交价：RMB19,793,760

**清乾隆 斗彩花卉云蝠纹盖罐**
北京翰海 2015-11-28 Lot2936
高 48cm
成交价：RMB18,975,000

**元 青花龙凤花卉纹兽耳罐**
北京翰海 2015-11-28 Lot2935
高 38cm
成交价：RMB18,975,000

**清嘉庆 紫地粉彩海屋添筹双耳瓶**
北京翰海 2015-06-28 Lot2853
高 31.5cm
成交价：RMB17,825,000

**清乾隆 青花缠枝番莲纹如意耳葫芦瓶**
香港苏富比 2015-10-07 Lot3631
高 29.5cm
成交价：RMB17,820,960

**明宣德 青花缠枝莲大碗**
北京保利 2015-06-07 Lot8135
直径 28cm
成交价：RMB16,675,000

**清乾隆 珐琅彩仕女婴戏小贯耳瓶**
北京保利 2015-12-08 Lot7382
高 9cm
成交价：RMB16,675,000

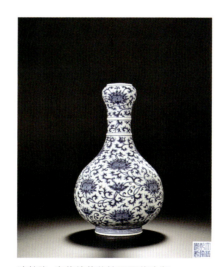

**清乾隆 青花并蒂莲纹双环蒜头瓶**
北京保利 2015-06-06 Lo-6462
高 29cm
成交价：RMB16,675,000

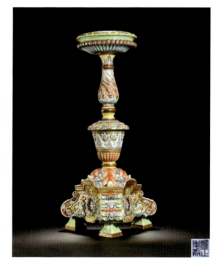

**清雍正 御制洋彩浮雕巴洛克式花卉螭龙纹花台**
北京保利 2015-06-06 Lot6330
高 45cm
成交价：RMB16,675,000

明宣德　蓝地白花牡丹纹大盘
香港佳士得 2015-12-02 Lot3112
直径 38cm
成交价：RMB16,649,880

清雍正　粉青釉浮雕缠枝莲如意耳扁壶
香港苏富比 2015-04-07 Lot0114
高 29cm
成交价：RMB16,527,360

清雍正　粉彩瓜瓞绵绵五蝠盌（一对）
香港苏富比 2015-10-07 Lot3634
高 12cm
成交价：RMB15,848,160

明 15/16 世纪　掐丝珐琅云龙纹大盖罐
纽约佳士得 2015-03-15 Lot3271
高 53cm
成交价：RMB15,758,937

清乾隆　黄地绿彩云龙纹贯耳穿带瓶
香港佳士得 2015-06-03　Lot3143
高 30.5cm
成交价：RMB14,450,040

清雍正　青釉橄榄式贯耳穿带瓶
邦瀚斯 2015-12-03 Lot0022
高 42.5cm
成交价：RMB14,219,720

清雍正　青花花鸟图双耳抱月瓶
香港佳士得 2015-06-03 Lot3126
高 22cm
成交价：RMB13,969,440

清乾隆　青花缠枝花卉贯耳尊（两件）
北京翰海 2015-11-28 Lot2937
高 51cm
成交价：RMB13,800,000

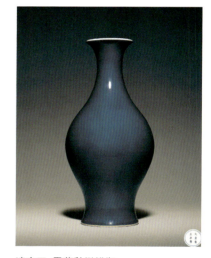

清乾隆　粉青釉刻缠枝莲纹大抱月瓶
纽约佳士得 2015-09-17 Lot2162
高 45cm
成交价：RMB13,032,785

清雍正　天蓝釉弦纹长颈盘口瓶
香港苏富比 2015-04-07 Lot0110
高 31.5cm
成交价：RMB12,653,760

清乾隆　茶叶末釉如意耳出戟橄榄瓶
中国嘉德 2015-05-16 Lot2834
高 33cm
成交价：RMB12,650,000

清雍正　霁蓝釉橄榄瓶
香港佳士得 2015-06-03 Lot3107
高 41cm
成交价：RMB11,566,440

清雍正　仿官釉贯耳弦纹大方壶
北京保利 2015-06-06 Lot6338
高 68cm
成交价：RMB11,500,000

清乾隆　冬青釉洋彩描金镂空夔凤忍冬纹内青花云蝠双象耳套瓶
保利香港 2015-04-06 Lot3356
高 23cm
成交价：RMB11,427,120

清乾隆　粉彩像生瑞芝壁瓶
香港苏富比 2015-10-07 Lot3609
高 23.5cm
成交价：RMB11,409,360

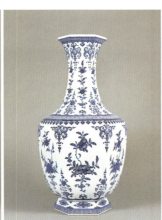

**清乾隆　御窑青花折枝花卉纹六方瓶**
北京东正 2015-05-19 Lot3013
高 66cm
成交价：RMB11,270,000

**清乾隆　青花八吉祥纹双螭耳抱月瓶**
中国嘉德 2015-11-15 Lot2517
高 47.5cm
成交价：RMB11,040,000

**清雍正　青花"喜上眉梢"花鸟图玉壶春瓶**
香港苏富比 2015-04-07 Lot0119
高 30cm
成交价：RMB10,716,960

**南宋　官窑米黄釉直颈瓶**
伦敦苏富比 2015-05-13 Lot0032
高 21.5cm
成交价：RMB10,394,300

**清乾隆　青花缠枝莲纹双耳鹿头尊（一对）**
中国嘉德 2015-05-16 Lot2844
高 44cm
成交价：RMB10,350,000

**明嘉靖　青花十六子婴戏大罐**
北京保利 2015-12-08 Lot8644
高 34cm
成交价：RMB9,890,000

**明永乐　御窑青花仰覆牡丹大折沿盘**
北京东正 2015-05-19 Lot3032
直径 39.5cm
成交价：RMB9,775,000

**清雍正 仿哥釉八卦龙耳抱月瓶**
北京翰海 2015-11-28 Lot2809
高 51cm
成交价：RMB9,775,000

**清乾隆 炉钧釉如意耳扁壶**
香港苏富比 2015-04-07 Lot3627
高 33cm
成交价：RMB9,748,560

**日本绳文时代 加彩土偶**
伦敦苏富比 2015-05-13 Lot0069
高 19.5cm
成交价：RMB9,704,540

**清乾隆 仿汝釉弦纹瓶**
中国嘉德 2015-05-16 Lot2805
高 29cm
成交价：RMB9,430,000

**清嘉庆 粉青釉模印缠枝花卉夔凤莲蓬口瓶**
北京保利 2015-12-08 Lot7380
高 30cm
成交价：RMB9,430,000

**清雍正 粉彩过枝月季梅花大盘**
北京保利 2015-06-06 Lot6341
直径 50.5cm
成交价：RMB9,315,000

**清雍正 粉彩灵仙祝寿纹长颈瓶**
邦瀚斯 2015-06-04 Lot0005
高 19cm
成交价：RMB9,259,560

**元 青花龙纹双兽耳罐**
北京保利 2015-12-08 Lot7431
高 38cm
成交价：RMB9,200,000

**清雍正 粉彩福禄寿观音瓶**
北京翰海 2015-11-28 Lot2932
高 25.5cm
成交价：RMB9,200,000

清雍正　冬青釉八方瓶
北京保利 2015-06-06 Lot6335
高 34.5cm
成交价：RMB9,200,000

清雍正　仿官釉贯耳大方壶
纽约佳士得 2015-03-17 Lot0054
高 35cm
成交价：RMB9,047,145

明宣德　黄地青花内菊花海浪外折枝花果盘
北京保利 2015-06-07 Lot8134
直径 32cm
成交价：RMB8,970,000

清乾隆　仿汝釉双耳三足鱼篓尊
中国嘉德 2015-05-16 Lot2807
宽 18cm
成交价：RMB8,970,000

清雍正　仿木纹釉青花山水人物笔筒
北京保利 2015-06-06 Lot6326
直径 18cm，高 14cm
成交价：RMB8,740,000

1955-1959 年　王步作　青花粉彩
九桃莱菔瓶
北京保利 2015-06-06 Lot6464
高 37cm
成交价：RMB8,510,000

清雍正　御窑青花矾红"飞龙在天"甘露瓶
北京东正 2015-05-19 Lot3006
高 29cm
成交价：RMB8,452,500

明永乐　青花折枝瑞果纹梅瓶
香港苏富比 2015-10-07 Lot3607
高 29cm
成交价：RMB8,450,160

清乾隆　松石绿地粉彩开光"满
堂富贵"图方瓶
纽约佳士得 2015-09-17 Lot2164
高 28cm
成交价：RMB8,444,225

**清乾隆 青花折枝花果六方大瓶**
北京保利 2015-06-06 Lot6461
高 66.5cm
成交价：RMB8,280,000

**清雍正 仿官釉双如意耳大方壶**
北京保利 2015-12-08 Lot7374
高 52.5cm
成交价：RMB8,280,000

**明宣德 青花轮花绶带耳葫芦扁瓶**
北京翰海 2015-11-28 Lot2934
高 30cm
成交价：RMB8,280,000

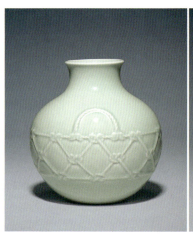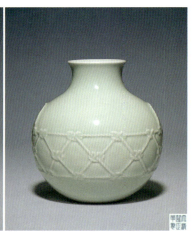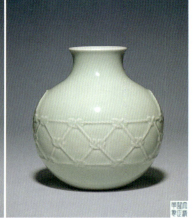

**清雍正 粉青釉网络尊**
香港佳士得 2015-06-03 Lot3103
高 17cm
成交价：RMB8,202,240

**清康熙 釉里红团花苹果尊**
中国嘉德 2015-05-16 Lot2808
直径 9.5cm
成交价：RMB8,165,000

**明洪武 釉里红如意云形缠枝牡丹菊纹大碗**
中国嘉德 2015-11-15 Lot2566
直径 41cm
成交价：RMB8,050,000

**元／明洪武 青花缠枝花卉大罐**
北京保利 2015-12-08 Lot8614
高 48cm
成交价：RMB8,050,000

**南宋 官窑小杯**
香港苏富比 2015-10-07 Lot3601
高 7.5cm
成交价：RMB7,956,960

20 世纪早期 德化观音像
伦敦佳士得 2015-05-12 Lot0155
高 39cm
成交价：RMB7,841,230

清乾隆 青花团莲双龙耳如意云口瓶（一对）
北京保利 2015-12-08 Lot7442
高 25cm
成交价：RMB7,820,000

清乾隆 粉青釉海棠式瓶
香港苏富比 2015-04-07 Lot3115
高 38cm
成交价：RMB7,811,760

清乾隆 白地粉彩双凤穿莲纹蝴蝶耳尊
香港苏富比 2015-04-07 Lot3607
高 27.5cm
成交价：RMB7,811,760

明正德 御窑斗彩飞龙内暗刻云龙纹高足碗
北京东正 2015-05-19 Lot3035
直径 16.5cm
成交价：RMB7,590,000

清乾隆 乾隆御题官窑贯耳小壶
北京保利 2015-06-06 Lot6307
高 10cm
成交价：RMB7,475,000

明嘉靖 黄地红彩穿云游龙纹罐
香港苏富比 2015-10-07 Lot3659
高 20cm
成交价：RMB7,463,760

清雍正 哥釉五孔琮式瓶
北京保利 2015-12-08 Lot7373
高 28cm
成交价：RMB7,360,000

明 16 世纪　德化白釉阿弥陀
佛坐像
香港佳士得 2015-12-02 Lot2912
高 45.5cm
成交价：RMB7,323,320

清雍正　斗彩鸡缸杯
香港佳士得 2015-06-03 Lot3144
直径 8cm
成交价：RMB7,241,040

清乾隆　御制茶叶末釉粉彩开光"富
贵绵长"双龙耳瓶
邦瀚斯 2015-06-04 Lot0047
高 37cm
成交价：RMB7,241,040

清乾隆　青花折枝花果纹六方瓶
北京匡时 2015-12-05 Lot3951
高 66cm
成交价：RMB7,130,000

元／明　哥窑花口盘
香港佳士得 2015-06-03 Lot3212
直径 16cm
成交价：RMB7,048,800

清雍正　斗彩灵仙祝寿纹盘（一对）
中贸圣佳 2015-11-23 Lot0647
口径 20.5cm，底径 13cm，高 4cm
成交价：RMB7,015,000

清雍正　斗彩祥云八仙图盌（一对）
香港苏富比 2015-10-07 Lot3637
高 10.5cm
成交价：RMB6,970,560

清雍正　青花缠枝灵芝灯笼瓶
北京保利 2015-06-06 Lot6345
高 25cm
成交价：RMB6,900,000

清雍正　仿官釉贯耳印花方壶
北京保利 2015-06-06 Lot6337
高 31.5cm
成交价：RMB6,900,000

明永乐　青花花卉阿拉伯文无挡尊
北京保利　2015-06-07　Lot8132
直径18cm，高17cm
成交价：RMB6,900,000

清雍正　粉青釉观音瓶
北京保利　2015-06-06　Lot6334
高27cm
成交价：RMB6,900,000

1880年、1862年、清光绪九年（1883年）　程门、金品卿、王少维　浅绛彩绘画集锦帽筒（三对）
北京保利　2015-06-05　Lot5066
高28.5cm
成交价：RMB6,900,000

南宋／元　哥窑水丞
纽约佳士得　2015-03-15　Lot3243
高7cm
成交价：RMB6,793,185

清　洋彩"甲子万年"转心笔筒
北京保利　2015-12-08　Lot7419
高12cm，直径9.5cm
戒交价：RMB6,670,000

清雍正　青花花果瓜藤纹大盘
保利香港　2015-04-06　Lot3366
高9.5cm，直径45.5cm
成交价：RMB6,665,820

清乾隆　青花折枝花果梅瓶
北京保利　2015-06-06　Lot6463
高32cm
成交价：RMB6,440,000

青乾隆　粉青釉模印夔龙花卉纹贯耳六方瓶
北京保利　2015-12-08　Lot7376
高45.5cm
戒交价：RMB6,325,000

11世纪　定窑白釉十二瓣形洗
北京保利　2015-12-07　Lot7355
直径18cm
成交价：RMB6,325,000

明永乐　青花海水葡萄纹折沿大盘
中国嘉德　2015-11-15　Lot2569
直径37cm
成交价：RMB6,325,000

**明以前 定窑绿釉天禄纹折沿盘**
上海嘉禾 2015-12-14 Lot1428
直径 22.5cm
成交价：RMB6,210,000

**清雍正 粉彩御鹿仙人图小盌**
香港苏富比 2015-10-07 Lot3635
高 10cm
成交价：RMB6,181,440

**清乾隆 御窑青花缠枝莲托八宝铺首衔环尊**
北京东正 2015-05-19 Lot3012
高 49cm
成交价：RMB6,095,000

**明永乐 青花海水葡萄纹大盘**
北京保利 2015-12-08 Lot8617
直径 38cm
成交价：RMB5,980,000

**清雍正 斗彩大吉图碗**
北京保利 2015-06-C6 Lot6349
直径 15cm
成交价：RMB5,980,000

**清乾隆 松绿地粉彩三多福迭绵长莲花瓶**
北京保利 2015-06-06 Lot6428
高 34.5cm
成交价：RMB5,980,000

**清雍正 五彩龙凤呈祥碗**
香港佳士得 2015-06-03 Lot3148
直径 15cm
成交价：RMB5,799,240

**南宋 青白釉观音**
北京翰海 2015-06-28 Lot2709
高 38cm
成交价：RMB5,750,000

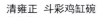

**清雍正 斗彩鸡缸碗**
北京传是 2015-12-04 Lot1118
直径 15.5cm
成交价：RMB5,750,000

明宣德 御窑青花四季花卉纹莲瓣碗
北京东正 2015-11-19 Lot5034
直径 20cm
成交价：RMB5,750,000

清乾隆 青花八吉祥抱月瓶
北京保利 2015-12-08 Lot7378
高 47.5cm
成交价：RMB5,635,000

清乾隆 官窑青花折枝花果纹贯耳六方尊
北京东正 2015-05-19 Lot3014
高 44.5cm
成交价：RMB5,635,000

清雍正 窑变釉如意耳弦纹尊
北京保利 2015-06-06 Lot6336
高 38cm
成交价：RMB5,577,500

清雍正 窑变釉执壶
伦敦佳士得 2C15-11-10 Lot0347
高 25.5cm
成交价：RMB5,564,013

12世纪 定窑刻莲塘双凫大钵式碗
北京保利 2015-12-08 Lot7429
直径 28cm
成交价：RMB5,520,000

清雍正 仿哥釉嵌西洋鎏金汉壶尊
香港苏富比 2015-10-07 Lot3628
高 75cm
成交价：RMB5,490,960

元 青花缠枝牡丹纹大罐
北京东正 2015-05-19 Lot4033
高 27cm
成交价：RMB5,405,000

**清乾隆 梅青地粉彩"瓜瓞绵绵"瓶**
纽约佳士得 2015-09-17 Lot2163
高 38cm
成交价：RMB5,385,185

**北宋 定窑白釉剔褐花莲纹盘**
伦敦苏富比 2015-05-13 Lot0031
直径 15.5cm
成交价：RMB5,336,060

**清乾隆 仿汝釉贯耳带纹方壶**
香港佳士得 2015-06-03 Lot3111
高 30cm
成交价：RMB5,318,640

**北宋／金 钧窑天蓝釉紫斑小碗**
香港佳士得 2015-12-02 Lot2808
直径 8.5cm
成交价：RMB5,254,400

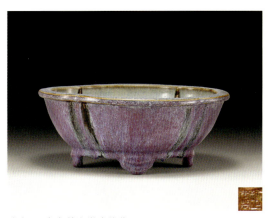

**清雍正 窑变釉海棠式花盆**
北京翰海 2015-11-28 Lot2813
长 27cm
成交价：RMB5,175,000

**清乾隆 御窑银地矾红彩西番莲托八吉祥纹贲巴壶**
北京东正 2015-11-19 Lot5025
高 19.5cm
成交价：RMB5,175,000

**清康熙 铜胎掐丝珐琅云龙纹多穆壶（一对）**
北京保利 2015-06-06 Lot6486
高 60.5cm
成交价：RMB5,175,000

**清乾隆 青花缠枝花卉大贯耳尊**
北京保利 2015-12-08 Lot7443
高 51cm
成交价：RMB5,175,000

**清雍正 斗彩西洋花卉碗（一对）**
中贸圣佳 2015-05-20 Lot0794
直径 12.5cm
成交价：RMB5,175,000

明永乐 青花轮花绶带耳葫芦扁瓶
北京保利 2015-06-07 Lot8131
高 25cm
成交价：RMB5,175,000

清雍正 珊瑚红地珐琅彩牡丹纹碗
北京匡时 2015-06-06 Lot2247
直径 12cm
成交价：RMB5,175,000

元／明初 钧窑丁香紫釉葵花式三足洗
香港佳士得 2015-06-03 Lot3121
直径 22cm
成交价：RMB5,030,280

# 玉石

**清雍正 "雍正帝御宝" 白玉九螭钮方玺**
香港苏富比 2015-04-07 Lot0102
7.4×6.1×6.1cm
成交价：RMB84,670,440

**清乾隆 白玉双龙纽宝玺 "太上皇帝之宝"**
北京保利 2015-12-07 Lot7365
印面 8.2×8.2cm，通高 7.8cm
成交价：RMB74,750,000

**清乾隆 御制青玉交龙纽 "大观堂宝" 玺**
纽约苏富比 2015-03-17 Lot0127
高 8.9cm，宽 10.2cm
成交价：RMB27,861,450

**当代 江春源 "流风余韵" 白玉海棠链炉**
西泠印社 2015-04-18 Lot0143
32×21×70cm
成交价：RMB23,345,000

**清乾隆 御制青玉填金十六应真玉册**
北京保利 2015-06-0€ Lot6375
15.5×11.5cm
成交价：RMB20,700,000

**清乾隆 御宝白玉坐龙方玺**
香港苏富比 2015-10-07 Lot3621
4.3×4×4cm
成交价：RMB19,793,760

**清乾隆　御制白玉溪桥送别图笔筒**
香港佳士得 2015-12-02 Lot3117
直径 16.7cm
成交价：RMB15,730,360

**明永乐　白玉龙纽梵文玺**
北京保利 2015-12-07 Lot7362
3×3×3cm
成交价：RMB11,500,000

**明　青白玉"皇唐受命之宝"玺**
纽约苏富比 2015-03-17 Lot0126
宽 14cm
成交价：RMB10,280,562

**清乾隆二十六年　青玉刻御制诗文描金云龙纹"第十二应钟"特磬**
北京保利 2015-06-06 Lot6308
磬宽 28.5cm，锤长 19.5cm
成交价：RMB10,120,000

**清 18 世纪　青白玉一佛二弟子造像**
纽约佳士得 2015-09-17 Lot2395
高 27.3cm
成交价：RMB8,444,225

**清乾隆　双耳雕花白玉碗**
伦敦佳士得 2015-11-10 Lot0088
宽 28cm，宽 23.5cm
成交价：RMB7,526,085

**清乾隆　青白玉万寿如意（一对）**
香港苏富比 2015-04-07 Lot3659
长 45cm
成交价：RMB 6,068,640

清嘉庆　青玉"孝懿仁皇后"双龙纽宝玺
北京保利 2015-12-08 Lot7478
12.8×12.8×9cm
成交价：RMB13,225,000

**清乾隆 白玉雕十六罗汉插屏**
北京东正 2015-11-19 Lot7010
长 21.5cm
成交价：RMB 5,980,000

**清 19 世纪 青白玉雕鹿鹤同春图盖瓶**
纽约苏富比 2015-09-15 Lot0180
高 29cm
成交价：RMB5,799,430

**16/17 世纪 蒙兀儿白玉叶耳罐**
香港佳士得 2015-06-03 Lot2918
宽 12.5cm
成交价：RMB5,799,240

# 当代珠宝

枕形缅甸天然鸽血红红宝石及钻石
戒指

香港佳士得 2015-12-01 Lot2121
重约 15.04 克拉；戒指尺寸 5¹/₂
成交价：RMB116,417,800

椭圆形及枕形缅甸天然鸽血红红宝石及梨形
D-G/IF-SI1 钻石项链 Etcetera 设计

香港佳士得 2015-06-02  Lot2112
红宝石重约 7.02 至 1.10 克拉，钻石重约 5.14 至 1.00
克拉，项链长 44cm
成交价：RMB80,388,360

长方形浓彩粉红色 IF Type IIa 钻
石戒指 Harry Winston 镶嵌

香港佳士得 2015-06-02 Lot2104
重约 9.07 克拉，戒指尺寸 5¹/₄
成交价：RMB78,145,560

天然翡翠珠配钻石扣项链　钻石扣可成
胸针 卡地亚设计

香港佳士得 2015-12-01 Lot2022
60 颗翡翠珠 直径 11.7 至 14.5mm，项链长
40.5cm；胸针长 3.4cm
成交价：RMB47,913,560

枕形缅甸天然红宝石（部分红宝石为鸽血红）
及枕形 D-F/VVS1-VS1 钻石项链 Faidee 设计

香港佳士得 2015-12-01 Lot2120
红宝石重约 5.05 至 1.04 克拉，项链长 39cm
成交价：RMB45,614,760

方形天然"克什米尔矢车菊蓝"蓝
宝石配钻石戒指

香港苏富比 2015-10-07 Lot1860
蓝宝石重 27.68 克拉，钻石共重约 5.70
克拉，戒指尺寸 5¹/₂
成交价：RMB42,974,160

梨形浓彩粉红色 VS2 Type IIa 钻石戒指

香港佳士得 2015-12-01 Lot2078
彩钻重约 7.53 克拉，戒指尺寸 5³/₄
成交价：RMB39,637,880

Swatch 手表 毕加索

香港苏富比 2015-04-07  Lot2189
成交价：RMB37,670,760

缅甸天然翡翠蛋面、红宝石及钻石吊坠
项链

香港佳士得 2015-06-02  Lot2097
蛋面 26.1×21.3×14.5mm，项链长 63.5cm
成交价：RMB35,083,800

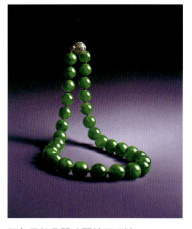

天然海水珍珠配钻石项链 及天然珍珠
配钻石耳环一对 卡地亚镶嵌
香港苏富比 2015-10-07 Lot1870
项链 42 颗珍珠直径约 12.90 至 6.65mm，项链
长 435mm；耳环 2 颗珍珠直径约 11.52mm
成交价：RMB33,767,760

缅甸天然翡翠珠配钻石项链
保利香港 2015-04-07 Lot3247
31 颗翡翠珠最大约 15.82mm，项链长约 52cm
成交价：RMB33,329,100

枕形浓彩粉红色 IF Type IIa 钻石戒指
香港佳士得 2015-12-01 Lot2075
重约 5.22 克拉，戒指尺寸 5⁴/₃
成交价：RMB28,143,880

古垫形天然缅甸抹谷红宝石配圆形钻石及天然
珍珠手链
香港苏富比 2015-10-07 Lot1862
红宝石重 27.91 克拉，12 颗圆形钻石共重约 11.50 克拉，
天然珍珠直径约 6.65 至 4.80mm，手链扣上钻石共重
约 2.00 克拉，手链长约 170mm
成交价：RMB24,561,360

天然翡翠蛋面戒指
香港佳士得 2015-12-01 Lot2091
蛋面 26.0×24.3×13.7mm，戒指尺寸 6
成交价：RMB24,006,040

椭圆形缅甸天然鸽血红红宝石戒指
Etcetera 设计
香港佳士得 2015-06-02 Lot2110
重约 5.11 克拉，戒指尺寸 5
成交价：RMB23,869,800

八边形切割未经加热的缅甸天然"皇家蓝"
蓝宝石配钻石项链 宝诗龙设计
保利香港 2015-04-07 Lot3224
蓝宝石重 91.95 克拉，钻石共重约 48 克拉，项
链长约 45cm
成交价：RMB23,806,500

方形鲜彩黄色钻石戒指 内部无瑕（IF）
净度
香港苏富比 2015-10-07 Lot1731
重 41.65 克拉，戒指尺寸 5¹/₄
成交价：RMB23,180,400

长方形 D/IF Type IIa 钻石戒指 Graff
设计
香港佳士得 2015-06-02 Lot2108
重约 15.15 克拉，戒指尺寸 8¹/₂
成交价：RMB22,075,560

**"傲雪红梅 BLOSSOMS IN SNOW"天然缅甸鸽血红红宝石配钻石项链、耳环套装 未经加热**
北京保利 2015-12-07 Lot17370
38 颗红宝石共重 52.75 克拉，主石尺寸约 7.40×6.20×4.30-11.35×9.35×5.20mm，4.10-4.15×2.10-5.30-5.35×4.10mm，钻石共重 76.43 克拉
成交价：RMB21,850,000

**缅甸天然翡翠满绿手镯**
保利香港 2015-10-06 Lot3190
内径约 55.49mm，手镯尺寸 77.03×55.49×10.81mm
成交价：RMB21,339,120

**枕形缅甸天然红宝石及枕形 E/VVS1-VVS2 钻石耳坠 Faidee 设计**
香港佳士得 2015-12-01 Lot2119
红宝石共重约 5.08、5.03、2.51 及 2.49 克拉，钻石约 1.52 及 1.50 克拉，耳坠长 2.4cm
成交价：RMB19,868,200

**长方形切割哥伦比亚祖母绿配 Ashoka 钻石项链、耳环及戒指套装 William Goldberg 设计**
保利香港 2015-10-06 Lot3161
15 颗祖母绿最大 8.52 克拉，共重约 150 克拉；钻石共重约 90 克拉；项链长约 44.8cm，耳环长约 6.1cm，戒指尺寸 61/4
成交价：RMB18,914,220

**圆形切割彩紫粉无暇净度钻石配蓝钻戒指**
保利香港 2015-10-06 Lot3237
重 4.50 克拉，戒指尺寸 6
成交价：RMB18,429,240

**古垫形天然缅甸抹谷红宝石配钻石及缟玛瑙"豹"戒指 卡地亚镶嵌**
香港苏富比 2015-10-07 Lot1742
红宝石重 10.62 克拉，配钻共重约 2.00 克拉，戒指尺寸 6
成交价：RMB16,834,560

**长方形浓彩绿色 SI1 钻石戒指 Moussaieff 设计**
香港佳士得 2015-06-02 Lot2105A
重约 5.02 克拉，戒指尺寸 51/4
成交价：RMB16,692,840

**D 色无瑕净度，极优切割、打磨及对称钻石耳环（一对）**
香港苏富比 2015-04-06 Lot1762
圆形钻石重 12.87 及 12.77 克拉，配钻共重约 1.05 克拉
成交价：RMB16,043,160

**梨形浓彩蓝色 IF 钻石戒指 Moussaieff 设计**
香港佳士得 2015-06-02 Lot2105
重约 3.00 克拉，戒指尺寸 51/2
成交价：RMB15,795,720

**圆形克什米尔天然蓝宝石及钻石戒指**
香港佳士得 2015-06-02 Lot2036
重约 10.33 克拉，戒指尺寸 6¹/₂
成交价：RMB15,347,160

**缅甸天然翡翠牌戒指**
香港佳士得 2015-06-02 Lot1890
翡翠牌 24.8×16.7×6.8mm，戒指尺寸 6¹/₄
成交价：RMB14,450,040

**八角形哥伦比亚天然祖母绿配榄尖形 F-H/ VVS1-SI1 钻石手镯 Etcetera 设计**
香港佳士得 2015-06-02 Lot2111
重约 38.51 克拉，配钻重 1.54 至 1.00 克拉，手镯内周长 14.6cm
成交价：RMB14,450,040

**长方形阿富汗天然祖母绿戒指**
香港佳士得 2015-12-01 Lot2114
重约 10.11 克拉，戒指尺寸 7³/₄
成交价：RMB14,416,760

**天然翡翠手镯（一对）**
香港苏富比 2015-04-06 Lot1732
内径约 53.46 及 53.42mm，厚度约 10.32 及 10.27mm，手镯尺寸 17.3
成交价：RMB13,622.160

**椭圆形切割缅甸鸽血红红宝石配钻石戒指 Faidee JW Currens 设计**
保利香港 2015-10-06 Lot3134
重 6.03 克拉，戒指尺寸 5¹/₂
成交价：RMB13,579,440

**缅甸天然翡翠珠及钻石项链**
香港佳士得 2015-06-02 Lot2092
33 颗翡翠珠直径 11.2 至 12.9mm，项链长 45.5cm
成交价：RMB13,488,840

**D 色内部无瑕（IF）净度（极优切割、打磨及对称）Type IIa 钻石耳环（一对）**
香港苏富比 2015-10-07 Lot1741
重 8.05 及 8.03 克拉
成交价：RMB13,382,160

**梨形切割淡彩蓝色内部无暇钻石配心形切割浓彩紫粉色钻石戒指**
保利香港 2015-04-07 Lot3233
淡蓝色钻石重 7.24 克拉，心形粉色钻石重 0.57 及 0.66 克拉，戒指尺寸 5¹/₂
成交价：RMB13,141,188

古垫形天然克什米尔蓝宝石配钻石戒指
香港苏富比 2015-04-06 Lot1915
蓝宝石重 11.21 克拉，配钻共重约 1.20 克拉，
戒指尺寸 6
成交价：RMB13,137,960

缅甸天然翡翠手镯
香港佳士得 2015-06-02 Lot2070A
内径 56.0mm，宽 18.1mm，厚 8.3mm，手镯尺寸 18.0
成交价：RMB13,008,240

梨形 D/IF Type IIa（极优打磨及比例）
钻石及六角形彩紫红色 I2 钻石吊坠项链
Nirav Modi 设计
香港佳士得 2015-06-02 Lot2088
梨形主石重 10.02 克拉，梨形配钻重 2.66 克拉，
六角形配钻重 1.03 克拉，项链长 41.6cm
成交价：RMB12,623,760

方形浓彩蓝色钻石配钻石戒指 VVS1 净度
香港苏富比 2015-10-07 Lot1852
重 2.11 克拉，戒指尺寸 5¹/₂
成交价：RMB12,099,840

梨形 D/FL Type IIa 钻石配梨形及榄尖形
D-F/FL-VVS2 钻石吊坠项链
香港佳士得 2015-12-01 Lot2082
主石重约 10.25 及 3.06 克拉，配钻重约 1.76 至
1.00 克拉，项链长 42.0cm
成交价：RMB11,855,240

长方形鲜彩橙黄色 IF 钻石戒指
香港佳士得 2015-06-02 Lot1963
重约 9.50 克拉，戒指尺寸 5¹/₂
成交价：RMB11,566,440

缅甸天然红宝石及泰国红宝石及钻石项链
卡地亚设计
香港佳士得 2015-06-02 Lot1998
长 40.3cm
成交价：RMB11,566,440

天然满绿翡翠手镯及天然紫罗兰翡翠手镯（一对）
北京保利 2015-06-06 Lot13956
满绿手镯重 227.48 克拉，内径约 50.30mm；紫罗兰手
镯重 223.17 克拉，内径约 50.71mm
成交价：RMB11,500,000

D 色内部无瑕（IF）净度（极优切割、打
磨及对称）Type IIa 钻石戒指
香港苏富比 2015-04-06 Lot1902
重 10.08 克拉，戒指尺寸 5¹/₂
成交价：RMB11,201,160

**梨形彩棕粉红色 VS2 钻石戒指**
香港佳士得 2015-12-01 Lot2040
重约 15.82 克拉，戒指尺寸 6
成交价：RMB10,870,040

**缅甸天然翡翠牌戒指**
香港佳士得 2015-06-02 Lot1889
翡翠牌 23.5×22.6×5.0mm，戒指尺寸 6
成交价：RMB10,605,240

**圆形 D/IF（极优切割、打磨及比例）Type IIa 钻石耳坠**
香港佳士得 2015-06-02 Lot2106
重 6.09 及 5.89 克拉，耳坠长 3.1cm
成交价：RMB10,605,240

**长方形浓彩黄色 VS1 钻石吊坠项链**
香港佳士得 2015-06-02 Lot1964
重约 53.88 克拉，项链长 39.1cm
成交价：RMB10,605,240

**梨形 D 色内部无瑕（IF）净度（极优打磨）Type IIa 钻石项链 宝格丽**
香港苏富比 2015-04-06 Lot1768
主石重 7.04 克拉，配钻共重约 52.50 克拉，长约 360mm
成交价：RMB10,523,280

**圆形 D/IF（极优切割、打磨及比例）钻石戒指**
香港佳士得 2015-06-02 Lot2107
重约 9.58 克拉，戒指尺寸 6
成交价：RMB 10,413,000

**枕形哥伦比亚天然祖母绿及钻石耳坠**
香港佳士得 2015-12-01 Lot2113
重约 11.43、10.49、2.65 及 2.43 克拉，耳坠长 4.6cm
成交价：RMB10,278,920

**D 色内部无瑕（IF）净度（极优切割、打磨及比例）Type IIa 钻石耳环（一对）**
香港苏富比 2015-04-06 Lot1744
重 6.67 及 6.64 克拉
成交价：RMB9,942,240

**夏忝子爵夫人钻石项链 由 1887 年法国皇室珠宝拍卖所出售的珠宝梳子上的两串钻石流苏改镶而成 约 1900 年**
香港苏富比 2015-10-07 Lot1737
28 颗圆形钻石共重约 65.00 克拉，长约 410 及 480mm
成交价：RMB9,929,760

**梨形淡彩粉红色 VS2 净度钻石戒指**
香港苏富比 2015-10-07 Lot1740
主石重 5.06 克拉，配钻共重约 4.35 克拉，
戒指尺寸 7¹/₄
成交价：RMB9,929,760

**天然翡翠蛋面及钻石项链**
香港佳士得 2015-12-01 Lot2090
蛋面最大 15.0×13.8×4.9mm，项链长 43cm
成交价：RMB9,884,840

**天然心形足色全美无瑕（D/FL）（极优打磨及
比例）Type IIa 钻石**
北京保利 2015-12-07 Lot17170
重 10.03 克拉，尺寸 13.16×14.66×9.18mm
成交价：RMB9,775,000

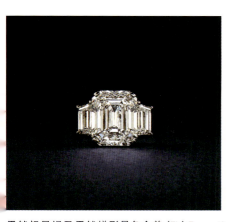

**天然祖母绿及天然梯形足色全美（FL）Type IIa
钻石戒指**
北京保利 2015-06-06 Lot13960
祖母绿重 10.03 克拉，尺寸约 13.80×10.76×7.04mm；2
颗配钻共重 2.21 克拉；戒指尺寸 11
成交价：RMB9,775,000

**方形 D 色内部无（IF）净度　Type
IIa 极优打磨钻石戒指**
香港苏富比 2015-04-06　Lot1903
重 10.01 克拉，戒指尺寸 5¹/₂
成交价：RMB9,748,560

**方形彩黄色 VS1 净度彩钻配钻石项链／戒指**
广州华艺 2015-05-24 Lot2098
主石重 31.01 克拉，配钻共重约 12.60 克拉
成交价：RMB9,315,000

**天然蓝宝石配钻石项链与天然蓝宝石耳环套装
Harry Winston**
北京匡时 2015-12-04 Lot2705
18 颗蓝宝石共重 84.74 克拉，耳环重 8.95 及 9.05 克拉
成交价：RMB9,200,000

**缅甸天然蛋面翡翠配钻石吊坠**
北京东正 2015-05-19 Lot2019
蛋面 32.26×27.80×13.58mm，主钻重 1.21 克
拉，配钻重 8.05 克拉
成交价：RMB9,200,000

**梨形浓彩 VS1 净度蓝色钻石配粉红色钻
石及钻石戒指**
香港苏富比 2015-04-06　Lot1861
主石重 2.13 克拉，配钻共重约 3.65 克拉，戒
指尺寸 6
成交价：RMB9,070,680

浓彩、鲜彩及深彩紫粉红色、粉红色、橙黄色、黄色及绿色 VVS1-I2 钻石胸针 Carvin French 设计
香港佳士得 2015-06-02 Lot2103
重约 2.09 至 0.27 克拉，胸针尺寸 11.1×8.0cm
成交价：RMB8,682,840

缅甸天然"竹"翡翠配钻石挂坠
保利香港 2015-04-07 Lot3077
翡翠尺寸约 55.02×26.32×6.45mm
成交价：RMB8,570,340

圆形 VS1 净度彩黄色钻石配钻石吊坠
香港苏富比 2015-10-07 Lot 1733
彩黄色钻石重 45.88 克拉，3 颗配钻共重约 1.15 克拉
成交价：RMB8,351,520

缅甸天然翡翠牌戒指（一对）
香港佳士得 2015-06-02 Lot1888
翡翠牌最大 26.9×14.8×5.3mm，戒指尺寸 6½
成交价：RMB8,202,240

圆形 D 色内部无瑕（IF）净度（极优切割、打磨及比例）Type IIa 钻石戒指
香港苏富比 2015-10-07 Lot1867
重 9.65 克拉，戒指尺寸 5½
成交价：RMB8,055,600

天然哥伦比亚木佐矿祖母绿及钻石戒指 未经注油 Harry Winston
北京保利 2015-06-06 Lot13950
祖母绿重 26.77 克拉，尺寸 23.31×17.21×9.10mm；戒指尺寸 13
成交价：RMB8,050,000

天然老坑玻璃种帝王绿翡翠及钻石项链、戒指及耳环套装
北京保利 2015-06-06 Lot13918
项链 13 颗主石共重 54.29 克拉，626 颗配钻共重 17.69 克拉，长 46cm；戒指主石共重 9.02 克拉，126 颗配钻共重 1.29 克拉，戒指尺寸 14，约 12.85×16.82mm；耳环 2 颗主石共重 8.04 克拉，146 颗配钻共重 0.71 克拉，耳环尺寸 11.99×9.55mm 及 11.87×9.49mm
成交价：RMB8,050,000

天然满绿翡翠珠链
北京保利 2015-06-06 Lot13734
29 颗翡翠珠直径约 16.07-18.07mm，配钻共重 1.32 克拉，项链长 52cm
成交价：RMB7,992,500

圆形 D/FL-IF（极优切割、打磨及比例）钻石耳环
香港佳士得 2015-12-01 Lot2081
重约 5.13 及 5.03 克拉
成交价：RMB7,914,440

**长方形 D/IF Type IIa 钻石戒指**
香港佳士得 2015-12-01 Lot2062
重约 9.88 克拉，戒指尺寸 5³/₄
成交价：RMB7,914,440

**天然翡翠蛋面耳环（一对）**
香港苏富比 2015-10-07 Lot1728
2 颗蛋面约 17.95×14.95×6.56mm 及 17.89×14.88×6.86mm
成交价：RMB7,759,680

**缅甸天然翡翠蛋面及钻石戒指**
香港佳士得 2015-06-02 Lot2096
蛋面 16.3×14.8×7.6mm，戒指尺寸 6
成交价：RMB7,721,640

**哥伦比亚祖母绿项链及耳坠套装 Chopard 设计**
香港佳士得 2015-12-01 Lot2096
祖母绿共重 93.45 克拉，项链长 40.0cm，耳坠长 4.8cm
成交价：RMB7,520,360

**榄尖形 D/VS2 钻石戒指 Siba 设计**
香港佳士得 2015-06-02 Lot2060
重 14.68 克拉，戒指尺寸 6³/₄
成交价：RMB7,241,040

**天然翡翠"豌豆"配钻石吊耳环（一对）**
香港苏富比 2015-10-07 Lot1845
2 颗蛋面约 14.57×10.71×4.18mm 及
14.19×10.20×4.57mm，配钻共重约 1.00
克拉，耳环 34.12×14.12×5.97mm 及
33.92×13.98×6.08mm
成交价：RMB7,167,840

**天然枕形缅甸"皇家蓝"蓝宝石配钻石项链**
**未经加热**
北京保利 2015-12-07 Lot17348
蓝宝石重 40.86 克拉，尺寸约
18.82×18.79×11.36mm；配钻共重 51.84 克拉
成交价：RMB7,130,000

**浓彩黄色内部无瑕钻石戒指**
保利香港 2015-04-07 Lo:3232
重 30.03 克拉，戒指尺寸 6
成交价：RMB7,046,724

**天然 M 色 VVS2 净度钻石配钻石戒指**
北京保利 2015-12-07 Lot17244
主石重 31.69 克拉，尺寸约
19.58×16.58×11.18mm；配钻重 1.52 克拉；戒指
尺寸 13
成交价：RMB7,015,000

**缅甸天然翡翠珠配钻石项链 宝格丽镶嵌**
保利香港 2015-10-06 Lot3262
43 颗翡翠珠直径 9.18 至 13.21mm，项链长约 56.0cm
成交价：RMB6,983,712

**枕形缅甸天然蓝宝石及钻石戒指**
香港佳士得 2015-12-01 Lot2099
重约 26.08 克拉，戒指尺寸 6
成交价：RMB6,929,240

**缅甸天然翡翠配钻石 "观音" 吊坠**
北京东正 2015-05-19 Lot2034
翡翠 58.39×38.44×7.71mm，主钻重 1.01
克拉，配钻重 3.12 克拉
成交价：RMB6,900,000

**天然缅甸抹谷红宝石及钻石戒指 未经加热**
北京保利 2015-06-06 Lot13845
红宝石重 19.5 克拉，尺寸约
15.55×13.30×10.10mm，戒指尺寸 14
成交价：RMB6,900,000

**椭圆形天然缅甸红宝石配钻石项链 未经加热 宝格丽**
香港苏富比 2015-10-07 Lot1839
20 颗红宝石共重约 55.00 克拉，钻石共重约 40.00
克拉，长约 420mm
成交价：RMB6,871,920

**天然哥伦比亚祖母绿配钻石项链 可拆卸单独佩戴**
北京保利 2015-06-06 Lot13873
祖母绿重 79.58 克拉，尺寸约 26.09×25.09
×18.84mm；配钻共重约 71.4 克拉；项链
长约 43.4cm
成交价：RMB6,762,000

**正方形鲜彩黄色 VVS1 钻石戒指**
香港佳士得 2015-12-01 Lot2061
重约 13.79 克拉，戒指尺寸 6
成交价：RMB6,732,200

**长方形缅甸天然蓝宝石及长方形 D/IF Typella 钻石戒指**
香港佳士得 2015-12-01 Lot2100
蓝宝石重约 9.21 克拉，钻石重约 8.04 克拉，戒指
尺寸 5³/₄
成交价：RMB6,732,200

**天然圆形明亮式足色无瑕（D/IF）（极优打磨、切割及比例）钻石**
北京保利 2015-12-07 Lot17169
重 7.50 克拉，尺寸约 12.68×12.78×7.64m
成交价：RMB6,670,000

枕形克什米尔天然蓝宝石及钻石戒指
香港佳士得 2015-06-02 Lot2032
重约 9.13 克拉，戒指尺寸 6
成交价：RMB6,568,200

梨形哥伦比亚祖母绿及梨形 D 色内部无瑕（IF）净
度 Type IIa 钻石吊坠耳环（一对）
香港苏富比 2015-10-07 Lot1732
2 颗祖母绿重 10.70 及 3.43 克拉，梨形钻石重 7.27 克拉，
梨形配钻约重 2.01 克拉，方形钻石重 1.70 克拉
成交价：RMB6,477,360

方形 I 色 VS1 净度（极优打磨及对
称）钻石戒指
香港苏富比 2015-10-07 Lot1865
重 25.50 克拉，戒指尺寸 5¹/₂
成交价：RMB6,477,360

天然彩绿色 VS1 净度钻石配钻石戒指　可
拆卸为吊坠
北京保利 2015-12-07 Lot17167
主石重 5.02 克拉，尺寸约 9.35×9.12×6.31mm；
配钻重 3.65 克拉；戒指尺寸 13
成交价：RMB6,440,000

圆形 D/FL（极优切割、打磨及比例）钻石戒指
香港佳士得 2015-06-02 Lot2035
重 7.58 克拉，戒指尺寸 5¹/₄
成交价：RMB6,279,840

天然冰种满绿翡翠及钻石项链、耳环
套装
北京保利 2015-06-06 Lot13988
项链 7 颗主石共重 40.11 克拉，331 颗配钻
共重 6.76 克拉，项链长约 42.5cm；耳环 4
颗主石共重 21.21 克拉，124 颗配钻共重 0.95
克拉，耳环长约 4.5cm
成交价：RMB6,210,000

椭圆形彩粉红紫色 SI1 钻石戒指
香港佳士得 2015-06-02 Lot2100
重约 4.23 克拉，戒指尺寸 6
成交价：RMB6,183,720

圆形 J 色 VVS2 净度（极优切割、打磨及对称）
钻石戒指
香港苏富比 2015-04-06 Lot1748
重 26.22 克拉，戒指尺寸 5¹/₂
成交价：RMB6,068,640

椭圆形缅甸天然红宝石及钻石戒指
香港佳士得 2015-06-02 Lot2089
重约 5.02 克拉，戒指尺寸 5¹/₂
成交价：RMB5,991,480

**Art Deco 天然翡翠配法琅彩、宝石及钻石别针**
**卡地亚 约 1927 年**
香港苏富比 2015-10-07 Lot1851
翡翠约 32.05×25.51×3.57mm，钻石共重约 3.05 克拉，
蓝宝石共重约 6.90 克拉
成交价：RMB5,984,160

**百达翡丽 2523/1 型黄金双表冠世界时间腕**
**表 备 24 小时显示及精美雕刻表盘 机芯编号**
**724312 表壳编号 313046**
香港苏富比 2015-10-06 Lot2219
直径 3.6cm
成交价：RMB5,984,160

**椭圆形缅甸天然蓝宝石及钻石戒指**
香港佳士得 2015-06-02 Lot2048
重约 15.53 克拉，戒指尺寸 5³/₄
成交价：RMB5,799,240

**天然老坑翡翠珠配钻石及红宝石 "灯笼" 珠链、耳环套装**
北京保利 2015-12-07 Lot17334
项链 27 颗翡翠珠直径约 10.28-14.75mm，珠链长约 66.5cm，耳环长
约 4.1cm
成交价：RMB5,750,000

**"大清乾隆年制" 款东珠朝珠 乾隆**
**帝颁赏遗念赐于皇十一子成亲王永**
**瑆 原配戗金彩漆朝珠盒**
北京保利 2015-12-07 Lot7363
108 颗东珠全长 116cm
成交价：RMB5,750,000

**翡翠手镯**
北京匡时 2015-12-04 Lot2567
重 61.45 克
成交价：RMB5,750,000

**天然珍珠及榄尖形 D-G/VS1-VS2 钻石项链**
**Etcetera 为 Paspaley 设计**
香港佳士得 2015-12-01 Lot1953
珍珠尺寸 4.6-4.7×3.95mm 至 13.35-13.45×9.85mm，
钻石重约 1.55 至 1.00 克拉，项链长 46.0cm
成交价：RMB5,747,000

**枕形哥伦比亚天然祖母绿及 D/VS1-VS2**
**钻石戒指**
香港佳士得 2015-12-01 Lot2112
祖母绿重约 7.63 克拉，钻石重约 3.03 及 3.02
克拉，戒指尺寸 5³/₄
成交价：RMB5,648,480

**梨形 D/IF 钻石戒指**
香港佳士得 2015-06-02 Lot2055
重 10.06 克拉，戒指尺寸 5³/₄
成交价：RMB5,607,000

心形彩粉红色内部无瑕（IF）净度钻石
配粉红色钻石戒指
香港苏富比 2015-10-07 Lot1824
彩粉红色钻石重 3.04 克拉，戒指尺寸 6$\frac{1}{2}$
成交价：RMB5,589,600

枕形鲜彩黄色 VS2 钻石戒指 卡地亚设计
香港佳士得 2015-12-01 Lot2067
重约 7.16 克拉，戒指尺寸 5$\frac{1}{4}$
成交价：RMB5,549,960

缅甸天然红宝石及钻石手链 梵克雅宝设计
香港佳士得 2015-12-01 Lot1999
长 16.6cm
成交价：RMB5,549,960

白翡翠方玉件镶钻挂坠
中贸圣佳 2015-05-20 Lot1181
翡翠重 22.34 克拉，尺寸
36.03×19.21×3.19mm；18K 白金重 19.54 克；1
颗圆钻重 1.07 克拉；272 颗配钻重 5.36 克
成交价：RMB5,520,000

天然艳彩黄色 VVS2 净度钻石及钻石吊坠
北京保利 2015-06-06 Lot13959
黄色钻石重 16.17 克拉，尺寸约 14.45×13.43×8.98mm
成交价：RMB5,520,000

天然足色全美（FL）TYPE IIa 钻石
北京保利 2015-06-06 Lot13752
重 6.06 克拉，尺寸约 11.59-11.65×7.27mm
成交价：RMB5,347,500

圆形 F-J/VVS1-I1 钻石项链、手链及耳坠套
装 Gimel 设计
香港佳士得 2015-06-02 Lot1935
钻石单重 7.11 至 1.70 克拉，39 颗共重 112.64 克拉；
项链长 40.8cm，手链长 17.4cm，耳坠长 3.2cm
成交价：RMB5,318,640

古垫形天然哥伦比亚祖母绿配钻石（E 至 F 色，
VVS1 至 SI1 净度）戒指
香港苏富比 2015-10-07 Lot1857
祖母绿重 7.99 克拉，10 颗圆形配钻石共重 5.30 克拉，
各重 0.57 至 0.51 克拉，戒指尺寸 6$\frac{1}{4}$
成交价：RMB5,293,680

圆形及梨形切割钻石项链
保利香港 2015-04-07 Lot3164
总重约 100 克拉，项链长约 40cm
成交价：RMB5,237,430

天然缅甸抹谷鸽血红红宝石及钻石耳环 未经加热

北京保利 2015-06-06 Lot13843
红宝石重 5.04 及 5.02 克拉，尺寸约 11.53×8.55×5.99mm 及 11.45×8.52×5.53mm；配钻重 7.53 克拉
成交价：RMB5,175,000

天然哥伦比亚祖母绿配钻石戒指 未经注油

北京保利 2015-12-07 Lot17185
祖母绿 16.18 克拉，尺寸约 16.36×15.43×10.48mm；4 颗梨形配钻共重 3.76 克拉；12 颗小梨形配钻共重 3.42 克拉；16 颗圆形切割钻石共重 1.67 克拉；370 颗圆形钻石共重 2.76 克拉；戒指尺寸 13
成交价：RMB5,175,000

梨形哥伦比亚祖母绿配钻石（D 至 F 色，内部无瑕（IF）至 VS2 净度）吊坠耳环（一对）

香港苏富比 2015-04-06 Lot1912
2 颗祖母绿重 8.20 及 8.07 克拉，10 颗钻石共重 14.63 克拉，各重 1.66 至 1.02 克拉
成交价：RMB5,100,240

# 其他杂项

**14 世纪　释迦牟尼**
北京保利 2015-12-07 Lot7333
高 77cm
成交价：RMB103,500,000

**顾景舟 1959 年制　松鼠葡萄十头套组茶具**
北京东正 2015-11-19 Lot2C65
尺寸不一
成交价：RMB89,600,000

**明永乐　铁鎏金龙纹钺刀**
北京翰海 2015-11-28 Lot2863
高 17cm
成交价：RMB66,700,000

**13 世纪　尼泊尔马拉王朝早期　鎏金铜释迦牟尼佛立像**
香港佳士得 2015-12-02 Lot2902
高 50.8cm
成交价：RMB65,844,200

**明　黄花梨圈椅（一套四张）**
纽约佳士得 2015-03-17 Lot0041
高 92cm，宽 62.2cm，厚 44.5cm
成交价：RMB60,637,735

**13 世纪　鎏金铜观音立像**
纽约佳士得 2015-03-17 Lot0025
高 63.4cm
成交价：RMB51,521,769

**13 世纪　交脚弥勒菩萨**
北京保利 2015-12-07 Lot7334
高 87cm
成交价：RMB39,100,000

**清乾隆　铜鎏金太平有象水法转花音乐自鸣钟**
北京保利 2015-12-07 Lot7360
长 50cm，宽 29.5cm，高 102cm
成交价：RMB36,225,000

**明万历　金累丝錾云龙纹嵌宝石执壶**
北京保利 2015-12-07 Lot7358
高 28.5cm
成交价：RMB36,225,000

**元 伐阇罗弗多罗尊者**
北京保利 2015-06-07 Lot7459
高 27.3cm
成交价：RMB35,075,000

**清乾隆 燃灯佛**
北京保利 2015-12-07 Lot7332
高 51cm
成交价：RMB33,925,000

**清乾隆 黄花梨云龙纹大四件柜**
中国嘉德 2015-11-14 Lot4241
159×63×287cm
成交价：RMB32,200,000

**清初 陈鸣远制 素带壶**
北京保利 2015-06-06 Lot6228
高 11cm，宽 9.4cm，长 14.3cm
成交价：RMB31,625,000

**11/12 世纪 铜瑜伽士坐像**
纽约佳士得 2015-03-17 Lot0008
高 34.2cm
成交价：RMB30,484,809

**清乾隆 御制紫檀掐丝珐琅蓝地百宝嵌四季花卉屏风**
北京保利 2015-06-06 Lot6413
高 201cm，宽 340cm，厚 3.7cm
成交价：RMB30,475,000

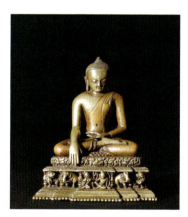

**11/12 世纪 双色铜合铸释迦牟尼佛成道像**
中贸圣佳 2015-11-23 Lot0857
高 12.5cm
成交价：RMB29,900,000

**1948 年制 顾景舟 大石瓢**
北京东正 2015-05-19 Lot1055
高 8cm，宽 18cm
成交价：RMB28,175,000

**近代 顾景舟制、吴湖帆书画 相明石瓢壶**
北京匡时 2015-12-04 Lot2342
高 8cm，长 18cm，容积 600ml
成交价：RMB27,025,000

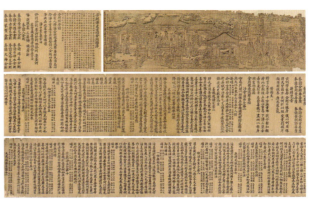

明 16 世纪末 /17 世纪初 黄花梨四出头官帽椅（一套六张）
纽约佳士得 2015-09-17 Lot2030
高 122cm，宽 59cm，厚 47.4cm
成交价：RMB26,747,481

梁 傅大士颂金刚经
北京保利 2015-12-07 Lot0062
26×380cm
成交价：RMB26,450,000

明 黄花梨雕螭龙纹方台
北京保利 2015-12-07 Lot7354
台面 49×49cm，台肩
57.5×57.5cm，高 141cm
成交价：RMB25,875,000

明晚期 黄花梨玫瑰椅（一套六张）
中国嘉德 2015-04-06 Lot0471
宽 59.3cm，深 45.5cm，高 88.5cm
成交价：RMB24,129,300

清康熙／雍正 硬木镶缂丝绢绘六十寿屏风
香港佳士得 2015-12-02 Lot3128
289.7×61cm
成交价：RMB23,546,280

10 世纪 观音菩萨
北京翰海 2015-06-28 Lot2610
高 71.8cm
成交价：RMB23,000,000

商末／西周早期 青铜天黾父庚方鼎
伦敦苏富比 2015-05-13 Lot0103
高 25.5cm
成交价：RMB22,886,620

明 17 世纪 黄花梨画案
纽约佳士得 2015-03-17 Lot0042
高 85.1cm，宽 220.3cm，厚 71.4cm
成交价：RMB22,070,025

**明末清初 黄花梨夹头榫管脚枨独板面大翘头案**
中国嘉德 2015-11-14 Lot4230
337×43×95cm
成交价：RMB21,850,000

**17 世纪 自在观音**
北京保利 2015-12-08 Lot8024
高 31.9cm
成交价：RMB21,850,000

**17 世纪 铜鎏金文殊菩萨像**
北京东正 2015-11-19 Lot6027
高 40.5cm
成交价：RMB20,930,000

**明末 黄花梨插肩榫绿纹石面酒桌**
香港苏富比 2015-10-07 Lot0101
83×106×54cm
成交价：RMB20,780,160

**明永乐 鎏金铜元量寿佛**
香港佳士得 2015-06-03 Lot3009
高 18.4cm
成交价：RMB20,729,880

**明末 黄花梨独板围子罗汉床**
香港苏富比 2015-10-07 Lot0119
91×202.5×86.4cm
成交价：RMB19,300,560

**明末 黄花梨裹腿高罗锅枨大画桌**
香港苏富比 2015-10-07 Lot0106
83.4×213×76.3cm
成交价：RMB18,807,360

**明 17 世纪 黄花梨大四件柜（一对）**
广州华艺 2015-05-24 Lot1608
长 124.4cm，宽 63cm，高 280.6cm
成交价：RMB18,400,000

**9 世纪 铜舞王湿婆承接恒河降凡像**
纽约佳士得 2015-03-17 Lot0026
高 41.2cm
成交价：17,862,633

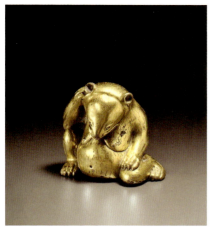

西汉　鎏金铜熊形摆件
纽约佳士得 2015-03-17 Lot0001
高 7.6cm
成交价：RMB17,862,633

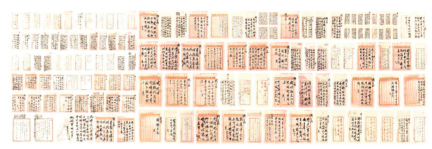

蒋介石密令手谕　两册一百四十页
北京保利 2015-06-04 Lot0650
尺寸不一
成交价：RMB17,825,000

18 世纪　黄花梨独板面翘头案
伦敦苏富比 2015-11-11 Lot0008
94×284×42cm
成交价：RMB17,360,490

明末　黄花梨高靠背南官帽椅（一对）
香港苏富比 2015-10-07 Lot0111
124×58.5×45.3cm
成交价：RMB17,327,760

明万历　黑漆描金彩绘青绿山水宫苑
人物瑞兽龙纹顶箱大四件柜
北京保利 2015-12-07 Lot7353
宽 135cm，高 285cm，进深 77cm
成交价：RMB17,250,000

清康熙　田黄冻双凤纽大方章
北京保利 2015-06-06 Lot6304
4×4×7.8cm
成交价：RMB16,100,000

晚明　黄花梨方角柜（一对）
中国嘉德 2015-04-06 Lot0472
宽 102.3cm，深 57.1cm，高 198.1cm
成交价：RM316,704,900

明　乾隆御题仲尼式沉香木百纳琴
"文呈散绮"
北京保利 2015-06-06 Lot6311
琴长 114cm，弦长 108.5cm，肩宽
17.3cm，尾宽 12.5cm
成交价：RMB16,675,000

明末／清初 黄花梨圈椅（一对）
纽约佳士得 2015-03-17 Lot0047
高 95.8cm，宽 59cm，厚 48.3cm
成交价：RMB16,460,169

近代 越南绿奇楠沉香料
北京翰海 2015-06-27 Lot1908
重约 2473g
成交价：RMB16,100,000

明 大势至菩萨
北京翰海 2015-11-28 Lot1948
高 80cm
成交价：RMB15,640,000

清乾隆 御制会昌九老玉山子
北京保利 2015-06-07 Lot8035
檀香山子高 56cm，长 46cm，厚 30cm，通高 110cm
成交价：RMB15,525,000

明末清初 黄花梨嵌桦木瘿面翘头案
纽约佳士得 2015-09-17 Lot2031
高 83cm，宽 206.6cm，厚 63.2cm
成交价：RMB15,327,065

商 康丁方彝
北京保利 2015-12-07 Lot7351
高 13cm
成交价：RMB14,950,000

清乾隆 紫檀御题诗佛龛奉铜鎏金菩萨像
北京保利 2015-06-06 Lot6380
龛 41.2×36.3×79cm，佛高 28.5cm
成交价：RMB14,950,000

明末／清初 黄花梨嵌楠木大画案
纽约佳士得 2015-09-17 Lot0919
高 86.4cm，宽 239.7cm，深 81.4cm
成交价：RMB14,409,353

清 紫檀镶大理石罗汉床
伦敦苏富比 2015-11-11 Lot0019
205×118×92cm
成交价：RMB14,128,842

**清乾隆 御制鎏金铜交龙钮云龙纹 "南吕" 编钟**
香港佳士得 2015-06-03 Lot3119
高 21cm
成交价：RMB13,969,440

**18 世纪 黄花梨方角立柜（一对）**
伦敦苏富比 2015-11-11 Lot0004
高 199cm，宽 125cm，深 66cm
成交价：RMB13,898,010

**明末 黄花梨带座无柜膛圆角柜（一对）**
香港苏富比 2015-10-07 Lot0115
186×80.5×47cm×2
成交价：RMB12,888,960

**清乾隆 御制紫檀重檐庑殿顶三间式大佛龛**
北京保利 2015-12-07 Lot7359
长 122cm，宽 55cm，高 100cm
成交价：RMB12,880,000

**10 世纪 鎏金铜弥勒佛坐像**
纽约佳士得 2015-03-17 Lot0027
高 27.8cm
成交价：RMB12,803,745

**明 17 世纪 黄花梨四出头官帽椅（一对）**
纽约佳士得 2015-03-18 Lot0121
高 106.4cm，宽 5.7cm，深 46cm
成交价：RMB12,803,745

**清雍正 局部鎏金铜双环式 "瑞蝠拱寿" 双层盖盒**
香港苏富比 2015-04-07 Lot0118
17.9cm
成交价：RMB11,685,360

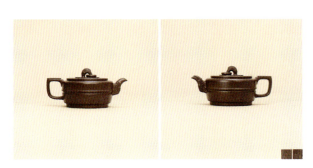

近代 顾景舟制 大集玉壶
北京保利 2015-12-06 Lot6574
长 16.5cm
成交价：RMB11,500,000

明晚期 黄花梨十字海棠纹围子六柱架子床
香港苏富比 2015-10-07 Lot0123
205.5×214×126cm
成交价：RMB11,409,360

北齐 石灰岩彩绘描金佛立像
纽约佳士得 2015-03-20 Lot0755
高 46.4cm
成交价：RMB11,301,105

明宣德 铜鎏金转轮王坐莲花手观音菩萨
北京保利 2015-06-06 Lot6372
高 24.5cm
成交价：RMB11,270,000

西周晚期 青铜凤鸟耳尊
西泠印社 2015-12-26 Lot0796
高 21cm，口径 31.2cm
成交价：RMB10,925,000

清初 黄花梨凤纹桦木面长平头案
香港苏富比 2015-10-07 Lot0125
83.4×213×76.3cm
成交价：RMB10,916,160

金 木雕彩绘菩萨坐像
纽约佳士得 2015-03-17 Lot0058
高 89.5cm
成交价：RMB10,549,785

明晚期 黄花梨夹头榫带托子嵌百宝独板大翘头案
中国嘉德 2015-11-14 Lot4238
256×42.2×89.1cm
成交价：RMB 10,350,000

商晚期／西周早期 青铜饕餮纹尊
保利香港 2015-04-06 Lot3524
高 30cm，宽 26.3cm
成交价：RMB9,998,730

15 世纪 西藏铜鎏金金刚双身佛
纽约苏富比 2015-03-17 Lot1029
高 27.9cm
成交价：RMB 9,829,770

明 17 世纪 黄花梨平头案
纽约佳士得 2015-03-17 Lot0046
高 82.2cm，宽 209.6cm，厚 56.5cm
成交价：RMB9,798,465

明 17 世纪 黄花梨长方凳（一对）
纽约佳士得 2015-03-18 Lot0137
高 51.4cm，宽 86.4cm，直径 47.9cm
成交价：RMB9,798,465

明 17 世纪 黄花梨灯台（一对）
纽约佳士得 2015-03-18 Lot0104
高 125.7cm，宽 29.2cm，深 36.2cm
成交价：RMB9,798,465

北魏 龙门石窟石雕弥勒菩萨坐像
纽约佳士得 2015-03-17 Lot0014
高 61cm
成交价：RMB9,422,805

明 15 世纪 铜鎏金宝冠菩萨坐像
北京保利 2015-06-07 Lot8118
高 95cm
成交价：RMB9,315,000

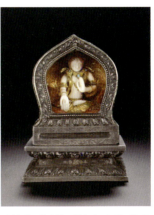

清乾隆 御制银嘎乌奉砗磲、纯金白度母
北京保利 2015-06-06 Lot6379
高 13cm
成交价：RMB9,200,0C0

近代 顾景舟制 三足高腰线提梁壶套组（五件）
北京保利 2015-06-05 Lot3865
尺寸不一
成交价：RMB9,200,000

明永乐 铜鎏金金刚萨埵
中国嘉德 2015-11-15 Lot2932
高 18.5cm
成交价：RMB9,20),000

明末 黄花梨活榫结构独板面翘头案
香港苏富比 2015-10-07 Lot0127
82.6×215.3×46cm
成交价：RMB9,140,640

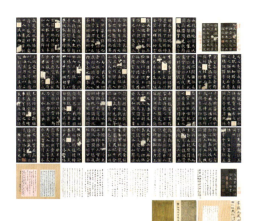

**清乾隆 御制剔彩春寿琮式套盒（一对）**
北京保利 2015-06-06 Lot6518
长 23.5cm
成交价：RMB9,085,000

**唐 欧阳询书《九成宫醴泉铭》**
中国嘉德 2015-11-15 Lot1346
24.5×13.5cm×41
成交价：RMB8,625,000

**辽 观音菩萨**
北京保利 2015-12-07 Lot7341
高 19.5cm
成交价：RMB8,395,000

**清 18 世纪 黄花梨棋桌**
伦敦苏富比 2015-11-11 Lot0012
87×94cm
成交价：RMB8,358,042

**明 17 世纪 黄花梨四柱架子床**
香港苏富比 2015-04-05 Lot2867
187.5×202.5×1C8cm
成交价：RMB8,295,960

**清乾隆 "龙香"御墨（一套十方）**
北京保利 2015-06-06 Lot6302
尺寸不一
成交价：RMB8,222,500

**明末 黄花梨方材高靠背四出头
官帽椅**
香港苏富比 2015-10-07 Lot0109
115.2×60.7×47.8cm
成交价：RMB8,154,240

**清乾隆 御制紫檀西番莲纹椅**
上海道明 2015-12-16 Lot0009
长 64cm，宽 64cm，高 112cm
成交价：RMB8,050,000

**当代 鸡血石血王花篮**
中鸿信 2015-07-29 Lot1708
高 28cm
成交价：RMB8,050,000

**清 田黄冻石六面平素方章**
西泠印社 2015-07-04 Lot1532
2.5×2.5×8.2cm，重 135g
成交价：RMB8,050,000

**北宋 "秋塘寒玉" 仲尼式琴**
西泠印社 2015-12-27 Lot3303
琴长116cm，额宽16cm，肩宽18.5cm，尾宽13.5cm，隐间108cm
成交价：RMB7,877,500

**清乾隆 乾隆八年（1743年）御制铜鎏金交龙纽云龙赶珠纹"倍南吕"编钟**
纽约苏富比 2015-09-15 Lot0160
高27.3cm
成交价：RMB7,711,330

**明末／清初 黄花梨画案**
纽约佳士得 2015-03-18 Lot0122
高85cm，宽195.5cm，深55.9cm
成交价：RMB7,544,505

**明 17 世纪 黄花梨四出头官帽椅**
纽约佳士得 2015-03-17 Lot0050
高116.3cm，宽59.1cm，厚48.6cm
成交价：RMB7,544,505

**明 17 世纪 黄花梨束腰活面棋桌**
纽约佳士得 2015-03-17 Lot0044
高84.8cm，宽125.8cm，厚73.8cm
成交价：RMB7,544,505

**清乾隆 御制铜鎏金兽面纹双耳大尊**
北京保利 2015-06-06 Lot6482
高78.5cm
成交价：RMB7,475,000

**明晚期 黄花梨四出头高靠背弯材官帽椅（一对）**
中国嘉德 2015-05-16 Lot4407
65×60.5×116.5cm
成交价：RMB7,475,000

**18 世纪 黄花梨镶大理石官帽椅（一对）**
伦敦苏富比 2015-11-11 Lot0023
114×58.5×46cm
成交价：RMB7,319,298

**12 世纪 鎏金铜阿嵯耶观音立像**
香港佳士得 2015-06-03 Lot3002
46.5cm
成交价：RMB7,241,040

**明末 黄花梨平头案**
伦敦苏富比 2015-11-11 Lot0014
83×201×46cm
成交价：RMB7,203,882

**明末 黄花梨攒靠背圈椅（一对）**
香港苏富比 2015-10-07 Lot0104
94×61.1×46cm
成交价：RMB7,167,840

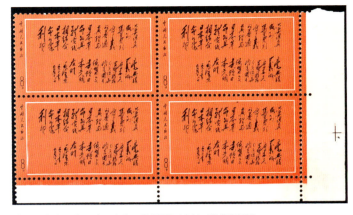

**《毛主席为日本工人题词》8 分新票四方连（发行撤销）**
北京保利 2015-12-10 Lot11035
成交价：RMB7,130,000

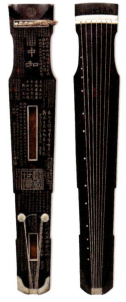

**明 潞王制仲尼式"中和"琴**
北京保利 2015-06-06 Lot6312
琴长 120cm，额宽 17.5cm，肩宽
18.8cm，尾宽 13cm，厚 5.5cm
成交价：RMB7,130,000

**清乾隆 泥绘赤壁图笔筒**
北京东正 2015-05-19 Lot1068
高 14.5cm，宽 14.5cm
成交价：RMB7,015,000

**清乾隆 紫檀盒紫砂虎伏砚**
北京保利 2015-06-06 Lot6535
长 9cm
成交价：RMB7,015,000

**清乾隆 漆地剔彩嵌宝岁朝福寿图挂屏（一对）**
香港苏富比 2015-10-07 Lot3001
70×66cm
成交价：RMB6,970,560

**清康熙 紫檀百宝嵌松鹿双寿图盒**
邦瀚斯 2015-12-03 Lot0033
28.5×17.8cm
成交价：RMB6,929,240

**12 世纪 西藏合金铜卓弥·释迦益希译师**
中国嘉德 2015-11-15 Lot2883
高 23.3cm
成交价：RMB6,900,000

清康熙 铜胎掐丝珐琅万
寿无疆烛台（一对）
北京保利 2015-06-06 Lot6487
高 149cm
成交价：RMB6,900,000

明末／清初 黄花梨有束腰罗锅枨马蹄足长榻
中国嘉德 2015-05-16 Lot4421
229×74.5×50cm
成交价：RMB6,900,000

清康熙 铜鎏金无量寿佛像
北京东正 2015-05-19 Lot3043
高 42cm
成交价：RMB6,900,000

太学新增合璧联珠万卷菁华
后集（卷七十三、卷七十四、
卷七十五七十六、卷七十八、
卷七十九、卷八十）
北京保利 2015-12-07 Lot0400
14.6×9.4cm×6
成交价：RMB6,900,000

明末／清初 黄花梨翘头案
纽约佳士得 2015-03-17 Lot0048
高 84.1cm，宽 78.6cm，厚 33.3cm
成交价：RMB6,793,185

明宣德 铜鎏金无量寿佛
保利香港 2015-10-06 Lot3688
高 27cm
成交价：RMB6,789,720

二里头时期 铜嵌绿松石兽面
纹牌饰
香港佳士得 2015-06-03 Lot3201
高 15.5cm
成交价：RMB6,760,440

清 18 世纪 黄花梨玫瑰椅（一对）
香港佳士得 2015-06-03 Lot2812
高 83cm，宽 60cm，深 46cm
成交价：RMB 6,760,440

近代 顾景舟制 仿古如意
北京翰海 2015-11-27 Lot1194
高 9cm，宽 17.5cm
成交价：RMB6,670,000

**明末 黄花梨桦木面画案**
香港苏富比 2015-10-07 Lot0130
81.3×137.5×81.3cm
成交价：RMB6,477,360

**清康熙 紫檀官皮箱**
伦敦佳士得 2015-11-10 Lot0374
高 44cm，宽 42.5cm，深 30.5cm
成交价：RMB6,371,925

**明晚期 黄花梨大方角柜**
中国嘉德 2015-05-16 Lot4420
132×62.5×190.5cm
成交价：RMB6,325,000

**明 石叟制铜嵌银丝观音大士像**
北京保利 2015-06-06 Lot6373
高 101cm
成交价：RMB6,325,000

**12 世纪 释迦牟尼**
北京保利 2015-12-08 Lot8007
高 15cm
成交价：RMB6,325,000

**商晚期 告田鼎**
保利香港 2015-10-06 Lot3550
高 21.6cm，宽 16.4cm
成交价：RMB6,304,740

**明末 黄花梨顶箱带座小四件柜**
香港苏富比 2015-10-07 Lot0122
174.7×83.5×48.5cm
成交价：RMB6,181,440

**明末 黄花梨卷云纹牙头霸王枨琴桌**
香港苏富比 2015-10-07 Lot0133
80.2×108×61.5cm
成交价：RMB6,181,440

**近代 顾景舟制 藏六方壶**
北京翰海 2015-06-26 Lot0519
高 9cm，宽 18.8cm
成交价：RMB5,980,000

**15 世纪　智行佛母**
北京翰海 2015-11-28 Lot1943
高 12.2cm
成交价：RMB5,865,000

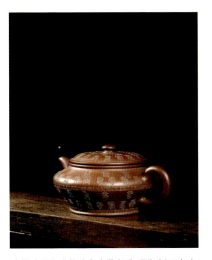

**清乾隆 "大清乾隆年制" 款朱泥御制万寿壶**
西泠印社 2015-12-26 Lot1228
6.8×15.2cm
成交价：RMB5,865,000

**清乾隆　东珠朝珠**
北京保利 2015-12-07 Lot7363
长 116cm
成交价：RMB5,750,000

**清乾隆　紫檀雕西番莲纹方桌**
上海道明 2015-05-09 Lot0031
长 64.2cm，宽 64.2cm，高 51.6cm
成交价：RMB5,750,000

**清　太湖石立峰带三层座**
北京翰海 2015-06-27 Lot1854
高 175cm
成交价：RMB5,750,000

**清乾隆　御制料胎画珐琅仕
女图长方鼻烟壶**
香港苏富比 2015-06-01 Lot0088
6.2cm
成交价：RMB5,735,160

**唐　石灰岩佛坐像**
纽约佳士得 2015-03-20 Lot0764
高 98.4cm
成交价：RMB5,666,205

**晚清　紫檀雕福庆如意纹椅（一对）**
纽约佳士得 2015-03-15 Lot3295
高 105.1cm，宽 79.4cm，厚 61.2cm
成交价：RMB5,666,205

**清早期　紫檀有束腰方回纹马蹄足三屏风扶手
椅（一对）**
中国嘉德 2015-11-14 Lot4248
72.5×62.3×101.6cm
成交价：RMB5,635,000

**明　藏式铜鎏金佛像**
邦瀚斯 2015-03-16 Lot0013
高 27.5cm，宽 35.2cm
成交价：RMB5,591,073

**商 殷墟甲骨（六十件）**
西泠印社 2015-12-26 Lot0814
尺寸不一
成交价：RMB5,577,500

**清乾隆 妆花缎七佛像（一套七幅）**
保利香港 2015-10-06 Lot3737
长 250cm，宽 125cm
成交价：RMB5,528,772

**商晚期 青铜口龙纹扁足鼎**
西泠印社 2015-12-26 Lot0798
高 27.5cm
成交价：RMB5,520,000

**明末／清初 时大彬制 虚扁壶**
北京东正 2015-05-19 Lot1058
高 5cm，宽 14cm
成交价：RMB5,520,000

**明末 黄花梨罗锅枨长方凳四张成堂**
香港苏富比 2015-10-07 Lot0134
51.5×45.6×40.1cm
成交价：RMB5,490,960

**明末 黄花梨四足束腰瘿木面带托泥
长方香几**
香港苏富比 2015-10-07 Lot0110
81.5×56.4×45.2cm
成交价：RMB5,490,960

**商公元前 13 至 11 世纪 甲骨刻辞三十四例**
纽约苏富比 2015-03-17 Lot0106
尺寸不一
成交价：RMB5,472,114

**百年龙马同庆号茶叶（一桶七片）**
北京东正 2015-05-19 Lot1090
重 2290g
成交价：RMB5,462,500

**17/18 世纪 西藏鎏金铜四世达赖喇嘛
云丹嘉措像**
香港佳士得 2015-12-02 Lot2914
高 26.3cm
成交价：RMB5,451,440

商晚期 青铜口父丁盂
西泠印社 2015-12-26 Lot0794
高 18cm
成交价：RMB5,405,000

明 17 世纪 黄花梨嵌桦木及楠木面圆角柜（一对）
纽约佳士得 2015-03-18 Lot0115
高 100.6cm，宽 68.3cm，深 39.4cm
成交价：RMB5,290,545

北齐／隋 石雕佛坐像
纽约佳士得 2015-03-17 Lot0007
高 77.5cm
成交价：RMB5,290,545

清 18 世纪 紫檀镶大理石南官帽椅（一对）
伦敦苏富比 2015-11-11 Lot0018
104.5×60×49cm
成交价：RMB5,241,810

当代 何道洪制 "容竹"壶
北京翰海 2015-11-27 Lot1151
高 10cm，宽 17.2cm
成交价：RMB5,175,000

西周早期 青铜双鱼对爵
西泠印社 2015-12-26 Lot0793
高 22.5cm，高 22cm
成交价：RMB5,175,000

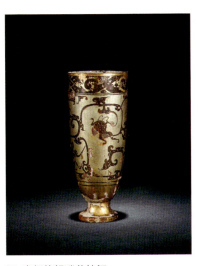

近代 顾景舟制 双圈壶
北京保利 2015-06-05 Lot3862
长 16cm
成交价：RMB5,175,000

清早期 黄花梨夹头榫大平头案
中国嘉德 2015-05-16 Lot4411
222×57×81.5cm
成交价：RMB5,175,000

汉 青铜烙银瑞兽纹杯
中国嘉德 2015-10-06 Lot0098
高 13.7cm
成交价：RMB5,133,390

**16/17 世纪 西藏银质红帽五世夏玛巴像**

中国嘉德 2015-05-17 Lot3127

高 29cm

成交价：RMB5,060,000

# 2015 年度成交额 200 万以上拍品汇总

## 古代书画

| 拍品名称 | 尺寸 | 成交价 RMB | 拍卖公司 | 拍卖时间 |
|---|---|---|---|---|
| 八大山人 松石草堂图 立轴 设色纸本 | 166×60cm | 81,650,000 | 北京传是 | 2015-12-05 |
| 八大山人 仿董巨山水 立轴 水墨纸本 | 124.5×29.5cm | 39,100,000 | 中贸圣佳 | 2015-11-22 |
| 八大山人 莲石图 立轴 水墨纸本 | 164×77cm | 22,425,000 | 北京保利 | 2015-06-05 |
| 八大山人 荷花翠鸟 立轴 水墨纸本 | 121×66cm | 17,250,000 | 北京保利 | 2015-06-05 |
| 八大山人 荷花 镜心 水墨纸本 | 32×26cm | 12,650,000 | 上海工美 | 2015-06-28 |
| 八大山人 水仙 镜心 水墨纸本 | 31×30cm | 12,650,000 | 上海工美 | 2015-06-28 |
| 八大山人 1695 年作 行书 节录《滟水燕谈录》立轴 水墨纸本 | 121.5×37.5cm | 6,900,000 | 中国嘉德 | 2015-05-18 |
| 八大山人 江山清远 立轴 水墨纸本 | 187×48.5cm | 6,900,000 | 北京匡时 | 2015-05-06 |
| 八大山人 鹿 立轴 水墨纸本 | 109×41.5cm | 2,070,000 | 北京保利 | 2015-06-06 |
| 白玉蟾 行书 手卷 水墨纸本 | 画心 26×98cm；题跋 26×157cm | 2,587,500 | 中鸿信 | 2015-07-29 |
| 陈淳 四季牡丹 手卷 设色纸本 | 引首 28.5×91cm；本幅 29×179cm；题跋 29×237cm | 7,475,000 | 北京匡时 | 2015-12-04 |
| 陈淳 瑞珠仙影 立轴 纸本 | 334×102cm | 3,680,000 | 北京匡时 | 2015-06-07 |
| 陈洪绶 秋林策杖图 镜心 设色绢本 | 85.5×33cm | 12,650,000 | 上海嘉禾 | 2015-12-13 |
| 陈洪绶、严湛 仙人图 立轴 设色绢本 | 216×99cm | 6,900,000 | 中贸圣佳 | 2015-05-19 |
| 陈洪绶 1641 年作 幽亭听泉 立轴 设色绢本 | 64.5×26.5cm | 5,175,000 | 北京匡时 | 2015-06-06 |
| 陈洪绶 桐下授教图 立轴 设色绢本 | 162×54.5cm | 5,290,000 | 北京匡时 | 2015-12-04 |
| 陈洪绶 1638 年作 拜别图 立轴 设色绢本 | 104×50cm | 3,220,000 | 北京保利 | 2015-06-05 |
| 陈继儒 行书东坡《节饮食说》卷 手卷 水墨绫本 | 26×265cm | 2,185,000 | 北京保利 | 2015-06-05 |
| 陈枚 松崖论道 立轴 绢本 | 诗堂 33×77cm；本幅 133.5×77cm | 3,162,500 | 北京匡时 | 2015-06-06 |
| 陈恬 四时花卉图 立轴 水墨纸本 | 画心 29×550cm；题跋 29×10cm | 2,645,000 | 北京保利 | 2015-06-05 |
| 陈遵 暗香踈影图 手卷 水墨纸本 | 29×209cm | 4,025,000 | 北京保利 | 2015-12-07 |
| 成化帝 鹰隼图 立轴 水墨绢本 | 107×54cm；19×54cm | 4,025,000 | 中贸圣佳 | 2015-05-19 |
| 程嘉燧 1627 年作 西涧图 镜心 设色纸本 | 126.5×49.5cm | 10,350,000 | 中国嘉德 | 2015-1-16 |
| 崔子忠、董其昌《洛神赋》书画合璧卷 手卷 水墨绫本 | 绘画 31.5×56cm；书法 28.5×37.5cm；题跋 29×37.5cm；33×121cm | 6,785,000 | 北京匡时 | 2015-12-04 |
| 邓石如 隶书苏轼诗册（三十开）册页 纸本 | 30×14.5cm×30 | 3,220,000 | 西泠印社 | 2015-07-04 |
| 丁观鹏 1745 年作 萧翼赚兰亭序 手卷 设色纸本 | 28×89cm | 17,825,000 | 北京保利 | 2015-06-05 |
| 丁敬 行书七言诗 立轴 水墨纸本 | 64×28.5cm | 2,990,000 | 中国嘉德 | 2015-11-16 |
| 丁云鹏 1695 年作 扫象图 立轴 设色纸本 | 126×49cm | 5,318,640 | 香港佳士得 | 2015-06-01 |
| 丁云鹏 自描陶渊明逸事图 手卷 水墨纸本 | 画心 25.5×535cm；引首 25.5×86cm；题跋 25.5×35cm | 4,370,000 | 上海嘉禾 | 2015-12-13 |

| 拍品名称 | 尺寸 | 成交价 RMB | 拍卖公司 | 拍卖时间 |
|---|---|---|---|---|
| 丁云鹏 煮茗图 扇框 设色金笺 | 18×52cm | 2,700,000 | 上海明轩 | 2015-06-21 |
| 董其昌 疏林茅屋图 手卷 水墨纸本 | 26.3×146cm | 69,000,000 | 中国嘉德 | 2015-11-15 |
| 董其昌 仿巨然山水 手卷 设色纸本 | 本幅 43.5×945cm；题跋 43×258cm | 30,475,000 | 北京保利 | 2015-06-05 |
| 董其昌 临《淳化阁帖》册页 水墨纸本 | 25×13cm×10 | 12,379,380 | 保利香港 | 2015-04-07 |
| 董其昌 行书《承德郎米公传》（十七开）册页 水墨绫本 | 35.1×20cm×33 | 9,430,000 | 中国嘉德 | 2015-05-17 |
| 董其昌 草书《长安秋夜》立轴 水墨纸本 | 346×93cm | 7,245,000 | 中贸圣佳 | 2015-05-19 |
| 董其昌 书画合璧册（8 开）册页 水墨纸本 | 册首 30×33.5cm×4；本幅 22×30cm×8 | 5,635,000 | 北京匡时 | 2015-12-04 |
| 董其昌 1614 年作 仿鲁公书《唐人七古卷》手卷 水墨绫本 | 本幅 27×488.5cm；题跋 27.5×94.5cm | 5,520,000 | 中国嘉德 | 2015-05-17 |
| 董其昌 1629 年作 楷书箴言 手卷 水墨绫本 | 本幅 54×857cm；题跋 54×90cm | 5,175,000 | 北京保利 | 2015-06-05 |
| 董其昌 1622 年作 仿倪瓒山水 镜心 水墨绢本 | 113×55.5cm | 5,155,880 | 香港佳士得 | 2015-11-30 |
| 董其昌 1607 年作 临怀素《自叙帖》手卷 水墨绢本 | 27.3×812cm | 5,030,280 | 香港佳士得 | 2015-06-01 |
| 董其昌（款）秋林图 立轴 纸本 | 308×98cm | 4,945,000 | 中国嘉德 | 2015-09-21 |
| 董其昌 行书《隐泉李君行状》手卷 绫本 | 28×394.5cm | 3,680,000 | 北京匡时 | 2015-06-06 |
| 董其昌 临杨凝式《步虚词》手卷 水墨纸本 | 书法 41×920cm；题跋 45×30cm | 3,220,000 | 中国嘉德 | 2015-11-16 |
| 董其昌 书画合璧卷 手卷 设色绢本 水墨绢本 | 605×29cm | 3,220,000 | 西泠印社 | 2015-12-26 |
| 董其昌 小楷道经 手卷 水墨纸本 | 画心 23×468cm；题跋 23×93cm | 3,220,000 | 北京保利 | 2015-06-05 |
| 董其昌 浮岚暖翠图 立轴 水墨绢本 | 137×44cm | 3,105,000 | 西泠印社 | 2015-12-26 |
| 董其昌 临张芝草书（十一开）册页 水墨绫本 | 25.5×26cm×11 | 2,932,500 | 中国嘉德 | 2015-11-16 |
| 董其昌 临晋唐人帖 手卷 水墨绫本 | 引首 23×101.5cm；书法 23×260cm | 2,760,000 | 中国嘉德 | 2015-05-17 |
| 方士庶 晴麓秋光图 立轴 设色绢本 | 264×166cm | 3,105,000 | 西泠印社 | 2015-07-04 |
| 冯宁 金陵图 手卷 设色纸本 | 35×1050cm | 42,678,240 | 保利香港 | 2015-10-05 |
| 傅山 1655 年作 楷书金刚经册（五十六开）册页 水墨纸本 | 15×6.5cm | 17,825,000 | 西泠印社 | 2015-07-04 |
| 傅山 草书七言诗 立轴 纸本 | 185×47cm | 6,325,000 | 中贸圣佳 | 2015-05-19 |
| 傅山 草书米芾诗 立轴 水墨绫本 | 217×48cm | 5,635,000 | 北京匡时 | 2015-12-04 |
| 傅山 三体书杜甫诗（六开十二页）册页 水墨纸本 | 18.5×9.5cm×12 | 2,817,500 | 中国嘉德 | 2015-05-18 |
| 傅山 隶书杜甫《春宿左省》诗 立轴 水墨绫本 | 143×48cm | 2,530,000 | 中国嘉德 | 2015-11-15 |
| 傅山 草书杂册（十一开）册页 纸本 | 32×16cm×11 | 2,012,500 | 北京匡时 | 2015-06-07 |
| 高凤翰 山水花卉集锦册 册页 设色纸本 | 22×32cm×12 | 2,094,972 | 保利香港 | 2015-04-07 |
| 葛征奇 灵岩泰岱图 手卷 绫本 | 本幅 26×480cm；题跋 30×11cm | 3,047,500 | 北京匡时 | 2015-06-06 |
| 龚贤 溪山渔隐 手卷 水墨纸本 | 31.6×918cm | 15,089,010 | 纽约苏富比 | 2015-03-19 |

| 拍品名称 | 尺寸 | 成交价 RMB | 拍卖公司 | 拍卖时间 |
|---|---|---|---|---|
| 龚贤、高岑等金陵诸家 山水册 册页 水墨纸本 设色绢本 | 27×27cm×8 | 4,140,000 | 北京保利 | 2015-06-05 |
| 顾符稹 云山飞瀑图 立轴 设色绢本 | 178×92cm | 2,530,000 | 北京保利 | 2015-12-07 |
| 顾符稹 溪山亭子图 立轴 绫本 | 163×48cm | 2,242,500 | 北京匡时 | 2015-06-06 |
| 郭忠恕 楼台仕女图 镜心 设色绢本 | 28.5×31cm | 5,750,000 | 北京匡时 | 2015-12-04 |
| 杭世骏 梅花诗卷 手卷 纸本 | 本幅 26×133cm；29.5×537cm；题跋 29.5×79cm | 2,530,000 | 北京匡时 | 2015-06-06 |
| 何绍基 楷书《进学解》手卷 设色纸本 | 29×305cm | 2,185,000 | 北京保利 | 2015-06-05 |
| 赫奕 烟树山亭 手卷 设色绢本 | 29×175cm | 25,530,000 | 北京匡时 | 2015-12-04 |
| 弘仁 古柯竹石图 扇面 水墨金笺 | 16×48cm | 3,220,000 | 北京保利 | 2015-06-05 |
| 华喦 1746年作 柳禽图 镜心 设色绢本 | 118×52.5cm | 7,475,000 | 中国嘉德 | 2015-05-18 |
| 华喦 1734年作 重阳秋光图 立轴 设色纸本 | 121×55cm | 5,060,000 | 北京保利 | 2015-06-05 |
| 华喦 竹溪六逸图 立轴 设色绢本 | 183.5×100.5cm | 4,830,000 | 上海明轩 | 2015-06-21 |
| 华喦 楼禽图 立轴 纸本 | 136.5×46cm | 4,025,000 | 北京匡时 | 2015-12-04 |
| 华喦 五伦图 立轴 纸本 | 268×138cm | 4,025,000 | 北京匡时 | 2015-12-05 |
| 华喦 讲秋图 立轴 设色纸本 | 130×69cm | 3,047,500 | 北京保利 | 2015-12-07 |
| 华喦 松竹清吟图 立轴 设色纸本 | 120×30cm | 2,530,000 | 中贸圣佳 | 2015-11-22 |
| 华喦 游女出桑图 立轴 设色纸本 | 69×28cm | 2,300,000 | 广州华艺 | 2015-05-24 |
| 黄道周 草书倚锄诗 立轴 绫本 | 181.3×56cm | 3,335,000 | 中贸圣佳 | 2015-11-22 |
| 黄道周 行书 立轴 水墨纸本 | 113×33cm | 2,300,000 | 中鸿信 | 2015-07-29 |
| 黄鼎 仿宋元山水册（十二开）册页 水墨纸本 | 24×31cm×12 | 4,140,000 | 北京保利 | 2015-06-05 |
| 黄鼎 仿古山水册（八开）册页 设色纸本 | 27×36cm×8 | 2,242,500 | 北京保利 | 2015-12-07 |
| 黄慎 1734年作 紫阳问道 立轴 设色绢本 | 201.5×160.5cm | 7,360,000 | 上海朵云轩 | 2015-12-17 |
| 黄慎 1756年作 杂画（十二开）册页 水墨纸本 | 25.5×35cm×12 | 5,865,000 | 北京匡时 | 2015-06-06 |
| 黄慎 顾瞻图 立轴 设色纸本 | 173×94cm | 2,070,000 | 上海敬华 | 2015-06-29 |
| 黄士陵 篆书《圣主得贤臣颂》（六屏）立轴 水墨纸本 | 162.8×57cm×6 | 2,195,040 | 香港苏富比 | 2015-04-06 |
| 渐江 戊戌 1658年作 梅花亭轴 立轴 设色纸本 | 121×67cm | 6,900,000 | 上海驰翰 | 2015-12-15 |
| 蒋延锡 仿宜和画册（二十四开）册页 水墨纸本 | 尺寸不一 | 3,277,500 | 北京保利 | 2015-12-07 |
| 蒋延锡 仿赵大年江乡清夏图 手卷 绢本 | 27×406.5cm | 2,300,000 | 上海嘉禾 | 2015-05-08 |
| 金农 隶书《华山庙碑》册（五十四开一〇九页）册页 水墨纸本 | 29×15.5cm | 40,250,000 | 中国嘉德 | 2015-05-17 |
| 金农 1760年作 楷书诗稿（三十二开）册页 水墨纸本 | 22×25cm×16 | 7,935,000 | 北京保利 | 2015-06-05 |
| 金农 1758年作 隶书《鹤赋》立轴 水墨纸本 | 190×60cm×4 | 6,325,000 | 北京匡时 | 2015-12-04 |
| 金农《友论》册（二十开）册页 水墨纸本 | 28×37cm×20 | 3,450,000 | 北京保利 | 2015-12-07 |
| 金农 隶书册（二十开）册页 水墨纸本 | 27×12cm×20 | 3,335,000 | 北京保利 | 2015-12-08 |
| 金农 隶书集毛诗 立轴 水墨纸本 | 106.5×49cm | 3,220,000 | 北京保利 | 2015-06-06 |
| 金农 隶书于玉晨观湖上作 立轴 水墨纸本 | 116×45.5cm | 2,760,000 | 广东崇正 | 2015-12-18 |
| 金农 隶书自作诗 镜心 纸本 | 17.5×49cm | 2,357,500 | 北京匡时 | 2015-06-06 |
| 金农 花卉册（十二开）册页 水墨纸本 | 21×27cm×12 | 2,300,000 | 北京保利 | 2015-12-08 |
| 金农 隶书《长歌一篇效李太白体奉祝大椿》（十二开二十四页）册页 水墨纸本 | 27.5×14.5cm×24 | 2,070,000 | 中国嘉德 | 2015-11-15 |
| 金廷标 听泉图 立轴 设色纸本 | 112.7×148.3cm | 36,800,000 | 中国嘉德 | 2015-05-17 |
| 居廉 花卉灵石（六屏）立轴 设色纸本 | 178×42cm×6 | 2,875,000 | 广东崇正 | 2015-12-19 |
| 康熙帝 行书《雨后见桃花诗》立轴 水墨金笺 | 206×57.5cm | 6,210,000 | 中国嘉德 | 2015-05-18 |

| 拍品名称 | 尺寸 | 成交价 RMB | 拍卖公司 | 拍卖时间 |
|---|---|---|---|---|
| 康有为 1923年作 行书《北藏河纪游诗》镜心 水墨纸本 | 294.5×147cm | 6,210,000 | 西泠印社 | 2015-12-26 |
| 孔尚任 隶书宋公专祠记 手卷 水墨绫本 | 42.5×703cm | 4,600,000 | 中国嘉德 | 2015-05-18 |
| 邝露 草书字册（十四开）册页 水墨金笺 | 31.5×18.2cm×14 | 2,415,000 | 中国嘉德 | 2015-11-16 |
| 蓝瑛 秋山高寺 立轴 设色绢本 | 327×105cm | 32,890,000 | 中鸿信 | 2015-07-29 |
| 蓝瑛、项圣谟等 鸳湖社名贤妙迹册（十八开）册页 设色绢本 | 29×39cm | 20,700,000 | 北京保利 | 2015-12-07 |
| 蓝瑛 拟古山水 四屏 设色绢本 | 160.5×44.5cm×4 | 5,290,000 | 西泠印社 | 2015-07-04 |
| 蓝瑛 秋山红叶 立轴 设色绢本 | 171×68cm | 4,600,000 | 北京保利 | 2015-06-05 |
| 蓝瑛 仿古山水册（十二开）册页 设色纸本 | 30×38cm×12 | 3,910,000 | 北京保利 | 2015-12-07 |
| 蓝瑛 九夏清泉图 立轴 设色绢本 | 225×96cm | 3,105,000 | 北京保利 | 2015-12-07 |
| 蓝瑛 霜酣秋林 立轴 绢本 | 210×94.5cm | 2,587,500 | 北京匡时 | 2015-06-07 |
| 蓝瑛 秋山红树 立轴 纸本 | 171×78cm | 2,070,000 | 北京匡时 | 2015-12-04 |
| 蓝瑛 四时芳艳 立轴 设色绢本 | 144×63.5cm | 2,038,560 | 香港苏富比 | 2015-10-05 |
| 郎世宁等 纯惠皇贵妃朝服像 镜心 设色绢本 | 198×123cm | 112,942,800 | 香港苏富比 | 2015-10-07 |
| 李公麟、赵孟頫（款）老子授经·行书 手卷 设色绢本 | 绘画 30.5×137cm；书法 30.5×391.5cm | 4,140,000 | 上海朵云轩 | 2015-12-17 |
| 李鸿章 行书《圣教序》《心经》手卷 纸本 | 引首 32×97cm；本幅 35.5×428cm | 3,335,000 | 北京匡时 | 2015-12-04 |
| 李流芳 江山萧木册（八开）册页 水墨金笺 | 24×50cm | 7,200,150 | 纽约苏富比 | 2015-03-19 |
| 李鱓 椿萱百龄图 立轴 设色绢本 | 208×99cm | 4,945,000 | 上海嘉禾 | 2015-12-14 |
| 李鱓 芙蓉鸳鸯 立轴 设色纸本 | 110×51cm | 2,070,000 | 中贸圣佳 | 2015-05-19 |
| 李士弘 行书《九歌》（十三开二十五页）册页 水墨绢本 | 23×15.5cm×25 | 2,300,000 | 中国嘉德 | 2015-11-16 |
| 李寅 松阁抚琴 立轴 绢本 | 230×105cm | 3,680,000 | 北京匡时 | 2015-12-04 |
| 李钺、吴之襄、张凤翱等 以乾隆御赐五色金花绢为田畇六十寿初度书设十二锦屏（十二屏） | 165×75cm×10；165×36cm×2 | 4,370,000 | 北京翰海 | 2015-06-27 |
| 梁启超 行书《金刚经》手卷 水墨纸本 | 22.5×235cm | 5,750,000 | 北京匡时 | 2015-06-06 |
| 梁启超 楷书自书诗（四屏）立轴 水墨纸本 | 132×20.8cm×4 | 3,357,120 | 香港苏富比 | 2015-04-06 |
| 刘珏 深山读易图 立轴 设色纸本 | 113.5×46.5cm | 2,300,000 | 广东崇正 | 2015-12-19 |
| 刘墉 小楷三种 手卷 水墨纸本 | 21.5×138cm；21.5×273.5cm；题跋 27×27.5cm | 2,415,000 | 中国嘉德 | 2015-11-16 |
| 陆恢 侍慈礼佛图卷 手卷 设色绢本 | 30×147cm | 2,070,000 | 北京保利 | 2015-12-07 |
| 陆远 丙子（1696）年作 岁朝喜庆图 立轴 设色纸本 | 125×60cm | 34,500,000 | 上海嘉禾 | 2015-12-13 |
| 罗牧、宋荦 匡庐烟雨诗画图并诸家跋 手卷 水墨纸本 | 罗牧画 27.5×205cm；宋荦书 27.5×209cm；后跋 29.5×900cm | 4,370,000 | 中国嘉德 | 2015-11-15 |
| 罗牧 云山（十二开）册页 水墨纸本 | 22.5×32cm×12 | 3,107,880 | 香港佳士得 | 2015-06-01 |
| 罗聘 柳燕图 立轴 设色纸本 | 心 66.5×31cm；诗堂 33×31cm | 2,875,000 | 上海嘉禾 | 2015-12-14 |
| 吕纪 松禽黄鹊图 立轴 设色绢本 | 114.5×73cm | 3,220,000 | 上海明轩 | 2015-06-21 |
| 马守真、王穉登 己亥（1599）年作 水仙顽石图 手卷 水墨纸本 | 本副 39.5×473cm；题跋 39.5×64cm | 16,100,000 | 中国嘉德 | 2015-11-15 |
| 茅坤 草书《西湖诗卷》手卷 纸本 | 画心 356×27.5cm；题跋 27.5×12.5cm | 2,760,000 | 西泠印社 | 2015-12-26 |
| 梅清 1693年作 仿古图册（十二页）册页 水墨纸本 | 27.5×20.5cm×12 | 5,577,500 | 西泠印社 | 2015-07-04 |
| 梅清 黄山四景 立轴 水墨绫本 | 179×52cm×4 | 3,220,000 | 中国嘉德 | 2015-11-16 |
| 梅清 黄山（六开）册页 设色纸本 | 30.5×26.5cm×6 | 2,827,680 | 香港苏富比 | 2015-10-05 |
| 梅清 黄山真境 立轴 水墨纸本 | 75×48cm | 2,435,040 | 香港佳士得 | 2015-06-01 |
| 明俭 棣园十六景图（四十四开）册页 设色纸本 | 41×38.8cm×12；37×32.5cm×32 | 2,415,000 | 西泠印社 | 2015-12-26 |

| 拍品名称 | 尺寸 | 成交价 RMB | 拍卖公司 | 拍卖时间 |
|---|---|---|---|---|
| 倪元璐 行书五言诗 立轴 水墨绢本 | 189×47.5cm | 9,200,000 | 中国嘉德 | 2015-05-17 |
| 倪元璐 草书七言诗 立轴 水墨绢本 | 130×38cm | 5,520,000 | 北京匡时 | 2015-12-04 |
| 倪元璐 草书祝寿诗札 册页 水墨洒金笺 | 28×9.5cm；28×11.5cm×2 | 2,700,000 | 上海明轩 | 2015-06-21 |
| 倪瓒 晚亭图 手卷 纸本 | 画心 27×40.5cm；题跋 27×56cm | 2,300,000 | 北京匡时 | 2015-03-31 |
| 祁豸佳 书画合璧册（十二开）册页 设色绢本 | 32×24cm×12 | 2,990,000 | 北京保利 | 2015-06-05 |
| 钱杜 山水集锦（八开）扇面镜心 设色金笺 | 18.5×51.5cm×8 | 3,565,000 | 北京翰海 | 2015-05-26 |
| 钱维城 菊花图 镜心 设色纸本 | 180×83cm | 29,325,000 | 上海明轩 | 2015-06-21 |
| 钱维城 泽普瀛堉图·恩周两淀图（二卷）手卷 设色纸本 | 29×138cm×2 | 13,488,840 | 香港佳士得 | 2015-06-01 |
| 乾隆帝 御笔平定台湾二十功臣像赞 手卷 设色绢本 | 31×186cm | 74,750,000 | 北京保利 | 2015-06-05 |
| 乾隆帝 行书御制诗并序 手卷 水墨纸本 | 引首 34×89cm；正文 34.5×89.5cm；题跋 34.5×62cm 及 34.5×134.5cm | 25,300,000 | 中贸圣佳 | 2015-05-19 |
| 乾隆帝 壬辰（1772）年作 行书题画诗（十开）册页 水墨纸本 | 31×23cm | 15,525,000 | 中国嘉德 | 2015-11-15 |
| 乾隆帝 辛丑（1781）年作 仿赵孟頫《汀草文鸳图》立轴 水墨纸本 | 71×36cm | 12,420,000 | 中国嘉德 | 2015-05-17 |
| 乾隆帝 辛卯（1771）年作 行书《喜雨帖》镜心 水墨纸本 | 106×128.5cm | 10,005,000 | 中国嘉德 | 2015-05-18 |
| 乾隆帝·董邦达 西湖十景·乾隆御题 四屏 水墨纸本 | 24×24cm×4 | 9,890,000 | 北京保利 | 2015-12-07 |
| 乾隆帝 朱摹《快雪时晴帖》卷 手卷 水墨纸本 | 引首 51.5×132cm；小像 53×36cm；正文 59×107cm 及 54×132cm×2；补景 58×179cm 及 58×241cm | 8,625,000 | 北京翰海 | 2015-06-27 |
| 乾隆帝 《宣略神皋》横披 水墨绢本 | 75.5×253cm | 5,750,000 | 中贸圣佳 | 2015-05-19 |
| 乾隆帝 松寿图 立轴 水墨纸本 | 60×34.5cm | 3,220,000 | 中鸿信 | 2015-07-29 |
| 乾隆帝 澄观千古（二件）镜心 水墨绢本 | 63×98.5cm×2 | 3,024,960 | 香港苏富比 | 2015-10-05 |
| 乾隆帝 行书五言诗 镜心 纸本 | 128×92cm | 2,300,000 | 北京匡时 | 2015-12-04 |
| 乾隆帝 御临 "五印陀罗尼" 经咒并自画像（十三开）册页 绢本水墨 | 11×6.5cm×13 | 2,185,000 | 中鸿信 | |
| 仇英 1550 年作 仙山楼阁 立轴 设色纸本 | 113×42cm | 34,500,000 | 上海工美 | 2015-06-28 |
| 仇英 蓬莱仙弈图 手卷 设色绢本 | 29×93.5cm | 11,503,265 | 纽约佳士得 | 2015-09-16 |
| 仇英 北湖图 手卷 设色纸本 | 引首 21×65cm；本幅 21×81.5cm；题跋 21×483cm | 5,980,000 | 北京匡时 | 2015-06-06 |
| 仇英 西园雅集图 立轴 设色纸本 | 129.5×66cm | 4,140,000 | 中鸿信 | 2015-07-29 |
| 仇英 云里帝城 扇面 设色金笺 | 19×48cm | 4,025,000 | 上海明轩 | 2015-06-21 |
| 仇英 溪山消夏图 手卷 设色绢本 | 画心 31×625cm；题跋 36×10cm | 3,729,000 | 中鸿信 | 2015-07-29 |
| 仇英 云海观涛 立轴 设色绢本 | 111×60cm | 3,450,000 | 北京保利 | 2015-12-08 |
| 仇英 夏木垂阴 立轴 设色绢本 | 125.5×65.5cm | 3,220,000 | 上海朵云轩 | 2015-12-17 |
| 仇英（款）四季山水（四屏）设色绢本 | 115×61.5cm×4 | 3,024,960 | 香港苏富比 | 2015-10-05 |
| 仇英 泛棹中流图 扇面 设色金笺 | 18×52cm | 2,990,000 | 北京保利 | 2015-06-04 |
| 仇英（款）春山行旅 立轴 设色绢本 | 343×194cm | 2,630,400 | 香港苏富比 | 2015/10/5 |
| 任伯年 花鸟三屏 立轴 设色纸本 | 133.5×64cm×2；135×66cm | 12,650,000 | 北京匡时 | 2015-06-06 |
| 沈铨 松荫双鹿 立轴 设色绢本 | 190×96cm | 2,070,000 | 上海嘉禾 | 2015-12-14 |
| 沈周、文徵明《钓雪图》书画合璧卷 手卷 设色水墨纸本 | 本幅 29×150cm；题跋 29×290cm | 40,825,000 | 北京匡时 | 2015-06-06 |
| 沈周 甲子（1504）年作 梅雨话诗图 立轴 水墨纸本 | 118.5×65.5cm | 5,635,000 | 上海嘉禾 | 2015-12-14 |
| 沈周 乾坤雪意 立轴 设色纸本 | 243×120cm | 5,171,586 | 纽约苏富比 | 2015-03-19 |

| 拍品名称 | 尺寸 | 成交价 RMB | 拍卖公司 | 拍卖时间 |
|---|---|---|---|---|
| 沈周 墨牡丹 立轴 水墨纸本 | 135×83cm | 4,025,000 | 中鸿信 | 2015-07-29 |
| 沈宗敬、王九龄等 书画合璧屏风（二十四帧十二屏）设色泥金纸本 | 69.5×45cm×24 | 2,300,000 | 西泠印社 | 2015-07-04 |
| 盛洪（款）山水 立轴 设色纸本 | 91.5×35.5cm | 2,003,240 | 香港佳士得 | 2015-11-30 |
| 石涛 1706 年作 奇峰怪石图 手卷 水墨纸本 | 本幅 31×245cm；题跋 31×120cm | 64,400,000 | 北京保利 | 2015-06-05 |
| 石涛 庚申（1680）年作 双骥图 镜心 水墨纸本 | 88.5×44cm | 32,200,000 | 中国嘉德 | 2015-11-15 |
| 石涛 诗书画三绝册（二十四开）册页 水墨纸本 | 23.7×16.4cm | 24,705,906 | 纽约苏富比 | 2015-03-19 |
| 石涛 清湘杂画册（十开）册页 水墨纸本 | 33.5×24.5cm | 21,850,890 | 纽约苏富比 | 2015-03-19 |
| 石涛 山水画（四开）册页 水墨纸本 | 18×11cm×4 | 4,600,000 | 北京保利 | 2015-12-08 |
| 石涛 溪山幽居 立轴 水墨纸本 | 134×63.5cm | 2,990,000 | 中鸿信 | 2015-07-29 |
| 宋徽宗（传）晴竹图 立轴 设色绢本 | 123.5×54.5cm | 5,155,880 | 香港佳士得 | 2015-11-30 |
| 宋徽宗 荼蘼图 立轴 绢本 | 76×49cm | 3,680,000 | 中国嘉德 | 2015-12-20 |
| 宋旭 入峨积雪 立轴 绢本 | 诗堂 45×95.5cm | 4,082,500 | 北京匡时 | 2015-06-07 |
| 孙克弘 十峰图 手卷 绫本 | 本幅 32×227cm；题跋 32×291cm | 2,070,000 | 北京匡时 | 2015-06-07 |
| 孙隆等 进太子陈善图册（四十二开）册页 设色绢本/泥金纸 | 57×31cm×2；31×27cm×40 | 2,185,000 | 西泠印社 | 2015-07-04 |
| 唐寅（传）红树秋山 立轴 设色绢本 | 164×71cm | 24,465,800 | 香港佳士得 | 2015-11-30 |
| 唐寅 金昌暮烟 立轴 设色绢本 | 98.5×47.5cm | 13,455,000 | 上海嘉禾 | 2015-12-13 |
| 唐寅 碧山诗意图 立轴 设色绢本 | 141×72cm | 6,670,000 | 北京保利 | 2015-12-07 |
| 唐寅、端方 训鹤图·行书五言联 立轴 设色纸本 | 40×26cm；130×32cm×2 | 5,520,000 | 北京保利 | 2015-06-06 |
| 唐寅 秋葵图 扇面 水墨金笺 | 17×47.7cm | 4,715,000 | 中国嘉德 | 2015-05-18 |
| 唐寅 扁舟载酒 扇面 水墨金笺 | 19×48.7cm | 4,255,000 | 中国嘉德 | 2015-05-18 |
| 唐寅 芦舟载书图 扇面 设色金笺 | 18×52cm | 2,875,000 | 北京保利 | 2015-06-04 |
| 汪士慎 竹石双清图 立轴 设色纸本 | 152×39cm | 2,357,500 | 西泠印社 | 2015-12-26 |
| 王铎 1651 年作 行书五言诗 立轴 水墨绫本 | 214×52cm | 19,205,000 | 西泠印社 | 2015-12-26 |
| 王铎 行书诗文稿（二册三十二开）册页 水墨纸本 | 28×19.5cm | 17,480,000 | 中国嘉德 | 2015-05-17 |
| 王铎 1643 年作 草书《为长正贤契阁帖卷》手卷 水墨绫本 | 26.5×338cm | 15,730,360 | 香港佳士得 | 2015-11-30 |
| 王铎 辛巳（1641）年作 行书《自作诗》立轴 水墨绫本 | 277.5×47.5cm | 11,500,000 | 中国嘉德 | 2015-05-17 |
| 王铎 1649 年作 草书五律八首 手卷 水墨绢本 | 本幅 27.5×479cm；题跋 28×102cm | 11,385,000 | 北京匡时 | 2015-06-06 |
| 王铎 乙亥（1635）年作 临王羲之《月半念足下帖》立轴 水墨绫本 | 202.5×45cm | 8,970,000 | 中国嘉德 | 2015-05-17 |
| 王铎 草书节临王献之《安和帖》立轴 水墨绫本 | 273×51cm | 6,970,560 | 香港苏富比 | 2015-10-05 |
| 王铎 行书自作诗 立轴 水墨绫本 | 236×52cm | 6,900,000 | 北京保利 | 2015-06-05 |
| 王铎 1651 年作 行书临阁帖 立轴 水墨绫本 | 200×47cm | 5,750,000 | 北京保利 | 2015-12-07 |
| 王铎 庚寅（1650）年作 草书自作诗 立轴 水墨绫本 | 207×50cm | 5,175,000 | 上海嘉禾 | 2015-12-13 |
| 王铎 草书诗 立轴 | 235×51cm | 4,577,000 | 北京翰海 | 2015-06-27 |
| 王翚 1698 年作 山水册（十开）册页 设色纸本 | 25.5cm×39cm | 28,803,960 | 邦瀚斯 | 2015-05-31 |
| 王翚 晴峦晓别图 手卷 设色纸本 | 本幅 30×95cm；题跋 32×268cm | 8,165,000 | 中贸圣佳 | 2015-05-19 |
| 王翚 罗浮山樵图 立轴 水墨纸本 | 124×55cm | 5,984,160 | 中国嘉德 | 2015-10-07 |
| 王翚 1703 年作 临赵松《水村图》手卷 水墨纸本 | 28×133.5cm | 5,290,000 | 中国嘉德 | 2015-05-17 |
| 王翚、杨晋 石亭图 手卷 设色绢本 | 引首 72×37cm；画心 177×36.5cm；题跋 53×37cm | 3,795,000 | 西泠印社 | 2015-12-26 |
| 王翚 松风涧响图 立轴 设色绢本 | 101×54cm | 3,680,000 | 西泠印社 | 2015-07-04 |
| 王翚 康熙南巡图 手卷 水墨纸本 | 画心 64×1127cm；题跋 59×118cm | 3,565,000 | 北京保利 | 2015-06-05 |

| 拍品名称 | 尺寸 | 成交价 RMB | 拍卖公司 | 拍卖时间 |
|---|---|---|---|---|
| 王翚 万壑松风图 立轴 设色绢本 | 157×51.5cm | 3,565,000 | 中国嘉德 | 2015-11-15 |
| 王翚 云壑观泉图 立轴 设色绢本 | 176.5×53cm | 3,450,000 | 中贸圣佳 | 2015-11-22 |
| 王翚 康熙南巡图卷 手卷 水墨纸本 | 65×1022cm | 3,335,000 | 北京保利 | 2015-12-07 |
| 王翚 仿王叔明午参图 镜心 水墨纸本 | 141×60cm | 3,220,000 | 中国嘉德 | 2015-05-18 |
| 王翚 仿倪云林山水 立轴 水墨纸本 | 59×30cm | 2,070,000 | 北京华辰 | 2015-11-15 |
| 王鉴 1674年作 溪山仙馆图 立轴 设色绢本 | 78×39cm | 10,005,000 | 北京匡时 | 2015-06-06 |
| 王鉴 仿元人山水册（八开）册页 设色纸本 | 34.9×24.2cm | 9,078,450 | 纽约苏富比 | 2015-03-19 |
| 王鉴 仿黄子久秋山图 镜心 绢本 | 98×52cm | 4,600,000 | 北京匡时 | 2015-12-04 |
| 王鉴 群峦密雪图 立轴 设色绢本 | 191×83cm | 3,335,000 | 上海嘉禾 | 2015-12-14 |
| 王时敏 仿子久笔意山水 立轴 水墨纸本 | 116×50cm | 10,350,000 | 北京保利 | 2015-12-07 |
| 王孙裔 山水卷 手卷 水墨纸本 | 29×908cm; 29×107cm; 29×127cm | 3,105,000 | 北京传是 | 2015-12-05 |
| 王雨公 华山图（九十八开）册页 绢本/纸本 | 绘画 30×24cm×33; 书法 30×24cm×64 | 2,415,000 | 北京匡时 | 2015-12-04 |
| 王原祁 仿黄大痴山水 立轴 水墨纸本 | 132×58cm | 17,250,000 | 北京保利 | 2015-06-05 |
| 王原祁 仿古山水册（十二开）册页 设色绢本 | 33×21cm×12 | 5,060,000 | 北京保利 | 2015-06-05 |
| 王原祁 平冈曲涧图 镜心 设色纸本 | 95.5×43cm | 4,370,000 | 中国嘉德 | 2015-11-16 |
| 王原祁 层峦耸秀 立轴纸本 | 101.5×52cm | 3,450,000 | 北京匡时 | 2015-12-04 |
| 王原祁 仿黄公望秋山图 扇面镜心 设色纸本 | 18.5×55cm | 3,107,880 | 香港佳士得 | 2015-06-01 |
| 王原祁 仿黄公望山水 立轴 水墨纸本 | 102.5×47cm | 2,645,000 | 西泠印社 | 2015-12-26 |
| 文伯仁 初雪读书图 立轴 设色纸本 | 291.5×135cm | 8,050,000 | 中贸圣佳 | 2015-11-22 |
| 文徵明《杂咏诗卷》手卷 水墨纸本 | 25×258cm | 81,650,000 | 北京保利 | 2015-12-07 |
| 文徵明 楷书楚辞精品册（九开）册页 水墨纸本 | 本幅 21×22.5cm×8, 21×8.5cm; 题跋 21×15cm | 14,950,000 | 西泠印社 | 2015-07-04 |
| 文徵明 草书七言诗 立轴 水墨纸本 | 176×63.5cm | 12,650,000 | 西泠印社 | 2015-12-26 |
| 文徵明 行书自作诗 手卷 水墨纸本 | 本幅 33.5×610cm; 题跋 33.5×80cm | 6,095,000 | 北京匡时 | 2015-12-04 |
| 文徵明 松崖避暑 立轴 设色绢本 | 137×54cm | 5,750,000 | 朵云轩 | 2015-12-17 |
| 文徵明 1526年作 溪山访友图 立轴 设色纸本 | 132×61.5cm | 5,520,000 | 广州华艺 | 2015-12-20 |
| 文徵明 行书《游西苑诗》立轴 水墨纸本 | 175×84cm | 5,175,000 | 北京匡时 | 2015-12-04 |
| 文徵明 仙华胜游手卷绢本 | 引首 29.5×106cm; 本幅 29.5×472cm | 3,795,000 | 北京匡时 | 2015-12-05 |
| 文徵明、米芾（款）草书题《南宫水墨题》手卷 水墨纸本 | 引首 101×29cm; 画心 110×29cm, 127×29cm; 题跋 245×30cm | 3,795,000 | 西泠印社 | 2015-07-04 |
| 文徵明 夏山观瀑图 镜心 设色纸本 | 130×32cm | 3,680,000 | 北京保利 | 2015-06-05 |
| 文徵明 秋江闲泛 立轴 设色纸本 | 77.5×32cm | 3,450,000 | 上海朵云轩 | 2015-06-18 |
| 文徵明 醉翁亭记书 画卷 手卷 | 书法 25×92cm; 绘画 23×129cm; 题跋 25×122cm, 23×62cm | 3,450,000 | 北京匡时 | 2015-06-06 |
| 文徵明 古木山阴 立轴 水墨纸本 | 98×36.5cm | 3,220,000 | 北京翰海 | 2015-06-27 |
| 文徵明 枯木竹石图 立轴 水墨纸本 | 93×31cm | 3,220,000 | 北京保利 | 2015-06-05 |
| 文徵明 兰花图 立轴纸本 | 96×29cm | 3,220,000 | 北京匡时 | 2015-06-07 |
| 文徵明 草书《九日雨中虎丘悟石轩燕集》立轴 水墨纸本 | 112×60.4cm | 2,915,640 | 香港佳士得 | 2015-06-01 |
| 文徵明 携琴访友 立轴 设色纸本 | 75×32.7cm | 2,645,000 | 中贸圣佳 | 2015-11-22 |
| 文徵明 行书《西苑诗》立轴 水墨纸本 | 173×82cm | 2,242,500 | 北京匡时 | 2015-12-05 |
| 吴大澂 匡庐飞瀑·篆书八言联 立轴纸本 | 对联 174×37cm×2; 绘画 168×88.5cm | 3,220,000 | 北京保利 | 2015-06-06 |
| 吴历 平畴远风图 镜心 设色纸本 | 80×41cm | 3,220,000 | 北京翰海 | 2015-06-27 |

| 拍品名称 | 尺寸 | 成交价 RMB | 拍卖公司 | 拍卖时间 |
|---|---|---|---|---|
| 吴伟业 江山卧游图 手卷 纸本 | 35.5×750cm | 2,645,000 | 北京匡时 | 2015-06-07 |
| 吴镇 雨歇空山 立轴 水墨纸本 | 51×27cm | 35,650,000 | 上海工美 | 2015-06-28 |
| 项圣谟 临韩滉五牛图 手卷 设色纸本 | 本幅 29×185.5cm; 题跋 29×54cm | 22,080,000 | 上海工美 | 2015-06-28 |
| 项圣谟 1639年作 江山雪霁图 手卷 设色纸本 | 本幅 28×137cm; 题跋 28×35cm | 9,430,000 | 北京匡时 | 2015-12-04 |
| 萧云从 1664年作 仿黄公望《江山胜览图》手卷 设色纸本 | 本幅 768×34.5cm; 题跋 54×34.5cm | 8,970,000 | 西泠印社 | 2015-12-26 |
| 谢时臣 麦舟兼赠 立轴 设色纸本 | 184×101cm | 16,675,000 | 北京保利 | 2015-06-05 |
| 徐贲 平林远岫图 立轴 纸本 | 54.5×24.5cm | 4,025,000 | 北京匡时 | 2015-06-06 |
| 徐三庚 篆书十六言联 立轴 水墨纸本 | 359×48cm×2 | 2,472,500 | 中国嘉德 | 2015-05-18 |
| 徐渭 墨花 镜心 水墨纸本 | 画心 30×64cm; 引首 27.5×50cm | 3,842,000 | 中鸿信 | 2015-07-29 |
| 杨慎 行书《禹碑考证》卷 手卷 水墨纸本 | 29.5×230cm | 20,125,000 | 中国嘉德 | 2015-05-17 |
| 伊秉绶 行书七言诗 立轴 水墨纸本 | 192.5×94cm | 5,060,000 | 西泠印社 | 2015-07-04 |
| 伊秉绶 行书文语 立轴 纸本 | 168×62cm | 2,990,000 | 北京匡时 | 2015-06-06 |
| 伊秉绶 楷书自写诗（四屏）立轴 水墨纸本 | 105×37.8cm×4 | 2,582,400 | 香港苏富比 | 2015-04-06 |
| 伊秉绶 隶书五言联 立轴 水墨描花笺本 | 135×36cm | 2,162,000 | 广东崇正 | 2015-12-18 |
| 佚名 楷书佛经册（三十九开）册页 设色纸本 | 33×24cm | 87,816,786 | 纽约苏富比 | 2015-03-19 |
| 佚名 宋人摹郭忠恕《四猎骑图》手卷 设色绢本 | 39.5×192cm | 80,500,000 | 北京匡时 | 2015-06-06 |
| 佚名 南宋 吕祖谦告身 手卷 水墨绫本 | 26×226.5cm | 28,750,000 | 北京匡时 | 2015-06-06 |
| 佚名 南宋 司马伋告身 手卷 水墨绫本 | 26×247cm | 20,125,000 | 北京保利 | 2015-06-06 |
| 佚名 宋人写经图 立轴 设色绢本 | 115.5×49cm | 18,170,000 | 上海明轩 | 2015-06-21 |
| 佚名 成都将军法什尚阿巴图鲁云骑尉鄂辉像 镜心 设色绢本 | 187×84cm | 17,480,000 | 北京保利 | 2015-12-07 |
| 佚名 御苑布朝图 立轴 设色绢本 | 107×52cm | 9,660,000 | 北京匡时 | 2015-12-04 |
| 佚名 明 圣迹图（三十九开）册页 设色纸本 | 50×74cm×39 | 9,200,000 | 中国嘉德 | 2015-11-15 |
| 佚名 铜人全图 册页 设色绢本 | 36.5×23cm×46 | 8,050,000 | 中鸿信 | 2015-07-29 |
| 佚名 婴戏图 立轴 绢本 | 22×22cm | 3,910,000 | 北京匡时 | 2015-12-04 |
| 佚名 小楷《妙法莲华经》卷 手卷 绀纸泥金字 | 31×868cm | 3,277,500 | 上海嘉禾 | 2015-12-14 |
| 佚名 王母瑶池图 手卷 设色绢本 | 29×430cm | 2,300,000 | 北京保利 | 2015-12-07 |
| 佚名 双骏图 镜心 水墨纸本 | 画心 29.5×28cm; 题跋 28×22.5cm | 2,277,000 | 西泠印社 | 2015-07-04 |
| 佚名 山水人物 立轴 设色绢本 | 201×100cm | 2,200,280 | 香港佳士得 | 2015-11-30 |
| 雍正帝 书法《清凉石旧作》立轴 水墨纸本 | 127×60cm | 10,465,000 | 天津鼎天 | 2015-07-05 |
| 永瑢 山水册（二册二十开）册页 设色纸本 | 20×11cm×20 | 4,830,000 | 北京保利 | 2015-12-07 |
| 尤求 龙王礼佛图 手卷 水墨纸本 | 40×730cm | 3,910,000 | 中国嘉德 | 2015-11-15 |
| 于右任 楷书 五言联 对联 纸本 | 171×46cm×2 | 2,070,000 | 西泠印社 | 2015-12-27 |
| 禹之鼎 带经荷锄图 手卷 设色绢本 | 本幅 39×102cm; 题跋 39×821cm | 9,200,000 | 北京保利 | 2015-06-05 |
| 袁江、王云、陈卓、施淳 1697年作 为惠贺寿四景山水（四帧）镜心 设色绢本 | 191×50.5cm×4 | 13,225,000 | 西泠印社 | 2015-12-26 |
| 袁耀 楼观沧海 立轴 设色绢本 | 172×95cm | 6,900,000 | 中贸圣佳 | 2015-11-22 |
| 袁耀 九成宫图 立轴 绢本 | 183×60cm | 3,910,000 | 北京匡时 | 2015-12-04 |
| 袁耀 湖山行旅 立轴 绢本 | 205×132cm | 2,990,000 | 中国嘉德 | 2015-04-03 |
| 恽寿平 1689年作 艳秋图 镜心 设色绢本 | 165×69.7cm | 16,100,000 | 北京匡时 | 2015-12-04 |
| 恽寿平 墨梅 镜心 水墨纸本 | 112×53cm | 4,830,000 | 北京保利 | 2015-06-05 |
| 恽寿平 山水花卉书法合册（十二开）册页 纸本 | 本幅 19×22cm×10; 题跋 19.5×22.5cm×10, 18.5×22cm×4 | 3,450,000 | 北京匡时 | 2015-12-04 |

| 拍品名称 | 尺寸 | 成交价 RMB | 拍卖公司 | 拍卖时间 |
|---|---|---|---|---|
| 恽寿平 月窟留香 手卷 设色纸本 | 26×156.5cm | 3,335,000 | 上海嘉禾 | 2015-12-14 |
| 恽向 林壑幽居图 立轴 设色纸本 | 133×49.5cm | 2,012,500 | 西泠印社 | 2015-04-22 |
| 曾国藩 行书八言联 立轴 纸本 | 232×38.5cm×2 | 3,105,000 | 北京匡时 | 2015-06-06 |
| 查士标 1696年作 烟江独泛 手卷 水墨纸本 | 13×145.5cm | 23,000,000 | 北京翰海 | 2015-11-27 |
| 查士标 富春大岭图 立轴 纸本 | 115×52cm | 4,370,000 | 北京匡时 | 2015-06-06 |
| 查士标 行书《长恨歌》手卷 水墨绫本 | 引首49.5×111.5cm; 书法 49.5×330cm | 2,530,000 | 中国嘉德 | 2015-11-15 |
| 张弼 草书千字文 手卷 水墨纸本 | 24×829.6cm | 5,472,114 | 广州华艺 | 2015-05-24 |
| 张瑞图 行书《奉和春初幸太平公主南庄应制》立轴 水墨纸本 | 338×96cm | 14,375,000 | 北京保利 | 2015-06-06 |
| 张瑞图 草书唐人诗 立轴 水墨绢本 | 258×50cm | 9,430,000 | 北京保利 | 2015-12-07 |
| 张瑞图 草书五言诗 立轴 水墨绫本 | 248×53cm | 6,760,440 | 香港佳士得 | 2015-06-01 |
| 张瑞图 草书杜甫诗（画心十四开，跋一开）册页 洒金纸本 | 29×27cm×14; 36.5×33cm | 4,255,000 | 西泠印社 | 2015-07-04 |
| 张瑞图 行草书册 册页 洒金笺 | 27×29cm×14 | 4,140,000 | 上海嘉禾 | 2015-05-08 |
| 张瑞图 行书五言诗 立轴 绢本 | 187.5×49.5cm | 3,450,000 | 西泠印社 | 2015-12-26 |
| 张瑞图 草书七言诗 立轴 水墨绫本 | 179×51cm | 3,450,000 | 北京保利 | 2015-06-05 |
| 张瑞图 草书常建《题破山寺后禅院》立轴 绫本 | 176.5×54cm | 2,875,000 | 上海嘉禾 | 2015-12-04 |
| 张瑞图 草书杜甫诗 立轴 绫本 | 182×52cm | 2,530,000 | 西泠印社 | 2015-07-04 |
| 张瑞图 行书李白《送贺宾客归越》诗 立轴 水墨绫本 | 170×38cm | 2,415,000 | 广东崇正 | 2015-12-18 |
| 张瑞图 草书七言诗 立轴 绫本 | 206×50cm | 2,070,000 | 北京匡时 | 2015-12-04 |
| 张瑞图 行草书《佳燕是何年》立轴 绢本 | 194×52cm | 2,070,000 | 上海嘉禾 | 2015-12-13 |
| 张瑞图 真率斋铭 立轴 水墨绢本 | 110×36cm | 2,070,000 | 北京保利 | 2015-12-07 |
| 张逊 竹石图 立轴 水墨绢本 | 132×52cm | 7,590,000 | 中国嘉德 | 2015-04-03 |
| 张宗苍 雪霁图 镜心 设色纸本 | 70×88cm | 3,565,000 | 中贸圣佳 | 2015-11-22 |
| 赵孟頫 山堂诗 立轴 水墨纸本 | 62×32cm | 15,525,000 | 北京传是 | 2015-12-05 |
| 赵雍 秋郊行骑图 立轴 设色绢本 | 101×48cm | 4,025,000 | 北京翰海 | 2015-06-27 |
| 郑孝胥 隶书十二言联 对联 纸本 | 249×44.5cm×2 | 3,450,000 | 西泠印社 | 2015-12-27 |
| 郑板桥 甲申（1764）年作 竹石图 镜心 水墨纸本 | 185×102cm | 5,750,000 | 中国嘉德 | 2015-05-17 |
| 郑板桥 墨竹（对屏）立轴 水墨纸本 | 165×43cm×2 | 3,335,000 | 中贸圣佳 | 2015-05-19 |
| 郑板桥 竹石图 立轴 水墨纸本 | 180×101cm | 2,495,840 | 香港佳士得 | 2015-11-30 |
| 郑板桥 扬州旧游诗 立轴 纸本 | 120×45cm | 2,357,500 | 北京匡时 | 2015-12-04 |
| 郑重 江山胜览图 手卷 设色纸本 | 27.5×406cm | 46,000,000 | 中国嘉德 | 2015-05-17 |
| 周顺昌 行书文语 立轴 绫本 | 251×55.5cm | 2,070,000 | 北京匡时 | 2015-06-06 |
| 诸昇 1689年作 万竿烟雨图 手卷 设色绢本 | 引首47×116cm; 本幅47×419cm | 5,290,000 | 北京匡时 | 2015-06-06 |
| 诸昇 青溪十咏图册（八开）册页/绢本 | 书法32×22cm×8; 绘画32×22cm×8 | 2,472,500 | 北京匡时 | 2015-06-06 |
| 祝允明、唐寅、文徵明、陈淳等 吴门名士手柬 手卷 水墨纸本 | 本幅24×368.5cm; 题跋24×228cm | 37,375,000 | 中国嘉德 | 2015-05-17 |
| 祝允明 楷书《陈情表》手卷 水墨纸本 | 引首34×72cm; 本幅33×410cm; 题跋33×55cm | 5,520,000 | 北京匡时 | 2015-12-04 |
| 祝允明 仿米芾《黄州竹楼记》手卷 水墨纸本 | 23.7×168cm | 5,472,114 | 纽约苏富比 | 2015-03-19 |
| 祝允明、陈栝 1511年作 草书《前赤壁赋》·赤壁夜游图 手卷 设色纸本 | 绘画116×30cm; 书法280×30cm | 5,175,000 | 西泠印社 | 2015-07-04 |
| 邹一桂 菊石图 镜心 设色 | 118×63cm | 9,200,000 | 北京匡时 | 2015-12-04 |
| 邹之麟 湖山览胜图 立轴 纸本 | 152×67.5cm | 3,220,000 | 北京匡时 | 2015-12-04 |

## 近现代书画

| 拍品名称 | 尺寸 | 成交价 RMB | 拍卖公司 | 拍卖时间 |
|---|---|---|---|---|
| 蔡元培 1917年作 行书横披 水墨纸本 | 56×98cm | 2,415,000 | 中国嘉德 | 2015-05-17 |
| 陈佩秋 丁卯1987年作 唐人诗意册（二十四开）册页 设色纸本 | 32.5×43.5cm×24 | 5,520,000 | 上海嘉禾 | 2015-12-13 |
| 陈佩秋 1951年作 摹宋徽宗《柳鸦芦雁图》手卷 纸本 | 引首34.5×91.5cm; 本幅34.5×232.5cm | 3,680,000 | 北京匡时 | 2015-06-06 |
| 陈佩秋 乙亥1995年作 松亭游憩图 立轴 设色纸本 | 画心138×68cm; 诗堂25.5×68cm | 3,220,000 | 上海嘉禾 | 2015-12-13 |
| 陈少梅 1942年作 水阁云瀑 立轴 纸本 | 133×67cm | 3,795,000 | 北京匡时 | 2015-06-06 |
| 陈少梅、简恩焕 1938年作 杏坛弦歌·楷书正气歌 成扇 设色纸本 | 17×48cm | 3,565,000 | 北京保利 | 2015-12-06 |
| 陈文希 1969年作 猿 镜心 设色纸本 | 145×366cm | 7,274,700 | 保利香港 | 2015-10-05 |
| 陈之佛 1945年作 竹雀图 立轴 纸本 | 128×51.5cm | 2,415,000 | 北京匡时 | 2015-12-04 |
| 陈之佛 山茶梅花 立轴 纸本 | 77.5×41cm | 2,300,000 | 北京匡时 | 2015-06-06 |
| 陈子庄 1975年作 白玉兰 立轴 设色纸本 | 134×68cm | 4,945,000 | 北京保利 | 2015-06-05 |
| 陈子庄 1962年作 邛崃山 手卷 设色纸本 | 17×140cm | 4,140,000 | 北京保利 | 2015-06-05 |
| 陈子庄 彭州牡丹 立轴 设色纸本 | 136×72cm | 4,025,000 | 北京保利 | 2015-06-05 |
| 陈子庄 1964年作 桃花鸳鸯 立轴 设色纸本 | 137×33cm | 2,185,000 | 北京保利 | 2015-06-05 |
| 程十发 壬戌1982年作 补衮图 立轴 设色纸本 | 136×68cm | 11,500,000 | 上海嘉禾 | 2015-12-13 |
| 程十发 己巳1989年作 秋山图 立轴 设色纸本 | 137×67cm | 6,440,000 | 上海嘉禾 | 2015-05-08 |
| 程十发 庚午1990年作 山水（十二开）册页 设色纸本 | 49×30.5cm×12 | 5,060,000 | 中国嘉德 | 2015-05-17 |
| 程十发 1960年作 傣村之晨 镜心 纸本 | 151×83cm | 3,795,000 | 北京匡时 | 2015-06-06 |
| 程十发 步鲸楼仿古册页（十三开）镜心 设色水墨纸本 | 26.5×32.5cm×13 | 2,875,000 | 荣宝斋（上海） | 2015-12-30 |
| 程十发 少女与鹿 镜心 设色纸本 | 120.5×179cm | 2,300,000 | 荣宝斋（上海） | 2015-12-30 |
| 董寿平 1940年作 叶茂花艳 立轴 设色绢本 | 86.4×41cm | 2,146,680 | 香港佳士得 | 2015-06-02 |
| 丰子恺 1947年作 春风拂面 立轴 纸本 | 70.5×39cm | 2,185,000 | 北京匡时 | 2015-06-06 |
| 丰子恺 1948年作 水上青云 镜心 设色纸本 | 68.5×133.5cm | 2,531,160 | 香港佳士得 | 2015-06-02 |
| 傅抱石 1945年作 郑庄公见母 立轴 设色纸本 | 105×60cm | 79,925,000 | 中国嘉德 | 2015-11-15 |
| 傅抱石 1941年作 云台山记图卷及设计稿 镜心 水墨纸本 | 图卷33×117cm; 设计稿33×115cm | 42,550,000 | 北京保利 | 2015-12-06 |
| 傅抱石 1964年作 芙蓉国里尽朝晖 立轴 设色纸本 | 68×92cm | 34,500,000 | 北京匡时 | 2015-12-04 |
| 傅抱石 1945年作 二湘图 立轴 设色纸本 | 90×61cm | 29,164,560 | 香港苏富比 | 2015-10-06 |
| 傅抱石 东山携妓图 立轴 | 79×37.5cm | 19,550,000 | 荣宝斋（上海） | 2015-12-30 |
| 傅抱石 1930年作 屈子行吟图 立轴 设色绢本 | 109.5×40cm | 15,180,000 | 北京匡时 | 2015-06-06 |
| 傅抱石 王维《渭城曲》诗意 镜心 设色纸本 | 64×74cm | 14,375,000 | 北京保利 | 2015-06-04 |
| 傅抱石 1945年作 梦百合山图 镜心 设色纸本 | 76.2×45.2cm | 13,969,440 | 香港佳士得 | 2015-06-02 |
| 傅抱石 1960年作 武则天 镜心 设色纸本 | 30×23cm×2 | 13,225,000 | 北京匡时 | 2015-06-06 |
| 傅抱石 1957年作 将在西那亚火车中所见 镜心 设色纸本 | 48.3×57.3cm | 12,888,960 | 香港苏富比 | 2015-10-06 |
| 傅抱石 癸未1943年作 高林小憩 立轴 设色纸本 | 90×59cm | 12,650,000 | 上海朵云轩 | 2015-12-16 |
| 傅抱石 1945年作 湘夫人 镜心 设色纸本 | 56×66cm | 9,775,000 | 北京匡时 | 2015-06-06 |
| 傅抱石 听泉图 立轴 设色纸本 | 109×59cm | 9,315,000 | 北京诚轩 | 2015-11-13 |
| 傅抱石 1963年作 听泉图 镜心 设色纸本 | 94×42cm | 9,200,000 | 广东崇正 | 2015-06-19 |
| 傅抱石 东山丝竹 镜心 设色纸本 | 89×58cm | 9,200,000 | 中国嘉德 | 2015-05-17 |
| 傅抱石 乙酉1945年作 玉阙仙女 镜心 设色纸本 | 114×30cm | 9,200,000 | 广州华艺 | 2015-12-20 |
| 傅抱石 1962年作 西陵峡图 镜心 设色纸本 | 99×73cm | 8,050,000 | 西泠印社 | 2015-07-05 |
| 傅抱石 1943年作 观云图 立轴 设色纸本 | 98×56cm | 7,475,000 | 北京保利 | 2015-06-04 |

| 拍品名称 | 尺寸 | 成交价 RMB | 拍卖公司 | 拍卖时间 |
|---|---|---|---|---|
| 傅抱石 1965 年作 雪山行军 立轴 设色纸本 | 32.3×47cm | 6,760,440 | 香港佳士得 | 2015-06-02 |
| 傅抱石 1944 年作 杜牧诗意图 镜心 设色纸本 | 203×125.5cm | 6,732,200 | 香港佳士得 | 2015-12-01 |
| 傅抱石 1960 年作 太华秋游图 立轴 设色纸本 | 88×45cm | 6,670,000 | 北京保利 | 2015-06-04 |
| 傅抱石 1943 年作 白云衹在此山腰 立轴 设色纸本 | 71×34cm | 6,670,000 | 北京保利 | 2015-06-04 |
| 傅抱石 1965 年作 观瀑图 立轴 设色纸本 | 74×52cm | 6,279,840 | 香港佳士得 | 2015-06-02 |
| 傅抱石 江流风帆图 镜心 设色纸本 | 87.5×45cm | 6,210,000 | 西泠印社 | 2015-07-05 |
| 傅抱石 癸卯 1963 年作 溪山归樵 立轴 设色纸本 | 92×45cm | 5,865,000 | 中国嘉德 | 2015-05-17 |
| 傅抱石 携琴访友图 镜心 设色纸本 | 54×58.5cm | 5,819,760 | 保利香港 | 2015-10-05 |
| 傅抱石 1953 年作 溪山听瀑 镜心 设色纸本 | 99×58cm | 5,520,000 | 北京保利 | 2015-12-06 |
| 傅抱石 1944 年作 瀑下休憩 立轴 设色纸本 | 116×40cm | 5,352,920 | 香港佳士得 | 2015-12-01 |
| 傅抱石 1951 年作 嘉陵江景 镜心 设色纸本 | 33.5×153cm | 5,318,640 | 香港佳士得 | 2015-06-02 |
| 傅抱石 1963 年作 高峡出平湖 立轴 设色纸本 | 90×56.5cm | 5,290,000 | 中国嘉德 | 2015-05-16 |
| 傅抱石 1962 年作 春江泛舟 立轴 设色纸本 | 77.5×49.5cm | 5,175,000 | 广州华艺 | 2015-12-20 |
| 傅抱石 1944 年作 瀑下对谈 镜心 设色纸本 | 130×58cm | 4,838,040 | 香港佳士得 | 2015-06-02 |
| 傅抱石 1947 年作 急雨孤棹 立轴 设色纸本 | 88×56cm | 4,830,000 | 北京保利 | 2015-12-06 |
| 傅抱石 1962 年作 湘夫人 立轴 设色纸本 | 44×48cm | 4,830,000 | 北京保利 | 2015-12-06 |
| 傅抱石 溪山清眺 立轴 设色纸本 | 105×43.5cm | 4,715,000 | 北京保利 | 2015-12-06 |
| 傅抱石 1961 年作 韶峰耸翠 立轴 设色纸本 | 68.5×55.5cm | 4,485,000 | 西泠印社 | 2015-12-26 |
| 傅抱石、关山月 1961 年作 红梅迎春图 立轴 设色纸本 | 136.5×69cm | 4,427,500 | 西泠印社 | 2015-12-26 |
| 傅抱石 1963 年作 瀑走雷霆图 立轴 设色纸本 | 83.4×42.8cm | 4,422,360 | 香港苏富比 | 2015-04-06 |
| 傅抱石 1943 年作 夏山雨后图 立轴 设色纸本 | 142×31cm | 4,370,000 | 北京保利 | 2015-12-06 |
| 傅抱石 丙申 1956 年作 丹台晓望 镜心 设色纸本 | 83×55.5cm | 4,025,000 | 中国嘉德 | 2015-05-16 |
| 傅抱石 1964 年作 游山图 镜心 设色纸本 | 83×38cm | 3,910,000 | 北京保利 | 2015-06-04 |
| 傅抱石 1965 年作 浪淘沙·北戴河词义 镜心 设色纸本 | 33×47cm | 3,392,500 | 北京保利 | 2015-06-04 |
| 傅抱石 1962 年作 镜泊飞泉 镜心 设色纸本 | 52×70cm | 3,360,000 | 北京荣宝 | 2015-03-29 |
| 傅抱石 1963 年作 瀑下高士 立轴 设色纸本 | 69×45cm | 3,397,320 | 香港佳士得 | 2015-12-01 |
| 傅抱石 1956 年作 云冈见佛 镜心 设色纸本 | 27×17cm | 3,105,000 | 上海朵云轩 | 2015-06-18 |
| 傅抱石 1960 年作 云山幽居 镜心 设色纸本 | 82×53cm | 3,910,000 | 北京保利 | 2015-06-04 |
| 傅抱石 1961 年作 太华胜境图 镜心 设色纸本 | 57×44.5cm | 2,990,000 | 西泠印社 | 2015-07-06 |
| 傅抱石 赤壁泛舟 立轴 设色纸本 | 123.6×58cm | 3,505,150 | 纽约苏富比 | 2015-09-17 |
| 傅抱石 米芾拜石图 镜心 设色纸本 | 99.5×39cm | 3,396,240 | 香港佳士得 | 2015-06-02 |
| 傅抱石 1962 年作 虎溪三笑 立轴 设色纸本 | 68×45cm | 3,220,000 | 北京保利 | 2015-12-06 |
| 傅抱石 林荫 镜心 设色纸本 | 62×36cm | 2,990,000 | 中国嘉德 | 2015-05-17 |
| 傅抱石 1960 年作 山涧飞瀑 镜心 设色纸本 | 72.5×52cm | 2,915,640 | 香港佳士得 | 2015-06-02 |
| 傅抱石 阮琴仕女 镜心 设色纸本 | 66.5×67.5cm | 2,723,400 | 香港佳士得 | 2015-06-02 |
| 傅抱石 1962 年作 泛舟图 镜心 纸本 | 45×42cm | 2,645,000 | 北京匡时 | 2015-06-06 |
| 傅抱石 1963 年作 瀑下高士 立轴 设色纸本 | 69×45cm | 2,397,320 | 香港佳士得 | 2015-12-01 |
| 傅抱石 菊石 立轴 设色纸本 | 150.2×81cm | 2,316,570 | 纽约苏富比 | 2015-03-19 |
| 傅抱石 1963 年作 听瀑图 镜心 设色纸本 | 74.5×45cm | 2,185,000 | 西泠印社 | 2015-07-05 |
| 傅抱石、张大千、谢稚柳、黄君璧、陈之佛、傅南棣 1947/1948 年作 丹青献寿册（六开）册页 设色纸本 | 30×36cm×6 | 2,185,000 | 北京保利 | 2015-06-04 |

| 拍品名称 | 尺寸 | 成交价 RMB | 拍卖公司 | 拍卖时间 |
|---|---|---|---|---|
| 关良、朱屺瞻 乙卯 1975 年作 李适扯招谤徽宗 镜心 设色纸本 | 142×131cm | 7,360,000 | 中国嘉德 | 2015-05-17 |
| 关良 1979 年作 达摩面壁图 立轴 设色纸本 | 137.5×68cm | 6,900,000 | 上海明轩 | 2015-06-21 |
| 关良 大足佛像 彩墨纸本 | 135.5×66cm | 3,335,000 | 中国嘉德 | 2015-11-14 |
| 关良 1978 年作 晴雯补裘 立轴 设色纸本 | 137×68cm | 2,645,000 | 上海明轩 | 2015-06-21 |
| 关良 戏剧人物 横幅镜心 设色纸本 | 28×140cm | 2,530,000 | 北京翰海 | 2015-11-28 |
| 关山月、傅抱石 1988 年作 满山红 横批 设色纸本 | 121×244cm | 6,900,000 | 北京保利 | 2015-06-04 |
| 关山月 1946 年作 牧羊女 镜心 设色纸本 | 133×65cm | 6,555,000 | 北京匡时 | 2015-06-06 |
| 关山月 1983 年作 铁骨幽香透国魂 镜心 水墨纸本 | 180.5×94.5cm | 5,175,000 | 广东崇正 | 2015-06-18 |
| 关山月 1986 年作 松涛瀑泻响风雷 立轴 设色纸本 | 133×72.5cm | 4,600,000 | 广东崇正 | 2015-12-18 |
| 关山月 1943 年作 牧羊女 立轴 设色纸本 | 112×54cm | 4,370,000 | 广州华艺 | 2015-12-20 |
| 关山月 1961 年作 芭蕉雀鸣图 立轴 设色纸本 | 153×77cm | 3,450,000 | 广东崇正 | 2015-12-18 |
| 关山月、沈鹏、黄苗子、刘炳森等 百家各体书《诗经》（三百零五幅）水墨纸本 | 尺寸不一 | 3,450,000 | 北京翰海 | 2015-11-27 |
| 关山月 戏雪 立轴 设色纸本 | 132×69cm | 3,220,000 | 广东崇正 | 2015-12-18 |
| 郭沫若、康生 1964 年作 致谷牧行书 立轴 水墨纸本 | 200×106cm | 16,100,000 | 广东崇正 | 2015-06-18 |
| 郭沫若 1965 年作 草书毛主席语录 立轴 水墨纸本 | 123×237cm | 3,220,000 | 北京保利 | 2015-06-04 |
| 何海霞 万山红遍 镜心 设色纸本 | 141×363cm | 33,350,000 | 北京保利 | 2015-12-07 |
| 何海霞 华山维姿 立轴 设色纸本 | 19×96cm | 7,130,000 | 广东崇正 | 2015-12-18 |
| 何海霞 1976 年作 秦岭新貌 镜心 设色纸本 | 177.5×94.5cm | 5,980,000 | 北京匡时 | 2015-06-06 |
| 何海霞 1960 年作 层层梯田 镜心 设色纸本 | 136×68cm | 3,450,000 | 北京保利 | 2015-06-05 |
| 何海霞 革命圣地延安 镜心 设色纸本 | 140×93cm | 2,875,000 | 北京保利 | 2015-12-07 |
| 何海霞 己未 1979 年作 华岳清秋 镜心 设色纸本 | 70×139cm | 2,875,000 | 中国嘉德 | 2015-11-15 |
| 何海霞 1972 年作 青山着意化为桥 镜心 设色纸本 | 81.5×129.5cm | 2,760,000 | 北京保利 | 2015-06-05 |
| 弘一、吴昌硕、宋梦仙、陈三立等 1900 年作 倚阑听风图 立轴 设色纸本 | 画心 55×27cm；诗堂 168.5×61.5cm | 5,750,000 | 西泠印社 | 2015-12-27 |
| 弘一 1905 年作 楷书五言联对联 纸本 | 134×32cm×2 | 3,450,000 | 西泠印社 | 2015-07-05 |
| 黄宾虹 1947 年作 闽江泛舟 立轴 设色纸本 | 149×79cm | 18,975,000 | 北京保利 | 2015-06-04 |
| 黄宾虹 1944 年作 拟董巨二米大意 立轴 设色纸本 | 174×91.5cm | 13,800,000 | 北京保利 | 2015-06-04 |
| 黄宾虹 1924 年作 林泉高致图 立轴 设色纸本 | 178×94.3cm | 10,916,160 | 香港苏富比 | 2015-10-06 |
| 黄宾虹 春江归棹 立轴 设色纸本 | 86×32cm | 10,580,000 | 北京匡时 | 2015-06-04 |
| 黄宾虹 1946 年作 五十万卷楼图 立轴 设色纸本 | 117.5×52.8cm | 9,554,880 | 香港苏富比 | 2015-04-06 |
| 黄宾虹 拟古山水 四屏 设色绢本 | 160×40cm×4 | 9,315,000 | 西泠印社 | 2015-07-05 |
| 黄宾虹 1953 年作 溪山秋阁图 立轴 设色纸本 | 96×44.5cm | 8,855,000 | 北京匡时 | 2015-12-04 |
| 黄宾虹 江上行舟 立轴 设色纸本 | 103×39cm | 8,510,000 | 上海嘉禾 | 2015-12-13 |
| 黄宾虹 1951 年作 行书《纪游旧作》镜心 水墨纸本 | 32.5×130cm | 8,050,000 | 北京匡时 | 2015-12-04 |
| 黄宾虹 丙戌 1946 年作 湖山泊舟 镜心 设色纸本 | 99×49.8cm | 7,475,000 | 北京诚轩 | 2015-05-18 |
| 黄宾虹 清溪闲眺 镜心 设色纸本 | 113×40.5cm | 7,130,000 | 中国嘉德 | 2015-11-15 |
| 黄宾虹 1951 年作 湖舍初晴 扇面 设色纸本 | 38×126cm | 6,900,000 | 北京翰海 | 2015-06-27 |
| 黄宾虹 西山翠微图 镜心 设色纸本 | 151×81cm | 6,900,000 | 北京保利 | 2015-12-06 |
| 黄宾虹 漓江纪游 立轴 设色纸本 | 87×33.5cm | 6,325,000 | 中国嘉德 | 2015-11-15 |
| 黄宾虹 夏山溪云图 立轴 设色纸本 | 128×43cm | 5,865,000 | 西泠印社 | 2015-12-26 |
| 黄宾虹 辛卯 1951 年作 李唐笔意山水图 镜心 设色纸本 | 83×43cm | 5,750,000 | 上海嘉禾 | 2015-05-08 |

| 拍品名称 | 尺寸 | 成交价 RMB | 拍卖公司 | 拍卖时间 |
|---|---|---|---|---|
| 黄宾虹 繁花蝴蝶 镜心 设色纸本 | 73.5×39.5cm | 5,520,000 | 中国嘉德 | 2015-05-17 |
| 黄宾虹 辛卯1951年作 西泠桥头 镜心 设色纸本 | 88×32cm | 5,175,000 | 中国嘉德 | 2015-11-15 |
| 黄宾虹 新安小景 镜心 设色纸本 | 107×52cm | 5,175,000 | 北京保利 | 2015-06-04 |
| 黄宾虹 歙江通迹 镜心 设色纸本 | 88×32cm | 5,175,000 | 中国嘉德 | 2015-1-15 |
| 黄宾虹 峨眉山纪游 立轴 设色纸本 | 149×35cm | 4,485,000 | 上海嘉禾 | 2015-2-13 |
| 黄宾虹 1943年作 粤东屏翠 立轴 纸本 | 100×34cm | 4,427,500 | 北京匡时 | 2015-06-06 |
| 黄宾虹 1954年作 九华山色 立轴 设色纸本 | 67.5×34cm | 4,357,440 | 香港佳士得 | 2015-06-02 |
| 黄宾虹 1954年作 溪山秋霁 立轴 设色纸本 | 67.5×41cm | 3,910,000 | 北京保利 | 2015-12-06 |
| 黄宾虹 1940年作 射洪记胜 立轴 设色纸本 | 112×49.2cm | 3,814,080 | 香港苏富比 | 2015-10-06 |
| 黄宾虹 蜀中佳色·篆书七言联（一堂）立轴 设色纸本 | 146×41cm;149×27cm×2 | 3,795,000 | 北京保利 | 2015-06-05 |
| 黄宾虹 甲午1954年作 湖山春晓图 立轴 设色纸本 | 70×40cm | 3,680,000 | 中国嘉德 | 2015-11-15 |
| 黄宾虹 丁亥1947年作 白云霜叶图 立轴 设色纸本 | 101×41cm | 3,565,000 | 中国嘉德 | 2015-11-15 |
| 黄宾虹 溪山雨意 立轴 设色纸本 | 94×31.3cm | 3,518,160 | 香港苏富比 | 2015-10-06 |
| 黄宾虹 景山夕眺 立轴 水墨纸本 | 120×40cm | 3,450,000 | 北京保利 | 2015-12-07 |
| 黄宾虹 1954年作 湖山清晓 立轴 设色纸本 | 58×33cm | 3,450,000 | 北京保利 | 2015-12-06 |
| 黄宾虹 丁亥1947年作 武夷山居图 立轴 设色纸本 | 99×41cm | 3,450,000 | 中国嘉德 | 2015-05-17 |
| 黄宾虹 甲午1954年作 黄山云峰 立轴 设色纸本 | 76×33cm | 3,392,500 | 上海嘉禾 | 2015-12-13 |
| 黄宾虹 春山图 立轴 设色纸本 | 76×31cm | 3,220,000 | 广州华艺 | 2015-12-20 |
| 黄宾虹 平冈迴合 立轴 水墨纸本 | 111.5×40cm | 3,220,000 | 北京翰海 | 2015-06-26 |
| 黄宾虹 山水清音 镜心 设色纸本 | 69×39cm | 3,220,000 | 北京保利 | 2015-06-05 |
| 黄宾虹 1946年作 断山秋光 立轴 设色纸本 | 68×33cm | 2,990,000 | 北京保利 | 2015-12-07 |
| 黄宾虹 海棠花 镜心 设色纸本 | 67.5×36cm | 2,760,000 | 上海工美 | 2015-06-28 |
| 黄宾虹 峡江行棹 立轴 设色纸本 | 75.5×34cm | 2,760,000 | 上海嘉禾 | 2015-12-13 |
| 黄宾虹 山川行吟图 立轴 水墨纸本 | 115×40.5cm | 2,760,000 | 西泠印社 | 2015-04-22 |
| 黄宾虹 黄山樵隐 镜心 设色纸本 | 113×45.5cm | 2,645,000 | 上海朵云轩 | 2015-12-16 |
| 黄宾虹 蜀中纪游 立轴 设色纸本 | 102×36cm | 2,645,000 | 中国嘉德 | 2015-05-16 |
| 黄宾虹 雁荡山色 立轴 水墨纸本 | 125×40cm | 2,587,500 | 中贸圣佳 | 2015-05-19 |
| 黄宾虹 山溪渔迄图 立轴 设色纸本 | 104×31cm | 2,530,000 | 北京保利 | 2015-06-04 |
| 黄宾虹 夏山闲静 立轴 设色纸本 | 152×49cm | 2,415,000 | 中国嘉德 | 2015-05-17 |
| 黄宾虹 1924年作 宋人笔意山水 立轴 设色绢本 | 67×106cm | 2,397,320 | 香港佳士得 | 2015-12-01 |
| 黄宾虹 癸巳1953年作 烟山访友 镜心 设色纸本 | 48×28.5cm | 2,300,000 | 上海嘉禾 | 2015-12-13 |
| 黄宾虹 黄山纪游 立轴 设色纸本 | 114×41cm | 2,300,000 | 北京保利 | 2015-06-05 |
| 黄宾虹 栖霞雨过 立轴 设色纸本 | 83×33.5cm | 2,300,000 | 上海工美 | 2015-06-28 |
| 黄宾虹 1947年作 桐庐纪游 立轴 设色纸本 | 95.5×47cm | 2,300,000 | 北京翰海 | 2015-11-27 |
| 黄宾虹 山间垂钓图 镜心 设色纸本 | 119×41cm | 2,300,000 | 北京荣宝 | 2015-06-21 |
| 黄宾虹 乙酉1945年作 仿董巨山水 立轴 设色纸本 | 112×40cm | 2,300,000 | 广东崇正 | 2015-12-18 |
| 黄宾虹 1948年作 溪桥诗思 立轴 设色纸本 | 69×36cm | 2,185,000 | 北京保利 | 2015-12-07 |
| 黄宾虹 1951年作 山色烟霭图 立轴 设色纸本 | 66×31cm | 2,127,500 | 西泠印社 | 2015-07-05 |
| 黄君璧 1961年作 江南春暮 立轴 设色纸本 | 95.5×48.3cm | 2,388,720 | 香港苏富比 | 2015-04-06 |
| 黄胄 1986年作 草原逐戏图 镜心 设色纸本 | 120×250cm | 41,400,000 | 北京保利 | 2015-12-06 |

| 拍品名称 | 尺寸 | 成交价 RMB | 拍卖公司 | 拍卖时间 |
|---|---|---|---|---|
| 黄胄 乙丑1985年作 听琴图 镜心 设色纸本 | 94.5×251cm | 40,825,000 | 中国嘉德 | 2015-11-15 |
| 黄胄 1975年作 风华正茂 立轴 设色纸本 | 152×83cm | 39,100,000 | 广东崇正 | 2015-06-18 |
| 黄胄、谢稚柳、程十发、刘海粟等1983年作 驱邪纳福 立轴 设色纸本 | 248×124cm | 18,975,000 | 广东崇正 | 2015-06-18 |
| 黄胄 出诊图 立轴 设色纸本 | 178×95cm | 18,400,000 | 荣宝斋（济南） | 2015-06-12 |
| 黄胄 1988年作 新疆风情 组画 镜心 设色纸本 | 95×45cm×4 | 13,800,000 | 北京保利 | 2015-12-06 |
| 黄胄 1975年作 高原挥鞭 镜心 设色纸本 | 70×139cm | 13,225,000 | 广东崇正 | 2015-06-18 |
| 黄胄 1976年作 日夜想念毛主席 镜心 设色纸本 | 166×96.5cm | 10,925,000 | 北京匡时 | 2015-12-04 |
| 黄胄 1976年作 出诊图 立轴 设色纸本 | 173×95cm | 10,350,000 | 北京保利 | 2015-06-05 |
| 黄胄 1987-1988年作 澜沧江组画 镜心 设色纸本 | 95×45cm×4 | 10,350,000 | 北京保利 | 2015-12-06 |
| 黄胄 1976年作 日夜想念毛主席 立轴 设色纸本 | 167×95cm | 8,970,000 | 北京传是 | 2015-12-04 |
| 黄胄 1976年作 驯马图 镜心 设色纸本 | 97.7×181cm | 8,050,000 | 北京匡时 | 2015-12-04 |
| 黄胄 1976年作 飞雪迎春 镜心 设色纸本 | 165×94cm | 7,820,000 | 中国嘉德 | 2015-05-17 |
| 黄胄 1975年作 公社种鸡场 镜心 设色纸本 | 139×69cm | 5,635,000 | 中国嘉德 | 2015-05-17 |
| 黄胄 织网图 镜心 设色纸本 | 95.5×69.5cm | 5,175,000 | 广州华艺 | 2015-12-20 |
| 黄胄 1986年作 新疆舞 立轴 设色纸本 | 135×67cm | 4,830,000 | 北京保利 | 2015-06-05 |
| 黄胄 1973年作 风雪夜归人 立轴 设色纸本 | 97×57cm | 4,485,000 | 中国嘉德 | 2015-05-16 |
| 黄胄 清漓渔歌 镜心 设色纸本 | 67×135cm | 4,600,000 | 广东崇正 | 2015-12-18 |
| 黄胄 饲鸡图 立轴 设色纸本 | 137×68cm | 4,600,000 | 广州华艺 | 2015-05-24 |
| 黄胄 1975年作 风雪夜归人 立轴 设色纸本 | 97×56.5cm | 3,795,000 | 上海明轩 | 2015-06-21 |
| 黄胄 1980年作 群驴 手卷 纸本 | 引首32×110cm;本幅34×338cm | 3,335,000 | 北京匡时 | 2015-06-06 |
| 黄胄 1981年作 仕女图 立轴 设色纸本 | 132×66cm | 2,990,000 | 西泠印社 | 2015-12-26 |
| 黄胄 1985年作 姑苏牧牛图 镜心 纸本 | 48×180cm | 2,932,500 | 北京匡时 | 2015-12-04 |
| 黄胄 1985年作 五牛图 镜心 纸本 | 48×180cm | 2,530,000 | 北京匡时 | 2015-12-04 |
| 黄胄 新疆舞姿 立轴 设色纸本 | 134×69cm | 2,530,000 | 荣宝斋（济南） | 2015-06-12 |
| 黄胄 1983年作 七牛图 镜心 纸本 | 48×181cm | 2,300,000 | 北京匡时 | 2015-12-04 |
| 黄胄 1985年作 石榴熟了 镜心 设色纸本 | 99×65cm | 2,300,000 | 北京保利 | 2015-06-05 |
| 黄胄 1980年作 少女牧驴 镜心 设色纸本 | 124×60cm | 2,300,000 | 中国嘉德 | 2015-05-17 |
| 黄胄 1983年作 七牛图 镜心 纸本 | 48×181cm | 2,300,000 | 北京匡时 | 2015-12-04 |
| 蒋兆和 1937年作 卖花生 立轴 水墨纸本 | 98×52cm | 4,600,000 | 北京保利 | 2015-12-06 |
| 蒋兆和 1960年作 在列宁的旗帜下奋勇迈进 镜心 设色纸本 | 81×68cm | 2,645,000 | 北京保利 | 2015-06-04 |
| 金城 亭台观瀑图 立轴 设色纸本 | 169×90cm | 2,507,000 | 荣宝斋（济南） | 2015-11-21 |
| 康生 篆书"革命" 横披 水墨纸本 | 21.5×46.5cm | 4,140,000 | 广东崇正 | 2015-12-18 |
| 康生 章草 立轴 水墨纸本 | 122×59cm | 3,795,000 | 广东崇正 | 2015-06-18 |
| 康生 草书"无逸" 镜心 纸本 | 125×40cm | 3,680,000 | 北京东正 | 2015-11-19 |
| 赖少其 1992年作 夜蒙蒙 镜心 设色纸本 | 82.5×72.5cm | 2,875,000 | 广州华艺 | 2015-05-24 |
| 赖少其 1980年作 风送十里香 镜心 设色纸本 | 121.5×246.5cm | 2,645,000 | 北京匡时 | 2015-12-04 |
| 赖少其 1990年作 黄山写生册（八开）镜心 水墨纸本 | 46×34cm×8 | 2,300,000 | 北京翰海 | 2015-06-26 |
| 黎雄才 1965年作 新丰江水库 镜心 设色纸本 | 143.5×218cm | 8,165,000 | 广东崇正 | 2015-12-18 |
| 黎雄才 山水集萃册 册页 设色纸本 | 38×27cm×36 | 4,140,000 | 北京保利 | 2015-12-07 |
| 黎雄才 凌风劲节 镜心 水墨纸本 | 98×215cm | 3,450,000 | 广东崇正 | 2015-06-18 |
| 黎雄才 1981年作 春满漓江 立轴 设色纸本 | 137×68cm | 3,450,000 | 广东崇正 | 2015-06-18 |

| 拍品名称 | 尺寸 | 成交价 RMB | 拍卖公司 | 拍卖时间 |
|---|---|---|---|---|
| 黎雄才 白云红树图 立轴 设色纸本 | 135×41.5cm | 3,335,000 | 广州华艺 | 2015-12-20 |
| 黎雄才、关山月 1985 年作 松瀑双喜 镜心 水墨纸本 | 96.3×178.8cm | 2,433,120 | 香港苏富比 | 2015-10-06 |
| 黎雄才 己巳 1989 年作 迎客松 立轴 设色纸本 | 152×83cm | 2,185,000 | 广东崇正 | 2015-12-18 |
| 李可染 1964 年作 万山红遍 镜心 设色纸本 | 75.5×45.5cm | 184,000,000 | 中国嘉德 | 2015-11-15 |
| 李可染 1976 年作 井冈山 镜心 设色纸本 | 181×129cm | 126,500,000 | 中国嘉德 | 2015-05-17 |
| 李可染 1978 年作 长征 镜心 设色纸本 | 181×95cm | 79,350,000 | 西泠印社 | 2015-07-05 |
| 李可染 1965 年作 昆仑雪山图 立轴 设色纸本 | 70.2×46.5cm | 70,150,000 | 北京保利 | 2015-12-06 |
| 李可染 1986 年作 高岩飞瀑图 镜心 水墨纸本 | 128×68cm | 23,000,000 | 北京保利 | 2015-06-04 |
| 李可染 漓江秋山 镜心 | 69×46cm | 20,700,000 | 荣宝斋(济南) | 2015-06-12 |
| 李可染 1972 年作 延安颂 镜心 设色纸本 | 45×92cm | 16,675,000 | 北京保利 | 2015-12-06 |
| 李可染 1972 年作 寄畅园图 立轴 设色纸本 | 69×48cm | 11,500,000 | 北京保利 | 2015-06-04 |
| 李可染 漓江天下景 立轴 设色纸本 | 84×51cm | 9,775,000 | 上海工美 | 2015-06-28 |
| 李可染 1977 年作 襟江阁 镜心 设色纸本 | 69×46.5cm | 7,475,000 | 中国嘉德 | 2015-05-17 |
| 李可染 1962 年作 嘉陵江边 镜心 设色纸本 | 70×47cm | 6,900,000 | 中国嘉德 | 2015-05-17 |
| 李可染 杜甫诗意图 镜心 水墨纸本 | 67×45cm | 6,900,000 | 中国嘉德 | 2015-11-15 |
| 李可染 1982 年作 雨后云山 镜心 设色纸本 | 68.5×45cm | 6,325,000 | 北京匡时 | 2015-06-06 |
| 李可染 1984 年作 清漓胜景图 立轴 设色纸本 | 86×53cm | 5,944,040 | 香港佳士得 | 2015-12-01 |
| 李可染 漓江水岸图 镜心 设色纸本 | 70×45.5cm | 5,750,000 | 西泠印社 | 2015-07-05 |
| 李可染 1979 年作 漓江泛舟 立轴 设色纸本 | 68×81cm | 5,290,000 | 上海朵云轩 | 2015-06-18 |
| 李可染 漓江渔歌图 镜心 设色纸本 | 73×50cm | 4,945,000 | 荣宝斋(济南) | 2015-06-12 |
| 李可染 1972 年作 漓江胜景 立轴 设色纸本 | 70×45cm | 4,715,000 | 北京保利 | 2015-12-06 |
| 李可染 1963 年作 深山幽居 立轴 设色纸本 | 35×46cm | 4,485,000 | 北京保利 | 2015-12-06 |
| 李可染 雨后斜阳 镜心 设色纸本 | 68.5×45.5cm | 4,485,000 | 北京诚轩 | 2015-05-18 |
| 李可染 1961 年作 泛舟图 镜心 设色纸本 | 68×45cm | 4,370,000 | 北京传是 | 2015-12-05 |
| 李可染 江城朝雾 镜心 设色纸本 | 56.5×45.5cm | 4,255,000 | 中国嘉德 | 2015-05-17 |
| 李可染 1984 年作 行书"澄怀观道" 立轴 水墨纸本 | 67×42cm | 4,025,000 | 广东崇正 | 2015-12-18 |
| 李可染 行书"九藤书屋" 镜心 水墨纸本 | 83×118cm | 3,910,000 | 北京保利 | 2015-06-04 |
| 李可染 鱼米之乡 立轴 纸本 | 66×44cm | 3,910,000 | 中国嘉德 | 2015-04-01 |
| 李可染 眉山大桥 镜心 设色纸本 | 46×51.5cm | 3,684,600 | 香港佳士得 | 2015-06-02 |
| 李可染 1959 年作 桂林山水 镜心 设色纸本 | 55×44cm | 3,680,000 | 中国嘉德 | 2015-05-17 |
| 李可染 看山图 镜心 设色纸本 | 69×45cm | 3,450,000 | 荣宝斋(上海) | 2015-12-30 |
| 李可染 1985 年作 苦吟图 立轴 设色纸本 | 86.5×53cm | 3,220,000 | 北京保利 | 2015-12-06 |
| 李可染 1979 年作 迎春图 镜心 | 68×45cm | 3,220,000 | 中国嘉德 | 2015-05-17 |
| 李可染 1962 年作 成都望江楼 镜心 设色纸本 | 64.5×57cm | 3,011,760 | 香港佳士得 | 2015-06-02 |
| 李可染 1962 年作 江南春雨 立轴 设色纸本 | 69×46cm | 2,990,000 | 中国嘉德 | 2015-04-01 |
| 李可染 江南水乡 镜心 纸本 | 69×43cm | 2,875,000 | 北京匡时 | 2015-12-04 |
| 李可染 1985 年作 布袋和尚 立轴 设色纸本 | 89×51cm | 2,856,780 | 保利香港 | 2015-04-07 |
| 李可染 1956 年作 山林之歌 立轴 设色纸本 | 56×44cm | 2,760,000 | 北京保利 | 2015-06-04 |
| 李可染 1962 年作 钟馗送妹图 立轴 设色纸本 | 69×46.5cm | 2,760,000 | 中国嘉德 | 2015-05-17 |
| 李可染 暮韵图 立轴 设色纸本 | 68×45cm | 2,645,000 | 中国嘉德 | 2015-05-17 |
| 李可染 1961 年作 柳溪归牧 立轴 设色纸本 | 69×45cm | 2,415,000 | 北京保利 | 2015-12-07 |

| 拍品名称 | 尺寸 | 成交价 RMB | 拍卖公司 | 拍卖时间 |
|---|---|---|---|---|
| 李可染 巫峡百步梯 镜心 设色纸本 | 74.5×48cm | 2,531,160 | 香港佳士得 | 2015-06-02 |
| 李可染 太行写生 镜心 纸本 | 59×44.5cm | 2,530,000 | 北京匡时 | 2015-12-04 |
| 李可染 1975 年作 行书毛主席语录 立轴 水墨纸本 | 111.5×42cm | 2,530,000 | 中国嘉德 | 2015-05-16 |
| 李可染 1986 年作 五牛图 立轴 水墨纸本 | 69×68cm | 2,530,000 | 北京诚轩 | 2015-11-13 |
| 李可染 颐和园玉带桥 镜心 设色纸本 | 55×44.5cm | 2,415,000 | 北京匡时 | 2015-06-06 |
| 李可染 山水 镜心 设色纸本 | 68×41.5cm | 2,358,010 | 纽约苏富比 | 2015-09-17 |
| 李可染 1987 年作 七牛图 镜心 纸本 | 68.5×137cm | 2,300,000 | 北京匡时 | 2015-12-04 |
| 李可染 石涛诗意 镜心 设色纸本 | 47×36cm | 2,185,000 | 南京经典 | 2015-08-02 |
| 李可染 秋牧图 镜心 设色纸本 | 69×45.5cm | 2,127,500 | 中国嘉德 | 2015-05-16 |
| 李苦禅 1972 年作 荷花翠鸟 镜心 设色纸本 | 96×180.5cm | 6,440,000 | 广东崇正 | 2015-06-18 |
| 李苦禅 松鹰图 镜心 设色纸本 | 94×180cm | 5,750,000 | 荣宝斋(济南) | 2015-06-12 |
| 林风眠 戏剧人物 镜心 设色纸本 | 68×65cm | 7,590,000 | 广州华艺 | 2015-05-24 |
| 林风眠 宝莲灯 镜心 设色纸本 | 66×65cm | 7,327,560 | 香港苏富比 | 2015-04-06 |
| 林风眠 繁花群鸟 镜心 设色纸本 | 69×138cm | 6,670,000 | 中国嘉德 | 2015-11-15 |
| 林风眠 清荷 镜心 设色纸本 | 67×66cm | 6,359,160 | 香港苏富比 | 2015-04-06 |
| 林风眠 窗畔裸女 镜心 设色纸本 | 67×67cm | 5,786,880 | 香港苏富比 | 2015-10-06 |
| 林风眠 美人图 立轴 设色纸本 | 114×39cm | 5,750,000 | 广州华艺 | 2015-12-20 |
| 林风眠 拈花仕女 设色纸 | 65×65cm | 5,750,000 | 北京保利 | 2015-06-03 |
| 林风眠 仕女 镜心 设色纸本 | 68×68cm | 5,462,500 | 广州华艺 | 2015-12-20 |
| 林风眠 理鬓图 立轴 设色纸本 | 69×69cm | 5,390,760 | 香港苏富比 | 2015-04-06 |
| 林风眠 宝莲灯 镜心 设色纸本 | 68×70cm | 5,290,000 | 北京保利 | 2015-06-04 |
| 林风眠 仕女 镜心 设色纸本 | 68×68cm | 5,175,000 | 广州华艺 | 2015-05-24 |
| 林风眠 60 年代作 秋景 设色 | 68×69cm | 5,060,000 | 北京诚轩 | 2015-05-17 |
| 林风眠 双姝 镜心 设色纸本 | 65×68cm | 4,906,560 | 香港苏富比 | 2015-04-06 |
| 林风眠 1964 年作 仙人掌盆栽 设色纸本 | 68×68cm | 4,830,000 | 北京保利 | 2015-06-03 |
| 林风眠 玉笛清音 立轴 设色纸本 | 67×64cm | 4,712,880 | 香港苏富比 | 2015-04-06 |
| 林风眠 海涛 镜心 设色纸本 | 68×68cm | 4,600,000 | 北京保利 | 2015-12-06 |
| 林风眠 黑松林 彩墨纸本 | 68×66cm | 4,370,000 | 西泠印社 | 2015-07-05 |
| 林风眠 双美图 镜心 设色纸本 | 63×65cm | 4,256,000 | 北京荣宝 | 2015-06-21 |
| 林风眠 青衣少女 镜心 纸本 | 65×66cm | 4,255,000 | 北京匡时 | 2015-06-06 |
| 林风眠 宝莲灯 镜心 设色纸本 | 68×68cm | 4,140,000 | 广州华艺 | 2015-12-20 |
| 林风眠 荷塘 立轴 设色纸本 | 68×68cm | 4,140,000 | 广州华艺 | 2015-12-20 |
| 林风眠 花与果 镜心 纸本 | 68×69cm | 4,140,000 | 北京匡时 | 2015-06-06 |
| 林风眠 秋林 镜心 设色纸本 | 67×68cm | 3,507,500 | 广州华艺 | 2015-12-20 |
| 林风眠 河畔 彩墨纸本 | 66×66cm | 3,450,000 | 北京诚轩 | 2015-05-17 |
| 林风眠 荷塘 镜心 设色纸本 | 68×66cm | 3,450,000 | 北京保利 | 2015-06-04 |
| 林风眠 柳溪息渔 镜心 设色纸本 | 68×68cm | 3,450,000 | 广东崇正 | 2015-06-19 |
| 林风眠 1932 年作 白鹭 立轴 设色纸本 | 212×40cm | 3,412,245 | 纽约佳士得 | 2015-03-18 |
| 林风眠 仕女 镜心 设色纸本 | 67.5×67cm | 3,396,240 | 香港佳士得 | 2015-06-02 |
| 林风眠 白衣仕女 镜心 设色纸本 | 66×66cm | 3,392,500 | 中国嘉德 | 2015-05-16 |
| 林风眠 白荷塘 镜心 设色纸本 | 66×67cm | 2,397,320 | 香港佳士得 | 2015-12-01 |
| 林风眠 鸡冠花 镜心 设色纸本 | 59×59cm | 3,335,000 | 广州华艺 | 2015-05-24 |

| 拍品名称 | 尺寸 | 成交价 RMB | 拍卖公司 | 拍卖时间 |
|---|---|---|---|---|
| 林风眠 花鸟册 册页 设色纸本 | 37×41×8cm | 3,220,000 | 北京保利 | 2015-06-04 |
| 林风眠 睡莲 镜心 设色纸本 | 44×85cm | 3,107,880 | 香港佳士得 | 2015-06-02 |
| 林风眠 鹭鸶 镜心 设色纸本 | 70×70cm | 2,990,000 | 中国嘉德 | 2015-05-17 |
| 林风眠 打渔杀家 镜心 纸本 | 65×65cm | 2,990,000 | 北京匡时 | 2015-12-04 |
| 林风眠 纨扇消夏 镜心 设色纸本 | 65×65cm | 2,969,760 | 香港苏富比 | 2015-04-06 |
| 林风眠 1960 年代作 绿柳 彩墨纸本 | 67×67cm | 2,875,000 | 北京诚轩 | 2015-05-17 |
| 林风眠 1977 年作 静物 镜心 设色纸本 | 69×118cm | 2,760,000 | 北京保利 | 2015-06-04 |
| 林风眠 秋色 立轴 设色纸本 | 68×68cm | 2,760,000 | 北京保利 | 2015-12-07 |
| 林风眠 秋林 镜心 设色纸本 | 65×95cm | 2,723,400 | 香港佳士得 | 2015-06-02 |
| 林风眠 仕女 镜心 设色纸本 | 40×50cm | 2,415,000 | 广东崇正 | 2015-06-19 |
| 林风眠 江山帆景图 镜心 设色纸本 | 67×67cm | 2,300,000 | 北京保利 | 2015-06-04 |
| 林风眠 江山图 镜心 设色纸本 | 42×51cm | 2,300,000 | 广州华艺 | 2015-05-24 |
| 林风眠 夏凉图 镜心 设色纸本 | 69×67cm | 2,185,000 | 西泠印社 | 2015-07-06 |
| 林风眠 秋景 立轴 设色纸本 | 66×66cm | 2,001,360 | 香港苏富比 | 2015-04-06 |
| 林散之 李白诗三首 镜心 立轴 水墨纸本 | 136×29cm；130×30cm；107×26cm | 5,750,000 | 南京经典 | 2015-01-04 |
| 林散之 李太白草书歌行 手卷 水墨纸本 | 28×330cm | 3,795,000 | 南京经典 | 2015-08-02 |
| 林散之 临李邕 麓山寺碑 手卷 水墨纸本 | 24×3300cm | 3,335,000 | 南京经典 | 2015-08-02 |
| 林散之 百石卒史碑 手卷 水墨纸本 | 22×1009cm | 2,185,000 | 南京经典 | 2015-08-02 |
| 林散之 病院集诗廿首 手卷 水墨纸本 | 16×388cm | 2,185,000 | 南京经典 | 2015-08-02 |
| 刘旦宅 1997 年作 观世音造像 立轴 设色纸本 | 136×66.5cm | 7,820,000 | 北京匡时 | 2015-12-04 |
| 刘海粟 艳斗汉宫春 镜心 设色纸本 | 180×546cm | 6,325,000 | 广州华艺 | 2015-05-24 |
| 刘海粟 1982 年作 海门莲花峰 镜心 水墨纸本 | 67×139cm | 3,220,000 | 广东崇正 | 2015-06-18 |
| 刘海粟 1979 年作 独先天下春 立轴 设色纸本 | 136×66cm | 2,645,000 | 广东崇正 | 2015-06-18 |
| 刘海粟 己未 1979 年作 归去来分辞 手卷 水墨纸本 | 35×552cm | 2,300,000 | 广东崇正 | 2015-12-18 |
| 刘继卣 动物（四屏）镜心 设色纸本 | 120×34×4cm | 4,025,000 | 中国嘉德 | 2015-05-17 |
| 刘奎龄 1941 年作 动物（八屏）立轴 设色纸本 | 131×40×8cm | 9,200,000 | 北京保利 | 2015-06-05 |
| 鲁迅 行书偈语 立轴 纸本 | 24×20cm | 3,047,500 | 北京匡时 | 2015-12-04 |
| 陆俨少 山水创新册（十四开）镜心 设色纸本 | 24×32×14cm | 18,400,000 | 上海嘉禾 | 2015-12-13 |
| 陆俨少 1955 年作 江山胜揽 立轴 设色纸本 | 89×45 | 13,225,000 | 北京保利 | 2015-06-04 |
| 陆俨少 名山册（八开）册页 纸本 | 26×38×8cm | 12,650,000 | 北京匡时 | 2015-12-04 |
| 陆俨少 杜甫诗意人物 四屏 设色纸本 | 68×32×4cm | 10,465,000 | 上海工美 | 2015-12-13 |
| 陆俨少 丁丁 1957 年作 闽西春色 镜心 设色纸本 | 45×94cm | 9,200,000 | 上海嘉禾 | 2015-12-13 |
| 陆俨少 毛主席词意卷 手卷 设色纸本 | 23.5×35×9cm | 6,670,000 | 上海嘉禾 | 2015-12-13 |
| 陆俨少 丁巳 1977 年作 山水（十二开）册页 设色纸本 | 34×27×12cm | 6,555,000 | 北京保利 | 2015-12-06 |
| 陆俨少 1978 年作 峡江图 立轴 设色纸本 | 123×55.5cm | 6,555,000 | 北京匡时 | 2015-06-06 |
| 陆俨少 1984 年作 轻舟千里图 立轴 设色纸本 | 177×47cm | 6,440,000 | 北京保利 | 2015-12-07 |
| 陆俨少 1978 年作 朱砂冲哨口 立轴 设色纸本 | 137×68cm | 6,325,000 | 北京保利 | 2015-06-05 |
| 陆俨少 丁卯 1987 年作 秋山黄叶 立轴 设色纸本 | 138×70cm | 5,980,000 | 中国嘉德 | 2015-05-16 |
| 陆俨少 1978 年作 天台怀旧 立轴 设色纸本 | 133×67cm | 5,874,960 | 香港苏富比 | 2015-04-06 |
| 陆俨少 巫峡高秋 镜心 设色纸本 | 125×69cm | 5,750,000 | 广州华艺 | 2015-05-24 |
| 陆俨少 1976 年作 旧貌变新颜 镜心 设色纸本 | 55×111cm | 5,750,000 | 北京保利 | 2015-12-06 |

| 拍品名称 | 尺寸 | 成交价 RMB | 拍卖公司 | 拍卖时间 |
|---|---|---|---|---|
| 陆俨少 1985 年作 杜甫诗意山水册（十二开）册页 设色纸本 | 34×32×12cm | 5,405,000 | 北京保利 | 2015-12-07 |
| 陆俨少 万山红遍 镜心 设色纸本 | 52×110cm | 5,405,000 | 上海工美 | 2015-06-28 |
| 陆俨少 1984 年作 黄山之胜 镜心 设色纸本 | 137×69cm | 4,600,000 | 北京保利 | 2015-06-05 |
| 陆俨少 丙寅 1986 年作 李太白旧隐图 立轴 设色纸本 | 137×69cm | 4,600,000 | 上海嘉禾 | 2015-05-08 |
| 陆俨少 1986 年作 秋山雅集 手卷 设色纸本 | 25.5×230cm | 4,370,000 | 北京保利 | 2015-06-05 |
| 陆俨少 1986 年作 秋山雅集图 手卷 设色纸本 | 25.5×230cm | 4,370,000 | 北京匡时 | 2015-03-30 |
| 陆俨少 1980 年作 龙宫洞 镜心 设色纸本 | 69×173cm | 4,140,000 | 上海嘉禾 | 2015-12-13 |
| 陆俨少 1963 年作 舍南舍北皆春水 立轴 设色纸本 | 102×55cm | 4,140,000 | 北京保利 | 2015-06-05 |
| 陆俨少 1984 年作 车行千转图 立轴 设色纸本 | 96×60cm | 3,680,000 | 北京保利 | 2015-12-07 |
| 陆俨少 丙辰 1976 年作 巴船出峡图 手卷 设色纸本 | 37×120cm | 3,680,000 | 上海嘉禾 | 2015-12-13 |
| 陆俨少 1988 年作 论画山水 立轴 设色纸本 | 136×68cm | 3,616,800 | 香港苏富比 | 2015-10-06 |
| 陆俨少 1982 年作 云水奇观 立轴 设色纸本 | 112×88cm | 3,565,000 | 广州华艺 | 2015-05-24 |
| 陆俨少 丙寅 1986 年作 雪点寒梅小院春 手卷 设色纸本 | 47×178cm | 3,450,000 | 上海嘉禾 | 2015-05-08 |
| 陆俨少 1963 年作 筼青居图卷 手卷 设色纸本 | 18×137cm | 3,450,000 | 北京保利 | 2015-12-07 |
| 陆俨少 甲午 1954 年作 唐人诗意图 镜心 设色纸本 | 61×34.5cm | 3,392,500 | 上海嘉禾 | 2015-12-13 |
| 陆俨少 1978 年作 黄山烟云 镜心 | 55×132cm | 3,277,500 | 上海嘉禾 | 2015-05-08 |
| 陆俨少 1978 年作 井冈山黄洋界 立轴 设色纸本 | 70×70cm | 3,220,000 | 北京保利 | 2015-06-04 |
| 陆俨少 青城积翠图 镜心 设色纸本 | 67×215cm | 3,105,000 | 中贸圣佳 | 2015-11-22 |
| 陆俨少 峡江险水 立轴 设色纸本 | 76×41cm | 3,105,000 | 上海嘉禾 | 2015-12-13 |
| 陆俨少 1980 年作 太湖帆影 立轴 设色纸本 | 95×44cm | 2,990,000 | 北京保利 | 2015-06-04 |
| 陆俨少 巴船出峡图 立轴 设色纸本 | 69×35cm | 2,817,500 | 北京保利 | 2015-12-07 |
| 陆俨少 1927 年作 仿荆浩笔法盫 立轴 设色纸本 | 127×66cm | 2,760,000 | 北京保利 | 2015-06-04 |
| 陆俨少 暮山叠云 镜心 设色纸本 | 88×47.5cm | 2,530,000 | 上海嘉禾 | 2015-05-08 |
| 陆俨少 青城晓霭图 立轴 设色纸本 | 69×35cm | 2,415,000 | 北京保利 | 2015-12-07 |
| 陆俨少 桂林山水 镜心 设色纸本 | 98×39cm | 2,300,000 | 北京保利 | 2015-12-07 |
| 陆俨少 峡江图 镜心 设色纸本 | 68×68cm | 2,300,000 | 中贸圣佳 | 2015-05-19 |
| 陆俨少、谢稚柳 等 甲子 1984 年作／乙丑 1985 年作／丙寅 1986 年作 海上画坛集萃（十六开）册页 设色纸本 | 46×33.5×16cm | 2,300,000 | 上海朵云轩 | 2015-06-18 |
| 陆俨少 1980 年作 蕉窗诵读 立轴 设色纸本 | 96×44cm | 2,195,040 | 香港苏富比 | 2015-04-06 |
| 陆俨少 1963 年作 芭蕉人物 立轴 设色纸本 | 69×182cm | 2,185,000 | 上海明轩 | 2015-06-21 |
| 陆俨少 1978 年作 寒梅争春 立轴 纸本 | 137×67cm | 2,127,500 | 北京匡时 | 2015-12-04 |
| 陆俨少 巫峡秋涛 立轴 设色纸本 | 138×69cm | 2,127,500 | 荣宝斋（济南） | 2015-11-21 |
| 陆俨少 1931 年作 无量寿佛 立轴 设色纸本 | 99×48cm | 2,070,000 | 北京保利 | 2015-06-04 |
| 马晋 春郊阅骏图 手卷 设色绢本 | 45×438cm | 5,874,960 | 香港苏富比 | 2015-04-06 |
| 潘天寿 鹰石山花图 镜心 设色纸本 | 182×141cm | 279,450,000 | 中国嘉德 | 2015-05-17 |
| 潘天寿 鹰石图 镜心 设色纸本 | 110×300cm | 115,000,000 | 上海嘉禾 | 2015-12-13 |
| 潘天寿 1964 年作 劲松 立轴 设色纸本 | 207×151cm | 93,150,000 | 中国嘉德 | 2015-11-15 |
| 潘天寿 1961 年作 朝霞 横披 设色纸本 | 144×195cm | 69,000,000 | 中国嘉德 | 2015-11-15 |
| 潘天寿 红荷图 镜心 设色纸本 | 150×37.5cm | 16,100,000 | 西泠印社 | 2015-12-26 |
| 潘天寿 1965 年作 晴晨 立轴 设色纸本 | 75×41cm | 11,270,000 | 广东崇正 | 2015-12-18 |

| 拍品名称 | 尺寸 | 成交价 RMB | 拍卖公司 | 拍卖时间 |
|---|---|---|---|---|
| 潘天寿 1964 年作 满堂清芳 镜心 设色纸本 | 145×58cm | 9,798,465 | 纽约佳士得 | 2015-03-18 |
| 潘天寿 1964 年作 翠石双雀 立轴 设色纸本 | 96×45cm | 9,430,000 | 北京匡时 | 2015-06-06 |
| 潘天寿 鱼鹰 镜心 设色纸本 | 89×50cm | 8,510,000 | 中贸圣佳 | 2015-11-22 |
| 潘天寿 1950 年作 磐石墨鸡图 镜心 设色纸本 | 67.5×133cm | 8,012,960 | 邦瀚斯 | 2015-11-28 |
| 潘天寿 1941 年作 兰石图 立轴 水墨纸本 | 180×49cm | 7,820,000 | 中国嘉德 | 2015-05-17 |
| 潘天寿 乙酉 1945 年作 唐人诗意图 立轴 设色纸本 | 66.5×32cm | 5,635,000 | 上海嘉禾 | 2015-12-13 |
| 潘天寿 1965 年作 荷风 立轴 设色纸本 | 68×45.5cm | 5,520,000 | 广东崇正 | 2015-06-19 |
| 潘天寿 1947 年作 湘江水禽 立轴 设色纸本 | 133×34.5cm | 5,175,000 | 北京匡时 | 2015-12-04 |
| 潘天寿 水鸟 立轴 设色纸本 | 85×34cm | 5,060,000 | 北京保利 | 2015-12-06 |
| 潘天寿 1934 年作 夏山图 立轴 设色纸本 | 136.5×52cm | 4,830,000 | 北京保利 | 2015-06-04 |
| 潘天寿 兰竹图 镜心 水墨纸本 | 39.5×148cm | 4,600,000 | 上海朵云轩 | 2015-12-16 |
| 潘天寿 1961 年作 大吉图 立轴 设色纸本 | 76.5×41cm | 4,255,000 | 北京保利 | 2015-12-06 |
| 潘天寿 1965 年作 写李青莲海榴世所稀诗意 立轴纸本 | 107×42cm | 4,140,000 | 北京匡时 | 2015-12-04 |
| 潘天寿 1965 年作 美人蕉 立轴 设色纸本 | 55×41cm | 3,450,000 | 上海嘉禾 | 2015-12-13 |
| 潘天寿 1944 年作 佛寿无量 立轴 | 135.5×33.5cm | 3,220,000 | 上海道明 | 2015-05-09 |
| 潘天寿 1947 年作 冷艳菊 立轴 设色纸本 | 136×34cm | 2,856,780 | 保利香港 | 2015-04-07 |
| 潘天寿、来楚生、姜丹书等 1947 年作 松阴看山图 立轴 设色纸本 | 130×66cm | 2,645,000 | 西泠印社 | 2015-12-26 |
| 潘天寿 1965 年作 拟八大 鸟石图 镜心 水墨纸本 | 91×42cm | 2,582,400 | 香港苏富比 | 2015-04-06 |
| 潘天寿 1950 年作 幽石栖禽图 镜心 水墨纸本 | 135×34cm | 2,415,000 | 西泠印社 | 2015-07-05 |
| 潘天寿 1965 年作 荷花清趣图 立轴 设色纸本 | 54×48.5cm | 2,300,000 | 西泠印社 | 2015-07-05 |
| 潘天寿 1961 年作 雨后 立轴 纸本 | 58×35cm | 2,185,000 | 北京匡时 | 2015-03-30 |
| 潘天寿 荷花 镜心 纸本 | 156×90cm | 2,070,000 | 北京匡时 | 2015-10-17 |
| 蒲华 1896 年作 百竹图（二册百开）水墨纸本 | 46×27cm×100 | 2,630,400 | 香港苏富比 | 2015-10-06 |
| 溥儒 山居著书图 立轴 水墨纸本 | 255×104cm | 5,980,000 | 中国嘉德 | 2015-11-15 |
| 溥儒 暮色千峰雨 手卷 设色绢本 | 9.5×174cm | 5,030,280 | 香港佳士得 | 2015-06-02 |
| 溥儒 巍岭重阁 立轴 设色绢本 | 116×34cm | 4,170,680 | 香港佳士得 | 2015-12-01 |
| 溥儒 雪景 镜心 设色绢本 | 12.5×202.5cm | 3,492,360 | 香港佳士得 | 2015-06-02 |
| 溥儒 1956 年作 书画合璧册（十六开）镜心 设色绢本 / 水墨洒金笺 | 29×20cm×16 | 3,453,960 | 香港苏富比 | 2015-04-06 |
| 溥儒 罗汉图 横披 纸本 | 24.5×127cm | 3,450,000 | 北京匡时 | 2015-06-06 |
| 溥儒 草书临《书谱》卷 手卷 纸本 | 30×1163cm | 2,702,500 | 北京匡时 | 2015-06-06 |
| 溥儒 翠峦初雨 镜心 设色绢本 | 12×254.5cm | 2,594,360 | 香港佳士得 | 2015-12-01 |
| 溥儒 秋江远岫 立轴 设色纸本 | 11×169cm | 2,200,280 | 香港佳士得 | 2015-12-01 |
| 溥儒 青山过雨夕阳收 镜心 设色纸本 | 12×158cm | 2,185,000 | 香港佳士得 | 2015-06-02 |
| 溥儒 钟馗 立轴 纸本 | 118×33.5cm | 2,127,500 | 北京匡时 | 2015-12-04 |
| 齐白石 "叶隐闻声" 花卉工笔草虫册（十八开）册页 设色纸本 | 32×26cm×18 | 115,000,000 | 北京保利 | 2015-12-06 |
| 齐白石 吉寿永昌 立轴 设色纸本 | 243×61.5cm | 41,400,000 | 中国嘉德 | 2015-11-15 |
| 齐白石 双寿 镜心 设色纸本 | 245×60cm | 25,300,000 | 北京保利 | 2015-06-04 |
| 齐白石 1937 年作 放牛 立轴 设色纸本 | 133×34cm | 20,125,000 | 北京匡时 | 2015-06-06 |
| 齐白石 宰相归田 镜心 设色纸本 | 94×50cm | 18,935,640 | 香港佳士得 | 2015-06-02 |
| 齐白石 松山陋室图 立轴 设色纸本 | 137×34cm | 18,400,000 | 上海嘉禾 | 2015-05-08 |
| 齐白石 多寿图 镜心 设色纸本 | 118.5×60cm | 17,011,560 | 香港苏富比 | 2015-04-06 |
| 齐白石 1942 年作 九秋图 镜心 设色纸本 | 67×166cm | 16,692,840 | 香港佳士得 | 2015-06-02 |
| 齐白石 1922 年作 四季山水（四幅）镜心 设色纸本 | 137.5×31cm×4 | 16,190,120 | 香港佳士得 | 2015-12-01 |
| 齐白石 大寿 立轴 设色纸本 | 100×34cm | 15,795,720 | 香港佳士得 | 2015-06-02 |
| 齐白石 1941 年作 蝶舞花间 立轴 设色纸本 | 150×67cm | 13,969,440 | 香港佳士得 | 2015-06-02 |
| 齐白石 1948-1952 年作 偷闲集雅册（四十八开）册页 设色纸本 | 33×260cm×4 | 11,500,000 | 北京保利 | 2015-12-06 |
| 齐白石 1938 年作 石墨居闲步归来图 镜心 设色纸本 | 22.5×98cm | 9,644,040 | 香港佳士得 | 2015-06-02 |
| 齐白石 蔬卉（四屏）镜心 设色纸本 | 52.5×20cm×4 | 9,200,000 | 荣宝斋(济南) | 2015-06-12 |
| 齐白石 老当益壮 立轴 设色纸本 | 96.5×41cm | 9,200,000 | 中国嘉德 | 2015-11-15 |
| 齐白石 荷塘野趣 镜心 设色纸本 | 135×70cm | 9,200,000 | 北京匡时 | 2015-12-04 |
| 齐白石 加官 立轴 设色纸本 | 97×37.5cm | 8,855,000 | 中国嘉德 | 2015-11-15 |
| 齐白石 1930 年作 鹰 立轴 设色纸本 | 170×43cm | 8,682,840 | 香港佳士得 | 2015-06-02 |
| 齐白石 1929 年作 红线盗盒 立轴 设色纸本 | 137×36cm | 8,202,240 | 香港佳士得 | 2015-06-02 |
| 齐白石 贝叶草虫 立轴 设色纸本 | 104×34cm | 8,202,240 | 香港佳士得 | 2015-06-02 |
| 齐白石 大富双寿图 镜心 设色纸本 | 100×34cm | 8,050,000 | 北京保利 | 2015-12-07 |
| 齐白石 烛照吉寿图 镜心 设色纸本 | 107×33cm | 8,050,000 | 上海嘉禾 | 2015-05-08 |
| 齐白石 戊子 1948 年作 东方朔献寿图 立轴 设色纸本 | 104.5×35cm | 8,050,000 | 上海嘉禾 | 2015-12-13 |
| 齐白石 四季清兴 立轴 设色纸本 | 130×32cm×4 | 7,590,000 | 北京保利 | 2015-06-05 |
| 齐白石 花犬迎归 立轴 水墨纸本 | 100×34cm | 7,590,000 | 北京保利 | 2015-12-04 |
| 齐白石 鹤寿 镜心 设色纸本 | 180×49cm | 7,421,840 | 香港佳士得 | 2015-12-01 |
| 齐白石 钟馗 立轴 设色纸本 | 101×33.5cm | 7,241,040 | 香港佳士得 | 2015-06-02 |
| 齐白石 秋意（四屏）镜心 设色 水墨纸本 | 135×30cm×4 | 6,900,000 | 中国嘉德 | 2015-05-17 |
| 齐白石 国色天香 镜心 设色纸本 | 118×42cm | 6,900,000 | 中国嘉德 | 2015-05-16 |
| 齐白石 得财图 立轴 设色纸本 | 88.5×47cm | 6,900,000 | 西泠印社 | 2015-12-26 |
| 齐白石 1951 年作 向日葵 立轴 设色纸本 | 138×35cm | 6,900,000 | 北京保利 | 2015-06-05 |
| 齐白石 1922 年作 隔溪松山图 立轴 设色纸本 | 135×66cm | 6,670,000 | 北京保利 | 2015-06-05 |
| 齐白石 1928 年作 白衣大士 立轴 设色纸本 | 135×33.5cm | 6,279,840 | 香港苏富比 | 2015-06-02 |
| 齐白石 牡丹鸳鸯 立轴 设色纸本 | 44×68cm | 5,980,000 | 中国嘉德 | 2015-05-17 |
| 齐白石 1933 年作 握兰簪裁曲图 立轴 设色纸本 | 64×47cm | 5,980,000 | 北京保利 | 2015-12-06 |
| 齐白石 鸬鹚垂柳 双挑 镜心 设色纸本 | 135×34cm | 5,944,040 | 香港佳士得 | 2015-12-01 |
| 齐白石 1940 年作 大寿 镜心 设色纸本 | 100×34cm | 5,944,040 | 香港佳士得 | 2015-12-01 |
| 齐白石 1951 年作 花实各三千年 镜心 设色纸本 | 69×35cm | 5,635,000 | 北京保利 | 2015-06-05 |
| 齐白石 1952 年作 麦穗蜻蜓 立轴 设色纸本 | 100×33cm | 5,635,000 | 北京翰海 | 2015-06-26 |
| 齐白石 海棠双蝶 立轴 设色纸本 | 98×33cm | 5,290,000 | 北京保利 | 2015-12-07 |
| 齐白石 铁拐李 立轴 设色纸本 | 136×34cm | 5,232,500 | 上海嘉禾 | 2015-12-13 |
| 齐白石 甲子 1924 年作 篆书七言联 对联 水墨纸本 | 147×28.5cm×2 | 5,175,000 | 上海嘉禾 | 2015-05-28 |
| 齐白石 紫藤 立轴 设色纸本 | 131×35cm | 5,175,000 | 北京翰海 | 2015-06-26 |
| 齐白石 1936 年作 落花人独立 立轴 设色纸本 | 77×33cm | 4,830,000 | 北京保利 | 2015-06-04 |
| 齐白石 贝叶蜜蜂 镜心 设色纸本 | 101×34cm | 4,830,000 | 北京保利 | 2015-12-06 |
| 齐白石 多寿 立轴 纸本 | 103×35cm | 4,830,000 | 北京匡时 | 2015-12-04 |
| 齐白石 1937 年作 柳牛图 立轴 设色纸本 | 137×34.5cm | 4,800,480 | 香港苏富比 | 2015-10-06 |
| 齐白石 寿酒 镜心 设色纸本 | 101.5×34.5cm | 4,715,000 | 北京保利 | 2015-12-06 |
| 齐白石 红梅双鸟图 立轴 设色纸本 | 69×371cm | 4,600,000 | 北京传是 | 2015-12-05 |
| 齐白石 盗酒图 行书诗 成扇 设色纸本 | 24×76cm | 4,600,000 | 上海道明 | 2015-05-09 |

| 拍品名称 | 尺寸 | 成交价 RMB | 拍卖公司 | 拍卖时间 |
|---|---|---|---|---|
| 齐白石 1948 年作 延年益寿 镜心 设色纸本 | 80×43cm | 4,485,000 | 北京保利 | 2015-06-04 |
| 齐白石 白石有心 镜心 设色纸本 | 65×33cm | 4,485,000 | 北京保利 | 2015-12-06 |
| 齐白石 牡丹大富贵 镜心 设色纸本 | 104×34cm | 4,370,000 | 荣宝斋（济南） | 2015-06-12 |
| 齐白石 1930 年作 紫藤燕子 立轴 设色纸本 | 137×35cm | 4,370,000 | 北京保利 | 2015-06-05 |
| 齐白石 三多图 镜心 设色纸本 | 115×47cm | 4,370,000 | 中国嘉德 | 2015-05-16 |
| 齐白石 玉簪蜻蜓 立轴 设色纸本 | 100×33cm | 4,370,000 | 荣宝斋（济南） | 2015-06-12 |
| 齐白石 水边池底是家乡 镜心 纸本 | 108×34.5cm | 4,370,000 | 北京匡时 | 2015-12-04 |
| 齐白石 丝瓜蜻蜓图 立轴 设色纸本 | 130×33cm | 4,370,000 | 西泠印社 | 2015-12-26 |
| 齐白石 戊子 1948 年作 荷塘 镜心 设色纸本 | 138×69cm | 4,370,000 | 中国嘉德 | 2015-05-17 |
| 齐白石 乙酉 1945 年作 谁霸谁王 镜心 水墨纸本 | 100×32.5cm | 4,370,000 | 中国嘉德 | 2015-11-15 |
| 齐白石 寒鸦图 立轴 设色纸本 | 101×35cm | 4,197,500 | 中贸圣佳 | 2015-11-22 |
| 齐白石 池塘野趣 立轴 设色纸本 | 103×33cm | 4,140,000 | 广州华艺 | 2015-12-20 |
| 齐白石 拈花微笑 立轴 设色纸本 | 137×57cm | 4,140,000 | 北京保利 | 2015-06-05 |
| 齐白石 花实三千年 立轴 设色纸本 | 138×34cm | 4,140,000 | 北京保利 | 2015-12-07 |
| 齐白石 荷花翠鸟 镜心 纸本 | 100.5×34.5cm | 4,025,000 | 北京匡时 | 2015-06-06 |
| 齐白石 眉寿 镜心 设色纸本 | 66×34cm | 4,025,000 | 中国嘉德 | 2015-11-15 |
| 齐白石 南瓜蝴蝶 立轴 设色纸本 | 103×34cm | 4,025,000 | 荣宝斋（济南） | 2015-06-12 |
| 齐白石 篆书五言联 对联 水墨纸本 | 133.5×32cm×2 | 4,025,000 | 上海嘉禾 | 2015-05-08 |
| 齐白石 多利图 镜心 纸本 | 69×35cm | 3,795,000 | 北京匡时 | 2015-06-06 |
| 齐白石 癸亥 1923 年作 姚黄富贵 立轴 设色纸本 | 136×64.5cm | 3,795,000 | 广东崇正 | 2015-12-18 |
| 齐白石 红梅寒雀 镜心 设色纸本 | 133.5×34cm | 3,776,600 | 香港佳士得 | 2015-12-01 |
| 齐白石 1949 年作 桂花双兔 立轴 设色纸本 | 133×47cm | 3,680,000 | 北京保利 | 2015-12-06 |
| 齐白石 水族雏鸡（四屏） 镜心 水墨纸本 | 69×33cm×4 | 3,622,500 | 北京保利 | 2015-06-04 |
| 齐白石 五柳先生像 立轴 设色纸本 | 95×33cm | 3,588,480 | 香港佳士得 | 2015-06-02 |
| 齐白石 梅花 立轴 设色纸本 | 56.5×32.5cm | 3,492,360 | 香港佳士得 | 2015-06-02 |
| 齐白石 1947 年作 一生清白 立轴 设色纸本 | 103×34cm | 3,450,000 | 北京保利 | 2015-12-06 |
| 齐白石 1925 年作 篆书七言联 对联 纸本 | 126.5×25.5cm×2 | 3,450,000 | 西泠印社 | 2015-07-05 |
| 齐白石 1948 年作 老少兼顾头上冠 立轴 设色纸本 | 126×34cm | 3,450,000 | 北京保利 | 2015-12-07 |
| 齐白石 1955 年作 荷花鸭凫 镜心 设色纸本 | 48×91cm | 3,450,000 | 北京保利 | 2015-06-05 |
| 齐白石 多寿 立轴 纸本 | 102.5×34cm | 3,450,000 | 北京东正 | 2015-11-19 |
| 齐白石 荷塘鸳鸯 镜心 设色纸本 | 127×36cm | 3,450,000 | 北京保利 | 2015-06-05 |
| 齐白石 莲蓬图 立轴 设色纸本 | 179×16cm | 3,450,000 | 北京保利 | 2015-06-04 |
| 齐白石 平安高冠 立轴 设色纸本 | 117.5×40cm | 3,450,000 | 中国嘉德 | 2015-05-17 |
| 齐白石 秋鸣图 镜心 纸本 | 128×34cm | 3,450,000 | 北京匡时 | 2015-12-04 |
| 齐白石 红线盗盒 立轴 设色纸本 | 134×33cm | 3,433,785 | 中国嘉德 | 2015-04-07 |
| 齐白石 1929 年作 放鸢图·书法（两幅） 扇面镜心 设色 水墨纸本 | 22.5×67cm×2 | 3,396,240 | 香港佳士得 | 2015-06-02 |
| 齐白石 狩猎图 立轴 设色纸本 | 81.5×34cm | 3,396,240 | 香港佳士得 | 2015-06-02 |
| 齐白石 鱼虾蟹 立轴 | 97×33.5cm | 3,335,000 | 北京匡时 | 2015-06-06 |
| 齐白石 紫藤蜜蜂 立轴 设色纸本 | 100×33cm | 3,335,000 | 上海朵云轩 | 2015-06-18 |
| 齐白石 富贵牡丹 镜心 | 105.5×34cm | 3,335,000 | 上海嘉禾 | 2015-12-13 |
| 齐白石 1953 年作 丰年重鸣 镜心 | 100×34cm | 3,237,684 | 保利香港 | 2015-04-07 |
| 齐白石 菊盛蟹腴 立轴 | 148×46cm | 3,222,240 | 香港苏富比 | 2015-10-06 |
| 齐白石 世世清吉 立轴 设色纸本 | 107×47cm | 3,220,000 | 中国嘉德 | 2015-05-17 |
| 齐白石 紫藤蜜蜂 立轴 | 135×33cm | 3,220,000 | 荣宝斋（济南） | 2015-06-12 |
| 齐白石 蜻蜓花石 立轴 设色纸本 | 128.5×61cm | 3,185,480 | 香港佳士得 | 2015-12-01 |

| 拍品名称 | 尺寸 | 成交价 RMB | 拍卖公司 | 拍卖时间 |
|---|---|---|---|---|
| 齐白石 1936 年作 紫藤雏鸡 立轴 纸本 | 129×33cm | 3,105,000 | 北京匡时 | 2015-12-04 |
| 齐白石 桃花图 立轴 纸本 | 124×34cm | 3,105,000 | 北京匡时 | 2015-12-04 |
| 齐白石 1948 年作 老鼠偷蜡图 立轴 设色纸本 | 104.5×34.5cm | 3,011,760 | 邦瀚斯 | 2015-05-31 |
| 齐白石 寿桃 立轴 设色纸本 | 101.5×37.5cm | 2,990,000 | 上海嘉禾 | 2015-12-13 |
| 齐白石 1951 年作 松鹰 立轴 设色纸本 | 135×35.5cm | 2,969,760 | 香港苏富比 | 2015-04-06 |
| 齐白石 多寿多子 立轴 设色纸本 | 102×34cm | 2,969,760 | 香港苏富比 | 2015-04-06 |
| 齐白石 1935 年作 款款飞去又飞来 立轴 设色纸本 | 87×33cm | 2,932,500 | 北京保利 | 2015-12-06 |
| 齐白石 堂前秋色 立轴 设色纸本 | 100×33cm | 2,932,500 | 北京翰海 | 2015-06-26 |
| 齐白石 1923 年作 紫藤 镜心 设色纸本 | 30.5×125cm | 2,915,640 | 香港佳士得 | 2015-06-02 |
| 齐白石 丁亥 1947 年作 富贵双寿 镜心 设色纸本 | 103×34cm | 2,886,500 | 上海嘉禾 | 2015-12-13 |
| 齐白石 安得太平 立轴 设色纸本 | 68×34cm | 2,875,000 | 广州华艺 | 2015-12-20 |
| 齐白石 1949 年作 虾蟹图 立轴 水墨纸本 | 69×326cm | 2,875,000 | 西泠印社 | 2015-07-05 |
| 齐白石 1929 年作 花卉（四屏） 立轴 设色纸本 | 101×33cm×4 | 2,835,540 | 保利香港 | 2015-05-28 |
| 齐白石 事事如意 镜心 设色纸本 | 136×33cm | 2,791,400 | 香港佳士得 | 2015-12-01 |
| 齐白石 篆书五言联 立轴 水墨纸本 | 134×32.5cm×2 | 2,760,000 | 中国嘉德 | 2015-11-14 |
| 齐白石 1922 年作 花卉八题册（八开） 册页 纸本 | 23×13cm×8 | 2,702,500 | 北京匡时 | 2015-06-06 |
| 齐白石、王雪涛 四条屏 镜心 设色纸本 | 101×27.5cm×4 | 2,668,000 | 荣宝斋（济南） | 2015-11-21 |
| 齐白石 傅增湘 1938 年作 牵牛蜻蜓·书法 成扇 设色纸本 | 25×64cm | 2,645,000 | 北京保利 | 2015-12-06 |
| 齐白石 荔枝鸣蝉 镜心 设色纸本 | 100×33cm | 2,645,000 | 中国嘉德 | 2015-11-14 |
| 齐白石 1951 年作 江上余霞 团扇镜心 设色纸本 | 152×48cm | 2,594,360 | 香港佳士得 | 2015-12-01 |
| 齐白石 寿酒 立轴 设色纸本 | 133×34cm | 2,531,160 | 香港佳士得 | 2015-06-02 |
| 齐白石 清风图 镜心 设色纸本 | 34×99cm | 2,530,000 | 北京保利 | 2015-06-04 |
| 齐白石 太行写生 镜心 纸本 | 69×415cm | 2,530,000 | 北京匡时 | 2015-12-04 |
| 齐白石 蛙趣图 镜心 水墨纸本 | 102×33.5cm | 2,530,000 | 中国嘉德 | 2015-05-16 |
| 齐白石 1943 年作 平安加冠图 立轴 设色纸本 | 100×34.5cm | 2,530,000 | 北京翰海 | 2015-11-28 |
| 齐白石 拈花微笑 立轴 设色纸本 | 106×48cm | 2,530,000 | 北京翰海 | 2015-11-28 |
| 齐白石 荷塘鸳鸯 立轴 设色纸本 | 80×34cm | 2,530,000 | 上海嘉禾 | 2015-12-13 |
| 齐白石 无量寿佛 镜心 设色纸本 | 33×100cm | 2,530,000 | 北京保利 | 2015-06-04 |
| 齐白石 1928 年作 棕榈树 立轴 水墨纸本 | 204×39cm | 2,473,398 | 保利香港 | 2015-10-05 |
| 齐白石 事事太平 立轴 设色纸本 | 99.5×33.5cm | 2,472,500 | 中国嘉德 | 2015-11-14 |
| 齐白石 丙戌 1946 年作 雏鸡图 镜心 设色纸本 | 96×36.5cm | 2,415,000 | 上海嘉禾 | 2015-12-13 |
| 齐白石、陈半丁 花鸟四屏 立轴 设色纸本 | 117×40cm×4 | 2,415,000 | 北京保利 | 2015-06-04 |
| 齐白石 清韵 立轴 设色纸本 | 69×34.5cm | 2,415,000 | 中国嘉德 | 2015-05-17 |
| 齐白石 多寿 立轴 设色纸本 | 130×35cm | 2,327,904 | 保利香港 | 2015-10-05 |
| 齐白石 葫芦 立轴 设色纸本 | 100×33cm | 2,300,000 | 北京翰海 | 2015-11-27 |
| 齐白石 荔枝蜻蜓 立轴 设色纸本 | 103×33.5cm | 2,300,000 | 中国嘉德 | 2015-11-14 |
| 齐白石 1953 年作 枇杷 立轴 彩墨纸本 | 103×34cm | 2,300,000 | 北京匡时 | 2015-12-04 |
| 齐白石 玉米 立轴 设色纸本 | 105×34cm | 2,185,000 | 北京保利 | 2015-06-05 |
| 齐白石 1921 年作 观世音菩萨 镜心 设色纸本 | 93×67cm | 2,185,000 | 北京保利 | 2015-06-04 |
| 齐白石 1946 年作 牵牛花与蚱蜢 立轴 纸本 | 100.5×34.5cm | 2,185,000 | 北京东正 | 2015-11-19 |
| 齐白石 1949 年作 凤仙蜻蜓 立轴 彩墨纸本 | 62×34cm | 2,185,000 | 北京匡时 | 2015-12-04 |
| 齐白石 清吉 镜心 设色纸本 | 65×33cm | 2,127,500 | 广东崇正 | 2015-06-19 |
| 启功 1982 年作 朱竹图 镜心 设色纸本 | 53×233.5cm | 4,592,000 | 北京荣宝 | 2015-11-29 |
| 启功 1987 年作 同学少年时 镜心 水墨纸本 | 178×96cm | 2,300,000 | 北京保利 | 2015-06-04 |
| 钱瘦铁 1952 年作 黄山横批 设色纸本 | 108×531cm | 5,980,000 | 上海道明 | 2015-05-09 |

| 拍品名称 | 尺寸 | 成交价 RMB | 拍卖公司 | 拍卖时间 |
|---|---|---|---|---|
| 钱松喦 延安 镜心 纸本 | 132.5×93.5cm | 3,737,500 | 北京匡时 | 2015-12-04 |
| 钱松喦 香山秋晨 镜心 设色纸本 | 68×79cm | 3,450,000 | 中国嘉德 | 2015-05-17 |
| 钱松喦 1980 年作 丰沙途中 镜心 设色纸本 | 67×131cm | 2,645,000 | 北京保利 | 2015-06-05 |
| 钱松喦 癸亥 1983 年作 泰山松 镜心 设色纸本 | 100×60cm | 2,185,000 | 中国嘉德 | 2015-05-17 |
| 任伯年 花鸟三屏 立轴 纸本 | 133.5×64cm×2；135×66cm | 12,650,000 | 北京匡时 | 2015-06-06 |
| 任伯年 1888 年作 天仙赐福 立轴 设色纸本 | 245×120cm | 9,430,000 | 北京匡时 | 2015-06-06 |
| 任伯年 公孙大娘舞剑图 立轴 设色纸本 | 132.5×65cm | 3,335,000 | 上海明轩 | 2015-06-21 |
| 任伯年 1890 年作 许由洗耳图 立轴 设色纸本 | 178×93cm | 3,047,500 | 北京保利 | 2015-06-04 |
| 任伯年 1891 年作 松风高士图 立轴 设色纸本 | 171×45.5cm | 2,357,500 | 西泠印社 | 2015-07-05 |
| 任伯年 丙戌 1886 年作 山窗清供 镜心 设色纸本 | 148×84cm | 2,424,900 | 中国嘉德 | 2015-10-07 |
| 沈尹默 行书《秋明余事》手卷 水墨纸本 | 30×361cm；28×230cm | 5,520,000 | 广州华艺 | 2015-05-24 |
| 石鲁 1971 年作 冬梅 镜心 立轴 设色纸本 | 130×66.5cm | 22,070,025 | 纽约佳士得 | 2015-03-18 |
| 石鲁 桃妮 立轴 设色纸本 | 134.5×69.5cm | 21,850,000 | 北京匡时 | 2015-06-06 |
| 石鲁、李琼久 杂花册（花鸟十开 / 书法二开）册页 设色纸本 | 35×45cm×10 | 10,005,000 | 北京保利 | 2015-06-05 |
| 石鲁 仙寿 立轴 设色纸本 | 127×63cm | 9,085,000 | 北京匡时 | 2015-12-04 |
| 石鲁 1972 年作 华岳雄秀 镜心 设色纸本 | 143×212cm | 7,241,040 | 香港佳士得 | 2015-06-02 |
| 石鲁 1972 年作 华岳之雄 立轴 设色纸本 | 178×95.5cm | 6,440,000 | 北京匡时 | 2015-12-04 |
| 石鲁 华岳奇峰 镜心 设色纸本 | 150×82cm | 6,440,000 | 中贸圣佳 | 2015-11-22 |
| 石鲁 山城披霞 镜心 设色纸本 | 78×69cm | 4,025,000 | 北京保利 | 2015-12-07 |
| 石鲁 华山松 立轴设色纸本 | 94×78cm | 3,335,000 | 中贸圣佳 | 2015-11-22 |
| 石鲁 地头小趣 镜心 设色纸本 | 49.5×43cm | 2,760,000 | 中贸圣佳 | 2015-11-22 |
| 石鲁 荷塘 镜心 设色纸本 | 83×60cm | 2,300,000 | 北京保利 | 2015-12-07 |
| 石鲁 丰收 镜心 设色纸本 | 80×70cm | 2,242,500 | 北京保利 | 2015-12-07 |
| 石鲁 山路 镜心 水墨纸本 | 80×50cm | 2,242,500 | 北京保利 | 2015-12-07 |
| 宋文治 1978 年作 江南春 镜心 纸本 | 67×113cm | 2,300,000 | 北京匡时 | 2015-06-06 |
| 孙文 书法 镜心 水墨纸本 | 176×93cm | 2,285,265 | 纽约佳士得 | 2015-03-17 |
| 孙宗慰 蒙藏人物册（八开）彩墨纸本 | 25.5×37cm×8 | 3,565,000 | 北京匡时 | 2015-06-06 |
| 唐云 1972 年作 江山多娇图 手卷 设色纸本 | 12.5×337cm | 2,415,000 | 西泠印社 | 2015-12-26 |
| 陶冷月 四色金鱼（四屏）镜心 设色纸本 | 81×32cm×4 | 3,220,000 | 北京华辰 | 2015-11-15 |
| 陶冷月 1981 年作 寒江月夜 镜心 纸本 | 128.5×66.5cm | 2,415,000 | 北京匡时 | 2015-06-06 |
| 田世光 辛酉 1981 年作 孔雀 镜心 设色纸本 | 174×89cm | 4,140,000 | 广东崇正 | 2015-06-19 |
| 王雪涛 松石奇禽图 镜心 纸本 | 117×203.5cm | 3,220,000 | 北京匡时 | 2015-12-04 |
| 王雪涛 鹦鹉 立轴 设色纸本 | 130×66cm | 2,185,000 | 北京保利 | 2015-12-07 |
| 吴昌硕 致三多花卉册（四开）册页 水墨 设色纸本 | 27×38cm×8 | 43,700,000 | 中国嘉德 | 2015-11-15 |
| 吴昌硕 1924 年作 兰石花果 四屏 水墨纸本 | 142×51.5cm×4 | 18,975,000 | 西泠印社 | 2015-07-05 |
| 吴昌硕 丁巳 1917 年作 富贵神仙 立轴 设色纸本 | 178×90cm | 10,120,000 | 上海嘉禾 | 2015-12-13 |
| 吴昌硕 戊午 1918 年作 虞山古藤 立轴 设色纸本 | 180×95.5cm | 9,200,000 | 中国嘉德 | 2015-05-16 |
| 吴昌硕 1906 年作 墨梅册（十开）册页 水墨纸本 | 365×246cm×10 | 8,625,000 | 北京保利 | 2015-12-06 |
| 吴昌硕 1917 年作 象笋图 立轴 设色纸本 | 178×48cm | 6,900,000 | 北京匡时 | 2015-12-06 |
| 吴昌硕 壬辰 1892 年作 花卉册（八开）册页 水墨 设色纸本 | 26.5×39cm×8 | 6,325,000 | 中国嘉德 | 2015-11-15 |
| 吴昌硕 1910 年作 红梅寿石 立轴 设色纸本 | 176×96.5cm | 5,980,000 | 北京保利 | 2015-06-04 |
| 吴昌硕 丙辰 1916 年作 三千年结实之桃 立轴 设色纸本 | 149×80.5cm | 5,980,000 | 中国嘉德 | 2015-05-16 |
| 吴昌硕 篆书节录《诗经》四屏 水墨纸本 | 170.5×46cm×4 | 5,520,000 | 西泠印社 | 2015-07-05 |
| 吴昌硕 三千年结实之桃 镜心 设色纸本 | 151×80cm | 4,830,000 | 中国嘉德 | 2015-11-15 |

| 拍品名称 | 尺寸 | 成交价 RMB | 拍卖公司 | 拍卖时间 |
|---|---|---|---|---|
| 吴昌硕 1896 年作 行书自作诗手卷子卷 纸本 | 29×285.5cm | 4,715,000 | 北京匡时 | 2015-06-06 |
| 吴昌硕 1903 年作 仙源盛桃图 立轴设色纸本 | 176×95cm | 4,370,000 | 北京保利 | 2015-12-07 |
| 吴昌硕 1904 年作 富贵图 立轴设色纸本 | 138×83cm | 4,025,000 | 上海工美 | 2015-06-28 |
| 吴昌硕 1919 年作 松溪对弈 镜心 纸本 | 95.5×180.5cm | 3,680,000 | 北京匡时 | 2015-06-06 |
| 吴昌硕 1921 年作 寿石绣球花图 立轴 设色绫本 | 150×42cm | 3,450,000 | 西泠印社 | 2015-12-26 |
| 吴昌硕 1906 年作 延年益寿 立轴 设色纸本 | 176×95cm | 3,450,000 | 北京保利 | 2015-12-07 |
| 吴昌硕 丙寅 1926 年作 行书八言联 立轴 水墨纸本 | 136×22.5cm×2 | 3,335,000 | 中国嘉德 | 2015-05-18 |
| 吴昌硕 1915 年作 铁骨丹心 立轴 | 150×83cm | 3,320,880 | 香港苏富比 | 2015-10-06 |
| 吴昌硕 庚申 1920 年作 华祝图 | 136×68cm | 3,220,000 | 中国嘉德 | 2015-11-15 |
| 吴昌硕 争艳 立轴设色纸本 | 119.5×41cm | 3,220,000 | 荣宝斋（上海） | 2015-12-30 |
| 吴昌硕 1918 年作 翠盖明珠 立轴 纸本 | 134×50cm | 3,047,500 | 北京匡时 | 2015-06-06 |
| 吴昌硕 富贵神仙 立轴纸本 | 138×61cm | 2,990,000 | 北京匡时 | 2015-06-06 |
| 吴昌硕 1926 年作 行书十二言联 镜心 水墨纸本 | 172.5×33.5cm×2 | 2,990,000 | 上海明轩 | 2015-06-21 |
| 吴昌硕 1927 年作 隶书"瀛壖庐" 横幅 纸本 | 145.5×40cm | 2,990,000 | 西泠印社 | 2015-07-05 |
| 吴昌硕 枇杷 立轴设色绫本 | 148×41cm | 2,990,000 | 荣宝斋（济南） | 2015-06-12 |
| 吴昌硕、张大千 神似贵有 隶书七言联 立轴 设色纸本 | 画 120.5×66cm；对联 132.5×22cm×2 | 2,990,000 | 广东崇正 | 2015-06-19 |
| 吴昌硕 1951 年作 清供图 立轴 设色纸本 | 129×68cm | 2,932,500 | 北京保利 | 2015-06-05 |
| 吴昌硕 多子图 立轴 设色纸本 | 149×40cm | 2,875,000 | 荣宝斋（上海） | 2015-12-30 |
| 吴昌硕 丙午 1906 年作 兰栏清赏图 立轴 水墨纸本 | 115×64cm | 2,875,000 | 中国嘉德 | 2015-05-17 |
| 吴昌硕 光绪丙戌（1886 年）作 临天一阁本石鼓文手卷 水墨纸本 | 31×407.5cm | 2,875,000 | 中国嘉德 | 2015-05-18 |
| 吴昌硕 丁巳 1917 年作 邹巷古藤 立轴 设色纸本 | 138×66cm | 2,645,000 | 上海朵云轩 | 2015-06-18 |
| 吴昌硕 篆书"居之安" 立轴纸本 | 28.5×76cm | 2,645,000 | 北京匡时 | 2015-06-06 |
| 吴昌硕 1922 年作 岁寒三友（三帧）立轴 水墨纸本 | 133×34cm×3 | 2,582,400 | 香港苏富比 | 2015-04-06 |
| 吴昌硕 1918 年作 卢橘夏熟 立轴绫本 | 161×42cm | 2,530,000 | 北京匡时 | 2015-06-06 |
| 吴昌硕 1919 年作 神仙贵寿 立轴 设色纸本 | 108.5×54cm | 2,530,000 | 上海明轩 | 2015-06-21 |
| 吴昌硕 富贵眉寿图 立轴 设色纸本 | 117×49cm | 2,415,000 | 中国嘉德 | 2015-05-16 |
| 吴昌硕 菊石 立轴设色纸本 | 150×81cm | 2,316,570 | 纽约苏富比 | 2015-03-19 |
| 吴昌硕 无量寿佛 立轴 设色绫本 | 130×40.5cm | 2,300,000 | 荣宝斋（上海） | 2015-12-30 |
| 吴昌硕 1916 年作 篆书"海山仙馆" 镜心 纸本 | 37×135cm | 2,185,000 | 北京匡时 | 2015-06-06 |
| 吴昌硕、陈师曾 1919 年作 匡色天香·节临《毛公鼎》成扇 设色纸本 | 23×69cm | 2,127,500 | 北京保利 | 2015-06-06 |
| 吴冠中 松魂 镜心 设色纸本 | 70×138cm | 18,935,640 | 香港佳士得 | 2015-06-02 |
| 吴冠中 太湖之滨 镜心 设色纸本 | 82×150cm | 18,400,000 | 广州华艺 | 2015-05-24 |
| 吴冠中 故乡苇塘 镜心 设色纸本 | 70×140cm | 14,590,560 | 香港苏富比 | 2015-04-06 |
| 吴冠中 1984 年作 白皮松 设色纸本 | 117×96cm | 13,488,840 | 香港佳士得 | 2015-05-30 |
| 吴冠中 1989 年作 荷塘 镜心 设色纸本 | 66×133cm | 12,527,640 | 香港佳士得 | 2015-06-02 |
| 吴冠中 山村好风光 镜心 设色纸本 | 96.5×179cm | 9,890,000 | 北京保利 | 2015-06-04 |
| 吴冠中 根 立轴 设色纸本 | 67.5×135.5cm | 9,884,840 | 香港佳士得 | 2015-12-01 |
| 吴冠中 1988 年作 山居图 镜心 设色纸本 | 69×137cm | 9,775,000 | 北京匡时 | 2015-06-06 |
| 吴冠中 白桦 镜心 设色纸本 | 140×70cm | 9,200,000 | 北京保利 | 2015-06-06 |
| 吴冠中 1986 年作 雪岭奔流 镜心 设色纸本 | 97×76cm | 8,943,360 | 香港苏富比 | 2015-10-06 |
| 吴冠中 1988 年作 水乡人家 镜心 设色纸本 | 68×99cm | 8,682,840 | 香港佳士得 | 2015-06-02 |
| 吴冠中 苏州园林 镜心 设色纸本 | 68×133.5cm | 7,475,000 | 北京翰海 | 2015-06-27 |
| 吴冠中 1990 年作 荷塘月色 镜心 设色纸本 | 97×181cm | 7,245,000 | 上海嘉禾 | 2015-12-13 |

| 拍品名称 | 尺寸 | 成交价 RMB | 拍卖公司 | 拍卖时间 |
|---|---|---|---|---|
| 吴冠中 1990 年作 群虎图 镜心 设色纸本 | 68.5×137.5cm | 6,900,000 | 北京保利 | 2015-12-06 |
| 吴冠中 1995 年作 鱼鹰 镜心 设色纸本 | 69×138cm | 6,181,440 | 香港苏富比 | 2015-10-06 |
| 吴冠中 1992 年作 乡音 镜心 设色纸本 | 68×68cm | 5,490,960 | 香港苏富比 | 2015-10-06 |
| 吴冠中 1993 年作 水上人家 镜心 设色纸本 | 68×138cm | 5,100,240 | 香港苏富比 | 2015-04-06 |
| 吴冠中 1992 年作 熊猫（四）设色纸本 | 68.5×136.5cm | 5,043,792 | 保利香港 | 2015-10-05 |
| 吴冠中 1986 年作 飘柳鱼戏图 镜心 设色纸本 | 70×137cm | 4,830,000 | 北京保利 | 2015-06-04 |
| 吴冠中 1991 年作 苇塘秋 镜心 设色纸本 | 48×70cm | 4,600,000 | 北京传是 | 2015-12-05 |
| 吴冠中 1986 年作 千帆夕照 镜心 设色纸本 | 94×69.5cm | 4,140,000 | 北京诚轩 | 2015-11-13 |
| 吴冠中 鲁迅故乡 镜心 设色纸本 | 70.5×71cm | 3,876,840 | 香港佳士得 | 2015-06-02 |
| 吴冠中 1986 年作 春光烂漫 镜心 设色纸本 | 47.1×48cm | 3,814,080 | 香港苏富比 | 2015-10-06 |
| 吴冠中 1990 年作 接天莲叶胜于碧 纸本设色 | 70×70cm | 3,565,000 | 北京保利 | 2015-06-03 |
| 吴冠中 2001 年作 伴侣 镜心 纸本 | 66×66.5cm | 3,450,000 | 北京匡时 | 2015-12-04 |
| 吴冠中 苏州园林 立轴 纸本 | 74×67cm | 3,450,000 | 北京匡时 | 2015-06-06 |
| 吴冠中 梯田 镜心 设色纸本 | 68.5×68.5cm | 3,185,480 | 香港佳士得 | 2015-12-01 |
| 吴冠中 滨海松林 设色纸本 | 50×45cm | 2,875,000 | 北京保利 | 2015-06-03 |
| 吴冠中 1989 年作 高原人家 镜心 设色纸本 | 69×82.5cm | 2,776,080 | 香港苏富比 | 2015-04-06 |
| 吴冠中 茶场 彩墨纸本 | 70.5×69cm | 2,495,840 | 香港佳士得 | 2015-11-29 |
| 吴冠中 松 镜心 设色纸本 | 45.7×64cm | 2,433,120 | 香港苏富比 | 2015-10-06 |
| 吴冠中 1992 年作 万紫千红 镜心 设色纸本 | 69×69cm | 2,388,720 | 香港苏富比 | 2015-04-06 |
| 吴冠中 桦林群鹅 镜心 设色纸本 | 69×60cm | 2,241,438 | 纽约苏富比 | 2015-03-19 |
| 吴冠中 松云晓日 镜心 设色纸本 | 68×138cm | 2,185,000 | 广东崇正 | 2015-06-19 |
| 吴冠中 1977 年作 井冈山主峰 镜心 水墨纸本 | 69×66cm | 2,001,360 | 香港苏富比 | 2015-04-06 |
| 吴湖帆 癸未 1943 年作 翠岚居隐 立轴 设色纸本 | 108.5×53cm | 15,525,000 | 北京诚轩 | 2015-05-18 |
| 吴湖帆 1935 年作 仿赵氏一门《三马图》手卷 设色纸本 | 引首 31×67cm；本幅 31×65.5cm×3 | 14,950,000 | 北京保利 | 2015-12-06 |
| 吴湖帆 1955 年作 危石青松 立轴 设色纸本 | 79×40cm | 7,245,000 | 上海工美 | 2015-06-28 |
| 吴湖帆 丙子 1936 年作 万壑松风 镜心 水墨纸本 | 95×50cm | 7,130,000 | 北京诚轩 | 2015-11-13 |
| 吴湖帆 乙巳 1965 年作 花木四屏 立轴 设色纸本 | 57×29cm×4 | 5,750,000 | 上海朵云轩 | 2015-06-18 |
| 吴湖帆 戊寅 1938 年作 梅雨初晴 镜心 设色纸本 | 130.5×66cm | 5,520,000 | 上海朵云轩 | 2015-12-16 |
| 吴湖帆 1934 年作 海天落日图 镜心 设色纸本 | 98×39cm | 4,140,000 | 北京保利 | 2015-06-05 |
| 吴湖帆 1958 年作 东亭并蒂莲 镜心 | 54×79cm | 3,335,000 | 上海工美 | 2015-06-28 |
| 吴湖帆 瑶岛林景图 立轴 设色纸本 | 91.5×47.5cm | 2,723,400 | 香港佳士得 | 2015-06-02 |
| 吴湖帆 1930 年作 层岩积翠 镜心 纸本 | 92×34cm | 2,530,000 | 北京匡时 | 2015-12-04 |
| 吴湖帆 1949 年作 桑竹春蚕图 立轴 设色纸本 | 95.5×51.5cm | 2,530,000 | 上海明轩 | 2015-06-21 |
| 吴湖帆 1950 年作 仿古（四帧）镜心 设色纸本 | 42×30cm×4 | 2,300,000 | 北京翰海 | 2015-06-26 |
| 吴一峰 1954 年作 岷江胜概 手卷 设色纸本 | 17×82cm | 19,550,000 | 北京保利 | 2015-06-05 |
| 吴一峰 1979 年作 峨岭祥云 立轴 设色绢本 | 146×54cm | 2,300,000 | 北京保利 | 2015-06-05 |
| 吴作人 1975 年作 雄鹰图 立轴 纸本 | 134×69.5cm | 3,105,000 | 北京匡时 | 2015-06-06 |
| 谢稚柳 1960 年作 柳岸双骏图 立轴 设色纸本 | 102×68.5cm | 11,500,000 | 上海明轩 | 2015-06-21 |
| 谢稚柳 山村飞瀑 立轴 设色纸本 | 113×66cm | 10,465,000 | 上海工美 | 2015-06-28 |
| 谢稚柳、陈佩秋 1982 年作 山水清音图（十二开）册页 设色纸本 | 43×32.5cm×12 | 10,350,000 | 上海明轩 | 2015-06-21 |
| 谢稚柳 1946 年作 秋山吟侣 立轴 设色纸本 | 148×79.5cm | 8,740,000 | 北京翰海 | 2015-06-26 |
| 谢稚柳 柳瀑青山 立轴 设色纸本 | 109.4×58.3cm | 5,944,040 | 香港佳士得 | 2015-12-01 |
| 谢稚柳 海棠山鹩图 立轴 设色纸本 | 74×36.5cm | 5,520,000 | 广州华艺 | 2015-05-24 |
| 谢稚柳 山溪清胜图 镜心 纸本 | 引首 41×106cm；本幅 40.5×96cm；题跋 41×206cm | 4,945,000 | 北京匡时 | 2015-12-04 |
| 谢稚柳 1947 年作 红叶竹禽 立轴 设色纸本 | 83×48cm | 4,600,000 | 广州华艺 | 2015-12-20 |
| 谢稚柳 红衣画眉 镜心 设色纸本 | 57.5×33cm | 4,370,000 | 上海嘉禾 | 2015-05-08 |
| 谢稚柳、陆俨少、林风眠、黄胄等 合作册页（二十七开）设色纸本 | 30×41.9cm×27 | 4,163,565 | 纽约佳士得 | 2015-03-18 |
| 谢稚柳 壬午 1942 年作 花鸟册 册页 设色纸本 | 画 20.7×21cm×1 书法 20.7×21cm×14 | 3,795,000 | 上海嘉禾 | 2015-05-08 |
| 谢稚柳、陈佩秋 甲辰 1964 年作 竹树红鸟 镜心 设色纸本 | 34.5×88cm | 3,565,000 | 中国嘉德 | 2015-11-15 |
| 谢稚柳 1971 年作 莲塘图 立轴 设色纸本 | 141.8×108cm | 3,518,160 | 香港苏富比 | 2015-10-06 |
| 谢稚柳 唐人笔意仕女图 立轴 设色纸本 | 63.8×28.6cm | 3,481,040 | 香港佳士得 | 2015-12-01 |
| 谢稚柳 丁亥 1947 年作 人马图 镜心 设色纸本 | 83.5×42cm | 3,335,000 | 中国嘉德 | 2015-05-17 |
| 谢稚柳 癸未 1943 年作 执扇仕女 立轴 设色纸本 | 画心 101×52.5cm；诗堂 33.5×52.5cm | 3,335,000 | 上海嘉禾 | 2015-12-13 |
| 谢稚柳 1943 年作 林和靖赏梅图 立轴 设色绢本 | 151×51cm | 3,220,000 | 北京保利 | 2015-06-04 |
| 谢稚柳 1947 年作 东坡居士 立轴 水墨纸本 | 103.5×49cm | 3,220,000 | 广州华艺 | 2015-12-20 |
| 谢稚柳 丙申 1956 年作 门外野风开白莲 镜心 水墨纸本 | 127×83.5cm | 3,220,000 | 上海嘉禾 | 2015-12-13 |
| 谢稚柳 1956 年作 山茶幽禽 立轴 设色纸本 | 104×39cm | 2,760,000 | 上海嘉禾 | 2015-05-08 |
| 谢稚柳、陈佩秋 松鹤遐龄・行书四言联 立轴 设色纸本 | 画 135×67cm；对联 129×22.5cm×2 | 2,645,000 | 荣宝斋（济南） | 2015-11-21 |
| 谢稚柳 1949 年作 翠篁灵禽 立轴 设色纸本 | 91×42cm | 2,472,500 | 北京匡时 | 2015-06-06 |
| 谢稚柳 丙戌 1946 年作 读书秋树根 立轴 设色纸本 | 82.5×41cm | 2,357,500 | 上海嘉禾 | 2015-05-08 |
| 谢稚柳 1989 年作 拟宋元山水册（十一开）册页 水墨泥金纸本 | 32.5×26.5cm×11 | 2,300,000 | 西泠印社 | 2015-07-05 |
| 谢稚柳 丛山飞瀑 手卷 设色纸本 | 引首 21.5×81.5cm；画心 21.5×141cm | 2,300,000 | 上海工美 | 2015-06-28 |
| 谢稚柳 丁卯 1987 年作 江乡晴色图 立轴 设色纸本 | 93×74.7cm | 2,300,000 | 上海嘉禾 | 2015-12-13 |
| 谢稚柳 霜树秋禽 镜心 设色纸本 | 91×47.5cm | 2,300,000 | 上海嘉禾 | 2015-12-13 |
| 虚谷 松菊延年 立轴 设色纸本 | 132×63cm | 2,990,000 | 北京保利 | 2015-06-04 |
| 徐悲鸿 1943 年作 奔马图 立轴 设色纸本 | 136×71cm | 66,240,000 | 北京传是 | 2015-06-06 |
| 徐悲鸿 1944 年作 落花人独立 立轴 设色绢本 | 107×40cm | 30,475,000 | 北京保利 | 2015-12-06 |
| 徐悲鸿 1944 年作 双鹫图 立轴 设色纸本 | 120×91cm | 24,318,360 | 香港佳士得 | 2015-06-02 |
| 徐悲鸿 1935 年作 醒狮图 镜心 设色纸本 | 112×81cm | 17,825,000 | 北京保利 | 2015-06-04 |
| 徐悲鸿 1937 年作 古柏双骏 镜心 设色纸本 | 128.5×76.3cm | 17,825,000 | 北京匡时 | 2015-12-04 |
| 徐悲鸿 辛巳 1941 年作 紫兰 立轴 设色纸本 | 74.5×41cm | 13,800,000 | 中国嘉德 | 2015-05-17 |
| 徐悲鸿 戊寅 1938 年作 钟馗 立轴 设色纸本 | 101×62cm | 12,650,000 | 中国嘉德 | 2015-11-15 |
| 徐悲鸿 奔马 立轴 设色纸本 | 85.5×57cm | 11,500,000 | 荣宝斋（上海） | 2015-12-30 |
| 徐悲鸿 双骏图 立轴 设色纸本 | 108×56cm | 11,270,000 | 荣宝斋（济南） | 2015-06-12 |
| 徐悲鸿 奔马 镜心 设色纸本 | 108×55cm | 10,350,000 | 荣宝斋（上海） | 2015-12-30 |
| 徐悲鸿 1939 年作 春风得意马蹄急 镜心 设色纸本 | 80×108cm | 10,350,000 | 广州华艺 | 2015-12-20 |
| 徐悲鸿 一马当先 立轴 设色纸本 | 105×53cm | 9,775,000 | 荣宝斋（上海） | 2015-12-30 |
| 徐悲鸿 1937 年作 战马 镜心 设色纸本 | 102×67cm | 7,820,000 | 上海嘉禾 | 2015-12-13 |
| 徐悲鸿 1944 年作 雄鸡 镜心 设色纸本 | 92×61cm | 7,590,000 | 广州华艺 | 2015-05-24 |
| 徐悲鸿 1943 年作 日暮倚修竹 立轴 设色纸本 | 148×42cm | 7,475,000 | 北京保利 | 2015-06-04 |
| 徐悲鸿 1944 年作 寒山拾得 镜心 设色纸本 | 100×58cm | 7,360,000 | 北京保利 | 2015-06-04 |

| 拍品名称 | 尺寸 | 成交价 RMB | 拍卖公司 | 拍卖时间 |
|---|---|---|---|---|
| 徐悲鸿 1945 年作 奔马 立轴 水墨纸本 | 105×60cm | 6,900,000 | 中国嘉德 | 2015-11-15 |
| 徐悲鸿 1941 年作 立马图 镜心 设色纸本 | 135×65cm | 6,670,000 | 北京保利 | 2015-06-05 |
| 徐悲鸿 1934 年作 授砚图 立轴 设色纸本 | 35.5×53cm | 6,568,200 | 香港佳士得 | 2015-06-02 |
| 徐悲鸿 1941 年作 雄风,独 立 镜心 设色纸本 | 96×87.8cm | 6,325,000 | 北京诚轩 | 2015-11-13 |
| 徐悲鸿 1937 年作 巴人汲 水 立轴 设色纸本 | 88×50cm | 5,865,000 | 北京保利 | 2015-12-06 |
| 徐悲鸿 1917 年作 双虎图 镜心 设色绢本 | 130.5×85cm | 5,635,000 | 西泠印社 | 2015-12-26 |
| 徐悲鸿 1931 年作 双鹅图 立轴 设色纸本 | 81×47cm | 5,528,772 | 保利香港 | 2015-10-05 |
| 徐悲鸿 1937 年作 怅望 镜心 设色纸本 | 102×63cm | 5,520,000 | 北京保利 | 2015-06-04 |
| 徐悲鸿 1944/1937 年作 食草图·行书四言联 (一堂) 镜心 设色纸本 | 绘画 80×44cm; 对联 104×30cm×2 | 5,175,000 | 北京保利 | 2015-06-05 |
| 徐悲鸿 1936 年作 三吉图 镜心 设色纸本 | 76×50cm | 4,830,000 | 北京保利 | 2015-06-05 |
| 徐悲鸿 1948 年作 迥立向 苍苍 镜心 设色纸本 | 109×53.5cm | 4,603,200 | 香港苏富比 | 2015-10-06 |
| 徐悲鸿 1948 年作 奔马图 立轴 水墨纸本 | 108×54cm | 4,600,000 | 北京保利 | 2015-06-05 |
| 徐悲鸿 1938 年作 大吉图 立轴 设色纸本 | 108×34.5cm | 4,370,000 | 西泠印社 | 2015-07-05 |
| 徐悲鸿 1939 年作 狸猫图 立轴 设色纸本 | 诗堂 38.5×18.5cm; 画心 68×38.5cm | 4,255,000 | 西泠印社 | 2015-07-05 |
| 徐悲鸿 1935 年作 雄鹰 立轴 纸本 | 130×77cm | 4,140,000 | 北京匡时 | 2015-06-06 |
| 徐悲鸿 戊子 1948 年作 万里 可横行 镜心 水墨纸本 | 65.5×96cm | 4,025,000 | 北京华辰 | 2015-05-15 |
| 徐悲鸿 1944 年作 天马图 立轴 设色纸本 | 68.5×48cm | 3,910,000 | 西泠印社 | 2015-12-26 |
| 徐悲鸿 1950 年作 奔马 镜 心 设色纸本 | 82×117cm | 3,910,000 | 北京翰海 | 2015-11-27 |
| 徐悲鸿 1935 年作 英雄独 立 立轴 纸本 | 133×66cm | 3,795,000 | 北京匡时 | 2015-12-04 |
| 徐悲鸿 1947 年作 奔马图 立轴 水墨纸本 | 103×54cm | 3,680,000 | 北京保利 | 2015-06-04 |
| 徐悲鸿 壬午 1942 年作 立 马 立轴 水墨纸本 | 90.5×60cm | 3,680,000 | 广东崇正 | 2015-12-18 |
| 徐悲鸿 1938 年作 一马当 先 镜心 水墨纸本 | 51.5×77.5cm | 3,565,000 | 广州华艺 | 2015-05-24 |
| 徐悲鸿 1938 年作 黄岳风 雨图 镜心 设色纸本 | 111×61cm | 3,450,000 | 西泠印社 | 2015-12-26 |
| 徐悲鸿 鱼鹰图 镜心 设色 纸本 | 95×43cm | 3,450,000 | 北京保利 | 2015-12-06 |
| 徐悲鸿 憩 镜心 设色纸本 | 74.5×45cm | 3,450,000 | 荣宝斋 (上海) | 2015-12-30 |
| 徐悲鸿 1946 年作 松 镜心 设色纸本 | 137×68cm | 3,360,000 | 北京荣宝 | 2015-11-29 |
| 徐悲鸿 寒雀图 镜心 设色 纸本 | 48×44cm | 3,335,000 | 中贸圣佳 | 2015-05-19 |
| 徐悲鸿 1942 年作 行书五 言联 对联 纸本 | 130×31.5cm×2 | 3,220,000 | 西泠印社 | 2015-07-05 |
| 徐悲鸿 1942 年作 柳荫立 马 立轴 设色纸本 | 105×34cm | 2,875,000 | 北京保利 | 2015-06-05 |
| 徐悲鸿 1943 年作 饮水思 源 立轴 设色纸本 | 82×48cm | 2,875,000 | 北京保利 | 2015-06-05 |
| 徐悲鸿 竹石双清 镜心 设 色纸本 | 113×48cm | 2,875,000 | 广州华艺 | 2015-05-24 |
| 徐悲鸿 红梅幽竹 立轴 设 色纸本 | 138×66cm | 2,856,780 | 保利香港 | 2015-04-07 |
| 徐悲鸿 书法 "乐天斋" 镜 心 纸本 | 30×88cm | 2,645,000 | 上海嘉禾 | 2015-05-08 |
| 徐悲鸿 1947 年作 天马行 空 立轴 设色纸本 | 66.2×38.3cm | 2,531,760 | 香港苏富比 | 2015-10-06 |
| 徐悲鸿 庚午 1930 年作 岭 上雄风 立轴 设色纸本 | 91×58cm | 2,530,000 | 上海朵云轩 | 2015-06-18 |
| 徐悲鸿 癸未 1943 年作 猫 立轴 纸本 | 75×31cm | 2,472,500 | 中国嘉德 | 2015-05-17 |
| 徐悲鸿 1939 年作 奔马 镜 心 设色纸本 | 102×86.5cm | 2,338,920 | 香港佳士得 | 2015-06-02 |
| 徐悲鸿 1938 年作 大吉图 镜心 设色纸本 | 123×38cm | 2,300,000 | 北京保利 | 2015-06-05 |
| 徐悲鸿 1939 年作 奔马 镜 心 设色纸本 | 104×73cm | 2,300,000 | 上海工美 | 2015-06-28 |
| 徐悲鸿 1941 年作 芦雁图 立轴 水墨纸本 | 113×55cm | 2,300,000 | 北京保利 | 2015-12-06 |
| 徐悲鸿 1942 年作 行书五 言联 立轴 纸本 | 136.5×32.5cm×2 | 2,242,500 | 北京匡时 | 2015-06-06 |

| 拍品名称 | 尺寸 | 成交价 RMB | 拍卖公司 | 拍卖时间 |
|---|---|---|---|---|
| 徐悲鸿 1938/1939 年作 立 马·行书五言联 镜心 设色 水墨纸本 | 对联 160×31.8cm×2; 中堂 78×38cm | 2,185,000 | 中国嘉德 | 2015-05-17 |
| 徐悲鸿 1943 年作 春风立 马 立轴 设色纸本 | 96×32.5cm | 2,185,000 | 广州华艺 | 2015-12-20 |
| 徐悲鸿 劲松 立轴 设色纸本 | 153×41.5cm | 2,185,000 | 荣宝斋 (济南) | 2015-11-21 |
| 许麟庐 1989 年作 花卉四 屏 镜心 设色纸本 | 69×45.5cm×4 | 2,300,000 | 北京保利 | 2015-06-04 |
| 亚明、魏紫熙 1973 年作 麦收时节 镜心 设色纸本 | 141×252cm | 3,565,000 | 北京匡时 | 2015-06-06 |
| 于非闇 戊子 1948 年作 五色 鹦鹉图 镜心 设色纸本 | 130×66cm | 6,095,000 | 中国嘉德 | 2015-05-17 |
| 于非闇 1945 年作 花鸟草 虫 手卷 设色纸本 | 26.5×462cm | 5,799,240 | 香港佳士得 | 2015-06-02 |
| 于非闇 1957 年作 四季花 图团扇 镜心 设色绢本 | 43.6×206.5cm | 5,549,960 | 香港佳士得 | 2015-12-01 |
| 于非闇 杏竹雪羽 镜心 设 色绢本 | 113×55cm | 5,060,000 | 北京匡时 | 2015-12-04 |
| 于非闇 1938 年作 伊洛传 芳 立轴 设色纸本 | 113.5×42.9cm | 4,712,880 | 香港苏富比 | 2015-04-06 |
| 于非闇 玉堂富贵 镜心 设 色金绢 | 154×56cm | 4,600,000 | 中国嘉德 | 2015-11-15 |
| 于非闇 甲申 1944 年作 白 牡丹 立轴 设色纸本 | 102×52cm | 4,370,000 | 中国嘉德 | 2015-05-17 |
| 于非闇 戊戌 1958 年作 月 季花 镜心 设色纸本 | 67.5×33cm | 4,140,000 | 中国嘉德 | 2015-11-15 |
| 于非闇 1951 年作 和平鸽 立轴 设色纸本 | 77×48cm | 4,025,000 | 北京保利 | 2015-12-07 |
| 于非闇 1948 年作 牡丹 立 轴 设色纸本 | 99×34cm | 3,680,000 | 广州华艺 | 2015-12-20 |
| 于非闇 1945 年作 喜上眉 梢 立轴 | 95×45cm | 3,332,910 | 保利香港 | 2015-04-07 |
| 于非闇 宜春有喜 立轴 设 色纸本 | 128×48cm | 2,990,000 | 中国嘉德 | 2015-05-17 |
| 于非闇 1947 年作 御苑牡 丹 立轴 纸本 | 68×34cm | 2,530,000 | 北京匡时 | 2015-10-16 |
| 于非闇 丁亥 1947 年作 五 色鹦鹉 立轴 设色纸本 | 106×57cm | 2,357,500 | 北京诚轩 | 2015-11-13 |
| 于右任 行书五言联 立轴 水墨洒金笺 | 158×36cm×2 | 3,220,000 | 中国嘉德 | 2015-11-15 |
| 张大千 拟宋人山寺图 镜 心 设色绢本 | 136×75cm | 55,200,000 | 上海嘉禾 | 2015-12-13 |
| 张大千 1950 年作 拟唐人秋 郊揽辔图 镜心 设色纸本 | 100.2×54.3cm | 41,286,120 | 香港苏富比 | 2015-04-06 |
| 张大千 1978 年作 云泉古 寺 镜心 设色纸本 | 70.9×138.5cm | 35,863,080 | 香港苏富比 | 2015-04-06 |
| 张大千 人物山水 (二十八 屏) 镜心 设色纸本 | 95×42cm×28 | 31,050,000 | 北京保利 | 2015-06-04 |
| 张大千 1973 年作 云山依 水 镜心 设色纸本 | 69×241cm | 28,750,000 | 北京保利 | 2015-12-06 |
| 张大千 丙子 1936 年作 天 女拈花图 立轴 设色纸本 | 144×65.5cm | 23,000,000 | 广州华艺 | 2015-12-20 |
| 张大千 1969 年作 云山居 隐 镜心 设色绢本 | 72×102.7cm | 22,524,120 | 香港佳士得 | 2015-06-02 |
| 张大千 1973 年作 风荷 镜 心 设色纸本 | 65.8×209.3cm | 20,286,960 | 香港苏富比 | 2015-10-06 |
| 张大千 羲之换鹅图 立轴 设色纸本 | 172.5×75cm | 19,550,000 | 中国嘉德 | 2015-05-17 |
| 张大千 1965 年作 翠盖云 裳香满塘 镜心 设色纸本 | 91.2×160.5cm | 19,432,560 | 香港苏富比 | 2015-04-06 |
| 张大千 临王蒙《夏山高隐 图》立轴 设色纸本 | 158×71cm | 18,400,000 | 上海道明 | 2015-12-16 |
| 张大千 1979 年作 荷塘 镜 心 设色纸本 | 90×178cm | 18,314,160 | 香港苏富比 | 2015-10-06 |
| 张大千 丁丑 1937 年作 陶 圃松菊图 立轴 设色纸本 | 165×64.5cm | 17,250,000 | 中国嘉德 | 2015-05-17 |
| 张大千 幽荷清漪 镜心 设 色纸本 | 95×179.5cm | 16,692,840 | 香港佳士得 | 2015-06-02 |
| 张大千 1942 年作 琵琶行 诗意图 镜心 设色绢本 | 124.5×69cm | 15,870,000 | 北京匡时 | 2015-06-06 |
| 张大千 甲申 1944 年作 赤 莲供养观音大士图 立轴 设色纸本 | 73×45.5cm | 14,950,000 | 上海嘉禾 | 2015-12-13 |
| 张大千 戊子 1948 年作 拟 石溪溪山留客图 镜心 设 色纸本 | 134×66cm | 13,920,750 | 中国嘉德 | 2015-04-07 |
| 张大千 辛巳 1941 年作 前 后赤壁 立轴 设色纸本 | 128×51.5cm×2 | 13,800,000 | 中国嘉德 | 2015-11-15 |
| 张大千 1947 年作 李德裕 见客图 镜心 设色纸本 | 33.5×95.5cm | 13,800,000 | 北京保利 | 2015-06-05 |
| 张大千 1947 年作 溪山高 隐图 立轴 设色纸本 | 137×60cm | 13,800,000 | 北京匡时 | 2015-12-04 |

| 拍品名称 | 尺寸 | 成交价 RMB | 拍卖公司 | 拍卖时间 |
|---|---|---|---|---|
| 张大千 1973 年作 秋山晓色 镜心 泼彩金纸卡 | 51.7×39.7cm | 10,716,960 | 香港苏富比 | 2015-04-06 |
| 张大千 庚辰 1940 年作 茶花蝴蝶 镜心 设色纸本 | 87.5×38.5cm | 10,350,000 | 中国嘉德 | 2015-05-17 |
| 张大千 甲申 1944 年作 持莲仕女 立轴 设色纸本 | 111.5×49.5cm | 10,350,000 | 中国嘉德 | 2015-05-17 |
| 张大千 1945 年作 果洛番女礼佛图 立轴 设色纸本 | 111×68cm | 9,775,000 | 北京匡时 | 2015-12-04 |
| 张大千 仿石涛山水（八开）册页 设色纸本 | 74×47cm×8 | 9,660,000 | 北京保利 | 2015-06-04 |
| 张大千 辛巳 1941 年作 青山探幽图 立轴 设色纸本 | 124×61.5cm | 9,085,000 | 广州华艺 | 2015-12-20 |
| 张大千 丙戌 1946 年作 仿董源《松泉图》镜心 设色纸本 | 121×48cm | 8,625,000 | 中国嘉德 | 2015-05-17 |
| 张大千 1947 年作 仿王蒙春山读书图 手卷 设色纸本 | 119.7×58.3cm | 8,407,040 | 香港佳士得 | 2015-12-01 |
| 张大千 溪山深处图卷 手卷 设色纸本 | 28.3×173cm | 8,295,960 | 香港苏富比 | 2015-04-06 |
| 张大千 1946 年作 杖经图 镜心 设色纸本 | 76×39.4cm | 7,914,440 | 香港佳士得 | 2015-12-01 |
| 张大千 1965 年作 野水春云 立轴 设色纸本 | 117.5×66.7cm | 7,956,960 | 香港苏富比 | 2015-10-06 |
| 张大千 1932 年作 黄山青龙潭 立轴 设色纸本 | 249×125cm | 7,713,306 | 保利香港 | 2015-04-07 |
| 张大千 1968 年作 横贯公路、书法（两幅）立轴 设色水墨纸本 | 135×69.3cm×2 | 6,929,240 | 香港佳士得 | 2015-12-01 |
| 张大千 1976 年作 浮峦暖翠 镜心 设色纸本 | 64×134.5cm | 6,929,240 | 香港佳士得 | 2015-12-01 |
| 张大千 泼彩山水 镜心 设色泥金 | 98×51cm | 6,900,000 | 北京保利 | 2015-06-04 |
| 张大千 蜀山行旅 立轴 设色纸本 | 105×40.5cm | 6,900,000 | 荣宝斋(济南) | 2015-06-12 |
| 张大千 1963 年作 仿王蒙《青卞隐居图》立轴 设色纸本 | 116×50cm | 6,789,720 | 保利香港 | 2015-10-05 |
| 张大千 1953 年作 秋江钓艇 立轴 设色纸本 | 106.5×52cm | 6,785,000 | 北京保利 | 2015-06-04 |
| 张大千 1947 年作 临王蒙《夏山隐居图》立轴 设色纸本 | 116×63cm | 6,210,000 | 北京保利 | 2015-06-04 |
| 张大千 1949 年作 松堂读书 立轴 设色纸本 | 114×47cm | 5,980,000 | 北京保利 | 2015-06-05 |
| 张大千 1947 年作 松壑茅亭图 立轴 设色纸本 | 133×65cm | 5,865,000 | 北京保利 | 2015-06-04 |
| 张大千 1944 年作 春色入帘中 镜心 设色纸本 | 39×69.5cm | 5,799,240 | 香港佳士得 | 2015-06-02 |
| 张大千 云间古寺 镜心 设色纸本 | 52.5×45cm | 5,799,240 | 香港佳士得 | 2015-06-02 |
| 张大千 1979 年作 江村滴翠 镜心 设色纸本 | 62×112.5cm | 5,750,000 | 北京诚轩 | 2015-11-13 |
| 张大千 东山丝竹 立轴 设色纸本 | 185×95cm | 5,750,000 | 广州华艺 | 2015-12-20 |
| 张大千 1980 年作 泼彩山水 镜心 设色纸本 | 35×69.5cm | 5,635,000 | 上海明轩 | 2015-06-21 |
| 张大千 松桐蕉梅（四屏）立轴 设色纸本 | 150×40cm×4 | 5,635,000 | 中贸圣佳 | 2015-11-22 |
| 张大千 1967 年作 烟云放棹 镜心 设色绢本 | 82.5×77cm | 5,451,440 | 香港佳士得 | 2015-12-01 |
| 张大千 1962 年作 墨荷 镜心 水墨纸本 | 179×88.5cm | 5,451,440 | 香港佳士得 | 2015-12-01 |
| 张大千 1973 年作 富春泛舟图 镜心 设色纸本 | 116.5×45cm | 5,232,500 | 西泠印社 | 2015-12-26 |
| 张大千 泼彩山水 镜心 设色纸本 | 44×59cm | 5,290,000 | 中贸圣佳 | 2015-05-19 |
| 张大千 庚辰 1940 年作 味江山水 立轴 设色纸本 | 92.5×40cm | 5,175,000 | 中国嘉德 | 2015-05-17 |
| 张大千 庚辰 1540 年作 西秦第一关 立轴 设色纸本 | 130×65.5cm | 5,175,000 | 广州华艺 | 2015-12-20 |
| 张大千 1980 年作 红荷 立轴 设色纸本 | 138.5×69.5cm | 4,945,000 | 广州华艺 | 2015-05-24 |
| 张大千 戊寅 1938 年作 观音大士 立轴 设色纸本 | 92.5×48cm | 4,830,000 | 中国嘉德 | 2015-05-17 |
| 张大千 1974 年作 红荷图 镜心 设色纸本 | 69×136cm | 4,830,000 | 广州华艺 | 2015-12-20 |
| 张大千 望山怀乡 镜心 纸本 | 135×69cm | 4,600,000 | 中国嘉德 | 2015-06-27 |
| 张大千 戊寅 1938 年作 芭蕉仕女 镜心 设色纸本 | 112.5×56cm | 4,600,000 | 中国嘉德 | 2015-05-17 |
| 张大千 1945 年作 簪花图 立轴 | 117.5×43.5cm | 4,600,000 | 北京匡时 | 2015-12-04 |
| 张大千 1974 年作 粉荷 立轴 设色纸本 | 146.2×67.8cm | 4,466,240 | 香港佳士得 | 2015-12-01 |

| 拍品名称 | 尺寸 | 成交价 RMB | 拍卖公司 | 拍卖时间 |
|---|---|---|---|---|
| 张大千 1963 年作 高江急峡苍藤垂 镜心 泼墨泼彩纸本 | 97.8×62.1cm | 4,422,360 | 香港苏富比 | 2015-04-06 |
| 张大千 1946 年作 无量寿佛 立轴 设色纸本 | 97×49cm | 4,357,440 | 香港佳士得 | 2015-06-02 |
| 张大千 癸卯 1963 年作 祝寿图 立轴 设色纸本 | 125×56cm | 4,255,000 | 广州华艺 | 2015-12-20 |
| 张大千 乙酉 1945 年作 松风琴韵图 立轴 设色纸本 | 116.5×67cm | 4,255,000 | 广州华艺 | 2015-12-20 |
| 张大千 雪山玉立 立轴 设色纸本 | 59×82cm | 4,170,680 | 香港佳士得 | 2015-12-01 |
| 张大千 1947 年作 钱塘晚潮 镜心 设色纸本 | 32×95cm | 4,140,000 | 北京保利 | 2015-12-06 |
| 张大千 己丑 1949 年作 濯缨沧浪图·行书《匡山读书处》诗 成扇 设色纸本 | 29.5×69cm | 4,140,000 | 上海道明 | 2015-05-09 |
| 张大千 1969 年作 白莲图 立轴 设色纸本 | 132×66.5cm | 4,025,000 | 广东崇正 | 2015-06-19 |
| 张大千 辛丑 1961 年作 二老游山 立轴 设色纸本 | 139×80cm | 4,025,000 | 广州华艺 | 2015-12-20 |
| 张大千 1973 年作 荷花 镜心 设色纸本 | 57.8×91cm | 3,973,640 | 香港佳士得 | 2015-12-01 |
| 张大千 1963 年作 秋山秋水 立轴 设色纸本 | 127×66cm | 3,910,000 | 北京保利 | 2015-06-05 |
| 张大千 癸卯 1973 年作 泼彩山水 镜心 设色纸本 | 57×90cm | 3,910,000 | 广州华艺 | 2015-12-20 |
| 张大千 1943 年作 纨扇仕女 立轴 设色绢本 | 98×54cm | 3,910,000 | 北京保利 | 2015-06-05 |
| 张大千 甲戌 1934 年作 白鹤峰观 立轴 设色纸本 | 118×46.5cm | 3,910,000 | 上海嘉禾 | 2015-12-13 |
| 张大千 1973 年作 振衣千仞岗 镜心 泼墨泼彩纸本 | 44.3×59.7cm | 3,715,440 | 香港苏富比 | 2015-10-06 |
| 张大千 1940 年作 无量寿佛 立轴 设色纸本 | 104×53cm | 3,680,000 | 北京保利 | 2015-06-05 |
| 张大千、许友梅、洪浩、黄元助胡江培江南小景·书法（四屏）立轴 设色 水墨纸本 | 画 129×49.5cm 书 105.5×32.5cm ×4 | 3,680,000 | 荣宝斋(上海) | 2015-12-30 |
| 张大千 1973 年作 湖村 镜心 泼墨泼彩纸卡 | 44×51.5cm | 3,616,800 | 香港苏富比 | 2015-10-06 |
| 张大千 1979 年作 翠峰黛色 镜心 泼墨泼彩纸本 | 44×73.3cm | 3,518,160 | 香港苏富比 | 2015-10-06 |
| 张大千 泼墨荷花 立轴 设色纸本 | 121.5×67.5cm | 3,450,000 | 广东崇正 | 2015-06-19 |
| 张大千 1941 年作 高士图 立轴 设色纸本 | 132×58cm | 3,450,000 | 上海明轩 | 2015-06-21 |
| 张大千 1934 年作 仿唐六如仕女 立轴 设色纸本 | 113×58cm | 3,450,000 | 北京保利 | 2015-06-05 |
| 张大千 1945 年作 双寿图 镜心 设色纸本 | 110×48cm | 3,450,000 | 北京保利 | 2015-12-07 |
| 张大千 1945 年作 天台观瀑 立轴 设色纸本 | 98.5×42.5cm | 3,450,000 | 北京保利 | 2015-12-07 |
| 张大千 丙戌 1946 年作 松下高士图 立轴 设色纸本 | 130×66cm | 3,450,000 | 中国嘉德 | 2015-05-16 |
| 张大千 1944 年作 观音造像 镜心 设色纸本 | 109×47cm | 3,450,000 | 北京保利 | 2015-12-06 |
| 张大千 1960 年作 策杖高士 镜心 水墨纸本 | 142×69cm | 3,450,000 | 北京保利 | 2015-12-07 |
| 张大千 甲申 1944 年作 听泉图 立轴 设色纸本 | 163×24cm | 3,450,000 | 中国嘉德 | 2015-05-17 |
| 张大千 丁亥 1947 年作 春山觅句图 立轴 设色纸本 | 76×29.5cm | 3,335,000 | 广州华艺 | 2015-12-20 |
| 张大千 1981 年作 花鸟（四帧） | 83.5×46cm×4 | 3,277,500 | 西泠印社 | 2015-07-05 |
| 张大千 1947 年作 林泉论道图 立轴 纸本 | 132×66cm | 3,220,000 | 北京匡时 | 2015-12-04 |
| 张大千 壬寅 1962 年作 层峦泛舟 镜心 设色纸本 | 134×68cm | 3,220,000 | 广州华艺 | 2015-12-20 |
| 张大千 1934 年作 秋梧高士图 立轴 设色纸本 | 176×78cm | 3,220,000 | 北京保利 | 2015-06-05 |
| 张大千 1972 年作 赠王天循书画卷 手卷 设色纸本 | 30×593.5cm | 3,220,000 | 西泠印社 | 2015-12-26 |
| 张大千、溥儒 甲戌 1934 年作 新安江纪游·节临《书谱》成扇 设色 水墨纸本 | 27.5×78cm | 3,220,000 | 中国嘉德 | 2015-11-15 |
| 张大千 庚子 1960 年作 翠屏曲 | 118×65cm | 3,220,000 | 中国嘉德 | 2015-05-16 |
| 张大千、商衍瀛 1946 年作 溪山访友·楷书 成扇 设色纸本 | 19×50cm | 3,220,000 | 北京保利 | 2015-12-06 |
| 张大千 1972 年作 危峦耸秀 镜心 设色纸本 | 44.5×52cm | 3,185,480 | 香港佳士得 | 2015-12-01 |
| 张大千 1946 年作 玉佩摇光翠 立轴 设色纸本 | 115×45cm | 3,162,500 | 上海明轩 | 2015-06-21 |

| 拍品名称 | 尺寸 | 成交价 RMB | 拍卖公司 | 拍卖时间 |
|---|---|---|---|---|
| 张大千 1965 年作 秋山萧寺 镜心 泼墨泼彩金纸卡 | 59×44.5cm | 3,158,854 | 邦瀚斯 | 2015-06-23 |
| 张大千 牡丹 纸板镜心 设色金笺 | 29.8×68cm | 3,107,880 | 香港佳士得 | 2015-06-02 |
| 张大千 桃梢双侣 立轴 纸本 | 123×65cm | 3,105,000 | 北京匡时 | 2015-06-06 |
| 张大千 1946 年作 策杖高士图 立轴 纸本 | 105×41cm | 3,105,000 | 北京匡时 | 2015-06-06 |
| 张大千 1944 年作 纨秋风 镜心 设色洒金笺 | 94.2×27.3cm | 3,024,960 | 香港苏富比 | 2015-10-06 |
| 张大千 1972 年作 云天楼阁图 镜心 设色纸本 | 101.5×41.3cm | 3,009,910 | 邦瀚斯 | 2015-06-23 |
| 张大千 1937 年作 仿王蒙山读书图 立轴设色纸本 | 123×58cm | 2,990,000 | 北京保利 | 2015-06-05 |
| 张大千 湖山清夏 镜心 纸本 | 35×100cm | 2,990,000 | 北京匡时 | 2015-12-04 |
| 张大千 1970 年作 春山闲居 立轴 设色金笺 | 53×40.8cm | 2,988,440 | 香港佳士得 | 2015-12-01 |
| 张大千 庚申 1980 年作 幽谷图 镜心 设色纸本 | 160×49cm | 2,969,760 | 中国嘉德 | 2015-04-07 |
| 张大千 癸卯 1963 年作 流水疏林 镜心 设色纸本 | 98×62cm | 2,875,000 | 广州华艺 | 2015-12-20 |
| 张大千 1942 年作 刘讦游山图 立轴 纸本 | 142×78cm | 2,875,000 | 广东崇正 | 2015-06-19 |
| 张大千 1968 年作 烟江霞色 镜心 设色金笺纸本 | 83×95.3cm | 2,856,780 | 保利香港 | 2015-04-07 |
| 张大千 1965 年作 空山隐居 镜心 泼墨泼彩金纸卡 | 35.3×41.1cm | 2,776,030 | 香港苏富比 | 2015-04-06 |
| 张大千 1953 年作 拟宋徽宗竹禽图 立轴 纸本 | 104×42.5cm | 2,645,000 | 西泠印社 | 2015-12-26 |
| 张大千 1948 年作 高士独钓图 立轴设色纸本 | 102×50.5cm | 2,645,000 | 西泠印社 | 2015-12-26 |
| 张大千 1967 年作 风荷 立轴 设色纸本 | 128×65cm | 2,645,000 | 北京保利 | 2015-12-07 |
| 张大千 1949 年作 濠江诸胜 立轴 设色纸本 | 79.5×39.8cm | 2,582,400 | 香港苏富比 | 2015-04-06 |
| 张大千 甲戌 1934 年作 风荷 立轴设色纸本 | 144.5×66cm | 2,357,500 | 中国嘉德 | 2015-05-17 |
| 张大千 1935 年作 仿石溪山山迎客图 立轴 设色纸本 | 103×56cm | 2,530,000 | 北京保利 | 2015-06-04 |
| 张大千 1963 年作 摩洁山园图 立轴设色纸本 | 134×54.5cm | 2,530,000 | 西泠印社 | 2015-12-26 |
| 张大千 丙戌 1946 年作 林壑萧散图·行书 成扇 设色水墨纸本 | 20×51.5cm | 2,530,000 | 中国嘉德 | 2015-05-17 |
| 张大千 丁亥 1947 年作 渔隐图 立轴设色纸本 | 109.8×50.2cm | 2,530,000 | 北京诚轩 | 2015-11-13 |
| 张大千 1979 年作 五瑞图 镜心 设色纸本 | 114.5×60.5cm | 2,530,000 | 中国嘉德 | 2015-05-16 |
| 张大千 1977 年作 粉荷翠盖 立轴 设色纸本 | 62.5×121cm | 2,495,840 | 香港佳士得 | 2015-12-01 |
| 张大千 已亥 1959 年作 阿里山 立轴 设色纸本 | 132×67cm | 2,415,000 | 广东崇正 | 2015-12-18 |
| 张大千、于非闇 丁丑 1937 年作 登临远眺·白梅丹禽 成扇 设色金笺 | 18×50cm | 2,415,000 | 中国嘉德 | 2015-05-17 |
| 张大千 松下高士 镜心 设色纸本 | 130.5×55cm | 2,358,010 | 纽约苏富比 | 2015-09-17 |
| 张大千 甲戌 1934 年作 风荷 立轴设色纸本 | 144.5×66cm | 2,357,500 | 中国嘉德 | 2015-05-17 |
| 张大千 1945 年作 龙女礼佛图 立轴 水墨纸本 | 94×45cm | 2,300,000 | 北京保利 | 2015-12-06 |
| 张大千 1946 年作 林间对画图 镜心 设色纸本 | 122×55cm | 2,300,000 | 北京翰海 | 2015-11-27 |
| 张大千 丙戌 1946 年作 峨嵋神秀 镜心 设色纸本 | 94×54cm | 2,300,000 | 广东崇正 | 2015-12-18 |
| 张大千 仿石涛松水石桥图 镜心 设色纸本 | 132×51.5cm | 2,300,000 | 中国嘉德 | 2015-05-17 |
| 张大千 秋山岚翠 镜心 设色纸本 | 35.9×42cm | 2,300,000 | 荣宝斋（上海） | 2015-12-30 |
| 张大千 纨扇仕女 立轴 设色纸本 | 107×49cm | 2,300,000 | 中国嘉德 | 2015-05-16 |
| 张大千 1949 年作 溪亭高士图 立轴 设色纸本 | 103.5×49.5cm | 2,397,320 | 香港佳士得 | 2015-12-01 |
| 张大千 1973 年作 松下高士 镜心 设色纸本 | 70×137cm | 2,380,650 | 保利香港 | 2015-04-07 |
| 张大千 1962 年作 松崖仙寿 立轴设色纸本 | 125.5×70cm | 2,230,908 | 保利香港 | 2015-10-05 |
| 张大千 碧峰横岭 立轴 设色金笺 | 38.5×51.2cm | 2,200,280 | 香港佳士得 | 2015-12-01 |
| 张大千 丁未 1967 年作 秋山潭影 立轴设色纸本 | 95×49.5cm | 2,185,000 | 北京诚轩 | 2015-11-13 |
| 张大千 1976 年作 古木高士 立轴 设色纸本 | 137.5×70cm | 2,185,000 | 北京保利 | 2015-12-07 |

| 拍品名称 | 尺寸 | 成交价 RMB | 拍卖公司 | 拍卖时间 |
|---|---|---|---|---|
| 张大千 1929 年作 采菊东篱下 立轴 设色纸本 | 140.5×59.5cm | 2,127,500 | 保利香港 | 2015-04-07 |
| 张大千 1965 年作 溪山归棹 镜心 泼墨泼彩纸卡 | 35.3×41.1cm | 2,001,360 | 香港苏富比 | 2015-04-06 |
| 张大千 1982 年作 人参 镜心 设色纸本 | 69.8×34.2cm | 2,001,360 | 香港苏富比 | 2015-04-06 |
| 张善孖、徐世昌 松泉伴诗声·行书七言对联 立轴 设色纸本 水墨洒金笺 | 画 180×95.5cm；对联 198×45cm×2 | 2,530,000 | 荣宝斋（上海） | 2015-12-30 |
| 张书旂 1940 年作 春意盎然 立轴 设色纸本 | 66×132cm | 4,069,080 | 香港佳士得 | 2015-06-02 |
| 赵朴初 1977 年作 行书自作词三首 镜心 水墨纸本 | 23.5×83cm | 2,645,000 | 广东崇正 | 2015-06-18 |
| 赵少昂 1969 年作 柳荫白鹭 镜心 设色纸本 | 141.8×47.6cm | 2,001,360 | 香港苏富比 | 2015-04-06 |
| 赵望云 1944 年作 天山薄暮 镜心 设色纸本 | 164.5×92cm | 8,050,000 | 北京匡时 | 2015-06-06 |
| 郑孝胥 1922 年作 隶书十二言联 对联 纸本 | 249×44.5cm×2 | 3,450,000 | 西泠印社 | 2015-12-27 |

### 当代书画

| 拍品名称 | 尺寸 | 成交价 RMB | 拍卖公司 | 拍卖时间 |
|---|---|---|---|---|
| 晁海 卧牛 镜心 设色纸本 | 123×97cm | 3,680,000 | 北京保利 | 2015-06-04 |
| 崔如琢 2013 年作 葳蕤雪意江南 镜心 设色纸本 | 292×143cm×8 | 190,452,000 | 保利香港 | 2015-04-06 |
| 崔如琢 2013 年作 山水四屏 镜心 设色纸本 | 295×142cm×4 | 110,090,460 | 保利香港 | 2015-10-05 |
| 崔如琢 2011 年作 秋水一抹碧 浅霞几缕红 镜心 设色纸本 | 143×365cm | 28,750,000 | 北京保利 | 2015-12-06 |
| 崔如琢 2012 年作 花似玉雕 叶似烟 镜心 设色纸本 | 144×367cm | 26,450,000 | 北京翰海 | 2015-11-27 |
| 崔如琢 2014 年作 飞雪伴春 镜心 设色纸本 | 146×370cm | 25,300,000 | 中国嘉德 | 2015-11-16 |
| 崔如琢 2013 年作 秋韵 镜心 设色纸本 | 引首 44×95.5cm；画心 47×531cm | 11,500,000 | 北京翰海 | 2015-11-07 |
| 崔如琢 2010 年作 石洁竹青好父母 镜心 设色纸本 | 211×72cm | 9,699,600 | 保利香港 | 2015-10-05 |
| 崔如琢 2013 年作 雨意江南 三卷 设色纸本 | 引首 37.5×120cm；画心 46×527.5cm | 9,430,000 | 北京翰海 | 2015-11-07 |
| 崔如琢 2010 年作 红竹 镜心 设色纸本 | 211×72cm | 9,214,620 | 保利香港 | 2015-10-05 |
| 崔如琢 2011 年作 春雨鸣山渠 沉云度高木 镜心 设色纸本 | 270×96.5cm | 9,200,000 | 北京翰海 | 2015-11-07 |
| 崔如琢 2011 年作 万山一夜雪 飞石点银龙 镜心 设色纸本 | 271×97cm | 9,200,000 | 北京翰海 | 2015-11-07 |
| 崔如琢 2013 年作 浓春 手卷 设色纸本 | 引首 45×90cm；画心 47×534cm | 9,200,000 | 北京翰海 | 2015-11-07 |
| 崔如琢 2013 年作 雪溪丹枫 手卷 设色纸本 | 引首 37×120cm；画心 47×529cm | 9,200,000 | 北京翰海 | 2015-11-07 |
| 崔如琢 2010 年作 青藤不可瓦 镜心 设色纸本 | 211×72cm | 8,826,636 | 保利香港 | 2015-10-05 |
| 崔如琢 2009 年作 画比真荷大 镜心 设色纸本 | 211×72cm | 8,729,640 | 保利香港 | 2015-10-05 |
| 崔如琢 2011 年作 怪来诗思清入骨 镜心 设色纸本 | 270×97cm | 8,625,000 | 北京翰海 | 2015-11-07 |
| 崔如琢 2013 年作 夏晴 手卷 设色纸本 | 引首 45×95cm；画心 47×530cm | 8,280,000 | 北京翰海 | 2015-11-07 |
| 崔如琢 2011 年作 云开见山高 木落知风动 镜心 设色纸本 | 269×97cm | 8,280,000 | 北京翰海 | 2015-11-07 |
| 崔如琢 2012 年作 冷秋 镜心 设色纸本 | 70×346cm | 8,050,000 | 北京翰海 | 2015-11-07 |
| 崔如琢 2012 年作 黄叶漫山 雪拥门 镜心 设色纸本 | 75.5×144cm | 7,618,080 | 保利香港 | 2015-04-06 |
| 崔如琢 2008 年作 忽如一夜春风来 镜心 设色纸本 | 71.5×330.5cm | 7,475,000 | 北京翰海 | 2015-11-07 |
| 崔如琢 2012 年作 积雨暗林屋 镜心 设色纸本 | 75×145cm | 7,141,950 | 保利香港 | 2015-04-06 |
| 崔如琢 2012 年作 江天雪意 镜心 设色纸本 | 37×287.5cm | 6,856,272 | 保利香港 | 2015-04-06 |
| 崔如琢 2012 年作 天边去影 投少渚 镜心 设色纸本 | 75.5×145cm | 6,856,272 | 保利香港 | 2015-04-06 |
| 崔如琢 2012 年作 春雨欲晴时 镜心 设色纸本 | 76×145cm | 6,665,820 | 保利香港 | 2015-04-06 |
| 崔如琢 2012 年作 秋山平远 镜心 设色纸本 | 37×285cm | 6,665,820 | 保利香港 | 2015-04-06 |
| 崔如琢 2011 年作 书画非小道 世人形似耳 镜心 设色纸本 | 217.5×76cm | 6,325,000 | 北京翰海 | 2015-11-07 |
| 崔如琢 2012 年作 溪山为伴 镜心 设色纸本 | 37×287.5cm | 6,189,690 | 保利香港 | 2015-04-06 |

| 拍品名称 | 尺寸 | 成交价 RMB | 拍卖公司 | 拍卖时间 |
|---|---|---|---|---|
| 崔如琢 2012 年作 春草绿色 镜心 设色纸本 | 38×290cm | 5,750,000 | 北京翰海 | 2015-11-27 |
| 崔如琢 2013 年作 荷风送香气 镜心 设色纸本 | 47.5×179cm | 5,750,000 | 北京翰海 | 2015-11-07 |
| 崔如琢 2011 年作 秋山清烟 镜心 设色纸本 | 96×181cm | 5,750,000 | 北京翰海 | 2015-11-07 |
| 崔如琢 2013 年作 秋水凝神 立轴 设色纸本 | 1375×685cm | 5,750,000 | 北京保利 | 2015-12-06 |
| 崔如琢 2011 年作 绿树荫浓夏日长 镜心 设色纸本 | 217×76cm | 5,750,000 | 北京翰海 | 2015-11-07 |
| 崔如琢 2013 年作 寒秋 镜心 设色纸本 | 96×180cm | 5,520,000 | 北京翰海 | 2015-11-07 |
| 崔如琢 2011 年作 楚天阔浪浸斜阳 镜心 设色纸本 | 75.5×46.5cm | 5,431,776 | 保利香港 | 2015-10-05 |
| 崔如琢 2014 年作 春江风水连天阔 / 接天莲叶无穷碧 / 秋山吟风 / 寒云欲雪 镜心 设色纸本 | 40.5×40.5cm×4 | 4,849,800 | 保利香港 | 2015-10-05 |
| 崔如琢 2014 年作 初夏槐风细 / 夏半荫气始 / 烟江寒山秋 / 独钓寒江雪 镜心 设色纸本 | 44×44cm×4 | 4,655,808 | 保利香港 | 2015-10-05 |
| 崔如琢 2008-2014 年作 万绿丛中红一点 / 芦花南岸冷如雪 / 春江花月夜 / 雪漫空山 镜心 设色纸本 | 44×44cm×4 | 3,999,492 | 保利香港 | 2015-04-06 |
| 崔如琢 2011 年作 江浦雷声喧昨夜 镜心 设色纸本 | 74.5×47.5cm | 3,809,040 | 保利香港 | 2015-04-06 |
| 崔如琢 2010/2011 年作 春风江上路 / 远山如画雨新晴 / 江涵秋影雁初飞 / 雪溪行舟 镜心 设色纸本 | 41×41cm×4 | 3,809,040 | 保利香港 | 2015-04-06 |
| 崔如琢 2013 年作 山色空蒙雨亦奇 设色纸本 | 47×180cm | 3,680,000 | 北京翰海 | 2015-11-07 |
| 崔如琢 2012 年作 雪溪独钓 设色纸本 | 74.5×71.5cm | 3,680,000 | 北京翰海 | 2015-11-27 |
| 崔如琢 2012 年作 晴后夕阳山影没江 设色纸本 | 74.5×71.5cm | 3,450,000 | 北京翰海 | 2015-11-27 |
| 崔如琢 2013 年作 淡香 设色纸本 | 138×69cm | 3,450,000 | 北京翰海 | 2015-11-07 |
| 崔如琢 2010 年作 雪满江天 镜心 设色纸本 | 36.5×143cm | 3,450,000 | 北京保利 | 2015-06-03 |
| 崔如琢 2011 年作 半烟半雨江桥畔 设色纸本 | 37×287cm | 3,450,000 | 北京翰海 | 2015-11-07 |
| 崔如琢 2013 年作 雨里看山分外明 设色纸本 | 95.5×89.5cm | 3,450,000 | 北京翰海 | 2015-11-07 |
| 崔如琢 2012 年作 春风春雨图 设色纸本 | 37.5×144cm | 3,450,000 | 北京翰海 | 2015-11-07 |
| 崔如琢 2012 年作 门前翠影山无数 设色纸本 | 74.5×71.5cm | 3,450,000 | 北京翰海 | 2015-11-27 |
| 崔如琢 2012 年作 小树留春放晚花 设色纸本 | 74.5×71.5cm | 3,450,000 | 北京翰海 | 2015-11-27 |
| 崔如琢 2013 年作 绿树荫前逐晚凉 | 95×89cm | 3,220,000 | 北京翰海 | 2015-11-07 |
| 崔如琢 2013 年作 雪岭江村 设色纸本 | 94×88cm | 3,220,000 | 北京翰海 | 2015-11-07 |
| 崔如琢 2012 年作 飞雪漫空来 设色纸本 | 37.5×144.5cm | 3,220,000 | 北京翰海 | 2015-11-27 |
| 崔如琢 2013 年作 山路雾春雨 设色纸本 | 95×90cm | 2,990,000 | 北京翰海 | 2015-11-07 |
| 崔如琢 2013 年作 湖边不知暑 设色纸本 | 94.5×87cm | 2,990,000 | 北京翰海 | 2015-11-07 |
| 崔如琢 2011 年作 积雪浮云端 镜心 设色纸本 | 76×46.5cm | 2,909,880 | 保利香港 | 2015-10-05 |
| 崔如琢 2011 年作 惟有长江水 镜心 设色纸本 | 76×49.5cm | 2,909,880 | 保利香港 | 2015-10-05 |
| 崔如琢 2013 年作 村径绕山松叶暗 设色纸本 | 95×88cm | 2,875,000 | 北京翰海 | 2015-11-07 |
| 崔如琢 2013 年作 轻雪飘风 设色纸本 | 47×179cm | 2,875,000 | 北京翰海 | 2015-11-07 |
| 崔如琢 2013 年作 清艳 设色纸本 | 138×69cm | 2,875,000 | 北京翰海 | 2015-11-07 |
| 崔如琢 2013 年作 秋风吹梦荷 设色纸本 | 138.5×69cm | 2,760,000 | 北京翰海 | 2015-11-07 |
| 崔如琢 2011 年作 山村飞小雪 镜心 设色纸本 | 66.5×51.5cm | 2,715,888 | 保利香港 | 2015-10-05 |
| 崔如琢 2011 年作 山中明月照积雪 镜心 设色纸本 | 66×51.5cm | 2,521,896 | 保利香港 | 2015-10-05 |
| 崔如琢 2011 年作 落日山逾碧 镜心 设色纸本 | 74×47.5cm | 2,424,900 | 保利香港 | 2015-10-05 |
| 崔如琢 2011 年作 落霞与孤鹜齐飞 镜心 设色纸本 | 74.5×48cm | 2,424,900 | 保利香港 | 2015-10-05 |
| 崔如琢 2011 年作 落霞与孤鹜齐飞 镜心 设色纸本 | 74.5×48cm | 2,397,320 | 香港佳士得 | 2015-12-01 |

| 拍品名称 | 尺寸 | 成交价 RMB | 拍卖公司 | 拍卖时间 |
|---|---|---|---|---|
| 崔如琢 2011 年作 乍暖扶春轻寒弄晓 镜心 设色纸本 | 75.5×48cm | 2,380,650 | 保利香港 | 2015-04-06 |
| 崔如琢 2012 年作 雪处疑花满 镜心 设色纸本 | 75×48cm | 2,380,650 | 保利香港 | 2015-04-06 |
| 崔如琢 2011 年作 红霞澈潋碧波平 镜心 设色纸本 | 76×50cm | 2,327,904 | 保利香港 | 2015-10-05 |
| 崔如琢 2011 年作 樵客出来山带雨 镜心 设色纸本 | 66×51cm | 2,327,904 | 保利香港 | 2015-10-05 |
| 崔如琢 2011 年作 渭城朝雨浥轻尘 镜心 设色纸本 | 65.5×50cm | 2,327,904 | 保利香港 | 2015-10-05 |
| 崔如琢 2011 年作 渔舟归去水生风 镜心 设色纸本 | 66×51cm | 2,285,424 | 保利香港 | 2015-04-06 |
| 崔如琢 2011 年作 天寒红叶稀 镜心 设色纸本 | 67×51cm | 2,094,972 | 保利香港 | 2015-04-06 |
| 大土三阳 2015 年作 山水 设色纸本 | 247×123cm | 3,680,000 | 北京翰海 | 2015-11-27 |
| 范曾 1993 年作 林泉高致 镜心 设色纸本 | 142×346cm | 6,440,000 | 北京匡时 | 2015-12-04 |
| 范曾 己未 1979 年作 钟馗雅趣图 立轴 设色纸本 | 180×97cm | 6,095,000 | 广东崇正 | 2015-12-18 |
| 范曾 1978 年作 唐人诗意图 镜心 纸本 | 178×96cm | 2,070,000 | 北京匡时 | 2015-12-04 |
| 方楚雄 2014 年作 雨林集珍 镜片 设色纸本 | 111×248cm | 3,220,000 | 广州华艺 | 2015-05-24 |
| 方楚雄 2014 年作 十二生肖 镜心 设色纸本 | 61×45.5cm×12 | 2,760,000 | 广州华艺 | 2015-05-24 |
| 冯大中 山川之魄 镜心 设色纸本 | 122×246cm | 2,300,000 | 广州华艺 | 2015-05-24 |
| 冯远 己巳 1989 年作 十八罗汉造像图 手卷 水墨纸本 | 引首 42×132cm; 画心 40×564cm | 2,760,000 | 上海嘉禾 | 2015-12-13 |
| 郭公达 1999 年作 江山壮丽 镜心 设色纸本 | 96×291cm | 2,300,000 | 广州华艺 | 2015-05-24 |
| 何海霞 2014 年作 六君子图 镜心 设色纸本 | 96×175cm | 3,450,000 | 北京保利 | 2015-01-24 |
| 何家英 2013 年作 清暑四美图 镜心 设色纸本 | 139×35cm×4 | 13,800,000 | 天津鼎天 | 2015-07-05 |
| 黄建南 2014 年作 金土地 镜心 设色纸本 | 123×129cm | 5,290,000 | 北京保利 | 2015-12-06 |
| 黄永玉 乙卯 1975 年作 荷花 镜心 设色纸本 | 165×100.5cm | 7,475,000 | 中国嘉德 | 2015-11-15 |
| 黄永玉 1978 年作 韶山毛泽东故居 立轴 设色纸本 | 102×96cm | 4,261,320 | 香港佳士得 | 2015-06-02 |
| 黄永玉 丁巳 1977 年作 雨荷 立轴 设色纸本 | 130×89cm | 3,565,000 | 广东崇正 | 2015-06-18 |
| 黄永玉 大器之作 横幅镜心 设色纸本 | 124×367cm | 3,220,000 | 北京翰海 | 2015-11-28 |
| 黄永玉 1986 年作 闹春图 横幅镜心 设色纸本 | 122×244cm | 2,990,000 | 北京翰海 | 2015-11-28 |
| 黄永玉 戊午 1978 年作 山高水长 立轴 设色纸本 | 178.5×95cm | 2,875,000 | 中国嘉德 | 2015-11-15 |
| 黄永玉 村居小景 立轴 设色纸本 | 96.5×180cm | 2,791,400 | 香港佳士得 | 2015-12-01 |
| 贾浩义 写意山水人物（六帧）镜心 设色纸本 | 34×34cm×6 | 2,070,000 | 北京保利 | 2015-12-07 |
| 贾又福 2015 年作 太行山乡 镜心 设色纸本 | 100×215cm×2 | 2,760,000 | 北京保利 | 2015-12-06 |
| 君寿 壬辰 2012 年作 一枝独秀 镜心 设色纸本 | 172×60.5cm | 2,300,000 | 中国嘉德 | 2015-05-18 |
| 李刚 2013 年作 万木涵秋 镜心 设色纸本 | 97×176cm | 6,210,000 | 北京翰海 | 2015-12-20 |
| 李刚 2002 年作 天涯春音 镜心 设色纸本 | 97×126cm | 3,680,000 | 北京翰海 | 2015-12-20 |
| 李华弌 1996 年作 云溪孤松 镜心 设色纸本 | 96.5×170cm | 3,453,960 | 香港苏富比 | 2015-04-05 |
| 李华弌 2009 年作 西岳云松 镜心 设色纸本 | 186.5×97cm | 3,066,600 | 香港苏富比 | 2015-04-05 |
| 李老十 人物 镜心 设色纸本 | 118×82cm | 3,360,000 | 北京荣宝 | 2015-06-21 |
| 林海钟 2015 年作 江岸渔歌 手卷 设色纸本 | 画 28×350cm; 题跋 28×125cm | 2,070,000 | 北京保利 | 2015-12-06 |
| 林永松 2015 年作 峨眉金顶 设色纸本 | 136×68cm | 4,370,000 | 北京翰海 | 2015-11-27 |
| 林永松 2015 年作 青山看不厌 设色纸本 | 137×68cm | 3,680,000 | 北京翰海 | 2015-06-26 |
| 林永松 2014 年作 峨嵋道中 设色纸本 | 69×46cm | 2,070,000 | 北京翰海 | 2015-06-26 |
| 刘国松 2012 年作 雪网山痕皆自然 A——西藏组曲之 181 镜心 设色纸本 | 188×463cm | 10,235,000 | 北京保利 | 2015-06-03 |
| 刘国松 1970 年作 子夜太阳 III（五联作）镜心 设色纸本 | 139.7×73cm×5 | 7,520,360 | 香港佳士得 | 2015-11-28 |
| 刘国松 1969 年作 寒山平远 设色 拼贴纸本 | 149×308.5cm | 4,997,760 | 香港苏富比 | 2015-10-05 |

| 拍品名称 | 尺寸 | 成交价 RMB | 拍卖公司 | 拍卖时间 |
|---|---|---|---|---|
| 刘国松 1998 年作 宇宙即我心之二（四联幅）彩墨纸本 | 176.5×339cm | 3,929,250 | 罗芙奥 | 2015-12-06 |
| 刘国松 2009 年作 水石清华（双联作）水墨/设色纸本 | 91×229cm×2 | 2,715,888 | 保利香港 | 2015-10-05 |
| 刘国松 1993 年作 风与树的对话 镜心 设色纸本 | 92×185cm | 2,070,000 | 北京保利 | 2015-12-06 |
| 吕寿琨 1963 年作 香港写生——香港仔 横批 水墨设色纸本 | 58.5×358.5cm | 2,723,400 | 香港佳士得 | 2015-06-01 |
| 钱行健 月色群鹭 镜心 设色纸本 | 124×82.5cm | 2,070,000 | 上海朵云轩 | 2015-12-16 |
| 秦风 2012 年作 四季图 水墨 茶 咖啡 陶瓷纸 四条屏 | 125×300cm×4 | 2,298,800 | 香港佳士得 | 2015-11-30 |
| 任重 甲申 2004 年作 金泥玉屑册（十开）镜心 设色金笺 | 35×10cm | 6,210,000 | 上海嘉禾 | 2015-12-13 |
| 任重 菡萏覆华池 镜心 设色绢本 | 137×69cm | 2,645,000 | 中国嘉德 | 2015-05-18 |
| 史国良 1989 年作 荷香十里 镜心 设色纸本 | 141×120cm | 2,530,000 | 北京传是 | 2015-12-05 |
| 宋开强 2014 年作 八骏图 镜心 水墨纸本 | 69×137cm | 2,464,000 | 北京荣宝 | 2015-11-29 |
| 王传峰 鱼 镜心 设色纸本 | 68×71cm | 5,175,000 | 中国嘉德 | 2015-11-16 |
| 王明明 醉翁亭记 镜心 设色纸本 | 143×365cm | 3,220,000 | 荣宝斋（上海） | 2015-12-30 |
| 王西京 2014 年作 竹林雅集图 册页 纸本 | 45×63cm×11 | 2,990,000 | 北京翰海 | 2015-06-26 |
| 邢东 2013 年作 吉祥喜事连又连 镜心 设色纸本 | 68×136cm | 12,650,000 | 北京翰海 | 2015-11-27 |
| 邢东 2010 年作 抬头见喜 立轴 纸本 | 105×59cm | 4,140,000 | 北京匡时 | 2015-06-06 |
| 徐冰 2012 年作 新英文书法《春江花月夜》水墨纸本 | 187×98cm | 5,175,000 | 北京保利 | 2015-06-03 |
| 徐累 2009 年作 月落 镜心 设色纸本 | 114×208cm | 4,761,300 | 保利香港 | 2015-04-06 |
| 徐累 2003 年作 偶遇 镜心 设色纸本 | 86.5×65.5cm | 2,587,500 | 上海明轩 | 2015-06-21 |
| 徐累 龙骑士 镜心 设色纸本 | 65×84cm | 2,070,000 | 北京保利 | 2015-06-04 |
| 徐累 2006 年作 游城 镜心 设色纸本 | 65×130cm | 2,006,000 | 苏富比（北京） | 2015-12-05 |
| 徐累 2009 年作 此去经年 镜心 设色纸本 | 65×90cm | 2,006,000 | 苏富比（北京） | 2015-06-02 |
| 薛亮 云幻岚影图 立轴 设色纸本 | 179×98cm | 3,680,000 | 南京经典 | 2015-01-04 |
| 薛亮 1998 年作 唐人诗意图 镜心 设色纸本 | 67×46cm×8 | 3,105,000 | 中贸圣佳 | 2015-05-19 |
| 延悦 十八罗汉应真图 水墨纸本 | 画心 20.5×174cm 诗堂 20×70cm | 2,070,000 | 北京翰海 | 2015-06-26 |
| 杨建华 2010 年作 望山观水图 立轴 纸本 | 97×265cm | 3,680,000 | 北京翰海 | 2015-11-27 |
| 赵绪成 钟馗图 立轴 设色纸本 | 180×95cm | 3,350,000 | 南京经典 | 2015-04-26 |

## 西画及当代艺术

| 拍品名称 | 尺寸 | 成交价 RMB | 拍卖公司 | 拍卖时间 |
|---|---|---|---|---|
| 阿凡迪 1959 年作 阿凡迪与孙儿 布面油画 | 119×100.5cm | 6,279,840 | 香港佳士得 | 2015-05-30 |
| 阿凡迪 喝甜酒 布面油画 | 120×136cm | 4,906,560 | 香港苏富比 | 2015-04-04 |
| 阿凡迪 自画像 布面油画 | 120×97cm | 4,208,640 | 香港苏富比 | 2015-10-04 |
| 阿凡迪 大榕树下的市集 布面油画 | 114×139cm | 3,814,080 | 香港苏富比 | 2015-10-04 |
| 阿凡迪 1965 年作 斗鸡 | 103.5×130cm | 3,185,480 | 香港佳士得 | 2015-11-28 |
| 阿凡迪 巴隆 布面油画 | 98.7×151.7cm | 2,827,680 | 香港苏富比 | 2015-10-04 |
| 阿凡迪 1982 年作 海滩 布面油画 | 121×240cm | 2,242,800 | 香港佳士得 | 2015-05-30 |
| 阿凡迪 自画像 | | 2,001,360 | 香港苏富比 | 2015-04-05 |
| 莫蒂里安尼 1917/1918 年作 侧卧的裸女 布面油画 | 59.9×92cm | 1,082,071,750 | 纽约佳士得 | 2015-11-09 |
| 阿曼德·萨达利 带一丝金色的板块 白色背景布面油画 | 99×135cm | 3,163,440 | 香港苏富比 | 2015-04-04 |
| 阿莫索罗 1945 年作 希望在废墟中 | 86×121cm | 2,200,280 | 香港佳士得 | 2015-11-28 |

| 拍品名称 | 尺寸 | 成交价 RMB | 拍卖公司 | 拍卖时间 |
|---|---|---|---|---|
| 阿图罗·卢兹 1952-1954 年作 酒徒 布面油画 | 71.5×87cm | 3,684,600 | 香港佳士得 | 2015-05-30 |
| 埃尔南多·鲁伊斯·奥坎普 舞者 布面油画 | 122.5×163cm | 2,433,120 | 香港苏富比 | 2015-10-04 |
| 艾未未 2008/2009 年作 中国地图 被拆清朝庙宇的铁力木 | 高 88cm；125×91.5cm；高 90.5cm；7.3×4.5cm；高 90.7cm；9.6×3.4cm | 9,732,480 | 香港苏富比 | 2015-10-04 |
| 艾未未 2003 年作 永久自行车 四十二辆自行车 | 高 275，450cm | 4,652,520 | 香港苏富比 | 2015-10-04 |
| 艾轩 2007 年作 荒原的黎明 布面油画 | 110×110cm | 5,750,000 | 广州华艺 | 2015-05-24 |
| 艾轩 2008 年作 冻土带 布面油画 | 100×80cm | 4,830,000 | 广州华艺 | 2015-12-20 |
| 艾轩 2005 年作 冬日印将过去 布面油画 | 90.2×90.1cm | 4,025,000 | 中国嘉德 | 2015-05-17 |
| 艾轩 1999 年作 冰板 布面油画 | 80×80cm | 2,990,000 | 北京匡时 | 2015-06-06 |
| 艾轩 2000 年作 寒瀑二月 布面油画 | 100×80cm | 2,300,000 | 中国嘉德 | 2015-05-17 |
| 艾珠·克里丝汀 黑色 1 号 布面油画 | 200×180cm | 2,433,120 | 香港苏富比 | 2015-10-04 |
| 安迪·沃霍尔 1981 年作 枪 布面内丙烯画 | 177.8×228.9cm | 75,723,750 | 纽约佳士得 | 2015-11-09 |
| 安迪·沃霍尔 1982 年作 三兄弟 布面内丙烯丝网印 | 101.6×203.2cm | 4,600,000 | 西泠印社 | 2015-12-26 |
| 安迪·沃霍尔 1983 年作《濒危物种》（全套 10）张彩色丝网印刷画 | 96.5×96.5cm | 3,150,000 | 佳士得（上海） | 2015-04-25 |
| 安东尼·葛姆雷 2004 年作 领域 XXXIX 4.76mm 方形截面不锈钢金属条 | 188×63×32cm | 3,870,000 | 佳士得（上海） | 2015-10-24 |
| 安格百迪 1940 年作 吊床上的妇女 纸面油画 | 189×180cm | 2,101,760 | 香港佳士得 | 2015-11-29 |
| 安妮塔·马赛赛·何 1977 年作 采摘一品红 布面油画 | 65×91cm | 2,915,640 | 香港佳士得 | 2015-05-31 |
| 安妮塔·马赛赛·何 叫果贩 布面油画 | 61×77cm | 2,630,400 | 香港苏富比 | 2015-10-05 |
| 巴勃罗·毕加索 1969 年作 Homme à l'épée 木板油画 | 145.6×114.3cm | 143,287,750 | 纽约佳士得 | 2015-11-09 |
| 巴勃罗·毕加索 1933 年作 Le peintre e son modèle charcoal andestompe on paper | 28×25.7cm | 10,699,750 | 纽约佳士得 | 2015-11-09 |
| 巴勃罗·毕加索 1969 年作 男人头像 毡尖笔卡纸 | 31×22cm | 2,310,000 | 佳士得（上海） | 2015-04-25 |
| 巴尔蒂斯 阿布迪小妇 布面油画 | 185.1×134.9cm | 62,922,150 | 纽约佳士得 | 2015-11-09 |
| 白发一雄 1977 年作 十八万千本护摩行 布面油画 | 130×162.3cm | 19,432,560 | 香港苏富比 | 2015-04-04 |
| 白发一雄 1999 年作 秘火 布面油画 | 185×262.5cm | 15,236,160 | 保利香港 | 2015-04-06 |
| 白发一雄 1961 年作 T53 布面油画 | 130×97.2cm | 9,436,560 | 香港苏富比 | 2015-10-04 |
| 白发一雄 1987 年作 沍沙 布面油画 | 96×129cm | 9,293,720 | 香港佳士得 | 2015-11-28 |
| 白发一雄 1968 年作 庆长十九年（大阪冬之阵）布面油画 | 173.5×366cm | 9,163,440 | 香港佳士得 | 2015-05-30 |
| 白发一雄 1992 年作 宝鸡 布面油画 | 161.7×128.2cm | 8,682,840 | 香港佳士得 | 2015-05-30 |
| 白发一雄 1963 年作 无题 布面油画 | 131×162.5cm | 8,682,840 | 香港佳士得 | 2015-05-30 |
| 白发一雄 1975 年作 Tenjnkai 布面油画 | 116.5×91cm | 6,760,440 | 香港佳士得 | 2015-05-30 |
| 白发一雄 1974 年作 运陀之火 布面油画 | 97×130.3cm | 5,688,240 | 香港苏富比 | 2015-10-05 |
| 白发一雄 1986 年作 蓝（青）漠 布面油画 | 91×68cm | 3,222,240 | 香港苏富比 | 2015-10-05 |
| 白南准 1993 年作 Route 66 综合媒材雕塑 | 130×150×120cm | 2,242,800 | 香港佳士得 | 2015-05-30 |
| 保罗·高更 1902/1903 年作 unique Thérèse carved miro wood, gold gilding and copper nails 烫金木雕 | 高 66cm | 196,627,750 | 纽约佳士得 | 2015-11-09 |

| 拍品名称 | 尺寸 | 成交价RMB | 拍卖公司 | 拍卖时间 |
|---|---|---|---|---|
| 保罗·高更 1891年作 于大溪地 Jeune homme à la fleur 布面油画 | 45.4×33.5cm | 86,391,750 | 纽约佳士得 | 2015-11-09 |
| 保罗·高更 1884年作 树下的两头牛 布面油画 | 35.2×27.2cm | 6,670,000 | 西泠印社 | 2015-12-26 |
| 保罗·塞尚 1892-1896年作 L'homme à la pipe (Etude pour un joueur de cartes) (recto) Père Alexandre (verso) 水彩纸本 | 48.2×32cm | 132,619,750 | 纽约佳士得 | 2015-11-09 |
| 蔡国强 2010年作 尼斯—教堂 纸上爆破 | 300×200cm | 4,421,520 | 罗芙奥 | 2015-05-31 |
| 曹涌 1987年作 现代悲剧的图式之二 油画拼贴 | 129×182cm | 2,530,000 | 北京翰海 | 2015-11-27 |
| 草间弥生 1960年作 No.Red B 布面油画 | 175.5×132.8cm | 44,815,440 | 香港苏富比 | 2015-10-04 |
| 草间弥生 2012年作 南瓜 AA 压克力画布 | 145.5×145.5cm | 8,973,840 | 香港苏富比 | 2015-04-04 |
| 草间弥生 1995年作 无限星网 压克力画布 | 290.5×520.4cm | 5,874,960 | 香港苏富比 | 2015-04-04 |
| 草间弥生 1989年作 无限的网 Q.N.I | 162×130cm | 5,747,000 | 香港佳士得 | 2015-11-28 |
| 草间弥生 1999年作 圆点的积累·绿之季节·圆点的积累·及夕照（四件）压克力画布 | 91×290.8cm | 5,237,430 | 保利香港 | 2015-04-06 |
| 草间弥生 2010年作 南瓜 玻璃纤维强化塑料 | 高126.5;129.3×131cm | 4,997,760 | 香港苏富比 | 2015-10-04 |
| 草间弥生 1987年作 世纪末之外 | 162×130.5cm | 4,466,240 | 香港佳士得 | 2015-11-28 |
| 草间弥生 1992年作 南瓜 布面丙烯画 | 60.6×72.7cm | 3,776,600 | 香港佳士得 | 2015-11-29 |
| 草间弥生 1991年作 柠檬水 压克力画布 | 91×72.7cm | 3,421,680 | 香港佳士得 | 2015-03-15 |
| 草间弥生 1990年作 南瓜 压克力画布 | 53.6×65cm | 2,715,888 | 保利香港 | 2015-10-05 |
| 草间弥生 1983年作 有南瓜的静物 压克力画布 | 50×60.6cm | 2,691,345 | 中国嘉德 | 2015-04-06 |
| 查克·克劳斯 2007年作 自画像 亚麻布油画 | 182.9×152.4cm | 15,271,750 | 纽约佳士得 | 2015-11-09 |
| 常书鸿 1942年作 静物·鸡 布面油画 | 85.5×105.3cm | 6,325,000 | 中国嘉德 | 2015-11-14 |
| 常书鸿 李承仙 1993年作 敦煌春天 布面油画 | 200×400cm | 4,600,000 | 北京保利 | 2015-06-03 |
| 常玉 1950年作 蓝色辰星（菊花与玻璃瓶）油彩纤维板 | 75×92cm | 65,585,880 | 香港佳士得 | 2015-05-30 |
| 常玉 1929年作 蔷薇花束 布面油画 | 73×50cm | 48,498,000 | 保利香港 | 2015-10-05 |
| 常玉 40年代作 黄桌上的菊花瓶 | 59.5×39.8cm | 37,798,840 | 香港佳士得 | 2015-11-28 |
| 常玉 1940年作 斑马之恋 油彩纤维板 | 72.5×92cm | 19,832,760 | 香港佳士得 | 2015-05-30 |
| 常玉 30年代作 镜前母与子 布面油画 | 55×46cm | 11,500,000 | 北京保利 | 2015-12-05 |
| 常玉 60年代作 鱼 纸板油画 | 23×35.5cm | 5,100,240 | 中国嘉德 | 2015-04-04 |
| 陈澄波 1928年作 西湖泛舟 布面油画 | 80.5×130cm | 9,929,760 | 香港苏富比 | 2015-10-04 |
| 陈丹青 1983年作 康巴汉子 布面油画 | 100.5×75.5cm | 4,830,000 | 中国嘉德 | 2015-05-17 |
| 陈文希 60-70年代作 海宫 布面油画 | 80×100cm | 4,170,680 | 香港佳士得 | 2015-11-29 |
| 陈文希 母与子 布面油画 | 60.5×76cm | 2,969,760 | 香港苏富比 | 2015-04-04 |
| 陈逸飞 2003年作 透视美女 布面油画 | 200×200cm | 7,820,000 | 西泠印社 | 2015-12-26 |
| 陈逸飞 1989年作 吹单簧管的女孩 布面油画 | 72×60cm | 5,520,000 | 广东崇正 | 2015-12-18 |
| 陈逸飞 1990年作 排练 布面油画 | 76.5×81.5cm | 5,462,500 | 北京保利 | 2015-12-05 |
| 陈逸飞 1998年作 后院 布面油画 | 150×110cm | 4,830,000 | 广东崇正 | 2015-12-18 |
| 陈逸飞 深国 布面油画 | 120×150cm | 4,830,000 | 西泠印社 | 2015-07-04 |
| 陈逸飞 1989年作 年轻人才 布面油画 | 61×51cm | 4,208,640 | 香港苏富比 | 2015-10-05 |

| 拍品名称 | 尺寸 | 成交价RMB | 拍卖公司 | 拍卖时间 |
|---|---|---|---|---|
| 陈逸飞 1984年作 童年嬉戏过的地方 布面油画 | 91.5×152.5cm | 3,518,160 | 香港苏富比 | 2015-10-05 |
| 陈逸飞 吉他手 布面油画 | 60×73cm | 3,450,000 | 荣宝斋（上海） | 2015-07-26 |
| 陈逸飞 水乡 布面油画 | 76×107cm | 3,277,500 | 广州华艺 | 2015-12-20 |
| 陈逸飞 1983年作 捕虾人 布面油画 | 100×140cm | 2,990,000 | 北京匡时 | 2015-06-06 |
| 陈逸飞 90年代作 藏族节日 布面油画 | 190×150cm | 2,990,000 | 广州华艺 | 2015-12-20 |
| 陈逸飞 1988年作 黄昏中的圣马力诺教堂 布面油画 | 56×76cm | 2,530,000 | 北京保利 | 2015-06-03 |
| 陈逸飞 小瞿 布面油画 | 152×157cm | 2,530,000 | 西泠印社 | 2015-07-04 |
| 陈逸飞 威尼斯水景 布面油彩 | 55×70cm | 2,300,000 | 北京传是 | 2015-12-04 |
| 陈荫罴 70-80年代作 花园之光 布面油画拼贴 | 234×173cm | 3,394,860 | 保利香港 | 2015-10-05 |
| 陈荫罴 无题 布面油画拼贴 | 126.3×182cm | 2,070,000 | 北京保利 | 2015-06-03 |
| 村上隆 2012年作 当我闭上眼，看见香格里拉 | 200×200cm | 11,362,640 | 香港佳士得 | 2015-11-28 |
| 村上隆 2011年作 命运无法躲避，我唯以笑对之 布面丙烯画 | 146.9×120cm | 7,705,000 | 北京保利 | 2015-06-03 |
| 村上隆 2013年作 Melting DOB; Complex Blue 亚克力银箔画 | 150×150cm | 6,436,640 | 香港佳士得 | 2015-11-28 |
| 嶋本昭三 1998年作 无题 布面油画 | 127.5×229cm | 4,906,560 | 香港苏富比 | 2015-04-04 |
| 嶋本昭三 2010年作 无题 压克力/玻璃碎片画布（撞击玻璃瓶）| 144.5×142.5cm | 2,338,920 | 香港佳士得 | 2015-05-30 |
| 丁方 1993年作 悼歌（两联作）布面油画 综合材料 | 200×170cm×2 | 11,500,000 | 中国嘉德 | 2015-11-14 |
| 丁雄泉 1975年作 世界小姐 压克力画布 | 222×396cm | 11,376,640 | 罗芙奥 | 2015-06-07 |
| 丁雄泉 1986年作 你爱我吗？布面丙烯画 | 119.8×190cm | 2,003,240 | 香港佳士得 | 2015-11-29 |
| 丁衍庸 1965年作（A）；1967年作（B）女画家；仕女（双面画）油画纤维板 | 60.8×45.8cm | 4,011,360 | 香港苏富比 | 2015-10-04 |
| 丁衍庸 1973年作 笑里藏刀 布面油画 | 91.5×61cm | 2,070,000 | 中国嘉德 | 2015-11-14 |
| 丁乙 1995年作 十示95-7 炭笔油画 | 140×160cm | 2,235,840 | 香港苏富比 | 2015-10-05 |
| 段建伟 1994年作 麦客到来 布面油画 | 180×150cm | 4,370,000 | 中国嘉德 | 2015-11-14 |
| 段建宇 2014年作 梅兰竹菊 布面油画 | 180×250cm | 2,300,000 | 北京保利 | 2015-12-05 |
| 段正渠 1991年作 东方红 布面油画 | 125×150cm | 4,600,000 | 西泠印社 | 2015-07-04 |
| 范勃 2011年作 花开花落之十七 布面油画 | 230×120cm | 2,185,000 | 广州华艺 | 2015-05-24 |
| 方力钧 1996年作 1996.4 布面油画 | 180.5×230cm | 17,495,760 | 香港苏富比 | 2015-04-04 |
| 方力钧 2007年作 无题 布面油画 | 250×360cm | 13,455,000 | 上海朵云轩 | 2015-06-19 |
| 方力钧 2005年作 2005.3.15 布面油画 | 270×120cm | 3,450,000 | 北京保利 | 2015-06-03 |
| 方力钧 2001年作 2001.7.25 布面油画 | 180×79cm | 2,070,000 | 西泠印社 | 2015-12-26 |
| 联建翌 1985年作/1992年作 理发系列之一：《1985年夏季的清洗》/《大合影》布面油画 | 122×89cm;122×89cm | 6,670,000 | 中国嘉德 | 2015-11-14 |
| 古那弯 1960年作 游击队准备袭击 | 145×158cm | 6,436,640 | 香港佳士得 | 2015-11-28 |
| 古那弯 1958年作 Melasti | 69×195cm | 3,973,640 | 香港佳士得 | 2015-11-28 |
| 古那弯 1980年作 水果小贩 布面油画 | 80×140cm | 2,249,540 | 香港佳士得 | 2015-11-29 |
| 古元 50-90年代作 水彩作品（一百五十件）水彩纸本 | 尺寸不一 | 17,020,000 | 北京翰海 | 2015-06-26 |
| 关良 新安水电站 布 | 61×82.5cm | 5,750,000 | 中国嘉德 | 2015-05-17 |
| 关良 A: 唐僧与悟空；B: 钟馗（两件）布面油画 | A: 52.5×63cm;B: 57.5×38.5cm | 2,582,400 | 香港苏富比 | 2015-04-05 |

| 拍品名称 | 尺寸 | 成交价 RMB | 拍卖公司 | 拍卖时间 |
|---|---|---|---|---|
| 关良 窗口静物 布面油画 | 33×33cm | 2,530,000 | 北京保利 | 2015-06-03 |
| 关良 1957 年作 德国风景 布面油画 | 50×41cm | 2,531,160 | 香港佳士得 | 2015-05-30 |
| 关良 30-40 年代作 果蔬 布面油画 | 64×78cm | 2,185,000 | 北京保利 | 2015-12-05 |
| 关良 1957 年作 史塔尔教堂（德国）布面油画 | 54×67cm | 2,098,200 | 香港苏富比 | 2015-04-04 |
| 关紫兰 1928 年作 洋房 布面油画 | 37.8×45.6cm | 3,450,000 | 中国嘉德 | 2015-05-17 |
| 郭润文 2006 年作 遥望 布面油画 | 130×50cm | 4,025,000 | 北京保利 | 2015-06-03 |
| 韩冬 一个城市的忧郁 布面油画 | 200×150cm | 3,174,000 | 南京经典 | 2015-08-02 |
| 何多苓 1991 年作 白衣彝女 布面油画 | 86×71.5cm | 7,130,000 | 中国嘉德 | 2015-11-14 |
| 何红舟 乡场 布面油画 | 180×160cm | 2,185,000 | 荣宝斋（上海） | 2015-07-26 |
| 何孔德 1964 年作 枕戈待旦 布面油画 | 60.4×113.5cm | 4,025,000 | 中国嘉德 | 2015-11-14 |
| 赫南多·鲁伊斯·奥堪波 1958 年作 玩伴 | 86×126cm | 4,958,840 | 香港佳士得 | 2015-11-28 |
| 亨德拉·古拿温 摩诃婆罗多；班度的骰子 布面油画 | 202×386cm | 21,369,360 | 香港苏富比 | 2015-04-04 |
| 亨德拉·古拿温 灌洗瀑布下 布面油画 | 140×200cm | 7,956,960 | 香港苏富比 | 2015-10-04 |
| 亨德拉·古拿温 市集 布面油画 | 195.8×136cm | 7,463,760 | 香港苏富比 | 2015-10-04 |
| 亨德拉·古拿温 腰果小贩 | 145×95cm | 2,679,240 | 香港苏富比 | 2015-04-05 |
| 亨德拉·古拿温 躺卧裸女 | 87×153cm | 2,291,880 | 香港苏富比 | 2015-04-05 |
| 亨利·德·图卢兹-罗特列克 1892 年作 Le baiser peinture à l'essence on board | 45.5×58.5cm | 79,279,750 | 纽约佳士得 | 2015-11-09 |
| 洪凌 夕秋 布面油画 | 150×160cm | 2,988,440 | 香港佳士得 | 2015-11-29 |
| 洪凌 1994 年作 秋水 布面油画 | 200×260cm | 2,990,000 | 北京保利 | 2015-06-03 |
| 洪凌 2012 年作 沁香 布面油画 | 80×200cm | 2,146,680 | 香港佳士得 | 2015-05-31 |
| 胡安·汨罗 1975 年作 Jeune fille s'évadant 青铜彩绘 | 高 152.5cm | 34,118,550 | 纽约佳士得 | 2015-11-09 |
| 胡建成、韦尔申 1987 年作 土地—蓝色的和谐·黄色的和谐（两联作）布面油画 | 185×78.5cm×2 | 4,485,000 | 中国嘉德 | 2015-05-17 |
| 胡善余 1944 年作 国立艺专女学生像 布面油画 | 81×65cm | 2,300,000 | 中国嘉德 | 2015-05-17 |
| 黄建南 2015 年作 辉煌在即 布面油画 | 73.5×110cm | 3,220,000 | 北京保利 | 2015-12-05 |
| INVADER 2014 年作 香港第 59 号 瓷砖玻璃板（二联作） | 210×240cm | 2,162,760 | 香港佳士得 | 2015-03-15 |
| 基希纳 1909 年作 Im See badende Madchen, Moritzburg 布面油画 | 91.2×120cm | 86,391,750 | 纽约佳士得 | 2015-11-09 |
| 基希纳 1913 年作 unique Tanzerin mit gehobenem Bein 橡木雕塑 | 高 66.5cm | 50,831,750 | 纽约佳士得 | 2015-11-09 |
| 吉田稔郎 1960 年作 无题 | 130×195cm | 2,988,440 | 香港佳士得 | 2015-11-28 |
| 吉原治良 1971 年作 压克力画布 | 45.6×53cm | 4,011,360 | 香港苏富比 | 2015-10-05 |
| 吉原治良 约 1960 年作 布面油画 | 194×130cm | 4,011,360 | 香港苏富比 | 2015-10-05 |
| 吉原治良 约 1970 年作 压克力画布 | 46×53.5cm | 3,419,520 | 香港苏富比 | 2015-10-05 |
| 吉原治良 约 1964 年作 油画画布 画框 | 73×91cm | 2,433,120 | 香港苏富比 | 2015-10-05 |
| 贾蔼力 2010 年作 早安，世界（三联作）布面油画 | 200×288cm；200×406cm；200×373cm | 10,716,960 | 香港苏富比 | 2015-04-04 |
| 贾蔼力 2007 年作 无名日 2 布面油画（两联作） | 267×200cm×2 | 9,390,000 | 上海佳士得 | 2015-04-25 |
| 贾蔼力 2007 年作 乔之荒野 布面油画（两联作） | 290×200cm×2 | 6,338,120 | 香港佳士得 | 2015-11-28 |

| 拍品名称 | 尺寸 | 成交价 RMB | 拍卖公司 | 拍卖时间 |
|---|---|---|---|---|
| 贾蔼力 2009 年作 面包车 布面油画 | 110×400cm | 6,210,000 | 北京保利 | 2015-12-05 |
| 贾蔼力 2015 年作 闪光的世界 布面油画 | 130×110cm | 2,630,400 | 香港苏富比 | 2015-10-04 |
| 贾科梅蒂 1964 年作 James Lord 布面油画 | 115.9×80.6cm | 132,619,750 | 纽约佳士得 | 2015-11-09 |
| 贾科梅蒂 1957 年作 Femme debout bronze with brown and green patina | 高 69.2cm | 47,275,750 | 纽约佳士得 | 2015-11-09 |
| 姜国芳 2008 年作 三月春梦（三联作）布面油画 | 80×240.5cm；80×27cm×2 | 5,874,960 | 香港苏富比 | 2015-04-05 |
| 姜国芳 2015 年作 秋叶 布面油画 | 108×54cm | 2,291,880 | 香港苏富比 | 2015-04-05 |
| 杰夫昆斯 1990 年作 Hand on Breast 布面油彩 | 246.7×363.9cm | 9,175,750 | 纽约佳士得 | 2015-11-09 |
| 金焕基 1956 年作 蓝山 布面油彩 | 99.8×64.6cm | 11,085,840 | 香港佳士得 | 2015-05-30 |
| 金焕基 1958 年作 无题 | 38×46cm | 4,761,800 | 香港佳士得 | 2015-11-28 |
| 金焕基 约 1957-1959 年作 梅花 布面油画 | 61×91.5cm | 3,222,240 | 香港苏富比 | 2015-10-04 |
| 金焕基 约 1969-1970 年作 无题 | 51×40.5cm | 2,397,320 | 香港佳士得 | 2015-11-28 |
| 金焕基 1956-1958 年作 山 布面油画 | 46×27cm | 2,338,920 | 香港佳士得 | 2015-05-30 |
| 靳尚谊 1988 年作 沉思 布面油画 | 65.3×53.5cm | 5,750,000 | 上海明轩 | 2015-06-21 |
| 靳尚谊 2012 年作 舞蹈演员 布面油画 | 53×53cm | 5,692,500 | 广州华艺 | 2015-05-24 |
| 靳尚谊 2006 年作 背影 布面油画 | 80×52.5cm | 4,600,000 | 中国嘉德 | 2015-05-17 |
| 靳尚谊 1976 年作 少女肖像 纸本油画 | 39×29cm | 2,070,000 | 广州华艺 | 2015-05-24 |
| 居斯塔夫·库尔贝 1862 年作 Femme nue couchée 布面油画 | 74.9×97.1cm | 97,059,750 | 纽约佳士得 | 2015-11-09 |
| 卡洛斯·维亚鲁斯·弗朗西斯科 穆斯林订婚礼 布面油画 | 109.5×176cm | 8,295,960 | 香港苏富比 | 2015-04-04 |
| 克劳德·莫奈 1864 年作 翁弗勒尔的恩宠圣母教堂 布面油画 | 52.3×67.5cm | 20,700,000 | 西泠印社 | 2015-12-26 |
| 勒迈耶 舞者 布面油画 | 100×119.5cm | 16,527,360 | 香港苏富比 | 2015-10-04 |
| 勒迈耶 1948 年作 荷花池畔九女子图 布面油画 | 100×120cm | 10,916,160 | 香港苏富比 | 2015-10-04 |
| 勒迈耶 峇里舞者 | 90×120cm | 6,141,080 | 香港佳士得 | 2015-11-28 |
| 勒迈耶 屋里和窗边的峇里女子 布面油画 原装手雕峇里式框 | 73×89cm | 5,799,240 | 香港佳士得 | 2015-05-30 |
| 勒迈耶 约 20 世纪 40 年代末 大溪地海滩上的二女子 布面油画 | 101×121.5cm | 3,814,080 | 香港苏富比 | 2015-10-04 |
| 勒迈耶 河边大溪地女子 | 91×120cm | 3,744,480 | 香港苏富比 | 2015-04-05 |
| 冷军 2013 年作 画室中的提琴手 布面油画 | 39×78cm | 2,645,000 | 北京匡时 | 2015-06-06 |
| 黎谱 1941 年作 诞生 | 69×54.5cm | 3,481,040 | 香港佳士得 | 2015-11-28 |
| 李贵君 2012 年作 假如一切都很完美 布面油画 | 115×55cm | 2,070,000 | 北京传是 | 2015-12-04 |
| 李晖 2007 年作 游离 激光、烟雾、金属、布装置 | 450×200×1000cm | 3,105,000 | 北京保利 | 2015-06-03 |
| 李老十 人物 镜心 设色纸本 | 118×82cm | 3,360,000 | 北京荣宝 | 2015-06-21 |
| 李曼峰 1948 年作 采莲 | 91×122cm | 12,840,440 | 香港佳士得 | 2015-11-28 |
| 李曼峰 1960 年作 破浪 木板油画 | 82×320cm | 6,773,280 | 香港苏富比 | 2015-10-04 |
| 李曼峰 吹笛牧童 油画纤维板 | 89.5×33cm | 3,357,120 | 香港苏富比 | 2015-04-05 |
| 李曼峰 罗惹小贩 油画纤维板 | 122×60cm | 2,433,120 | 香港苏富比 | 2015-10-04 |
| 李禹焕 1979 年作 始于点 颜料、油彩画布 | 161×129.5cm | 6,952,680 | 香港佳士得 | 2015-05-30 |
| 李禹焕 1977 年作 从线 矿物颜料、胶水画布 | 112×145.5cm | 5,681,280 | 香港苏富比 | 2015-04-04 |
| 李禹焕 1978 年作 始于线 颜料 油彩画布 | 72×91cm | 2,723,400 | 香港佳士得 | 2015-05-31 |
| 李宗津 1965 年作 毛泽东像 布面油彩 | 73×60.5cm | 5,635,000 | 上海明轩 | 2015-06-21 |

| 拍品名称 | 尺寸 | 成交价RMB | 拍卖公司 | 拍卖时间 |
|---|---|---|---|---|
| 理查德·普林斯 2002 年作 Heartbreak Nurse #2 布面墨水和丙烯画 | 182.8×113.9cm | 28,073,350 | 纽约佳士得 | 2015-11-09 |
| 梁铨 2010 年作 祖先的海 2010-3 宣纸/彩墨拼贴于亚麻布 | 200×150cm×3 | 2,990,000 | 上海明轩 | 2015-06-21 |
| 林风眠 碧翠盈塘 设色纸本 | 66×65cm | 9,436,560 | 香港苏富比 | 2015-10-06 |
| 林风眠 20 世纪作 中国戏曲系列: 杨门女将 布面油画 | 52.8×43cm | 8,202,240 | 香港佳士得 | 2015-05-30 |
| 林风眠 京剧系列: 连环套 布面油画 | 55.5×43cm | 6,900,000 | 广州华艺 | 2015-05-24 |
| 林风眠 清荷 设色纸本 | 67.3×66cm | 6,359,160 | 香港苏富比 | 2015-04-06 |
| 林风眠 戏剧系列: 张飞 | 60×48cm | 4,170,680 | 香港佳士得 | 2015-11-28 |
| 林风眠 仕女泰乐图（四件）布面油画 | 30×24cm | 3,910,000 | 北京华辰 | 2015-11-15 |
| 林风眠 戏剧系列: 宇宙锋 | 60×48cm | 3,185,480 | 香港佳士得 | 2015-11-28 |
| 林风眠 秋林 纸本彩墨 | 64×64cm | 2,530,000 | 西泠印社 | 2015-07-04 |
| 刘国松 2000 年作 旭日东升 | 236.5×70.5cm; 236.5×352.5cm | 2,521,896 | 保利香港 | 2015-10-05 |
| 刘国松 2009 年作 水石清华 水墨/设色纸本（双联件） | 91×229cm; 91×458cm | 2,715,888 | 保利香港 | 2015-10-05 |
| 刘海粟 1954 年作 黄山散花坞云海奇观 布面油画 | 68×86cm | 3,450,000 | 中国嘉德 | 2015-11-14 |
| 刘孔喜 2009 年作 青春纪事之十二——纯真年代 木板坦培拉油画 | 160×180cm | 4,025,000 | 广东华艺 | 2015-12-20 |
| 刘炜 1994 年作 游泳 布面油画 | 149.8×200.2cm | 12,888,960 | 香港苏富比 | 2015-10-04 |
| 刘炜 2001 年作 猴子 布面油画 | 252×166cm | 5,520,000 | 北京匡时 | 2015-06-06 |
| 刘炜 2006 年作 风景 布面油画 | 199.5×200cm | 4,130,000 | 苏富比（北京） | 2015-06-02 |
| 刘炜 2000 年作 商人 布面油画 | 198×154cm | 3,390,000 | 佳士得（上海） | 2015-04-25 |
| 刘炜 1991 年作 革命家庭系列 布面油画 | 50×50cm | 2,485,560 | 香港苏富比 | 2015-04-05 |
| 刘炜 2007 年作 PORK 布面油画 | 150×100cm | 2,415,000 | 上海明轩 | 2015-06-21 |
| 刘炜 2009/2010 年作 天安门（三联作） | 250×180cm×3 | 5,451,440 | 香港佳士得 | 2015-11-28 |
| 刘炜 2009 年作 紫气 布面油画 | 180×300cm | 3,630,000 | 佳士得（上海） | 2015-10-24 |
| 刘炜 2010 年作 N5-1 布面油画 | 221×221cm | 3,492,360 | 香港佳士得 | 2015-05-30 |
| 刘炜 2007 年作 紫气系列 布面油画 | 160×270cm | 2,969,760 | 香港苏富比 | 2015-04-05 |
| 刘炜 2008 年作 紫气 布面油画 | 190.3×140.3cm | 2,910,000 | 佳士得（上海） | 2015-04-25 |
| 刘炜 2008 年作 紫气系列 F1 布面油画 | 220×180cm | 2,776,080 | 香港苏富比 | 2015-04-04 |
| 刘炜 2008 年作 紫气系列 布面油画 | 180×220cm | 2,300,000 | 北京保利 | 2015-06-03 |
| 刘炜 2010 年作 紫气系列 布面油画 | 220×220cm | 2,235,840 | 香港苏富比 | 2015-10-04 |
| 刘炜 2009 年作 紫气 30033403 布面油画 | 300×180cm | 2,070,000 | 北京保利 | 2015-06-03 |
| 刘小东 1993 年作 大雨（纽约）布面油画 | 142×182cm | 11,500,000 | 中国嘉德 | 2015-11-14 |
| 刘小东 1991 年作 白头到老 布面油画 | 150×120cm | 10,350,000 | 北京保利 | 2015-12-05 |
| 刘小东 1992 年作 行吟诗人 布面油画 | 152×172cm | 4,255,000 | 北京保利 | 2015-06-03 |
| 刘小东 1991 年作 缠绵 布面油画 | 100.5×80.5cm | 3,186,000 | 苏富比（北京） | 2015-06-02 |
| 刘野 2006 年作 Boogie Woogie, Little Girl in New York 压克力及油画画布 | 210×210cm | 8,943,360 | 香港苏富比 | 2015-10-04 |
| 刘野 2003 年作 周璇 布面油画 | 60×45cm | 4,025,000 | 西泠印社 | 2015-07-04 |
| 刘野 2002 年作 阮玲玉之三 布面油画 | 60×45cm | 2,424,900 | 保利香港 | 2015-10-05 |

| 拍品名称 | 尺寸 | 成交价RMB | 拍卖公司 | 拍卖时间 |
|---|---|---|---|---|
| 刘溢 2008 年作 惊蛰 布面油画 | 120×150cm | 3,220,000 | 北京保利 | 2015-06-03 |
| 鲁道夫·邦尼 1948 年作 市场情景 | 150×400cm | 21,247,480 | 香港佳士得 | 2015-11-28 |
| 鲁道夫·邦尼 南苏拉威西岛的三个民族（望加锡渔民、托雅族农夫及布吉族商员和商人）炭笔纸本 | 152×76cm | 2,776,080 | 香港苏富比 | 2015-04-04 |
| 罗伯特·印第安纳 1966 年构思/2002 年作 LOVE（金/蓝色）彩绘铅 | 91.3×91.3×45.7cm | 3,905,880 | 香港佳士得 | 2015-03-15 |
| 罗穆尔多·罗格泰利 1939 年作 答里岛女孩 布面油画 | 155×117.5cm | 5,951,280 | 邦瀚斯 | 2015-10-03 |
| 罗讷德·温杜拿 光环 布面油画 | 235×366cm | 6,359,160 | 香港苏富比 | 2015-10-04 |
| 罗讷德·温杜拿 喧腾 布面油画 | 152×213cm | 5,786,880 | 香港苏富比 | 2015-10-04 |
| 罗讷德·文图拉 2012 年作 枕头 | 155×215cm | 2,692,880 | 香港佳士得 | 2015-11-28 |
| 罗伊·利希滕斯坦 1964 年作 护士 布面油画 | 121.9×121.9cm | 605,567,750 | 纽约佳士得 | 2015-11-09 |
| 罗伊·利希滕斯坦 1964 年作 哭泣的女孩 瓷釉钢板 | 116.8×116.8cm | 84,969,350 | 纽约佳士得 | 2015-11-09 |
| 罗伊·利希滕斯坦 1964 年作 睡着的女孩（学习）彩铅纸本 | 14.7×14.7cm | 9,175,750 | 纽约佳士得 | 2015-11-09 |
| 罗中立 2007 年作 过河系列 布面油画 | 160×200cm | 5,286,600 | 罗芙奥 | 2015-05-31 |
| 罗中立 1995 年作 检视 布面油画 | 130×94cm | 3,450,000 | 广州华艺 | 2015-12-20 |
| 罗中立 2000 年作 过河系列之一 布面油画 | 120.5×95cm | 3,450,000 | 西泠印社 | 2015-07-04 |
| 罗中立 1982 年作 新月 布面油画 | 120×95.5cm | 2,415,000 | 中国嘉德 | 2015-05-17 |
| 罗中立 1994 年作 父与子 布面油画 | 90.5×116.5cm | 2,185,000 | 北京保利 | 2015-06-03 |
| 马克·夏卡尔约 1975-1980 年作 粉红花丛 布面油画 | 41×27cm | 3,150,000 | 佳士得（上海） | 2015-04-25 |
| 马琳 1994 年作 远方的雷声 布面油画 | 155×165cm | 3,220,000 | 北京翰海 | 155×165cm |
| 马塞尔·杜尚 1924 年作 Monte Carlo Bond (No.30) Imitated Rectified Readymade-ink, gelatin silver print collage and tax stamp on printed paper | 31.1×19.4cm | 15,271,750 | 纽约佳士得 | 2015-11-09 |
| 毛栗子 1989-1990 年作 无题 综合媒材木板 | 80×80cm | 3,107,880 | 香港佳士得 | 2015-05-31 |
| 毛旭辉 1992 年作 '92 家长（三联作）布面油画 | 180×110cm×3 | 5,874,960 | 香港苏富比 | 2015-04-04 |
| 毛旭辉 1990 年作 90 家长系列（三联）布面油画 | 120×90cm×3 | 3,450,000 | 中国嘉德 | 2015-11-14 |
| 毛旭辉 1993、1994、1993 年作 关于权利的词汇 第十号；第十一号；及第十三号（共三件）布面油画 | 180×130cm; 180×150cm; 180×130cm | 2,435,040 | 香港佳士得 | 2015-05-30 |
| 毛焰 1996 年作 记忆或者舞蹈的黑色玫瑰 布面油画 | 230×150cm | 10,350,000 | 北京保利 | 2015-06-03 |
| 毛焰 1995 年作 尖角黑玫瑰 布面油画 | 200×100cm | 7,080,708 | 保利香港 | 2015-10-05 |
| 毛焰 1990 年作 女青年 布面油画 | 170×60cm | 3,450,000 | 北京华辰 | 2015-11-15 |
| 毛焰 1989 年作 屏风前的遐思 布面油画 | 98.5×73.5cm | 2,875,000 | 中国嘉德 | 2015-11-14 |
| 毛焰 2004 年作 托马斯肖像 NO.5 布面油画 | 75×60cm | 2,415,000 | 中国嘉德 | 2015-11-14 |
| 毛焰 2000 年作 托马斯肖像 1 号 布面油画 | 61×50cm | 2,127,500 | 中国嘉德 | 2015-05-17 |
| 梅桂英等 4 人 妇人与静物 | 140×187cm | 3,450,000 | 北京华辰 | 2015-11-15 |
| 孟禄丁 2007 年作 势系列 14 布面油画 | 200×400cm | 2,300,000 | 北京保利 | 2015-06-03 |

| 拍品名称 | 尺寸 | 成交价 RMB | 拍卖公司 | 拍卖时间 |
|---|---|---|---|---|
| 米高·柯瓦卢卢比亚斯约 1932 年作 每夜皆节庆 水粉 水彩纸本 | 56×37cm | 2,038,560 | 香港苏富比 | 2015-10-04 |
| 米斯尼亚迪 2013 年作 在线 压克力画布 | 200×300cm | 3,396,240 | 香港佳士得 | 2015-05-30 |
| 米斯尼亚迪 2012 年作 和平保管 布面油画 | 300×200cm | 3,086,960 | 香港佳士得 | 2015-11-28 |
| 米斯尼亚迪 别催我 压克力布 | 206×160cm | 2,235,840 | 香港苏富比 | 2015-10-04 |
| 米斯尼亚迪 2010 年作 司晨之舞 压克力画布 | 200×150cm | 2,146,680 | 香港佳士得 | 2015-05-31 |
| 名和晃平 2012 年作 PixCell- 大弯角羚 鹿头标本、玻璃珠 | 高 173，100×100cm | 2,926,320 | 香港苏富比 | 2015-10-04 |
| 奈良美智 2006 年作 The Little Star Dweller acrylic and glitter on canvas | 227.3×181.3cm | 21,672,550 | 纽约佳士得 | 2015-11-09 |
| 奈良美智 1995 年作 Yr.Childhood 压克力画布 | 120×110cm | 15,795,720 | 香港佳士得 | 2015-05-30 |
| 奈良美智 1995 年作 Tempest | 120×110cm | 10,870,040 | 香港佳士得 | 2015-11-28 |
| 奈良美智 1999 年作 Sleepless Night（in the White Room） | 120×110cm | 10,870,040 | 香港佳士得 | 2015-11-28 |
| 奈良美智 1999 年作 In the Darkland 压克力画布 | 120×110cm | 9,929,760 | 香港苏富比 | 2015-10-04 |
| 奈良美智 2012 年作 Let's Talk About"Glory" 压克力麻布裱于木板 | 151×108.5cm | 7,956,960 | 香港苏富比 | 2015-10-04 |
| 奈良美智 2002 年作 Standing Alone 压克力及彩色笔纸本 | 72.5×51.2cm | 3,222,240 | 香港苏富比 | 2015-10-05 |
| 奈良美智 2004 年作 Peace on Your Feet 彩色铅笔及压克力纸本 | 132.4×115.9cm | 2,531,760 | 香港苏富比 | 2015-10-05 |
| 奈良美智 2008 年作 Nagoya Girl I 压克力及彩色铅笔 炭笔纸本 | 图像 108.5×76.5cm; 纸 120×88.5cm | 2,435,040 | 香港佳士得 | 2015-05-30 |
| 奈良美智 1996 年作 Untitled acrylic and pen on canvas | 42×46cm | 2,101,760 | 香港佳士得 | 2015-11-29 |
| 奈良美智 1996 年作 Little Red Trooper 压克力画布 | 33.5×27.7cm | 2,038,560 | 香港苏富比 | 2015-10-05 |
| 潘玉良 20 世纪 40 年代作 巴黎湖景 布面油画 | 45.5×81.5cm | 2,530,000 | 中国嘉德 | 2015-05-17 |
| 庞茂琨 2004 年作 OK 中国 布面油画 | 185×140cm | 3,335,000 | 北京匡时 | 2015-06-06 |
| 庞茂琨 2009 年作 圆梦 布面油画 | 200×160cm | 3,335,000 | 北京保利 | 2015-06-03 |
| 庞薰琹 1979 年作 杜鹃花 油彩木板 | 60×50cm | 3,107,880 | 香港佳士得 | 2015-05-30 |
| 皮耶尔·奥古斯特·雷诺阿 风景 布面油画 | 31×40cm | 3,967,500 | 西泠印社 | 2015-12-26 |
| 朴栖甫 1975 年作 描法第 65-75 号 | 130×195cm | 7,717,400 | 香港佳士得 | 2015-11-28 |
| 朴栖甫 1975 年作 描法 9 号 -75 油画铅笔画布 | 130.3×161cm | 3,744,480 | 香港苏富比 | 2015-04-04 |
| 朴栖甫 1974 年作 描法 No.9-74 铅笔及油画布面 | 130.5×162.5cm | 3,123,600 | 香港苏富比 | 2015-10-04 |
| 千镜子 1968 年作 睡梦中的女子·colour mixed with shell powder on Korean paper | 78.7×96.5cm | 3,185,480 | 香港佳士得 | 2015-11-29 |
| 邱光平 危险境地 布面油画 | 200×180cm | 2,530,000 | 荣宝斋（上海） | 2015-07-26 |
| 仇晓飞 2009 年作 看眼睛 布面油画 | 200×200cm | 2,070,000 | 中国嘉德 | 2015-05-17 |
| 让·巴蒂斯特·卡米耶·柯罗 林下小溪图 布面油画 | 58.4×45.1cm | 3,565,000 | 西泠印社 | 2015-12-26 |
| 萨尔瓦多·达利 时间之舞 I 铜雕 绿色及金色铜锈 | 高 210cm | 2,670,000 | 佳士得（上海） | 2015-04-25 |
| 沙耆 比利时同学像 布面油画 | 80×70cm | 4,025,000 | 中国嘉德 | 2015-05-17 |

| 拍品名称 | 尺寸 | 成交价 RMB | 拍卖公司 | 拍卖时间 |
|---|---|---|---|---|
| 尚扬 1994 年作 诊断 -3 布面丙烯画 | 193×153cm | 8,050,000 | 中国嘉德 | 2015-05-17 |
| 尚扬 2007 年作 董其昌计划 -7 布面油画 | 128×416cm | 6,440,000 | 北京保利 | 2015-06-03 |
| 尚扬 2009 年作 董其昌计划 -23 综合媒材 | 300×272cm | 5,520,000 | 西泠印社 | 2015-12-26 |
| 尚扬 1995 年作 95 大风景 -4 布面油画 | 170×200cm | 5,520,000 | 北京保利 | 2015-12-05 |
| 尚扬 1994 年作 诊断 -6 布面油画 | 193×153.3cm | 4,600,000 | 中国嘉德 | 2015-11-14 |
| 尚扬 2007 年作 董其昌计划 -4（双联作）复合媒材面画布 | 148×466cm; 148×233cm; 148×233cm | 4,504,560 | 香港苏富比 | 2015-10-04 |
| 尚扬 1997-2007 年作 有阳光的大风景 -4 布面油画 | 100×150.5cm | 4,025,001 | 中国嘉德 | 2015-11-14 |
| 尚扬 1988 年作 灶台 布面油画 | 82×90cm | 2,856,780 | 保利香港 | 2015-04-06 |
| 尚扬 1995 年作 大风景—秋爆 布面油彩 | 87×130cm | 2,300,000 | 上海明轩 | 2015-06-21 |
| 石冲 1995 年作 欣慰中的年青人 布面油画 | 152×74cm | 37,950,000 | 中国嘉德 | 2015-11-14 |
| 石田彻也 1998 年作 无题 压克力纸本 | 103×145.6cm | 3,300,120 | 香港佳士得 | 2015-05-30 |
| 石田彻也 2004 年作 本液 压克力及油画画布 | 45.5×53cm | 2,298,800 | 香港佳士得 | 2015-11-29 |
| 舒群 1991 年作 文化 POP 系列·崔健 B 布面油画 | 130×120cm | 2,185,000 | 北京匡时 | 2015-12-04 |
| 苏天赐 1998 年作 水边的幽篁 布面油画 | 60×110cm | 2,530,000 | 北京保利 | 2015-06-03 |
| 谭平 2009 年作 无题 布面丙烯画 | 200×300cm×3 | 3,507,500 | 北京保利 | 2015-12-05 |
| 汤姆·韦塞尔曼 1988 年作 卧室裸体涂鸦《3-D》珐琅、铝（人手切割） | 168.9×231.1×24.1cm | 2,790,000 | 佳士得（上海） | 2015-04-25 |
| 藤田嗣治 1924 年作 少女半身像 | 64.8×46.4cm | 3,481,040 | 香港佳士得 | 2015-11-28 |
| 日中敦子 1977-1984 年作 77R- '84 | 130×97cm | 6,732,200 | 香港佳士得 | 2015-11-28 |
| 日中敦子 1993 年作 93C 压克力画布 | 130×193.5cm | 5,874,960 | 香港苏富比 | 2015-04-04 |
| 日中敦子 1993 年作 93A | 194.2×130.5cm | 5,451,440 | 香港佳士得 | 2015-11-28 |
| 日中敦子 1993 年作 93E 合成树脂漆画布 | 117×91cm | 3,024,960 | 香港苏富比 | 2015-10-04 |
| 田中敦子 2001 年作 无题 enamel on canvas | 130×97cm | 2,397,320 | 香港佳士得 | 2015-11-29 |
| 田中敦子 1975 年作 作品 瓷漆画布 | 128.8×96.7cm | 2,338,920 | 香港佳士得 | 2015-05-30 |
| 屠宏涛 2011 年作 树下遇到荒木 布面油画 | 270×210cm | 2,185,000 | 北京保利 | 2015-06-03 |
| 王光乐 2007 年作 水磨石 2007.12.27 布面油画 | 180×130cm | 2,875,000 | 北京保利 | 2015-06-03 |
| 王光乐 2005 年作水磨石 2005.6/8 布面油画 | 180.3×150.2cm | 2,827,680 | 香港苏富比 | 2015-10-04 |
| 王广义 1987 年作 红色理性——文艺复兴衰落原因之分析 布面油画 | 89.2×64.4cm | 2,291,880 | 香港苏富比 | 2015-04-04 |
| 王怀庆 1992 年作 相对有声 布面油画 | 130.5×143.5cm | 11,685,360 | 香港苏富比 | 2015-04-04 |
| 王怀庆 1999 年作 榻 布面油画 | 140×197cm | 8,352,450 | 中国嘉德 | 2015-04-06 |
| 王兴伟 1994 年作 伤害 布面油画 | 210×170cm | 3,518,160 | 香港苏富比 | 2015-10-04 |
| 王兴伟 2003 年作 八女投江 布面油画 | 195×300cm | 3,068,000 | 苏富比（北京） | 2015-06-02 |
| 王兴伟 2001 年作 HELLOHOWMUCH 布面油画 | 276.8×327cm | 2,776,080 | 香港苏富比 | 2015-04-04 |
| 王沂东 2008 年作 初雪 布面油画 | 117×78cm | 6,325,000 | 北京保利 | 2015-06-03 |
| 王沂东 2015 年作 弯弯的羊肠道 布面油画 | 60×60cm | 2,530,000 | 北京保利 | 2015-12-05 |
| 威廉·杰拉德·贺夫卡 1942 年作 Poeri Oeboed with Made Toewi 布面油画 | 60.5×35cm | 3,107,880 | 香港佳士得 | 2015-05-30 |

| 拍品名称 | 尺寸 | 成交价 RMB | 拍卖公司 | 拍卖时间 |
|---|---|---|---|---|
| 文森·席尔瓦·马南萨拉 丰收 布面油画 | 91×183cm | 3,419,520 | 香港苏富比 | 2015-10-04 |
| 文森·席尔瓦·马南萨拉 掰手腕 布面油画 | 55.5×68.5cm | 2,038,560 | 香港苏富比 | 2015-10-05 |
| 吴大羽 1980 年作 谱韵 –63 布面油画 | 53.7×37.3cm | 11,500,000 | 中国嘉德 | 2015-05-17 |
| 吴大羽 1980 年作 无题 –19 布面油画裱于纸板 | 54×39cm | 10,350,000 | 北京保利 | 2015-06-03 |
| 吴大羽 1980 年作 飞羽 布面油画 | 45.6×33cm | 5,865,000 | 中国嘉德 | 2015-11-14 |
| 吴大羽 繁花争艳 布面油画 | 45.5×32.5cm | 5,874,960 | 香港苏富比 | 2015-04-04 |
| 吴大羽 约 1980 年作 无题 5 布面油画裱于纸板 | 38×26.5cm | 4,011,360 | 香港苏富比 | 2015-10-04 |
| 吴大羽 1982 年作 春在 布面油画 | 34.5×34.5cm | 3,910,000 | 北京保利 | 2015-12-05 |
| 吴大羽 约 1960 年作 无题43 油画画布 | 40×32.5cm | 3,814,080 | 香港苏富比 | 2015-10-04 |
| 吴冠中 1975 年作 木槿 布面油画 | 120×80cm | 69,000,000 | 北京保利 | 2015-06-03 |
| 吴冠中 1973 年作 红梅 布面油画 | 89.6×70cm | 53,939,880 | 香港苏富比 | 2015-04-04 |
| 吴冠中 1973 年作 小桃红 布面油画 | 61.1×46.3cm | 36,529,680 | 香港苏富比 | 2015-04-04 |
| 吴冠中 1975 年作 滨海城市（青岛）木板油彩 | 46×61cm | 31,424,580 | 保利香港 | 2015-04-06 |
| 吴冠中 1973 年作 荷花 布面 | 60.8×50.2cm | 27,728,520 | 香港苏富比 | 2015-04-04 |
| 吴冠中 1994 年作 墙上秋色 布面油画 | 60.5×93cm | 25,920,840 | 香港苏富比 | 2015-04-04 |
| 吴冠中 1973 年作 紫竹院的早春 布面油画 | 60×81cm | 24,725,000 | 北京保利 | 2015-12-05 |
| 吴冠中 1987 年作 山居 布面油画 | 106×77.5cm | 18,400,000 | 广州华艺 | 2015-12-20 |
| 吴冠中 故乡苇塘 镜心 设色纸本 | 70×140cm | 14,590,560 | 香港苏富比 | 2015-04-06 |
| 吴冠中 1984 年作 白皮松 设色纸本 | 117.3×95.8cm | 13,488,840 | 香港佳士得 | 2015-05-30 |
| 吴冠中 1978 年作 园林（江南园林） | 69×54cm | 10,377,440 | 香港佳士得 | 2015-11-28 |
| 吴冠中 1973 年作 长江三峡 木板油彩 | 58×43cm | 9,522,600 | 保利香港 | 2015-04-06 |
| 吴冠中 1961 年作 大昭寺 木板油彩 | 46×61cm | 9,200,000 | 北京保利 | 2015-12-05 |
| 吴冠中 1981 年作 鲁迅乡土组画之一：老屋（老墙） | 50×50cm | 8,407,040 | 香港佳士得 | 2015-11-28 |
| 吴冠中 1985 年作 彩山 布面油画 | 46×54cm | 7,327,560 | 香港苏富比 | 2015-04-04 |
| 吴冠中 1972 年作 李村树（二）纸板油画 | 34×26cm | 6,068,640 | 香港苏富比 | 2015-04-04 |
| 吴冠中 1959 年作 井冈山小景 布面油画 | 46×61.5cm | 5,980,000 | 北京保利 | 2015-06-03 |
| 吴冠中 1978 年作 江边竹林 木板油画 | 44×43cm | 5,874,960 | 香港苏富比 | 2015-04-04 |
| 吴冠中 1972 年作 白皮松 纸本油画 | 34×26cm | 5,865,000 | 北京保利 | 2015-06-03 |
| 吴冠中 1985 年作 白桦 | 60.7×72.7cm | 4,466,240 | 香港佳士得 | 2015-11-28 |
| 吴冠中 1960 年作 规划荒山 木板油画 | 43.8×58.6cm | 4,370,000 | 北京保利 | 2015-06-03 |
| 吴冠中 1980 年作 狮子林 彩墨 压克力纸本 | 69×541cm | 4,334,880 | 罗芙奥 | 2015-11-29 |
| 吴冠中 1960 年作 垦荒路上 木板油画 | 23×47cm | 3,105,000 | 北京保利 | 2015-06-03 |
| 吴冠中 1976 年作 福橼 纸本油画 | 36×30cm | 3,220,000 | 北京保利 | 2015-06-03 |
| 吴冠中 1994 年作 春秋 油彩木板 | 50×60cm | 3,006,876 | 保利香港 | 2015-10-05 |
| 吴冠中 1974 年作 绿色的海 布面油画裱于木板 | 24×34cm | 2,715,888 | 中国嘉德 | 2015-10-06 |
| 吴冠中 1976 年作 漓江 木板油画 | 44.5×44.5cm | 2,300,000 | 北京匡时 | 2015-06-06 |
| 吴冠中 1994 年作 北海 布面油画 | 40×30cm | 2,300,000 | 北京保利 | 2015-12-05 |
| 吴冠中 1996 年作 苏州东山民居 布面油彩 | 35×40cm | 2,300,000 | 北京传是 | 2015-12-05 |
| 吴作人 1939 年作 嘉陵江边 布面油画 | 70×100cm | 5,290,000 | 中国嘉德 | 2015-05-17 |
| 夏小万 1997 年作 水肢体 布面油画 | 140×300cm | 2,185,000 | 北京传是 | 2015-12-04 |

| 拍品名称 | 尺寸 | 成交价 RMB | 拍卖公司 | 拍卖时间 |
|---|---|---|---|---|
| 谢南星 1999 年作 无题系列 NO.4 布面油画 | 140×178.5cm | 4,657,500 | 北京匡时 | 2015-12-04 |
| 谢南星 1998 年作 无题（模糊的花 4 号）布面油画 | 161×132cm | 2,124,000 | 苏富比（北京） | 2015-12-05 |
| 徐冰 2001 年作 鸟飞了 装置 | 23×23cm | 11,500,000 | 北京保利 | 2015-06-03 |
| 徐累 2009 年作 月落 镜心 设色纸本 | 114×208cm | 4,761,300 | 保利香港 | 2015-04-06 |
| 徐唯辛 2003–2004 年作 工棚 布面油画 | 220×200cm | 2,070,000 | 西泠印社 | 2015-12-26 |
| 亚历山大·阿契本科 梳头女子 青铜雕塑 | 高 179cm | 12,985,750 | 纽约佳士得 | 2015-11-09 |
| 闫平 2009 年作 听风 布面油画 | 200×180cm | 2,530,000 | 北京保利 | 2015-06-03 |
| 严培明 2007 年作 黑色自画像 布面油画 | 350×350cm | 2,531,160 | 香港佳士得 | 2015-05-31 |
| 颜文樑、潘玉良、雷雨、钱延康、李咏森、张眉孙、刘海粟、陈抱一、吴作人、钱延康等 百年华彩 – 二十世纪前辈优秀艺术家水彩作品专辑 | 尺寸不一 | 5,520,000 | 北京保利 | 2015-06-04 |
| 颜文樑 颐和园 布面油画 | 28×40cm | 3,450,000 | 北京保利 | 2015-06-04 |
| 颜文樑 风景 布面油画 | 88×118cm | 2,760,000 | 广东崇正 | 2015-12-18 |
| 颜文樑 颐和园·苻桥 纸板油画 | 24.2×35.2cm | 2,702,500 | 中国嘉德 | 2015-05-17 |
| 杨飞云 2010 年作 唐韵 布面油画 | 180×150cm | 8,050,000 | 广州华艺 | 2015-05-24 |
| 杨飞云 2004 年作 小憩 布面油画 | 145×115cm | 6,900,000 | 广州华艺 | 2015-12-20 |
| 杨飞云 1998 年作 方式 布面油画 | 162×130cm | 4,370,000 | 北京保利 | 2015-12-05 |
| 杨飞云 2004 年作 拉大提琴的女人 布面油画 | 146×97cm | 3,335,000 | 北京匡时 | 2015-06-06 |
| 叶子奇 2007–2008 年作 有相思树林的阳明山 卵彩油彩油彩亚麻布 | 127×213cm | 3,042,000 | 罗芙奥 | 2015-12-06 |
| 叶子奇 2014–2015 年作 雾来·茖溪·花莲 卵彩油彩亚麻布 | 102×223.5cm | 2,908,800 | 罗芙奥 | 2015-06-07 |
| 佚名 巴勃罗·毕加索 舞者大花瓶 | 高 71cm | 3,030,000 | 佳士得（上海） | 2015-04-25 |
| 佚名 苏绣秀兰·邓波儿 | 55×43cm | 2,300,000 | 北京华辰 | 2015-11-15 |
| 尹亨根 棕色蓝色 | 193.5×130.5cm | 2,200,280 | 香港佳士得 | 2015-11-28 |
| 余本 1935 年作 晚归 布面油画 | 82×94cm | 6,325,000 | 中国嘉德 | 2015-11-14 |
| 余友涵 1986 年作 无题 | 157.5×131.8cm | 6,929,240 | 香港佳士得 | 2015-11-28 |
| 余友涵 1990/1991 年作 1991.1 布面油画 | 118×167cm | 7,427,628 | 保利香港 | 2015-04-06 |
| 余友涵 2007 年作 毛主席和韶山农民谈话 布面油画 | 214×154cm | 7,141,950 | 保利香港 | 2015-04-06 |
| 余友涵 1986 年作 1986–3–1 压克力画布 | 156×131.2cm | 3,163,440 | 香港苏富比 | 2015-04-04 |
| 俞晓夫 1998 年作 钢琴课 布面油画 | 135×180cm | 5,290,000 | 北京翰海 | 2015-06-26 |
| 元永定正 1964 年作 作品 砾石、合成树脂及油画画布裱于木板 | 91×116cm | 5,984,160 | 香港苏富比 | 2015-10-04 |
| 元永定正 1973 年作 TAPA TAPA | 91×72cm | 2,200,280 | 香港佳士得 | 2015-11-28 |
| 袁运甫 1981 年作 江南水乡 油画木板 | 100×200cm | 2,776,080 | 香港苏富比 | 2015-04-04 |
| 曾梵志 1998 年作 面具系列 布面油画 | 169×144.3cm | 16,692,840 | 香港佳士得 | 2015-05-30 |
| 曾梵志 2009 年作 无题 10–1–2 布面油画 | 200×400cm | 11,902,560 | 香港苏富比 | 2015-10-04 |
| 曾梵志 2006 年作 自画像（行进者）布面油画 | 215×330.5cm | 8,570,340 | 保利香港 | 2015-04-06 |
| 曾梵志 2002 年作 我们系列：毛泽东 布面油画 | 100×100cm | 7,272,000 | 罗芙奥 | 2015-06-07 |
| 曾梵志 2001 年作 无题 11 布面油画 | 218×146cm | 6,670,000 | 北京保利 | 2015-06-03 |

| 拍品名称 | 尺寸 | 成交价 RMB | 拍卖公司 | 拍卖时间 |
|---|---|---|---|---|
| 曾梵志 2001 年作 无题 布面油画 | 220×145cm | 6,630,000 | 上海佳士得 | 2015-10-24 |
| 曾梵志 1996 年作 三年级一班 15、16 及 24 号（三件）布面油画 | 48×38cm | 6,359,160 | 香港苏富比 | 2015-04-04 |
| 曾梵志 2006/2007 年作 肖像 06-1 布面油画 | 219×149cm | 6,279,840 | 香港佳士得 | 2015-05-30 |
| 曾梵志 2001 年作 面具系列 2001 No.5 布面油画 | 109.5×109.5cm | 5,819,760 | 保利香港 | 2015-10-05 |
| 曾梵志 2006 年作 小威 布面油画 | 100×100cm | 5,750,000 | 上海明轩 | 2015-06-21 |
| 曾梵志 2005 年作 竹子·人 | 200×150cm | 4,466,240 | 香港佳士得 | 2015-11-28 |
| 曾梵志 2006 年作 肖像 | 220×150.8cm | 4,466,240 | 香港佳士得 | 2015-11-28 |
| 曾梵志 2006 年作 风景 布面油画 | 70×200cm | 4,212,000 | 罗芙奥 | 2015-12-06 |
| 曾梵志 2005 年作 肖像 布面油画 | 180×150cm | 3,938,160 | 香港苏富比 | 2015-04-05 |
| 曾梵志 1992 年作 叙诉 布面油画 | 117×83cm | 3,335,000 | 西泠印社 | 2015-12-26 |
| 曾梵志 2004 年作 肖像 布面油画 | 150.5×180.5cm | 2,875,000 | 北京保利 | 2015-12-05 |
| 曾梵志 2004 年作 无题 布面油画 | 80×80cm | 2,195,040 | 香港苏富比 | 2015-04-05 |
| 展望 2005 年作 假山石第 104 号 | 266×132×100cm | 3,481,040 | 香港佳士得 | 2015-11-28 |
| 张恩利 2001 年作 吸烟 布面油画 | 200×220cm | 5,750,000 | 中国嘉德 | 2015-05-17 |
| 张恩利 2010 年作 天空 布面油画 | 250×300cm | 2,630,400 | 香港苏富比 | 2015-10-04 |
| 张恩利 1995 年作 单身 布面油画 | 170.3×140.5cm | 2,485,560 | 香港苏富比 | 2015-04-05 |
| 张恩利 2012 年作 无题 布面油画 | 230×280cm | 2,001,360 | 香港苏富比 | 2015-04-05 |
| 张荔英 自画像 油画木板 | 35×27cm | 2,388,720 | 香港苏富比 | 2015-04-04 |
| 张培力 1985 年作 仲夏的泳者 布面油画 | 173.5×170cm | 13,676,436 | 保利香港 | 2015-10-05 |
| 张晓刚 1993 年作 天安门 3 号 布面油画 | 100×129cm | 18,018,240 | 香港苏富比 | 2015-10-04 |
| 张晓刚 1995 年作 血缘——大家庭·全家福 布面油画 | 99.5×130cm | 16,790,000 | 北京保利 | 2015-12-05 |
| 张晓刚 2005 年作 女孩 | 110×130cm | 4,605,600 | 罗芙奥 | 2015-06-07 |
| 赵半狄 1990 年作 涂口红的女孩 布面油画 | 170×109cm | 13,800,000 | 中国嘉德 | 2015-11-14 |
| 赵无极 1961 年作 07.04.61 布面油画 | 195×114cm | 44,901,480 | 香港苏富比 | 2015-04-04 |
| 赵无极 1951/1952 年作 无题（大教堂） | 81×100.1cm | 34,120,760 | 香港佳士得 | 2015-11-28 |
| 赵无极 1955 年作 雷霆万钧 | 65×100cm | 29,523,160 | 香港佳士得 | 2015-11-28 |
| 赵无极 1960 年作 12.04.60 布面油画 | 100×80cm | 28,803,960 | 香港佳士得 | 2015-05-30 |
| 赵无极 1959 年作 02.04.59 布面油画 | 89×130cm | 26,824,680 | 香港苏富比 | 2015-04-04 |
| 赵无极 1964 年作 5.11.64 | 162×150cm | 21,247,480 | 香港苏富比 | 2015-11-28 |
| 赵无极 1966 年作 08.03.66 布面油画 | 150×162cm | 19,793,760 | 香港苏富比 | 2015-10-04 |
| 赵无极 1991 年作 16.9.91 布面油画 | 114×146cm | 16,353,920 | 罗芙奥 | 2015-06-07 |
| 赵无极 1966 年作 19.12.66 布面油画 | 195×96cm | 16,353,920 | 罗芙奥 | 2015-06-07 |
| 赵无极 1952 年作 海港 布面油画 | 60×72.7cm | 14,861,760 | 香港苏富比 | 2015-10-04 |
| 赵无极 1955 年作 夜子夜 布面油画 | 54.5×46.5cm | 14,590,560 | 香港苏富比 | 2015-04-04 |
| 赵无极 1954/1955 年作 田野 布面油画 | 46×61cm | 14,549,400 | 保利香港 | 2015-10-05 |
| 赵无极 1954 年作 火鸟 布面油画 | 73×92cm | 14,283,900 | 保利香港 | 2015-04-06 |
| 赵无极 1961 年作 17.06.61 布面油画 | 60×73cm | 13,969,440 | 香港佳士得 | 2015-05-30 |
| 赵无极 1999 年作 24.09.99 布面油画 | 162×130cm | 13,603,200 | 罗芙奥 | 2015-12-06 |
| 赵无极 1952 年作 双裸女 布面油画 | 45.5×55cm | 13,137,960 | 香港苏富比 | 2015-04-04 |
| 赵无极 1956 年作 夜,深夜 布面油画 | 33×55cm | 12,527,640 | 香港佳士得 | 2015-05-30 |

| 拍品名称 | 尺寸 | 成交价 RMB | 拍卖公司 | 拍卖时间 |
|---|---|---|---|---|
| 赵无极 1968 年作 18.3.68 布面油画 | 95×105cm | 12,527,640 | 香港佳士得 | 2015-05-30 |
| 赵无极 1953 年作 归航 布面油画 | 60×92cm | 11,902,560 | 香港苏富比 | 2015-10-04 |
| 赵无极 1955 年作 父亲的花园 布面油画 | 38×46cm | 11,566,440 | 香港佳士得 | 2015-05-30 |
| 赵无极 1993 年作 15.2.93 布面油画 | 162×150cm | 10,856,000 | 北京佳士得 | 2015-06-02 |
| 赵无极 1997 年作 19.06.97 布面油画 | 114×195cm | 10,716,960 | 香港苏富比 | 2015-04-04 |
| 赵无极 1969 年作 7.12.69 布面油画 | 73×92cm | 10,180,400 | 罗芙奥 | 2015-11-29 |
| 赵无极 1959 年作 16.05.59 布面油画 | 73×54cm | 9,748,560 | 香港苏富比 | 2015-04-05 |
| 赵无极 1955 年作 中国城 | 54×65cm | 8,899,640 | 香港佳士得 | 2015-11-28 |
| 赵无极 1956 年作 热风 布面油画 | 46×55cm | 8,202,240 | 香港佳士得 | 2015-05-30 |
| 赵无极 1961 年作 27.05.61 布面油画 | 100×73cm | 7,956,960 | 香港苏富比 | 2015-10-04 |
| 赵无极 1974 年作 06.02.74 布面油画 | 65×81.5cm | 7,237,176 | 保利香港 | 2015-04-06 |
| 赵无极 1982 年作 23.3.82 布面油画 | 114×146cm | 6,785,000 | 北京保利 | 2015-06-03 |
| 赵无极 1981 年作 .10.81 布面油画 | 73×60cm | 5,991,480 | 香港佳士得 | 2015-05-30 |
| 赵无极 1948 年作 沥红佳人 布面油画 | 65.2×54cm | 5,984,160 | 香港苏富比 | 2015-10-04 |
| 赵无极 1974 年作 .9.8.74 布面油画 | 73×60cm | 5,713,560 | 保利香港 | 2015-04-06 |
| 赵无极 1984 年作 20.8.84 布面油画 | 73×92cm | 5,060,000 | 北京保利 | 2015-06-03 |
| 赵无极 1974 年作 14-11-74 布面油画 | 47.5×56cm | 4,945,000 | 北京保利 | 2015-12-05 |
| 赵无极 1977 年作 06.02.77 布面油画 | 73×54cm | 4,849,800 | 保利香港 | 2015-10-04 |
| 赵无极 1967 年作 18.3.67 布面油画 | 46×50cm | 4,800,000 | 北京匡时 | 2015-12-04 |
| 赵无极 1965 年作 C4.02.65 布面油画 | 46×50cm | 4,800,480 | 香港苏富比 | 2015-10-05 |
| 赵无极 1961 年作 15.6.61 | 71.1×58.4cm | 4,466,240 | 香港佳士得 | 2015-11-28 |
| 赵无极 1950 年作 有月亮的风景 布面油画 | 38×46cm | 3,744,480 | 香港苏富比 | 2015-04-05 |
| 赵无极 2004 年作 无题 布面油画 | 60×73cm | 3,324,840 | 香港佳士得 | 2015-03-15 |
| 赵无极 1998 年作 13.01.98 布面油画 | 54×65cm | 2,988,440 | 香港佳士得 | 2015-11-29 |
| 赵无极 1949 年作 绿色风景 油彩画布裱三木板 | 33×32.5cm | 2,969,760 | 香港苏富比 | 2015-04-04 |
| 赵无极 1949 年作 绿色公园与尖塔 油彩画布板 | 33×40.5cm | 2,969,760 | 香港苏富比 | 2015-04-05 |
| 郑相和 1985 年作 无题 | 163×130cm | 3,973,640 | 香港佳士得 | 2015-11-28 |
| 郑相和 2005 年作 无题 05-7-15 及 05-2-14（两张作品）压克力画布 | 162×130.6cm | 3,938,160 | 香港苏富比 | 2015-04-04 |
| 郑相和 无题 91-8-25 压克力画布 | 193.5×259cm | 3,744,480 | 香港苏富比 | 2015-04-05 |
| 钏泗宾 1953 年作 苔里舞会 布面油画 | 134×87.5cm | 6,338,120 | 香港佳士得 | 2015-11-29 |
| 钏泗宾 1953 年作 头人 油彩木板 | 90×60cm | 2,338,920 | 香港佳士得 | 2015-05-30 |
| 周碧初 1975 年作 西山矿区 布面油画 | 88×130cm | 2,070,000 | 北京匡时 | 2015-06-06 |
| 周春芽 2008 年作 绿狗 布面油画 | 200×250cm | 6,325,000 | 上海明轩 | 2015-06-21 |
| 周春芽 1997 年作 月下情人（绿狗 2 号）布面油画 | 250.5×200cm | 4,906,560 | 香港苏富比 | 2015-04-04 |
| 周春芽 1999 年作 雅安红石 布面油画 | 150×120cm | 3,460,320 | 罗芙奥 | 2015-05-31 |
| 周春芽 2007 年作 三月桃花开 布面油画 | 200×150cm | 3,220,000 | 西泠印社 | 2015-07-04 |
| 周春芽 2009 年作 桃花 纸本丙烯画 | 150×230cm | 2,300,000 | 上海明轩 | 2015-06-21 |
| 周春芽 1996 年作 奔跑的黑根 布面油画 | 200×150cm | 2,242,500 | 北京翰海 | 2015-11-27 |
| 周春芽 2002 年作 绿狗系列 布面油画 | 120×150cm | 2,133,912 | 保利香港 | 2015-10-05 |
| 周春芽 1997 年作 绿色的黑根 布面油画 | 149.7×120cm | 2,038,560 | 香港苏富比 | 2015-10-05 |

| 拍品名称 | 尺寸 | 成交价 RMB | 拍卖公司 | 拍卖时间 |
|---|---|---|---|---|
| 周春芽 2002 年作 绿狗 布面油画 | 150×118cm | 2,001,360 | 香港苏富比 | 2015-04-05 |
| 朱德群 1985 年作 冬之微妙 布面油画 | 130×100cm | 28,128,840 | 保利香港 | 2015-10-05 |
| 朱德群 1985 年作 冬季苏醒 布面油画 | 129.5×96cm | 18,038,520 | 香港佳士得 | 2015-05-30 |
| 朱德群 1968 年作 构图第 290 号 布面油画 | 147.3×115cm | 16,244,280 | 香港佳士得 | 2015-05-30 |
| 朱德群 1959 年作 八仙山之秀 布面油画 | 100×65cm | 15,795,720 | 香港佳士得 | 2015-05-30 |
| 朱德群 1970 年作 回忆，1970 年 5 月 14 日 布面油画 | 97×162cm | 14,283,900 | 保利香港 | 2015-04-06 |
| 朱德群 1990 年作 黎明幻影 布面油画 | 130×195cm | 12,527,640 | 香港佳士得 | 2015-05-30 |
| 朱德群 2005 年作 温馨的回忆 布面油画 | 130×195cm | 11,085,840 | 香港佳士得 | 2015-05-30 |
| 朱德群 1991 年作 希望延生了 布面油画 | 180×230cm | 10,605,240 | 香港佳士得 | 2015-05-30 |
| 朱德群 2004 年作 忆中雾 布面油画 | 130×195cm | 9,436,560 | 香港苏富比 | 2015-10-04 |
| 朱德群 1985 年作 冬之组合 | 80.5×65cm | 9,392,240 | 香港佳士得 | 2015-11-28 |
| 朱德群 2006 年作 发光的形式 布面油画 | 130×195cm | 8,729,640 | 保利香港 | 2015-10-05 |
| 朱德群 2004/2005 年作 珍惜的一刻 布面油画 | 130×195cm | 8,280,000 | 北京保利 | 2015-06-03 |
| 朱德群 1995 年作 无题 布面油画 | 195×130cm | 8,280,000 | 北京保利 | 2015-06-03 |
| 朱德群 1961 年作 构图第 79 号 布面油彩 | 116×81cm | 7,721,640 | 香港佳士得 | 2015-05-30 |
| 朱德群 1959 年作 构图第十六号 布面油画 | 130×81cm | 7,610,010 | 中国嘉德 | 2015-04-06 |
| 朱德群 1985 年作 无题 | 81×65cm | 6,929,240 | 香港佳士得 | 2015-11-28 |
| 朱德群 1976 年作 夜光 布面油画 | 130.5×96.5cm | 5,984,160 | 香港苏富比 | 2015-10-04 |
| 朱德群 1992 年作 实质掌握 布面油彩 | 162×130cm | 5,817,600 | 罗芙奥 | 2015-06-07 |
| 朱德群 1979 年作 构图 布面油彩 | 81×65cm×3 | 5,607,000 | 香港佳士得 | 2015-05-30 |
| 朱德群 1990 年作 透明灰 布面油画 | 161.9×130.8cm | 4,073,832 | 保利香港 | 2015-10-05 |
| 朱德群 2006 年作 生意盎然 布面油画 | 97×130cm | 4,011,360 | 香港苏富比 | 2015-10-04 |
| 朱德群 1985 年作 30.10.1985 布面油画 | 46×55cm | 3,684,600 | 香港佳士得 | 2015-05-31 |
| 朱德群 1977 年作 夏 布面油画 | 89×116cm | 3,680,000 | 北京保利 | 2015-12-05 |
| 朱德群 1979 年作 1979.2.14（情人节）布面油画 | 81.2×65cm | 3,630,000 | 佳士得（上海） | 2015-10-24 |
| 朱德群 1991 年作 蓝色的沉思 布面油画 | 117×90.4cm | 3,523,362 | 保利香港 | 2015-04-06 |
| 朱德群 1973 年作 构成 No.535 布面油画 | 100×73cm | 3,510,000 | 罗芙奥 | 2015-12-06 |
| 朱德群 1975 年作 Mars 1975 | 81×60cm | 3,185,480 | 香港佳士得 | 2015-11-28 |
| 朱德群 1996 年作 雏形 布面油画 | 72.5×91cm | 3,105,000 | 北京保利 | 2015-06-03 |
| 朱德群 1964 年作 第一七九号；内腑之光 布面油画 | 72×59cm | 2,856,780 | 保利香港 | 2015-04-06 |
| 朱德群 1977 年作 无题 布面油画 | 91×65cm | 2,627,280 | 香港佳士得 | 2015-05-31 |
| 朱德群 1974 年作 No. 549 布面油画 | 81×65cm | 2,582,400 | 香港苏富比 | 2015-04-05 |
| 朱德群 1970 年作 第 418 号 纸本油彩裱于画布 | 65×50cm | 2,531,160 | 香港佳士得 | 2015-05-31 |
| 朱德群 1990 年作 维罗纳之背景 布面油画 | 73×92cm | 2,242,800 | 香港佳士得 | 2015-05-31 |
| 朱铭 1994 年作 太极系列：单鞭下势 铜雕 | 122.5×189×90cm | 7,956,960 | 香港苏富比 | 2015-10-04 |
| 朱铭 1994 年作 太极系列：转身蹬脚 铜雕 | 178×172×150cm | 7,956,960 | 香港苏富比 | 2015-10-04 |
| 朱铭 1995 年作 太极系列：推手 铜雕 | 118.5×142×95cm | 5,984,160 | 香港苏富比 | 2015-10-04 |
| 朱铭 1993 年作 1990 年作 太极：对招（两件）木雕 | 50×41×37cm；42×37×33cm | 4,906,560 | 香港苏富比 | 2015-04-04 |
| 朱铭 1995 年作 太极 推手 铜雕 | 116.5×136.5×102.5cm | 4,422,360 | 香港苏富比 | 2015-04-05 |

| 拍品名称 | 尺寸 | 成交价 RMB | 拍卖公司 | 拍卖时间 |
|---|---|---|---|---|
| 朱铭 1995 年作 太极系列：蹬脚前动 铜雕 | 109×118×71cm | 4,011,360 | 香港苏富比 | 2015-10-04 |
| 朱铭 1996 年作 太极系列：转身前动 铜雕 | 179×115×134cm | 4,011,360 | 香港苏富比 | 2015-10-04 |
| 朱铭 1983 年作 太极系列——掰开太极（一组两件）铜雕 | 116.5×154×285cm；120.3×154.5×286.6cm | 3,809,040 | 保利香港 | 2015-04-06 |
| 朱铭 约 1985 年作 太极系列：单鞭下势 铜雕 | 45×74×41.5cm | 3,616,800 | 香港苏富比 | 2015-10-04 |
| 朱铭 1992 年作 太极——对踢 | 47.3×53.3×29.8cm | 3,481,040 | 香港佳士得 | 2015-11-28 |
| 朱铭 1991 年作 太极系列 木雕 | 38×38×44cm | 2,200,280 | 香港佳士得 | 2015-11-29 |
| 朱沅芷 1926/1927 年作 正在阅读的男子 木板油画 | 59×47cm | 7,661,040 | 香港苏富比 | 2015-10-04 |
| 朱沅芷 1955 年作 罗杰夫妇画像 布面油画 | 74×90cm | 3,220,000 | 北京保利 | 2015-06-03 |
| 朱沅芷 舞者 布面油画 | 92×73cm | 2,761,554 | 保利香港 | 2015-04-06 |

| 瓷器 | | | | |
|---|---|---|---|---|
| 拍品名称 | 尺寸 | 成交价 RMB | 拍卖公司 | 拍卖时间 |
| 南宋 官窑青釉八方弦纹盘口瓶 | 高 21.9cm | 91,901,160 | 香港苏富比 | 2015-04-07 |
| 清雍正 粉彩过枝福寿双全盌（一对） | 高 14.3cm | 72,468,600 | 香港苏富比 | 2015-04-07 |
| 清雍正 珐琅彩赭墨梅竹图碗 | 直径 10.1cm | 69,982,040 | 香港佳士得 | 2015-12-02 |
| 清雍正 青花穿花龙纹长颈胆瓶 | 高 38.6cm | 61,170,600 | 香港苏富比 | 2015-04-07 |
| 清乾隆 粉彩九桃天球瓶 | 高 547cm | 52,180,560 | 香港苏富比 | 2015-10-07 |
| 清乾隆 青釉浮雕"吉庆有余"青花描金粉彩婴戏图八方瓶 | 高 44cm | 51,228,360 | 香港苏富比 | 2015-04-07 |
| 清乾隆 青花苍龙教子穿莲纹螭龙耳尊 | 高 35.5cm | 44,952,120 | 香港佳士得 | 2015-06-03 |
| 清乾隆 黄地洋彩"锦上添花"暗八仙双龙耳瓶 | 高 75cm | 41,286,120 | 香港苏富比 | 2015-04-07 |
| 明宣德 青花牵牛花纹四方倭角瓶 | 高 13.8cm | 36,835,100 | 伦敦苏富比 | 2015-05-13 |
| 唐 三彩贴花卉纹凤首执壶 | 2×36.8cm | 26,105,500 | 伦敦苏富比 | 2015-05-13 |
| 清乾隆 青花矾红彩海水腾龙纹如意耳扁壶 | 高 25.5cm | 24,561,360 | 香港苏富比 | 2015-10-07 |
| 北宋 定窑刻牡丹花纹盌 | 直径 20.48cm | 21,099,570 | 纽约苏富比 | 2015-03-17 |
| 清雍正 / 乾隆 粉彩罗汉坐像（两尊） | 高 22.8cm 及 23.2cm | 20,729,880 | 香港佳士得 | 2015-06-03 |
| 明成化 白釉礬口加康熙五彩过枝松鼠葡萄盘 | 直径 20cm | 20,700,000 | 北京保利 | 2015-12-08 |
| 明永乐 御窑青花葡萄纹花口大盘 | 直径 43.2cm | 20,700,000 | 北京东正 | 2015-11-19 |
| 当代 世博和鼎 | 高 88cm | 20,125,000 | 北京翰海 | 2015-11-28 |
| 清乾隆 松石绿地粉彩描金折枝四季花卉盖罐（一对） | 高 41cm | 20,125,000 | 北京保利 | 2015-06-06 |
| 明宣德 青花鱼藻纹葵花式洗 | 高 17.8cm | 19,793,760 | 香港苏富比 | 2015-10-07 |
| 清乾隆 斗彩花卉云蝠纹盖罐 | 高 48cm | 18,975,000 | 北京翰海 | 2015-11-28 |
| 元 青花龙凤花卉纹兽耳罐 | 高 38cm | 18,975,000 | 北京翰海 | 2015-11-28 |
| 清嘉庆 紫地粉彩海屋添筹双耳瓶 | 高 31.7cm | 17,825,000 | 北京翰海 | 2015-06-28 |
| 清乾隆 青花缠枝番莲纹双耳葫芦瓶 | 高 295cm | 17,820,960 | 香港苏富比 | 2015-10-07 |
| 明宣德 青花缠枝莲大碗 | 直径 28cm | 16,675,000 | 北京保利 | 2015-06-07 |
| 清乾隆 珐琅彩仕女婴戏花小贯耳瓶 | 高 9cm | 16,675,000 | 北京保利 | 2015-12-08 |
| 清乾隆 青花并蒂莲纹双环蒜头瓶 | 高 29cm | 16,675,000 | 北京保利 | 2015-06-06 |

| 拍品名称 | 尺寸 | 成交价 RMB | 拍卖公司 | 拍卖时间 |
|---|---|---|---|---|
| 清雍正 御制洋彩浮雕巴洛克式花卉螭龙纹花台 | 高 45cm | 16,675,000 | 北京保利 | 2015-06-06 |
| 明宣德 蓝地白花牡丹纹大盘 | 直径 38cm | 16,649,880 | 香港佳士得 | 2015-12-02 |
| 清雍正 粉青釉浮雕缠枝莲如意耳扁瓶 | 高 29.1cm | 16,527,360 | 香港苏富比 | 2015-04-07 |
| 清雍正 粉彩瓜瓞绵绵五蝠盘（一对） | 高 12cm | 15,848,160 | 香港苏富比 | 2015-10-07 |
| 明 15/16 世纪 掐丝珐琅云龙纹大盖罐 | 高 53cm | 15,758,937 | 纽约佳士得 | 2015-03-15 |
| 清乾隆 黄地绿彩云龙纹贯耳穿带瓶 | 高 30.5cm | 14,450,040 | 香港佳士得 | 2015-06-03 |
| 清雍正 青釉橄榄式贯耳穿带瓶 | 高 42.5cm | 14,219,720 | 邦瀚斯 | 2015-12-03 |
| 清雍正 青釉花鸟图双耳扁瓶 | 高 22.3cm | 13,969,440 | 香港佳士得 | 2015-06-03 |
| 清乾隆 青花缠枝花卉贯耳尊（两件） | 高 51cm | 13,800,000 | 北京翰海 | 2015-11-28 |
| 清乾隆 粉青釉刻缠枝莲纹大抱月瓶 | 高 45.2cm | 13,032,785 | 纽约佳士得 | 2015-09-17 |
| 清雍正 天蓝釉弦纹长颈盘口瓶 | 高 31.5cm | 12,653,760 | 香港苏富比 | 2015-04-07 |
| 清乾隆 茶叶末釉如意耳出戟橄榄瓶 | 高 32.8cm | 12,650,000 | 中国嘉德 | 2015-05-16 |
| 清雍正 霁蓝釉橄榄瓶 | 高 41cm | 11,566,440 | 香港佳士得 | 2015-06-03 |
| 清雍正 仿官釉贯耳弦纹大方壶 | 高 68cm | 11,500,000 | 北京保利 | 2015-06-06 |
| 清乾隆 冬青釉洋彩描金镂空夔凤忍冬纹内青花云蝠双象耳套瓶 | 高 23cm | 11,427,120 | 保利香港 | 2015-04-06 |
| 清乾隆 粉彩像生瑞芝璧瓶 | 高 235cm | 11,409,360 | 香港苏富比 | 2015-10-07 |
| 清乾隆 御窑青花折枝花卉纹六方瓶 | 高 66cm | 11,270,000 | 北京东正 | 2015-05-19 |
| 清乾隆 青花八吉祥纹双螭耳抱月瓶 | 高 47.5cm | 11,040,000 | 中国嘉德 | 2015-11-15 |
| 清雍正 青花"喜上眉梢"花鸟图玉壶春瓶 | 高 30cm | 10,716,960 | 香港苏富比 | 2015-04-07 |
| 南宋 官窑米黄釉直颈瓶 | 高 21.5cm | 10,394,300 | 伦敦苏富比 | 2015-05-13 |
| 清乾隆 青花缠枝莲纹双耳鹿头尊（一对） | 高 44.3cm | 10,350,000 | 中国嘉德 | 2015-05-16 |
| 明嘉靖 青花十六子婴戏大罐 | 高 34cm | 9,890,000 | 北京保利 | 2015-12-08 |
| 明永乐 御窑青花folded覆牡丹纹大折沿盘 | 直径 39.5cm | 9,775,000 | 北京东正 | 2015-05-19 |
| 清雍正 仿哥釉八卦龙耳抱月瓶 | 高 51cm | 9,775,000 | 北京翰海 | 2015-11-28 |
| 清乾隆 炉钧釉如意耳扁壶 | 高 33.1cm | 9,748,560 | 香港苏富比 | 2015-04-07 |
| 日本绳文时代 加彩土偶 | 高 19.5cm | 9,704,540 | 伦敦苏富比 | 2015-05-13 |
| 清乾隆 仿汝釉弦纹瓶 | 高 29cm | 9,430,000 | 中国嘉德 | 2015-05-16 |
| 清嘉庆 粉青釉模印缠枝花卉夔凤莲蓬口瓶 | 高 30cm | 9,430,000 | 北京保利 | 2015-12-08 |
| 清雍正 粉彩过枝月季梅花大盘 | 直径 50.5cm | 9,315,000 | 北京保利 | 2015-06-06 |
| 清雍正 粉彩灵仙祝寿纹长颈瓶 | 高 18.8cm | 9,259,560 | 邦瀚斯 | 2015-06-04 |
| 元 青花龙纹双兽耳罐 | 高 38cm | 9,200,000 | 北京保利 | 2015-12-08 |
| 清雍正 粉彩福禄寿观音瓶 | 高 25.6cm | 9,200,000 | 北京翰海 | 2015-11-28 |
| 清雍正 冬青釉八方瓶 | 高 34.5cm | 9,200,000 | 北京保利 | 2015-06-06 |
| 清雍正 仿官釉贯耳大方瓶 | 高 34.9cm | 9,047,145 | 纽约佳士得 | 2015-03-17 |
| 明宣德 黄地青花内菊花海浪外折枝花果盘 | 直径 32cm | 8,970,000 | 北京保利 | 2015-06-07 |
| 清乾隆 仿汝釉双耳三足鱼篓尊 | 宽 18.2cm | 8,970,000 | 中国嘉德 | 2015-05-16 |
| 清雍正 仿木纹釉青花山水人物笔筒 | 直径 18cm, 高 13.8cm | 8,740,000 | 北京保利 | 2015-06-06 |
| 1955-1959 年 王步作 青花粉彩九桃莱菔瓶 | 高 37cm | 8,510,000 | 北京保利 | 2015-06-06 |

| 拍品名称 | 尺寸 | 成交价 RMB | 拍卖公司 | 拍卖时间 |
|---|---|---|---|---|
| 清雍正 御窑青花矾红"飞龙在天"甘露瓶 | 高 29.3cm | 8,452,500 | 北京东正 | 2015-05-19 |
| 明永乐 青花折枝瑞果纹梅瓶 | 高 29cm | 8,450,160 | 香港苏富比 | 2015-10-07 |
| 清乾隆 松石绿地粉彩开光"满堂富贵"图方瓶 | 高 28cm | 8,444,225 | 纽约佳士得 | 2015-09-17 |
| 清乾隆 青花折枝花果六方大瓶 | 高 66.5cm | 8,280,000 | 北京保利 | 2015-06-06 |
| 清雍正 仿官釉双如意耳大方壶 | 高 52.6cm | 8,280,000 | 北京保利 | 2015-12-08 |
| 明宣德 青花轮花绶带耳葫芦扁瓶 | 高 30cm | 8,280,000 | 北京翰海 | 2015-11-28 |
| 清雍正 粉青釉网络尊 | 高 17cm | 8,202,240 | 香港佳士得 | 2015-06-03 |
| 清康熙 釉里红团花苹果尊 | 直径 9.5cm | 8,165,000 | 中国嘉德 | 2015-05-16 |
| 明洪武 釉里红如意云形缠枝牡丹菊纹大碗 | 直径 41cm | 8,050,000 | 中国嘉德 | 2015-11-15 |
| 元 – 明洪武 青花缠枝花卉大罐 | 高 48cm | 8,050,000 | 北京保利 | 2015-12-08 |
| 南宋 官窑小杯 | 高 7.5cm | 7,956,960 | 香港苏富比 | 2015-10-07 |
| 20 世纪早期 德化观音像 | 高 39.3cm | 7,841,230 | 伦敦佳士得 | 2015-05-12 |
| 清乾隆 青花团莲双龙耳如意云口瓶（一对） | 高 25.2cm | 7,820,000 | 北京保利 | 2015-12-08 |
| 清乾隆 粉青釉海棠式瓶 | 高 37.9cm | 7,811,760 | 香港苏富比 | 2015-04-07 |
| 清乾隆 白地粉彩双凤穿莲纹蝴蝶耳尊 | 高 27.5cm | 7,811,760 | 香港苏富比 | 2015-04-07 |
| 明正德 御窑斗彩飞龙内暗刻云龙纹高足碗 | 直径 16.5cm | 7,590,000 | 北京东正 | 2015-05-19 |
| 清乾隆 乾隆御题官窑贯耳小壶 | 高 10cm | 7,475,000 | 北京保利 | 2015-06-06 |
| 明嘉靖 黄地红彩穿云游龙纹罐 | 高 20cm | 7,463,760 | 香港苏富比 | 2015-10-07 |
| 清雍正 哥釉五孔琮式瓶 | 高 27.8cm | 7,360,000 | 北京保利 | 2015-12-08 |
| 明 16 世纪 德化白釉阿弥陀佛坐像 | 高 45.4cm | 7,323,320 | 香港佳士得 | 2015-12-02 |
| 清乾隆 御制茶叶末青粉彩开光"富景绵长"双龙耳瓶 | 高 36.9cm | 7,241,040 | 邦瀚斯 | 2015-06-04 |
| 清雍正 斗彩鸡缸杯 | 直径 8cm | 7,241,040 | 香港佳士得 | 2015-06-03 |
| 清乾隆 青花折枝花果纹六方瓶 | 高 66cm | 7,130,000 | 北京匡时 | 2015-12-05 |
| 元 / 明 哥窑花口盘 | 直径 15.9cm | 7,048,800 | 香港佳士得 | 2015-06-03 |
| 清雍正 斗彩灵仙祝寿纹盘（一对） | 口径 20.6cm, 底径 13.2cm, 高 4.2cm | 7,015,000 | 中贸圣佳 | 2015-11-23 |
| 清雍正 斗彩祥云八仙图盘（一对） | 高 10.6cm | 6,970,560 | 香港苏富比 | 2015-10-07 |
| 清雍正 青花缠枝灵芝灯笼瓶 | 高 25cm | 6,900,000 | 北京保利 | 2015-06-06 |
| 清雍正 仿官釉贯耳印花方壶 | 高 31.5cm | 6,900,000 | 北京保利 | 2015-06 |
| 明永乐 青花花卉阿拉伯文无挡尊 | 直径 17.8cm, 高 17cm | 6,900,000 | 北京保利 | 2015-06-06 |
| 清雍正 粉青釉观音瓶 | 高 27cm | 6,900,000 | 北京保利 | 2015-06-06 |
| 清光绪八年（1880年）、清同治十二年（1862年）、清光绪九年（1883年）程门、金品卿、王少维 浅绛彩绘画集锦帽筒（三对） | 高 28.5cm | 6,900,000 | 北京保利 | 2015-06-05 |
| 南宋 / 元 哥窑水丞 | 高 7.3cm | 6,793,185 | 纽约佳士得 | 2015-03-15 |
| 清 洋彩"甲子万年"转心笔筒 | 高 12.2cm, 直径 9.7cm | 6,670,000 | 北京保利 | 2015-12-08 |
| 清雍正 青花花果瓜藤纹大盘 | 高 9.5cm, 直径 45.5cm | 6,665,820 | 保利香港 | 2015-04-06 |
| 清乾隆 青花折枝花果梅瓶 | 高 32cm | 6,440,000 | 北京保利 | 2015-06-06 |
| 清乾隆 粉青釉模印夔龙花卉纹贯耳六方瓶 | 高 45.5cm | 6,325,000 | 北京保利 | 2015-12-08 |
| 11 世纪 定窑白釉十二瓣形洗 | 直径 17.8cm | 6,325,000 | 北京保利 | 2015-12-07 |
| 明永乐 青花海水葡萄纹折沿大盘 | 直径 37cm | 6,325,000 | 中国嘉德 | 2015-11-15 |

| 拍品名称 | 尺寸 | 成交价 RMB | 拍卖公司 | 拍卖时间 |
|---|---|---|---|---|
| 明以前 定窑绿釉天禄纹折沿盘 | 直径 22.5cm | 6,210,000 | 上海嘉禾 | 2015-12-14 |
| 清雍正 粉彩御鹿仙人图小盘 | 高 10cm | 6,181,440 | 香港苏富比 | 2015-10-07 |
| 清乾隆 御窑青花缠枝莲托八宝铺首衔环尊 | 高 49cm | 6,095,000 | 北京东正 | 2015-05-19 |
| 明永乐 青花海水葡萄纹大盌 | 直径 38cm | 5,980,000 | 北京保利 | 2015-12-08 |
| 清雍正 斗彩大吉图碗 | 直径 15cm | 5,980,000 | 北京保利 | 2015-06-06 |
| 清乾隆 松绿地粉彩三多福迭绵长莲花瓶 | 高 34.4cm | 5,980,000 | 北京保利 | 2015-06-06 |
| 清雍正 五彩龙凤呈祥纹碗 | 直径 15cm | 5,799,240 | 香港佳士得 | 2015-06-03 |
| 南宋 青白釉观音 | 高 38cm | 5,750,000 | 北京翰海 | 2015-06-28 |
| 清雍正 斗彩鸡缸碗 | 直径 15.4cm | 5,750,000 | 北京传是 | 2015-12-04 |
| 明宣德 御窑青花四季花卉纹莲瓣碗 | 直径 20cm | 5,750,000 | 北京东正 | 2015-11-19 |
| 清乾隆 青花八吉祥抱月瓶 | 高 47.5cm | 5,635,000 | 北京保利 | 2015-12-08 |
| 清乾隆 官窑青花折枝花果纹贯耳六方尊 | 高 44.5cm | 5,635,000 | 北京东正 | 2015-05-19 |
| 清雍正 窑变釉如意耳弦纹尊 | 高 38cm | 5,577,500 | 北京保利 | 2015-06-06 |
| 清雍正 窑变釉执壶 | 高 25.4cm | 5,564,013 | 伦敦佳士得 | 2015-11-10 |
| 12世纪 定窑刻莲塘双兔大钵式碗 | 直径 27.8cm | 5,520,000 | 北京保利 | 2015-12-08 |
| 清雍正 仿哥釉嵌花洋鎏金汉壶尊 | 高 75cm | 5,490,960 | 香港苏富比 | 2015-10-07 |
| 元 青花缠枝牡丹纹大罐 | 高 27.2cm | 5,405,000 | 北京东正 | 2015-05-19 |
| 清乾隆 梅青地粉彩"瓜瓞绵绵"瓶 | 高 38cm | 5,385,185 | 纽约佳士得 | 2015-09-17 |
| 北宋 定窑白釉剔褐花莲纹盘 | 直径 15.6cm | 5,336,060 | 伦敦苏富比 | 2015-05-13 |
| 清乾隆 仿汝釉贯耳穿带纹方壶 | 高 29.8cm | 5,318,640 | 香港佳士得 | 2015-06-03 |
| 北宋/金 钧窑天蓝釉紫斑小碗 | 直径 8.6cm | 5,254,400 | 香港佳士得 | 2015-12-02 |
| 清雍正 窑变釉海棠式花盆 | 长 27cm | 5,175,000 | 北京翰海 | 2015-11-28 |
| 清乾隆 御窑银地矾红彩西番莲托八吉祥贲巴壶 | 高 19.3cm | 5,175,000 | 北京东正 | 2015-11-19 |
| 清康熙 铜胎掐丝珐琅云龙纹多穆壶（一对） | 高 60.5cm | 5,175,000 | 北京保利 | 2015-06-06 |
| 清乾隆 青花缠枝花卉大贯耳尊 | 高 51cm | 5,175,000 | 北京保利 | 2015-12-08 |
| 清雍正 斗彩西洋花卉碗（一对） | 12.5×4.7×5.3cm×2 | 5,175,000 | 中贸圣佳 | 2015-05-20 |
| 明永乐 青花轮花绶带盘葫芦扁瓶 | 高 25cm | 5,175,000 | 北京保利 | 2015-06-07 |
| 清雍正 珊瑚红地珐琅彩牡丹纹碗 | 直径 12cm | 5,175,000 | 北京匡时 | 2015-06-06 |
| 元/明初 钧窑丁香紫釉葵花式三足洗 | 直径 22cm | 5,030,280 | 香港佳士得 | 2015-06-03 |
| 清乾隆 茶叶末釉六方贯耳瓶 | 高 45.5cm | 4,945,000 | 北京保利 | 2015-12-08 |
| 明万历 青花庭园凤凰纹大盖罐 | 高 67cm | 4,830,000 | 北京保利 | 2015-12-08 |
| 清乾隆 青花西洋花卉如意纹太白罐 | 高 32.5cm | 4,830,000 | 北京匡时 | 2015-06-06 |
| 明万历 御窑青花四爱图大罐 | 高 44cm | 4,830,000 | 北京东正 | 2015-05-19 |
| 清雍正 粉彩过枝福寿双全八桃五蝠盘 | 直径 15.5cm | 4,485,000 | 北京保利 | 2015-06-06 |
| 清乾隆 豆青釉印福寿纹棠瓶 | 高 28.5cm | 4,370,000 | 北京保利 | 2015-12-08 |
| 明宣德 青花勺药瑞拱暗花碗 | 直径 20.2cm | 4,370,000 | 北京保利 | 2015-06-07 |
| 清嘉庆 御窑黄地粉彩瓜瓞绵纹盖罐 | 高 31.5cm | 4,255,000 | 北京东正 | 2015-11-19 |
| 清乾隆 仿官釉琮式瓶 | 高 23.5cm | 4,255,000 | 北京翰海 | 2015-06-28 |
| 清乾隆 仿官釉象耳海棠式尊 | 高 37cm | 4,255,000 | 北京保利 | 2015-06-06 |
| 明以前 钧窑紫红彩玉壶春 | 高 20cm | 4,025,000 | 上海嘉禾 | 2015-12-14 |
| 清康熙 斗彩荷花杯（一对） | 直径 6cm | 4,025,000 | 北京保利 | 2015-12-08 |

| 拍品名称 | 尺寸 | 成交价 RMB | 拍卖公司 | 拍卖时间 |
|---|---|---|---|---|
| 清雍正 窑变釉盘口弦纹瓶 | 高 35.5cm | 4,025,000 | 北京保利 | 2015-12-08 |
| 清雍正 青花龙凤呈祥罐 | 高 23.3cm | 4,025,000 | 北京保利 | 2015-12-08 |
| 清雍正 仿钧葡萄紫釉大体 | 宽 37.5cm，高 19.7cm | 4,025,000 | 北京诚轩 | 2015-11-14 |
| 明永乐 青花寿纹桃小碗 | 直径 11cm | 4,025,000 | 北京保利 | 2015-06-07 |
| 元 官窑贯耳壶 | 高 18cm | 4,025,000 | 北京保利 | 2015-06-07 |
| 清乾隆 粉彩粉红地锦上添花皮球花纹折沿盘 | 158cm | 4,011,360 | 香港苏富比 | 2015-10-07 |
| 清康熙 五彩蝶恋花图小杯 | 64cm | 4,011,360 | 香港苏富比 | 2015-10-07 |
| 民国 "王步"款青花芦雁图瓷板 | 长 49×23.3cm | 3,910,000 | 北京保利 | 2015-12-08 |
| 元 青白釉龙纹梅瓶 | 高 27cm | 3,910,000 | 北京保利 | 2015-06-07 |
| 清雍正 炉钧釉冲耳炉 | 高 10.8cm，直径 16cm | 3,879,840 | 保利香港 | 2015-10-06 |
| 明永乐 甜白釉暗花莲子碗 | 直径 20.7cm | 3,876,840 | 香港佳士得 | 2015-06-03 |
| 明正德 青花缠枝莲龙纹渣斗 | 高 12.5cm，直径 15.5cm | 3,809,040 | 保利香港 | 2015-04-06 |
| 清雍正 暗刻团龙云龙纹粉彩过枝福寿八桃盘 | 直径 20.6cm | 3,795,000 | 北京保利 | 2015-12-08 |
| 元/明初 钧窑天蓝釉出戟尊 | 高 25cm | 3,776,600 | 香港佳士得 | 2015-12-02 |
| 清雍正 斗彩缠枝花卉"万寿"直口盌 | 14.3cm | 3,744,480 | 香港苏富比 | 2015-04-07 |
| 清乾隆 御窑粉青釉三足香插 | 高 11.5cm | 3,680,000 | 北京东正 | 2015-11-19 |
| 清乾隆 粉彩宝相花交龙耳瓶 | 高 29cm | 3,680,000 | 中国嘉德 | 2015/11/15 |
| 清雍正 仿哥釉三足洗 | 直径 16cm | 3,622,500 | 中国嘉德 | 2015-05-16 |
| 元 钧窑月白釉鼓钉洗 | 直径 18.7cm | 3,565,000 | 北京保利 | 2015-06-07 |
| 清乾隆 松石绿地粉彩福寿花卉壶 | 高 16cm，宽 18.5cm | 3,565,000 | 北京保利 | 2015-06-06 |
| 清康熙 五彩芙蓉花花神杯 | 直径 65cm | 3,518,160 | 香港苏富比 | 2015-10-07 |
| 清雍正 窑变釉太极八卦抱月瓶 | 高 34.5cm | 3,481,040 | 邦瀚斯 | 2015-12-03 |
| 清雍正 青花缠枝卷叶纹梅瓶 | 24.2cm | 3,453,960 | 香港苏富比 | 2015-04-07 |
| 清雍正 外胭脂红釉内粉彩果纹碗 | 直径 9.3cm | 3,450,000 | 上海道明 | 2015-12-16 |
| 明弘治 黄地青花折枝花果盘 | 直径 26.5cm | 3,450,000 | 北京保利 | 2015-12-08 |
| 清雍正 粉青釉加天蓝云螭纹折沿大盘 | 直径 49.8cm | 3,450,000 | 北京保利 | 2015-06-06 |
| 清嘉庆 粉青釉描金凤穿花纹蒜头瓶 | 高 31cm | 3,450,000 | 北京匡时 | 2015-06-06 |
| 清乾隆 黄地粉彩八宝纹花觚 | 高 37.3cm | 3,450,000 | 北京保利 | 2015-06-06 |
| 清雍正 仿汝釉钵 | 直径 33.5cm | 3,450,000 | 北京华辰 | 2015-05-15 |
| 清雍正 粉青釉浅浮雕福寿万代纹鸡心碗（一对） | 直径 12.2cm | 3,450,000 | 上海道明 | 2015-05-09 |
| 清康熙 粉青釉饕餮纹贯耳瓶 | 高 22.5cm | 3,428,136 | 保利香港 | 2015/4/6 |
| 清乾隆 瓷胎雕漆"万寿无疆"碗 | 直径 18.6cm | 3,396,240 | 香港佳士得 | 2015-06-03 |
| 清康熙 御制珊瑚红地五彩九秋碗 | 直径 10.8cm | 3,394,860 | 保利香港 | 2015-10-06 |
| 民国 汪晓棠 粉彩人物瓷板（一组八件） | 18×25cm×4；45.5×25cm×4 | 3,335,000 | 北京匡时 | 2015-06-06 |
| 清雍正 胭脂红釉小杯 | 6.5cm | 3,260,280 | 香港苏富比 | 2015-04-07 |
| 清雍正 窑变釉穿璧绶带耳尊 | 224cm | 3,222,240 | 香港苏富比 | 2015-10-07 |
| 明万历 青花穿芝游龙图圆盖盒 | 297cm | 3,222,240 | 香港苏富比 | 2015-10-07 |
| 清雍正 紫金釉菊瓣盘 | 直径 17.5cm | 3,220,000 | 北京保利 | 2015-12-08 |
| 清嘉庆 珊瑚红地八吉祥花觚（一对） | 高 26.5cm | 3,220,000 | 北京保利 | 2015-12-08 |
| 清雍正 粉彩牡丹蜜蜂纹碗 | 直径 11.3cm | 3,220,000 | 北京匡时 | 2015-06-06 |
| 明永乐 青花一把莲大盘 | 34.4×24.6×6.7cm；34.4×24.6×6.7cm | 3,200,000 | 中贸圣佳 | 2015-05-20 |

| 拍品名称 | 尺寸 | 成交价 RMB | 拍卖公司 | 拍卖时间 |
|---|---|---|---|---|
| 明永乐 甜白釉玉壶春瓶 | 高 30.6cm | 3,185,480 | 邦瀚斯 | 2015-12-03 |
| 明永乐 青花缠枝花卉纹大盘 | 40.5cm | 3,107,880 | 邦瀚斯 | 2015-06-04 |
| 清乾隆 蓝地描金开光粉彩四季山水图四方瓶 | 高 26.7cm | 3,107,880 | 香港佳士得 | 2015-06-03 |
| 清乾隆 官窑窑变釉铺首尊 | 高 40cm | 3,105,000 | 北京东正 | 2015-11-19 |
| 清雍正 墨彩山水图盘（一对） | 14.2cm | 3,066,600 | 香港苏富比 | 2015-04-07 |
| 清嘉庆 粉彩紫地缠莲八吉祥纹贲巴瓶 | 26cm | 3,024,960 | 香港苏富比 | 2015-10-07 |
| 清乾隆 青花花果纹蒜头瓶 | 高 28.2cm | 3,011,760 | 邦瀚斯 | 2015-06-04 |
| 清乾隆 斗彩宝相花纹盘口瓶 | 高 22cm | 2,990,000 | 广州华艺 | 2015-12-20 |
| 清乾隆 青花缠枝花卉贯耳尊 | 高 51cm | 2,990,000 | 北京翰海 | 2015-11-28 |
| 清乾隆 仿哥釉弦纹五孔瓶 | 高 27.3cm | 2,990,000 | 北京翰海 | 2015-06-28 |
| 富贵临门 | 高 28cm | 2,990,000 | 北京翰海 | 2015-06-27 |
| 元 青花荷塘模印"满池娇"大盘 | 直径 41.5cm | 2,990,000 | 北京保利 | 2015-06-06 |
| 清雍正 红釉地珐琅彩梅竹纹先春杯（一对） | 直径 5.8cm | 2,990,000 | 北京保利 | 2015-06-06 |
| 清雍正 赭墨彩山水图酒杯（一对） | 直径 5.5cm | 2,988,440 | 香港佳士得 | 2015-12-02 |
| 清康熙 绿釉暗刻云龙纹盘 | 15.3cm | 2,969,760 | 香港苏富比 | 2015-04-07 |
| 清乾隆 粉青釉印多子多福纹盘（一对） | 15.7cm | 2,969,760 | 香港苏富比 | 2015-04-07 |
| 明以前 官窑灰青釉洗 | 直径 11.8cm | 2,875,000 | 上海嘉禾 | 2015-12-14 |
| 清乾隆 矾红地粉彩双耳瓶 | 高 32cm | 2,875,000 | 北京保利 | 2015-12-08 |
| 明永乐 青花缠枝纹双系小罐 | 口径 2.8cm，底径 5.8cm，高 6.4cm | 2,875,000 | 中贸圣佳 | 2015-11-23 |
| 清嘉庆 御窑洋彩西番莲托八吉祥纹贲巴壶 | 高 19.4cm | 2,875,000 | 北京东正 | 2015-11-19 |
| 清康熙 豇豆红釉镗锣洗 | 直径 12cm | 2,812,884 | 保利香港 | 2015/10/6 |
| 北宋 定窑刻莲纹盘 | 直径 16.5cm | 2,791,400 | 香港佳士得 | 2015-12-02 |
| 清乾隆 粉彩无量寿佛 | 高 31.2cm | 2,760,000 | 上海道明 | 2015-12-16 |
| 清嘉庆 / 道光 御制青花九龙闹海纹大缸（二件） | 直径 62cm | 2,760,000 | 北京翰海 | 2015-11-28 |
| 清雍正 御窑粉青釉双系倭角盖罐 | 高 13.5cm | 2,760,000 | 北京东正 | 2015-11-19 |
| 清乾隆 茶叶末釉贯耳方瓶 | 高 30cm | 2,760,000 | 中国嘉德 | 2015-11-15 |
| 清乾隆 月白釉礼器仿青铜豆 | 高 26.5cm | 2,760,000 | 北京保利 | 2015-06-08 |
| 明永乐 青花缠枝花卉纹折沿盘 | 直径 41cm | 2,760,000 | 北京保利 | 2015-06-07 |
| 明嘉靖 青花福寿康宁云鹤纹仰钟式碗 | 直径 13.2cm，高 9.4cm | 2,760,000 | 北京保利 | 2015-06-07 |
| 清道光 青花海兽纹天球瓶 | 高 75.6cm | 2,723,400 | 香港佳士得 | 2015-06-03 |
| 清雍正 御窑青金石釉弦纹瓶 | 高 19.7cm | 2,702,500 | 北京东正 | 2015-05-19 |
| 清康熙 豇豆红釉太白尊 | 直径 12.5cm | 2,702,500 | 中国嘉德 | 2015-05-16 |
| 清乾隆 仿官釉荸荠扁瓶 | 高 21.3cm | 2,702,500 | 中国嘉德 | 2015-05-16 |
| 清雍正 斗彩三多纹杯（一对） | 直径 7.2cm | 2,645,000 | 北京保利 | 2015-12-08 |
| 清乾隆 唐英制木纹釉诗文笔筒 | 高 11cm | 2,645,000 | 北京保利 | 2015-12-08 |
| 清乾隆 青花折枝花果梅瓶 | 高 32.3cm | 2,645,000 | 北京保利 | 2015-12-08 |
| 清雍正 窑变釉弦纹瓶 | 高 21.5cm | 2,645,000 | 北京匡时 | 2015-06-06 |
| 清乾隆 松石绿地粉彩描金缠枝莲卷缸 | 宽 44cm | 2,645,000 | 北京保利 | 2015-06-06 |
| 清雍正 御窑青花西番莲纹茶叶罐 | 高 13.5cm | 2,645,000 | 北京东正 | 2015-05-19 |
| 清乾隆 青花竹石芭蕉纹玉壶春瓶 | 283cm | 2,630,400 | 香港苏富比 | 2015-10-07 |

| 拍品名称 | 尺寸 | 成交价 RMB | 拍卖公司 | 拍卖时间 |
|---|---|---|---|---|
| 清乾隆 青花缠枝莲纹吞圆开光式福寿翦双耳扁壶 | 244cm | 2,630,400 | 香港苏富比 | 2015-10-07 |
| 民国 青花开光粉彩山水人物花鸟纹如意耳尊 | 29.6cm | 2,576,000 | 天津文物 | 2015-05-22 |
| 清乾隆 粉彩开光花卉纹壁瓶 | 高 18.1cm | 2,531,160 | 香港佳士得 | 2015-06-03 |
| 清嘉庆 绿地粉彩缠枝莲纹八吉祥纹（五供一套） | 高 29.7cm×5 | 2,531,160 | 香港佳士得 | 2015-06-03 |
| 民国 汪野亭绘粉彩山水四方笔筒 | 高 19.5cm，长 15cm；宽 14.7cm | 2,530,000 | 西泠印社 | 2015-07-05 |
| 清乾隆 青花缠枝莲托八宝纹盉 | 高 21cm | 2,530,000 | 西泠印社 | 2015-07-05 |
| 清雍正 矾红夔凤纹水丞 | 高 5.5cm | 2,530,000 | 北京保利 | 2015-06-06 |
| 清雍正 青花龙凤纹盖盒 | 直径 16.6cm | 2,530,000 | 上海道明 | 2015-05-09 |
| 南宋 建窑黑釉兔毫茶盏 | 12cm | 2,485,560 | 香港苏富比 | 2015-04-05 |
| 清雍正 御窑斗彩灵仙祝寿纹盘 | 口径 20.8cm | 2,438,000 | 北京东正 | 2015-11-19 |
| 清乾隆 青花枇杷寿桃纹明式执壶 | 265cm | 2,433,120 | 香港苏富比 | 2015-10-07 |
| 清雍正 粉彩松鹤蝠寿图折腰小杯（一对） | 6cm | 2,433,120 | 香港苏富比 | 2015-10-07 |
| 清乾隆 仿汝釉琮式方瓶 | 高 29.5cm | 2,415,000 | 北京保利 | 2015-12-08 |
| 清康熙 仿宣德青花訟竹梅笠式碗 | 直径 22.3cm | 2,415,000 | 北京保利 | 2015-12-08 |
| 清乾隆 青花红彩云龙纹粉彩开光花卉双耳壁瓶 | 高 18cm | 2,415,000 | 中国嘉德 | 2015-11-15 |
| 清雍正 青花缠枝莲牛头尊 | 高 45.3cm | 2,415,000 | 北京保利 | 2015-06-06 |
| 南宋 / 元 吉州窑仿剔犀如意云纹梅瓶 | 高 22.2cm | 2,397,320 | 香港佳士得 | 2015-12-02 |
| 清雍正 黄釉长颈瓶 | 22.3cm | 2,388,720 | 香港苏富比 | 2015-04-07 |
| 清乾隆 天蓝釉仿汝弦纹洗 | 直径 16.5cm | 2,357,500 | 北京保利 | 2015-12-08 |
| 清雍正 御窑斗彩万花献瑞莲子杯 | 直径 10cm | 2,357,500 | 北京东正 | 2015-05-19 |
| 明嘉靖 青花绿彩云龙纹高足盘 | 直径 155cm | 2,334,480 | 香港苏富比 | 2015-10-07 |
| 清雍正 青花喜鹊登梅抱月瓶 | 高 32cm | 2,300,000 | 北京保利 | 2015-12-09 |
| 清雍正 青花九月菊花花神杯 | 直径 6.6cm | 2,300,000 | 北京保利 | 2015-12-08 |
| 明永乐 青花缠枝莲菊卷草回纹盘 | 直径 27.8cm | 2,300,000 | 北京匡时 | 2015-12-05 |
| 清道光 青花龙纹大缸 | 69×55cm | 2,300,000 | 中国嘉德 | 2015-11-14 |
| 清中期 青花缠枝莲纹大缸（一对） | 直径 71cm，高 52cm | 2,300,000 | 北京保利 | 2015-06-08 |
| 明嘉靖 青花福禄寿大罐 | 高 34cm | 2,300,000 | 北京保利 | 2015-06-07 |
| 明 白釉暗刻龙纹蛋壳杯 | 直径 5.5cm | 2,300,000 | 北京保利 | 2015-06-07 |
| 清乾隆 斗彩团菊罐（一对） | 高 11cm | 2,300,000 | 北京保利 | 2015-06-06 |
| 清乾隆 御窑洋彩胭脂红轧道西番莲纹卧足杯 | 直径 9.4cm | 2,300,000 | 北京东正 | 2015-05-19 |
| 清雍正 斗彩荷塘鸳鸯卧足盘（一对） | 直径 17.6cm | 2,300,000 | 中国嘉德 | 2015-05-16 |
| 宋 河南窑黑釉铁锈斑笠式盏 | 11.2cm | 2,291,880 | 香港苏富比 | 2015-04-05 |
| 清康熙 釉里红花卉纹苹果尊 | 直径 10.2cm | 2,242,800 | 香港佳士得 | 2015-06-03 |
| 民国 粉彩花卉纹长颈瓶 | 34.3cm | 2,240,000 | 天津文物 | 2015-05-22 |
| 清乾隆 粉彩百花不落地朝冠耳三足炉 | 高 36cm | 2,230,908 | 中国嘉德 | 2015-10-06 |
| 清乾隆 仿官釉葵口三足洗 | 直径 21cm | 2,185,000 | 广州华艺 | 2015-12-20 |
| 清乾隆 汝釉蒜头瓶 | 高 27cm | 2,185,000 | 广州华艺 | 2015-12-20 |
| 元 哥窑胆瓶 | 高 15cm | 2,185,000 | 中鸿信 | 2015-07-29 |
| 明 哥窑弦纹八方贯耳壶 | 高 19.5cm | 2,185,000 | 北京保利 | 2015-06-07 |
| 清乾隆 青花釉里红海水云龙纹抱月瓶 | 高 39cm | 2,185,000 | 北京匡时 | 2015-06-06 |

| 拍品名称 | 尺寸 | 成交价 RMB | 拍卖公司 | 拍卖时间 |
|---|---|---|---|---|
| 清雍正 斗彩加粉彩九桃纹盘 | 直径 18.4cm | 2,146,680 | 香港佳士得 | 2015-06-03 |
| 明永乐 青花一把莲盘 | 直径 34cm | 2,127,500 | 北京保利 | 2015-12-08 |
| 清嘉庆 青花苍龙教子撇口瓶 | 高 28.8cm | 2,070,000 | 北京保利 | 2015-12-08 |
| 清乾隆 仿哥釉双耳尊 | 高 21.5cm | 2,070,000 | 北京匡时 | 2015-12-05 |
| 清雍正 官窑仿哥釉八方贯耳瓶 | 高 46.5cm | 2,070,000 | 北京东正 | 2015-11-19 |
| 明永乐 青花一把莲纹盘 | 直径 31.5cm | 2,070,000 | 中国嘉德 | 2015-11-15 |
| 清雍正 青花一束莲纹大盘 | 口径 40.2cm | 2,070,000 | 上海工美 | 2015-06-28 |
| 清雍正 斗彩灵仙祝寿盘 | 直径 20.5cm | 2,070,000 | 北京保利 | 2015-06-06 |
| 清雍正 青花釉里红云蝠玉壶春瓶 | 高 30.5cm | 2,070,000 | 北京保利 | 2015-06-06 |
| 清雍正 御窑青花饕餮纹方樽 | 高 16cm | 2,070,000 | 北京东正 | 2015-05-19 |
| 清 斗彩团菊纹盖罐（一对） | 高 12.5cm | 2,070,000 | 北京东正 | 2015-05-19 |
| 清雍正 天蓝釉梅花环耳琮式瓶 | 高 37.4cm | 2,070,000 | 上海道明 | 2015-05-09 |
| 清雍正 黄地青花缠枝莲纹盘 | 直径 27.5cm | 2,041,710 | 中国嘉德 | 2015-04-06 |
| 清康熙 天蓝釉汉壶尊 | 166cm | 2,038,560 | 香港苏富比 | 2015-10-07 |
| 明永乐 青花缠枝花卉菱口盘 | 直径 32.5cm | 2,012,500 | 北京保利 | 2015-12-08 |
| 明 龙泉窑青釉盖罐 | 宽 24.9cm | 2,003,240 | 香港佳士得 | 2015-12-02 |
| 南宋 建窑兔毫盏 | 直径 12.5cm | 2,003,240 | 香港佳士得 | 2015-12-02 |
| 清雍正 窑变釉弦纹盘口瓶 | 33.7cm | 2,001,360 | 香港苏富比 | 2015-04-07 |
| 清雍正 墨地绿彩花鸟图盘 | 14.9cm | 2,001,360 | 香港苏富比 | 2015-04-07 |
| 清雍正 柠檬黄釉小杯 | 6.3cm | 2,001,360 | 香港苏富比 | 2015-04-07 |
| 明永乐 龙泉青釉牡丹纹莲瓣大盘 | 直径 47cm | 1,954,440 | 香港佳士得 | 2015-06-03 |
| 清嘉庆 松石绿地粉彩八吉祥纹贲巴瓶 | 高 26.5cm | 1,939,920 | 保利香港 | 2015-10-06 |
| 南宋 龙泉窑长颈瓶 | 高 25.6cm | 1,904,720 | 香港佳士得 | 2015/12/2 |
| 清雍正 斗彩团花纹杯 | 直径 6.8cm | 1,872,240 | 香港佳士得 | 2015-04-06 |
| 南宋 龙泉窑双鱼纹折沿盘 | 直径 21.3cm | 1,855,460 | 香港佳士得 | 2015-12-02 |
| 清嘉庆 粉彩松石绿地福寿延年茶壶 | 14cm | 1,841,280 | 香港苏富比 | 2015-10-07 |
| 清雍正 黄地绿彩赶珠云龙纹盘 | 15cm | 1,841,280 | 香港苏富比 | 2015-10-07 |
| 清乾隆 白地粉彩八吉祥花觚（一对） | 23.2cm | 1,807,680 | 香港苏富比 | 2015-04-07 |
| 清雍正 青花花卉福寿双全如意耳扁壶 | 高 24cm | 1,806,200 | 邦瀚斯 | 2015-12-03 |
| 清雍正 仿哥釉八方扁瓶 | 宽 48.4cm | 1,806,200 | 香港佳士得 | 2015-12-02 |
| 北宋/金 定窑印孔雀穿牡丹纹盘 | 直径 18.1cm | 1,806,200 | 香港佳士得 | 2015-12-02 |
| 明永乐 甜白釉暗花双龙纹茶钟 | 直径 10.2cm | 1,806,200 | 香港佳士得 | 2015-12-02 |
| 明嘉靖 青花龙穿枝灵芝纹大盘 | 直径 53.5cm | 1,762,200 | 香港佳士得 | 2015-06-03 |
| 清乾隆 霁蓝釉天球瓶 | 高 55.3cm | 1,762,200 | 香港佳士得 | 2015-06-03 |
| 北宋/金（11/12 世纪）磁州窑黑釉油滴盏 | 8.5cm | 1,710,840 | 香港苏富比 | 2015-04-05 |
| 清雍正 青花八仙过海图杯（两件） | 直径 7.6cm | 1,666,080 | 香港佳士得 | 2015-06-03 |
| 明万历 青花穿花凤纹圆盖盒 | 288cm | 1,644,000 | 香港苏富比 | 2015-10-07 |
| 明 龙泉青釉大盘 | 54.8cm | 1,614,000 | 香港苏富比 | 2015-04-07 |
| 清乾隆 斗彩番莲团菊纹盖罐 | 12.1cm | 1,614,000 | 香港苏富比 | 2015-04-07 |
| 北宋/金 乾隆御题定窑葵花式盘 | 15.2cm | 1,614,000 | 香港苏富比 | 2015-04-07 |

## 玉石

| 拍品名称 | 尺寸 | 成交价 RMB | 拍卖公司 | 拍卖时间 |
|---|---|---|---|---|
| 清雍正 "雍正帝御宝" 白玉九螭钮方玺 | 7.4×6.1×6.1cm | 84,670,440 | 香港苏富比 | 2015-04-07 |
| 清乾隆 白玉双龙钮宝玺 "太上皇帝之宝" | 印面 8.2×8.2cm，通高 7.8cm | 74,750,000 | 北京保利 | 2015-12-07 |
| 清乾隆 御制青玉交龙钮 "大观堂宝" 玺 | 高 8.9cm，宽 10.2cm | 27,861,450 | 纽约苏富比 | 2015-03-17 |
| 当代 江春源 "流风余韵" 白玉海棠链炉 | 32×21×70cm | 23,345,000 | 西泠印社 | 2015-04-18 |
| 清乾隆 御制青玉填金十六应真玉册 | 15.5×11.4cm | 20,700,000 | 北京保利 | 2015-06-06 |
| 清乾隆 御宝白玉坐龙方玺 | 43×4×4cm | 19,793,760 | 香港苏富比 | 2015-10-07 |
| 清乾隆 御制白玉溪桥送别图笔筒 | 直径 16.7cm | 15,730,360 | 香港佳士得 | 2015-12-02 |
| 清乾隆 御制会昌九老玉山子 | 檀香山子高 56cm，长 46cm，厚 30cm，通高 110cm | 15,525,000 | 北京保利 | 2015-06-07 |
| 清嘉庆 青玉"孝懿仁皇后"双龙钮宝玺 | 12.8×12.8×9cm | 13,225,000 | 北京保利 | 2015-12-08 |
| 明永乐 白玉龙钮梵文玺 | 3×3×3cm | 11,500,000 | 北京保利 | 2015-12-07 |
| 明 青白玉"皇唐受命之宝"玺 | 宽 14cm | 10,280,562 | 纽约苏富比 | 2015-03-17 |
| 清乾隆 乾隆二十六年 青玉刻御制诗文描金云龙纹"第十二应钟"特磬 | 磬宽 28.5cm，锤长 19.5cm | 10,120,000 | 北京保利 | 2015-06-06 |
| 清 18 世纪 青白玉一佛二弟子造像 | 高 27.3cm | 8,444,225 | 纽约佳士得 | 2015-09-17 |
| 清乾隆 双耳雕花白玉碗 | 宽 28cm，宽 23.5cm | 7,526,085 | 伦敦佳士得 | 2015-11-10 |
| 清乾隆 青白玉万寿如意（一对） | 长 45.2cm | 6,068,640 | 香港苏富比 | 2015-04-07 |
| 清乾隆 白玉雕十六罗汉插屏 | 长 21.6cm | 5,980,000 | 北京东正 | 2015-11-19 |
| 清 19 世纪 青白玉雕鹿鹤同春图瓶 | 高 28.9cm | 5,799,430 | 纽约苏富比 | 2015-09-15 |
| 16/17 世纪 蒙兀儿白玉叶耳罐 | 宽 12.5cm | 5,799,240 | 香港佳士得 | 2015-06-03 |
| 清乾隆 御制碧玉御题诗前后赤壁图双面砚屏 | 长 24.5cm，高 14.1cm | 4,830,000 | 北京保利 | 2015-06-06 |
| 青白玉雕花卉纹夔龙柄执壶 | 宽 19.3cm | 4,741,920 | 邦瀚斯 | 2015-06-04 |
| 清 黄玉圭璧 | 高约 34cm | 4,600,000 | 北京翰海 | 2015-06-27 |
| 清乾隆 白玉万福正面龙纹如意 | 长 37.5cm | 4,600,000 | 北京东正 | 2015-05-19 |
| 清乾隆 白玉岁岁平安双喜捧盒 | 直径 15cm | 4,370,000 | 中国嘉德 | 2015-11-15 |
| 当代 高毅进 富贵如意白玉三足链炉 | 35×21×12.8cm | 4,255,000 | 西泠印社 | 2015-04-18 |
| 清乾隆 灰白玉蟠螭钮 "乾隆御览之宝" 圆玺 | 2.5×2.8cm | 4,255,000 | 北京保利 | 2015-12-07 |
| 清乾隆 白玉夔凤纹长宜子孙出廓璧 | 高 16.1cm，宽 10.2cm | 4,197,500 | 北京匡时 | 2015-06-06 |
| 当代 崔磊 "乘我大宛马"白玉摆件 | 11.2×12.7×5.3cm | 4,025,000 | 西泠印社 | 2015-12-27 |
| 清乾隆 碧玉双活环耳夔龙方瓶 | 高 28cm | 4,025,000 | 中鸿信 | 2015-07-29 |
| 清乾隆 白玉四时花卉方仓 | 长 14cm，高 11cm | 4,025,000 | 北京保利 | 2015-06-06 |
| 清乾隆 御赏紫坛嵌汉玉雕十二章钮 | | 3,938,160 | 香港苏富比 | 2015-04-07 |
| 清 18 世纪 白玉雕三老图笔筒 | 14.5cm | 3,938,160 | 香港苏富比 | 2015-04-07 |
| 明 黄玉鹰 | 高 6.6cm | 3,910,000 | 北京翰海 | 2015-06-28 |
| 清乾隆 白玉弦纹盌配碧玉座 | 12.8cm | 3,744,480 | 香港苏富比 | 2015-04-07 |
| 清 玉琮 | 高 18.75cm，上宽 8.3cm，下宽 7.6cm | 3,680,000 | 北京翰海 | 2015-06-27 |
| 当代 翟倚卫 白玉雕香拂亭牌 | 11.4×5.1×1.5cm | 3,565,000 | 中国嘉德 | 2015-05-16 |
| 明 黄玉猪龙 | 高 7.4cm | 3,565,000 | 北京翰海 | 2015-06-28 |
| 明末清初 青白玉卧兕 | 长 42cm | 3,450,000 | 广州华艺 | 2015-12-20 |
| 明 白玉连年有馀荷叶洗 | 长 22.5cm | 3,450,000 | 北京翰海 | 2015-11-29 |
| 明 黄玉骆驼 | 长 16.5cm | 3,450,000 | 北京翰海 | 2015-11-29 |
| 元 白玉高浮雕龙凤纹花觚 | 高 26cm | 3,450,000 | 北京翰海 | 2015-11-29 |
| 清乾隆 白玉三阳开泰摆件 | 长 13cm | 3,450,000 | 北京保利 | 2015-12-08 |
| 清乾隆 白玉山水人物笔筒 | 高 9cm | 3,450,000 | 北京保利 | 2015-06-07 |
| 清乾隆 白玉龙纹九如盖炉 | 宽 17.5cm | 3,335,000 | 北京保利 | 2015-06-06 |
| 清晚期 青白玉福庆有余喜字瓶 | 高 30.1cm | 3,220,000 | 中国嘉德 | 2015-09-20 |
| 清乾隆 白玉持经观音 | 高 15.5cm | 3,220,000 | 北京翰海 | 2015-06-28 |
| 白玉雕凤纹龙海活环耳盖瓶 | 高 30.5cm | 3,107,880 | 香港佳士得 | 2015-06-03 |
| 当代 于雪涛 白玉雕定局摆件 | 11.88×9.4×5.1cm | 2,990,000 | 中国嘉德 | 2015-11-16 |

| 拍品名称 | 尺寸 | 成交价 RMB | 拍卖公司 | 拍卖时间 |
|---|---|---|---|---|
| 当代 王平 "乐道遥" 白玉摆件 | 8.5×7.4×6.9cm | 2,990,000 | 西泠印社 | 2015-07-04 |
| 清乾隆 白玉雕八吉祥活环三羊开泰盫盒 | 18.4cm | 2,969,760 | 香港苏富比 | 2015-04-07 |
| 明 汉白玉石狮(一对) | 72×55×90cm | 2,875,000 | 西泠印社 | 2015-12-26 |
| 当代 2015年 爱船 和田青玉雕塑 | 63×29×34cm | 2,875,000 | 广东崇正 | 2015-12-18 |
| 清乾隆 白玉雕兽面纹双象耳盖瓶 | 高 23cm | 2,875,000 | 北京匡时 | 2015-12-05 |
| 清乾隆 白玉"九如"双环耳盖炉 | 宽 21cm | 2,875,000 | 北京保利 | 2015-12-08 |
| 清乾隆 白玉雕松鹤福禄寿图砚屏 | 直径 22cm | 2,531,160 | 邦瀚斯 | 2015-06-04 |
| 清乾隆 白玉夔龙纹臂搁 | 长 20.2cm | 2,530,000 | 北京翰海 | 2015-11-29 |
| 清乾隆 白玉云龙纹瓶 | 高 22cm | 2,530,000 | 北京保利 | 2015-12-08 |
| 清康熙 御赐靖海侯白玉柄宝剑 | 长 81.5cm | 2,357,500 | 北京东正 | 2015-11-19 |
| 清乾隆 白玉皮球花纹盖盫 | 宽 17cm | 2,300,000 | 北京保利 | 2015-06-06 |
| 清乾隆 黄玉雕摩羯鱼形摆件 | 高 14.9cm | 2,300,000 | 北京保利 | 2015-06-06 |
| 清乾隆 白玉御题诗葛洪故事山子 | 高 15.5cm, 宽 19.5cm | 2,300,000 | 北京保利 | 2015-06-06 |
| 清乾隆 御制《绥边经制》青白玉册 | 19.4×11.4cm | 2,195,040 | 香港苏富比 | 2015-04-07 |
| 当代 杨光 白玉贵妃图 | 15.3×9.5×4.5cm | 2,185,000 | 中国嘉德 | 2015-05-16 |
| 清初 白玉洗桐图山子 | 高 24.5cm | 2,185,000 | 北京翰海 | 2015-06-28 |
| 清乾隆 白玉雕饕餮纹双龙活环耳三足盖炉 | 20.5cm | 2,098,200 | 香港苏富比 | 2015-04-07 |
| 明 青玉卧牛 | 长 6.6cm | 2,070,000 | 北京翰海 | 2015-06-28 |
| 清乾隆 白玉甲子万年十二生肖璧 | 直径 10.3cm | 2,070,000 | 北京翰海 | 2015-06-28 |
| 清早期 白玉鹤衔灵芝洗 | 长 13.6cm | 2,070,000 | 北京保利 | 2015-06-06 |
| 清乾隆 碧玉描金双龙戏珠纹"倍夷则"编磬 | 长 47.9cm | 2,003,240 | 香港佳士得 | 2015-12-02 |
| 清乾隆 黄玉浮雕螭龙纹盖瓶 | 14cm | 2,001,360 | 香港苏富比 | 2015-04-07 |
| 清 18世纪 墨白玉双活环耳扁壶 | 23.6cm | 2,001,360 | 香港苏富比 | 2015-04-05 |

## 当代珠宝

| 拍品名称 | 尺寸 | 成交价 RMB | 拍卖公司 | 拍卖时间 |
|---|---|---|---|---|
| 枕形缅甸天然鸽血红红红宝石戒指及钻石戒指 | 重约 15.04 克拉, 戒指尺寸 5¹/₂ | 116,417,800 | 香港佳士得 | 2015-12-01 |
| 椭圆形及枕形缅甸天然鸽血红红宝石及梨形 D-G/IF-SI1 钻石项链 Etcetera 设计 | 红宝石重 7.02 至 1.10 克拉, 钻石重 5.14 至 1.00 克拉, 项链长 43.9cm | 80,388,360 | 香港佳士得 | 2015-06-02 |
| 长方形浓彩红色 IF Type IIa 钻石戒指 Harry Winston 镶嵌 | 重约 9.07 克拉, 戒指尺寸 5¹/₄ | 78,145,560 | 香港佳士得 | 2015-06-02 |
| 天然翡翠珠配钻扣项链 钻石扣可成胸针 卡地亚设计 | 60 颗翡翠珠直径 11.7 至 14.5mm, 项链长 40.5cm; 胸针长 3.4cm | 47,913,560 | 香港佳士得 | 2015-12-01 |
| 枕形缅甸天然红宝石(部分红宝石为鸽血红)及枕形 D-F/VVS1-VS1 钻石项链 Faidee 设计 | 红宝石重 5.05 至 1.04 克拉, 项链长 39.0cm | 45,614,960 | 香港佳士得 | 2015-12-01 |
| 方形天然"克什米尔矢车菊蓝"蓝宝石配钻石戒指 | 蓝宝石重 27.68 克拉, 钻石共重约 5.70 克拉, 戒指尺寸 5¹/₂ | 42,974,160 | 香港苏富比 | 2015-10-07 |
| 梨形浓彩粉红色 VS2 Type IIa 钻石戒指 | 彩钻重约 7.53 克拉, 戒指尺寸 5¹/₄ | 39,637,880 | 香港佳士得 | 2015-12-01 |
| Swatch 手表 毕加索 | | 37,670,760 | 香港苏富比 | 2015-04-07 |
| 缅甸天然翡翠蛋面,红宝石及钻石吊坠项链 | 蛋面 26.1×21.3×14.5mm, 项链长 63.5cm | 35,083,800 | 香港佳士得 | 2015-06-02 |
| 天然海水珍珠配钻石项链及天然珍珠配钻石耳环一对 卡地亚镶嵌 | 项链: 42 颗珍珠直径约 12.90 至 6.65mm, 项链长 435mm; 耳环: 2 颗珍珠直径分别约 11.52mm | 33,767,520 | 香港苏富比 | 2015-10-07 |
| 缅甸天然翡翠珠配钻石项链 | 31 颗翡翠珠最大约 15.82mm, 项链长约 52cm | 33,329,100 | 保利香港 | 2015-04-07 |
| 枕形浓彩粉红色 IF Type IIa 钻石戒指 | 重约 5.22 克拉, 戒指尺寸 5¹/₄ | 28,143,940 | 香港佳士得 | 2015-12-01 |
| 古垫形天然缅甸抹谷红宝石配圆形钻石及天然珍珠手链 | 红宝石重 27.91 克拉, 12 颗圆形钻石共重约 11.50 克拉, 天然珍珠直径约 6.65 至 4.80mm, 手链扣上钻石共重约 2.00 克拉, 手链长约 170mm | 24,561,360 | 香港苏富比 | 2015-10-07 |

| 拍品名称 | 尺寸 | 成交价 RMB | 拍卖公司 | 拍卖时间 |
|---|---|---|---|---|
| 天然翡翠蛋面戒指 | 蛋面 26.0×24.3×13.7mm, 戒指尺寸 6 | 24,006,040 | 香港佳士得 | 2015-12-01 |
| 椭圆形缅甸天然鸽血红红宝石戒指 Etcetera 设计 | 重约 5.11 克拉, 戒指尺寸 5 | 23,869,800 | 香港佳士得 | 2015-06-02 |
| 八边形切割未经加热的缅甸天然"皇家蓝"蓝宝石配钻石项链 宝诗龙设计 | 蓝宝石重 91.95 克拉, 钻石共重约 48 克拉, 项链长约 45cm | 23,806,500 | 保利香港 | 2015-04-07 |
| 方形鲜彩黄色钻石戒指 内部无瑕(IF)净度 | 重 41.65 克拉, 戒指尺寸 5¹/₄ | 23,180,400 | 香港苏富比 | 2015-10-07 |
| 长方形 D/IF Type IIa 钻石戒指 Graff 设计 | 重约 15.15 克拉, 戒指尺寸 8¹/₂ | 22,075,560 | 香港佳士得 | 2015-06-02 |
| "傲雪红梅 BLOSSOMS IN SNOW" 天然缅甸鸽血红红宝石配钻石项链、耳环套装 未经加热 | 38 颗红宝石共重 52.75 主石尺寸 约为 7.40×6.20、4.30-11.35×9.35×5.20mm、4.10-4.15×2.10-5.35×4.10mm, 钻石共重 76.43 克拉 | 21,850,000 | 北京保利 | 2015-12-07 |
| 缅甸天然翡翠满绿手镯 | 内径 55.49mm, 手镯尺寸 77.03×55.49×10.81mm | 21,339,120 | 保利香港 | 2015-10-06 |
| 枕形缅甸天然红宝石及枕形 E/VVS1-VVS2 钻石耳坠 Faidee 设计 | 红宝石重约 5.08、5.03、2.51 及 2.49 克拉, 钻石约 1.52 及 1.50 克拉, 耳坠长 2.4cm | 19,868,200 | 香港佳士得 | 2015-12-01 |
| 长方形切割哥伦比亚祖母绿配 Ashoka 钻石项链、耳环及戒指套装 William Goldberg 设计 | 15 颗祖母绿最大 8.52 克拉, 共重约 150 克拉; 钻石约 90 克拉, 项链约 44.8cm, 耳环长约 6.1cm, 戒指尺寸 6¹/₄ | 18,914,220 | 保利香港 | 2015-10-06 |
| 圆形切割彩粉红无暇净度钻石配蓝钻戒指 | 重 4.50 克拉, 戒指尺寸 6 | 18,429,240 | 保利香港 | 2015-10-06 |
| 古垫形天然缅甸抹谷红宝石配钻石及缟玛瑙"豹"戒指 卡地亚镶嵌 | 红宝石重 10.62 克拉, 配钻共重约 2.00 克拉, 戒指尺寸 6 | 16,834,560 | 香港苏富比 | 2015-10-07 |
| 长方形浓彩绿色 SI1 钻石戒指 Moussaieff 设计 | 重约 5.02 克拉, 戒指尺寸 5 | 16,692,840 | 香港佳士得 | 2015-06-02 |
| 钻石耳环(一对) D 色无瑕净度, 极优切割、打磨及对称 | 圆形钻石重 12.87 及 12.77 克拉, 配钻共重约 1.05 克拉 | 16,043,160 | 香港苏富比 | 2015-04-07 |
| 梨形浓彩蓝色 IF 钻石戒指 Moussaieff 设计 | 重约 3.00 克拉, 戒指尺寸 5¹/₂ | 15,795,720 | 香港佳士得 | 2015-06-02 |
| 原形克什米尔天然蓝宝石配钻石戒指 | 重约 10.33 克拉, 戒指尺寸 6 | 15,347,160 | 香港佳士得 | 2015-06-02 |
| 缅甸天然翡翠牌戒指 | 翡翠牌 24.8×16.7×6.8mm, 戒指尺寸 6¹/₂ | 14,450,040 | 香港佳士得 | 2015-06-02 |
| 约 38.51 克拉八角形哥伦比亚天然祖母绿配榄尖形 F-H/VVS1-SI1 钻石手镯 Etcetera 设计 | 重约 38.51 克拉, 配钻重 1.54 至 1.00 克拉, 手镯内周长 14.6cm | 14,450,040 | 香港佳士得 | 2015-06-02 |
| 长方形阿富汗天然祖母绿戒指 | 重约 10.11 克拉, 戒指尺寸 7¹/₄ | 14,416,760 | 香港佳士得 | 2015-12-01 |
| 天然翡翠手镯(一对) | 内径 53.46 及 53.42mm, 厚度 10.32 及 10.27mm, 手镯尺寸 17.3 | 13,622,160 | 香港苏富比 | 2015-04-06 |
| 椭圆形切割缅甸鸽红红宝石配钻石戒指 艳彩鲜红 Faidee JW Currens 设计 | 6.03 克拉, 戒指尺寸 5¹/₂ | 13,579,440 | 保利香港 | 2015-10-06 |
| 缅甸天然翡翠珠及钻石项链 | 33 颗翡翠珠直径 11.2 至 12.9mm, 项链长 45.5cm | 13,488,840 | 香港佳士得 | 2015-06-02 |
| D 色内部无瑕(IF)净度(极优切割、打磨及对称) Type IIa 钻石耳环(一对) | 重 8.05 及 8.03 克拉 | 13,382,160 | 香港苏富比 | 2015-10-07 |
| 梨形切割淡彩蓝色内部无暇钻石配心形切割艳彩紫粉色钻石戒指 | 淡蓝色钻石重 7.24 克拉, 心形粉色钻石重 0.57 及 0.66 克拉, 戒指尺寸 5¹/₂ | 13,141,188 | 保利香港 | 2015-04-07 |
| 古垫形天然克什米尔蓝宝石配钻石戒指 | 蓝宝石重 11.21 克拉, 配钻共重约 1.20 克拉, 戒指尺寸 6 | 13,137,960 | 香港苏富比 | 2015-04-06 |
| 缅甸天然翡翠手镯 | 内径 56.00mm, 宽 18.1mm, 厚 8.3mm, 手镯尺寸 18.0 | 13,008,240 | 香港佳士得 | 2015-06-02 |
| 梨形 D/IF Type IIa(极优切割及比例)钻石及六角形彩紫红色 I2 钻石吊坠项链 Nirav Modi 设计 | 梨形主石重 10.02 克拉, 梨形配钻重 2.66 克拉, 六角形配钻重 1.03 克拉, 项链长 41.6cm | 12,623,760 | 香港佳士得 | 2015-06-02 |
| 方形浓彩蓝色钻石配钻石戒指 VVS1 净度 | 重 2.11 克拉, 戒指尺寸 5¹/₂ | 12,099,840 | 香港苏富比 | 2015-10-07 |

| 拍品名称 | 尺寸 | 成交价 RMB | 拍卖公司 | 拍卖时间 |
|---|---|---|---|---|
| 梨形 D/FL Type IIa 钻石配梨形及榄尖形 D-F/FL-VVS2 钻石吊坠项链 | 主石重约 10.25 及 3.06 克拉，配钻重约 1.76 至 1.00 克拉，项链长 42.0cm | 11,855,240 | 香港佳士得 | 2015-12-01 |
| 长方形鲜彩橙黄色 IF 钻石戒指 | 重约 9.50 克拉，戒指尺寸 5³/₄ | 11,566,440 | 香港佳士得 | 2015-06-02 |
| 缅甸天然红宝石及泰国红宝石及钻石项链 卡地亚设计 | 长 40.3cm | 11,566,440 | 香港佳士得 | 2015-06-02 |
| 天然满绿翡翠手镯及天然紫罗兰翡翠手镯（一对） | 满绿手镯重 227.48 克拉，内径约 50.30mm；紫罗兰手镯重 223.17 克拉，内径约 50.71mm | 11,500,000 | 北京保利 | 2015-06-06 |
| D 色内部无瑕（IF）净度（极优切割打磨及对称）Type IIa 钻石戒指 | 重 10.08 克拉，戒指尺寸 5¹/₂ | 11,201,160 | 香港苏富比 | 2015-04-06 |
| 梨形彩棕粉红色 VS2 钻石戒指 | 重约 15.82 克拉，戒指尺寸 6 | 10,870,040 | 香港佳士得 | 2015-12-01 |
| 缅甸天然翡翠牌戒指 | 翡翠牌 23.5×22.6×5.0mm，戒指尺寸 6 | 10,605,240 | 香港佳士得 | 2015-06-02 |
| 圆形 D/IF（极优切割、打磨及比例）Type IIa 钻石耳坠 | 重 6.09 及 5.89 克拉，耳坠长 3.1cm | 10,605,240 | 香港佳士得 | 2015-06-02 |
| 长方形浓彩黄色 VS1 钻石吊坠项链 | 重约 53.88 克拉，项链长 39.1cm | 10,605,240 | 香港佳士得 | 2015-06-02 |
| 梨形 D 色内部无瑕（IF）净度（极优打磨）Type IIa 钻石项链 宝格丽 | 主石重 7.04 克拉，配钻共重约 52.50 克拉，长约 360mm | 10,523,280 | 香港苏富比 | 2015-04-06 |
| 圆形 D/IF（极优切割、打磨及比例）钻石戒指 | 重 9.58 克拉，戒指尺寸 6 | 10,413,000 | 香港佳士得 | 2015-06-02 |
| 枕形哥伦比亚天然祖母绿及钻石耳坠 | 重约 11.43、10.49、2.65 及 2.43 克拉，耳坠长 4.6cm | 10,278,920 | 香港佳士得 | 2015-12-01 |
| D 色内部无瑕（IF）净度（极优切割、打磨及对称）Type IIa 钻石耳环（一对） | 重 6.67 及 6.64 克拉 | 9,942,240 | 香港苏富比 | 2015-04-06 |
| 夏悫子爵夫人钻石项链 由 1887 年法国皇室珠宝拍卖所出售的珠宝梳子上的两串钻石流苏改镶而成约 1900 年 | 28 颗圆形钻石共重约 65.00 克拉，长约 410 及 480mm | 9,929,760 | 香港苏富比 | 2015-10-07 |
| 梨形淡彩粉红色 VS2 净度钻石戒指 | 主石重 5.06 克拉，配钻共重约 4.35 克拉，戒指尺寸 7¹/₄ | 9,929,760 | 香港苏富比 | 2015-10-07 |
| 天然翡翠蛋面及钻石项链 | 蛋面最大 15.0×13.8×4.9mm，项链长 43.0cm | 9,884,840 | 香港佳士得 | 2015-12-01 |
| 天然心形足色全美无瑕（D/FL 0 极优打磨及比例）TYPE IIa 钻石 | 重 10.03 克拉，尺寸 13.16×14.66×9.18mm | 9,775,000 | 北京保利 | 2015-12-07 |
| 天然祖母绿及天然梯形足色全美（FL）TYPE IIa 钻石戒指 | 祖母绿重 10.03 克拉，尺寸约 13.80×10.76×7.04mm；2 颗配钻重约 2.21 克拉，戒指尺寸 11 | 9,775,000 | 北京保利 | 2015-06-06 |
| 方形 D 色内部无（IF）净度 Type IIa 极优打磨钻石戒指 | 重 10.01 克拉，戒指尺寸 5¹/₂ | 9,748,560 | 香港苏富比 | 2015-04-06 |
| 方形彩黄色 VS1 净度彩钻配钻石项链/戒指 | 主石重 31.01 克拉，配钻共重约 12.60 克拉 | 9,315,000 | 广州华艺 | 2015-05-24 |
| 天然蓝宝石配钻石链与天然蓝宝石耳环套装 Harry Winston | 18 颗蓝宝石共重 84.74 克拉，耳环重 8.95 及 9.05 克拉 | 9,200,000 | 北京匡时 | 2015-12-04 |
| 缅甸天然蛋面翡翠配钻石吊坠 | 蛋面 32.26×27.80×13.58mm，主石 1.21 克拉，配钻 8.05 克拉 | 9,200,000 | 北京东正 | 2015-05-19 |
| 梨形浓彩 VS1 净度蓝色钻石配粉色钻石及钻石戒指 | 主石重 2.13 克拉，配钻共重约 3.65 克拉，戒指尺寸 6 | 9,070,680 | 香港苏富比 | 2015-04-06 |
| 浓彩、鲜彩及深彩紫粉红色，鲜彩黄色、黄色及绿色 VVS1-I2 钻石胸针 Carvin French 设计 | 重约 2.09 至 0.27 克拉，胸针尺寸 11.1×8.0cm | 8,682,840 | 香港佳士得 | 2015-06-02 |
| 缅甸天然"竹"翡翠配钻石挂坠 | 翡翠尺寸约 55.02×26.32×6.45mm | 8,570,340 | 保利香港 | 2015-04-07 |
| 圆形 VS1 净度彩黄色钻石配钻石吊坠 | 彩黄色钻石重 45.88 克拉，3 颗配钻共重约 1.15 克拉 | 8,351,520 | 香港苏富比 | 2015-10-07 |
| 缅甸天然翡翠牌戒指（一对） | 翡翠最大 26.9×14.8×5.3mm，戒指尺寸 6¹/₂ | 8,202,240 | 香港佳士得 | 2015-06-02 |
| 圆形 D 色内部无瑕（IF）净度（极优切割、打磨及对称）（Type IIa 钻石戒指） | 重 9.65 克拉，戒指尺寸 5¹/₂ | 8,055,600 | 香港苏富比 | 2015-10-07 |

| 拍品名称 | 尺寸 | 成交价 RMB | 拍卖公司 | 拍卖时间 |
|---|---|---|---|---|
| 天然哥伦比亚木佐矿祖母绿及钻石戒指 未经注油 HARRY WINSTON | 祖母绿重 26.77 克拉，尺寸 23.31×17.21×9.10mm；戒指尺寸 13 | 8,050,000 | 北京保利 | 2015-06-06 |
| 天然老坑玻璃种帝王绿翡翠及钻石项链、戒指及耳环套装 | 项链 13 颗主石共重 54.29 克拉，626 颗配钻共重 17.59 克拉，长 46cm；戒指主石共重 9.02 克拉，126 颗配钻共重 1.29 克拉，戒指尺寸 14，约 12.85×16.82mm；耳环 2 颗主石共重 8.04 克拉，146 颗配钻共重 0.71 克拉，耳环尺寸 11.99×9.55mm 及 11.87×9.49mm | 8,050,000 | 北京保利 | 2015-06-06 |
| 天然满绿翡翠珠链 | 29 颗翡翠珠直径约 16.07-18.07mm，配钻共重 1.32 克拉，项链长 52cm | 7,992,500 | 北京保利 | 2015-06-06 |
| 圆形 D/FL-IF（极优切割、打磨及比例）钻石耳环 | 重约 5.13 及 5.03 克拉 | 7,914,440 | 香港佳士得 | 2015-12-01 |
| 长方形 D/IF Type IIa 钻石戒指 | 重约 9.88 克拉，戒指尺寸 5³/₄ | 7,914,440 | 香港佳士得 | 2015-12-01 |
| 天然翡翠蛋面耳环（一对） | 2 颗蛋面约 17.95×14.95×6.56mm 及 17.89×14.88×6.86mm | 7,759,680 | 香港苏富比 | 2015-10-07 |
| 缅甸天然翡翠蛋面及钻石戒指 | 蛋面 16.3×14.8×7.6mm，戒指尺寸 6 | 7,721,640 | 香港佳士得 | 2015-06-02 |
| 哥伦比亚祖母绿项链及耳坠套装 Chopard 设计 | 祖母绿共重 93.45 克拉，项链长 40.0cm，耳坠长 4.8cm | 7,520,360 | 香港佳士得 | 2015-06-02 |
| 榄尖形 D/VS2 钻石戒指 Siba 设计 | 14.68 克拉，戒指尺寸 6³/₄ | 7,241,040 | 香港佳士得 | 2015-06-02 |
| 天然翡翠"豌豆"配钻石吊耳环（一对） | 2 颗蛋面约 14.57×10.71×4.18mm 及 14.19×10.20×4.57mm，配钻共重约 1.00 克拉，耳环约 34.12×14.12×5.97mm 及 33.92×13.98×6.08mm | 7,167,840 | 香港苏富比 | 2015-10-07 |
| 天然枕形缅甸"皇家蓝"蓝宝石配钻石项链 未经加热 | 蓝宝石重 40.86 克拉，约 18.82×18.79×11.36mm；配钻重 51.84 克拉 | 7,130,000 | 北京保利 | 2015-06-06 |
| 浓彩黄色内部无瑕钻石戒指 | 重 30.03 克拉，戒指尺寸 6 | 7,046,724 | 保利香港 | 2015-04-07 |
| 天然 M 色 VVS2 净度钻石配钻石戒指 | 主石重 31.69 克拉，尺寸约 19.58×16.58×11.18mm；配钻重 1.52 克拉；戒指尺寸 13 | 7,015,000 | 北京保利 | 2015-06-06 |
| 缅甸天然翡翠珠配钻石项链 宝格丽镶嵌 | 43 颗翡翠珠直径 9.18 至 13.21mm，项链长约 56.0cm | 6,983,712 | 保利香港 | 2015-10-07 |
| 枕形缅甸天然蓝宝石及钻石戒指 | 重 26.08 克拉，戒指尺寸 6 | 6,929,240 | 香港佳士得 | 2015-12-01 |
| 缅甸天然翡翠配钻石"观音"吊坠 | 翡翠 58.39×38.44×7.71mm，主石重 1.01 克拉，配钻重 3.12 克拉 | 6,900,000 | 北京东正 | 2015-05-19 |
| 天然缅甸抹谷红宝石及钻石戒指 未经加热 | 红宝石重 19.5 克拉，尺寸约 15.55×13.30×10.10mm，戒指尺寸 14 | 6,900,000 | 北京保利 | 2015-06-06 |
| 椭圆形天然缅甸红宝石配钻石项链 未经加热 宝格丽 | 20 颗红宝石共重 65.00 克拉，钻石共重约 40.00 克拉，长约 420mm | 6,871,920 | 香港苏富比 | 2015-10-07 |
| 天然哥伦比亚祖母绿配钻石项链 可拆卸单独佩戴 | 祖母绿重 79.58 克拉，尺寸约 26.09×25.09×18.84mm；配钻共重约 71.4 克拉；项链长约 43.4cm | 6,762,000 | 北京保利 | 2015-06-06 |
| 正方形鲜彩黄色 VVS1 钻石戒指 | 重约 13.79 克拉，戒指尺寸 6 | 6,732,200 | 香港佳士得 | 2015-12-01 |
| 长方形缅甸天然蓝宝石及长方形 D/IF Type IIa 钻石戒指 | 蓝宝石重约 9.21 克拉，钻石重约 8.04 克拉，戒指尺寸 5³/₄ | 6,732,200 | 香港佳士得 | 2015-12-01 |
| 天然圆形明亮式足色无瑕 D/IF 0 极优打磨、切割及比例）钻石 | 重 7.50 克拉，尺寸约 12.68×12.78×7.64mm | 6,670,000 | 北京保利 | 2015-12-07 |
| 枕形克什米尔天然蓝宝石及钻石戒指 | 重约 9.13 克拉，戒指尺寸 6 | 6,568,200 | 香港佳士得 | 2015-06-02 |
| 梨形哥伦比亚祖母绿及梨形 D 色内部无瑕（IF）净度 Type IIA 钻石吊坠耳环（一对） | 2 颗祖母绿重 10.70 及 3.43 克拉，梨形钻石重 7.27 克拉，梨形配钻重 2.01 克拉，方形钻石重 1.70 克拉 | 6,477,360 | 香港苏富比 | 2015-10-07 |
| 方形 I 色 VS1 净度（极优打磨及对称）钻石戒指 | 重 25.50 克拉，戒指尺寸 5¹/₂ | 6,477,360 | 香港苏富比 | 2015-10-07 |
| 天然彩棕色 VS1 净度钻石配钻石戒指 可拆卸作为吊坠 | 主石重 5.02 克拉，尺寸约 9.35×9.12×6.31mm；配钻重 3.65 克拉；戒指尺寸 13 | 6,440,000 | 北京保利 | 2015-12-07 |

| 拍品名称 | 尺寸 | 成交价 RMB | 拍卖公司 | 拍卖时间 |
|---|---|---|---|---|
| 圆形 D/FI(极优切割、打磨及比例)钻石戒指 | 重 7.58 克拉，戒指尺寸 5½ | 6,279,840 | 香港佳士得 | 2015-06-02 |
| 天然冰种满绿翡翠及钻石项链、耳环套装 | 项链 7 颗主石共重 40.11 克拉，331 颗配钻共重 6.76 克拉，项链长约 42.5cm；耳环 4 颗主石共重 21.21 克拉，124 颗配钻共重 0.95 克拉，耳环长约 4.5cm | 6,210,000 | 北京保利 | 2015-06-06 |
| 椭圆形彩橘红紫色 SI1 钻石戒指 | 重约 4.23 克拉，戒指尺寸 6 | 6,183,720 | 香港佳士得 | 2015-06-02 |
| 圆形 J 色 VVS2 净度(极优切割、打磨及对称)钻石戒指 | 重 26.22 克拉，戒指尺寸 5½ | 6,068,640 | 香港苏富比 | 2015-04-06 |
| 椭圆形缅甸天然红宝石及钻石戒指 | 重约 5.02 克拉，戒指尺寸 5½ | 5,991,480 | 香港佳士得 | 2015-06-02 |
| Art Deco 天然翡翠配珐琅彩、宝石及钻石别针 卡地亚 约 1927 | 翡翠约 32.05×25.51×3.57 mm，钻石共重约 3.05 克拉，蓝宝石共重约 6.90 克拉 | 5,984,160 | 香港苏富比 | 2015-10-07 |
| 百达翡丽 2523/1 型黄金双表冠世界时间腕表 备 24 小时显示及精美雕刻表盘 机芯编号 724312 表壳编号 313046 约 1968 | 直径 3.6cm | 5,984,160 | 香港苏富比 | 2015-10-06 |
| 椭圆形缅甸天然蓝宝石及钻石戒指 | 重约 15.53 克拉，戒指尺寸 5¾ | 5,799,240 | 香港佳士得 | 2015-06-02 |
| 天然老坑翡翠珠钻石及红宝石"灯笼"珠链、耳环套装 | 项链 27 颗翡翠珠直径约 10.28-14.75mm，珠链长约 66.5cm，耳环长约 4.1cm | 5,750,000 | 北京保利 | 2015-12-07 |
| "大清乾隆年制"款东珠朝珠 乾隆帝颁赏遗念赐予皇十一子成亲王永瑆 原配饯金彩漆朝珠盒 | 108 颗东珠全长 116cm | 5,750,000 | 北京保利 | 2015-12-07 |
| 翡翠手镯 | 重 61.45 克 | 5,750,000 | 北京匡时 | 2015-12-04 |
| 天然珍珠及榄尖形 D-G/VS1/VVS2 钻石项链 Etcetera 为 Paspaley 设计 | 珍珠尺寸 4.6-4.7×3.95mm 至 13.35-13.45×9.85mm，钻石重约 1.55 至 1.00 克拉，项链长 46.0cm | 5,747,000 | 香港佳士得 | 2015-12-01 |
| 枕形哥伦比亚天然祖母绿及 D/VS1-VS2 钻石戒指 | 祖母绿重约 7.63 克拉，钻石重约 3.03 及 3.02 克拉，戒指尺寸 5¾ | 5,648,480 | 香港佳士得 | 2015-12-01 |
| 梨形 D/IF 钻石戒指 | 重 10.06 克拉，戒指尺寸 5¼ | 5,607,000 | 香港佳士得 | 2015-06-02 |
| 心形彩粉红色内部无瑕(IF)净度钻石配粉红钻石戒指 | 彩粉红钻石重 3.04 克拉，戒指尺寸 6½ | 5,589,600 | 香港苏富比 | 2015-10-07 |
| 枕形鲜彩黄色 VS2 钻石戒指 卡地亚设计 | 重约 7.16 克拉，戒指尺寸 5¼ | 5,549,960 | 香港佳士得 | 2015-12-01 |
| 缅甸天然红宝石及钻石手链 Van Cleef & Arpels 设计 | 长 16.6cm | 5,549,960 | 香港佳士得 | 2015-12-01 |
| 白翡翠方玉件镶钻挂坠 | 翡翠重 22.34 克拉，尺寸 36.03×19.21×3.19mm；18K 白金重 19.54 克；1 颗圆钻重 1.07 克拉，272 颗配钻重 5.36 克拉 | 5,520,000 | 中贸圣佳 | 2015-05-20 |
| 天然艳彩黄色 VVS2 净度钻石及钻石吊坠 | 黄色钻石重 16.17 克拉，尺寸约 14.45×13.43×8.98mm 附 GIA 证书美国宝石学院 GIA 编号 15262343 报告，鉴定 16.17 克拉切面方形混合式切割主石为天然钻石，颜色 FANCY VIVID YELLOW 艳彩黄色，净度 VVS2，2008 年 9 月 25 日 | 5,520,000 | 北京保利 | 2015-06-06 |
| 天然足色全美(FL) TYPE IIa 钻石 | 重 6.06 克拉，尺寸约 11.59-11.65×7.27mm | 5,347,500 | 北京保利 | 2015-06-06 |
| 圆形 F-J/VVS1-I1 钻石项链、手链及耳坠套装 Gimel 设计 | 钻石单重 7.11 至 1.70 克拉，39 颗共重 112.64 克拉，项链长 40.8cm，手链长 17.4cm，耳坠长 3.2cm | 5,318,640 | 香港佳士得 | 2015-06-02 |
| 古垫形天然哥伦比亚祖母绿配钻石(E 至 F 色，VVS1 至 SI1 净度)戒指 | 祖母绿重 7.99 克拉，10 颗圆形钻石共重 5.30 克拉，各重 0.57 至 0.51 克拉，戒指尺寸 6¼ | 5,293,680 | 香港苏富比 | 2015-10-07 |
| 圆形及梨形切割钻石项链 | 总石重约 100 克拉，项链长约 40cm | 5,237,430 | 保利香港 | 2015-04-07 |
| 天然缅甸抹谷鸽血红红宝石及钻石耳环未经加热 | 红宝石重 5.04 及 5.02 克拉，尺寸约 11.53×8.55×5.99mm 及 11.45×8.52×5.53mm；配钻重 7.53 克拉 | 5,175,000 | 北京保利 | 2015-06-06 |
| 天然哥伦比亚祖母绿配钻石戒指 未经注油 | 祖母绿 16.18 克拉，尺寸约 16.36×15.43×10.48mm；4 颗梨形配钻共重 3.76 克拉；12 颗小梨形配钻共重 3.42 克拉；16 颗圆形切割钻石共重 1.67 克拉；370 颗圆形钻石共重 2.76 克拉；戒指尺寸 13 | 5,175,000 | 北京保利 | 2015-12-07 |
| 梨形哥伦比亚祖母绿配钻石(D 至 F 色，内部无瑕(IF)至 VS2 净度)吊坠耳环(一对) | 2 颗祖母绿重 8.20 及 8.07 克拉，10 颗钻石共重 14.63 克拉，各重 1.66 至 1.02 克拉 | 5,100,240 | 香港苏富比 | 2015-04-06 |
| 古垫形 VVS2 净度鲜彩黄色钻石配钻石戒指 | 鲜彩黄色钻石重 11.10 克拉，尺寸(E 色 VVS2 净度)及 1.03 克拉(E 色内部无瑕 IF 净度)，戒指尺寸 6 | 4,997,760 | 香港苏富比 | 2015-10-07 |
| 天然彩棕橘粉色 VS2 净度钻石 | 粉色钻石 5.78 克拉，尺寸约 11.48×9.36×6.18mm | 4,830,000 | 北京保利 | 2015-06-06 |
| 天然"马眼形"足色无瑕(D/IF) TYPE IIa 钻石配钻石戒指 | 主石 7.43 克拉，配钻 1.81 克拉，尺寸约 22.86×10.21×5.34mm，戒指尺寸 14 | 4,715,000 | 北京保利 | 2015-12-07 |
| 天然满绿翡翠手镯及天然紫罗兰翡翠手镯一对 | 满绿翡翠手镯内约 53.66mm，宽约 8.58mm，厚约 9.93mm；紫罗兰翡翠手镯内径约 53.95mm，宽约 9.88mm，厚约 9.82mm | 4,370,000 | 北京保利 | 2015-12-07 |
| 18K 白翡翠叶件镶钻挂坠 | 翡翠重 38.91 克拉，尺寸约 40.31×26.31×4.78mm；6 颗梨形钻重 1.26 克拉，2 颗马眼钻重 0.37 克拉，84 颗圆钻重 2.01 克拉 | 4,370,000 | 中贸圣佳 | 2015-05-20 |
| 缅甸天然老坑玻璃种翡翠配钻石"观音"吊坠 | 翡翠尺寸 53.87×35.13×7.93mm；主钻重 0.804 克拉，配钻重 3.351 克拉 | 4,370,000 | 北京东正 | 2015-05-19 |
| 天然缅甸"皇家蓝"蓝宝石配钻石戒指 未经加热 Alessio 3oschi 设计 | 蓝宝石重 20.26 克拉，主石尺寸约 17.48×12.34×10.04mm，戒指尺寸 15 | 4,140,000 | 北京保利 | 2015-12-07 |
| 梨形深彩棕黄 VS1 净度钻石项链 梵克雅宝设计 | 棕黄钻石重 21.12 克拉，项链长约 44.9cm | 4,073,832 | 保利香港 | 2015-10-06 |
| 圆形 F/IF 钻石戒指 | 重约 7.02 克拉，戒指尺寸 4¾ | 4,072,160 | 香港佳士得 | 2015-12-01 |
| 八角形天然哥伦比亚祖母绿配梨形鲜彩橙黄色钻石戒指 | 2 颗祖母绿重 8.04 及 7.98 克拉，2 颗橙黄色钻石重 0.51 及 0.49 克拉，戒指尺寸 6½ | 4,011,360 | 香港苏富比 | 2015-10-07 |
| 缅甸天然翡翠配钻石观音挂坠 | 翡翠观音尺寸 57.06×35.56×2.56mm | 3,999,492 | 保利香港 | 2015-04-07 |
| 天然翡翠弥勒佛及钻石吊坠项链 | 翡翠弥勒佛尺寸 34.5×41.5×6.0mm，项链长 51.2cm | 3,973,640 | 香港佳士得 | 2015-12-01 |
| 椭圆形彩紫粉红色 SI2 钻石及钻石耳环 | 彩紫粉红钻石重约 2.05 及 2.01 克拉，耳环长 2.5cm | 3,973,640 | 香港佳士得 | 2015-12-01 |
| 蓝宝石配圆形及玫瑰式切割钻石项链及耳环套装 梵克雅宝 | 蓝宝石共重约 214.65 克拉，钻石共重约 60.30 克拉，项链长约 395mm | 3,912,720 | 香港苏富比 | 2015-10-07 |
| 百达翡丽 5207 型号粉红金表 | | 3,841,320 | 香港苏富比 | 2015-04-07 |
| 梨形切割粉色钻石配钻石挂坠项链、戒指、耳坠套装 | 粉色钻石挂坠重 3.52 克拉，项链长约 43cm，戒指尺寸 7 | 3,809,040 | 保利香港 | 2015-04-07 |
| 八角形天然蓝宝石戒指 | 重约 18.08 克拉，戒指尺寸 7 | 3,776,600 | 香港佳士得 | 2015-12-01 |
| 天然珍珠及钻石耳坠 | 珍珠 11.25-11.35×16.30 及 11.65-11.70×17.40mm，耳坠长 6.2cm | 3,776,600 | 香港佳士得 | 2015-12-01 |
| 古垫形天然哥伦比亚祖母绿配古垫形 F 色 VS2 净度钻石戒指 | 祖母绿重 8.02 克拉，2 颗钻石重 1.65 及 1.52 克拉，戒指尺寸 5¾ | 3,744,480 | 香港苏富比 | 2015-04-06 |
| 梨形哥伦比亚祖母绿配钻石项链及吊坠耳环套装 House of Taylor Jewelry 及梨形哥伦比亚祖母绿配钻石戒指 | 项链 12 颗祖母绿共重 47.92 克拉，钻石共重约 55.00 克拉，项链长约 330mm；戒指祖母绿重 6.58 克拉，钻石共重约 5.00 克拉，戒指尺寸 7¼ | 3,715,440 | 香港苏富比 | 2015-10-07 |
| 哥伦比亚祖母绿及钻石项链、耳环及戒指套装 项链可成手链及耳环 | 项链 34.4cm，手链长 16.5cm，耳环长 3.7cm，耳坠长 4.9cm，戒指尺寸 5¼ | 3,684,600 | 香港佳士得 | 2015-06-02 |
| 缅甸天然翡翠圈及珠及钻石吊坠(一对) | 最大翡翠圈直径 36.7mm，厚度 7.2mm，项链长 69.0cm | 3,684,600 | 香港佳士得 | 2015-06-02 |
| 天然翡翠观音配钻石吊坠 | 翡翠尺寸约 51.5×31×5mm，长约 73mm | 3,680,000 | 广州华艺 | 2015-12-20 |

| 拍品名称 | 尺寸 | 成交价 RMB | 拍卖公司 | 拍卖时间 |
|---|---|---|---|---|
| 翡翠元厄 | 重93.12克拉，手寸50.66，宽6.06mm，厚6.68mm；一只翡翠手镯重91.43克拉，手寸49.58，宽5.91mm，厚6.69mm；299颗圆钻重1.55克拉 | 3,680,000 | 中贸圣佳 | 2015-05-20 |
| 18K 白翡翠如意件镶钻挂坠 | 翡翠重32.17克拉，3颗梨形钻石重0.43克拉，1颗梨形钻石重0.48克拉，4颗马眼钻石重0.79克拉，120颗圆钻重0.88克拉 | 3,680,000 | 中贸圣佳 | 2015-05-20 |
| 百达翡丽型号5207R玫瑰金手动上链三问瞬跳万年历陀飞轮腕表 | | 3,588,852 | 保利香港 | 2015-10-05 |
| 哥伦比亚祖母绿、天然珍珠及钻石项链 | 珍珠6.0-8.7mm，项链长77.4cm | 3,588,480 | 香港佳士得 | 2015-06-02 |
| 长方形缅甸天然蓝宝石及钻石戒指 Carvin French 设计 | 重约22.95克拉，戒指尺寸5¾ | 3,579,560 | 香港佳士得 | 2015-12-01 |
| 椭圆形鲜彩黄色 VVS1 钻石及钻石戒指 卡地亚 | 重约7.28克拉，戒指尺寸5½ | 3,579,560 | 香港佳士得 | 2015-12-01 |
| 18K 白翡翠如意镶钻挂坠 | 重18.58克拉，尺寸29.93×20.04×3.46mm；2颗梨形钻石重0.31克拉；10颗马眼钻重0.83克拉；64颗圆钻重0.74克拉 | 3,565,000 | 中贸圣佳 | 2015-05-20 |
| 榄尖形 E 色内部无瑕（IF）净度钻石戒指 | 重10.00克拉，戒指尺寸5¾ | 3,550,800 | 香港苏富比 | 2015-04-06 |
| 方形彩红色 SI1/VS1/VS2 净度钻石配粉红色钻石及钻石别针 | 彩红色钻石重0.40、0.39及0.31克拉，配钻共重约8.55克拉 | 3,518,160 | 香港苏富比 | 2015-10-07 |
| 天然翡翠蛋面及钻石戒指 | 蛋面尺寸18.3×16.7×6.0mm，戒指尺寸6½ | 3,481,040 | 香港佳士得 | 2015-12-01 |
| 榄尖形 D 色内部无瑕（IF）净度 Type IIa 钻石吊耳环（一对） | 重4.50及4.28克拉 | 3,453,960 | 香港苏富比 | 2015-04-06 |
| 天然哥伦比亚祖母绿配 E 色 VVS1 钻石戒指及耳钉套装 | 戒指主石重7.60克拉，8颗圆碎钻共重2.47克拉，圆形碎钻重1.17克拉，戒指尺寸13；耳钉重4.51及4.81克拉，16颗圆钻共重4.95克拉，圆形碎钻重1.04克拉 | 3,450,000 | 广州华艺 | 2015-12-20 |
| 绿色玻璃种翡翠戒指 | 重13.96克拉 | 3,450,000 | 北京匡时 | 2015-12-04 |
| 椭圆形缅甸天然蓝宝石及钻石戒指 Harry Winston 设计 | 重18.06克拉，戒指尺寸6¼ | 3,396,240 | 香港佳士得 | 2015-06-02 |
| 百达翡丽型号5016红金腕表 | | 3,382,520 | 香港佳士得 | 2015-11-30 |
| 绿色玻璃种翡翠戒指 | 重16.38克拉 | 3,335,000 | 北京匡时 | 2015-12-04 |
| 18K 白翡翠杏玉镶钻挂坠 | 翡翠尺寸22.92×22.22×5.09mm，4颗马眼重0.53克拉，1颗心形钻石重0.54克拉，32颗圆钻重2.36克拉，8颗梯方重0.22克拉 | 3,335,000 | 中贸圣佳 | 2015-05-20 |
| 圆形切割哥伦比亚祖母绿配钻石耳坠 | 祖母绿重17.02及19.24克拉 | 3,332,910 | 保利香港 | 2015-04-07 |
| 缅甸天然翡翠胸针 | 翡翠尺寸72.0×18.1×7.3mm，胸针长7.2cm | 3,300,120 | 香港佳士得 | 2015-06-02 |
| F 色 VS2 净度（极优切割、打磨及对称）钻石戒指 | 钻石重9.03克拉，戒指尺寸5½ | 3,260,280 | 香港苏富比 | 2015-04-06 |
| 缅甸天然翡翠配钻石耳环及戒指套装 | 最大蛋面尺寸17.55×14.81×7.80mm，戒指尺寸6¾ | 3,237,684 | 保利香港 | 2015-04-07 |
| D 色内部无瑕（IF）净度（极优切割、打磨及对称）Type IIa 钻石耳环（一对） | 重3.09及3.01克拉 | 3,222,240 | 香港苏富比 | 2015-10-07 |
| 天然翡翠耳环（一对） | 翡翠约18.98×15.98×4.88mm及18.78×15.65×5.35mm | 3,222,240 | 香港苏富比 | 2015-10-07 |
| 18K 白翡翠旦玉镶钻戒指 | 翡翠蛋面重13.02克拉，4颗马眼钻石重0.54克拉，86颗圆钻重2.41克拉 | 3,220,000 | 中贸圣佳 | 2015-05-20 |
| 榄尖形 D/VS1（可成 VVS）钻石戒指 | 重8.98克拉，戒指尺寸5¾ | 3,204,000 | 香港佳士得 | 2015-06-02 |
| 斯里兰卡蓝宝石及钻石手链 Harry Winston 设计 | 长18.6cm | 3,185,480 | 香港佳士得 | 2015-12-01 |
| 翡翠及钻石吊坠项链 | 翡翠尺寸28.7×25.3×7.9mm，项链长40.5cm | 3,185,480 | 香港佳士得 | 2015-12-01 |
| Richard Mille RM27 型号 | 限量发行50枚 | 3,163,440 | 香港苏富比 | 2015-04-07 |

| 拍品名称 | 尺寸 | 成交价 RMB | 拍卖公司 | 拍卖时间 |
|---|---|---|---|---|
| 天然翡翠"双环"吊耳环（一对） | 翡翠尺寸约18.83×5.69mm–18.83×5.59mm | 3,123,600 | 香港苏富比 | 2015-10-07 |
| 缅甸天然翡翠手镯 | 内径53.4mm，宽9.6mm，厚9.7mm，香港尺寸1.45，台湾尺寸17.3 | 3,107,880 | 香港佳士得 | 2015-06-02 |
| 缅甸天然翡翠马鞍戒指（一对） | 马鞍面尺寸25.3×7.9×5.3mm及25.8×7.8×4.7mm，戒指尺寸8 | 3,107,880 | 香港佳士得 | 2015-06-02 |
| 天然斯里兰卡蓝宝石配钻石戒指 未经加热 梵克雅宝 | 蓝宝石重17.27克拉，配钻重2.70克拉，主石尺寸约14.54×12.81×10.83mm，戒指尺寸10 | 3,105,000 | 北京保利 | 2015-12-07 |
| 天然玻璃种满绿翡翠及钻石观音吊坠 | 翡翠共重42.56克拉，主石尺寸51.74×31.72×2.73mm，224颗配钻共重3.64克拉 | 3,105,000 | 北京保利 | 2015-06-06 |
| 淡彩粉红色 VS2 净度钻石配钻石戒指 | 重5.06克拉，配钻共重约4.35克拉，戒指尺寸7¼ | 3,024,960 | 香港苏富比 | 2015-10-07 |
| 天然翡翠"怀古"配钻石吊坠 | 钻石共重约3.00克拉，"怀古"约35.23 | 3,024,960 | 香港苏富比 | 2015-10-07 |
| 天然哥伦比亚祖母绿及钻石耳环 | 祖母绿重12.98及12.33克拉，主石尺寸约16.27×14.42×7.88mm及16.26×14.41×8.26mm，14颗配钻 | 2,990,000 | 北京保利 | 2015-06-06 |
| 18K 白翡翠杏玉镶钻红宝石挂坠 | 翡翠重44.94克拉，11颗红宝石重0.82克拉，1颗梨形钻石重0.49克拉，10马眼钻重1.30克拉，211颗圆钻重2.96克拉 | 2,990,000 | 中贸圣佳 | 2015-05-20 |
| 缅甸天然冰种翡翠配钻石花朵吊坠 | 19.11×16.46×6.09mm，17.37×15.05×6.42mm，16.92×14.19×6.25mm，17.26×14.75×6.09mm，15.78×13.75×7.08mm，配钻石重2.694克拉 | 2,990,000 | 北京东正 | 2015-05-19 |
| 缅甸天然帝王绿玻璃种翡翠配钻石"节节高"吊坠 | 翡翠尺寸40.42×27.50mm，配钻重6.508克拉 | 2,990,000 | 北京东正 | 2015-05-19 |
| 圆形 D/IF Type IIa（极优切割、打磨及比例）钻石耳环 | 重3.54及3.38克拉 | 2,988,440 | 香港佳士得 | 2015-12-01 |
| 百达翡丽型号1156 "La Constellée" 18k 多色金及红色珐琅镶蓝宝石石英座钟1977年制 | | 2,988,440 | 香港佳士得 | 2015-11-30 |
| 百达翡丽5213型号三问万年历备逆跳日期腕表 | | 2,969,760 | 香港苏富比 | 2015-04-07 |
| 水滴形哥伦比亚祖母绿配钻石项链 宝诗龙（Boucheron）1930 | 祖母绿重65.33克拉，钻石共重约40.00克拉，长约355mm | 2,969,760 | 香港苏富比 | 2015-04-06 |
| 榄尖形及梨形 D 至 F 色内部无瑕（IF）VVS2 净度钻石别针 | 共重31.34克拉，各重3.57至1.01克拉 | 2,969,760 | 香港苏富比 | 2015-04-06 |
| 椭圆形 VVS2 净度鲜彩黄色钻石配钻石戒指 | 黄色钻石重6.52克拉，戒指尺寸5½ | 2,969,760 | 香港苏富比 | 2015-04-06 |
| 百达翡丽型号 5074 红金自动上弦腕表 2008年 | | 2,915,640 | 香港佳士得 | 2015-06-03 |
| 梨形哥伦比亚天然祖母绿及枕形及旧式切割 G/IF-VS1 钻石耳坠 | 祖母绿重约5.51及5.19克拉，钻石约1.09及1.08克拉，长3.6cm | 2,915,640 | 香港佳士得 | 2015-06-03 |
| 圆形 D/IF（极优切割、打磨及比例）Type IIa 钻石耳环 | 重3.11及3.08克拉 | 2,910,000 | 上海佳士得 | 2015/4/25 |
| Sukhothai 金镶嵌翡翠珠、软玉及珍珠项链 | | 2,909,880 | 保利香港 | 2015-10-06 |
| 椭圆形 E-F/VS1 钻石耳环 Harry Winston 设计 | 重约5.65及5.06克拉 | 2,889,920 | 香港佳士得 | 2015-12-01 |
| 天然浓彩黄色 VS1 及 VVS2 净度钻石及钻石别针 | 主石重10.07及10.03克拉，尺寸约12.46×11.69×7.52mm及12.90×11.56×7.40mm | 2,875,000 | 北京保利 | 2015-06-06 |
| 百达翡丽型号5339R玫瑰金手动上弦腕表2011年 | 表径36mm | 2,875,000 | 北京保利 | 2015-06-05 |
| Richard Mille 黑色涂层钛金属、陶瓷、碳及锆金属酒桶形 "Tourbillon Skull" 腕表编号05/06型号 RM52-01 约2012年 | | 2,840,660 | 香港佳士得 | 2015-11-30 |

| 拍品名称 | 尺寸 | 成交价 RMB | 拍卖公司 | 拍卖时间 |
|---|---|---|---|---|
| 红宝石配钻石项链 | 11 颗梨形红宝石共重 38.22 克拉，各重 6.43 至 1.57 克拉；10 颗圆形钻石共重 15.95 克拉，各重 2.11 至 1.03 克拉，D 至 F 色，VVS1 至 VS2 净度；15 颗梨形钻石共重 17.75 克拉，各重 2.01 至 1.01 克拉，D 至 H 色，VVS2 至 SI1 净度；97 颗梨形钻石共重 50.39 克拉，D 至 H 色，内部无瑕 (IF) 净度至 SI2 净度，14 颗圆形及 36 颗梨形钻石共重 20.00 克拉 | 2,827,680 | 香港苏富比 | 2015-10-07 |
| 养殖珍珠配蓝宝石、钻石及缟玛瑙项链 梵克雅宝 | 3 颗珍珠约 12.50 至 10.20 及 2.30 克拉，D 色内部无瑕（IF）净度；蓝宝石共重约 7.00 克拉；配钻石共重约 9.00 克拉；长约 380mm | 2,827,680 | 香港苏富比 | 2015-10-07 |
| 百达翡丽 5079J 型号限量版黄金自动上链三问腕表 机芯编号 1904152 表壳编号 4261705 为 GEORGE PRAGNELL 表行成立五十周年而制 约 2004 年 | | 2,827,680 | 香港苏富比 | 2015-10-06 |
| 百达翡丽型号 5971 铂金镶蓝宝石腕表 约 2010 年 | | 2,819,520 | 香港佳士得 | 2015-06-03 |
| 天然满绿翡翠观音方牌挂件 | 主石尺寸约 64.63×24.96×6.12mm | 2,817,500 | 北京保利 | 2015-06-06 |
| 百达翡丽型号 2499/100 金腕表 1980 年 | | 2,791,400 | 香港佳士得 | 2015-11-30 |
| F.P.Journe 铂金镶钻石链带腕表 "Tourbillon Souverain" 编号 016-TJ 约 2010 年 | | 2,791,400 | 香港佳士得 | 2015-11-30 |
| 天然浓彩黄色 VVS2 净度钻石配钻石戒指 | 主石重 14.24 克拉，尺寸约 15.06×13.02×8.17mm，配钻重 3.28 克拉，戒指尺寸 16 | 2,760,000 | 北京保利 | 2015-12-07 |
| 天然满绿翡翠及钻石马鞍戒指 | 翡翠共重 15.30 克拉，主石尺寸约 20.58×12.66×4.95mm，配钻重 1.51 克拉，戒指尺寸 13 | 2,760,000 | 北京保利 | 2015-06-06 |
| 天然满绿翡翠荷叶吊坠 | 翡翠共重 256.18 克拉，主石尺寸约 59.18×38.02×14.83mm | 2,760,000 | 北京保利 | 2015-06-06 |
| 天然赞比亚祖母绿及钻石耳环 未经注油 | 重 10.59 及 10.19 克拉，尺寸约 16.31×11.58×6.69mm 及 16.31×11.60×6.61mm | 2,760,000 | 北京保利 | 2015-06-06 |
| 缅甸天然翡翠珠及钻石项链 | 92 颗翡翠尺寸 5.7 至 10.1mm，项链长 76.5cm | 2,723,400 | 香港佳士得 | 2015-06-02 |
| 圆形 F/VVS1-VS1 钻石耳环 | 重 5.07 及 5.03 克拉 | 2,723,400 | 香港佳士得 | 2015-06-02 |
| 天然浓彩黄色无瑕（IF）钻石配钻石项链 梵克雅宝 | 主石重 9.43 克拉，尺寸约 12.71×12.50×6.90mm | 2,702,500 | 北京保利 | 2015-12-07 |
| 缅甸天然翡翠蛋面及钻石套装 | 最大蛋面 12.6×8.7×5.5mm，项链长 42.5cm，耳环 2.2cm，戒指尺寸 6 | 2,670,000 | 上海佳士得 | 2015-04-25 |
| 缅甸天然翡翠配钻石 "叶茂枝繁" 耳环及挂坠套装 | 翡翠尺寸约 34.38×19.10×3.28mm，戒指尺寸 7 | 2,666,328 | 保利香港 | 2015-04-07 |
| 天然满绿翡翠配钻石项链 | 主石尺寸约 32.75×14.33mm，项链长约 40.5cm | 2,645,000 | 北京保利 | 2015-12-06 |
| 天然心形缅甸鸽血红红宝石戒指及天然心形缅甸鸽血红红宝石耳环套装 未经加热 FAI DEE | 戒指红宝石 9.88 克拉，尺寸约 13.26×13.20mm，戒指尺寸 12；耳环红宝石共重 10.68 克拉，配钻共重 15.78 克拉，尺寸约 11.21×10.42-11.36×10.32mm | 2,645,000 | 北京保利 | 2015-06-06 |
| 缅甸天然冰种翡翠配钻石戒指 | 19.93×15.84×12.21mm，配钻重 0.788 克拉，戒指尺寸 16 | 2,645,000 | 北京东正 | 2015-05-19 |
| 百达翡丽 5004G 白金万年历追针计时腕表 机芯编号 3275325 表壳编号 4453871 约 2009 | | 2,630,400 | 香港苏富比 | 2015-10-06 |
| 天然翡翠蛋面戒指及耳环套装 | 最大蛋面 19.5×15.7×8.5mm，戒指尺寸 6，耳环长 3.0cm | 2,594,360 | 香港佳士得 | 2015-12-01 |
| 18K 白翡翠花件镶钻挂坠 "长寿果" | 40×18.6×8.6mm，重 65.52 克拉 | 2,587,500 | 中贸圣佳 | 2015-05-20 |
| 方形 D 色内部无瑕（IF）净度钻石戒指 海瑞温斯顿 | 方形钻石重 5.03 克拉，戒指尺寸 3³/₄ | 2,582,400 | 香港苏富比 | 2015-04-06 |

| 拍品名称 | 尺寸 | 成交价 RMB | 拍卖公司 | 拍卖时间 |
|---|---|---|---|---|
| 百达翡丽 5013R 型号粉红金酒桶形自动上链三问万年历腕表 机芯编号 1908045 表壳编号 2928000 约 2005 年 | | 2,531,760 | 香港苏富比 | 2015-10-06 |
| 百达翡丽 5951P-001 型号铂金万年历单按钮追针计时腕表 机芯编号 5251166 表壳编号 4530694 约 2014 年 | | 2,531,760 | 香港苏富比 | 2015-10-06 |
| 缅甸天然翡翠蛋面及钻石手链 | 最大蛋面 12.1×9.8×5.6mm，长 16.5cm | 2,531,160 | 香港佳士得 | 2015-06-02 |
| 缅甸天然翡翠辣椒及钻石吊坠项链 | 翡翠尺寸 54.7×18.3×10.3mm，项链长 65.0cm | 2,531,160 | 香港佳士得 | 2015-06-02 |
| 枕形 E-F/VVS2-VS1 钻石耳环 | 重 5.22 及 5.08 克拉 | 2,531,160 | 香港佳士得 | 2015-06-02 |
| 天然梨形足色全美无瑕（D/IF）TYPE IIa 钻石戒指 极优打磨及比例 | 主石重 5.25 克拉，尺寸约 15.39×9.95×5.80mm，戒指尺寸 15 | 2,530,000 | 北京保利 | 2015-12-07 |
| 伯爵型号 40060 H90 "KANTHARA" 白金满镶方钻女装手动上链链带腕表 2001 年 | | 2,521,896 | 保利香港 | 2015-10-05 |
| 百达翡丽型号 5074 红金自动上弦腕表 2009 年 | | 2,495,840 | 香港佳士得 | 2015-11-30 |
| 百达翡丽 3939P 型号铂金三问陀飞轮腕表 机芯编号 1903118 表壳编号 4447633 约 2008 年 | | 2,433,120 | 香港苏富比 | 2015-10-06 |
| 钻石及黑玛瑙 "Love Cuff" 手镯 卡地亚设计 | 内周长 16.3cm | 2,397,320 | 香港佳士得 | 2015-12-01 |
| 翡翠及钻石吊坠项链（一对） | 最大翡翠圈直径 21.3mm，厚 6.4mm | 2,397,320 | 香港佳士得 | 2015-12-01 |
| 百达翡丽型号 5339 红金腕表约 2011 年 | | 2,397,320 | 香港佳士得 | 2015-11-30 |
| 椭圆形天然 "缅甸皇室蓝" 蓝宝石配钻石项链 | 31 颗蓝宝石共重约 73.50 克拉，钻石共重约 25.75 克拉，长约 400mm | 2,388,720 | 香港苏富比 | 2015-04-06 |
| 古垫形天然哥伦比亚祖母绿配钻石吊耳环（一对） | 2 颗祖母绿重 5.46 及 4.71 克拉，配钻共重约 4.75 克拉 | 2,388,720 | 香港苏富比 | 2015-04-06 |
| 海瑞温斯顿及 Antoine Preziuso 铂金镶钻石半镂空腕表 "Opus 2" 型号 200MTAP38 编号 1/1 约 2002 年 | | 2,338,920 | 香港佳士得 | 2015-06-03 |
| 伯爵 18k 白金镶钻石链带腕表 "Aura" 型号 40011 2001 年 | | 2,338,920 | 香港佳士得 | 2015-06-03 |
| 百达翡丽型号 5021 铂金枕形腕表 约 1995 年 | | 2,338,920 | 香港佳士得 | 2015-06-03 |
| 天然珍珠及钻石耳坠 | 珍珠尺寸 11.9-12.8×15.3mm 及 12.7-13.4×14.8mm，耳坠长 4.3cm | 2,338,920 | 香港佳士得 | 2015-06-02 |
| 梨形 D/IF（极优打磨及比例）钻石耳坠 | 重 3.30 及 3.24 克拉，配钻重 1.12 及 1.10 克拉，耳坠长 4.1cm | 2,338,920 | 香港佳士得 | 2015-06-02 |
| 椭圆形天然缅甸鸽血红红宝石配粉红色钻石及钻石戒指 | 红宝石重 5.95 克拉，配钻共重约 1.30 克拉，戒指尺寸 5¹/₂ | 2,334,480 | 香港苏富比 | 2015-10-07 |
| "THE PINK DREAM" 天然坦桑尼亚橘红色尖晶石配钻石戒指 未经加热 | 橘红色尖晶石重 38.45 克拉，尺寸 23.00 × 19.87 × 10.22mm；20 颗玫瑰型切割钻石共重 20.59 克拉，1 颗枕形切割钻石重 0.81 克拉，933 颗圆形切割钻石重 6.01 克拉，戒指尺寸 14 | 2,300,000 | 北京保利 | 2015-12-07 |
| 天然满绿翡翠 "佛公" 配钻石吊坠 | 翡翠尺寸约 40×26mm | 2,300,000 | 广州华艺 | 2015-05-24 |
| 缅甸天然冰种翡翠配钻石吊坠 | 主石重 1.31 克拉，尺寸 41.26×22.09×9.10mm，配钻重 2.56 克拉 | 2,300,000 | 北京东正 | 2015-05-19 |
| 钻石项链 Harry Winston 设计 | 长 39.5cm | 2,298,800 | 香港佳士得 | 2015-12-01 |
| 百达翡丽型号 5951 铂金枕形腕表 约 2012 年 | | 2,298,800 | 香港佳士得 | 2015-11-30 |
| 方形天然缅甸红宝石配钻石手链 | 红宝石共重约 33.40 克拉，方形钻石重约 22.70 克拉，长约 165mm | 2,291,880 | 香港苏富比 | 2015-04-06 |

| 拍品名称 | 尺寸 | 成交价 RMB | 拍卖公司 | 拍卖时间 |
|---|---|---|---|---|
| 梨形彩黄色钻石配钻石吊耳环(一对) | 彩黄色钻石重8.50克拉,SI1净度;彩黄色钻石重8.09克拉,VS1净度;梨形钻石重2.01克拉,D色VS1净度;梨形钻石重1.89克拉,E色VS2净度 | 2,291,880 | 香港苏富比 | 2015-04-06 |
| 百达翡丽5271/13P-001型号铂金及镶绿宝石万年历计时腕表 2015年 | | 2,285,160 | 香港苏富比 | 2015-10-06 |
| 百达翡丽型号3939R玫瑰金陀飞轮三问手动上链腕表 2004年 | 直径33mm | 2,237,811 | 保利香港 | 2015-04-06 |
| 古垫形天然缅甸蓝宝石配钻石戒指 | 蓝宝石重约19.00克拉,2颗半月形钻石共重约1.10克拉,戒指尺寸6½ | 2,235,840 | 香港苏富比 | 2015-10-07 |
| 梨形鲜彩黄色钻石配钻石吊耳环(一对) | 2颗梨形鲜彩黄色钻石重2.32及2.02克拉,SI2净度;6颗圆形鲜彩黄色钻石重1.50克拉,各重0.35至0.17克拉,VVS2至SI1净度;古垫形及梨形钻石共重约19.00克拉 | 2,235,840 | 香港苏富比 | 2015-10-07 |
| 天然翡翠配钻石戒指 | 蛋面约18.50×15.62×7.75mm,配钻共重约1.00克拉,戒指尺寸6¼ | 2,235,840 | 香港苏富比 | 2015-10-07 |
| 百达翡丽5079型号"大教堂钟声"三问腕表 | | 2,195,040 | 香港苏富比 | 2015/4/7 |
| 天然缅甸鸽血红红宝石配钻石戒指 未经加热 | 红宝石重6.11克拉,尺寸约10.45×9.81×7.04mm,戒指尺寸15 | 2,185,000 | 北京保利 | 2015-12-07 |
| 百达翡丽型号5971/13P铂金镶绿宝石万年历计时腕表 机芯编号3932228 表壳编号4529772 约2011年 | | 2,185,000 | 北京匡时 | 2015-12-04 |
| 缅甸天然翡翠双环及钻石耳坠 | 最大翡翠环直径17.2mm,宽4.9mm,厚4.6mm,耳坠长4.7cm | 2,146,680 | 香港佳士得 | 2015-06-02 |
| 枕形斯里兰卡天然蓝宝石及钻石戒指 | 重约23.93克拉,戒指尺寸6¼ | 2,146,680 | 香港佳士得 | 2015-06-02 |
| 椭圆形 彩橙粉红色VVS2钻石及钻石戒指 | 重约3.08克拉,戒指尺寸5½ | 2,101,760 | 香港佳士得 | 2015-12-01 |
| 方形浓彩黄色VVS1净度(极优打磨及对称)钻石配钻石戒指 | 方形浓彩黄色钻石重8.88克拉,2颗半月形钻石共重约1.05克拉,戒指尺寸5¾ | 2,098,200 | 香港苏富比 | 2015-04-06 |
| 古垫形天然缅甸红宝石配钻石戒 海瑞温斯顿 | 红宝石重4.16克拉,榄尖形钻石共重约3.30克拉,戒指尺寸6¾ | 2,098,200 | 香港苏富比 | 2015-10-07 |
| 天然翡翠手镯 | 59×16×7mm | 2,070,000 | 广州华艺 | 2015-12-20 |
| 天然哥伦比亚祖母绿戒指 OSCAR HEYMAN | 主石重8.79克拉,尺寸14.96×11.49×7.57mm,戒指尺寸14 | 2,070,000 | 北京保利 | 2015-06-06 |
| 百达翡丽型号5076P 950铂金手动上弦腕表 | 表径33×35mm | 2,070,000 | 北京保利 | 2015-06-05 |
| 江诗丹顿18K玫瑰金超薄机芯系列手动上链腕表 型号30110 机芯号5272759 表壳号1277763 2014年 | 表径41mm | 2,070,000 | 北京保利 | 2015-06-05 |
| 18K白翡翠平扣镶钻挂坠 | 翡翠重36.11克拉厚4.49mm,尺寸29.85×4.49mm;18颗圆钻重0.70克拉 | 2,070,000 | 中贸圣佳 | 2015-05-20 |
| 圆形鲜彩黄色VS1钻石戒指 | 重3.12克拉,戒指尺寸5¾ | 2,050,560 | 香港佳士得 | 2015-06-02 |
| 方形F色内部无瑕(IF)净度钻石耳环(一对) | 重4.82及4.72克拉 | 2,038,560 | 香港苏富比 | 2015-10-07 |
| 蓝宝石配钻石项链 梵克雅宝 | 古垫形蓝宝石重32.21及2.80克拉,钻石共重约65.00克拉,长约375mm | 2,038,560 | 香港苏富比 | 2015-10-07 |
| 18K白翡翠观音镶钻吊坠 | 翡翠重70.57克拉,48.36×32.01×6.45mm;107颗钻重0.95克拉 | 2,012,500 | 中贸圣佳 | 2015-05-20 |
| 椭圆形斯里兰卡天然蓝宝石及钻石戒指 | 戒指尺寸6½ | 2,003,240 | 香港佳士得 | 2015-12-01 |
| 蓝宝石钻石戒指 GIMEL | 重6.15克拉 | 2,003,240 | 香港佳士得 | 2015-12-01 |
| 天然翡翠观音吊坠项链 | 尺寸48.9×21.7×8.2mm,长39.8cm | 2,003,240 | 香港佳士得 | 2015-12-01 |

| 拍品名称 | 尺寸 | 成交价 RMB | 拍卖公司 | 拍卖时间 |
|---|---|---|---|---|
| 百达翡丽型号5013 18K金酒桶形自动上弦腕表 2009年 | | 2,003,240 | 香港佳士得 | 2015-11-30 |
| 海瑞温斯顿18k红金镶钻石镂空腕表 "Westminster Tourbillon"型号400-MMTWR45R约2007年 | | 2,003,240 | 香港佳士得 | 2015-11-30 |
| 天然翡翠配钻石戒指及耳环套装 | 戒指蛋面约12.36×11.48×6.23mm,配钻共重约2.40克拉,戒指尺寸6;耳环蛋面约12.41×10.50×3.50mm及12.36×10.50×3.85mm,配钻共重约2.65克拉 | 2,001,360 | 香港苏富比 | 2015-04-06 |
| 天然翡翠配钻石项链 | 26颗天然翡翠蛋面约13.96×9.41×3.07mm至8.55×6.00×3.20mm,方形钻石共重约5.00克拉,项链长约435mm | 2,001,360 | 香港苏富比 | 2015-04-06 |
| 圆形 D色内部无瑕(IF)净度(极优切割、打磨及对称)钻石 | 重3.33克拉 | 2,001,360 | 香港苏富比 | 2015-04-06 |

### 其他杂项

| 拍品名称 | 尺寸 | 成交价 RMB | 拍卖公司 | 拍卖时间 |
|---|---|---|---|---|
| 14世纪 释迦牟尼 | 高77cm | 103,500,000 | 北京保利 | 2015-12-07 |
| 顾景舟1959年制 松鼠葡萄十头套组茶具 | 尺寸不一 | 89,600,000 | 北京东正 | 2015-11-19 |
| 明永乐 铁鋄金龙纹钺刀 | 高17cm | 66,700,000 | 北京翰海 | 2015-11-28 |
| 13世纪 尼泊尔马拉王朝早期 鎏金铜释迦牟尼佛立像 | 高50.8cm | 65,844,200 | 香港佳士得 | 2015-12-02 |
| 明 黄花梨圈椅(一套四张) | 高92cm,宽62.2cm,厚44.5cm | 60,637,785 | 纽约佳士得 | 2015-03-17 |
| 13世纪 鎏金铜观音立像 | 高63.4cm | 51,521,769 | 纽约佳士得 | 2015-03-17 |
| 13世纪 交脚弥勒菩萨 | 高87cm | 39,100,000 | 北京保利 | 2015-12-07 |
| 明万历 金累丝錾云龙纹嵌宝石执壶 | 高28.5cm | 36,225,000 | 北京保利 | 2015-12-07 |
| 清乾隆 铜鎏金太平有象水法转花音乐自鸣钟 | 长50cm,宽29.5cm,高102cm | 36,225,000 | 北京保利 | 2015-12-07 |
| 元 伐阇罗弗多罗尊者 | 高27.3cm | 35,075,000 | 北京保利 | 2015-06-07 |
| 清乾隆 燃灯佛 | 高51cm | 33,925,000 | 北京保利 | 2015-12-07 |
| 清乾隆 黄花梨云龙纹大四件柜 | 159×63×287cm | 32,200,000 | 中国嘉德 | 2015-11-14 |
| 清初 陈鸣远制 素带壶 | 高11cm,宽9.4cm,长14.3cm | 31,625,000 | 北京保利 | 2015-06-07 |
| 11/12世纪 铜瑜伽士坐像 | 高34.2cm | 30,484,809 | 纽约佳士得 | 2015-03-17 |
| 清乾隆 御制紫檀掐丝珐琅蓝地百宝嵌四季花卉屏风 | 高201cm,宽42.5×8cm,扇厚3.7cm | 30,475,000 | 北京保利 | 2015-06-06 |
| 11/12世纪 珍稀双色铜合铸释迦牟尼佛成道像 | 高12.5cm | 29,900,000 | 中贸圣佳 | 2015-11-23 |
| 近代 顾景舟1948年制 大石瓢 | 高8cm,宽18cm | 28,175,000 | 北京东正 | 2015-05-19 |
| 近代 顾景舟制、吴湖帆书画 相明石瓢壶 | 高8cm,长18cm,容积600ml | 27,025,000 | 北京匡时 | 2015-12-04 |
| 明16世纪末/17世纪初 黄花梨四出头官帽椅(一套六张) | 高122cm,宽59cm,厚47.4cm | 26,747,481 | 纽约佳士得 | 2015-09-17 |
| 梁 傅大士颂金刚经 | 26×380cm | 26,450,000 | 北京保利 | 2015-12-07 |
| 明 黄花梨雕螭龙纹方台 | 台面49×49cm,台肩57.5×57.5cm,高141cm | 25,875,000 | 北京保利 | 2015-12-07 |
| 明晚期 黄花梨玫瑰椅(一套六张) | 宽59.3cm,深45.5cm,高88.5cm | 24,129,300 | 中国嘉德 | 2015-04-06 |
| 清康熙/雍正 硬木镶缂丝绢绘六十寿屏风 | 289.7×61cm | 23,546,280 | 香港佳士得 | 2015-12-02 |
| 10世纪 观音菩萨 | 高71.8cm | 23,000,000 | 北京翰海 | 2015-06-28 |
| 商末/西周早期 青铜天黾父庚方鼎 | 高25.5cm×2 | 22,886,620 | 伦敦苏富比 | 2015-05-13 |
| 明17世纪 黄花梨画案 | 高85.1cm,宽220.3cm,厚71.4cm | 22,070,025 | 纽约佳士得 | 2015-03-17 |
| 明末清初 黄花梨夹头榫管脚枨长独板画大翘头案 | 337×43×95cm | 21,850,000 | 中国嘉德 | 2015-11-14 |

| 拍品名称 | 尺寸 | 成交价 RMB | 拍卖公司 | 拍卖时间 |
|---|---|---|---|---|
| 17 世纪 自在观音 | 高 31.9cm | 21,850,000 | 北京保利 | 2015-12-08 |
| 17 世纪 铜鎏金文殊菩萨像 | 高 40.5cm | 20,930,000 | 北京东正 | 2015-11-19 |
| 明末 黄花梨插肩榫绿纹石面酒桌 | 83×106×54cm | 20,780,160 | 香港苏富比 | 2015-10-07 |
| 明永乐 鎏金铜无量寿佛 | 高 18.4cm | 20,729,880 | 香港佳士得 | 2015-06-03 |
| 明末 黄花梨独板围子罗汉床 | 91×202.5×86.4cm | 19,300,560 | 香港苏富比 | 2015-10-07 |
| 明末 黄花梨裹腿高罗锅枨大画案 | 83.4×213×76.3cm | 18,807,360 | 香港苏富比 | 2015-10-07 |
| 明 17 世纪 黄花梨大四件柜(一对) | 长 124.4cm，宽 63cm，高 280.6cm | 18,400,000 | 广州华艺 | 2015-05-24 |
| 9 世纪 铜舞王湿婆承接恒河降凡像 | 高 41.2cm | 17,862,633 | 纽约佳士得 | 2015-03-17 |
| 西汉 鎏金铜熊形摆件 | 高 7.6cm | 17,862,633 | 纽约佳士得 | 2015-03-17 |
| 蒋介石密令手谕 2 册 140 页 | 尺寸不一 | 17,825,000 | 北京保利 | 2015-06-04 |
| 18 世纪 黄花梨独板面翘头案 | 94×284×42cm | 17,360,490 | 伦敦苏富比 | 2015-11-11 |
| 明末 黄花梨高靠背南官帽椅(一对) | 124×58.5×45.3cm | 17,327,760 | 香港苏富比 | 2015-10-07 |
| 明万历 黑漆描金彩绘青绿山水宫苑人物瑞兽龙纹顶箱大四件柜 | 宽 135cm，高 285cm，进深 77cm | 17,250,000 | 北京保利 | 2015-12-07 |
| 晚明 黄花梨方角柜(成对) | 宽 102.3cm，深 57.1cm，高 198.1cm | 16,704,900 | 中国嘉德 | 2015-04-06 |
| 明 乾隆御题仲尼式沉香木百纳琴 "文呈散绮" | 琴长 114cm，弦长 108.5cm，肩宽 17.3cm，尾宽 12.5cm | 16,675,000 | 北京保利 | 2015-06-06 |
| 明末 / 清初 黄花梨圈椅(一对) | 高 95.8cm，宽 59cm，厚 48.3cm | 16,460,169 | 纽约佳士得 | 2015-03-17 |
| 清康熙 田黄冻双凤钮大方章 | 4×4×7.8cm | 16,100,000 | 北京保利 | 2015-06-06 |
| 近代 越南绿奇楠沉香料 | 约 2473g | 16,100,000 | 北京翰海 | 2015-06-07 |
| 明代 大势至菩萨 | 高 80cm | 15,640,000 | 北京翰海 | 2015-11-28 |
| 明末 / 清初 黄花梨嵌桦木瘿面翘头案 | 高 83cm，宽 206.6cm，厚 63.2cm | 15,327,065 | 纽约佳士得 | 2015-09-17 |
| 商 康丁方彝 | 高 13cm | 14,950,000 | 北京保利 | 2015-12-07 |
| 清乾隆 紫檀御题诗佛龛奉铜鎏金菩萨像 | 龛 41.2×36.3×79cm；佛高 28.5cm | 14,950,000 | 北京保利 | 2015-06-06 |
| 明末 / 清初 黄花梨嵌楠木大画案 | 高 86.4cm，宽 239.7cm，深 81.4cm | 14,409,353 | 纽约佳士得 | 2015-09-17 |
| 清 紫檀镶大理石罗床 | 205×118×92cm | 14,128,842 | 伦敦苏富比 | 2015-11-11 |
| 清乾隆 御制鎏金铜交龙钮云龙纹 "南吕" 编钟 | 高 21cm | 13,969,440 | 香港佳士得 | 2015-06-03 |
| 18 世纪 黄花梨方角立柜(一对) | 高 199cm，宽 125cm，深 66cm | 13,898,010 | 伦敦苏富比 | 2015-11-11 |
| 明末 黄花梨带座无柜膛圆角柜(一对) | 186×80.5×47cm×2 | 12,888,960 | 香港苏富比 | 2015-10-07 |
| 清乾隆 御制紫檀重檐庑殿顶三间式大佛龛 | 长 122cm，宽 55cm，高 100cm | 12,880,000 | 北京保利 | 2015-12-07 |
| 10 世纪 鎏金铜弥佛坐像 | 高 27.8cm | 12,803,745 | 纽约佳士得 | 2015-03-17 |
| 明 17 世纪 黄花梨四出头官帽椅(一对) | 高 106.4cm，宽 5.7cm，深 46cm | 12,803,745 | 纽约佳士得 | 2015-03-17 |
| 清雍正 局部鎏金鎏金双环式 "瑞蝠拱寿" 双层盖盒 | 17.9cm | 11,685,360 | 香港苏富比 | 2015-04-07 |
| 近代 顾景舟制 大集玉壶 | 长 16.5cm | 11,500,000 | 北京保利 | 2015-12-06 |
| 明晚期 黄花梨十字海棠纹围子六柱架子床 | 205.5×214×126cm | 11,409,360 | 香港苏富比 | 2015-10-07 |
| 北齐 石灰岩彩绘描金佛立像 | 高 46.4cm | 11,301,105 | 纽约佳士得 | 2015-03-20 |
| 明宣德 铜鎏金转轮王坐莲花手观音菩萨 | 高 24.5cm | 11,270,000 | 北京保利 | 2015-06-07 |
| 西周晚期 青铜凤鸟耳尊 | 高 21cm，口径 31.2cm | 10,925,000 | 西泠印社 | 2015-12-26 |
| 清初 黄花梨风纹桦木面长平头案 | 83.4×213×76.3cm | 10,916,160 | 香港苏富比 | 2015-10-07 |
| 金 木雕彩绘菩萨坐像 | 高 89.5cm | 10,549,785 | 纽约佳士得 | 2015-03-17 |
| 明晚期 黄花梨夹头榫带托子嵌百宝独板大翘头案 | 256×42.2×89.1cm | 10,350,000 | 中国嘉德 | 2015-11-14 |
| 商晚期 / 西周早期 青铜饕餮纹尊 | 高 30cm，宽 26.3cm | 9,998,730 | 保利香港 | 2015-04-06 |
| 15 世纪 西藏铜鎏金金刚双身佛 | 高 27.9cm | 9,829,770 | 纽约苏富比 | 2015-03-17 |

| 拍品名称 | 尺寸 | 成交价 RMB | 拍卖公司 | 拍卖时间 |
|---|---|---|---|---|
| 明 17 世纪 黄花梨平头案 | 高 82.2cm，宽 209.6cm，厚 56.5cm | 9,798,465 | 纽约佳士得 | 2015-03-17 |
| 明 17 世纪 黄花梨长方凳(一对) | 高 51.4cm，宽 86.4cm，直径 47.9cm | 9,798,465 | 纽约佳士得 | 2015-03-18 |
| 明 17 世纪 黄花梨灯台(一对) | 高 125.7cm，宽 29.2cm，深 36.2cm | 9,798,465 | 纽约佳士得 | 2015-03-18 |
| 北魏 龙门石窟石雕弥勒菩萨坐像 | 高 61cm | 9,422,805 | 纽约佳士得 | 2015-03-17 |
| 明 15 世纪 铜鎏金宝冠菩萨坐像 | 高 95cm | 9,315,000 | 北京保利 | 2015-06-07 |
| 清乾隆 御制银嘎乌奉砗磲、纯金白度母 | 高 13cm | 9,200,000 | 北京保利 | 2015-06-07 |
| 近代 顾景舟制三足高腰提梁壶套组(五件) | 尺寸不一 | 9,200,000 | 北京保利 | 2015-06-05 |
| 明永乐 铜鎏金金刚萨埵 | 高 18.5cm | 9,200,000 | 中国嘉德 | 2015-11-15 |
| 明末 黄花梨活榫结构独板面翘头案 | 82.6×215.3×46cm | 9,140,640 | 香港苏富比 | 2015-10-07 |
| 清乾隆 御制剔彩春寿琮式套盒(一对) | 长 23.5cm | 9,085,000 | 北京保利 | 2015-06-06 |
| 唐 欧阳询书《九成宫醴泉铭》 | 24.5×13.5cm×41 | 8,625,000 | 中国嘉德 | 2015-11-15 |
| 辽 观音菩萨 | 高 19.5cm | 8,395,000 | 北京保利 | 2015-12-07 |
| 清 18 世纪 黄花梨棋桌 | 87×94cm | 8,358,042 | 伦敦苏富比 | 2015-11-11 |
| 明 17 世纪 黄花梨四柱架子床 | 187.5×202.5×108cm | 8,295,960 | 香港苏富比 | 2015-04-05 |
| 清乾隆 "龙香" 御墨(一套十方) | 尺寸不一 | 8,222,500 | 北京保利 | 2015-06-06 |
| 明末 黄花梨方材高靠背四出头官帽椅 | 115.2×60.7×47.8cm | 8,154,240 | 香港苏富比 | 2015-10-07 |
| 清乾隆 御制紫檀西番莲纹桌 | 长 64cm，宽 64cm，高 112cm | 8,050,000 | 上海道明 | 2015-12-16 |
| 当代 鸡血石血王花篮 | 高 28cm | 8,050,000 | 中鸿信 | 2015-07-29 |
| 清 田黄冻石六面平素方章 | 2.5×2.5×8.2cm；重 135g | 8,050,000 | 西泠印社 | 2015-07-04 |
| 北宋 "秋塘寒玉" 仲尼式琴 | 琴长 116cm，额宽 16cm，肩宽 18.5cm，尾宽 13.5cm，隐间 108cm | 7,877,500 | 西泠印社 | 2015-12-27 |
| 清乾隆 乾隆八年(1743 年)御制铜鎏金交龙钮云龙赶珠纹 "倍夷则" 编钟 | 高 27.3cm | 7,711,330 | 纽约苏富比 | 2015-09-15 |
| 明末 / 清初 黄花梨画案 | 高 85cm，宽 195.5cm，深 55.9cm | 7,544,505 | 纽约佳士得 | 2015-03-18 |
| 明 17 世纪 黄花梨四出头官帽椅 | 高 116.3cm，宽 59.1cm，厚 48.6cm | 7,544,505 | 纽约佳士得 | 2015-03-17 |
| 明 17 世纪 黄花梨束腰活面棋桌 | 高 84.8cm，宽 125.8cm，厚 73.8cm | 7,544,505 | 纽约佳士得 | 2015-03-17 |
| 清乾隆或更早 御制铜鎏金兽面纹双耳大尊 | 高 78.5cm | 7,475,000 | 北京保利 | 2015-06-06 |
| 明晚期 黄花梨四出头高靠背弯材官帽椅成对 | 65×60.5×116.5cm | 7,475,000 | 中国嘉德 | 2015-05-16 |
| 18 世纪 黄花梨镶大理石官帽椅(一对) | 114×58.5×46cm×2 | 7,319,298 | 伦敦苏富比 | 2015-11-11 |
| 12 世纪 鎏金铜阿嵯耶观音立像 | 46.5cm | 7,241,040 | 香港佳士得 | 2015-06-03 |
| 明末 黄花梨平头案 | 83×201×46cm | 7,203,882 | 伦敦苏富比 | 2015-11-11 |
| 明末 黄花梨攒靠背圈椅(一对) | 94×61.1×46cm | 7,167,840 | 香港苏富比 | 2015-10-07 |
| 《毛主席为日本工人题词》8 分(发行撤销)新票四方连 | | 7,130,000 | 北京保利 | 2015-12-10 |
| 明 潞王制仲尼式 "中和" 琴 | 琴长 120cm，额宽 17.5cm，肩宽 18.8cm，尾宽 13cm，厚 5.5cm | 7,130,000 | 北京保利 | 2015-06-06 |
| 清乾隆 泥绘赤壁图笔筒 | 高 14.5cm，宽 14.5cm | 7,015,000 | 北京东正 | 2015-05-19 |
| 清乾隆 紫檀盒紫砂虎伏砚 | 长 9cm | 7,015,000 | 北京保利 | 2015-06-06 |
| 清乾隆 漆地剔彩嵌宝罗朝福寿图挂屏(一对) | 70×66cm | 6,970,560 | 香港苏富比 | 2015-10-07 |
| 清康熙 紫檀百宝嵌松鹰双寿图盒 | 28.5×17.8cm | 6,929,240 | 邦瀚斯 | 2015-12-03 |
| 12 世纪 西藏合金铜卓弥·释迦益希译师 | 高 23.3cm | 6,900,000 | 中国嘉德 | 2015-11-15 |
| 清康熙 铜胎掐丝珐琅万寿无疆烛台(一对) | 高 149cm | 6,900,000 | 北京保利 | 2015-06-06 |
| 明末 / 清初 黄花梨有束腰罗锅枨马蹄足长榻 | 229×74.5×50cm | 6,900,000 | 中国嘉德 | 2015-05-16 |

| 拍品名称 | 尺寸 | 成交价 RMB | 拍卖公司 | 拍卖时间 |
|---|---|---|---|---|
| 清康熙 铜鎏金无量寿佛像 | 高 42cm | 6,900,000 | 北京东正 | 2015-05-19 |
| 太学新增合璧联珠万卷菁华后集（卷七十三、卷七十四、卷七十五、卷七十六、卷七十八、卷七十九、卷八十） | 14.6×9.4cm×6 | 6,900,000 | 北京保利 | 2015-12-07 |
| 明末／清18世纪 黄花梨翘头案 | 高 84.1cm，宽 78.6cm，厚 33.3cm | 6,793,185 | 纽约佳士得 | 2015-03-17 |
| 明宣德 铜鎏金无量寿佛 | 高 27cm | 6,789,720 | 保利香港 | 2015-10-06 |
| 二里头时期 铜嵌绿松石兽面纹牌饰 | 高 15.5cm | 6,760,440 | 香港佳士得 | 2015-06-03 |
| 清 18世纪 黄花梨玫瑰椅（一对） | 高 83cm，宽 60cm，深 46cm | 6,760,440 | 香港佳士得 | 2015-06-03 |
| 近代 顾景舟制 仿古如意 | 高 9cm，宽 17.5cm | 6,670,000 | 北京翰海 | 2015-11-27 |
| 明末 黄花梨桦木面画案 | 81.3×137.5×81.3cm | 6,477,360 | 香港苏富比 | 2015-10-07 |
| 清康熙 紫檀官皮箱 | 高 44cm，宽 42.5cm，深 30.5cm | 6,371,925 | 伦敦佳士得 | 2015-11-10 |
| 明晚期 黄花梨大方角柜 | 132×62.5×190.5cm | 6,325,000 | 中国嘉德 | 2015-05-16 |
| 明 石叟制铜嵌银丝观音大士像 | 高 101cm | 6,325,000 | 北京保利 | 2015-06-06 |
| 12世纪 释迦牟尼 | 高 15cm | 6,325,000 | 北京保利 | 2015-12-08 |
| 商晚期 告田鼎 | 高 21.6cm，宽 16.4cm | 6,304,740 | 保利香港 | 2015-10-06 |
| 明末 黄花梨顶箱带座小四件柜 | 174.7×83.5×48.5cm | 6,181,440 | 香港苏富比 | 2015-10-07 |
| 明末 黄花梨卷云纹牙头霸王枨琴桌 | 80.2×108×61.5cm | 6,181,440 | 香港苏富比 | 2015-10-07 |
| 近代 顾景舟制 藏六方壶 | 高 9cm，宽 18.8cm | 5,980,000 | 北京翰海 | 2015-06-26 |
| 15世纪 智行佛母 | 高 12.2cm | 5,865,000 | 北京翰海 | 2015-11-28 |
| 清乾隆 大清乾隆年制款朱泥御制万寿壶 | 6.8×15.2cm | 5,865,000 | 西泠印社 | 2015-12-26 |
| 清乾隆 东珠朝珠 | 长 116cm | 5,750,000 | 北京保利 | 2015-12-07 |
| 清乾隆 紫檀雕西番莲纹方桌 | 长 64.2cm，宽 64.2cm，高 51.6cm | 5,750,000 | 上海道明 | 2015-05-09 |
| 清 太湖石立峰带三层座 | 高 175cm | 5,750,000 | 北京翰海 | 2015-06-27 |
| 清乾隆 御制料胎画珐琅仕女图长方鼻烟壶 | 6.2cm | 5,735,160 | 香港苏富比 | 2015-06-01 |
| 唐 石灰岩佛坐像 | 高 98.4cm | 5,666,205 | 纽约佳士得 | 2015-03-20 |
| 晚清 紫檀雕福庆如意纹椅（一对） | 高 105.1cm，宽 79.4cm，厚 61.2cm | 5,666,205 | 纽约佳士得 | 2015-03-15 |
| 清早期 紫檀有束腰方回纹马蹄足三屏风扶手椅（一对） | 72.5×62.3×101.6cm | 5,635,000 | 中国嘉德 | 2015-11-14 |
| 明 藏式铜鎏金佛像 | 高 27.5cm，宽 35.2cm | 5,591,073 | 邦瀚斯 | 2015-03-16 |
| 商 殷墟甲胄（六十件） | 尺寸不一 | 5,577,500 | 西泠印社 | 2015-12-26 |
| 清乾隆 妆花缎七佛像（一套七幅） | 长 250cm，宽 125cm | 5,528,772 | 保利香港 | 2015-10-06 |
| 商晚期 青铜口龙纹扁足鼎 | 高 27.5cm | 5,520,000 | 西泠印社 | 2015-12-26 |
| 明末／清初 时大彬制虚扁壶 | 高 5cm，宽 14cm | 5,520,000 | 北京东正 | 2015-05-19 |
| 明 黄花梨罗锅枨长方凳四张斗连堂 | 51.5×45.6×40.1cm | 5,490,960 | 香港苏富比 | 2015-10-07 |
| 明末 黄花梨四足束腰罂木面托泥长方香几 | 81.5×56.4×45.2cm | 5,490,960 | 香港苏富比 | 2015-10-07 |
| 商公元前13至11世纪 甲骨刻辞三十四例 | 尺寸不一 | 5,472,114 | 纽约苏富比 | 2015-03-17 |
| 百年龙马同庆号茶叶（一桶七片） | 重 2290g | 5,462,500 | 北京东正 | 2015-05-19 |
| 17/18世纪 西藏鎏金铜四世达赖喇嘛云丹嘉措像 | 高 26.3cm | 5,451,440 | 香港佳士得 | 2015-12-02 |
| 商晚期 青铜口父丁盂 | 高 18cm | 5,405,000 | 西泠印社 | 2015-12-26 |
| 明 17世纪 黄花梨嵌桦木及楠木面圆角柜（一对） | 高 100.6cm，宽 68.3cm，深 39.4cm | 5,290,545 | 纽约佳士得 | 2015-03-17 |
| 北齐/隋 石雕佛坐像 | 高 77.5cm | 5,290,545 | 纽约佳士得 | 2015-03-17 |
| 清 18世纪 紫檀镶大理石南官帽椅 | 104.5×60×49cm×2 | 5,241,810 | 伦敦苏富比 | 2015-11-11 |
| 清康熙 铜胎掐丝珐琅云龙纹多穆壶（一对） | 高 60.5cm | 5,175,000 | 北京保利 | 2015-06-06 |
| 当代 何道洪制"容竹"壶 | 高 10cm，宽 17.2cm | 5,175,000 | 北京翰海 | 2015-11-27 |
| 西周早期 青铜双鱼对罍 | 高 22.5cm，高 22cm | 5,175,000 | 西泠印社 | 2015-12-26 |

| 拍品名称 | 尺寸 | 成交价 RMB | 拍卖公司 | 拍卖时间 |
|---|---|---|---|---|
| 近代 顾景舟制 双圈壶 | 长 16cm | 5,175,000 | 北京保利 | 2015-06-05 |
| 清早期 黄花梨夹头榫大平头案 | 222×57×81.5cm | 5,175,000 | 中国嘉德 | 2015-05-16 |
| 汉 青铜烙银瑞兽纹杯 | 高 13.7cm | 5,133,390 | 中国嘉德 | 2015-10-06 |
| 16/17世纪 西藏银质红帽五世夏玛巴像 | 高 29cm | 5,060,000 | 中国嘉德 | 2015-05-17 |
| 清早期 黄花梨夔龙纹方桌 | 长 96cm，宽 96cm，高 86.8cm | 4,945,000 | 中贸圣佳 | 2015-11-23 |
| 清康熙 文侯款扁圆壶 | 高 6.6cm，宽 17.5cm | 4,945,000 | 北京东正 | 2015-11-19 |
| 13世纪 铜四臂观音（错银错红铜） | 高 37cm | 4,830,000 | 广州华艺 | 2015-12-20 |
| 清康熙 铜鎏金万寿无疆龙耳熏炉 | 高 36cm，重 11420g | 4,830,000 | 北京匡时 | 2015-12-05 |
| 今天是好日子 | 高 38cm | 4,830,000 | 北京翰海 | 2015-06-27 |
| 清康雍 紫砂大三桃洗 | 长 41.5cm | 4,772,500 | 中国嘉德 | 2015-05-18 |
| 清 黄花梨顶箱柜 | 长 99.5cm，宽 50.4cm，高 197.6cm | 4,600,000 | 中贸圣佳 | 2015-11-23 |
| 明中期 "大明宣德年制" 蚰耳炉 | 17.5×7cm | 4,600,000 | 中国嘉德 | 2015-11-14 |
| 明末 黄花梨螭龙纹诗文嵌宝玫瑰椅成对 | 61×47×88cm | 4,600,000 | 中国嘉德 | 2015-11-14 |
| 清顺治 满绣彩云金龙纹满龙袍 | 210×140cm | 4,600,000 | 北京保利 | 2015-06-08 |
| 明宣德 双身喜金刚 | 高 28cm | 4,600,000 | 北京保利 | 2015-06-07 |
| 清中期 紫檀雕双龙纹团寿大香几 | 70×70×115cm | 4,600,000 | 北京保利 | 2015-06-07 |
| 清乾隆 御制鎏金嵌框红封神榜故事大挂屏（一对） | 高 112cm，宽 74cm | 4,600,000 | 北京保利 | 2015-06-06 |
| 清康熙 尚均制寿山石嵌宝罗汉坐像五尊 | 高 8.6cm（持瓶），高 8.8cm（爬耳），高 8.9cm（夹手卷），高 9cm（执佛），高 9.1cm（闻香） | 4,600,000 | 北京保利 | 2015-06-06 |
| 清 德化窑观音 | 高 155cm | 4,485,000 | 北京翰海 | 2015-11-28 |
| 清中期 铜鎏金掐丝珐琅龙纹香亭（一对） | 高 121cm | 4,485,000 | 北京保利 | 2015-06-07 |
| 1983～1986年 五星牌贵州茅台酒（地方国营） |  | 4,370,000 | 西泠印社 | 2015-12-26 |
| 元大都 铜鎏金贡噶宁波 | 高 19.5cm | 4,370,000 | 广州华艺 | 2015-12-20 |
| 清乾隆 紫檀雕螭龙纹扶手椅（一对） | 长 57cm，宽 43.5cm，高 94cm | 4,370,000 | 广州华艺 | 2015-05-24 |
| 当代 陈鸣远 天鸡酒具 | 高 27cm，宽 22cm | 4,370,000 | 北京翰海 | 2015-11-27 |
| 清 田黄双凤钮方章 | 2.5×2.5×8cm | 4,370,000 | 北京保利 | 2015-12-08 |
| 清乾隆 铜胎掐丝珐琅双飞龙耳大方炉 | 高 73.5cm，宽 52cm | 4,370,000 | 北京保利 | 2015-12-08 |
| 德国施坦威 50周年纪念版 24K 鎏金钢琴 | 长 212cm | 4,370,000 | 北京保利 | 2015-06-05 |
| 清 王大炘刻田黄石古兽钮闲章 | 3.8×2.6×2.9cm | 4,255,000 | 西泠印社 | 2015-12-27 |
| 晚清 丁汝昌赠琅琅威理纪念银杯 | 高 8cm，重 8500g | 4,140,000 | 中国嘉德 | 2015-05-19 |
| 清早期 黄花梨独板夹头榫管脚枨螭龙纹小翘头案 | 117.5×34.3×90cm | 4,140,000 | 中国嘉德 | 2015-05-16 |
| 鲁迅致邮筱荪信札 | 26×17cm×2 | 4,140,000 | 上海朵云轩 | 2015-12-16 |
| 王守仁 行书致惠果郡伯手札 | 引首24×67cm，本幅24×52cm，题跋24×12cm、24×25cm | 4,140,000 | 北京匡时 | 2015-12-04 |
| 近代 顾景舟制 藏六方 | 高 9.5cm，宽 18.8cm | 4,140,000 | 北京翰海 | 2015-11-27 |
| 清康熙 紫檀云纹牙头翘头案 | 84.8×146×35.9cm | 4,110,000 | 香港苏富比 | 2015-10-07 |
| 清光绪 王东石制徐三庚铭玉成窑边鼓壶 | 宽 16.3cm | 4,025,000 | 中国嘉德 | 2015-11-15 |
| 清乾隆 御制铜鎏金释迦牟尼说法像 | 高 16cm | 4,025,000 | 中国嘉德 | 2015-11-15 |
| 明清初 黄花梨高束腰马蹄足香几 | 82.5×37×79.5cm | 4,025,000 | 中国嘉德 | 2015-05-16 |
| 清康熙 蚰龙耳篆式炉 | 高 6cm，直径 11cm | 4,025,000 | 广州华艺 | 2015-05-24 |
| 清乾隆 紫檀有束腰莲纹条桌 | 长 191cm，宽 44cm，高 90cm | 4,025,000 | 广州华艺 | 2015-05-24 |
| 明永乐 释迦牟尼 | 高 20.5cm | 4,025,000 | 北京匡时 | 2015-12-05 |
| 13/14世纪 释迦牟尼 | 高 42cm | 4,025,000 | 北京匡时 | 2015-06-07 |
| 明永乐（15世纪）官造本胎金髹药师如来佛坐像 | 高 93cm | 4,025,000 | 北京保利 | 2015-06-07 |
| 清乾隆 御制虬角染色宫廷画师彩绘火镰成对 | 高 5cm | 4,025,000 | 北京保利 | 2015-06-07 |

| 拍品名称 | 尺寸 | 成交价 RMB | 拍卖公司 | 拍卖时间 |
|---|---|---|---|---|
| 清乾隆 铜胎掐丝珐琅兽面纹尊 | 高 15cm | 4,025,000 | 北京保利 | 2015-06-06 |
| 明永乐 铜鎏金文殊菩萨 | 高 18cm | 4,025,000 | 北京保利 | 2015-06-06 |
| 吴昌硕、杨濬、徐渭仁、叶昌炽等十八家题汉建昭雁足镫全角拓 | 28.5×503cm | 3,910,000 | 西泠印社 | 2015-07-04 |
| 清乾隆 铜胎掐丝珐琅楼阁式大香薰 | 高 88cm | 3,910,000 | 北京保利 | 2015-12-08 |
| 清雍正 / 乾隆 白料胎画珐琅蟠螭纹水丞 | 宽 5.5cm | 3,910,000 | 北京保利 | 2015-06-07 |
| 清乾隆 御制剔彩春字天圆地方琮式盒 | 宽 29.5cm | 3,879,840 | 中国嘉德 | 2015-10-06 |
| 清乾隆 炉钧釉冲耳炉 | 高 10.8cm, 直径 16cm | 3,879,840 | 保利香港 | 2015-10-06 |
| 清 17/18 世纪 黄花梨雕卷草花鸟纹立柜 | 高 201cm, 宽 143cm, 深 69cm | 3,876,840 | 香港佳士得 | 2015-06-03 |
| 明正统 鎏金铜观世音菩萨坐像 | 34.9cm | 3,814,080 | 香港苏富比 | 2015-10-07 |
| 明以前 青石莲瓣纹石盆（一对） | 126×126×45cm | 3,795,000 | 西泠印社 | 2015-07-04 |
| 清乾隆 紫檀有束腰板足螭龙纹条桌（一对） | 长 112cm, 宽 33.5cm, 高 85cm | 3,795,000 | 广州华艺 | 2015-05-24 |
| 清康熙 竹节壶 | 高 10.3cm, 宽 17.1cm | 3,795,000 | 北京东正 | 2015-11-19 |
| 清乾隆 紫檀嵌瘿木面玉拉手书桌 | 长 133×70×83cm | 3,795,000 | 北京保利 | 2015-12-08 |
| 明 黄花梨一腿三牙罗锅枨方桌 | 长 97.5×97.5×82.8cm | 3,795,000 | 北京保利 | 2015-06-06 |
| 14 世纪 铜鎏金大持金刚像 | 高 44.5cm | 3,737,500 | 北京东正 | 2015-11-19 |
| 清 18/19 世纪 黄花梨龙纹寿字门围子六柱架子床 | 227.1×221.2×156cm | 3,684,600 | 香港佳士得 | 2015-06-03 |
| 明嘉靖 剔彩风调雨顺菱花式盘 | 直径 22.7cm | 3,684,600 | 香港佳士得 | 2015-06-03 |
| 明以前 夏薄斋藏"天风海涛"款伏羲式琴及蕉庵琴谱、木胎刻山水大漆琴案（1 组 3 件） | 琴长 122.8cm, 额宽 22.6cm, 肩宽 21.2cm, 尾宽 15.5cm; 书案长 84cm, 宽 134cm, 高 52cm | 3,680,000 | 西泠印社 | 2015-12-27 |
| 清初 黄花梨嵌瘿木四出头官帽椅（一对） | 长 57cm, 宽 47.5cm, 高 110.3cm | 3,680,000 | 广州华艺 | 2015-05-24 |
| 明 陈仲美款瑞兽尊 | 高 18.5cm, 宽 16.5cm | 3,680,000 | 北京东正 | 2015-11-19 |
| 明 铜鎏金雕龙纹盏托 | 托直径 15.5cm; 盏直径 9.5cm | 3,680,000 | 北京保利 | 2015-06-08 |
| 吴昌硕 青田石自用印 | 4.4×4.4×7.7cm | 3,680,000 | 北京保利 | 2015-06-07 |
| 宋 / 元 仲尼式松雪琴 | 长 122.3cm, 宽 14cm | 3,618,588 | 保利香港 | 2015-04-06 |
| 西周中期 彭生簋 | 高 21cm, 宽 28cm | 3,618,588 | 保利香港 | 2015-04-06 |
| 商 兽面纹鼎 | 高 23cm, 宽 19cm | 3,618,588 | 保利香港 | 2015-04-06 |
| 田黄及寿山石印章及把件（十二件） | 高 7.1cm×12 | 3,588,480 | 香港佳士得 | 2015-06-03 |
| 民国 张作霖赠袁世凯登基金银礼器 | 共重 6.21kg | 3,565,000 | 中国嘉德 | 2015-11-17 |
| 青鸟琴 | 琴长 121.5cm, 隐间 112cm, 头宽 20cm, 肩宽 22.5cm, 尾宽 16cm | 3,565,000 | 中国嘉德 | 2015-11-14 |
| 西周早期 青铜戈父己尊 | 高 25.8cm | 3,565,000 | 西泠印社 | 2015-12-26 |
| 清嘉庆 杨彭年制 / 陈曼生及杨彭年刻紫泥瓤棱壶 | 8×14.6cm | 3,565,000 | 西泠印社 | 2015-12-26 |
| 周恩来 1936 年 9 月 23 日作 有关指示胡鄂公促成抗日民族统一战线的重要通信 | 19.5×13.5cm | 3,565,000 | 西泠印社 | 2015-07-05 |
| 当代 郑世斌 乌鸦皮田黄石春耕图薄意摆件 | 高 8.8cm | 3,565,000 | 西泠印社 | 2015-07-04 |
| 宋 天柱峰 英石 | 高 57cm, 宽 14.7cm, 长 11.5cm, 连座高 63cm | 3,565,000 | 北京保利 | 2015-06-06 |
| 当代 展望 2005 年作 假山石第 104 号 | 266×132×100cm | 3,481,040 | 香港佳士得 | 2015-11-28 |
| 清雍正 寿山石雕瑞兽钮印宝（两方） | 5.4×4.5×4.5cm | 3,453,960 | 香港苏富比 | 2015-04-07 |
| 明晚期 黄花梨有束腰矮桌展腿式半桌 | 105×61.5×87.5cm | 3,450,000 | 中国嘉德 | 2015-11-14 |
| 明 17 世纪 黄花梨独板翘头案 | 长 189cm, 宽 45cm, 高 80cm | 3,450,000 | 广州华艺 | 2015-05-24 |
| 明 17 世纪 黄花梨双螭纹圈椅（一对） | 长 58cm, 宽 43cm, 高 99cm | 3,450,000 | 广州华艺 | 2015-05-24 |
| 清嘉庆 粉彩青釉描金风穿花纹蒜头瓶 | 高 31cm | 3,450,000 | 北京匡时 | 2015-06-06 |
| 金刚般若波罗蜜经 | 28.9×565cm | 3,450,000 | 北京翰海 | 2015-11-28 |
| 近代 顾景舟 云肩如意 | 高 10.2cm, 宽 17cm | 3,450,000 | 北京翰海 | 2015-06-26 |

| 拍品名称 | 尺寸 | 成交价 RMB | 拍卖公司 | 拍卖时间 |
|---|---|---|---|---|
| 清乾隆 乾隆内赏吉祥款嵌百宝太平有象 | 高 14cm, 宽 15cm | 3,450,000 | 北京东正 | 2015-05-19 |
| 明 黄花梨曲尺罗汉床 | 220×112×71cm | 3,450,000 | 北京传是 | 2015-12-04 |
| 清乾隆 澄泥御题诗砚 | 长 12cm | 3,450,000 | 北京保利 | 2015-12-08 |
| 17 世纪 地狱主 | 高 19.5cm | 3,450,000 | 北京保利 | 2015-12-08 |
| 18 世纪 释迦牟尼 | 高 63cm | 3,450,000 | 北京保利 | 2015-12-08 |
| 清中期 翡翠如意洗 | 宽 15.5cm | 3,450,000 | 北京保利 | 2015-12-08 |
| 明宣德 铜胎掐丝珐琅缠枝莲纹朝冠耳炉 | 直径 34cm | 3,450,000 | 北京保利 | 2015-06-07 |
| 近代 顾景舟 双线竹段壶 | 长 17.5cm | 3,450,000 | 北京保利 | 2015-06-05 |
| 清乾隆 荷塘如意诗文壶 | 长 13.5cm | 3,450,000 | 北京保利 | 2015-06-05 |
| 明万历 益王监制"韵馨"仲尼式古琴 | 长 124.2cm, 宽 22cm, 宽 15cm | 3,428,136 | 保利香港 | 2015-04-06 |
| 清乾隆 瓷胎雕漆"万寿无疆"碗 | 直径 18.6cm | 3,396,240 | 香港佳士得 | 2015-06-03 |
| 唐 7-10 世纪 银壳孔雀海兽葡萄镜 | 直径 15.4cm | 3,394,860 | 中国嘉德 | 2015-10-06 |
| 钱松 寿山田黄石印章 | 2.5×2.5×5.7cm | 3,335,000 | 中国嘉德 | 2015-11-14 |
| 近代 顾景舟 双线竹鼓壶 | 长 16cm, 高 13cm, 容积 400ml | 3,335,000 | 北京匡时 | 2015-06-07 |
| 民国 汪晓棠 粉彩人物瓷板（一组八件） | 18×25cm×4, 45.5×25cm×4 | 3,335,000 | 北京匡时 | 2015-06-06 |
| 近代 顾景舟 扁腹 | 高 8.8cm, 宽 18.8cm | 3,335,000 | 北京翰海 | 2015-11-27 |
| 清乾隆 铜胎画珐琅盆玉石百宝花鸟盆景（一对） | 高 26cm | 3,335,000 | 北京保利 | 2015-12-08 |
| 青 龙纹葵花式铜镜 | 直径 27.7cm | 3,228,000 | 香港佳士得 | 2015-04-06 |
| 明末 黄花梨方角炕柜（一对） | 49.9×39.2×24.3cm | 3,222,240 | 香港苏富比 | 2015-10-07 |
| 明末 / 清初 黄花梨炕桌展腿式两用方桌 | 82.7×90.6×90.4cm | 3,222,240 | 香港苏富比 | 2015-10-07 |
| 明末 黄花梨马蹄足彩纹石面香几 | 84×79×49.3cm | 3,222,240 | 香港苏富比 | 2015-10-07 |
| 当代 巴林鸡血秋山古寺摆件 | 57cm×37cm | 3,220,000 | 中鸿信 | 2015-07-29 |
| 清早期 黄花梨有束腰马蹄足海棠纹八柱架子床 | 221×147×223cm | 3,220,000 | 中国嘉德 | 2015-05-16 |
| 林文举 田石梅鹤因缘薄意章 | 2.6×2.8×6.1cm | 3,220,000 | 西泠印社 | 2015-12-27 |
| 清中期 紫泥雕漆圆壶 | 10.8×16.2cm | 3,220,000 | 西泠印社 | 2015-07-04 |
| 清中期 紫檀四方委角桌（一套） | 长 86cm, 宽 86cm, 高 82.5cm | 3,220,000 | 广州华艺 | 2015-05-24 |
| 18 世纪 财宝天王 | 尺寸不一 | 3,220,000 | 北京匡时 | 2015-12-05 |
| 清乾隆 (1736-1795) 乾隆皇帝佛装像 | 120×81cm | 3,220,000 | 北京匡时 | 2015-06-07 |
| 清乾隆 乾隆御制荷花提诗壶 | 高 17cm, 宽 5.5cm | 3,220,000 | 北京东正 | 2015-05-19 |
| 大般若波罗蜜多经卷第三百八十一（敦煌写经） | 25×462.5cm | 3,220,000 | 北京保利 | 2015-12-07 |
| 明晚期 铜胎掐丝珐琅狮子戏球铺首大缸 | 高 34.2cm | 3,220,000 | 北京保利 | 2015-12-07 |
| 清乾隆 蓝地描金开光料彩四季山水图四方瓶 | 高 26.7cm | 3,107,880 | 香港佳士得 | 2015-06-03 |
| 清乾隆 日内瓦胎画珐琅琅洋人物图带扣 | 直径 14.7cm; 长 18.9cm, 直径 24.7cm; 直径 33.4cm | 3,105,000 | 中贸圣佳 | 2015-05-20 |
| 清乾隆 鎏金铜鸭薰炉 | 23×10×12.8cm | 3,105,000 | 中国嘉德 | 2015-05-16 |
| 清 赵之琛 1817 年作 田黄石闲章 | 2.3×2.3×3.2cm | 3,105,000 | 西泠印社 | 2015-07-04 |
| 明 黄花梨镶紫檀八螭龙大画案 | 长 208cm, 宽 63cm, 高 84cm | 3,105,000 | 上海明轩 | 2015-06-21 |
| 明万历 / 清初 御制缂金龙凤呈祥大挂幛 | 高 259cm, 宽 207cm | 3,105,000 | 北京保利 | 2015-06-07 |
| 清雍正 / 乾隆 杨季初制段泥堆彩泥绘赏荷观景图 笔筒 | 高 15.5cm, 直径 18.2cm | 3,105,000 | 北京保利 | 2015-06-05 |
| 董康旧藏《青楼韵语辅注校正四卷》（附联叶式版画十二幅） | 半框: 20×12.4cm 开本: 26.6×18cm | 3,047,500 | 西泠印社 | 2015-12-27 |
| 明 黄花梨木马蹄腿壶门牙板六柱架子床 | 213cm×134.5cm×216cm | 2,990,000 | 中鸿信 | 2015-07-29 |
| 近代 顾景舟 藏六方壶 | 高 9.5cm, 长 19.5cm | 2,990,000 | 上海明轩 | 2015-06-21 |
| 明 黄花梨圆角柜 | 长 92cm, 宽 49cm, 高 174cm | 2,990,000 | 上海明轩 | 2015-06-21 |
| 富贵临门 | 高 28cm | 2,990,000 | 北京翰海 | 2015-06-27 |
| 清乾隆 洋彩三多紫檀三镶如意 | 长 50cm | 2,990,000 | 北京保利 | 2015-12-08 |

| 拍品名称 | 尺寸 | 成交价 RMB | 拍卖公司 | 拍卖时间 |
|---|---|---|---|---|
| 明晚期 / 清初 铜胎掐丝珐琅缠枝莲纹螭耳铺首大凤尾尊 | 高 104cm | 2,990,000 | 北京保利 | 2015-06-07 |
| 蒙古喀尔喀 17-18 世纪 铜鎏金金刚持 | 高 25cm | 2,932,500 | 中国嘉德 | 2015-05-17 |
| 1948 至 1953 年第一版人民币六十枚大全套 | 尺寸不一 | 2,932,500 | 北京诚轩 | 2015-05-19 |
| 隋至初唐 铜鎏金观音菩萨立像 | 高 25.5cm | 2,930,058 | 保利香港 | 2015-05-31 |
| 清康熙 刘源题字竹雕竹林七贤笔筒 | 高 15.3cm | 2,915,640 | 香港佳士得 | 2015-06-03 |
| 清康熙 鎏金铜镶嵌尊胜佛母像 | 高 38.2cm | 2,915,640 | 香港佳士得 | 2015-06-03 |
| 清早期 黄花梨拐子龙纹六柱架子床 | 宽 232cm，厚 160cm，高 222cm | 2,909,880 | 中国嘉德 | 2015-10-06 |
| 民国 刘源沂为黄杰刻田黄方章及其他寿山石方章（四方） | 高 7.5cm | 2,889,920 | 香港佳士得 | 2015-12-02 |
| 明永乐 青花缠枝莲纹双系小罐 | 口径 2.8cm，底径 5.8cm，高 6.4cm | 2,875,000 | 中贸圣佳 | 2015-11-23 |
| 清 赵之谦 博古钮寿山白芙蓉石何澄自用对章 | 2.2×2.2×3.7cm×2 | 2,875,000 | 西泠印社 | 2015-12-27 |
| 明 17 世纪 黄花梨带翘头雕螭龙联三闷户橱 | 长 188cm，宽 51.5cm，高 86cm | 2,875,000 | 广州华艺 | 2015-05-24 |
| 般若波罗蜜多心经 | 26.1×55.9cm | 2,875,000 | 北京保利 | 2015-06-04 |
| 明末 / 清初 黄花梨方材霸王枨方凳 | 44.2×40.7×40.5cm | 2,827,680 | 香港苏富比 | 2015-10-07 |
| 清康熙 豇豆红釉镗锣洗 | 直径 12cm | 2,812,884 | 保利香港 | 2015-10-06 |
| 清早期 黄花梨榻 | 高 195cm，长 72cm，宽 46.5cm | 2,812,884 | 保利香港 | 2015-10-06 |
| 西周早期 西卣 | 高 22cm，直径 23cm | 2,784,150 | 中国嘉德 | 2015-04-06 |
| 清初 黄花梨平头案 | 242×54×79cm | 2,760,000 | 中贸圣佳 | 2015-05-20 |
| 楷书致李应桢书札一通 | 25.5×28cm×2 | 2,760,000 | 北京匡时 | 2015-06-07 |
| 林加俊 天宝鼐（一件） | 5.5×3cm，重 82g | 2,760,000 | 北京华辰 | 2015-11-15 |
| 清乾隆 粉彩堆塑周文王百子天下图挂屏 | 长 54cm | 2,760,000 | 北京华辰 | 2015-11-15 |
| 元 / 明早期 剔红楼阁人物葵瓣式盖盒 | 宽 23.5cm | 2,760,000 | 北京保利 | 2015-06-07 |
| 怪石蟠木如意 | 长 39cm | 2,760,000 | 北京保利 | 2015-06-06 |
| 明末 黄花梨绿纹石屉板小平头案 | 75×68.4×38.6cm | 2,729,040 | 香港苏富比 | 2015-10-07 |
| 清乾隆 铜铸拐子纹香炉 | 高 77cm | 2,723,400 | 香港佳士得 | 2015-06-03 |
| 商 青铜兽面纹尊 | 高 33.5cm，直径 29.5cm | 2,715,888 | 保利香港 | 2015-10-06 |
| 商晚期 青铜兽面纹觚 | 高 28cm | 2,645,000 | 西泠印社 | 2015-12-26 |
| 明中期 雕漆喜占春魁捧盒 | 直径 26.5cm | 2,645,000 | 北京东正 | 2015-05-19 |
| 明 原始天尊 | 高 46cm | 2,645,000 | 北京保利 | 2015-06-07 |
| 清乾隆 铜鎏金六世班禅坐像 | 高 61cm | 2,645,000 | 北京保利 | 2015-06-06 |
| 民国 王王孙为黄杰夫妇刻印章五方及寿山石章料等（十方） | 高 8.7cm | 2,594,360 | 香港佳士得 | 2015-12-02 |
| 西藏 15 世纪 铜鎏金毗卢巴 | 高 20.2cm | 2,587,500 | 中国嘉德 | 2015-05-17 |
| 明宣德 文殊菩萨 | 26cm | 2,576,000 | 天津文物 | 2015-05-22 |
| 清 黄花梨玫瑰椅（四把） | 长 57.4cm，宽 45cm，高 86cm | 2,530,000 | 中贸圣佳 | 2015-11-23 |
| 吴大澂、吴云、吴熙载跋虢季子白盘拓本 | 135×63.5cm | 2,530,000 | 中国嘉德 | 2015-11-16 |
| 寿山田黄石螭龙钮方章 | 2.7×2.7×5.8cm | 2,530,000 | 中国嘉德 | 2015-05-17 |
| 丁敬 青田石印章 | 1.3×0.9×1.8cm | 2,530,000 | 中国嘉德 | 2015-05-17 |
| 明以前 赵鸿雪鉴藏“大古之音”仲尼式琴 | 琴长 120cm，额宽 18cm，肩宽 19cm，尾宽 14cm，隐间 112cm | 2,530,000 | 西泠印社 | 2015-12-27 |
| 1980 ~ 1982 年五星牌贵州茅台酒（三大革命） |  | 2,530,000 | 西泠印社 | 2015-12-26 |
| 民国 汪野亭绘粉彩山水四方笔筒 | 高 19.5cm，长 15cm，宽 14.7cm | 2,530,000 | 西泠印社 | 2015-07-05 |
| 清 田黄石素方章 | 2.1×2.1×5.1cm | 2,530,000 | 西泠印社 | 2015-07-04 |
| 明 16 世纪 黄花梨“一炷香线”方脚平头案 | 长 155cm，宽 48.8cm，高 80.5cm | 2,530,000 | 广州华艺 | 2015-05-24 |
| 清乾隆 铜胎掐丝珐琅太平有象三足香熏及花觚一对（三件） | 香熏高 64cm；花插高 62cm | 2,530,000 | 北京匡时 | 2015-06-06 |
| 申锡制四方壶 | 高 13cm，宽 14.5cm | 2,530,000 | 北京东正 | 2015-05-19 |

| 拍品名称 | 尺寸 | 成交价 RMB | 拍卖公司 | 拍卖时间 |
|---|---|---|---|---|
| 清康熙 缂丝华封三祝图 | 宽 164cm，高 222.5cm | 2,530,000 | 北京保利 | 2015-12-08 |
| 清 翡翠雕仿青铜方罍 |  | 2,530,000 | 北京保利 | 2015-12-08 |
| 明 龟钮金印银印 | 金印 2.6×2.6×2.9cm；银印 2.6×2.6×2.9cm | 2,530,000 | 北京保利 | 2015-12-07 |
| 春秋经传集解三十卷存卷第十九 | 26.8×16.8cm | 2,530,000 | 北京保利 | 2015-12-07 |
| 8 世纪 银鎏金錾刻花卉纹奓斗 | 直径 15cm | 2,530,000 | 北京保利 | 2015-12-07 |
| 明 铜错金银双蚰耳壶 | 高 43.5cm | 2,530,000 | 北京保利 | 2015-06-07 |
| 清雍正 矾红夔凤纹水丞 | 高 5.5cm | 2,530,000 | 北京保利 | 2015-06-06 |
| 战国 – 西汉（公元前 5 世纪 – 公元 1 世纪）金质螭龙纹嵌琉璃阳燧 | 直径 6.2cm | 2,521,896 | 中国嘉德 | 2015-10-06 |
| 清乾隆 紫檀高束腰古意云头纹带管脚帐方几 | 宽 38cm，厚 38cm，高 90cm | 2,521,896 | 中国嘉德 | 2015-10-06 |
| 春秋（公元前 8 世纪 – 公元前 5 世纪）青铜辟邪席镇（一对） | 高 7.3cm | 2,521,896 | 中国嘉德 | 2015-10-06 |
| 宋 湖田窑婴戏瓷塑 | 长 28cm，高 15cm | 2,499,120 | 罗芙奥 | 2015-06-02 |
| 1957 年“金轮牌”外销贵州茅台酒（白瓷瓶） |  | 2,484,000 | 北京保利 | 2015-12-07 |
| 清 乾隆御用寿山石狻猊钮闲章 | 3×3×5cm | 2,472,500 | 西泠印社 | 2015-12-27 |
| 清 何心舟制提梁壶 | 18.5cm | 2,415,000 | 中国嘉德 | 2015-11-14 |
| 1928、1940 年作 傅斯年 李庄时期日记、中国古代文学史讲义、笔记等五册 | 尺寸不一 | 2,415,000 | 西泠印社 | 2015-12-27 |
| 胡适 致胡近仁信札 |  | 2,415,000 | 上海朵云轩 | 2015-06-18 |
| 清早期到清中期 格鲁派上师皈依境 | 长 63cm，宽 46cm | 2,415,000 | 北京华辰 | 2015-11-15 |
| 雍正十三年乙卯（1735）高凤翰制 铭赠轮老学长砚；王应绶制 万承纪自用白芙蓉印一对；高南阜砚史原拓本；王子若摹刻研史手牍；秦汉篆隶真景 汉魏篆隶真景；高凤翰 铭赠轮老学长砚 拓片轴 | 尺寸不一 | 2,415,000 | 北京保利 | 2015-06-06 |
| 明 仲尼式“铁鹤舞”古琴 | 琴长 126.5cm，额宽 19.2cm，肩宽 22.5cm，尾宽 13cm | 2,415,000 | 北京保利 | 2015-06-06 |
| 明 云卷岫 灵璧石 | 高 27cm，宽 26.5cm，长 17cm | 2,415,000 | 北京保利 | 2015-06-06 |
| 清雍正 黄料长颈瓶 | 22.3cm | 2,388,720 | 香港苏富比 | 2015-04-07 |
| 《唐宋元明名画大观》（一函四册） |  | 2,388,720 | 香港苏富比 | 2015-04-06 |
| 东魏 石雕菩萨立像 | 高 110cm；高 125cm | 2,380,650 | 保利香港 | 2015-04-06 |
| 清雍正 洒金铜钵式炉 | 17cm | 2,370,960 | 香港苏富比 | 2015-06-01 |
| 1953 年蓝色军人贴用邮票（未发行）一枚 |  | 2,357,500 | 中国嘉德 | 2015-11-18 |
| 龚自珍 书札 |  | 2,357,500 | 北京保利 | 2015-12-05 |
| 清 黄花梨小顶箱柜一对） | 长 83.6cm，宽 44.6cm，高 180.5cm | 2,300,000 | 中贸圣佳 | 2015-11-23 |
| 清 沉香雕山水人物纹笔筒 | 长 13cm | 2,300,000 | 中贸圣佳 | 2015-05-20 |
| 当代 鸡血石章料一对 | 高 16cm×2 | 2,300,000 | 中鸿信 | 2015-07-29 |
| 光绪七年（1881 年）至民国三十八年（1949 年）中国的矿业股票收藏集 | 尺寸不一 | 2,300,000 | 中国嘉德 | 2015-11-18 |
| 西藏 13 世纪 棉布矿物颜料喜金刚唐卡 | 40.5×33.5cm | 2,300,000 | 中国嘉德 | 2015-11-15 |
| 清早期 云石面画桌 | 95×63×83.5cm | 2,300,000 | 中国嘉德 | 2015-11-14 |
| 海内孤本《北魏王子晋碑》 | 27.5×15cm | 2,300,000 | 西泠印社 | 2015-12-27 |
| 清 濮森 田黄石六面平素方章 | 2.6×2.6×6cm | 2,300,000 | 西泠印社 | 2015-12-27 |
| 1983–1986 年五星牌、飞天牌贵州茅台酒 |  | 2,300,000 | 西泠印社 | 2015-12-26 |
| 1983–1986 年五星牌贵州茅台酒（地方国营） |  | 2,300,000 | 西泠印社 | 2015-12-26 |
| 1983–1986 年飞天牌贵州茅台酒 |  | 2,300,000 | 西泠印社 | 2015-12-26 |
| 黑川荣胜 蓬莱金釜 | 高 21cm，长 18cm | 2,300,000 | 上海明轩 | 2015-06-21 |

| 拍品名称 | 尺寸 | 成交价 RMB | 拍卖公司 | 拍卖时间 |
|---|---|---|---|---|
| 明 17 世纪 黄花梨圆腿大平头案 | 长 155cm，宽 49cm，高 81cm | 2,300,000 | 广州华艺 | 2015-05-24 |
| 清乾隆 紫檀百宝嵌博古诗文挂屏 | 长 76cm，高 114cm | 2,300,000 | 广州华艺 | 2015-05-24 |
| 近代 越南富森熟结红土水沉料 | | 2,300,000 | 北京翰海 | 2015-06-27 |
| 清康熙 铜鎏金弥勒菩萨像 | 高 22.5cm | 2,300,000 | 北京东正 | 2015-05-19 |
| 清乾隆 雕漆百宝嵌御题诗大吉葫芦挂屏 | 高 78cm | 2,300,000 | 北京保利 | 2015-12-08 |
| 清乾隆 透黄料磨花卉大碗 | 直径 14.8cm | 2,300,000 | 北京保利 | 2015-12-08 |
| 1915 年 法国 普雷耶"王子"鎏金彩绘三角钢琴 | 长 175cm | 2,300,000 | 北京保利 | 2015-12-08 |
| 商 西单己觚 | 高 27.5cm | 2,300,000 | 北京保利 | 2015-12-08 |
| 清乾隆 紫金琉璃无量寿佛 | 高 74.5cm | 2,300,000 | 北京保利 | 2015-06-06 |
| 清乾隆 铜洒金瓣豸香熏 | 高 55cm | 2,300,000 | 北京保利 | 2015-06-06 |
| 清乾隆 御制铜胎掐丝与内填珐琅狮子摆件 | 长 20.5cm | 2,300,000 | 北京保利 | 2015-06-06 |
| 明 楠木三围屏罗汉床 | 高 80cm，宽 137cm，长 210cm | 2,300,000 | 北京保利 | 2015-06-06 |
| 大般若波罗蜜多经卷第四十一之四十二（尊名金银字写本） | 37.8×12cm | 2,300,000 | 北京保利 | 2015-06-04 |
| 思益梵天所问经第二（敦煌写经） | 27×493cm | 2,300,000 | 北京保利 | 2015-06-04 |
| 宋 河南窑黑釉铁锈斑笠式盏 | 11.2cm | 2,291,880 | 香港苏富比 | 2015-04-05 |
| 清乾隆 铜胎北京画珐琅花蝶图鼻烟壶 | 4.7cm | 2,274,840 | 香港苏富比 | 2015-06-01 |
| 汉孔宙碑 | 26.3×14.5cm×50 | 2,242,500 | 中国嘉德 | 2015-11-15 |
| 訇斋藏秦汉宋元明权量文字 | 18×32cm | 2,242,500 | 中国嘉德 | 2015-05-18 |
| 清 黄士陵刻青田石等张之洞自用印（三方） | 3.3×3.3×5.5cm；2.5×2.5×5.5cm；2.9×2.9×7.6cm | 2,242,500 | 西泠印社 | 2015-12-27 |
| 吴湖帆、况周颐、冒广生 等名家汇校《全芳备祖新词钞 附天下同文》(宋) 陈景沂原辑，祝穆订正（清）况周颐钞撮（一函一册） | 24×15.5cm | 2,242,500 | 西泠印社 | 2015-07-04 |
| 1935 年作 /1946 年作 / 1947 年作 张大千 张善孖 自用印（十方） | 尺寸不一 | 2,242,500 | 西泠印社 | 2015-07-04 |
| 清康熙 戗金填漆岁朝万寿图挂屏 | 86.5×129.7cm | 2,235,840 | 香港苏富比 | 2015-10-07 |
| 明末 / 清初 黄花梨大理石门官皮箱 | 34.5×35×25.3cm | 2,235,840 | 香港苏富比 | 2015-10-07 |
| 当代 朱铭 1991 年作 太极系列 木雕 | 38×38×44cm | 2,200,280 | 香港佳士得 | 2015-11-29 |
| 宋 钱士开铭片云石 | 高 246cm，直径 88cm | 2,195,040 | 香港苏富比 | 2015-04-05 |
| 隋 石灰石彩绘佛坐像 | 47cm | 2,195,040 | 香港苏富比 | 2015-04-05 |
| 清初 黄花梨独板翘头案 | 201×43×87.5cm | 2,185,000 | 中贸圣佳 | 2015-05-20 |

| 拍品名称 | 尺寸 | 成交价 RMB | 拍卖公司 | 拍卖时间 |
|---|---|---|---|---|
| 15 世纪 铜浮雕云龙纹象首簋式炉 | 高 11cm，直径 13.4cm | 2,185,000 | 中国嘉德 | 2015-05-16 |
| 清早期 黄花梨四件柜成对 | 110×55×202cm | 2,185,000 | 中国嘉德 | 2015-05-16 |
| 1980-1982 年 五星牌贵州茅台酒（三大革命） | | 2,185,000 | 西泠印社 | 2015-07-06 |
| 茅盾 致宇宙风社、陶亢德信札四通 《自传一章 - 我的小学时代》 | 信札 19×13cm×4；21.5×9.5cm 手稿 20×32cm×8 | 2,185,000 | 南京经典 | 2015-01-04 |
| 清乾隆 仿官釉葵口三足洗 | 直径 21cm | 2,185,000 | 广州华艺 | 2015-12-20 |
| 林加俊 印章（一方） | 14×3.8×3.8cm 重 1.185g | 2,185,000 | 北京华辰 | 2015-11-15 |
| 大乘无量寿经（敦煌写经） | 31×203cm | 2,185,000 | 北京保利 | 2015-12-07 |
| 明末 紫檀马蹄足条桌 | 86.8×122.7×52.5cm | 2,137,200 | 香港苏富比 | 2015-10-07 |
| 清乾隆 铜金刚行波罗密母 | 高 20cm | 2,127,500 | 广州华艺 | 2015-05-24 |
| 说一切有部显宗论卷第二十一 | 25×566cm | 2,127,500 | 北京保利 | 2015-12-07 |
| 春秋（公元前 8 世纪 - 公元前 5 世纪）青铜螭虎 | 高 40cm，宽 35.5cm | 2,085,414 | 中国嘉德 | 2015-10-06 |
| 明 黄花梨圆腿长条案 | 长 216.2cm，宽 44.8cm，高 78.5cm | 2,070,000 | 中贸圣佳 | 2015-11-23 |
| 明 黄花梨三弯腿方大凳 | 长 51.7cm，宽 44.3cm，高 50.7cm | 2,070,000 | 中贸圣佳 | 2015-11-23 |
| 西周早期 青铜口瓶 | 高 36cm | 2,070,000 | 西泠印社 | 2015-12-26 |
| 1983-1986 年 五星牌、飞天牌贵州茅台酒 | | 2,070,000 | 西泠印社 | 2015-07-06 |
| 明以前 释迦牟尼半身像 | 高 73cm | 2,070,000 | 西泠印社 | 2015-07-04 |
| 孔尚任 致孔贞灿信札四通 | 27×12.5cm×2；20×13cm×2；19×12cm；19×13cm | 2,070,000 | 西泠印社 | 2015-07-04 |
| 清乾隆 紫檀双蝠勾纹太师椅（一对） | 长 54.5cm，宽 47cm，高 93cm | 2,070,000 | 广州华艺 | 2015-05-24 |
| 当代何道洪上核桃壶 | 长 20.3cm，高 11.5cm，容积 800ml | 2,070,000 | 北京匡时 | 2015-06-07 |
| 15 世纪 阿闷佛唐卡 | 75×67cm | 2,070,000 | 北京匡时 | 2015-06-07 |
| 唐彬杰·梅椿 | 高 10cm，宽 15cm | 2,070,000 | 北京翰海 | 2015-11-27 |
| 17 至 18 世纪 释迦牟尼 | 高 21.5cm | 2,070,000 | 北京翰海 | 2015-06-28 |
| 明崇祯 铜蚰龙耳炉 | 直径 16.3cm | 2,070,000 | 北京东正 | 2015-05-19 |
| 同昌黄记 | 重 2527g | 2,070,000 | 北京东正 | 2015-05-19 |
| 1896 年四川省造光绪元宝当三十水龙红铜试铸样币一枚 | | 2,070,000 | 北京诚轩 | 2015-05-21 |
| 15/16 世纪 六臂大黑天 | 高 40.8cm | 2,070,000 | 北京保利 | 2015-06-07 |
| 15 世纪藏中地区 宝生如来唐卡 | 74×56cm | 2,070,000 | 北京保利 | 2015-06-07 |
| 汉 黄山宫第四镫 万中立匣铭 清仪阁所藏古器物文 | 径 10.5cm，高 18cm，长 33.5cm，宽 22.5cm | 2,070,000 | 北京保利 | 2015-06-06 |
| 吴湖帆画竹 金西厓刻制 白竹秘笥 乌木簧骨 | 宽 27cm，宽 8.3cm，宽 2.3cm，长 32.8cm；宽 2.5cm | 2,070,000 | 北京保利 | 2015-06-06 |

第四部分　艺苑撷英

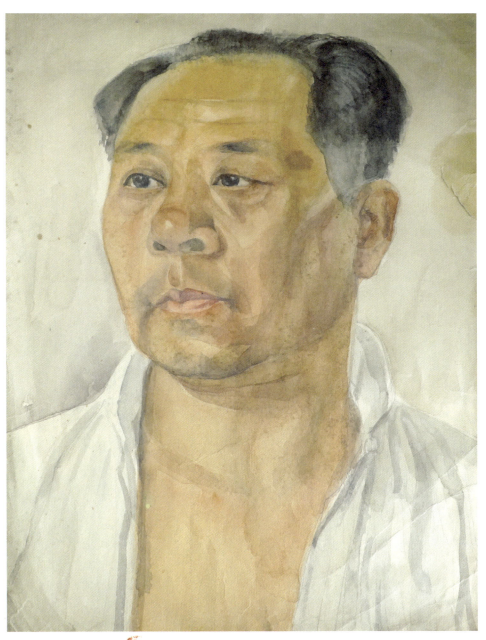

背面钤印
李可染（白）

李可染《水彩人物头像》

37.5×29cm

背面钤印
李可染（白）

李可染《水彩人物头像》

27.5 × 21cm

背面钤印
李可染（白）

李可染 《临摹苏联素描人物稿》

27.5×21cm

背面钤印
李可染（白）

李可染《临摹苏联素描人物稿》

27.5×21cm

背面钤印
李可染（白）

李可染《大山中的建筑工地》

27.5×21cm

背面钤印
李可染（白）

李可染《铅笔漫画稿》

25.5×36cm

李可染 《工农劳模北海游园大会》 画稿

18 × 25.5cm

李可染 《工农劳模北海游园大会》 原作印刷品

12.5 × 18.5cm

李可染 《新得的黃牛》画稿

27 × 39cm

李可染《韶山》画稿

27.5 × 39cm

李可染《韶山》原作印刷品

26 × 37cm

井白先生惠鑒承
手教并有惠賜刻印數甚
先生治印工力甚深不待已
攄自日惟拤非題味卽吕之盲
之靈因印章原非普通人
用之物目又每用僕句之主一
古藝術當要表情次印不旣
為景博自石若刊「荒謬絕倫
我吐大荒」諸陳子奮刊費才人情

班諸朱先晉先生滿授已
結束須玉後卑方有新班
夢書館返方裁負諸
先生晉維沈狀佇之機緣
定當奉書來
敢也改諸
藝安　　悲鴻
另件奉還　　五月八日

諸楊仲子刻「摺与天地精神
往來」諸喬大壯「百世以俟聖人
而不惑」及賜知真欣在精微一
葉用領畫角印之用簡戒小篆
八分及朱白文之天寸大小皆术道合
術均厚性襲印之敎事止此比犴
專瘦狂應刻一長印而作類捏按
尊兄文方可易意義未知
授中理論課本年三二章合

西城崇恂胡同二条
乙字十八号
温景博先生
國立北平藝術專科學校　　徐緘

外件

校址　東總布胡同一〇號
電話　東〇局〇七四五　八六四八號

徐悲鴻致溫景博信札

28 × 20cm

徐悲鸿《任伯年评传》

27 × 312.5cm

徐悲鸿《康南海六十行乐图》

87×121cm

于志学《驯鹿图》

68×137cm

李小可《墙》

68 × 68cm

第五部分　政策法规

# 关于提升博物馆陈列展览质量的指导意见

发布单位：国家文物局

发布时间：2015 年 1 月 13 日

各省、自治区、直辖市文物局（文化厅）：

近年来，我国博物馆陈列展览数量和观众人数不断增加，社会影响力不断提高。优秀博物馆陈列展览对弘扬优秀传统文化、践行社会主义核心价值观起到了十分重要的作用。为深入学习贯彻党的十八大、十八届三中、四中全会精神和习近平总书记一系列重要讲话精神，充分发挥文物引领社会风尚、践行核心价值、维护国家文化安全、提升国家文化软实力的积极作用，切实提升博物馆陈列展览的质量，扩大博物馆陈列展览的影响力和传播力，现提出如下指导意见：

一　提高馆藏文物利用率，让收藏在博物馆里的文物活起来。

（一）建立文物藏品资源共享机制。各省文物部门要协调省、市、县（区）各级博物馆，在互利共赢的基础上，打破地域和行政级别限制，建立博物馆藏品交流共享平台，通过博物馆联盟、对口帮扶、总分馆制等办法，形成博物馆馆藏资源共享机制。国有博物馆可以通过调拨、交换、借用等方式，优化藏品体系结构，特别是一些藏品数量丰富的大馆，要帮助馆藏较少的博物馆形成有特色的藏品体系，支持其举办符合其使命与职能的陈列与展览。

（二）加强陈列展览项目交流。支持各地区、各级博物馆积极开展展览交流合作，举办各种联展、互换展览。各地文物行政部门要积极扶持学术水准高、社会反响好的临时展览做好巡展，扩大展览影响。资源丰富的大馆可以通过办分馆，长期借展藏品，在基层博物馆举办中长期陈列，帮助基层博物馆提高陈列展览策划、编写、设计和实施水平等方式，加强对中小博物馆的扶持。

（三）提高藏品展示利用率。鼓励各博物馆通过基本陈列改造提升与展品更换，适当增加临时展览数量、频次和时长，增加藏品展示数量等，扩大藏品展示范围。鼓励藏品数量众多、展示空间条件充分的博物馆，创新展示手段，合理提升展览频次，使更多的藏品有机会展示给广大观众。

（四）积极展示考古新成果。考古院所要向博物馆依法按期移交出土文物，适合进行展出的，要及时策划组织相关展览。有重大展示价值、但暂时无法办理移交手续的重要考古新发现，可采取暂不改变权属，交由博物馆代为保管并联合进行展示利用的方式，及时向公众传播推广。

（五）加强数字化展示手段。积极通过博物馆网站、数字博物馆、微博、微信等新媒体，加强文物藏品的数字化展示。利用虚拟现实技术、3D 技术等，增强虚拟展示效果，丰富数字展品数量、展示信息及体验手段。

二 提升陈列展览质量，扶持原创性主题性展览。

（六）积极策划实施主题性陈列展览。鼓励各地、各级博物馆，依托丰富的文物资源，深入挖掘优秀传统文化的思想内涵，策划出一系列具有鲜明教育作用、彰显社会主义核心价值观的主题展览，讲好中国故事。国家文物局每年面向全国文博机构、陈列展示设计机构、策展人等征集遴选一批以弘扬优秀传统文化、践行社会主义核心价值观为主题的优秀陈列展览策划方案，给予一定的后补助性支持。鼓励多馆联合申报、跨级别跨地区联合申报。

（七）夯实原创性陈列展览的学术基础。加强博物馆学术研究，明确博物馆研究的公众服务目标功能，增强博物馆陈列展览的学术基础；提高陈列展览创意策划水平，完善陈列展览从研究、策划、实施到推广的工作流程，积极策划实施一批学术基础扎实、具有感染力和传播力的原创性陈列展览；将学术活动作为陈列展览的整体进行策划和实施，提升学术活动的影响力和效果。

（八）注重陈列展览配套青少年教育项目的策划与实施。原创性陈列展览要设计、开发相关的青少年教育项目，增强青少年教育项目的针对性、趣味性。博物馆基本陈列和重要展览要充分考虑博物馆青少年教育项目实施的需求，充分考虑中小学生利用博物馆开展课程学习、实践活动、研究性学习和研学旅行等的需求，设计针对不同学段的富有特色的教育项目体系，开发相关教具、学材和教材。

（九）依托展览开发文化创意产品。提高博物馆文化创意产品设计水平，围绕陈列展览开发基于展品文化元素、文化内涵的博物馆文化创意产品，利用社会力量参与博物馆文化创意产品的设计、开发、生产与经营，通过对文化创意产品的经营，增强博物馆陈列展览的影响力，让观众把博物馆带回家。

（十）建立博物馆陈列展览策展人制度。推动各级博物馆建立责任明确、权利清晰、人员专业、评价科学的策展人制度，加强策展团队建设，构建有利于发挥策展人和策展团队学术水准、业务能力、创意水平的内部环境机制；加强对策展人才的培养，通过举办策展人培训班、策展学术研讨会等，提升策展专业水准；建立策展人行业组织和专业学术团体，促进策展人和策展机构间的学术交流。

三 完善评价机制，加强对优秀展览的推广力度。

（十一）建立展览的批评机制。逐步建立中立、客观、科学的陈列展览批评体系，利用新媒体、互联网、传统媒体等途径建立规范严肃的展览批评机制。在《中国文物报》、《中国博物馆》杂志等专业媒体开设展评专栏、专号，邀请社会人士参与评价，构建良好的博物馆展览评价舆论环境。通过观众调查、社区意见反馈等途径，顺畅公众展览批评的渠道。

（十二）完善相关政策措施。完善细化免费开放补助资金中展示提升项目的补助办法，向具有原创性的主题展览倾斜。推动出境展览项目享受有关文化创意产业的优惠政策，鼓励优秀展览项目走出去。

# 博物馆条例

国务院令第 659 号
发布单位：中华人民共和国国务院
发布时间：2015 年 2 月 9 日

## 第一章　总则

第一条　为了促进博物馆事业发展，发挥博物馆功能，满足公民精神文化需求，提高公民思想道德和科学文化素质，制定本条例。

第二条　本条例所称博物馆，是指以教育、研究和欣赏为目的，收藏、保护，并向公众展示人类活动和自然环境的见证物，经登记管理机关依法登记的非营利组织。

博物馆包括国有博物馆和非国有博物馆。利用或者主要利用国有资产设立的博物馆为国有博物馆；利用或者主要利用非国有资产设立的博物馆为非国有博物馆。

国家在博物馆的设立条件、提供社会服务、规范管理、专业技术职称评定、财税扶持政策等方面，公平对待国有和非国有博物馆。

第三条　博物馆开展社会服务应当坚持为人民服务、为社会主义服务的方向和贴近实际、贴近生活、贴近群众的原则，丰富人民群众精神文化生活。

第四条　国家制定博物馆事业发展规划，完善博物馆体系。

国家鼓励企业、事业单位、社会团体和公民等社会力量依法设立博物馆。

第五条　国有博物馆的正常运行经费列入本级财政预算；非国有博物馆的举办者应当保障博物馆的正常运行经费。

国家鼓励设立公益性基金为博物馆提供经费，鼓励博物馆多渠道筹措资金促进自身发展。

第六条　博物馆依法享受税收优惠。

依法设立博物馆或者向博物馆提供捐赠的，按照国家有关规定享受税收优惠。

第七条　国家文物主管部门负责全国博物馆监督管理工作。国务院其他有关部门在各自职责范围内负责有关的博物馆管理工作。

县级以上地方人民政府文物主管部门负责本行政区域的博物馆监督管理工作。县级以上地方人民政府其他有关部门在各自职责范围内负责本行政区域内有关的博物馆管理工作。

第八条　博物馆行业组织应当依法制定行业自律规范，维护会员的合法权益，指导、监督会员的业务活动，促进博物馆事业健康发展。

第九条　对为博物馆事业作出突出贡献的组织或者个人，按照国家有关规定给予表彰、奖励。

## 第二章　博物馆的设立、变更与终止

第十条　设立博物馆，应当具备下列条件：

（一）固定的馆址以及符合国家规定的展室、藏品保管场所；

（二）相应数量的藏品以及必要的研究资料，并能够形成陈列展览体系；

（三）与其规模和功能相适应的专业技术人员；

（四）必要的办馆资金和稳定的运行经费来源；

（五）确保观众人身安全的设施、制度及应急预案。

博物馆馆舍建设应当坚持新建馆舍和改造现有建筑相结合，鼓励利用名人故居、工业遗产等作为博物馆馆舍。新建、改建馆舍应当提高藏品展陈和保管面积占总面积的比重。

第十一条　设立博物馆，应当制定章程。博物馆章程应当包括下列事项：

（一）博物馆名称、馆址；

（二）办馆宗旨及业务范围；

（三）组织管理制度，包括理事会或者其他形式决策机构的产生办法、人员构成、任期、议事规则等；

（四）藏品展示、保护、管理、处置的规则；

（五）资产管理和使用规则；

（六）章程修改程序；

（七）终止程序和终止后资产的处理；

（八）其他需要由章程规定的事项。

第十二条　国有博物馆的设立、变更、终止依照有关事业单位登记管理法律、行政法规的规定办理，并应当向馆址所在地省、自治区、直辖市人民政府文物主管部门备案。

第十三条　藏品属于古生物化石的博物馆，其设立、变更、终止应当遵守有关古生物化石保护法律、行政法规的规定，并向馆址所在地省、自治区、直辖市人民政府文物主管部门备案。

第十四条　设立藏品不属于古生物化石的非国有博物馆的，应当向馆址所在地省、自治区、直辖市人民政府文物主管部门备案，并提交下列材料：

（一）博物馆章程草案；

（二）馆舍所有权或者使用权证明，展室和藏品保管场所的环境条件符合藏品展示、保护、管理需要的论证材料；

（三）藏品目录、藏品概述及藏品合法来源说明；

（四）出资证明或者验资报告；

（五）专业技术人员和管理人员的基本情况；

（六）陈列展览方案。

第十五条　设立藏品不属于古生物化石的非国有博物馆的，应当到有关登记管理机关依法办理法人登记手续。

前款规定的非国有博物馆变更、终止的，应当到有关登记管理机关依法办理变更登记、注销登记，并向馆址所在地省、自治区、直辖市人民政府文物主管部门备案。

第十六条　省、自治区、直辖市人民政府文物主管部门应当及时公布本行政区域内已备案的博物馆名称、地址、联系方式、主要藏品等信息。

## 第三章　博物馆管理

第十七条　博物馆应当完善法人治理结构，建立健全有关组织管理制度。

第十八条　博物馆专业技术人员按照国家有关规定评定专业技术职称。

第十九条　博物馆依法管理和使用的资产，任何组织或者个人不得侵占。

博物馆不得从事文物等藏品的商业经营活动。博物馆从事其他商业经营活动，不得违反办馆宗旨，不得损害观众利益。博物馆从事其他商业经营活动的具体办法由国家文物主管部门制定。

第二十条　博物馆接受捐赠的，应当遵守有关法律、行政法规的规定。

博物馆可以依法以举办者或者捐赠者的姓名、名称命名博物馆的馆舍或者其他设施；非国有博物馆还可以依法以举办者或者捐赠者的姓名、名称作为博物馆馆名。

第二十一条　博物馆可以通过购买、接受捐赠、依法交换等法律、行政法规规定的方式取得藏品，不得取得来源不明或者来源不合法的藏品。

第二十二条　博物馆应当建立藏品账目及档案。藏品属于文物的，应当区分文物等级，单独设置文物档案，建立严格的管理制度，并报文物主管部门备案。

未依照前款规定建账、建档的藏品，不得交换或者出借。

第二十三条　博物馆法定代表人对藏品安全负责。

博物馆法定代表人、藏品管理人员离任前，应当办结藏品移交手续。

第二十四条　博物馆应当加强对藏品的安全管理，定期对保障藏品安全的设备、设施进行检查、维护，保证其正常运行。对珍贵藏品和易损藏品应当设立专库或者专用设备保存，并由专人负责保管。

第二十五条　博物馆藏品属于国有文物、非国有文物中的珍贵文物和国家规定禁止出境的其他文物的，不得出境，不得转让、出租、质押给外国人。

国有博物馆藏品属于文物的，不得赠与、出租或者出售给其他单位和个人。

第二十六条　博物馆终止的，应当依照有关非营利组织法律、行政法规的规定处理藏品；藏品属于国家禁止买卖的文物的，应当依照有关文物保护法律、行政法规的规定处理。

第二十七条　博物馆藏品属于文物或者古生物化石的，其取得、保护、管理、展示、处置、进出境等还应当分别遵守有关文物保护、古生物化石保护的法律、行政法规的规定。

## 第四章　博物馆社会服务

第二十八条　博物馆应当自取得登记证书之日起 6 个月内向公众开放。

第二十九条　博物馆应当向公众公告具体开放时间。在国家法定节假日和学校寒暑假期间，博物馆应当开放。

第三十条　博物馆举办陈列展览，应当遵守下列规定：

（一）主题和内容应当符合宪法所确定的基本原则和维护国家安全与民族团结、弘扬爱国主义、倡导科学精神、普及科学知识、传播优秀文化、培养良好风尚、促进社会和谐、推动社会文明进步的要求；

（二）与办馆宗旨相适应，突出藏品特色；

（三）运用适当的技术、材料、工艺和表现手法，达到形式与内容的和谐统一；

（四）展品以原件为主，使用复制品、仿制品应当明示；

（五）采用多种形式提供科学、准确、生动的文字说明和讲解服务；

（六）法律、行政法规的其他有关规定。

陈列展览的主题和内容不适宜未成年人的，博物馆不得接纳未成年人。

第三十一条　博物馆举办陈列展览的，应当在陈列展览开始之日 10 个工作日前，将陈列展览主题、展品说明、讲解词等向陈列展览举办地的文物主管部门或者其他有关部门备案。

各级人民政府文物主管部门和博物馆行业组织应当加强对博物馆陈列展览的指导和监督。

第三十二条　博物馆应当配备适当的专业人员，根据不同年龄段的未成年人接受能力进行讲解；学校寒暑假期间，具备条件的博物馆应当增设适合学生特点的陈列展览项目。

第三十三条　国家鼓励博物馆向公众免费开放。县级以上人民政府应当对向公众免费开放的博物馆给予必要的经费支持。

博物馆未实行免费开放的，其门票、收费的项目和标准按照国家有关规定执行，并在收费地点的醒目位置予以公布。

博物馆未实行免费开放的，应当对未成年人、成年学生、教师、老年人、残疾人和军人等实行免费或者其他优惠。博物馆实行优惠的项目和标准应当向公众公告。

第三十四条 博物馆应当根据自身特点、条件，运用现代信息技术，开展形式多样、生动活泼的社会教育和服务活动，参与社区文化建设和对外文化交流与合作。

国家鼓励博物馆挖掘藏品内涵，与文化创意、旅游等产业相结合，开发衍生产品，增强博物馆发展能力。

第三十五条 国务院教育行政部门应当会同国家文物主管部门，制定利用博物馆资源开展教育教学、社会实践活动的政策措施。

地方各级人民政府教育行政部门应当鼓励学校结合课程设置和教学计划，组织学生到博物馆开展学习实践活动。

博物馆应当对学校开展各类相关教育教学活动提供支持和帮助。

第三十六条 博物馆应当发挥藏品优势，开展相关专业领域的理论及应用研究，提高业务水平，促进专业人才的成长。

博物馆应当为高等学校、科研机构和专家学者等开展科学研究工作提供支持和帮助。

第三十七条 公众应当爱护博物馆展品、设施及环境，不得损坏博物馆的展品、设施。

第三十八条 博物馆行业组织可以根据博物馆的教育、服务及藏品保护、研究和展示水平，对博物馆进行评估。具体办法由国家文物主管部门会同其他有关部门制定。

## 第五章 法律责任

第三十九条 博物馆取得来源不明或者来源不合法的藏品，或者陈列展览的主题、内容造成恶劣影响的，由省、自治区、直辖市人民政府文物主管部门或者有关登记管理机关按照职责分工，责令改正，有违法所得的，没收违法所得，并处违法所得2倍以上5倍以下罚款；没有违法所得的，处5000元以上2万元以下罚款；情节

严重的，由登记管理机关撤销登记。

第四十条 博物馆从事文物藏品的商业经营活动的，由工商行政管理部门依照有关文物保护法律、行政法规的规定处罚。

博物馆从事非文物藏品的商业经营活动，或者从事其他商业经营活动违反办馆宗旨、损害观众利益的，由省、自治区、直辖市人民政府文物主管部门或者有关登记管理机关按照职责分工，责令改正，有违法所得的，没收违法所得，并处违法所得2倍以上5倍以下罚款；没有违法所得的，处5000元以上2万元以下罚款；情节严重的，由登记管理机关撤销登记。

第四十一条 博物馆自取得登记证书之日起6个月内未向公众开放，或者未依照本条例的规定实行免费或者其他优惠的，由省、自治区、直辖市人民政府文物主管部门责令改正；拒不改正的，由登记管理机关撤销登记。

第四十二条 博物馆违反有关价格法律、行政法规规定的，由馆址所在地县级以上地方人民政府价格主管部门依法给予处罚。

第四十三条 县级以上人民政府文物主管部门或者其他有关部门及其工作人员玩忽职守、滥用职权、徇私舞弊或者利用职务上的便利索取或者收受他人财物的，由本级人民政府或者上级机关责令改正，通报批评；对直接负责的主管人员和其他直接责任人员依法给予处分。

第四十四条 违反本条例规定，构成犯罪的，依法追究刑事责任。

## 第六章 附 则

第四十五条 本条例所称博物馆不包括以普及科学技术为目的的科普场馆。

第四十六条 中国人民解放军所属博物馆依照军队有关规定进行管理。

第四十七条 本条例自2015年3月20日起施行。

# 关于贯彻执行《博物馆条例》的实施意见

文物博发〔2015〕5 号
发布单位：国家文物局
发布时间：2015 年 3 月 19 日

各省（自治区、直辖市）文物局（文化厅）、新疆生产建设兵团文物局：

《博物馆条例》（国务院令第 659 号，以下简称《条例》）是国务院发布的我国博物馆行业第一部全国性法规文件。《条例》根据全面深化改革、全面依法治国的新要求和我国博物馆事业发展的实际，针对亟待解决的一些重要问题作出了明确规定，为规范博物馆监督管理、加强行政执法提供了法律依据，对于推动我国博物馆事业可持续健康发展具有重要意义。各级文物主管部门要充分认识贯彻实施《条例》的重要意义，将认真学习宣传和贯彻执行《条例》，作为贯彻落实党的十八届三中、四中全会决定的重要举措，列入重要议事日程，进一步加强对属地内博物馆发展的管理，确保《条例》的各项规定真正落到实处。现就深入学习宣传、贯彻执行《条例》提出如下实施意见。

一　增强对博物馆公益属性的认识，进一步完善博物馆社会教育和公共文化服务功能。

博物馆要始终坚持公益属性，积极培育和践行社会主义核心价值观，清晰诠释博物馆的教育目标、理念与宗旨，普及科学知识，弘扬科学精神。博物馆藏品受法律保护，列入清单账册的藏品归属博物馆法人所有，包括出资举办者在内的其他任何机构和个人均不得侵犯。应加强藏品保护及研究，拓展藏品征集，推动馆际藏品资源交流共享，盘活存量资源，提高利用效率。博物馆应自觉维护博物馆声誉，维护自身权益不受侵害，不得从事文物藏品的商业经营活动。凡存在文物等藏品商业经营活动的博物馆，都必须坚决纠正。博物馆要增加面向中小学生的陈列展览项目，常设陈列应清晰地标识适合未成年人认知、欣赏的重点展品，充实符合青少年认知特征的文字说明；要结合中小学课程和教学计划，创新富有特色的教育活动项目。要完善博物馆开放服务制度，尽可能降低开放门槛；增强陈列展览的学术性、知识性、趣味性和观赏性，增加文化内涵，丰富传播形式和手段；拓展博物馆的文化休闲功能，营造良好参观氛围，使博物馆文化成果惠及更多人民群众。

二　国家大力发展博物馆事业，鼓励支持社会参与博物馆建设。

国家公平对待国有和非国有博物馆。县级以上文物主管部门应按照属地管理原则，引导规划博物馆的规模、种类及布局，指导博物馆按照责权利相一致原则，承担应尽的社会责任和义务；指导新建博物馆建筑立足实际需求，注重实用功能，避免相互攀比、贪大求洋；加强历史建筑保护和文物保护单位的利用、开放。要按照博物馆行业标准和规范，依法分类开展博物馆的备案工作。国有博物馆按属地原则实行分级登记管理，由上级主管部门批准成立后，依法办理事业单位登记，并由举办者向省级文物主管部门提出备案。省级文物主管部门应向符合备案条件的出具《博物馆备案确认书》并及时向社会公告；对不符合备案条件的，应依据专业标准，出具具体的指导意见，并协助其整改完善。申请设立非国有博物馆的，举办者应当向省级文物主管部门备案；并凭省级文物主管部门出具的确认书依法办理法人登记手续；不符合备案条件的，省级文物主管部门应出具明确的文字意见。2016年起，省级文物主管部门应在每年3月1日前，向社会公布上一年度本行政区域内已备案的博物馆名录，并向国家文物局报备。

三 确保博物馆质量和水平，强化行业指导和专业服务。

博物馆通过建立在藏品体系基础上的陈列展览实现其社会价值，要加强对博物馆设立环节的指导监督，按照独立开展相关业务工作的需要，细化和准确把握博物馆设立条件。博物馆展厅（室）面积应与展览规模相适应，原则上不宜低于馆舍建筑面积的40%或小于400平方米。博物馆藏品应真实可靠且来源合法，原则上不应少于300件（套）。藏品应造册登记、建立档案并向社会公布。博物馆应配备具相关领域学术专长和一定博物馆从业经验、无不良从业记录的专职馆长或副馆长。博物馆举办者应深入评估、充分保障正常开放和发展所需经费。县级以上文物主管部门要在博物馆筹备阶段加强辅导。对暂不具备设立条件的，应严把质量关口，通过指导帮扶，推动条件达标。对当前不完全具备条件、但已经在文物主管部门备案的，应加强专业指导，帮助其在事业发展中逐步达标。

四 完善以理事会为核心的博物馆法人治理

结构，推动事业可持续发展。

落实关于分类推进事业单位改革的任务，建立具有中国特色的博物馆体系和博物馆管理体制，推动公众和社会组织参与博物馆的决策和评价，强化博物馆的公益性，增加管理的公开透明度，使理事会成为公共参与监督管理博物馆建设发展的纽带，吸纳更多的社会参与。遵循"分类推行、循序渐进、积极稳妥、不断完善"的基本原则，推动博物馆订立章程，建立和完善以理事会及其领导下的管理层为主要架构的事业单位法人治理结构，把行政主管部门对事业单位的具体管理职责交给理事会，逐步实行理事会决策、馆长负责的运行机制。推动博物馆在有关部门和社会的监督下依法自主运作，优化组织结构，改进内部管理，创新服务方式，提高运营效率，独立承担民事责任，实现发展模式由封闭型向开放型转变。

五 积极发挥博物馆行业组织的作用，推动行业自律和博物馆专业化水平提升。

博物馆行业组织应进一步开发利用其在专业资源、沟通联络、协调合作等方面的独特优势，在博物馆事业多元化、专业化发展进程中，继续发挥好博物馆行业与政府管理部门之间的桥梁和纽带作用，积极建言献策，服务改革发展；积极探索和拓展行业引导、自律、规范和反映行业诉求的新功能；进一步强化服务理念，提高服务行业的能力与水平，努力做到自我完善、自我发展。中国博物馆协会及各地各级博物馆行业组织应在博物馆专业评估的组织督导，推动评估规范化、科学化并提出针对性改进意见等方面发挥更大作用，要在博物馆设立辅导、教育项目创新指导、专家学术论证等活动中积极配合主管部门，提供专业化服务。

六 完善博物馆社会服务，加强博物馆文化产品开发。

积极拓展博物馆的文化休闲、文化消费功能，丰富和完善博物馆社会服务，优化观众参观体验，增加博物馆自身发展动力，为博物馆的可持续发展发挥更大作用。支持、鼓励博物馆以体现办馆宗旨和扩大博物馆文化传播为目标，满足公众多层次、多元化、个性化文化消费和社会服务需求，增强博物馆自身可持续发展能力。博物馆文化产品开发应立足藏品的生动元素，更加注重实用性，更多体现生活气息。各级文物主管部门要大力支持博物馆文化产品的创意开发，推动博物馆联合社会资源，培育、创造博物馆文化产品特色品牌，增强博物馆文化产品在文化产业和消费体系中的竞争力。

七　规范权力运行，严格依法行政。

《条例》是我国文化遗产保护领域一部新的重要法规，是我国文化遗产保护法律体系建设的又一重要成果，是文物行政主管部门依法履行职责、开展博物馆领域行政管理和社会服务的依据和标尺。各级文物行政管理部门必须严格依照法定权限和程序行使权力，牢固树立有法必依、执法必严、违法必究的施政理念。要认真依据《条例》，切实履行对博物馆的监督管理职责、设立备案职责、藏品建账建档管理职责、陈列展览备案制度等法定职责。对《条例》明确禁止的行为，要及时发现，依法查处。现有规定与《条例》不一致的，一律以《条例》为准；对与《条例》精神不符的具体规定要列出清单，逐一清理、废止、修订与完善。

各地贯彻实施《条例》过程中有关重要情况和问题，请及时报告我局。

# 中华人民共和国文物保护法

发布单位：全国人民代表大会常务委员会

发布时间：2015 年 6 月 1 日

根据 2015 年 4 月 24 日第十二届全国人民代表大会常务委员会第十四次会议《全国人民代表大会常务委员会关于修改〈中华人民共和国文物保护法〉的决定》第四次修正。

## 第一章　总则

第一条　为了加强对文物的保护，继承中华民族优秀的历史文化遗产，促进科学研究工作，进行爱国主义和革命传统教育，建设社会主义精神文明和物质文明，根据宪法，制定本法。

第二条　在中华人民共和国境内，下列文物受国家保护：

（一）具有历史、艺术、科学价值的古文化遗址、古墓葬、古建筑、石窟寺和石刻、壁画；

（二）与重大历史事件、革命运动或者著名人物有关的以及具有重要纪念意义、教育意义或者史料价值的近代现代重要史迹、实物、代表性建筑；

（三）历史上各时代珍贵的艺术品、工艺美术品；

（四）历史上各时代重要的文献资料以及具有历史、艺术、科学价值的手稿和图书资料等；

（五）反映历史上各时代、各民族社会制度、社会生产、社会生活的代表性实物。

文物认定的标准和办法由国务院文物行政部门制定，并报国务院批准。

具有科学价值的古脊椎动物化石和古人类化石同文物一样受国家保护。

第三条　古文化遗址、古墓葬、古建筑、石窟寺、石刻、壁画、近代现代重要史迹和代表性建筑等不可移动文物，根据它们的历史、艺术、科学价值，可以分别确定为全国重点文物保护单位，省级文物保护单位，市、县级文物保护单位。

历史上各时代重要实物、艺术品、文献、手稿、图书资料、代表性实物等可移动文物，分为珍贵文物和一般文物；珍贵文物分为一级文物、二级文物、三级文物。

第四条　文物工作贯彻保护为主、抢救第一、合理利用、加强管理的方针。

第五条　中华人民共和国境内地下、内水和领海中遗存的一切文物，属于国家所有。

古文化遗址、古墓葬、石窟寺属于国家所有。国家指定保护的纪念建筑物、古建筑、石刻、壁画、近代现代代表性建筑等不可移动文物，除国家另有规定的以外，属于国家所有。

国有不可移动文物的所有权不因其所依附的土地所有权或者使用权的改变而改变。

下列可移动文物，属于国家所有：

（一）中国境内出土的文物，国家另有规定

的除外；

（二）国有文物收藏单位以及其他国家机关、部队和国有企业、事业组织等收藏、保管的文物；

（三）国家征集、购买的文物；

（四）公民、法人和其他组织捐赠给国家的文物；

（五）法律规定属于国家所有的其他文物。

属于国家所有的可移动文物的所有权不因其保管、收藏单位的终止或者变更而改变。

国有文物所有权受法律保护，不容侵犯。

第六条　属于集体所有和私人所有的纪念建筑物、古建筑和祖传文物以及依法取得的其他文物，其所有权受法律保护。文物的所有者必须遵守国家有关文物保护的法律、法规的规定。

第七条　一切机关、组织和个人都有依法保护文物的义务。

第八条　国务院文物行政部门主管全国文物保护工作。

地方各级人民政府负责本行政区域内的文物保护工作。县级以上地方人民政府承担文物保护工作的部门对本行政区域内的文物保护实施监督管理。

县级以上人民政府有关行政部门在各自的职责范围内，负责有关的文物保护工作。

第九条　各级人民政府应当重视文物保护，正确处理经济建设、社会发展与文物保护的关系，确保文物安全。

基本建设、旅游发展必须遵守文物保护工作的方针，其活动不得对文物造成损害。

公安机关、工商行政管理部门、海关、城乡建设规划部门和其他有关国家机关，应当依法认真履行所承担的保护文物的职责，维护文物管理秩序。

第十条　国家发展文物保护事业。县级以上人民政府应当将文物保护事业纳入本级国民经济和社会发展规划，所需经费列入本级财政预算。

国家用于文物保护的财政拨款随着财政收入增长而增加。

国有博物馆、纪念馆、文物保护单位等的事业性收入，专门用于文物保护，任何单位或者个人不得侵占、挪用。

国家鼓励通过捐赠等方式设立文物保护社会基金，专门用于文物保护，任何单位或者个人不得侵占、挪用。

第十一条　文物是不可再生的文化资源。国家加强文物保护的宣传教育，增强全民文物保护的意识，鼓励文物保护的科学研究，提高文物保护的科学技术水平。

第十二条　有下列事迹的单位或者个人，由国家给予精神鼓励或者物质奖励：

（一）认真执行文物保护法律、法规，保护文物成绩显著的；

（二）为保护文物与违法犯罪行为作坚决斗争的；

（三）将个人收藏的重要文物捐献给国家或者为文物保护事业作出捐赠的；

（四）发现文物及时上报或者上交，使文物得到保护的；

（五）在考古发掘工作中作出重大贡献的；

（六）在文物保护科学技术方面有重要发明创造或者其他重要贡献的；

（七）在文物面临破坏危险时，抢救文物有功的；

（八）长期从事文物工作，作出显著成绩的。

## 第二章　不可移动文物

第十三条　国务院文物行政部门在省级、市、县级文物保护单位中，选择具有重大历史、艺术、科学价值的确定为全国重点文物保护单位，或者直接确定为全国重点文物保护单位，报国务院核定公布。

省级文物保护单位，由省、自治区、直辖市人民政府核定公布，并报国务院备案。

市级和县级文物保护单位，分别由设区的市、自治州和县级人民政府核定公布，并报省、自治区、直辖市人民政府备案。

尚未核定公布为文物保护单位的不可移动文物，由县级人民政府文物行政部门予以登记并公布。

第十四条　保存文物特别丰富并且具有重大历史价值或者革命纪念意义的城市，由国务院核定公布为历史文化名城。

保存文物特别丰富并且具有重大历史价值或者革命纪念意义的城镇、街道、村庄，由省、自治区、直辖市人民政府核定公布为历史文化街区、村镇，并报国务院备案。

历史文化名城和历史文化街区、村镇所在地的县级以上地方人民政府应当组织编制专门的历史文化名城和历史文化街区、村镇保护规划，并纳入城市总体规划。

历史文化名城和历史文化街区、村镇的保护办法，由国务院制定。

第十五条　各级文物保护单位，分别由省、自治区、直辖市人民政府和市、县级人民政府划定必要的保护范围，作出标志说明，建立记录档案，并区别情况分别设置专门机构或者专人负责管理。全国重点文物保护单位的保护范围和记录档案，由省、自治区、直辖市人民政府文物行政部门报国务院文物行政部门备案。

县级以上地方人民政府文物行政部门应当根据不同文物的保护需要，制定文物保护单位和未核定为文物保护单位的不可移动文物的具体保护措施，并公告施行。

第十六条　各级人民政府制定城乡建设规划，应当根据文物保护的需要，事先由城乡建设规划部门会同文物行政部门商定对本行政区域内各级文物保护单位的保护措施，并纳入规划。

第十七条　文物保护单位的保护范围内不得进行其他建设工程或者爆破、钻探、挖掘等作业。但是，因特殊情况需要在文物保护单位的保护范围内进行其他建设工程或者爆破、钻探、挖掘等作业的，必须保证文物保护单位的安全，并经核定公布该文物保护单位的人民政府批准，

在批准前应当征得上一级人民政府文物行政部门同意；在全国重点文物保护单位的保护范围内进行其他建设工程或者爆破、钻探、挖掘等作业的，必须经省、自治区、直辖市人民政府批准，在批准前应当征得国务院文物行政部门同意。

第十八条　根据保护文物的实际需要，经省、自治区、直辖市人民政府批准，可以在文物保护单位的周围划出一定的建设控制地带，并予以公布。

在文物保护单位的建设控制地带内进行建设工程，不得破坏文物保护单位的历史风貌；工程设计方案应当根据文物保护单位的级别，经相应的文物行政部门同意后，报城乡建设规划部门批准。

第十九条　在文物保护单位的保护范围和建设控制地带内，不得建设污染文物保护单位及其环境的设施，不得进行可能影响文物保护单位安全及其环境的活动。对已有的污染文物保护单位及其环境的设施，应当限期治理。

第二十条　建设工程选址，应当尽可能避开不可移动文物；因特殊情况不能避开的，对文物保护单位应当尽可能实施原址保护。

实施原址保护的，建设单位应当事先确定保护措施，根据文物保护单位的级别报相应的文物行政部门批准，并将保护措施列入可行性研究报告或者设计任务书。

无法实施原址保护，必须迁移异地保护或者拆除的，应当报省、自治区、直辖市人民政府批准；迁移或者拆除省级文物保护单位的，批准前须征得国务院文物行政部门同意。全国重点文物保护单位不得拆除；需要迁移的，须由省、自治区、直辖市人民政府报国务院批准。

依照前款规定拆除的国有不可移动文物中具有收藏价值的壁画、雕塑、建筑构件等，由文物行政部门指定的文物收藏单位收藏。

本条规定的原址保护、迁移、拆除所需费用，由建设单位列入建设工程预算。

第二十一条　国有不可移动文物由使用人负责修缮、保养；非国有不可移动文物由所有人负责修缮、保养。非国有不可移动文物有损毁危险，

所有人不具备修缮能力的，当地人民政府应当给予帮助；所有人具备修缮能力而拒不依法履行修缮义务的，县级以上人民政府可以给予抢救修缮，所需费用由所有人负担。

对文物保护单位进行修缮，应当根据文物保护单位的级别报相应的文物行政部门批准；对未核定为文物保护单位的不可移动文物进行修缮，应当报登记的县级人民政府文物行政部门批准。

文物保护单位的修缮、迁移、重建，由取得文物保护工程资质证书的单位承担。

对不可移动文物进行修缮、保养、迁移，必须遵守不改变文物原状的原则。

第二十二条　不可移动文物已经全部毁坏的，应当实施遗址保护，不得在原址重建。但是，因特殊情况需要在原址重建的，由省、自治区、直辖市人民政府文物行政部门报省、自治区、直辖市人民政府批准；全国重点文物保护单位需要在原址重建的，由省、自治区、直辖市人民政府报国务院批准。

第二十三条　核定为文物保护单位的属于国家所有的纪念建筑物或者古建筑，除可以建立博物馆、保管所或者辟为参观游览场所外，作其他用途的，市、县级文物保护单位应当经核定公布该文物保护单位的人民政府文物行政部门征得上一级文物行政部门同意后，报核定公布该文物保护单位的人民政府批准；省级文物保护单位应当经核定公布该文物保护单位的省级人民政府的文物行政部门审核同意后，报该省级人民政府批准；全国重点文物保护单位作其他用途的，应当由省、自治区、直辖市人民政府报国务院批准。国有未核定为文物保护单位的不可移动文物作其他用途的，应当报告县级人民政府文物行政部门。

第二十四条　国有不可移动文物不得转让、抵押。建立博物馆、保管所或者辟为参观游览场所的国有文物保护单位，不得作为企业资产经营。

第二十五条　非国有不可移动文物不得转让、抵押给外国人。

非国有不可移动文物转让、抵押或者改变用途的，应当根据其级别报相应的文物行政部门备案。

第二十六条　使用不可移动文物，必须遵守不改变文物原状的原则，负责保护建筑物及其附属文物的安全，不得损毁、改建、添建或者拆除不可移动文物。

对危害文物保护单位安全、破坏文物保护单位历史风貌的建筑物、构筑物，当地人民政府应当及时调查处理，必要时，对该建筑物、构筑物予以拆迁。

## 第三章　考古发掘

第二十七条　一切考古发掘工作，必须履行报批手续；从事考古发掘的单位，应当经国务院文物行政部门批准。

地下埋藏的文物，任何单位或者个人都不得私自发掘。

第二十八条　从事考古发掘的单位，为了科学研究进行考古发掘，应当提出发掘计划，报国务院文物行政部门批准；对全国重点文物保护单位的考古发掘计划，应当经国务院文物行政部门审核后报国务院批准。国务院文物行政部门在批准或者审核前，应当征求社会科学研究机构及其他科研机构和有关专家的意见。

第二十九条　进行大型基本建设工程，建设单位应当事先报请省、自治区、直辖市人民政府文物行政部门组织从事考古发掘的单位在工程范围内有可能埋藏文物的地方进行考古调查、勘探。

考古调查、勘探中发现文物的，由省、自治区、直辖市人民政府文物行政部门根据文物保护的要求会同建设单位共同商定保护措施；遇有重要发现的，由省、自治区、直辖市人民政府文物行政部门及时报国务院文物行政部门处理。

第三十条　需要配合建设工程进行的考古发掘工作，应当由省、自治区、直辖市文物行政部门在勘探工作的基础上提出发掘计划，报国务院文物行政部门批准。国务院文物行政部门在批准前，应当征求社会科学研究机构及其他科研机构和有关专家的意见。

确因建设工期紧迫或者有自然破坏危险，对古文化遗址、古墓葬急需进行抢救发掘的，由省、自治区、直辖市人民政府文物行政部门组织发掘，并同时补办审批手续。

第三十一条　凡因进行基本建设和生产建设需要的考古调查、勘探、发掘，所需费用由建设单位列入建设工程预算。

第三十二条　在进行建设工程或者在农业生产中，任何单位或者个人发现文物，应当保护现场，立即报告当地文物行政部门，文物行政部门接到报告后，如无特殊情况，应当在二十四小时内赶赴现场，并在七日内提出处理意见。文物行政部门可以报请当地人民政府通知公安机关协助保护现场；发现重要文物的，应当立即上报国务院文物行政部门，国务院文物行政部门应当在接到报告后十五日内提出处理意见。

依照前款规定发现的文物属于国家所有，任何单位或者个人不得哄抢、私分、藏匿。

第三十三条　非经国务院文物行政部门报国务院特别许可，任何外国人或者外国团体不得在中华人民共和国境内进行考古调查、勘探、发掘。

第三十四条　考古调查、勘探、发掘的结果，应当报告国务院文物行政部门和省、自治区、直辖市人民政府文物行政部门。

考古发掘的文物，应当登记造册，妥善保管，按照国家有关规定移交给由省、自治区、直辖市人民政府文物行政部门或者国务院文物行政部门指定的国有博物馆、图书馆或者其他国有收藏文物的单位收藏。经省、自治区、直辖市人民政府文物行政部门批准，从事考古发掘的单位可以保留少量出土文物作为科研标本。

考古发掘的文物，任何单位或者个人不得侵占。

第三十五条　根据保证文物安全、进行科学研究和充分发挥文物作用的需要，省、自治区、直辖市人民政府文物行政部门经本级人民政府批准，可以调用本行政区域内的出土文物；国务院文物行政部门经国务院批准，可以调用全国的重要出土文物。

## 第四章　馆藏文物

第三十六条　博物馆、图书馆和其他文物收藏单位对收藏的文物，必须区分文物等级，设置藏品档案，建立严格的管理制度，并报主管的文物行政部门备案。

县级以上地方人民政府文物行政部门应当分别建立本行政区域内的馆藏文物档案；国务院文物行政部门应当建立国家一级文物藏品档案和其主管的国有文物收藏单位馆藏文物档案。

第三十七条　文物收藏单位可以通过下列方式取得文物：

（一）购买；

（二）接受捐赠；

（三）依法交换；

（四）法律、行政法规规定的其他方式。

国有文物收藏单位还可以通过文物行政部门指定保管或者调拨方式取得文物。

第三十八条　文物收藏单位应当根据馆藏文物的保护需要，按照国家有关规定建立、健全管理制度，并报主管的文物行政部门备案。未经批准，任何单位或者个人不得调取馆藏文物。

文物收藏单位的法定代表人对馆藏文物的安全负责。国有文物收藏单位的法定代表人离任时，应当按照馆藏文物档案办理馆藏文物移交手续。

第三十九条　国务院文物行政部门可以调拨全国的国有馆藏文物。省、自治区、直辖市人民政府文物行政部门可以调拨本行政区域内其主管的国有文物收藏单位馆藏文物；调拨国有馆藏一级文物，应当报国务院文物行政部门备案。

国有文物收藏单位可以申请调拨国有馆藏文物。

第四十条　文物收藏单位应当充分发挥馆藏文物的作用，通过举办展览、科学研究等活动，加强对中华民族优秀的历史文化和革命传统的宣传教育。

国有文物收藏单位之间因举办展览、科学研究等需借用馆藏文物的，应当报主管的文物行政部门备案；借用馆藏一级文物的，应当经省、自治区、直辖市人民政府文物行政部门批准，并报国务院文物行政部门备案。

非国有文物收藏单位和其他单位举办展览需借用国有馆藏文物的，应当报主管的文物行政部门批准；借用国有馆藏一级文物，应当经国务院文物行政部门批准。

文物收藏单位之间借用文物的最长期限不得超过三年。

第四十一条　已经建立馆藏文物档案的国有文物收藏单位，经省、自治区、直辖市人民政府文物行政部门批准，并报国务院文物行政部门备案，其馆藏文物可以在国有文物收藏单位之间交换。

第四十二条　未建立馆藏文物档案的国有文物收藏单位，不得依照本法第四十条、第四十一条的规定处置其馆藏文物。

第四十三条　依法调拨、交换、借用国有馆藏文物，取得文物的文物收藏单位可以对提供文物的文物收藏单位给予合理补偿，具体管理办法由国务院文物行政部门制定。

国有文物收藏单位调拨、交换、出借文物所得的补偿费用，必须用于改善文物的收藏条件和收集新的文物，不得挪作他用；任何单位或者个人不得侵占。

调拨、交换、借用的文物必须严格保管，不得丢失、损毁。

第四十四条　禁止国有文物收藏单位将馆藏文物赠与、出租或者出售给其他单位、个人。

第四十五条　国有文物收藏单位不再收藏的文物的处置办法，由国务院另行制定。

第四十六条　修复馆藏文物，不得改变馆藏文物的原状；复制、拍摄、拓印馆藏文物，不得对馆藏文物造成损害。具体管理办法由国务院制定。

不可移动文物的单体文物的修复、复制、拍摄、拓印，适用前款规定。

第四十七条　博物馆、图书馆和其他收藏文物的单位应当按照国家有关规定配备防火、防盗、防自然损坏的设施，确保馆藏文物的安全。

第四十八条　馆藏一级文物损毁的，应当报国务院文物行政部门核查处理。其他馆藏文物损毁的，应当报省、自治区、直辖市人民政府文物行政部门核查处理；省、自治区、直辖市人民政府文物行政部门应当将核查处理结果报国务院文物行政部门备案。

馆藏文物被盗、被抢或者丢失的，文物收藏单位应当立即向公安机关报案，并同时向主管的文物行政部门报告。

第四十九条　文物行政部门和国有文物收藏单位的工作人员不得借用国有文物，不得非法侵占国有文物。

## 第五章　民间收藏文物

第五十条　文物收藏单位以外的公民、法人和其他组织可以收藏通过下列方式取得的文物：

（一）依法继承或者接受赠与；

（二）从文物商店购买；

（三）从经营文物拍卖的拍卖企业购买；

（四）公民个人合法所有的文物相互交换或者依法转让；

（五）国家规定的其他合法方式。

文物收藏单位以外的公民、法人和其他组织收藏的前款文物可以依法流通。

第五十一条　公民、法人和其他组织不得买卖下列文物：

（一）国有文物，但是国家允许的除外；

（二）非国有馆藏珍贵文物；

（三）国有不可移动文物中的壁画、雕塑、建筑构件等，但是依法拆除的国有不可移动文物中的壁画、雕塑、建筑构件等不属于本法第二十条第四款规定的应由文物收藏单位收藏的除外；

（四）来源不符合本法第五十条规定的文物。

第五十二条　国家鼓励文物收藏单位以外的公民、法人和其他组织将其收藏的文物捐赠给国有文物收藏单位或者出借给文物收藏单位展览和研究。

国有文物收藏单位应当尊重并按照捐赠人的意愿，对捐赠的文物妥善收藏、保管和展示。

国家禁止出境的文物，不得转让、出租、质押给外国人。

第五十三条　文物商店应当由省、自治区、直辖市人民政府文物行政部门批准设立，依法进行管理。

文物商店不得从事文物拍卖经营活动，不得设立经营文物拍卖的拍卖企业。

第五十四条　依法设立的拍卖企业经营文物拍卖的，应当取得省、自治区、直辖市人民政府文物行政部门颁发的文物拍卖许可证。

经营文物拍卖的拍卖企业不得从事文物购销经营活动，不得设立文物商店。

第五十五条　文物行政部门的工作人员不得举办或者参与举办文物商店或者经营文物拍卖的拍卖企业。

文物收藏单位不得举办或者参与举办文物商店或者经营文物拍卖的拍卖企业。

禁止设立中外合资、中外合作和外商独资的文物商店或者经营文物拍卖的拍卖企业。

除经批准的文物商店、经营文物拍卖的拍卖企业外，其他单位或者个人不得从事文物的商业经营活动。

第五十六条　文物商店销售的文物，在销售前应当经省、自治区、直辖市人民政府文物行政部门审核；对允许销售的，省、自治区、直辖市人民政府文物行政部门应当作出标识。

拍卖企业拍卖的文物，在拍卖前应当经省、自治区、直辖市人民政府文物行政部门审核，并报国务院文物行政部门备案。

第五十七条　文物商店购买、销售文物，拍卖企业拍卖文物，应当按照国家有关规定作出记录，并报原审核的文物行政部门备案。

拍卖文物时，委托人、买受人要求对其身份保密的，文物行政部门应当为其保密；但是，法律、行政法规另有规定的除外。

第五十八条　文物行政部门在审核拟拍卖的文物时，可以指定国有文物收藏单位优先购买其中的珍贵文物。购买价格由文物收藏单位的代表与文物的委托人协商确定。

第五十九条　银行、冶炼厂、造纸厂以及废旧物资回收单位，应当与当地文物行政部门共同负责拣选掺杂在金银器和废旧物资中的文物。拣选文物除供银行研究所必需的历史货币可以由人民银行留用外，应当移交当地文物行政部门。移交拣选文物，应当给予合理补偿。

## 第六章　文物出境进境

第六十条　国有文物、非国有文物中的珍贵文物和国家规定禁止出境的其他文物，不得出境；但是依照本法规定出境展览或者因特殊需要经国务院批准出境的除外。

第六十一条　文物出境，应当经国务院文物行政部门指定的文物进出境审核机构审核。经审核允许出境的文物，由国务院文物行政部门发给文物出境许可证，从国务院文物行政部门指定的口岸出境。

任何单位或者个人运送、邮寄、携带文物出境，应当向海关申报；海关凭文物出境许可证放行。

第六十二条　文物出境展览，应当报国务院文物行政部门批准；一级文物超过国务院规定数量的，应当报国务院批准。

一级文物中的孤品和易损品，禁止出境展览。

出境展览的文物出境，由文物进出境审核机构审核、登记。海关凭国务院文物行政部门或者国务院的批准文件放行。出境展览的文物复进境，由原文物进出境审核机构审核查验。

第六十三条　文物临时进境，应当向海关申报，并报文物进出境审核机构审核、登记。

临时进境的文物复出境，必须经原审核、登记的文物进出境审核机构审核查验；经审核查验无误的，由国务院文物行政部门发给文物出境许可证，海关凭文物出境许可证放行。

# 第七章　法律责任

第六十四条　违反本法规定，有下列行为之一，构成犯罪的，依法追究刑事责任：

（一）盗掘古文化遗址、古墓葬的；

（二）故意或者过失损毁国家保护的珍贵文物的；

（三）擅自将国有馆藏文物出售或者私自送给非国有单位或者个人的；

（四）将国家禁止出境的珍贵文物私自出售或者送给外国人的；

（五）以牟利为目的倒卖国家禁止经营的文物的；

（六）走私文物的；

（七）盗窃、哄抢、私分或者非法侵占国有文物的；

（八）应当追究刑事责任的其他妨害文物管理行为。

第六十五条　违反本法规定，造成文物灭失、损毁的，依法承担民事责任。

违反本法规定，构成违反治安管理行为的，由公安机关依法给予治安管理处罚。

违反本法规定，构成走私行为，尚不构成犯罪的，由海关依照有关法律、行政法规的规定给予处罚。

第六十六条　有下列行为之一，尚不构成犯罪的，由县级以上人民政府文物主管部门责令改正，造成严重后果的，处五万元以上五十万元以下的罚款；情节严重的，由原发证机关吊销资质证书：

（一）擅自在文物保护单位的保护范围内进行建设工程或者爆破、钻探、挖掘等作业的；

（二）在文物保护单位的建设控制地带内进行建设工程，其工程设计方案未经文物行政部门同意、报城乡建设规划部门批准，对文物保护单位的历史风貌造成破坏的；

（三）擅自迁移、拆除不可移动文物的；

（四）擅自修缮不可移动文物，明显改变文物原状的；

（五）擅自在原址重建已全部毁坏的不可移动文物，造成文物破坏的；

（六）施工单位未取得文物保护工程资质证书，擅自从事文物修缮、迁移、重建的。

刻划、涂污或者损坏文物尚不严重的，或者损毁依照本法第十五条第一款规定设立的文物保护单位标志的，由公安机关或者文物所在单位给予警告，可以并处罚款。

第六十七条　在文物保护单位的保护范围内或者建设控制地带内建设污染文物保护单位及其环境的设施的，或者对已有的污染文物保护单位及其环境的设施未在规定的期限内完成治理的，由环境保护行政部门依照有关法律、法规的规定给予处罚。

第六十八条　有下列行为之一的，由县级以上人民政府文物主管部门责令改正，没收违法所得，违法所得一万元以上的，并处违法所得二倍以上五倍以下的罚款；违法所得不足一万元的，并处五千元以上二万元以下的罚款：

（一）转让或者抵押国有不可移动文物，或者将国有不可移动文物作为企业资产经营的；

（二）将非国有不可移动文物转让或者抵押给外国人的；

（三）擅自改变国有文物保护单位的用途的。

第六十九条　历史文化名城的布局、环境、历史风貌等遭到严重破坏的，由国务院撤销其历史文化名城称号；历史文化城镇、街道、村庄的布局、环境、历史风貌等遭到严重破坏的，由省、自治区、直辖市人民政府撤销其历史文化街区、村镇称号；对负有责任的主管人员和其他直接责任人员依法给予行政处分。

第七十条　有下列行为之一，尚不构成犯罪的，由县级以上人民政府文物主管部门责令改正，可以并处二万元以下的罚款，有违法所得的，没收违法所得：

（一）文物收藏单位未按照国家有关规定配备防火、防盗、防自然损坏的设施的；

（二）国有文物收藏单位法定代表人离任时未按照馆藏文物档案移交馆藏文物，或者所移交的馆藏文物与馆藏文物档案不符的；

（三）将国有馆藏文物赠与、出租或者出售给其他单位、个人的；

（四）违反本法第四十条、第四十一条、第四十五条规定处置国有馆藏文物的；

（五）违反本法第四十三条规定挪用或者侵占依法调拨、交换、出借文物所得补偿费用的。

第七十一条　买卖国家禁止买卖的文物或者将禁止出境的文物转让、出租、质押给外国人，尚不构成犯罪的，由县级以上人民政府文物主管部门责令改正，没收违法所得，违法经营额一万元以上的，并处违法经营额二倍以上五倍以下的罚款；违法经营额不足一万元的，并处五千元以上二万元以下的罚款。

第七十二条　未经许可，擅自设立文物商店、经营文物拍卖的拍卖企业，或者擅自从事文物的商业经营活动，尚不构成犯罪的，由工商行政管理部门依法予以制止，没收违法所得、非法经营的文物，违法经营额五万元以上的，并处违法经营额二倍以上五倍以下的罚款；违法经营额不足五万元的，并处二万元以上十万元以下的罚款。

第七十三条　有下列情形之一的，由工商行政管理部门没收违法所得、非法经营的文物，违法经营额五万元以上的，并处违法经营额一倍以上三倍以下的罚款；违法经营额不足五万元的，并处五千元以上五万元以下的罚款；情节严重的，由原发证机关吊销许可证书：

（一）文物商店从事文物拍卖经营活动的；

（二）经营文物拍卖的拍卖企业从事文物购销经营活动的；

（三）文物商店销售的文物、拍卖企业拍卖的文物，未经审核的；

（四）文物收藏单位从事文物的商业经营活动的。

第七十四条　有下列行为之一，尚不构成犯罪的，由县级以上人民政府文物主管部门会同公安机关追缴文物；情节严重的，处五千元以上五万元以下的罚款：

（一）发现文物隐匿不报或者拒不上交的；

（二）未按照规定移交拣选文物的。

第七十五条　有下列行为之一的，由县级以上人民政府文物主管部门责令改正：

（一）改变国有未核定为文物保护单位的不可移动文物的用途，未依照本法规定报告的；

（二）转让、抵押非国有不可移动文物或者改变其用途，未依照本法规定备案的；

（三）国有不可移动文物的使用人拒不依法履行修缮义务的；

（四）考古发掘单位未经批准擅自进行考古发掘，或者不如实报告考古发掘结果的；

（五）文物收藏单位未按照国家有关规定建立馆藏文物档案、管理制度，或者未将馆藏文物档案、管理制度备案的；

（六）违反本法第三十八条规定，未经批准擅自调取馆藏文物的；

（七）馆藏文物损毁未报文物行政部门核查处理，或者馆藏文物被盗、被抢或者丢失，文物收藏单位未及时向公安机关或者文物行政部门报告的；

（八）文物商店销售文物或者拍卖企业拍卖文物，未按照国家有关规定作出记录或者未将所作记录报文物行政部门备案的。

第七十六条　文物行政部门、文物收藏单位、文物商店、经营文物拍卖的拍卖企业的工作人员，有下列行为之一的，依法给予行政处分，情节严重的，依法开除公职或者吊销其从业资格；构成犯罪的，依法追究刑事责任：

（一）文物行政部门的工作人员违反本法规定，滥用审批权限、不履行职责或者发现违法行为不予查处，造成严重后果的；

（二）文物行政部门和国有文物收藏单位的工作人员借用或者非法侵占国有文物的；

（三）文物行政部门的工作人员举办或者参与举办文物商店或者经营文物拍卖的拍卖企业的；

（四）因不负责任造成文物保护单位、珍贵文物损毁或者流失的；

（五）贪污、挪用文物保护经费的。

前款被开除公职或者被吊销从业资格的人员，自被开除公职或者被吊销从业资格之日起十年内不得担任文物管理人员或者从事文物经营活动。

第七十七条　有本法第六十六条、第六十八条、第七十条、第七十一条、第七十四条、第七十五条规定所列行为之一的，负有责任的主管人员和其他直接责任人员是国家工作人员的，依法给予行政处分。

第七十八条　公安机关、工商行政管理部门、海关、城乡建设规划部门和其他国家机关，违反本法规定滥用职权、玩忽职守、徇私舞弊，造成国家保护的珍贵文物损毁或者流失的，对负有责任的主管人员和其他直接责任人员依法给予行政处分；构成犯罪的，依法追究刑事责任。

第七十九条　人民法院、人民检察院、公安机关、海关和工商行政管理部门依法没收的文物应当登记造册，妥善保管，结案后无偿移交文物行政部门，由文物行政部门指定的国有文物收藏单位收藏。

## 第八章　附则

第八十条　本法自公布之日起施行。

# 文物违法行为举报管理办法（试行）

文物督发〔2015〕13 号

发布单位：国家文物局

发布时间：2015 年 8 月 10 日

第一条　为规范文物违法行为举报管理工作，推动各地文物行政部门主动接受社会监督，依法履行文物行政执法职责，及时查处文物行政违法案件，根据《中华人民共和国文物保护法》等法律法规，制定本办法。

第二条　本办法所称文物违法行为举报管理，是指各级文物行政部门对公民、法人和其他组织举报的涉嫌违反文物保护法律法规、应由文物行政部门调查处理的文物违法行为信息，依法开展的受理、核查与信息反馈等工作。

第三条　文物违法行为举报管理工作按照"属地管理，分级负责，便民高效，公开公正"的原则实施。

第四条　鼓励公民、法人和其他组织举报文物违法行为。各级文物行政部门保障举报人依法行使举报权利，保护举报人个人信息安全。

举报人应保证举报信息的真实性，不得虚假举报。故意虚构或歪曲事实，应承担相应法律后果。

第五条　国家文物局指导全国文物违法行为举报管理工作，受理涉及全国重点文物保护单位、馆藏一级文物，以及涉嫌损毁省级文物保护单位的违法行为举报信息，并予督办、转办，对重大案件线索组织调查核实。

国家文物局设立文物违法举报中心，承担文物违法行为举报受理的具体工作，并对各地工作情况进行统计分析。

第六条　各省、自治区、直辖市文物行政部门负责本行政区域内文物违法行为举报管理工作，受理涉及省级以上（含省级）文物保护单位、馆藏珍贵文物，以及涉嫌损毁不可移动文物本体的违法行为举报信息，并予督办、转办。对重大案件线索组织调查核实。

第七条　设区的市级文物行政部门对辖区内各县（市、区）文物违法行为举报受理工作进行督促检查，受理辖区内各级文物保护单位、馆藏文物，以及涉嫌损毁不可移动文物本体的违法行为举报信息，并组织调查处理。

第八条　各县（市、区）文物行政部门受理、核查辖区内不可移动文物、馆藏文物违法行为举报信息，并依法处理。

第九条　各级文物行政部门应建立信函、电话、网络等多种举报受理渠道，并主动对社会公开。适时开通文物违法举报热线。

第十条　文物违法行为信息举报受理范围：

（一）涉嫌损毁不可移动文物本体的行为；

（二）在文物保护单位的保护范围或者建设控制地带内发生的违法建设行为；

（三）擅自迁移、拆除不可移动文物或者擅自修缮不可移动文物，明显改变文物原状的违法行为；

（四）擅自在原址重建已全部毁坏的不可移动文物，造成文物破坏的违法行为；

（五）施工单位未取得文物保护工程资质证书，擅自从事文物修缮、迁移、重建的违法行为；

（六）涉及考古发掘的违法行为；

（七）涉及国有文物收藏单位和馆藏文物的违法行为；

（八）其他违反文物保护法律法规、应由文物行政部门调查处理的违法行为。

第十一条　对属于下列情形的举报信息，各级文物行政部门不予受理，登记后予以存档：

（一）不属于文物行政部门行政执法职责范围的；

（二）未提供违法行为信息或者无具体违法事实的；

（三）同一举报已经受理，举报人再次举报，但未提供新的违法事实的；

（四）已经或者依法应当通过诉讼、仲裁或行政复议等法定途径解决的；

（五）已经信访终结的；

（六）案发时间超出行政处罚时效的。

不属于受理范围的举报事项，应及时一次性告知举报人有权处理机关及相应举报途径。

第十二条　国家文物局和省级文物行政部门受理并督办、转办的举报信息，按照逐级交转原则，交由属地文物行政部门核查处理。重大案件线索，或属地文物行政部门应予回避的举报信息，国家文物局和省级文物行政部门可指定举报信息核查单位，或直接组织调查核实。

第十三条　设区市和县（市、区）文物行政部门受理举报信息，或接到上级督办、转办的举报信息后，应在 15 个工作日内完成实地核查。上级文物行政部门明确有核查时限的，应在时限要求内办结；情况复杂的，经上级交办部门同意，

可适当延长办理期限。

举报信息经实地核查不属实的，由举报受理单位存档结项；属实或部分属实，确有违法行为的，由具有管辖权的文物行政部门依法实施行政处罚。

第十四条　各级文物行政部门受理举报信息后，对于实名举报，应自受理之日起 60 个工作日内，将办理情况反馈举报人。举报人对办理结果不满意的，应认真做好解释。举报人提供新的证据、需要进一步核实的，可进行复查并反馈。举报人对复查结果仍不满意，并以同一事实和理由重复举报的，不再受理。

第十五条　举报人对案件办结报告或执法文书申请信息公开的，应告知其案件文书基本信息，由文书制作单位负责具体信息公开事宜。

第十六条　各级文物行政部门应将文物违法行为举报管理经费纳入行政办公经费。鼓励各级文物行政部门建立文物违法行为举报奖励制度，设立举报奖励经费，对因举报使文物得到有效保护或免于重大损失的，给予举报人精神或物质奖励。

第十七条　各级文物行政部门应建立文物违法举报信息档案管理制度，妥善保管受理、核查及信息反馈过程中形成的资料，并及时整理归档。

第十八条　各级文物行政部门应建立文物违法举报信息季度、年度统计分析制度。各省、自治区、直辖市文物行政部门应将工作情况纳入《文物安全与行政执法工作情况统计表》，按照规定时限要求统计上报国家文物局。

第十九条　各地应根据实际情况，参照本办法制定实施细则。各级文物行政部门可将文物违法行为举报相关具体工作委托文物行政执法机构实施，并加强监督管理。

第二十条　本办法由国家文物局负责解释，自公布之日起实施。

# 拍卖标准化 2015-2020 发展规划

发布单位：全国拍卖标准化技术委员会
发布时间：2015 年 11 月 10 日

拍卖业是我国经济社会发展中新兴的现代商贸服务业。标准化是保障拍卖安全、便利、高效运作，提高拍卖服务水平，降低经营成本，增强行业竞争力的重要手段。为更好地发挥标准化对促进拍卖业发展的重要作用，特制订本规划，规划期为 2015-2020 年。

## 一 发展现状与面临的形势

### （一）发展现状

"十二五"以来，我国拍卖标准体系已初具端倪，拍卖标准制修订工作顺利推进，拍卖标准实施成效显著，拍卖标准化机制不断完善，为拍卖业健康发展发挥了重要作用。

1. 拍卖标准体系初具端倪。在《全国拍卖标准化"十二五"发展规划》的基础上，经过逐步调研和探讨，拍卖行业现已初步确立了以"拍卖基础标准、拍卖技术标准、拍卖管理标准、拍卖服务标准"和"公共类拍卖标准、专业类拍卖标准"为主体结构的拍卖标准体系总体框架。

2. 拍卖标准制修订工作顺利推进。"十二五"以来，拍卖行业发布国家标准 2 项，新立项国家标准项目计划 1 项，发布实施行业标准 6 项，在研行业标准项目计划包括农产品拍卖、海关罚没物资拍卖、无形资产拍卖等多个细分拍卖领域。随着专业类拍卖标准的制修订工作深入推进，有力地推动了拍卖行业的规范发展，拍卖全流程、各领域逐步实现"有标准可依"。

3. 拍卖标准实施取得成效。近年来，政府部门、行业组织、广大拍卖企业积极推进拍卖标准实施。行业组织的拍卖标准宣贯工作快速推进，全行业规范化、标准化、专业化拍卖服务的协同性逐步提高。拍卖企业的等级评估与等级划分、文物艺术品拍卖和机动车拍卖的企业标准化达标等几项重点标准的实施工作取得了明显成效，在加强拍卖企业规范自律、诚信经营、健康发展等方面发挥了重要作用，得到了政府、市场和社会各界的广泛认可。

4. 拍卖标准化工作机制初步建立。拍卖标准制修订工作全过程管理机制初步建立，标准化技术组织和人才队伍建设不断加强，标准制修订的前期研究工作逐步夯实，拍卖标准实施和自律监管机制初步建立，企业参与拍卖标准化工作的积极性显著提高，有效推动了拍卖标准的实施应用。全国各省、区、市拍卖行业组织积极组织宣贯培训，参与标准化达标评定工作，形成了国家、地方、企业协同推进拍卖标准化工作的良好局面。

总体上看，我国拍卖标准化工作已取得了长足进展。但是，由于我国拍卖标准化工作起步较晚，尚存在一些与拍卖业发展不相适应的突出问题，具体表现在：一是拍卖标准化工作协同推进机制有待进一步完善；二是拍卖各专业市场间标准协调性有待提高；三是重点领域、新兴领域拍卖标准尚不能满足技术创新、结构调整和市场快速发展的需求；四是拍卖标准的实施缺乏长效工作机制和配套工作机构；五是尚不具备参与国际标准化工作的条件和能力。

### （二）面临的形势

当前，经济全球化深入发展，外资拍卖企业大量涌入，资源竞争更加激烈，买方与卖方市场重新定位，促使拍卖行业竞争态势日趋增强，高新技术的不断创新加速了产业融合步伐；伴随着改革全面深化、经济转型持续升级、产业结构不断调整、拍卖市场快速发展、企业对拍卖标准需求日益增加等变化，对拍卖标准化工作提出了新的要求，我国拍卖标准化工作面临新的形势。

1. 全面深化改革成为拍卖标准化新动力。十八届三中全会提出发挥市场配置资源的决定性作用、加快转变政府职能，这就要求进一步明确政府、团体组织、企业和市场在标准制定和实施中的关系定位，要发挥好国家标准、行业标准在拍卖标准化中的作用，积极探索团体标准和企业标准的编制及实际应用。

2. 技术进步对拍卖标准化提出新要求。技术创新促使拍卖模式不断变革，催生了网络拍卖、同步拍卖、微信拍卖等一系列新兴拍卖服务与运作模式，亟须制修订一批与之相适应的拍卖标准，提高评估、定价、拍卖、结算、交割及金融、过户等相关延伸服务环节标准的协调一致性，以保障优质、高效、便捷的拍卖服务，推动产业融合发展。

3. 关注公共资源成为拍卖标准化新重点。公共资源是人类社会经济发展共同所有的基础条件，随着经济社会的快速发展和公共利益维护意识不断增强，对公益性、垄断性、专有性社会公共资源进行的拍卖交易行为提出了更高的要求，

亟须在公共资源拍卖领域开展相关标准制修订工作，并加强标准的执行力与监管力，保证公共资源拍卖交易过程的规范。

4. 统一开放市场需要拍卖标准化提供新支撑。拍卖市场的统一开放、深入发展，要求打破地区间、行业间的技术封锁和交流障碍，这就需要拍卖标准化规范市场秩序、构建公平竞争环境，为拍卖市场运行提质增效提供规范化支撑。

## 二　指导思想、基本原则与发展目标

### （一）指导思想

以国务院关于确定推进标准化工作改革措施、促进经济提质增效升级的精神为指导，贯彻落实好《深化标准化工作改革方案》，以改革和创新拍卖标准化工作机制，完善拍卖标准体系，加强重点标准研制，积极探索国际标准，强化标准推广与实施，提高评估与监督水平为工作目标，逐步提升拍卖标准化整体水平。

### （二）基本原则

创新机制：创新全国拍卖标准化工作机制，发挥政府在拍卖标准化工作中顶层设计、服务和监督作用。强化行业组织在拍卖标准化工作中的重要作用，明确行业组织在团体标准工作中的主导地位。提高企业参与各类拍卖标准制修订工作的积极性，充分发挥企业在拍卖标准实施推广中的主体作用。

突出重点：根据目前及未来一个阶段拍卖市场的发展需求，着力推进市场化、专业化拍卖领域关键技术标准和服务流程标准的制修订，注重拍卖标准之间及与其他产业标准的协调配套，增强拍卖相关标准的前瞻性，促进拍卖服务体系高效运转。

注重实效：逐步完善拍卖标准分类管理，着力提升拍卖标准制修订的适用性，强化普及应用，加强标准实施的信息反馈、效果评估和监督管理，创新标准化达标活动模式，提高全行业拍卖标准

应用水平。

### （三）发展目标

到 2020 年，我国拍卖标准化工作主要实现以下目标：

1. 拍卖标准体系逐步完善。逐步建成适应拍卖业发展的层次分明、结构合理、重点突出、衔接配套、科学适用，管理标准与业务标准相互协调，科学研究与标准研制更加紧密的拍卖标准体系。拍卖服务、拍卖诚信、网络拍卖、公共资源拍卖等关键标准有所突破，满足新常态下拍卖业全面健康可持续发展的要求。研究编制具有竞争力的社会团体标准，以填补国家标准、行业标准的不足。

2. 拍卖标准化机制逐步加强。初步建立分工明确、协调有序、高效运作的拍卖标准化工作管理机制。拍卖标准化基础理论研究，标准制修订、宣传、实施、评估监督、人才培养等工作机制逐步加强，对拍卖业科学、规范发展的支撑作用明显增强。

3. 拍卖标准水平明显提高。拍卖标准前期预研更加充分，标准科学性、有效性和实用性显著增强，注重科学研究与标准研制相结合，标准编制、应用水平继续提高，行业内外及社会影响力显著提升。

4. 拍卖标准实施效果进一步增强。拍卖标准化实施信息反馈机制逐步建立，在文物艺术品、机动车、农产品等重点市场化业务领域开展 20 个拍卖标准化试点，培育拍卖标准化示范项目，使标准在拍卖服务效率和质量提升方面发挥作用。

## 三　主要工作任务

### （一）逐步完善拍卖标准体系

设计完善拍卖标准体系是首要任务。第一，加强基础标准、专业标准编制的同时，重视行业公共管理标准的研究，提高基础类拍卖标准、专业类拍卖标准、公共类拍卖标准之间的协调性与统一性，

促进拍卖标准与其他产业标准的衔接，逐步完善拍卖行业标准体系；第二，研究有利于拍卖专项业务领域规范与发展的行业标准或团体标准，如针对水产、茶叶、果蔬等的农产品拍卖、无形资产拍卖和二手设备拍卖等进行深入研究，促进拍卖企业专业化拍卖业务的规范经营、科学管理、健康发展；第三，鼓励企业制定严于国家标准、具有竞争力的企业标准，建立和完善企业标准体系。

### （二）逐步加强拍卖标准化工作机制

拍卖标准化工作机制应是分工明确、协调有序、高效运作的工作管理机制，充分调动和利用好行业内外智力资源，发挥各领域专家、学者在拍卖标准化工作中的带头作用，继续探索以前瞻性研究为先导、以市场化实践为核心的标准研制思路，以业务专家＋标准化专家为主要模式开展标准编制工作。标准制修订、宣传推广、实施、评估监督、人才培养等标准化工作机制逐步加强，使拍卖标准化对拍卖业各专业领域的深入研究起到明显的支撑作用。

### （三）不断提高拍卖标准制修订水平

总结经验，加强借鉴，不断提高拍卖标准制修订水平。第一，制修订标准更加符合行业实际需要。鼓励重点企业、专业企业积极参与拍卖标准化工作，使拍卖标准更好地反映行业和市场发展需求。推动拍卖行业先进经验转化为标准，以创新促进拍卖标准水平提升。第二，制修订标准依照科学方法进行。加强拍卖标准研制全过程管理，及时披露制修订过程信息，促进社会各方广泛参与，探索建立拍卖标准实施反馈机制，提高拍卖标准的科学性、有效性、适用性。

### （四）加大拍卖标准贯彻实施力度

将标准贯彻实施的重点放在专业化拍卖业务领域。第一，加大重点拍卖标准宣贯力度，利用

媒体、网络、会议等开展多层次、多角度培训、研讨和标准解读。第二，发挥企业在拍卖标准实施中的主体作用，鼓励企业采用标准化的拍卖程序和方法，积极推广规范拍卖的技术标准。第三，加大拍卖标准实施和监督力度，针对推荐性国家标准和行业标准，充分发挥标准化达标在强化标准实施中的作用，完善行业协会、第三方组织、社会公众和媒体的多方监督机制。

### （五）重视拍卖标准化人才培养

建立拍卖标准化人才培养机制，加强标准化技术机构建设，提高技术委员会专家队伍的能力和水平。重点培养一批掌握标准化理论、熟悉行业和企业管理的专业标准化人才，同时，积极培养一大批既掌握拍卖专项业务技能，又了解标准化基础知识的企业标准化人才。鼓励高等院校积极开设拍卖标准化相关课程，以提高实践能力为重点，探索产学研联合培养人才的新途径。完善在职人员培训体系，逐步提高拍卖从业人员标准化素质与能力。

### （六）积极探索国际标准化工作

探讨开展拍卖国际标准化战略研究，借助"国际拍卖联盟"优势，探索建立国际拍卖标准化组织。沟通并了解拍卖相关国际组织和发达国家拍卖标准化动态，借鉴、分析和评估国外先进的拍卖标准，推动优势标准引入国内，将先进技术和创新理论及时转化。鼓励标准化达标企业积极了解和学习国外同行业的先进标准，推动已发布实施的拍卖标准踏出国门，提高我国在国际拍卖标准化研究中先导性和影响力。

## 四　标准制修订重点领域

### （一）基础通用类拍卖标准

重点开展拍卖术语、拍卖服务通用要求等标

准的制修订。

### （二）公共管理类拍卖标准

重点开展拍卖诚信标准、拍卖企业等级评估标准、公共资源拍卖体系及相关标准的制修订。积极探索拍卖服务应急程序、拍卖企业风险控制等社会团体标准研究。

### （三）专业技术与服务类拍卖标准

重点开展海关罚没物资拍卖、无形资产拍卖、二手设备拍卖、茶叶拍卖标准的研制，加快各领域拍卖程序标准化进程。

重点完成文物艺术品拍卖、机动车拍卖、不动产拍卖标准的修订，完成拍卖师操作规范的修订工作。

## 五　保障措施

### （一）统一组织协调

加强对拍卖标准化工作的组织和协调，按照统一管理、分工负责的原则，建立常态沟通机制。商务部流通标准化主管部门负责本规划实施的指导，及时协调解决实施过程中遇到的问题，与拍卖业务相关部门一道推动重点领域拍卖标准的制修订、实施推广、监管等工作的开展。

### （二）加强拍卖标准理论研究

拍卖标准是我国标准体系的一个新领域，无国际经验可循。需要开展前沿的理论研究，重视拍卖行业实践经验的提炼与总结。鼓励学术机构和行业理论工作者，加大拍卖标准理论研究的力度，提升拍卖标准研究的理论水平；同时要支持拍卖企业创新拍卖业务，开拓新的领域，总结拍卖实践，形成企业标准，在此基础上制定国家标准。

## （三）发挥行业协会作用

加强行业协会的桥梁和纽带作用，做好拍卖标准的行业需求分析、调查研究、推广实施、人才培养等方面的重点工作。鼓励行业协会开展团体标准的制修订和实施推广工作，积极推动拍卖标准化工作有序开展。

第六部分　业界动态

# 【北京】

## 永定河发现百余座各朝墓葬

发现墓葬的工地位于永定河河道拐弯处，方圆 70 万平方米。129 座墓葬分东汉、北朝、唐、辽、金等不同时期，不同形制，前后相隔 1110 余年，穴分层分布现象明显。这说明由于当时的永定河上游有伐木行为，造成水土流失。第一批发掘共清理古代墓葬 75 座，其中东汉墓 7 座、北朝墓 2 座、唐代墓葬 33 座、辽代墓葬 33 座。墓葬埋藏区受历史上永定河泛滥的影响，淤积了大量泥沙。目前墓葬距离现地表平均深度 4 米，最深处 7 米。

此次发掘的唐代墓葬共 33 座，有小型的砖室墓，也有大型的"甲"字形墓。墓室内出现了砖仿木结构和砖仿家具装饰。在发现的 33 座辽代墓葬中，发现两座壁画墓。壁画画在墓室内四壁，底色为淡黄色，上面用红、黑线条绘制出家居生活的图案，有桌子、椅子、柜子、人物形象等，桌子上放着生活用品，其中一个容器里还放着石榴。出土的陶器、漆器和墓志铭很有价值，填补了研究空白。

## "简帛文字与书法学术研讨会"在清华大学召开

为了大力弘扬优秀传统文化，挖掘和利用简帛文字书法资源，促进简帛书法艺术的学术研究，2015 年 4 月，由清华大学与中国文化遗产研究院联合举办的"简帛文字与书法学术研讨会"在清华大学召开，中外知名专家学者 50 余人参加了会议。

简帛的大量出土不仅为史学研究和古文字研究提供了大量第一手资料，同时简帛文字以其独特的字势、体势、笔法，对中国书法演变和书法形制的初创等方面的研究均有重要意义。

## 首都博物馆成功研制出生物酶揭展古书画技术

2015 年 4 月 17 日，首都博物馆"古代书画生物揭展剂研究"通过专家鉴定。该项技术利用生物揭展剂高活性、低浓度的特性，使命纸与画心能轻易分离，减少了机械外力对画心的损伤，提高了书画命纸与画心揭离过程的安全性。与传统方法相比，避免了揭展过程中画心霉变、画面色彩损伤等问题，实现了古代珍贵书画及其装裱材料（如命纸、绫、绢、签条等）的完整保存，极具实用价值。

## 第九届 AAC 艺术中国提名奖名单揭晓

2015 年 5 月，第九届 AAC 艺术中国年度影响力评选提名奖正式揭晓。作为中国极具影响力的当代艺术评选，本届 AAC 艺术中国做出重要变革，更加聚焦当代，奖项从原来分类的十三个变成三个，分别设立了"年度艺术家"、"年度青年艺术家"、"年度艺术出版物"三个大奖。根据 AAC 艺术中国的评选规则，首先由百余名著名策展人、批评家、资深艺术从业人士组成的顾问委员会评选出三个奖项的前 30 名入围名单，之后由本届评选委员会投票选出 2014 年度 AAC 艺术中国 5 位提名奖获得者。最终年度艺术家提名奖的 5 位获奖者分别为何岸、姜杰、刘韡、徐震、张培力。

## 297 件明御窑瓷器 500 年后聚首故宫

2015 年 6 月，"明代御窑瓷器——景德镇御窑遗址出土与故宫博物院藏传世洪武、永乐、宣德瓷器对比展"在故宫博物院开幕。这是 297 件套明代御用瓷器时隔 500 年后实现了从生产始端到使用终端的首次聚首。

在明清两代，景德镇御窑是专门为皇帝生产御用瓷器的基地，紫禁城是这些御用瓷器的唯一合法使用地。北京故宫博物院和台北故宫博物院是收藏明代御窑瓷器的主要单位，包括龙泉窑、磁州窑、钧窑等不同窑场的产品在内，总数超过 10000 件。经考古发掘，御窑遗址出土的这些落选和残次御窑瓷器，多可以与传世瓷器进行器型、纹样的对比。展品中景德镇市陶瓷考古研究所藏的宣德斗彩鸳鸯莲池纹盘，以及永乐红釉点彩碗就是比较典型的例子，这两种器物在传世品中均未曾见到与之相同的。通过对御窑瓷器研究和御窑遗址的考古发掘，以及对御窑、民窑瓷器的比较研究可以发现，在御器厂主导下的技术创新、研发和对外来技术的引进，在促成御窑生产技术提高的同时，对景德镇乃至全国瓷器生产都起到带动作用，引领了 14 世纪以来世界各地瓷器的生产风尚。

## 全国首个海外回流文物口岸交易市场在京建立

2015 年 7 月，国家对外文化贸易基地（北京）正式宣布建设全国首个海外回流文物口岸交易市场，为更多的海外流失文物打通一条绿色回家之路。海外回流文物口岸交易市场基于国家对外文化贸易基地（北京）境内关外、免证、保税的政策优势，通过保税展售、交易会、拍卖会和文物出入境科学检测、鉴定服务等多元模式，面向国际文物经营机构和携带中国境外文物的归国人员，搭建起海外回流文物展览展示及交易平台，为其提供文物鉴定保护、保税存储、交易交割等交易服务。

口岸交易市场的建成将有效规范海外流失文物交易模式，积累交易经验和贸易规模，建立海外流失文物回流的安全便捷通道与合法的回归渠道。目前中国有超过 1000 万件的文物流落在海外，但由于历史原因和市场现状等客观原因的限制，使大量流失在海外的文物艺术品无法进入正常市场流通渠道。

建立口岸交易市场，可以促进国外文物经营机构将更多中国文物带进中国市场，为中国的博物馆、文物商店以及国外商家等，提供一个集中采购交流的平台，进而提高海外流失文物的回归效率。

## 首都博物馆"大清康熙御窑瓷展"开幕

2015 年 7 月，100 件康熙御窑瓷器走出故宫，在首都博物馆集体亮相，其中不少还是首次走出库房。这是继"故宫珍藏·慈禧的瓷器"和"长宜茀禄·乾隆花园的秘密"之后，首都博物馆与故宫博物院再度携手，推出的"盛世风华——大清康熙御窑瓷"展。展览精选各类康熙御窑瓷品，按照釉彩品种的不同分为"幽靓脱俗的青花、釉里红瓷"、"纯正鲜丽的颜色釉瓷"、"缤纷灿烂的彩瓷"、"风格独特的杂釉彩瓷"四个部分，共同展现了康熙御窑瓷在承袭前朝技术基础上不断创新的工艺，以及多姿多彩的艺术风貌。

## 故宫研究院新成立六个研究所

2015 年 7 月，故宫研究院书画研究所、陶瓷研究所、藏传佛教文物研究所、明清宫廷历史档案研究所、中国画法研究所、中外文化交流研究所正式成立。故宫研究院成立于 2014 年 10 月，是故宫博物院设立的学术研究与交流的机构，是以故宫博物院为基本力量，吸纳故宫院内学术人才，汇集国内外知名专家学者共同搭建的开放式高端学术平台，目前已经形成了一室十四所的建制规模。

## 故宫博物院精品文物馆在北京观光塔开馆

2015 年 8 月，故宫博物院精品文物馆在北京市地标建筑——北京观光塔开馆。故宫博物院精品文物馆按照中国传统文化的"五行"概念，分别以"金、木、水、火、土"为主题，在塔内进行金器、家具、玉器、青铜器以及瓷器的系列展览。展览主题分别设计为"金碧辉煌"、"木艺华章"、"水盈无暇"、"炉火纯青"、"土润青郁"。

第一期展陈"金碧辉煌"从故宫博物院藏品中精心遴选出 202 件金器精品进行展览，根据器物的不同功能，分为"社稷之意"、"饕餮盛宴"、"体怡室雅"、"佛光之仁"、"精妆雅饰"五个部分，涉及宫廷政务与仪典、筵宴、陈设、妆饰、信仰等方面，全方位展示出清代金银器的工艺特色和卓越成就，体现宫廷金银器文化的独特魅力。其中顺治帝金交龙钮"广运之宝"玺印、收贮慈禧太后头发的金嵌珠石覆钵式塔等文物颇受注目。

## 故宫博物院推出《石渠宝笈》特展

2015年8月，为庆祝故宫博物院建院90周年，故宫推出《石渠宝笈》特展。"石渠"一名，典出《汉书》。西汉皇家藏书之处称"石渠阁"，乾隆帝以"石渠"为名，历时70余年严格遴选内府所藏书画作品，编纂成《石渠宝笈》初编、续编、三编，以完备的编纂体例分门别类著录了各类作品近万件，是对中国古代书画艺术的一次系统整理与总结，成为中国书画著录史上的巨著。本次特展即以《石渠宝笈》著录书画为主轴，详细介绍作品的递藏经历，充分展示了此书的重要价值和研究意义。

## 故宫博物院推出文物保护修复技艺特展

2015年9月，"故宫博物院文物保护修复技艺特展"开幕。这是该院首次举办以文物保护修复为主题的综合性修复技艺和成果展，旨在弘扬传统技艺、普及文物保护知识，为世人揭开文物修复工作的神秘面纱。展览共设11个单元，分别为古书画装裱修复、古书画人工临摹复制、木器修复、实验室、纺织品修复、漆器修复、青铜器（金属文物）修复、陶瓷修复、囊匣制作、钟表修复和百宝镶嵌修复。各单元从技艺、传承谱系、文物修复过程和修复案例等方面进行了说明和展示，修复案例多配以实物呈现。展览设有影像区域，记录了文物修复的具体过程和操作细节；使用3D建模，利用多光源照相、细节观察、修复过程动画等多种交互手段，形象地展示了不同文物的修复过程。

## 拍卖行业标准化工作有序进行

2015年9月，全国拍卖标准化技术委员会在京组织召开"行业标准《文物艺术品拍卖规程》修订"工作组会议。这是上半年拍卖标委会在国家逐步推进减政放权、鼓励充分发挥市场作用的大背景下，提出对行业标准《文物艺术品拍卖规程》修订计划后的首次工作会议。

首部拍卖行业标准的修订工作正式启动，中拍协、文化部有关领导，艺委会主要成员单位代表，以及法律、标准化专家参加了此次工作会。

## 故宫博物院汝窑瓷器展开幕

2015年10月，由故宫博物院主办，英国大英博物馆、河南省文物考古研究院、宝丰县文物管理局、上海博物馆、天津博物馆、吉林省博物院等协办的"清淡含蓄——故宫博物院汝窑瓷器展"开展。展览以展示故宫博物院藏北宋汝窑和明清时期仿汝窑（釉）瓷器为主，辅以北宋窖藏和汝窑遗址历年考古发掘所得瓷片、修复品、窑具，以及从其他博物馆、文博单位商借的具有代表性的传世汝窑瓷器，力求较全面地反映传世、出土汝窑瓷器和明清时期景德镇御器（窑）厂仿汝窑（釉）瓷器面貌，展出文物共计135件。

## 12件惠安石雕入藏国家博物馆

2015年10月，中国工艺美术协会、中国工艺美术学会和福建省惠安县人民政府在国家博物馆联合主办"心造天成——中国惠安南派雕刻艺术展"，经专家推荐和鉴选，选定其中12件（套）能代表目前惠安石雕艺术风貌和工艺水平的精品入藏国家博物馆。惠安石雕是由滨海凿石筑屋的闽越先民文化与晋唐中原南迁文化交融所产生，与宫观寺庙等建筑艺术相伴相生，历经千余年的发展成为南派石雕的重要品种，入选我国首批国家级非物质文化遗产保护名录。

## "翰墨华章——新中国以来名家书画文牍大展"在首都博物馆开幕

2015年12月，由首都博物馆、中国文物保护基金会、中国收藏家协会、中国书画收藏家协会、中国人民大学徐悲鸿艺术研究院、中央数字电视书画频道共同举办的"翰墨华章——新中国以来名家书画文牍大展"在首都博物馆开幕，同时还举行了35位当代名家作品的捐赠仪式。该展览汇集了新中国以来部分代表性书画名家，如何香凝、郭沫若、徐悲鸿、齐白石、张大千、李可染、黄胄、林风眠、傅抱石、赵朴初、启功、李苦禅等人的书法、绘画、信札、手稿等300件（套）作品，以"大家翰墨"、"悲鸿精神"、"可染遗韵"、"炎黄之胄"、"当代名家"五个部分展出。展览不仅是一场艺术作品的展现，更是一次历史回顾，让观众感受到大师用心血和激情谱写的中华民族自强不息的壮丽诗篇，展示了中国人民开拓奋进的精神风貌。

## 2015 年全国十大考古新发现

1. 云南江川甘棠箐旧石器遗址

发掘单位：云南省文物考古研究所｜玉溪市文物管理所｜江川县文物管理所

发掘领队：刘建辉

2. 江苏兴化、东台蒋庄遗址

发掘单位：南京博物院｜兴化市博物馆｜东台市博物馆

发掘领队：林留根

3. 浙江余杭良渚古城外围大型水利工程的调查与发掘

发掘单位：浙江省文物考古研究所｜杭州余杭良渚遗址管理区管委会｜山东大学｜南京大学

发掘领队：王宁远

4. 海南东南部沿海地区新石器时代遗存

发掘单位：中国社会科学院考古研究所｜海南省博物馆

发掘领队：傅宪国

5. 陕西宝鸡周原遗址

发掘单位：陕西省考古研究院｜北京大学考古文博学院｜中国社会科学院考古研究所

发掘领队：王占奎、雷兴山

6. 湖北大冶铜绿山四方塘遗址墓葬区

发掘单位：湖北省文物考古研究所｜大冶市铜绿山古铜矿遗址保护管理委员会｜北京大学考古文博学院｜北京科技大学冶金与材料史研究所

发掘领队：陈树祥

7. 江西南昌西汉海昏侯刘贺墓

发掘单位：江西省文物考古研究所｜南昌市博物馆｜南昌市新建区博物馆

发掘领队：杨军

8. 河南洛阳汉魏洛阳城太极殿遗址

发掘单位：中国社会科学院考古研究所洛阳汉魏城队

发掘领队：钱国祥

9. 内蒙古多伦辽代贵妃家族墓葬

发掘单位：内蒙古文物考古研究所｜锡林郭勒盟文物站｜多伦县文物局

发掘领队：盖志勇

10. 辽宁"丹东一号"清代沉船（致远舰）水下考古调查

发掘单位：国家文物局水下文化遗产保护中心｜辽宁省文物考古研究所

发掘领队：周春水

## 【上海】

### "齐白石艺术大展"在嘉定博物馆开幕

2015 年 11 月，由湖南省博物馆和上海市嘉定博物馆合作举办的"齐白石艺术大展"在嘉定博物馆新馆特展厅拉开帷幕。本次展览以齐白石的艺术历程为线索，共展出其绘画、书法、篆刻作品 100 件，全面呈现中国画一代宗师的艺术成就和独特的艺术风格。展览的举办为广大观众提供了欣赏大师杰作的艺术盛宴，从而感悟大师精神，推动中国优秀传统文化的继承和发展。

### 交大考古和文献研究发现"西玉东输"贸易通道

2015 年 7 月，沪上学者发现，丝绸之路的前身是"玉石之路","玉路"比"丝路"的形成早了2000多年。"玉石之路"是古人自西向东将当时新疆地区产出的美玉运往中原地区而开辟的贸易通道,后来的丝绸之路则是"玉石之路"的衍生。目前我国境内丝绸之路的许多路段与"玉石之路"重合。

根据新疆、甘肃产玉的地点和中原地区出土玉石的地点,已推测出三条4000年前的"西玉东输"路线,穿越总面积约200万平方公里的西部玉矿资源区,分别是"北线——玉石之路草原道"、"中线——玉石之路河西走廊道"、"南线——玉石之路青海道"。

## 怀素《苦笋帖》等35件墨宝亮相上海博物馆历代书法馆

2015年11月,上海博物馆中国历代书法馆对展品进行调整,新展出的35件书法作品中不少是罕见的传世珍宝,包括唐代怀素的《苦笋帖》、北宋沈辽的《行书动止帖页》、苏轼的《行书答谢民师论文帖卷》、元代赵孟頫的《杜甫秋兴八首诗卷》、明代董其昌的《行书寄陈继儒诗卷》等。其中《苦笋帖》堪称怀素的传世代表作。该帖为绢本,纵25.1厘米,横12厘米,其上草体书写两行14个字:"苦笋及茗异常佳,乃可迳来。怀素上。"

此次亮相的行书《杜甫秋兴八首诗卷》则是元代大书法家赵孟頫传世最早的一件墨迹。该卷纵23.5厘米、横261.5厘米,款署:"此诗是吾四十年前所书,今人观之未必以为吾书也。子昂重题。至治二年(1322年)正月十七日。"

## "酌彼金罍——皿方罍与湖南出土青铜器精粹展"在沪开幕

2015年11月,由湖南省博物馆和上海博物馆联合举办的"酌彼金罍——皿方罍与湖南出土青铜器精粹展"在上海博物馆开幕。展览是湖南省博物馆以2014年"皿方罍"回归这一重大文化事件为契机而举办的,共精选了包括皿方罍在内的11件湖南出土著名青铜器珍品,让广大观众领略三湘四水所出中国古代青铜器的独特魅力。

## 【天津】

### 天津博物馆举办"清代四王绘画作品特展"

2015年5月,天津博物馆推出"笔墨真趣——清代四王绘画作品特展"。70余件"四王"绘画精品与广大观众见面,其中包括多幅从未展出过的作品。

王时敏、王鉴、王翚、王原祁四位生活于清代前期的画家,史称"四王"。"四王"绘画,通过仿古,熟练掌握前人笔墨技巧与图式,适应自身发挥笔墨情趣的需要,契合了一批文人士大夫"寄乐于画"的需求,故"四王"山水画艺术在清代被奉为"正宗"。

此次特展以天津博物馆馆藏为展品主体,同时遴选上海博物馆、天津文物公司的多件颇具代表性的"四王"绘画作品,集中且系统地展现了"四王"山水画纯熟、丰富的笔墨艺术,重现经典。为配合展览,天津博物馆还推出多场"天博讲堂"专题讲座。

## 【重庆】

### 大溪文化又有重要发现

2015年1月,重庆市文化遗产研究院和巫山县文物管理所联合对大水田遗址开展了考古发掘工作,发掘面积共计1300平方米,发现大溪文化、商周、战国中晚期至西汉早期、六朝、唐宋遗迹470余个,其中墓葬258座、灰坑211座、房址1座、沟3条,出土陶、瓷、石、玉、铜、铁、骨质类器物1800余件(套)。从时代上看,基本涵盖了大溪文化一期至四期,出土遗物非常丰富,基本包含了大溪文化代表性器类,其中陶带流鼎、陶单耳杯、陶小型支座、陶铃、陶器座、穿孔石铲、石矛、石环形饰、石动物形饰、石车轮形饰、石人形饰、石人面形饰、骨矛和带规律刻划痕的骨镞为以往大溪文化遗存中不见或少见。

## 三峡库区发现 6 座唐代墓葬

丰都赤溪遗址群为三峡库区消落带考古发掘项目，由赤溪遗址、赤溪墓群和溪嘴墓群组成。赤溪遗址发掘 1100 平方米，清理汉至唐宋时期的各类遗迹 45 座；赤溪墓群发掘 300 平方米，清理东汉至六朝时期墓葬 3 座；溪嘴墓群发掘 300 平方米，清理东汉至六朝时期墓葬 4 座。此外还发现东汉至六朝时期墓葬 8 座，时代集中于东汉晚期至六朝早期。出土器物有陶罐、釜、钵、盘、耳杯、勺、动物俑、摇钱树座、铜钱币、银戒指、簪和玻璃串珠等。赤溪遗址发掘区北部存在大片的绳纹瓦堆积层，包含有大量的绳纹板瓦、筒瓦及瓦当残片。根据出土瓦当的形制判断，这批遗物属于汉代。宋代遗存主要是房址、灰坑、灰沟和柱洞等，出土遗物种类有瓷盏、板瓦、筒瓦、瓦当、石磨盘和象棋子等。

## 彭水龙蛇坝遗址发现商周时期遗存

龙蛇坝遗址位于彭水县大垭乡龙龟村四社，地处芙蓉江与东瓜溪交汇处，分布面积约 3000 平方米。已完成发掘面积 1100 平方米，清理房址 6 座、灰坑 11 个、窑 1 座、沟 4 条，出土铜、铁、瓷、陶、石等各类遗物 400 余件，时代涵盖商周、宋元、清等多个时期。

商周遗存是本次发掘最为重要的收获，其陶器特征较为单一，以夹砂陶器居多，纹饰主要为网格纹，并伴有大量网坠出土，反映出典型的渔业经济和文化。该发现填补了芙蓉江流域先秦时期遗存的空白，对于进一步厘清乌江下游商周文化面貌、渝黔两地先秦时期文化交流等具有重要的学术价值。

## 涪陵区古坟坝遗址考古发掘收获丰硕成果

古坟坝遗址位于南沱镇睦和村一组，地处长江右岸小地名为庙岩河的二级台地上，南北长 60 米，东西宽约 50 米，埋藏面积约 3000 平方米。遗址位于三峡水库消落区，水位的反复消涨对遗址形成了一定影响，取土活动造成了巨大破坏。根据随葬器物组合以及墓葬形制，判断该墓时代应在东汉中晚期。2 座墓葬规模较大，结构保存较完整，有助于加深对涪陵乃至三峡地区汉代墓葬形制与特点的认识，为研究同时期墓地选择、丧葬习俗以及汉代职官制度等问题提供了珍贵的实物材料。

## 姚家坝遗址发现一批重要的先秦遗存

姚家坝遗址位于开县赵家镇姚家村一社，地处浦里河右岸一级台地，面积分布约 8 万平方米。4 个月共完成考古勘探 2 万平方米、考古发掘 1400 平方米，发现了商周、汉、宋、明清等多个时期的文化遗存。主体为商周遗存，分布面积广、文化内涵丰富，可见有灰坑、柱洞、灶、窑等遗迹。陶窑结构保存基本完整，由火膛、火道、窑室组成，底部可见大量草木灰，是开县地区早期制陶遗存的首次发现。陶器种类多样，数量丰富，可辨器形有釜、罐、尖底杯、尖底盏、钵、壶、器盖、网坠、纺轮等。宋代遗存叠压在汉代文化层之上，文化堆积普遍在 1 米以上，主要以房址为主，并出土有筒瓦、瓦当以及建筑构件等，从其规模来看，可能为宋代区域内人类活动的小型集镇。

## 【安徽】

### 池州：华龙洞二次发掘 遗址距今 40 万年

二次发掘出土了 3000 多块动物化石、三件石器，还新发现了古人类牙齿化石和一些疑似人类头骨的碎片。原认为因地壳运动可能不复存在的华龙洞，此次不仅找到了它的确切位置，而且洞穴保存相对完好。根据历史资料，直立人最后存在的年代是距今 73 万年至 13 万年的中更新世时期。这个鉴定结果结合洞顶钙板测年，专家认为该遗址距今约 40 万年，此结果将第一次考古专家认为的距今约 10 万年的华龙洞历史向前推进了 30 万年。

## 六安：发现千年古墓群 军官墓中有百余木俑

六安经开区三基建项目总共发掘数百座从战国到明清的古代墓葬群，惊人的数量和密集程度在省内尚属首次。其中一个墓葬不仅出土了各种精美的漆器和代表身份的剑戈等兵器，还出土了 100 多个木俑。考古人员根据墓葬的规模、结构和丰富的随葬品判断，这些被尘封了上千年的木俑，其墓主应该是一位身份尊贵的"军官"。

## 【福建】

## 龙岩："奇和洞遗址国际学术研讨会"在福建漳平召开

2015 年 6 月，"奇和洞遗址国际学术研讨会"在福建漳平召开。来自美国、澳大利亚、加拿大、越南等国的学者，以及来自中国社会科学院考古研究所、中国科学院古脊椎动物与古人类研究所、北京大学等国内考古科研机构、高等院校和台湾地区的 80 余位专家学者相聚一堂，共同探讨奇和洞史前遗址及其相关文化遗存、中国东南和华南史前考古新发现，以及闽台史前文化渊源和南岛语族起源与扩散等学术问题。

被评为"2011 年度全国十大考古新发现"的奇和洞遗址，考古发掘出土的材料包括史前人骨化石、哺乳动物化石、打制石器、磨制石器、骨器、陶器、艺术品、煤矸石等遗物，还有旧、新石器过渡阶段活动面、火塘、沟，以及新石器时代早期房址、灶、柱洞、灰坑等遗迹。经碳十四测定，遗址时代距今约 1.7 万年至 7000 年前。奇和洞遗址的发现，填补了福建乃至中国东南地区旧石器时代、新石器时代过渡的空白，能看出从

1.7 万年前到 7000 年前人类生活进步痕迹的遗存，具有完整的文化序列，对研究这一阶段远古人群在该地区的体质演变和生存状态等学术问题提供了弥足珍贵的资料，是史前考古学领域的一个重大突破。

## 【甘肃】

## 定西：漳县发现春秋战国戎人墓葬群

经国家文物局批准，甘肃省文物考古研究所对位于漳县境内的墩坪遗址进行系统发掘。已探明该遗址属于春秋战国大型戎人墓地，为追寻该区域西戎文化人群的源头提供了线索。墩坪遗址在第一次文物普查时被发现，主要文化堆积是位于墩坪台地南侧边缘的齐家文化、寺洼文化聚落遗址。该遗址中、北部台地分布一批东周时期的墓葬，墓葬区占地 15 万平方米，发现墓葬 150 余座。由于部分区域还未能勘探，推测墓葬总数应在 200 座左右。已发掘墓葬中出土各类随葬器物数百件，随葬品除铜车马器和兵器外，还发现铁器、金器、骨器、皮革、陶器及各种质地的料珠等。文物专家分析认为，墩坪墓地出土的遗物主要为典型的北方系青铜器，器物组合以三叉式护手剑、矛、戈与大量车马器为主。从遗存文化特征和器物组合来看，墩坪墓地属西戎文化。目前除墩坪墓地外，在 10 公里范围之内还发现两处同类墓地，表明东周时期漳河流域分布着一支规模较大的戎人部落。

## 酒泉：发现大型汉代工业遗址出土遗物千余件

马鬃山玉矿遗址位于甘肃肃北县，初步确定年代为战国至汉代，是中国已发现的最古老玉矿遗存。其中径保尔草场玉矿遗址中，首次发现作为拣选玉料作坊的半地穴房址、玉矿周围的防御型建筑，以及地面式石围墙作坊。出土的大量玉器废料、玉料石皮等遗物，展示了

当时的玉矿布局结构及生产与组织情况。这是目前唯一由采矿区、选料作坊区及防御型设施区等组成的与玉矿开采相关的聚落，基本断定是一处大型汉代工业遗址，为研究河西走廊地区乃至甘青地区玉器制作的矿料来源及相关领域的研究提供了依据。在刚刚结束的 2015 年度考古发掘中，发现包括灰坑、房址、石台基等各类遗迹 40 多处，出土玉料、陶器、水晶、骨器、石器、兽骨等遗物千余件。

### 酒泉：肃州发现 10 座汉代墓葬 抢救发掘出土文物 103 件

肃州区下河清农场农田滴灌工程施工现场发现 10 座古墓葬。肃州区文物局组织考古人员对古墓葬进行了抢救性发掘，经酒泉市、肃州区文物部门 9 天的发掘，共发掘古墓葬 10 座，出土铜器、陶器、铁器等文物 103 件。发掘出的古墓葬全部为汉代砖室墓，既有单室墓，也有双室墓。但因受早年农民开荒种地、盗掘以及自然因素的影响，致使发掘的墓葬全部塌陷，损毁比较严重。此次出土的遗物具有较高的文物价值，对研究酒泉当时的经济、人文以及历史丧葬风俗等各方面历史文化现状都具有较大的研究意义。

### 陇南：秦西垂陵园出土西周文物

礼县大堡子山遗址及墓群经国内考古界、史学界专家考证，属两周时期中国古代城邑、墓葬遗址，系秦开国国君秦襄公或其子文公夫妇陵墓，是秦国第一大陵园。秦西垂陵园 2004 年被国务院确定为"全国重点文物保护单位"。大堡子山遗址"秦编钟"考古发现被评为"2006 年全国十大考古发现"之一。甘肃省文物考古研究所组织考古技术人员在此发掘了 20 件西周晚期陶器，为大堡子考古研究再添弥足珍贵的实物资料。现场发现一座长 4 米、宽 2.1 米的西周墓葬，这座墓有壁龛，墓外有一处小祭祀坑，坑里有人祀。

### 天水：张家川发掘一处旧石器晚期遗址

由中国科学院古脊椎动物与古人类研究所、甘肃省文物考古研究所、兰州大学等单位组成的调查队考古发掘出石峡口旧石器晚期遗址。发掘地点为石峡口遗址第 2 地点，位于清水河右岸的黄土台地上，发掘面积约 50 平方米。发掘出土陶罐及五铢钱 5000 余件、石制品 4500 余件、动物化石 500 余件。

张家川县川王乡石峡村的石峡口旧石器晚期遗址于 2009 年被发现。此次发掘的遗址是继张家川县杨上遗址发掘以来的又一处系统性发掘的旧石器遗址。遗址距今 3 万年左右，完善了甘肃中部旧石器考古序列，为探讨石器技术的演变、人类行为的发展提供了资料。

### 天水：大地湾遗址出土近千件文物遗存 距今 7800 年

大地湾遗址位于天水市秦安县东北五营乡邵店村，是我国考古史上罕见的一处规模较大的新石器时代遗址，内涵丰富，总面积 32 万平方米，考古断代时间最早距今 7800 年，最晚距今 4800 年，有 3000 年文化的延续。

本次考古共出土野外编号标本 946 件，其中石制品 801 件、骨蚌制品与动物骨骼标本 115 件、陶片 30 件。除新石器层位按遗迹单位收集的陶片、动物骨骼等标本外，石制品类型主要有砸击和锤击石核、石片、细石核、细石叶、碎屑等，骨制品以骨锥为主。本次发掘再度确认了大地湾遗址新石器层位下有连续的旧石器时代遗存，为揭示中国西北地区古人类狩猎采集、早期农业栽培、成熟农业的转变过程提供了更加可靠的信息。

## 【广东】

### 广州："千年玉韵，美成在久——山西出土玉器精品展"在广州艺术博物院开展

2015 年 5 月，"千年玉韵，美成在久——山西出土玉器精品展"在广州艺术博物院开展。此次展览由广州艺术博物院与山西博物院、山西省考古研究所共同举办。此次"千年玉韵，美成在久——山西出土玉器精品展"共展出了山西博物院、山西省考古研究所收藏的 134 件（组）先秦时代的玉器，涵盖了山西芮城清凉寺墓地、山西侯马羊舌墓地、山西曲沃晋侯墓地、山西太原赵卿墓、山西长治分水岭战国墓地等重要发现，较全面地展示了石器时代至两周时期数千年间山西地区的玉文化及治玉水平。

### 广州：恒福路汉唐墓葬考古发现墓主随葬信印

恒福路所在的横枝岗是广州古城北郊地下古墓葬重点埋藏地带，50 年代以来发掘出各时期古墓葬数百座。该考古点共清理西汉、东汉、三国、南朝、唐、南汉及明代墓葬共 20 座，出土陶、瓷、铜、铁等不同质地的文物 302 件（套）。

此外，M15 和 M16 是两座西汉后期的同坟异穴合葬墓。墓室规模较大，保存完整，随葬器物相当丰富。M16 除随葬大量陶器外，还有铜印、玉镇、石砚、金饰等器物。特别是两枚龟钮铜印，印文清晰，一枚为"王武信印"，一枚为"王武私印"。"王武信印"应当是墓主王武用于公事往来，"王武私印"则多用于私人事务。这是广州地区首次有此考古发现，有重要意义。

### 仁化：发现南朝隋唐墓葬群

广东省文物考古研究所考古人员对武深高速韶关仁化县城口镇一处施工现场附近的古墓葬群启动抢救性发掘。古墓葬群遗址位于城口镇锦江河附近一处山坡。山坡上的植被和表层土壤均已被完全清理，十几座长方形墓葬分散在山坡和坡底平地位置。此次发掘面积 2200 多平方米，共发掘出 21 座古墓，多为南朝到唐代的墓葬，也有零星东晋和宋代墓葬。21 座墓葬中有砖石墓 13 座、土坑墓 8 座，尚未发现有墓志等能证明墓

主人身份的物品。这批墓葬群中出土的随葬品主要是陶瓷器生活用品，包括罐、碗、杯以及少量碟、壶等，共 50 余件。

## 【广西】

### 南宁："半坡遗址和半坡文化展"在广西民族博物馆展出

2015 年 2 月，由西安半坡博物馆和广西民族博物馆联合举办的"远古回声——半坡遗址和半坡文化展"在广西民族博物馆开展。这是西安半坡博物馆开放 50 多年来，第一次举办较多数量、较高等级文物的巡回展览。广西民族博物馆是巡回展览的第一站。展览共展出 71 件（组）文物，其中绝大多数为等级文物，包括部分一级文物。展出的文物除了出土于半坡遗址中的典型文物外，还有同属半坡文化的其他遗址的精美文物。大部分文物都是第一次与公众见面。此展向广西观众介绍了黄河流域新石器时代重要的聚落遗址——半坡遗址的基本研究情况，介绍中国第一座史前聚落遗址博物馆——西安半坡博物馆的建立、影响和社会评价，以及半坡文化主要面貌和特点。

### 南宁：隆安大龙潭遗址发现新石器晚期大型石铲祭祀场

大龙潭遗址位于隆安县乔建镇博浪村博浪屯东北约 1.5 公里的大龙潭附近。遗址所处位置平整开阔，周边为石灰岩峰丛地貌，多低矮平缓的坡岗，间有较为开阔的平地。右江自北向南从遗址东面流过，遗址就位于右江西岸的台地上，高出水面约 20 米。本次发掘地点位于遗址东北部，东面靠近右江，西北与一座当地称之为石人山的石灰岩山相邻，北面与 1979 年的发掘位置相接，南面为大片较为平缓的耕地。地形地貌的自然分割将遗址分为两个发掘区。第 I 发掘区发掘面积 3000 平方米，第 II 发掘区发掘面积 1150 平方米。

主要发现均集中在第Ⅰ发掘区，共发现新石器时代晚期灰坑9个、石铲埋藏坑15个、大型石铲祭祀遗存1处，出土标本300余件，另外还发现数千件石铲残片。第Ⅱ发掘区由于地势较低，坡度较陡，受右江及长期地表水冲刷，文化层已被冲刷殆尽，遗迹遗物发现较少。

## 【贵州】

### 遵义：发现大量先秦两汉遗迹遗物

黄金湾遗址位于习水县土城镇黄金湾村新阳组，处于黄金湾小河与赤水河交汇处的赤水河东岸，总面积约4万平方米，是目前所知贵州赤水河流域规模最大的一处两汉时期古遗址。此次发掘面积580余平方米，共清理出墓葬、房址、灶坑、活动面、灰坑、灰沟等两汉时期遗迹40余处。其中一些遗迹甚为特殊，遗物相对完整，具有较高的观赏和利用价值。如已清理的6座瓮（瓦）棺葬，具有儿童墓地的性质。如此密集分布、类型多样汉代的瓮（瓦）棺葬群在贵州赤水河流域属首次发现，特别是2座瓦棺葬在贵州省境内尚属首次发现。黄金湾遗址的考古与发掘对深入研究赤水河流域古代文明具有重要的学术价值和社会价值。

## 【海南】

### 海南东南部沿海地区新石器时代遗存重要发现

2012年3月始，中国社会科学院考古研究所与海南省博物馆（海南省文物考古研究所）联合在海南岛开展田野考古调查，2012年12月至2016年1月先后发掘了陵水桥山、莲子湾以及三亚英墩三处遗址，并在海南东南部沿海地区开展田野考古调查，发现了陵水岗山、走风等30余处史前遗址。

英墩、莲子湾、桥山三遗址的地层叠压关系及文化内涵表明，以英墩、桥山遗址为支点或桥梁，可初步构建起海南东南部沿海地区的编年序

列。在英墩遗址发现了英墩遗存早于莲子湾遗存（即英墩晚期遗存）的地层叠压关系。而在桥山遗址则存在莲子湾遗存（即桥山早期）早于桥山遗存的明确的地层证据。如此就首次建立起"英墩文化遗存→莲子湾文化遗存→桥山文化遗存"的基本年代框架，为构建海南东南部沿海地区史前考古学文化编年与谱系提供了重要的、关键的证据。

同时，桥山遗址出土了海南首座史前墓葬，并出土人类遗骸，将为研究海南先民的体质特征、DNA信息等提供支持。莲子湾、英墩遗址出土了丰富的海、陆生动物遗存，为了解当时的自然环境及人类生计方式提供了重要资料。

### 西沙群岛：西沙已发现120处沉船遗址 清代沉船出水37件文物

西沙群岛2015年水下考古工作顺利结束，取得突出成果，在珊瑚岛一号沉船遗址发掘出水37件文物，并完成金银岛一号沉船遗址水下考古调查、甘泉岛遗址陆地考古调查、永乐环礁礁盘外海域物理探测调查。中国不断加大水下考古力度，已先后在西沙群岛海域发现120多处水下沉船遗址。水下文化遗存文化内涵丰富，有陶瓷器、铜钱、玻璃器、船板、碇石、石质建筑构件等，类别多样。遗存年代范围长，最早可至五代时期，晚则直至清代晚期。

## 【河北】

### 石家庄：平山县出土罕见战国中山国龙形玉佩

自70年代以来，考古工作者对今平山县三汲乡的中山灵寿古城遗址、中山王陵以及百余座平民墓进行了考古发掘，出土青铜器、铁器、玉器、骨器、石器、金器等数以万计的精美文物，战国中山国的雄风得以再现于世。战国中山国是北方游牧民族白狄族鲜虞部在今河北省中南部建立的国家。长期以来，由于史书记载只言片语，简略

零散，战国中山国成了一个鲜为人知的"神秘王国"。但其凭借游牧民族勇武善战的精神、精良的武备，占据原属殷商故地的河北省中部地带长达二百余年。此次出土的战国中山国龙形玉佩，在一定程度上反映出当时各民族文化的大融合，是战国时期玉文化的典型代表器物，为研究战国中山国的历史和我国古代玉器发展史提供了丰富而珍贵的资料。

## 霸州：首次发现元代墓葬 初步推测为家族墓

河北文物工作者在霸州任水村发现 6 处元代古墓遗址，出土了陶罐、瓷碗、铜镜、铜钱、发簪等十多件随葬品，其中一块墓碑上镌刻有"大元故承务郎河间县尹黄公之墓"字样。这 6 座古墓相距很近，距离地面约 4 米，据此推测该墓群为家族墓。该墓碑记载的墓主人黄公可能是在河间任职的官员，去世后迁回老家霸州任水村安葬。此次是霸州市首次发现元代墓穴，为进一步研究当地元代历史和随葬习俗等提供了资料。

## 邯郸：发现宋初大将韩令坤壁画墓 规模宏大

该墓葬墓室结构完整，规模宏大，规制较高，建造精致。该墓位于磁县磁州镇西来村西北，南北长约 18 米，东西宽约 6 米，且带有墓道。古墓坐北朝南，平面呈方形，由墓道、甬道、前室、中室、后室及耳室组成。墓葬早期破坏严重，墓顶、墓壁坍塌。甬道东墙壁上绘有一组壁画，疑为出行图。墓葬前室出土青石质墓志一盒，长 93.5 厘米，宽 92 厘米，高 28 厘米，上楷书"南阳大王墓志"。墓志为北宋乾德六年刻制，墓主人为北宋韩令坤，并介绍了其生平。韩令坤（923-968 年）为北宋初年大将，今邯郸武安市人。

## 黄骅：发现 2 座汉代画像砖室墓

河北省文物研究所和黄骅市文物保护管理所在黄骅市旧城镇大马闸口村抢救性清理发掘两座

汉代墓葬，出土了丰富的实物资料。墓葬为东西并排的 2 座多室画像砖汉墓，形制规格基本一致。墓葬总长约 17 米，宽约 6 米，深约 2.1 米，主体由墓道、甬道、前室、中室和后室组成。东侧墓葬在前室东西两侧还各有一个耳室，保存较完整。西侧墓葬破坏严重，仅墓底残存少量画像砖。出土文物主要是陶器 20 余件，包括陶俑、陶猪、陶井、陶磨、陶碓及陶罐等。墓砖均为画像砖，纹饰有菱形纹、车马纹、钱纹、龙纹、卷云纹等。

汉代画像砖室墓在河北省较为罕见，仅在黄骅、盐山境内出土过少量汉代画像砖，像这样完整的墓葬发现还属首次。此次黄骅市大马闸口村汉代画像砖室墓的发现，对研究汉代高城县历史以及汉代墓葬形制、埋葬习俗、生活状况、经济状况、雕刻艺术等都有重要意义。

## 邢台：商代古村落遗址发现 6 座古墓 出土大量文物

河北省邢台市文物管理处和柏乡县文保所组成的联合考古队，对赵村村北一商代古村落遗址开展勘探调查，已揭露面积 900 平方米，发现灰坑 56 座、墓葬 6 座、动物牲坑 7 座、灰沟 1 条和多处与建筑有关的生活遗迹，出土了一批陶器、石器、骨器、石刀、石斧、箭镞等遗物标本。已确认遗址为商代中晚期古人类居住址，距今已有 3500 多年的历史。

## 【河南】

### 郑州：发现完整商代早期宫殿遗址 有用儿童骸骨奠基现象

在东赵遗址新发现的"中城"，是迄今发现的二里头文化早期城址中面积最大的一座。更为罕见的是，考古人员发现"中城"存在"婴儿奠基"现象。这种以人奠基的现象，在同时代的城墙修筑中极为少见。发现的卜骨都是被使用过的，上面有灼烧过的痕迹，也有卜兆。它们在同一个卜骨坑里集中摆放，应该是多次占卜的结果，有可能是商代殷墟卜甲集中埋藏放置习俗（制度）的雏形。此外，中城里还发现了东城门，以及可能发挥着蓄洪、清淤等作用的二里头文化时期的灌溉和水网系统。考古人员还发现了商代早期大型回字形宫殿建筑基址，面积超过3000平方米，是目前郑州地区发现的最大、最完整的商代早期宫殿建筑基址。推测应是商王朝早期修建起的一座宫殿，与商代早期都城郑州商城是什么关系、与哪个商王或贵族相关联、它的性质是什么，都有待进一步考古发掘和研究。

## 安阳：南水北调工程发现宋代宰相家族墓地

宋代韩琦家族墓地位于安阳市西北约十公里的龙安区皇甫屯村西，历史上称为丰安茔。该墓地南北长约360米，东西宽约450米，历史记载该墓地共占地185亩。南水北调中线干渠从墓园中间穿过。墓地内出土和发现了韩琦及其族人墓志共计9方，特别是韩琦及其四子粹彦、孙子韩治的墓志，志文撰写、志盖及志文书丹等分别由当时著名的文人和高级官员完成。墓志长宽分别为1.55米至1.56米，是我们目前发现的宋代形制最大的墓志之一。墓志文字多，记载详备，书体精美，志文与历史文献相互印证，具有较高的史料价值、书法价值和文学价值。

## 鹤壁：隋代黎阳仓与回洛仓遗址发掘重要成果

隋代黎阳仓遗址位于河南省浚县城关镇东关村，地处大伾山北麓，东邻黄河故道，东北距黎阳城遗址约1公里，西距卫河（永济渠）约1.5公里。黎阳仓城依山而建，近长方形，东西宽260米，南北残长300米，周长约1100米。仓城城墙为夯土筑成。仓窖排列基本整齐有序，南北向大致有七排，东西向排列。除东北部外，每排10个左右，排与排间距10米左右。窖与窖间距最近3.5米，最远10米。目前完成发掘

面积3000平方米，已发掘清理的3座隋代仓窖（编号为C6、C16、C18）发现窖内近底部残存有粮食遗存，经初步检测分析，为带颖壳的粟、黍等谷物。

## 洛阳：汉魏洛阳城太极殿遗址重要发现

2012年至2015年，洛阳市启动了汉魏洛阳城以太极殿为中心的宫城中枢区考古勘察。发掘面积1.2万平方米，考察取得重大收获。

太极殿遗址位于北魏宫城中部偏西，北距河南省孟津县平乐镇金村约1公里，南距宫城正门阊阖门遗址约460米。勘察表明，太极殿是由位于北魏宫城主要建筑轴线中部、东西向分布的三座大型夯土台基建筑为主体构成，分别是太极殿和太极东、西堂遗址。在太极殿主体建筑周围，还围合有廊庑、宫门等附属建筑，形成东西约340米、南北约310米的大型宫院，前面的三号宫门为太极殿宫院正门。

据发掘解剖，太极殿建筑群的建筑时代主要为三个时期，其主体建筑始建于曹魏时期，北魏时期重修沿用，北周时期改建未成。

这项考察首先确定了该宫城墙垣的四至范围与时代序列；其次，进一步了解了该宫城中枢区轴线建筑的空间布局；第三，对宫城最重要核心建筑太极殿宫殿建筑群的布局结构有了崭新认识；第四，证实了文献记载曹魏新建的洛阳宫是一座居北居中的单一宫城，由此也确认了中国古代由汉代多宫制到以后各代居北居中单一宫城形制的转变时间，由以前认为的南北朝时期提早到三国曹魏时期，这是都城发展史上具有重要意义的崭新认识。

始建于曹魏时期的太极殿，是中国历史上第一座"建中立极"的宫城正殿，其创建的宫室制度及都城格局，开创了中国及东亚古代都城布局的一个新时代。

## 洛阳：发现春秋墓葬和汉代古城

经过两年多的考古勘探与发掘，洛阳文物考古工作者在伊川县发现200余座春秋墓葬、8座车马坑、30余座灰坑、10余座烧窑和1座汉代古城，基本摸清了徐阳墓地的分布范围是横跨顺阳河中下游两岸台地，依河谷呈带状分布，总面积约20万平方米。根据出土文物，专家初步判断这里是2600多年前陆浑戎部落所在地。陆浑戎是河洛地区极少数有文献记载其迁入和灭亡过程的内迁戎族部落，探究这个少数民族，对研究中原地区少数民族迁徙和融合具有重要意义。

## 南阳：独山玉有了国家标准

独山玉因产于南阳市独山而得名，与新疆和田玉、辽宁岫玉、湖北绿松石并称我国四大名玉。5月15日，中华人民共和国国家质量监督检验检疫总局和中国国家标准化管理委员会发布了《独山玉命名与分类》国家标准(GB/T 31432–2015)，该标准于2015年6月1日正式实施。

独山玉的摩氏硬度为5.5–7，比重为3.29，其硬度几可与翡翠媲美。中国对独山玉的认识和开发利用有悠久的历史。如南阳市宛城区的黄山新石器时代遗址里，出土了距今五六千年的、制作独山玉所用的玉铲、玉凿、玉璜、玉簪等物。在河南安阳殷墟出土的444件有刃石器中，有7件是独山玉制品。河南、湖北楚文化遗址也发现了大量的独山玉制品。独山玉国家标准填补了珠宝玉石行业长久以来独山玉分类标准的空白，将有助于规范市场行为，合理开发利用和保护日益珍稀的独山玉资源。

## 新乡：原阳发现28座汉代墓葬群 出土珍贵彩陶等文物

新乡市文物考古工作队在原阳县发现了一个由28座古墓葬组成的汉代墓葬群，出土了一些珍贵的彩陶等文物。墓葬群占地面积约500平方米，由北向南、由东向西分别排列着28座古墓葬，大部分为空心砖墓结构，距现在地表5米以下。经文物考

古工作者初步判断，为西汉时期古黄河南岸的家族式墓葬群，距今已有2000多年的历史。

## 永城：西汉梁王墓发掘出土玉器

商丘永城芒砀山为西汉梁国诸侯王陵所在地。自西汉文帝十二年(公元前168年)文帝少子刘武始封于梁国始，至王莽国除(公元9年)，历经九代王，延续长达170多年。目前已经确定西汉梁王陵墓主要分布在芒砀群山的保安山、李山头、夫子山、铁角山、南山、黄土山、僖山、窑山等八座山头上。墓葬为大型崖洞墓和竖穴石室墓。出土玉器较为零散，但玉器多数玉质较佳，纹饰雕琢精美，制作工艺无论从用料、切割、雕琢，还是抛光技术方面均与河北、江苏、山东等西汉诸侯王墓出土玉器相媲美，为研究西汉诸侯王用玉制度提供了丰富的实物资料。

## 禹州：大吕墓地发现新石器遗址和商周至战国汉代重要遗迹和墓葬

大吕墓地位于禹州市小吕乡大吕街一带。河南省文物考古研究院与禹州市文物工作队组成考古队对该墓地进行了2次大规模钻探和2次较大规模发掘。共勘探约15万平方米，发掘2640余平方米，发现新石器遗址2处、大型商代聚落1处、商周汉代墓区5处、汉以后小型城址1处、宋以后寨堡1处，清理商、西周、战国、汉代等时期墓葬19座，出土有青铜器、玉器、石器、原始瓷器、陶器、蚌器等遗物近300件。

## 周口：发掘战国至东汉古墓 出土2000多年前青铜剑

周口市文物考古管理所对发现的墓葬群进行了抢救性发掘，共发掘出古墓21座，其中19座为竖穴土坑墓，2座为砖室墓，年代为战国至东汉晚期。考古专家在清理发掘该墓葬群时，发现这些墓葬曾被严重盗扰，只有5座土坑墓保存完

好，出土的陶器数量、种类较多，有辅首衔环壶、罐、汤匙、盘、碗、素面瓦当和绳纹板瓦等。考古专家还发掘出土了4件青铜器，其中青铜矛2件、青铜戈1件、青铜剑1把。其中尤以墓主人胸前摆放的青铜剑最为珍贵。该剑保存完好，通体乌黑，剑刃存有微缺，推测应为墓主人生前使用，死后随葬。青铜戈一件是素面实用器，一件带有兽首纹饰，保存较为完好。青铜戈戈刃锋利，虽埋藏地下2000多年，仍然寒光逼人。另外，考古专家还从这个墓葬群发掘出土了黑、白卵石6枚，长柱形水晶1枚。这些卵石如手指肚大小，没有加工过的痕迹。长柱形水晶应为墓主人口含物件。考古专家表示，该墓葬群出土的随葬品，为研究项城战国至东汉时期的墓葬形制、风俗习惯，提供了典型的实物依据。

### 驻马店：西平同心寨遗址发现元明时期遗存

同心寨遗址位于驻马店市西平县芦庙乡同心寨村东南，东距大刘庄约200米。遗址被一条东西向的生产便道分成了南北两个部分。遗址中心区略高于周围地表。本次发掘共发现1座墓葬、8座灰坑和1座水井，出土了数量较多的瓷器和陶器。瓷器釉色可分黑釉、青釉、白釉、白底黑花等几类，其中以白底黑花数量较多。题材多为几何纹，也有部分暗纹装饰。胎质可分为白胎和褐色胎质，胎质多较粗糙。碗多见敞口圆唇、直矮圈足，一般较常见施半釉，不到底；底部多见矮圈足。罐一般施釉到底，装饰白底黑花图案。陶器以生活用具为主，有盆、罐等，大小不一，都是实用生活用具。

同心寨遗址虽然遗迹数量较少，遗物也不是十分丰富，但这些日用瓷器、日用陶器的出土为了解当时社会基层的经济生活状况提供了新资料。

### 【黑龙江】

### 双鸭山：小南山遗址出土大量新石器时代文物

位于黑龙江省双鸭山市饶河县的小南山遗址于2015年7月正式考古发掘，出土了大量新石器时期文物。大量珍贵玉器表明邻近我国东端国境线的小南山早在8000年前曾是东北亚地区"用玉"中心之一。此次正式发掘促进了对小南山遗址文化内涵的认识。小南山遗址从20世纪50年代开始就陆续有文物出土，是黑龙江省出土玉器最多的遗址，在黑龙江流域及东亚、东北亚史前研究中有重要地位。

### 【湖北】

### 武汉：唐崖土司城址成功列入世界文化遗产名录

由湖南永顺老司城遗址、湖北咸丰唐崖土司城址、贵州遵义海龙屯组成的"土司遗址"系列申遗项目，成功列入世界文化遗产名录。这是湖北省继武当山古建筑群、钟祥明显陵之后的第3处世界文化遗产。

### 大冶：铜绿山四方塘遗址墓葬区重要发现

四方塘遗址墓葬区位于大冶铜绿山Ⅶ号矿体（大岩阴山）北坡，坐落在一条西南至东北走向的马鞍形山岗上。2014年11月至2015年11月，湖北省文物考古研究所等单位对墓葬区进行了两次发掘，揭露面积2275平方米，清理墓葬135座。其中，西周晚期3座、春秋时期120座，共出土铜、陶、玉、铜铁矿石等质地文物170余件。

此次发掘首次在矿冶遗址发现墓地，揭示了矿冶生产的管理者和生产者的相关信息。一椁一棺墓和随葬青铜、玉器的宽边长方形小型墓规格高于其他墓，墓主身份可能为矿区较低层次的生产管理者或高等级矿师。根据随葬品情况推测他们可能有分工，如随葬铜兵器的可能与矿区安全保卫有关，随葬铜斧、铜凿、铜刮刀等的可能与矿区采冶、竹木管理和制作有关，随葬铜削刀的

2016 中国收藏拍卖年鉴

可能与生产记录相关。随葬孔雀石、铁矿石、石砧等碎矿工具的或无随葬品的小型墓墓主，可能是矿冶生产底层的技工或工人。这些为研究春秋时期铜绿山乃至中国古代矿冶生产中的人力分工和技术种类等问题提供了弥足珍贵的实物资料。

这是首次较为完整地揭示了采选冶铜遗址与墓地组成了一处铜矿产业链。墓葬区与近几年在岩阴山脚遗址发现的洗矿尾矿堆积场、选矿场、35 枚矿工脚印、四方塘遗址冶铜场及Ⅶ号矿体 5 处古代采矿遗址等，共同组成了一个同时代同地区的较为完整的矿冶产业链，为研究东周时期铜绿山铜矿采冶空间分布、生产规模、技术流程等拓宽了视野。

墓葬区的文化属性显示扬越文化和楚文化共存融合，楚文化因素逐渐加强。对墓葬出土的部分铜器和孔雀石进行了铅同位素示踪分析，这些铜器的原料多数来源于铜绿山。四方塘遗址冶炼场出土炉渣分两批次检测，含铜量平均为 0.49％ 和 0.68％，皆说明炼铜技术已达到了近现代冶铜技术的水平。

### 大冶：保安镇发现唐宋完整窑址群

发掘地址在大冶市保安镇磨山村绣花墩和赤马村王家咀对面山上。三处烧制高温釉陶器的古代窑址群年代为唐宋时期，总面积约为 20000 平方米，接近三个标准足球场大小。古窑址群规模如此之大且保存完整，具有很高的考古价值。

### 荆州：出土青铜剑为考证吴越兵器提供新线索

湖北荆州望山桥一号楚墓考古出土 2 柄青铜剑，其中一柄青铜剑剑格处镶嵌有绿松石。2 柄青铜剑的考证工作，将为探索吴越兵器出自楚国之谜提供新线索。专家从墓室发现了一枚有依稀文字的竹简，透出墓主身份或是邵氏家族墓。邵氏是楚国王室三大家族"昭、屈、景氏"之一（昭也作邵、悼）。其南 200 米的望山 1

号楚墓，1965 年曾出土闻名天下的"越王勾践剑"，西南两公里的马山五号楚墓，曾出土"吴王夫差矛"；北约两公里的藤店 1 号楚墓，曾出土"越王州勾剑"。

为确保文物安全，出土的 2 柄青铜剑尚未出鞘。至于青铜剑是否为越王剑，以及青铜剑为何时所铸、何人所用、有无铭文等疑问，有待下一步研究考证。

### 天门：石家河遗址出土 240 余件史前玉器

石家河遗址是我国长江中游地区迄今发现分布面积最大、保存最完整的新石器时代聚落遗址，被评为"中国 20 世纪 100 项考古重大发现"之一。2015 年 11 月底至 12 月初，考古人员在石家河古城中心区域的谭家岭遗址寻找建筑遗迹时，意外从高等级墓葬区 5 个瓮棺中发现了大量玉器。这批玉器类型丰富，有玉佩、玉钺、玉如意、玉管等，造型别致，生动逼真，有大耳环玉人、连体双人头像、鬼脸座双头鹰等。数量之多让人惊喜，工艺水平之高超令人震撼。圆雕、透雕等技艺，较良渚文化的平面雕刻有很大进步，代表当时中国乃至东亚范围内琢玉技艺的最高水平。

### 襄阳：发现一明石窟群遗址 始建于明代

考古人员在鄂西北襄阳山区发现一处宗教文化石窟群遗址。建有石窟群的绝壁坐北朝南，宽和高均达数百米，绝壁上有多个天然洞窟以及 8 处人工洞窟。洞窟分上下两层排列，绝壁半山腰上有一排，以天然洞穴为主，下面一排以人工洞窟为主，还存有碑刻 26 通、摩崖碑记 11 块、神像 10 余尊。人工石窟始建于明代，具有重要的研究和开发价值。据石窟群碑文显示，这些石窟建于明嘉靖初年，是一位名叫金山的僧人牵头修建，当时被命名为"金山峒石窟寺"。据记载，当时石窟寺由龙洞、佛洞、财神洞等组成，供奉神像 50 余尊，凿有两道石阶。考古专家将对石窟群作进一步鉴定。

## 枣阳：湖北郭家庙曾国墓地发现春秋早期大型乐舞遗址

郭家庙墓地位于枣阳市吴店镇东赵湖村一、二组，总长 1500 米，东西宽 800 米，分为郭家庙墓区和曹门湾墓区。经抢救性发掘，共发掘西周末至春秋早期的墓葬 29 座、车坑 1 座、马坑 2 座，共出土青铜器 400 余件（套）、玉器近百件、陶器 50 余件、漆木器 30 余件等。其中一批铭文铜器的出土为确认墓地的国属提供了依据。

发掘出的一处春秋早期大型乐舞遗存，经确认为目前中国考古发现最早的乐舞遗存，填补了从西周早期到战国早期近 500 年间大型乐舞发展史空白，也证明了曾国是周代礼乐文明的正统代表。本次考古进一步证实，名不见经传的"小国"曾国，实为春秋早期的大国。乐舞遗址位于曾国墓地曹门湾墓区一号墓内，于 2014 年 11 月份开始发掘。该墓室北部分布着彩漆木雕大型编钟架和编磬架，其中最长的钟梁近 5 米，两端圆雕龙首，通体彩饰变形龙凤纹。不同大小 2 对 4 件，底座腐蚀严重，其中较大者为圆雕凤首，局部彩绘垂鳞纹，形象生动饱满。此次发掘的另一重大发现为 27 辆马车，是春秋时期曾国规格最大的车坑发掘，为研究长江流域周代马车结构研究提供了重要实物资料。

## 【湖南】

### 长沙：工地现千年古城墙

经过近 4 个月的考古发掘，湖南省长沙市文物考古研究所在长沙市青少年宫建筑工地清理出一段长 48.7 米的古城墙。考古专家确认，这是三国魏晋至唐初的长沙城北城墙。古城墙现存部分长约 6 米，高 1 米，呈东西走向。夯土厚约 1.5 米，包砖有 10 层。墙体中间是夯土，北侧由青砖堆砌而成，保存完好。墙体始建于三国魏晋时期，南朝时期进行修补和扩建，并在墙体外侧包以青砖。城墙一直沿用到唐代初期，后由于人口增长、城市扩张而废弃。在距城墙北侧 25 米处，考古人员发现了一段壕沟。其走向与城墙一致，残存长约 32.7 米。考古人员判断其开挖于西汉时期，三国魏晋、南朝时期一直在使用，唐代初期废弃并填平，推测为当时的护城河。此次发现的古城墙为古代长沙城域变化提供了新的证据。

### 长沙："关良先生 115 周年诞辰特展"开幕

由湖南省博物馆、长沙市文化广电新闻出版局、龙美术馆、谭国斌当代艺术博物馆主办的"食洋而化 风神独韵——关良先生 115 周年诞辰特展"在谭国斌当代艺术博物馆隆重揭幕。关良先生是中国近现代画坛上一位不可或缺的大师，他是最早将西方现代派的绘画理念引入中国传统的水墨画之中的艺术家，创造了别具一格的戏剧人物画，在国内外享有很高的声誉。此次展览征借到作品 200 多件，是目前最全面展现关良绘画成就的一次展览。

### 长沙：开福区发现疑似西汉贵族墓 墓主或是武职男性

开福区陡岭路附近一处建筑工地上，发现一座古墓。发掘文物主要分为两大类，一为青铜器，已出土鼎、壶、盆、匜、剑、戈等；二为漆木器，已出土耳杯、盘、剑鞘、木俑等。其随葬品上的纹饰与马王堆汉墓中的极为相似。考古人员根据现场情况和出土文物，初步判定为战国晚期到西汉早期的墓葬，距今已 2000 余年。

### 郴州：发现东汉时期古墓

永兴发现东汉古墓，在进行了抢救性考古发掘后，出土了 8 件陶瓷、陶罐等实用器。依据墓葬形制、砖侧纹饰和器物，此墓年代为东汉早中期，距今约 1900 年。从出土陶器来看，在永兴县至今发现的东汉墓中，没有出现这些类似的器物。此墓出土部分器物应该是实用器，如石案板、陶罐和陶投壶。专家认为，这一墓葬的发现，对了解东汉时期民间葬俗、三国时期的历史以及考古发现有重要的参考价值。

### 郴州：发现明代炼锌遗址 20 余处

明代炼锌遗址分布在桂阳宝山矿区周边，其中近 10 处位于城郊附近，靠近耒水最大的支流桂阳西水河。炼锌遗址多建在煤层上方及附近，体现了古人的智慧。在正和镇发现的双联排冶炼炉遗址，24 个冶炼炉基相向排列，每排 12 个。这些遗址距今有 500 多年，里面有大量不同形制的坩埚、炉渣等物，其中双联排冶炼炉遗址、坩埚挡土墙遗址为国内首次发现，对研究古代炼锌厂设置、炼锌技术等具有重要价值。

### 常宁：抢救性发掘 7 座汉墓 墓葬形制各有特点

常宁市文物管理局受省文物局委托，对位于该市政府大楼东南边李家山的振安学校项目建设工地进行抢救性发掘，发现了 7 座汉代古墓，其中 6 座砖室墓、1 座土坑墓，是常宁市有史以来发现汉墓最多的一次。7 座墓葬形制不同，各有特点，因建设施工和历史损毁，墓室、甬道、券顶均受到不同程度的破坏。此次发掘共出土器物 58 件，其中陶器 39 件、青铜器类 2 件、铁器类 9 件、银戒指 1 枚、绿松石饰品 6 颗、"大布黄千"钱币 1 枚、五铢钱若干。"大布黄千"钱币是王莽篡汉成立新朝时铸造的一批钱币。

### 花垣："老卫城"考古获重大发现 始建于南宋时期

老卫城近长方形，面积 55 万平方米，依地势开东、西、南、北 4 门。城内分居住区、设衙署和墓葬区，"洗马池""跑马场""荷花池"分设于城内。这是湘西目前保存较好、面积最大的土城之一。考古专家初步判断老卫城始建于南宋时期，从而为古溪州时期"划疆而治"的土司制度提供了有力证据。

### 怀化：中方县发掘楚汉墓葬 23 座 印证"秦人攻楚黔"

怀化市中方职教城建设工地考古发掘基本结束，已发掘楚汉时期的墓葬 23 座，并出土了铜陶礼器、青铜兵器等数量较多的随葬品。墓葬按墓口大小及形制，大体可分为窄坑墓和宽坑墓。其中既有比较典型的楚墓，也有具有土著文化风格或巴蜀文化风格的墓葬。出土虎纹铜戈的墓葬，目前在湖南地区乃至整个楚地发现都较少，一般属战国晚期。可以推断，这三类文化因素的时代关系，或许正好与楚文化在战国中期对本地文化的取代，以及战国晚期秦人征巴蜀之兵而攻楚黔中的历史背景相吻合。

### 岳阳：汨罗古墓出土彩绘镇墓兽

位于岳阳汨罗市友谊河边的战国古墓葬现场发掘工作基本完成，清理出土了彩绘陶鼎、陶敦、陶壶、玉璧、青铜盆、青铜车辖等文物。其中最为独特的是陶制彩绘镇墓兽，距今 2000 多年，在湖南考古史上极为罕见。该古墓年代跨越 2000 多年，以楚文化特征为主。发掘出土的文物不仅展示了战国时期的丧葬风俗，还可以看到当时社会的物质、文化生活等多个方面，对研究汨罗、岳阳乃至湖南的历史具有重要的价值。

### 沅江：新发现十万年前旧石器遗址

文物专家在沅江市赤山岛南益高速公路沿线进行文物调查时，发现一处旧石器遗址，距今约十万年。这是沅江第一次发现有准确地层关系的旧石器遗址，为研究南洞庭湖旧石器时代人类生存状况及其石器制作工艺提供了更为详细的资料。

遗址位于赤山岛上南嘴镇兴南村田坪组牛栏

岭，为益南高速公路建设现场。在离地表约2米深的第四纪红色网纹土层中，考古专家发现人工打制的旧石器。在随后组织的试掘中，共出土旧石器十几件，其中包括砍砸器、尖状器、石片等石器雏形。此处遗址为沅江南洞庭湖及资水流域第四次发现的旧石器遗址，表明古人生活的年代与第四纪红色网纹土时期时间相同或更早。

## 【江苏】

### 南京：南京博物院举办明代吴门书画特展

2015年5月，南京博物院举办的"明代吴门书画特展"开幕。展览精选南京博物院收藏的吴门书画作品130余幅，几乎涵括半部明代书画史，向观众呈现了明代吴门书画的发展盛况。

### 南京：南京博物院"飞跃欧洲的雄鹰——拿破仑文物特展"落下帷幕

2015年6月，南京博物院倾力打造的年度大展"飞跃欧洲的雄鹰——拿破仑文物特展"落下帷幕。展览真实、立体地反映了拿破仑及其帝国的历史风貌和文化特征，是中国目前规模最大、最全面系统的拿破仑时期文物展。南京博物院还特邀法国荣军院院长向公众做了主题演讲《告诉你真实的拿破仑》，从战争与光荣、治理下的国家、伟大与地位三个方面诠释了拿破仑的一生。展品的主要来源机构是法国拿破仑基金会，从收藏者的独特视角，遴选了30余件代表性文物，从莱蒂齐娅的儿子、约瑟芬的前夫、塔列朗的政敌、缪拉的统帅、路易斯的丈夫、贝特朗的陛下、印象拿破仑等七个角度细细解读文物本身，及其蕴涵的真实信息或传奇故事。

### 南京：发现郑和墓文物实证

江苏南京首次发现郑和墓文物实证——"咸阳世家"墓志碑，这是迄今第一件能证实郑和安

葬在南京牛首山的文物实证。

关于郑和殁年葬地，史学界众说纷纭。其中有一种观点认为，郑和结束第七次下西洋后，于1435年回到南京，同年在南京逝世，葬于牛首山郑和墓。但因缺乏实证，学界对此一直存在质疑。此次发现的墓志碑年代是清代光绪甲申十年（1884年），该碑长1米多，宽近半米，上面提到："郑公祖先郑和出使西洋印度诸国"、"赐姓郑，守备南京，马府街即赐第处也。殁，敕奠于牛首山西。"

### 苏州：朱墓村遗址出土约570件文物

朱墓村遗址考古发掘共计发掘2300平方米左右，其中西部地点1500余平方米，东北地点800余平方米，两处均有重要发现，取得较多成果。发现的遗迹有土台2处、居住址5处、灰坑75个、水井55个、古水田10处、墓葬30座等。其中大部分遗迹为新石器时代良渚文化时期，其次为东周时期，再次为汉代至六朝时期，少量为宋代。遗址出土了丰富的遗物，有陶器、瓷器、石器、玉器、漆器、骨器、铜器等各类文物570件左右，以新石器时代良渚文化遗存为主，东周时期文化遗存次之。大部分出土器物进行了及时修复。出土器物中有高达82厘米的陶瓮，为良渚文化时期特大型器物。

### 无锡：钱桥赤墩遗址发现31个墓葬 一批玉器石器等出土

位于惠山区钱桥街道的赤墩遗址考古又有新发现。第二次挖掘共发现崧泽时期墓葬31座，出土玉器、石器、陶器等器物190件，为研究太湖地区崧泽文化提供了新的材料。此次挖掘发现的墓葬中，有早期墓葬29座、晚期墓葬2座。其中近20座墓葬排列有序，上下叠压几层，墓向基本在5至15度之间。在M11墓葬内出土的几件精美玉器均为在埋葬前刻意打断后再埋入墓内，推测可能与当时的葬俗有关。

在发掘中，考古人员还发现了崧泽时期灰坑22座、呈长条状的沟2条以及1座近似椭圆形的灶，出土了陶球、陶罐、石斧、石钺、石佩挂饰等器物及部分陶片，为还原5000多年前生产生活场景提供了鲜活的佐证。

## 新沂：高庄发现汉代土墩墓群

高庄墓群位于新沂市阿湖镇林头村高庄自然村东部，西距淋头河约1公里，北距323省道约2公里。墓群所在地表原有多处明显高出周围地面的土墩，由于当地居民取土，现地表已经较为平坦，局部略有隆起。考古勘探表明，整个墓地面积约10000平方米，墓葬分区域集中埋葬在一起。此次发掘共清理各类墓葬68座，时代从西汉中晚期一直延续至东汉时期，包括竖穴土坑墓60座、砖室墓5座、石椁墓3座。出土各类文物约250余件（组），有陶器、釉陶器、铜器、铁器、骨器、石器、蚌器、玉器、漆器等。

## 兴化、东台：蒋庄遗址发掘

蒋庄遗址位于江苏省兴化、东台两市交界处，2011年10月至2015年12月，南京博物院考古研究所对其进行了抢救性考古发掘。以泰东河为界，遗址分为东西两区，总面积45万平方米。发掘工作主要集中于西区，总共发掘面积3500平方米，揭露良渚文化墓地一处，发现房址8座、灰坑110余座以及水井、灰沟等聚落遗存，出土玉、石、陶、骨器等不同材质遗物近1200件。蒋庄遗址地处水网密布的里下河地区，出土的各类陶鼎等主要炊器具有鲜明的自身特点。对于构建江淮地区史前考古学文化谱系、研究良渚文化与本地土著文化以及北方大汶口文化的关系都具有重要意义。

蒋庄良渚文化墓地位于聚落东北部，整体呈南北走向。清理墓葬282座。随葬玉璧、玉琮的较高等级墓葬主要集中于墓地南部，而"平民墓"主要位于墓地中北部，体现了对应的社会分层现象。墓葬形制均为长方形竖穴土坑，葬式多样，一次葬与二次葬并行。二次葬分烧骨葬与拾骨葬两种，随葬玉琮、玉璧的较高等级墓葬均为二次葬。

蒋庄遗址是首次在长江以北发现随葬琮、璧等玉质礼器的高等级良渚文化墓地。突破了以往学术界认为良渚文化分布范围北不过长江的传统观点。蒋庄遗址良渚文化墓地为良渚文化核心区之外发现数量最多的良渚文化墓地。人骨保存情况较好，是良渚文化保存骨骸最为完整丰富的墓地。对研究良渚文化的埋葬习俗、社会组织关系与人种属性提供了极其宝贵的实物资料。墓地中所发现的无首、独臂、无掌或首身分离以及随葬头颅的现象可能与战争或戍边相关，为良渚文明边缘区域的聚落、社会形态的研究提供了新材料，从而对研究良渚文明都邑聚三重社会结构、国家形态具有重要意义。

## 扬州：发现迄今最早城门遗址 战国木构水涵洞保存完好

扬州城遗址为目前国内沿革历史较长、保存最为完好的古城遗址之一。根据历史遗存推测，这处扬州蜀冈古城址的木构及其他遗存从战国至南宋延续了近1700年，是扬州地区迄今为止考古发掘出的时代最早的城门遗址。扬州唐城考古工作队发掘了蜀冈古代城址北城墙西段东部豁口及其两侧，清理出不晚于汉代的木构水涵洞、不早于汉代至晚唐杨吴时期的陆城门东边壁和水窦、南宋时期的水关和陆城门遗迹以及相关的夯土遗存。同时出土了战国时期的铁刀和陶器残片、汉剪轮"半两"铜钱、汉至唐代的砖瓦以及陶瓷片等遗物。

## 【江西】

## 南昌：首次发现50万年前旧石器时代早期遗址

江西省文物考古研究所和中国科学院古脊椎

动物与古人类研究所等单位组成联合考古队，在江西省安义、靖安和奉新县等地展开为期一个月的旧石器考古调查，收获颇丰。新发现旧石器遗址 15 处，主要分布在南潦河和北潦河的河流二、三级阶地，时代涵盖旧石器时代早期、中期和晚期，其中安义县 9 处、靖安县 4 处、奉新县 2 处。获得石制品 200 余件，有备料、石核、石片、石砧、石锤、刮削器、石球、砍砸器和薄刃斧等，部分标本出土于地层之中。

此次考古调查的最大收获是在安义县的舒家垄、郭家村、回春寺等遗址的网纹红土地层中发现打制石器，尤其是安义舒家垄 1 号遗址发现精制的砍砸器、石球和石片等。这是江西首次在网纹红土中发现石制品。根据地质地貌和石制品的文化特征，初步确定遗址的地质时代属于中更新世，距今 50 余万年，遗址的考古学年代属于旧石器时代早期。它的发现把江西的史前史提前到 50 万年前，为研究中国的旧石器文化提供了重要的资料，对研究中国古人类的认知能力具有重要的学术意义，为中西方旧石器文化的对比研究提供了新的材料。

## 南昌：西汉海昏侯墓重要发现

2011 年至今，历时 5 年时间的江西南昌西汉海昏侯刘贺墓考古工作，共勘探约 100 万平方米，发掘约 1 万平方米，取得了重要成果。

通过对海昏侯墓周边 5 平方公里区域的考古调查和勘探，发现了以紫金城城址、历代海昏侯墓园、贵族和平民墓地等为核心的海昏侯国一系列重要遗存，是我国目前发现的面积最大、保存最好、内涵最丰富的汉代侯国聚落遗址。

海昏侯刘贺墓园以海昏侯刘贺和其夫人墓为中心建成，由 2 座主墓、7 座祔葬墓、一条外藏坑和园墙、北、东门及其门阙等墓园的相关建筑构成，内有道路系统和排水设施。海昏侯刘贺墓由墓葬本体及其西侧的一个车马坑组成，设计严密、结构复杂、功能清晰明确，对于研究西汉列侯等级葬制具有重大价值。

迄今已出土的 1 万余件（套）文物，形象再现了西汉时期高等级贵族的奢华生活，具有极高的历史价值、艺术价值和科学价值。其中数千枚竹简和近百版木牍，是我国简牍发现史上的又一次重大发现。出土的整套乐器，再现了西汉高级贵族的用乐制度。出土的 5 辆安车、大量偶车马，特别是两辆偶乐车，为西汉高等级贵族车舆、出行制度作了全新的诠释。诸多带有文字铭记的漆器和铜器，反映了西汉时期的籍田、酎金、食官等制度。

大量的出土文物，完整的墓园结构，高等级的建筑遗迹，鲜明的墓葬特点，明确的墓地与都邑位置关系，组成了关于墓主身份的多重证据链，清楚表明墓主是西汉时期第一代海昏侯刘贺。

## 丰城：发现距今 5500 年筑城遗址 江西筑城史前推 1000 年

遗址位于更新村委会老詹自然村秀水河西岸约 200 米处。寨上遗址呈长方形，周围是水田。遗址比周边高出 3 米至 4 米，四周环绕一圈壕沟，宽度在 8 米至 15 米。包括壕沟在内，遗址东西长约 130 米，南北宽约 110 米。遗址为保存完好的典型环壕聚落，地层关系复杂，遗迹丰富。本次发掘出土了大量遗物，主要是陶器和石器，数量有几万件。经过考古发掘，该遗址被认定为江西少见的史前环壕聚落，上限距今约 5500 年，将江西筑城史前推了 1000 年。且城墙由分层夯打技术筑成，具有重要的历史和科研价值。

## 赣州：七里镇窑址考古结硕果 窑尾遗迹保存较好

"赣州七里镇窑址 2014 年度考古发掘成果专家论证会"在赣州举行，来自中国社会科学院考古研究所、故宫博物院等单位的 20 余名专家学者一致认为，七里镇窑址考古取得阶段性成果。

七里镇窑址位于赣州市章贡区水东镇七里

村，现有窑包堆积 16 处，遗址总面积 2 平方公里。七里镇窑晚唐创烧，宋元鼎盛一时，明中期停烧。产品曾经外销到东亚，是江西宋元四大名窑之一。经国家文物局批准，2014 年 7 月起，省文物考古研究所与赣州市博物馆联合对该窑址的周屋坞与赖屋岭两个窑包进行了主动性考古发掘，已揭示 3 条龙窑并出土了近 3 万件各种釉色的宋元瓷器、匣钵、垫饼等，瓷器主要有五代时期的青瓷、北宋早期的乳白瓷、北宋至南宋时期的青白瓷与酱釉瓷、南宋至元代的黑釉瓷等。

## 景德镇：中国陶瓷博物馆在景德镇正式开馆

2015 年 10 月，中国陶瓷博物馆在景德镇正式开馆，同时有"瓷器、瓷业、瓷都"基本陈列开展，另有"王步陶瓷艺术展"、"妙手神韵——景德镇陶瓷馆藏清唐英督陶时期雍乾官窑瓷器展"、"传承与创新——景德镇学院陶瓷艺术教育成果展"、"2015 中国陶瓷艺术 100 作品展暨颁奖典礼"、"回望故乡——朱乐耕陶瓷艺术展"等展览活动。首批次共有 2000 余件展品向公众开放亮相。

## 鹰潭：我国首次大规模道教遗址发掘获重大发现

考古工作者对鹰潭龙虎山大上清宫遗址的考古发掘有重大发现，证实该考古遗迹为北宋以后龙虎山道教祖庭的主体。该遗址位于上清镇东陲，距嗣汉天师府约 1 公里。目前发掘位置为遗址的玉皇殿区域，占地面积约 10000 平方米。考古工作者在遗址东部布下 10×10 米探方 25 个，揭露面积 2500 平方米。已发现的宫观建筑基址有龙虎门、玉皇殿、三官殿、2 处碑厅、周廊、厢房等。遗址中出土了大量宋、元、明、清时期的陶瓷器碎片及各类建筑构件，其中不少是十分精致的琉璃瓦。

大上清宫遗址的考古发掘是我国第一次大规模的道教遗址发掘，发掘科学规范，出土文物品种丰富，文物保护及时有效，学术意义十分重大，

是我国道教考古的一次重要发现。现存的建筑遗迹体现了明代完整的保留宫观建筑布局，是我国南方地区迄今所发现等级最高，规模最大，保存最完整，宋、元、明、清皇家等级的宫观建筑遗址。

# 【辽宁】

## 朝阳：出土青铜时代早期陶器

中国人民大学历史学院与辽宁省文物考古研究所联合完成了对朝阳市喀喇沁左翼蒙古族自治县土城子遗址的首次发掘。考古人员发现了一座距今约 3500 年至 4000 年前的青铜时代遗址，出土一批陶器、石斧、石铲等生活用品，为研究当时该地区的社会发展、生活习俗提供了依据。

遗址地处辽宁西部的大凌河上游，位于喀喇沁左翼蒙古族自治县黄家店村大阳山北坡台地上，东西 400 米，南北 450 米。考古人员找到了 100 多处遗迹，包括房址、祭祀坑、窑址和灰坑等，伴随出土有陶器、石器、骨器等大量文物，其中陶器类型非常丰富，有陶鬲、陶瓮、陶豆、陶甗、钵、尊等 10 余种。

## 朝阳：上河首南地遗址发现丰富夏家店下层文化遗迹

辽宁省文物考古研究所完成了对朝阳上河首南地遗址的发掘工作，发现了较为丰富的夏家店下层文化时期遗迹，清理出房址 2 座、灰坑 16 个、灰沟 2 条，出土大量陶器、铁器、铜器、玉器及骨器等遗物。该遗址主要包含夏家店下层文化时期及战国时期两个阶段。战国时期的遗迹发现有 6 个灰坑，出土遗物主要有陶器、铁质工具、铜镞等。该遗址的发掘为研究朝阳地区战国及夏家店下层文化时期的居址发展提供了新的材料。

## 大连：鞍子山积石冢出土罕见牙璧

鞍子山积石冢位于大连市甘井子区营城子

街道后牧村鞍子山山系西侧山脊上。该山脊呈南北走向，海拔 165 米，积石冢沿山脊分布，长 150 米。遗址出土 22 件陶器、41 件玉器、36 件石器。出土陶器以小珠山五期文化为主，属于新石器时代晚期。出土的磨光黑陶、蛋壳陶、单把杯等具有浓厚的山东龙山文化因素。一些陶器使用了快轮拉坯技术，器底留有明显的切坯痕迹，这些技术在辽东地区一般性居住遗址中很少见到。经考证，该地区的积石冢出现于距今 4000 年前的新石器时代晚期，属于中国东北地区的史前文明时期。

### 丹东："丹东一号"清代沉船（致远舰）水下考古调查重要发现

"丹东一号"沉船位于丹东市西南 50 多公里海域处。2013 年 11 月，为配合丹东港海洋红港区的基建项目，国家文物局水下文化遗产保护中心会同辽宁省文物考古研究所，启动涉海基建范围内的水下文化遗产调查工作。2013 年至 2015 年，历经三个年度共四次的水下考古调查，在深达 24 米的海底找到一艘钢铁沉舰，并确认为清北洋水师的致远舰。通过历次水下考古工作，抽沙揭露出长达 60 多米，宽 9 至 10 米的舰体残骸，舰体外壳用钢板构造，使用铆钉连接。水下发现沉舰整体受损严重，从残存的锅炉高度、艉部穹甲看，沙中舰体残存高度已位于水线以下，按舱室结构已是底舱的动力机舱，其高度已不到完整底舱的顶部。沉舰发现多处火烧迹象，从周边抛撒的钢板、木质船板、锅炉零件等物品，可推测发生过剧烈爆炸。历次考古发现并提取水下文物计 60 个种类、180 余件文物，涉及船体构件、舰载武器以及船员生活物品等等。其中，能确证"致远舰"身份的遗物有：方形舷窗、152 毫米炮弹、十管加特林机枪、鱼雷引信、"致远"文字款识的定制餐具等。致远舰的考古调查发现，为中国近代史、甲午海战和世界舰船技术史的研究提供了十分珍贵的考古实物资料。

### 阜新：八家子遗址出土遗物 300 件

阜新八家子遗址为一处金元时期居住址，遗址清理出房址 8 座、灰坑 14 座。出土遗物近 300 件，包括瓷器、陶器、铁器、铜器等。铜钱较多，多为北宋钱币。八家子遗址发掘面积达 2100 平方米，保存较好的为半地穴式房址，平面呈方形，室内灶和火炕较完整。灰坑的开口有椭圆形、圆形、圆角方形和不规则形；坑壁多为直壁，少数为弧壁；坑底有平底、圜底和不规则形。该遗址的发掘为研究阜新地区金元时期历史文化提供了新的材料。

## 【内蒙古】

### 呼和浩特：大窑文化遗址现 76 件人工打制石器

内蒙古博物院旧石器时代考古研究人员在对大窑村南山发现的 2 处古代洞穴遗址及出土文物进行整理、研究与再发掘时，发现 76 件人工打制石器。11 号洞穴遗址的出土文物为人工打制石器品 27 件，25 号洞穴遗址的出土文物为人工打制石器品 49 件。这些石器工具有石锤、石片、石核、龟背形刮削器等。石器的单体形状较大，原料为燧石，时代为旧石器时代晚期，具有草原地区旧石器标本的特色。在大窑遗址调查、再发掘的两处洞穴，是草原先民远古人类的生活居住地点，目前虽然还没有发现古人类化石，但此处是重要的大窑文化分布区，为出土石器的整理、研究及今后深入开展考古确定了重点方向与区域。

### 呼和浩特：中美赤峰地区联合调查等 3 项考古项目获国家文物局批准

2014 年内蒙古文物局向国家文物局共上报 16 项考古调查发掘项目。其中，中美赤峰地区联合调查、赴蒙古国合作调查考古发掘、内蒙古考古研究所与中国社会科学院考古研究所联合对辽上京遗址考古发掘 3 项已获国家文物局批准，目前在配合基本建设方面，开展了 20 余项考古调查、勘探、发掘工作。

## 呼和浩特：盛乐古城周边发现战国至唐代墓葬

内蒙古自治区文物考古研究所的考古人员在位于呼和浩特市境内的盛乐古城周边新发现 95 座战国至唐代墓葬。战国墓葬均为方形竖穴土坑墓，部分墓葬带有头龛和头箱，有棺椁葬具，均为单人葬，人骨保存较好。随葬有陶罐、钵、盖壶等，其中钵盖罐现象较为普遍。汉代墓葬皆为土坑竖穴，带土洞式甬道，随葬有漆耳杯、盘、陶壶等；唐代墓葬为土洞墓，带斜坡式墓道，分为直洞式和偏洞式两种，均为单人葬。随葬有塔形器、双耳陶罐、白瓷碗等。

## 鄂尔多斯：霍洛柴登古城被文物部门确认为西汉西河郡治

霍洛柴登古城城垣周长 5000 余米，遗址面积达 4 平方公里，城址规模宏大，发现于 20 世纪 70 年代。霍洛柴登古城曾发现有"西河农令"、"中营司马"等汉代官印，同时在古城的西部坡地上发现多处烧制陶器窑址。最新的考古发掘中发现 5 座陶窑，窑室平面近长方形，出土大量陶片、板瓦、菱格纹砖等。此外还多次发现钱范和铸钱作坊遗址以及钱币窖藏，曾一次发掘出土约 3500 公斤古钱币，大多为最常见的汉代钱币"货泉"。古城内的铸币窑址分布井然有序，窑址附近还发现制晒坯场地。整个作坊遗址布局合理，应是统一规划建造而成，在中国尚属首次发现。考古学者根据古城出土遗物以及附近古墓葬等推测，霍洛柴登古城应是西汉北方重镇西河郡的郡治所在，在当时是西汉王朝控制北部边疆的重要前沿阵地。

## 呼伦贝尔：岗嘎墓地入选中国社科院考古新发现

内蒙古陈巴尔虎旗岗嘎墓地成功入选中国社科院六大考古新发现。考古专家进一步研究认为，其最大价值在于助推蒙古族源研究。当地为草原沙地，海拔高度 620 米。墓葬所在地区属大兴安岭西麓的低山丘陵区，遗址位于海拉尔河谷，地表为沙地，分布有北魏至辽代的陶片。考古专家共抢救发掘多座墓葬，均以独木棺为葬具，是落叶松剖开后制成的独木棺。墓地的年代相当于公元 7 至 8 世纪的中晚唐时期。随葬品包括桦树皮箭囊、木杆铁矛枪、铜耳环、铁铲，还有牛羊骨骼等物。

## 乌兰察布：集宁路古城遗址发现 65 座鲜卑和元代墓葬

内蒙古集宁路古城遗址继续进行考古发掘，发现 65 座古代墓葬，其中元代墓 59 座、鲜卑墓 6 座。集宁路古城位于内蒙古乌兰察布市境内，最早建于金代，后被元朝利用，是当时蒙古草原与河北、山西等地进行商贸交易的市场，最终毁于战争。2002 年至 2005 年，考古人员曾在此发现大量金、元时期的瓷器，其数量之大、种类之多、器物之精美，在中国北方草原地区前所未有。2011 年起，考古人员再次进行考古发掘。此次清理的 59 座元代墓葬多为家族墓地，墓葬形制有方形土坑竖穴墓、砖室墓、石室墓等多种，以单人葬墓居多，也有双人合葬、尸骨与骨灰合葬等葬式。出土有陶器、瓷器、金器、铜器、铁器、石料器、骨器、木器、丝织品、钱币等器物，较为重要的文物是金饰片和透雕三鹿纹金牌饰。

## 锡林郭勒盟：多伦小王力沟辽墓获重要发现

2015 年 6 月至 12 月间，内蒙古文物考古研究所对多伦县蔡木山乡小王力沟辽代墓葬进行了抢救性发掘（编号 M1、M2）。其中 M1 出土随葬有铜、铁、瓷、琥珀、银等几大类，其中三节莲花形铜灯、手持柄式莲花香炉，为不可多得的辽代文物精品。还出土了大量的随葬瓷器。M2

全长近 40 米，墓门仿木结构，唐风浓郁。该墓出土了银、银、铜、铁、玉、琥珀、玻璃、木、泥、丝绸等大量文物。其中许多文物与辽陈国公主墓出土遗物相似，但制作更为考究。墓葬出土瓷器为大宗，瓷器器口、足多包金饰，是辽代釦器出土最为集中的一次。还出土了 5 件玻璃器，应为伊斯兰玻璃，为草原丝绸之路的研究提供了实物资料。墓葬中发现墓志一盒，中部阴刻篆书"故贵妃萧氏玄堂志铭"几字。据墓志可知墓主人为辽圣宗妃，其家族在辽代九帝中共出过四位皇后，是辽代外戚最为显赫的一支。

这两座墓葬的发掘意义重大，取得了重要收获：M2 出土墓志有对后族萧氏姓氏来源的相关记载，称辽皇族耶律氏汉室之宗，刘氏也。后族系出兰陵，故称萧氏。

统和十九年三月："皇后萧氏以罪降为贵妃。"检《辽史》所见，圣宗仅此一个贵妃。因此我们怀疑，墓主人即为辽圣宗第一位皇后，但结论有待探讨。

## 【宁夏】

### 甘肃：发现 9 段秦长城 秦始皇万里长城整体面世

文化工作者在宁夏、甘肃交界地段黄河内岸新发现了 9 段长城，有石头垒砌的，有黄土夯筑的，有劈山为墙的，还有若干高山烽燧。其中喜鹊沟至靖远县大庙地区现遗存秦长城有 6 段，靖远县大庙地区黄河洪漫地上的秦长城现存遗迹有 3 段。这些长城、烽燧的发现，揭开了 100 多年来宁夏、甘肃交界地段黑山峡黄河内岸秦长城神秘失踪的面纱。

### 固原：隆德沙塘新石器时代遗址有新发现

沉睡地下 4200 多年的隆德沙塘北塬新石器时代遗址又有新发现。联合考古队对遗址进行第二期考古发掘，共布方发掘 800 平方米，清理房址 11 座、灰坑 151 个、窑址 3 座、墓葬 1 座，出土各类陶、石、骨小件 300 余件。通过这次发掘，可以确认沙塘北塬遗址与早期发掘的彭阳页河子遗址都属于齐家文化早期文化遗存，对人们逐渐认识和了解 4000 年前当地人的真实生活及宁夏南部地区的文明进程与文化谱系提供了新线索。

## 【山东】

### 临沂：沂南工地挖出春秋古墓 出土多件青铜器

一施工队在临沂市沂南县大庄镇振兴路与滨河大道交会处大庄镇滨河湿地公园内施工过程中，无意间挖出一座古墓。经县文物部门初步鉴定，此处为春秋时期墓葬。经过勘查和分析，该墓葬宽 1.6 米，长 0.9 米，早期曾被扰洞动过，除墓葬内的文物外，土坑墓已无保存价值。现场清理出青铜鼎、铜舟、铜削、铜镞等多件文物。青铜鼎通高 16 厘米，口径 17 厘米，造型敦厚典雅，庄重精美；铜削、铜镞仍很锋利。

### 临沂：姜墩墓地发现大量东周两汉墓葬

姜墩墓地位于临沂市经济技术开发区月亮湾社区西 50 米处，西邻沂河，北 5 公里处与小皇山相依，南与刘道口毗邻。临沂市考古队进行了考古勘探和发掘，探明墓地分布范围约 30000 平方米，发掘墓葬 210 座。从出土随葬品看，这批墓葬分属周代和汉代两个时期，其中周代墓葬 4 座，汉代墓葬 206 座。墓地内墓葬分布密集程度为近年来罕见，墓葬之间相互叠压、打破关系频繁。同时该墓地不同区域的墓葬形制结构、随葬品、葬俗具有一定规律性，从而体现出该墓地是由多个家族融汇的一个公共墓地。该墓地流行夫妇并穴合葬，葬具使用也存在共同点，多为一棺一椁，已发现石椁六座，占很小比例。

### 滕州：前掌大村商周贵族墓地出土玉器

前掌大村地理位置非常优越，自古以来就是人类生存、发展的理想之地。墓地居于薛河下游的西岸。西去1公里为周代的薛国故城，其城垣多段仍耸立于地面上，是一处保存比较好的城址。前四次发掘主要集中在北区墓地，发掘面积约3000平方米，清理出龙山文化遗存、商代中期居住遗迹、商代晚期灰沟及商代晚期墓葬，清理各类墓葬30座。南区墓地发掘面积亦约3000平方米，清理出商末周初的居住址、壕沟、夯土台、灰坑水井、祭祀设施、车马坑、殉牛马坑及墓葬70余座。共发掘出商周之际薛国贵族墓11座，出土青铜器、玉器等文物近千件。卣、壶中封存有清澈透明的液体，可能是当时的酒，亦较为难得。各类随葬品十分丰富，主要包括青铜器、玉器、漆器、木器、陶器、石器、金器、原始瓷器、印纹硬陶、绿松石、玛瑙、水晶、骨器、蚌器、牙器、龟甲、海贝等近万件。通过对前掌大南、北两区墓地的发掘，基本将该墓地墓葬清理完毕，取得了有关墓地规模、布局、墓葬等级与形制等各方面的重要资料。这批资料对于研究商周时期东方方国的政治、经济、文化、族属等问题具有重大意义。

## 烟台：发现战国到魏晋大型墓葬群

本次发掘所清理的91座墓葬根据形制可分三类：土坑墓、砖室墓及瓮棺墓。土坑墓共83座，多为3米长、2米宽的长方形，均带有熟土二层台，部分带有壁龛或腰坑。葬制多为单棺，少数为一棺一椁，并在2座墓中发现了荒帷。砖室墓共7座，均为带墓道的"甲"字形墓，分一室和两室两种，墓葬规模较大，破坏严重。瓮棺墓只有1座（M1），土坑墓圹，两个绳纹陶瓮对扣成瓮棺。根据考古发现，这批墓葬可分三个时期：战国墓、西汉墓、东汉至魏晋墓。三个时期的墓葬形制及随葬品差别很大。从出土遗物来看，西三甲墓地可初步判定为三个阶段：战国、西汉和东汉魏晋时期。战国的遗物应在晚期，西汉的遗物在西汉早中期，东汉魏晋时期遗物中白陶相对早些，釉陶相对晚些。因此，这些墓地基本是连续的。

本次发掘的墓地位于该聚落区的北部，这些成组的墓葬和随葬品组合，反映了当时的人地关系和社会关系。对这一区域的继续深入调查和探索，将对胶东地区周、汉时期的聚落形态及其演变都具有重要的学术意义。

## 【山西】

### 高平：羊头山发现仰韶文化遗址

山西省考古研究所的研究人员在高平市羊头山景区发现大量散落的红陶，初步鉴定为距今约5000年的仰韶时期文化遗存。红陶片是在对炎帝文化遗存进行调查时发现的，同时还发现有石墙、石地基、古旧步道，经初步鉴定均为同一时期遗存。此次新发现的仰韶时期文化遗址中心区域位于羊头山山顶，东距国家重点文物保护单位羊头山石窟500米。考古研究人员对羊头山顶及其周围方圆5公里区域进行了详细的考古调查和部分试掘，发现埋藏有许多仰韶时期的尖底瓶、红陶钵以及红陶夹砂罐的陶片，埋藏深度较浅。在遗址之上还有一道东西走向的人工石砌围墙，通过对石砌围墙基础的调查，发现围墙建在仰韶时期的遗址上。

### 侯马：虒祁遗址发现822座祭祀坑和汉至宋元墓葬

遗址位于侯马市高村乡虒祁村西北约1.5公里，北距台神古城约2公里，地处浍河北岸。遗址东西长约1000米，南北宽约800米，总面积约80万平方米。从东至西由夯土建筑、墓地、祭祀遗址三部分组成。自1996年8月至2012年8月，先后对该遗址进行了八次大规模考古发掘，清理古墓葬2000余座、祭祀坑3000余座、陶窑数座及夯土墙基和铸铜遗址。出土铜、铁、陶、玉石、骨器万余件，时代从春秋晚期至汉代，为研究晋都新田废弃前后的文化发展提供了极为珍贵的资料。本次发掘面积达13000余平方米，分南北两区进行发掘。共清理祭祀坑 822 座、墓葬 37 座，其中西汉墓 6 座、东汉墓 2 座、北魏墓 4 座、宋金墓 25 座。

### 临汾：天马遗址出土 12000 多件珍贵文物

晋侯墓地出土了许多珍贵的青铜器、玉器、原始瓷器，尤以晋侯稣钟、鸟尊、兔尊、猪尊、玉组配等精美青铜器和玉器闻名于世，其中多件被国家文物局列为禁止出国参展的文物。晋侯墓地出土的晋侯稣钟共 16 件，其中 14 件为上海博物馆镇馆之宝，另外 2 件存于山西博物院。

晋国博物馆的修建原址，就是 20 世纪 90 年代就已经闻名于世的曲沃"曲村——天马遗址"。从 20 世纪 50 年代开始摸索、研究、挖掘，经过北大考古专业和山西省文物局、省考古研究所 50 多年的努力，共从"曲村——天马遗址"发掘出 9 组 19 座晋国早期晋侯及其夫人墓葬，出土了 12000 多件珍贵文物。其中许多青铜器上都铸有铭文，考古学家据此整理出西周早期晋侯的排序问题，确定了晋国的始封地，填补了晋国早期编年和史实的空白。

### 临汾：丁村旧石器遗址群发掘获重要收获

山西省考古研究所公布了"丁村遗址群考古调查与发掘"项目阶段性成果，并举行专家现场研讨会。丁村旧石器遗址群发现了原地埋藏的石器制作现场、用火遗迹和石料储存地等。

石器制作场九龙洞遗址位于沙女沟村东南侧北涧沟口北侧一个突出的小土包上，属于沟谷冲洪积砾石堆积、侵蚀沟边土状堆积埋藏环境。其南部有 5 个冲洪积砾石与土状堆积相互叠压形成的堆积，北部为原生土状堆积。发掘区分 A、B 二区，A 区北部厚达 6 米的土状堆积中每一水平层均发现有石制品，从上至下至少存在 3 个层位的石制品密集分布的片区；B 区土状堆积的同一层位中，不到 9 平方米的范围内发现两处密集分布石片、石核以及大量碎屑的区域，应为原始人

类打制石器的制作场。

### 临汾：陶寺北发现两周大型墓地 地下文物构筑晋国史

陶寺村位于山西省襄汾县城东北约 7 公里处，隶属于陶寺镇，在塔儿山以西。陶寺北两周墓地位于陶寺村北约 800 米处，因近年盗墓被发现。山西省考古研究所初步推断陶寺村北墓地为两周时期一处大型高等级贵族墓群。之后由山西省考古研究所牵头，临汾市文物局和襄汾县文物旅游局配合，对墓地进行了考古勘探和抢救性发掘。

7 座墓葬中有 5 座各随葬 1 件陶鬲，时代集中于两周之际至春秋早期。从墓葬形制、棺椁数量、随葬品多少等体现出来的等级制度及与之相应的祭祀形式都有所体现，这些不可多得的实物资料延展了两周之际至春秋早期墓祭制度的研究空间。

### 吕梁：兴县碧村发现新石器时代晚期石城

山西省考古研究所对兴县碧村遗址考古发掘取得重大成果，首次在晋西高原发现龙山时期石城及大型石砌房址。其中史前遗址 12 处，以仰韶中期、龙山时期为主，出土有丰富陶器。调查发现民间人士收藏有碧村玉器近百件。

碧村遗址位于吕梁市兴县高家村镇碧村北，地处黄河与蔚汾河交汇处，是进出黄河的重要关口之一。历史上著名的"合河城"和"合河关"就在碧村附近。该遗址面积约 75 万平方米，自西向东主要包括寨梁上、小玉梁、殿乐梁、城墙圪垛四个台地，含仰韶、龙山、汉代、辽金、明清等阶段堆积，以龙山时期遗存最为丰富，遍布整个遗址。

此次在晋西高原发现龙山时期最大的石砌房址和城墙，深化了学术界对史前时期北方石城遗址分布范围的认识，为认识晋西乃至北方石城遗址的聚落形态与社会结构提供了崭新的考古资料。最重要的是，碧村遗址玉器的发现，为玉文化传

播路线探索在黄河东岸找到了新的重要支撑点。

# 【陕西】

## 西安：秦始皇帝陵出土军备库 已证实地宫位置

秦始皇陵又有重大发现，面积 1.3 万多平方米的 K9801 陪葬坑正在试发掘，很可能是秦始皇帝陵的一座大型"军备库"。K9801 陪葬坑是迄今为止秦始皇帝陵园城垣以内发现的面积最大的陪葬坑。1998 年 7 月至 1999 年 1 月，秦陵考古队对该坑进行试掘，发掘面积为 145 平方米。在试掘中出土有大量密集叠压的、用扁铜丝连缀的石质铠甲和石胄，其中石质铠甲约 87 领，石胄约 43 顶。石甲胄的制作应该结合了当时的玉器加工工艺。通过实验，手工加工一件平均有 600 片的甲衣，以每人每天正常工作 8 小时计算，需要工时 344 至 444 天。也就是说，制作一件甲衣，需要一年的时间。而陪葬坑内的铠甲和甲胄用到的甲片总数超过 500 万片，其所费劳动量是巨大的，秦始皇帝陵的规模也由此可见一斑。

目前的钻探已证实地宫就在封土下，在封土东边发现了 5 条墓道，封土西边北边也各找到 1 条。墓道都通向地宫方向，最宽的一条宽度约 12 米。文物部门正在对这些墓道作进一步勘察确认。

## 西安：秦兵马俑坑首次发现最完整弓弩 证实弓弩保存方法

兵马俑一号坑第三次发掘有重大考古收获，首次发现最完整的一件弓弩，尤其是弓弩上"檠"发现更为重要。"檠"此前见诸史书，并未见过实物。弓背弯曲长度 145 厘米，弓弦长度在 120 至 130 厘米之间，表面光滑圆润，非编织物。据推测，弦的材质可能是动物的筋。青铜弩机埋在土里，尚未完全清理出土。考古人员已根据此发现，绘制出弓弩的复原图。

此次发现的弓弩实物明确显示，檠木上有三个小孔，通过这三个小孔用绳将檠与弓缚绑在一起，再用一个短的撑木支撑，形成三角形，将弓固定，使弓在松弛的状态下保持不变形。秦代武士作战时，需要将弓弩上"檠"取下来，弯弓射箭；平时则用"檠"将将弓固定，防止变形。此次出土的弓弩第一次明确了檠木的使用方法和弓弩的保存方法。

## 西安：南郊发现元代明确纪年墓葬

陕西考古研究院自 2008 年 7 月开始，对位于西安市长安区韦曲镇皇子坡村北的 45 座古墓进行考古发掘，收获颇丰。其中 2 座元代中后期墓葬相距不足 6 米，形制保存完整，出土器物较丰富，且极为相似，为同一时期家族墓的可能较大。M42 出土有墓志，墓主人身份及其埋葬时间确切。据墓志记载，墓主人武敬逝于元皇庆壬子（1312）年，终年 67 岁，身份为元延安路医学教授，出身儒医世家，并以孝悌闻。竖穴墓道、近圆形单室土洞墓室及墓室中的多壁龛，是这两座墓葬形制的主要特点，在已见诸发表的西安郊区元代墓中较少见。在墓室中构筑多壁龛并放置随葬品的做法，当是汉唐以来汉族地区葬制的沿袭。出土的陶俑造型细腻传神，栩栩如生，表面黑亮光滑，特别是陶俑服饰外貌各不相同，丰富多彩，对研究这一时期工艺美术和服饰提供了宝贵资料。

## 西安：将组建古代壁画保护修复研究基地

陕西省文物局召开壁画保护工作协调会，陕西历史博物馆、陕西省考古研究院、西安市文物保护考古研究院、咸阳文保中心、乾陵博物馆、昭陵博物馆等省内壁画藏品丰富且长期从事壁画保护、研究的文博单位专家及领导参加了会议。

陕西的壁画藏品时代序列完整，承载着非常丰富的历史文化和艺术信息，壁画保护对传承中华文化遗产的意义重大。陕西历史博物馆将以本馆壁画保护修复研究中心为依托，联合省内壁画收藏单位组建"陕西壁画保护修复研究基地"，整合资源，统筹规划，力争形成技术和资源合力，推进陕西壁画修复技术向国际一流迈进。

## 西安：渭桥遗址现中国最早木板船 其榫卯结构为东亚首见

渭桥遗址位于西安北郊汉长安城北侧，考古人员先后对位于厨城门之外的厨城门桥群、洛城门之外的洛城门桥进行抢救性发掘，获得丰富考古学资料。遗址发现中国最早的木板船，且船只保存较好。专家推测其为汉代古船，船长不到10米，宽2米左右，承载量在3到5吨，是由16块船板拼起来的。该古船采用的榫卯结构，于罗马时期地中海区域木船上广泛使用，这是在东亚首次发现这种结构的。

## 西安：首次集中展出毕加索珍贵艺术品

西安曲江艺术博物馆举办"心血浇灌的碎片——毕加索亲制银盘、陶器展"，这是陕西乃至国内首次集中展出毕加索珍贵艺术品，展期4个月。为了能够使观众与欧洲艺术巨匠的作品零距离接触，西安曲江艺术博物馆选取毕加索晚年的作品53件，包括银盘23件、陶盘20件、陶版画2件和陶瓷8件，还特意选择了大师罗丹的2件雕塑和鲜为人知的13件欧洲花卉类油画同台展出。这批艺术品经过严格甄选，全是欧洲艺术大师创作并传承有序的真品，有大师签名、作品编号和证明。展品不仅数量多，规模空前，并具有艺术的独特性。特别是毕加索手制的银盘，无论从藏品数量、保存质量还是作品价值、稀有程度上都居该类收藏世界之首，陶器作品涵盖了平面化、立体化和陶瓷化三个不同阶段。

## 西安：150件文房古砚集中亮相

2015年11月，"古砚觅珍——中国古代砚文化精品展"在西安源浩华藏博物馆开幕。展览分为"源远流长——砚台的发展与演变"、"辽砚珍品——中原文化与草原文化的完美结晶"、

"传承千秋——古砚拓片撷英"三部分，展出150件（组）古砚台和相关文房用具，包括石、玉、玛瑙和金、银、铜等材质，系统集中地展示了砚文化及砚在文房中的地位和作用。

## 西安：西周镐京遗址考古首次发现青铜器制造工具

陕西省考古研究院工作人员对西周镐京遗址部分区域——西安市沣东新城斗门街道办事处花园村进行考古发掘。根据初步统计，在村东400平方米范围内，出土了80多个灰坑、6座平民墓葬和大量西周时期的陶器等。

青铜时代是人类文明史上的重要一环。这次铜制工具是镐京遗址考古史的首次发现，其中一些青铜工具在其他的铸铜作坊里从没发现。根据其出土地，我们推测可能有铸铜作坊就在附近区域。这次发掘进一步指示了制铜作坊的位置，完善了西周都城之一镐京的功能区划，特别是与青铜器铸造有关的青铜工具、砺石及铜炼渣等的发现，对研究商周都城布局、功能分区和西周时期的青铜文明等均具有重要意义。

## 安康：平利发现汉代及南北朝墓葬

平利县文物管理部门对龙头村一处坡地发现的大量墓砖进行了勘察。现场可见汉代至南北朝墓葬5处，2处为汉代墓葬，3处为南北朝墓葬。其中1座墓室为砖券形式，现场散落大量楔形绳纹砖、子母口砖，分别饰粗、细、深、浅绳纹。墓葬分布范围为耕地，地表为黄土质，土层深厚，无弃耕迹象，地表无法判定地下情况，保护难度较大。

## 安康：岚皋现清代乡试硃卷 或为国内首次发现

岚皋县文广局在编纂《岚皋诗文遗存》一书过程中，从民间征集到陕西乡试硃卷光绪癸巳恩科谢馨卷原刻本。该硃卷在台北成文出版社1992年版的420册《清代硃卷集成》中未曾收录，或

为国内首次发现。硃卷是科举考试时为防考官舞弊，将应试人墨卷姓名弥封，由誊录人用朱笔誊写后供考官批阅的卷子。后来举人或进士考中者喜欢将自己的试卷刻印以分送亲友，成为清代的时尚。

## 安康：汉阴发现 27 卷清代古籍善本

汉阴县一文化学者在整理家藏图书时，无意发现了清雍正乙卯（1735）年刻印的南宋朱熹集传《诗经》、《论语》、《朱熹章句》、《试帖辑注》等 27 卷古籍善本。这批古籍善本虽有少量虫蛀残页，但大部分内容清晰可辨。发现者高祖父是清道光至光绪初年的正六品承德郎、文学散官，从京城带回汉阴大批古籍善本，如今历经劫难，更使得这批善本显得弥足珍贵。

这次发现的南宋理学家朱熹集传的《诗经》，是宋学《诗经》研究的集大成著作，不仅文字部分十分珍贵，附图中介绍的周代 15 国风地理位置图、古代服饰、乐器、兵器、祭祀和生活用具等，更是具有很高的史料价值。

## 宝鸡：周原遗址重要发现

周原新一轮的考古工作，基于对都邑性聚落的理解，在全面调查，重点区域钻探的基础上，一方面选定凤雏建筑群为中心的贺家北区域持续开展工作，管窥整个遗址的聚落结构；另一方面以厘清池渠类"框架性遗迹"为目标，宏观把握周原的聚落结构和功能分区。

遵循这一思路，本轮工作取得了重要发现和收获：三号建筑基址的发现丰富了凤雏建筑群的内涵，明确的层位关系，为解决 1976 年发掘的甲组建筑的年代、性质等关键问题提供了地层参考。院内的立石、铺石遗存是以往西周遗址中未曾发现的特殊遗迹，可能是西周时期的"社"，对于其用途和性质的解读也有助于对整个凤雏建筑群和贺家北区域性质的深入讨论。殷遗民属性的"居址——墓葬区"有助于思考周原遗址的族属分布与居葬形态。周原遗址水网系统的发现与确认，进一步强化了以往所发现的诸多重要遗迹之间的有机联系，加深了对周原遗址聚落扩张过程与水源关系的认识，为旨在探寻聚落结构的田野作业提供了一条比较切实可行的途径。

## 咸阳：已证实"周陵"真实身份为战国秦王陵

"周陵"位于咸阳市渭城区周陵镇北，包括南北两座陵墓，系陕西省重点文物保护单位。两座陵墓封土均为覆斗形，高约 10 余米，一直相传南陵为周文王陵、北陵为周武王陵。2014 年春夏以来，省考古研究院和咸阳市考古所进行了全面的考古调查，完成了征地范围以内及外延部分 62 万平方米区域内的考古调查和重点勘探，探明了周陵外园墙、南陵和北陵共用的陵园园墙以及两陵各自的墓道，并发现了 6 处建筑遗址、27 座外藏坑、161 座陪葬墓。

调查显示，两座大墓均为有 4 条长斜坡墓道的"亚字形"，且有大量陪葬墓，说明其规格高如帝王级。墓葬形制完全是秦汉的陵园南北向、墓葬东西向形制。但西汉帝王陵目前已全部确定齐全，而且此陵墓丛葬坑也非汉代帝陵规整有序，因而确认排除其并非汉代帝陵。此外，采集到的一些小型青铜器，也是战国时期物品。结合以往考古发掘资料、文献记载以及此次考古调查勘探成果、采集的文物等，可以初步判断其时代应为战国晚期，系某代秦王陵墓。

## 延安：陕北高原首现周代车马坑

从 2014 年 5 月初开始，陕西省考古研究院对位于延安市宜川县被盗掘破坏的虫坪塬墓地进行了考古勘探和抢救发掘工作。墓地分布在两条冲沟间的狭长黄土塬上，地势由西北向东南缓倾，面积约 14 万平方米。2014 年度的发掘工作主要在墓地北区进行，初步认为虫坪塬墓地大致处于两周之际或晚至春秋早期，共清理墓葬 23 座、灰坑（沟）遗迹 5 处，同时发掘车马坑 1 座。这是车马坑在陕北高原被首次发现，填补了黄河西岸延安东部区域商周时期遗址的考古发掘空白，为两周时期的周文化、北方少数民族人群文化及近邻的晋文化等三者间的关系研究提供了新的材料。

### 榆林：寨峁梁遗址现身 为石峁遗址下属聚落

寨峁梁遗址位于陕西榆林市榆阳区安崖镇房崖村，距离石峁遗址正南方向约 20 公里，与石峁遗址同属秃尾河流域。距今 4000 年左右的石峁遗址，最早建于龙山中期或略晚，是目前中国史前时期规模最大的城址。遗址现已清理出房址 66 座、圆坑 10 座，出土陶、石等标本 200 余件。

### 榆林：横山县发现珍贵元代壁画墓

陕西省考古研究院公布了在陕北地区首次考古发掘的一座元代壁画墓的研究成果。壁画墓位于陕西榆林市横山县高镇罗圪台村，由石条砌成，墓室内壁画保存较好。壁画中绘制的墓主人是蒙古人，夫妇 6 人并坐宴饮。该壁画墓是目前陕北地区首次经过科学考古发掘的元代壁画墓葬，墓葬形制完整，壁画精美，为陕北地区元代考古的研究提供了珍贵的资料。

### 榆林：首次发现女真文字摩崖题刻

榆林石窟调查队在进行陕北石窟调查项目中，于神木县境内发现了一处摩崖题刻。经核实，确认其中一方摩崖题刻为女真文字。题刻凿刻在一处石窟外的崖壁上，上下左右共分布 5 方：上部 2 方为汉文题刻；下面中间的 1 方刻女真文字；右侧 1 方为汉文题刻，年款为金正大五年三月二十一日（公元 1228 年）；左侧 1 方为蛇形图案题刻，有 2 个女真文字。下面 1 方女真文字题刻为横长方形，长 137 厘米，宽 55 厘米。题刻剥落严重，大部字迹无存。保留完整女真文字

178 个、残字 43 个。女真文字为阴刻，略似汉字行楷书体。竖行排列，每行字数不等，字迹大小不一，小者约 1.5 厘米，大者约 2.9 厘米见方，凿深约 1 至 2 毫米，字体清晰完整。

# 【四川】

### 成都：首个考古科普展亮相金沙遗址博物馆

2015 年 7 月，"霸：迷失千年的古国"展览在成都金沙遗址博物馆开幕。作为"2010 年度全国十大考古新发现"之一，山西大河口西周墓地的考古成果首次在川展出。"霸国"虽为西周时期的诸侯国，却从未有史料记载，其版图疆域等信息均不详。虽受西周文化影响，"霸国"却有着独特的物质文化和精神文化，极其讲究祭祀、婚丧、嫁娶及宴饮时尚。此次展出的 150 件（套）精美器物中，有包括鼎、簋在内的成套青铜礼器，其中 1 套出土于 1 号墓的"燕侯旨"卣，盖内面和器底内面都铸有一篇铭文，内容为"燕侯旨作姑妹宝尊彝"，引出霸国与燕国之间联姻的故事。卣内还放置着 1 套 7 件酒器，包括 1 件斗、1 件单耳罐、5 件大小不同的觯。单耳罐很像现在的分酒器，斗则是用来从卣内舀酒的勺子，其曲柄造型十分优美，是当时上层贵族优雅生活的体现。再加上成套成组的精美玉器和礼仪乐器，一幅"呦呦鹿鸣，食野之苹。我有嘉宾，鼓瑟吹笙"的典雅生活画面跃然而出，迷失千年的古国也越发丰满生动起来。在众多青铜器中，还有一件铜人顶盘（灯），被视为战国灯具的源头。

金沙遗址出土的铜獠头形饰件和铜环，具有典型的中原铜器特色。这些青铜器的合金成分由铅位素组成，与中原地区西周早期金属原材料源区具有同一性，这表明金沙遗址可能也与西周时期中原地区诸侯国存在联系。

### 成都：考古发现唐代园林遗址 疑为千年古刹万佛寺遗迹

成都市考古队在通锦路一建筑工地发现精美唐代园林遗址，疑为成都千年古刹万佛寺的园林一角。这处园林遗址呈三面环水形态，水渠蜿蜒，设计精巧，造型典雅。此处工地附近在50年代曾出土200多尊佛像，因此被疑同为万佛寺区域。从清光绪年间开始，成都便陆续在万佛寺遗址附近出土了大量佛造像。佛教中的阿育王像迄今仅在成都才有出土，其中7件就来自万佛寺。通锦路遗址的发现，可以佐证唐朝时期以成都府为中心的园林建筑已很发达，对复原唐代成都城的结构布局、研究城市发展史都具有重要学术价值。

### 成都：新机场考古发现文物点 118 处

四川省考古研究院在成都新机场工程建设红线范围内发现了118处文物点，包括古代墓葬106处、古代寺庙遗址3处、古建筑5处、石窟寺及石刻4处。其中106处古墓葬包括22处崖墓，84处宋、明、清墓地；5处古建筑包括1处清代龙桥及4处清至民国时期的院落。这些墓葬年代跨度从汉代至清代，类型十分丰富，包括崖墓、石室墓、立碑土家墓等。

此次勘探还在近22平方公里范围内共发现108处地下文物点。遗存年代上至汉代，下及清朝晚期，乃至民国初年。遗存性质主要为汉代墓葬、宋明石室墓、寺庙遗址及清墓等。大部分遗存与古代普通大众有关，少数文物点与历史名人有关。

### 阿坝：黑水河流域首现新石器晚期遗存

阿坝州文管所在茂县曲谷乡二不寨村一处断坎上发现一处新石器时代晚期遗址。这在黑水河流域是首次发现，为研究岷江上游流域早期文化传播提供了新的基础材料。这处遗址的遗存丰富。根据遗址暴露的断面来看，第一层为近现代地层，第二层为秦汉时期，厚约1.8米至2米，包含石墙、柱础、红烧土、陶片、兽骨等遗物。第三、四层则为新石器时代晚期地层，在这处厚约1米的断层中，发现了陶片、木屑、木骨泥墙残块、兽骨等遗存。通过实地调查，工作人员在地表和断面上采集到陶片24片、兽骨4块、骨削1件。

### 安岳：毗卢寺旧址发现佛像

毗卢寺是一座五代十国时期的寺庙。石刻发现有佛头、佛身、菩萨造像、莲花台，以及寺院的柱础和瓦当等，共28件。佛头、佛身以及莲花台等石刻跨越了宋至清代数百年的时间，虽然大多残破，但依然能从其精致雕刻中一窥安岳石刻的精美。尤其宋代时期的石刻，佛身衣袂飘飘，所饰璎珞精细华美，表现了高超的雕刻技艺。古代石刻艺术从北方入川以后，迅速在蜀地发扬光大。其中，以大足、安岳石刻为代表的宋代造像，达到了中国石窟艺术的巅峰，具有很高的观赏价值。

## 【台湾】

### 台南："神游武当——千年道教文物特展"在台北历史博物馆开幕

由湖北省博物馆、武当博物馆、台北历史博物馆及台湾联合报系联合举办的"神游武当——千年道教文物特展"在台北历史博物馆开幕。展览展出珍贵文物183件（组），其中湖北地区馆藏142件（组），台北历史博物馆馆藏41件（组）。展览从道教起源到道教文化，较为全面地展示了道教历史、艺术、武术、文学、医药养生等内容，是目前罕见的道教文物大展。

### 台中：发现人类化石 研究证实是旧石器时代直立人

台湾科学自然博物馆研究团队在澎湖水道海域发现"澎湖原人"人骨化石，研究证实是旧石器时代最早期的人类"直立人"，也使台湾发现古人类化石的纪录，大幅往前推到距今至少19万年前的"更新世"中期。这不但是台湾目前发现最古老的人类化石，也为"直立人"在亚洲的分布与形态，提供了关键性证据。

## 【西藏】

### 阿里：2 处墓地首次发现天珠和黄金面具

故如甲木墓地和曲踏墓地均位于西藏阿里地区的象泉河上游，相距不过百来公里，具有相当多的共同因素。从 2012 年开始，中国社会科学院考古研究所与西藏自治区文物保护研究所联合展开发掘工作，历时 3 年，发现并清理出了一批土坑墓和洞式墓，出土了大批珍贵文物。这 2 处墓地的发掘表明象泉河上游是象雄王国统治的核心地区，也是阿里地区人口最为集中、经济文化最为发达的地区。丝绸、黄金面具、带柄铜镜、天珠等大都是西藏地区的首次发现，是考察象雄时期西藏西部的文化、经济、生活等情况的一手资料，尤其是被藏族视为神圣之物的天珠的发现具有极高的价值。

### 山南：考古发现吐蕃时期古墓及岩画

考古工作队在山南地区琼结河谷两岸新发现 2 处距今千余年的吐蕃时期墓地及 3 处凿击特殊图案符号的岩画地点，绝大多数内容尚待进一步辨识。岩画均为点状凿击而成，图案以圆形凹坑与线条组合的构图为主，绝大多数内容尚待进一步辨识。其中可辨识的有"卍"（雍仲）符号，"卐"（万字）符号，1 个"人"形图案，另有较为复杂的方格状符号以及由复杂曲线构成的各种图案。从图案内容来看，与藏北地区的岩画有着明显区别，也与邻近贡嘎县的多吉扎岩画区别明显。这些岩画的发现，为研究雅砻部族中心区域的琼结河谷早期历史提供了新的、重要的研究资料，具有极高的学术价值。

## 【香港】

### "汉武盛世"展亮相香港历史博物馆

为纪念香港李郑屋汉墓发现 60 周年，增进内地与香港文化交流，由中国文物交流中心与香港康乐及文化事务署主办、香港历史博物馆承办的"汉武盛世"展在香港历史博物馆开幕。"汉武盛世"展从全国 14 个省 36 家文博单位精心挑选出 162 组（件）珍贵文物参展。其中西汉时期的金缕玉衣是目前中国出土金缕玉衣中年代最早、玉片最多、工艺最精的一件；南越国第二代国王赵眜所有的"文帝行玺"龙钮金印，则是目前考古发现最大的一枚西汉金印；还有咸阳出土的石天禄及石辟邪、西安汉长安城遗址出土的铜羽人等大量精美文物，为香港人民带来视觉上的饕餮盛宴。

## 【新疆】

### 阿勒泰：青河县"棺中棺"年代隔千年

中国社会科学院考古研究所人员在新疆青河县的查干郭勒乡进行考古发掘时，发现了一座形制独特的"棺中棺"石棺墓，在大型石棺墓里面又修建了一个小型石棺墓。两个石棺墓虽然紧密连接，年代却相差千年。这是新疆考古界首次发现形制如此特殊的石棺墓墓葬，对研究新疆游牧民族的文化历史具有十分重要的意义。"棺中棺"石棺墓位于查干郭勒乡托斯巴水库附近，长达 3 米多，宽约 1.65 米，周边用片石砌成，上面盖了多层石块，封闭得很严实。小石棺长约 1.7 米，宽约 1.5 米左右，盖得也很严密，里面躺着一个侧身屈肢的人体骨架，随葬有陶器、骨器和石器。

### 昌吉：东天山木垒县发现 2000 年前大型古墓群

此次发现的平顶山墓群位于木垒县照壁山乡平顶山村东南 2 公里处的丘陵地带。古墓群类型多样，数量较多。其中秦汉古墓群面积约 6 万平方米，共分布有 5 座圆形土石封堆墓。墓基外围原均有积石垒砌，后被村民搬移作为建材使用。如今封堆外围垒石大多已不存在，中部均已塌陷，呈漏斗状，墓葬原貌保存较好。

## 喀什：首次发现崖洞葬和壁龛葬

新疆考古人员在塔什库尔干塔吉克自治县境内的悬崖高山或土台等地发现崖洞葬和壁龛葬。这是新疆首次发现崖洞葬和壁龛葬，对研究帕米尔高原地区的古代葬俗文化具有重要意义。婴儿壁龛葬发现有 10 处，都分布在一些土台或悬崖壁上。葬坑比较简陋，多是在墙壁上开凿一个长方形土坑，外面再用石头或者泥土封住。婴儿壁龛葬在国内很罕见，但在当地分布较多，甚至在数十年前，还曾有人这样埋葬过早夭的孩子。

## 莎车：发现青铜时代古城遗址

这座古城的城墙是用石头和泥土砌成，城墙外有一条深约 3 米的护城壕，初步推测古城年代可能属于青铜时期。考古人员在古城内发现大量石磨盘、穿孔石器、砍砸器、石镰、石斧等石器。根据这些石器推测，这里的古代居民可能存在农业生产，而古城中大量羊、牛、马等动物骨头又说明他们可能还进行牧业生产。这座古城遗址的发现，将新疆古城遗址年代从汉代提前到青铜时代。

## 吐鲁番：阿斯塔纳古墓群再出 17 件唐陶盘 推测墓葬最早至西周

被称为"地下博物馆"的新疆吐鲁番地区阿斯塔纳古墓群又有新发现，在外围墓葬中出土 17 件唐代陶盘和 1 盏泥灯。考古学家推测墓葬年代大致为唐代到西周时期。

阿斯塔纳古墓群是西晋至唐代高昌国居民的公共墓地，新疆考古工作者自 1959 年以来先后 13 次对其 400 多座墓葬进行考古发掘，出土了大量的文物。由于当地气候极为干燥，80% 的尸体葬后都变成干尸。墓中随葬的大量陶俑、木俑、丝织品以及彩绘壁画具有较高的艺术价值。随葬品中还有大量汉字书写的文件、档案、书信、账本等，涉及西晋初年到唐代中期吐鲁番地区政治、经济、军事和文化等各方面，具有极高的考古价值。阿斯塔纳古墓群墓中数以百计的千年古尸，是研究历史上新疆居民的种族、民族特征的珍贵人体标本。

## 吐鲁番：新疆千年古墓出土彩陶 400 余件

经过半年多的考古发掘、文物清理，新疆文物考古研究所与吐鲁番学研究院在吐鲁番加依墓地共同发掘出土 400 余件陶器。

这次联合发掘共有 30 余位考古工作者参与，发掘墓葬 217 座，出土有陶器、木器、铜器、骨器、纺织品、金饰和料珠等文物，其中陶器占大多数。

洋海古墓群位于鄯善县吐峪沟乡火焰山南麓的荒漠戈壁上，其埋葬时间从青铜时代至唐代。目前已出土了大量的干尸、有穿孔的头骨及不同历史时期的骨器、石器、青铜器、铁器、彩绘陶器、木器、编织物等文物。

# 【云南】

## 昆明：嵩明县出土魏晋南北朝时期铜跪俑

云南省文物考古研究所联合嵩明县文体广电旅游局对上矣铎村 2 座梁堆墓进行了发掘，在墓室内发现了铜跪俑、人形金箔等精美器物，初步推断为魏晋南北朝时期。前堂横列式的墓葬在云南也是首次发现。此次发现的魏晋南北朝时期青瓷器等物件，为研究云南当时手工艺发展水平、物资水平提供了实据，也对汉文化在云南的传播发展和本地文化的融合的研究具有一定意义。

## 昆明：晋宁金砂山墓地考古发掘结束 典型滇文化器物出土

晋宁金砂山墓地野外发掘和勘探结束，发掘

面积共 500 平方米，清理墓葬 31 座，有部分青铜时期罕见的古滇文化新器物出土。在勘探过程中，考古学家还清理了一些典型的古滇文化墓葬、带墓道的汉墓和东汉时期的砖室墓。由于大部分墓葬被盗，对该墓地的内部结构和等级认识带来困难。考古学家推断，金砂山墓地是一个延续使用时间很长的墓地，是古滇文化核心区域内的一个重要墓地。

## 大理：滇西祥云大波那墓地发现高规格战国秦汉墓葬

祥云县位于大理白族自治州东南部，处于金沙江水系与元江水系的分水岭上。大波那墓地在云南驿坝东北部的刘厂镇大波那村东，坝区面积 133.7 平方公里，海拔 1953 米，中河东西贯穿坝区。此处曾 3 次对 3 座墓葬进行过抢救性发掘。本次发现的墓葬长度达 6.4 至 7.5 米，在云南战国至西汉时期属大型墓葬，应为滇西地区等级较高的墓地。

## 江川：甘棠箐旧石器遗址发掘重要收获

云南江川甘棠箐旧石器遗址是云南省继元谋人遗址之后发现的又一处重要的早更新世旧石器旷野遗址。遗址地层堆积为湖滨沼泽相沉积，地层堆积连续稳定，化层较厚，文化遗物丰富，是古人类生产、生活的原地埋藏遗址。

遗址石器工业面貌原始而独特，石制品剥片以砸击法为主，且存在两种砸击技法，形成了独树一帜的砸击技术文化体系。遗址保存了丰富的有机质遗物，这在国内外旧石器时代遗址中都及为罕见。其中，木制品的发现不仅填补了该领域国内研究空白，也是目前世界上发现的时代最早的木制品。植物种子化石为研究古人类生存环境提供了素材，其中发现的可供人类食用的植物种类，对研究古人类采集行为和食谱具有重大意义。

用火遗迹似篝火遗存，在我国旧石器早期遗址中也是首次发现。遗址的发现、发掘和研究无疑为东亚地区古人类本地起源的学说提供了新的

佐证，再次证明了滇中高原是人类起源的关键区域，为旧石器早期文化对比研究提供了非常宝贵的材料，具有很高的研究价值。

# 【浙江】

## 杭州：淳安发现东晋墓葬出土陶瓷碗等随葬品

淳安县千岛湖镇屏湖村村民在千岛湖水库边发现因水位下降而裸露的古代墓葬和出土文物，杭州市文物考古研究所会同淳安县文物保护管理所对古墓葬进行了抢救性清理。此次清理共发现古墓葬 4 座，出土陶瓷碗、钵、鸡首壶、铁刀等随葬品共 17 件。古墓葬均为长方形砖砌券顶单室墓，"人"字形平砖铺底，均位于南部山坡，坐北面南，并排而立，应为一处家族墓地。在墓葬周围采集到东晋时期的青瓷碗 1 件。该墓地的清理为研究东晋时期当地的丧葬习俗提供了一份珍贵的实物资料。

## 杭州：浙江省博物馆南宋文物大展开幕 再现南宋风物盛景

2015 年 11 月，"中兴纪胜——南宋风物观止"特展在浙江省博物馆武林馆区开幕，来自全国 40 多家文博单位的近 500 件（组）南宋精品文物整合汇聚，分"中兴小纪"、"都城纪胜"、"武林旧事"三个单元展出。其中"中兴小纪"主要展示靖康之难后宋室南渡、定都杭州、宋金和议等南宋初期的历史；"都城纪胜"通过金银器、龙泉青瓷、湖州镜、温州漆器等实物，展示衣食住行等社会生活，茶香书画等文人家居，以及手工业、商业、对外交往等各领域的成就；"武林旧事"主要表现南宋抗金、抗蒙战争，最终亡国的历史。展览从历史文化、内政外交与人文精神等多个视角放眼南宋时期，为观众还原一个真实的南宋。

## 慈溪：上林湖考古发现唐宋越窑遗迹

荷花芯窑址是上林湖地区较具代表性的唐宋时期越窑窑址，是首次发现唐宋时期越窑大作坊遗迹。此次发掘面积近 1200 平方米，清理了唐、五代、北宋诸时期丰富的地层堆积，其中最丰富的遗迹集中在两条古代窑炉间的平坦开阔地带。制瓷工人栖息作业的房址、盛放原料的贮泥池、上釉的釉料缸、制作胚体的辘轳坑、烧造的窑炉等一应俱全，生动呈现出越窑完整的作业图景。这次发现揭示了唐宋时期越窑的窑场布局、制作工艺流程等重要信息，为越窑考古遗址公园建设、浙江青瓷申遗提供了大量翔实的野外材料。

## 湖州：南浔庙头角遗址发掘取得重要收获

庙头角遗址位于湖州市南浔区千金镇东驿达村。遗址堆积丰富，延续时间长，年代跨度大。浙江省文物考古研究所会同湖州市文物保护管理所对庙头角遗址进行了抢救性发掘，揭露总面积近 1500 平方米。共出土登记文物 200 多件，其中有一些文物较少见，具有较大的研究价值。如一座良渚文化墓葬中出土一件保存较好的随葬品——骨匕；在商周时期文化层中出土一件较完整的泥质灰陶鬲；另外也出土了不少通常难以保存下来的有机质文物，如竹编竹根、稻谷壳、葫芦、桃核、甜瓜子、苇叶，及猪骨、鱼骨等动植物遗存，可直观反映当时南方地区先民的部分日常生活内容。

发掘表明，湖州东南部一带的杭嘉湖平原腹地埋藏着连绵不断的历史遗存，并且至少在距今 5000 多年前就开始了稳定和持续的社会文化发展过程，构成了中国东南文化圈的重要组成部分。

## 湖州：德清县抢救性清理一个东汉晚期砖室墓

德清县洛舍镇东衡村发现一座古墓。该墓葬位于东衡村东柜台山北坡，为长方形单室砖室墓，长方形墓圹打破生土，长 6.20 米，宽 3.00 米，深 3.30 米，距地表 0.60 米。未被盗掘，经解剖

不见排水沟，墓向 25 度。墓室内长 5.60 米，内宽 2.40 米，内高 2.70 米。墓底用砖平铺二层，呈"人"字形。后室局部叠铺一层，墓壁用平砖顺砌至顶，共 65 层，后壁共 59 层。墓砖铭文"万岁"及"万岁不败"。随葬器物共出土瓷器、铁器等 24 件，其中有青瓷罍、绿釉灶等大型器物，有铁剑、铁鼎、铜带钩（残）、五铢钱等。相关器物的整理、考证工作正在有条不紊地进行。

## 湖州：安吉五福汉墓考古发掘取得重要收获

2015 年 1 月至 4 月，浙江省文物考古研究所、安吉县博物馆联合对安吉县天子湖工业园区的三处汉代土墩遗存进行了抢救性考古发掘，其中编号为 D14 的大型土墩遗存的发掘取得了重要收获。五福汉墓的发掘为研究汉代土墩遗存堆积的形成过程，以及西汉早中期家族墓地制度提供了重要材料，发掘成果对研究安吉地区汉代历史与社会面貌具有重要意义。

## 湖州：可移动文物普查发现 2 页周恩来的手札

浙江湖州可移动文物普查专家在湖州市档案馆进行文物认定时发现了 2 页周恩来的手札，用毛笔写在"国民政府军事委员会政治部用笺"上。他的行书刚俊挺健、浑朴凝重。上面写着："于组长勋鉴：新四军军长叶挺奉召来渝，已于日前到达，现寓青年会 61 号。请代报告委座，俾得定期传见为感！专此 即致 敬礼！周恩来 1 月 26 日"。于组长即国民党侍从室一处二组组长于达（1893–1985 年），字凭远，国民党陆军中将。浙江黄岩人。历任师参谋长、军参谋长等。1949 年去台湾，1985 年逝世。经考证，此信是周恩来 1939 年 1 月给于达致信，告诉他叶挺已经到了重庆，让蒋委员长安排时间传见。

抗日战争期间，特别是 1937 年 9 月，国民党发表《国共合作宣言》后，国共两党第二次合作，标志着全国抗日民族统一战线正式形成。从这通

手札中可窥见，在国民党统治区极其复杂的情况下，周恩来为维系国共合作、巩固抗日统一战线所做的贡献。

## 湖州：凡石桥遗址考古发掘取得重要收获

湖州市文物保护管理所为配合太嘉河水利工程幻溇港基本建设，对凡石桥遗址进行考古发掘。经初步地面踏查，遗址面积约 5000 平方米，发掘面积约 975 平方米，清理灰沟 1 条、垃圾坑 2 个、储藏坑 5 个、路面 1 段、水井 1 口。出土遗物主要有瓷器、陶器、漆器、铁器、石器、动物骨骼、贝壳类、木器、建筑类板瓦、瓦当、砖块、太湖石等。青瓷、青白瓷与白瓷是出土瓷器中的主要类别。大多数器物无纹饰，少数刻划莲瓣纹，堆贴鱼纹等，具有南宋龙泉窑青瓷的典型特征。其他地方窑口青瓷主要是碗类器，制作较粗，可见明显轮制痕。碗外底多见墨书"费"、"宅"、"桥司"、"朱五记"、"许□"等铭文，可能同使用者密切相关。凡石桥遗址青瓷以龙泉窑为大宗，黑瓷、白瓷、青白瓷可能主要来自江西地区相关窑口，大量的韩瓶堆积是本遗址的一大特色。凡石桥遗址为深入研究南宋时期湖州地区农业村落的社会生活提供了丰富的资料。

## 宁波：发现东汉土坑墓葬与南宋建筑基址

宁波市文物考古研究所对该地块进行了抢救性考古发掘，共完成发掘面积 1300 多平方米。考古发掘过程中，主要发现有东汉土坑墓 1 座、南宋建筑基址（柱基）1 处、清代土坑墓 4 座、清至民国时期水井 4 口，出土完整及可复原遗物 559 件。

东汉土坑墓葬系在宁波老城区（明州罗城）范围内首次发现，其上被宋代遗存叠压破坏，侧面被一条冲沟打破。墓葬残长 280 厘米，残宽 330 厘米，残高 50 厘米，无棺椁，底部铺有木板。随葬器物放置于木板之上，主要见有陶罍、瓿、壶、

罐、钵的组合，另见有"大泉五十"铜钱 1 枚。

南宋建筑基址（柱基）叠压于明代文化层下，已发掘部分东西长 33 米，南北宽 18 米，发掘时共揭露出 21 个承重柱基，由北至南分为五排。泥土与瓦砾间隔夯层覆盖全部的 21 个柱基，连成整片基址，然后再在柱基之上放置不规整的石板或垒砌一层毛石。

## 宁波："小白礁 1 号"沉船船体保护修复项目正式启动

"小白礁 1 号"沉船船体保护修复项目正式启动，多位中国文化遗产研究院的沉船保护方面的专家齐赴国家水下文化遗产保护宁波基地。针对"小白礁 1 号"沉船特点，初步计划其保护修复项目主要包括脱盐脱硫保护、脱水处理、填充加固、干燥定型、复原研究、安装复原等一系列工作，为期或达 8 年至 10 年。在此期间，在宁波基地内专门开辟了作为"小白礁 1 号"船体保护修复工作场所的沉船修复展示室，也是"水下考古在中国"专题陈列的一个特别展厅，透过颇具科技含量的通电玻璃，可以即时向游客呈现船体科技保护与修复的全过程，让公众共享水下考古与水下文化遗产保护成果。

## 温州：乐清发现吴越国龙窑遗址 出土大量瓷器和窑具标本

浙江省文物考古研究所考古人员结束了对乐清市北白象镇乐东村龟山窑址的考古发掘工作，并对龙窑遗址重新覆土保护，考古工作转入室内资料整理。此次发掘共布探沟 3 条，清理窑炉 3 座。因受地面墓葬及建筑限制，3 座窑炉均未作完整揭露，仅清理窑室前段和后段，未及火膛和窑尾，头南尾北，据估算总长约 50 米左右。

窑址内的青瓷制品形式多样，胎质致密，釉色大致分为青绿和青黄两种。主要产品有碗、盘、罐、壶、执壶、钵、洗、盏、盏托、炉、粉盒、

器盖、擂钵、瓿具、茶碾和碾轮等，器物以素面为主，少量器物饰有莲瓣、弦纹、花草纹等。窑具有支具（低束腰支具、高束腰支具）、垫圈、匣钵（钵形匣钵、M 形匣钵、筒形匣钵）、巨钵盖等。此次发掘出土的大量瓷器和窑具标本，器型多、造型朴素端庄，极大充实了博物馆藏品，为今后展陈提供了丰富的实物资料。

## 温州：郑振铎纪念馆开馆

经过近两年的修缮、布展，郑振铎纪念馆开馆。郑振铎先生作为新中国文物事业的奠基人，为我国文物事业发展做出了突出贡献。在他担任首任国家文物局局长期间，先后创办一系列学术刊物，制定中国文物工作者守则，开创了新中国文物保护法规体系的先河。1953 年，他起草了《故宫博物院改进计划专题报告》，将故宫博物院定位为以艺术品陈列为中心的综合博物馆，并为丰富故宫博物院馆藏而四处奔走。纪念馆希望广大文物工作者以郑振铎先生为榜样，学习他热爱中华优秀文化遗产和无私奉献的精神，以保护文物为己任，无愧于前人，无愧于后世。

郑振铎纪念馆位于温州市区沧河巷 24 号金宅，是一座合院式建筑，馆内收藏了郑振铎的手写书信、私人物品，茅盾、赵朴初、夏承焘等名人赠给郑振铎的书法作品等。纪念馆分四大部分：一层西间是"书生报国一甲子"专题，介绍郑振铎生平；东间为"心怀温州桑梓情"，展示郑振铎与故乡温州的情感；二层西间为"一代才华万古传"，向观众介绍他交友、影响与著作等情况；东间为"鞠躬尽瘁为文物"，突出郑振铎

在文物考古方面的贡献。

## 余杭：良渚古城外围大型水利工程的调查与发掘

2007 年发现了良渚文明的都邑——良渚古城后，新近又确认古城外围存在一个规模宏大的水利系统，其年代距今约 5000 年，是迄今所知中国最早的大型水利工程，也是世界上最早的拦洪水坝系统。该水利系统是良渚古城的有机组成部分。它证实良渚古城由内而外具有宫城、王城、外郭和外围水利系统的完整都城结构。是世界上已发现的结构保存最完整的早期都城系统。该水利系统位于由 11 条人工堤坝连接山谷和孤丘组成。工程浩大，估算其总土方量即达 260 万方。初步推测该系统具有防止山洪、形成水上运输网络和农田灌溉等多种功能。良渚的水利系统是中国现存最早的大型水利工程，将中国水利史的源头上推到距今 5000 年左右。

世界各地早期文明的出现，均与治水活动密切相关。良渚古城正是中国境内最早进入国家形态的地点，其水利系统发现的意义不言而喻。同时，世界其他的早期文明中，埃及、两河流域及印度河流域均为旱作农业文明，以小麦种植为经济支柱，水利设施多为以灌溉为目的之水渠、水窖、池塘等形态。与之形成对照，良渚文明是东亚湿地稻作文明的典型代表，其水利系统以堤坝形式出现，带有明显的防洪调水功能。东西方文明所存在的这种差异性，在世界文明史研究上具有重要价值。

第七部分　文化机构名录

# 全国文物拍卖企业名单

| 序号 | 名称 | 拍卖范围 | 行业资质 | 文物资质年检情况 |
|---|---|---|---|---|
| | | 北京市 | | |
| 1 | 北京雍和嘉诚拍卖有限公司 | 一、二、三类文物 | 行业自律公约成员单位<br>行业等级资质 A 级 | |
| 2 | 北京泰和嘉成拍卖有限公司 | 一、二、三类文物 | 行业自律公约成员单位<br>行业等级资质 A 级 | |
| 3 | 北京嘉德在线拍卖有限公司 | 一、二、三类文物 | 行业自律公约成员单位 | |
| 4 | 太平洋国际拍卖有限公司 | 一、二、三类文物 | 行业自律公约成员单位<br>拍卖标准化达标企业<br>行业等级资质 AA 级 | |
| 5 | 北京市古天一国际拍卖有限公司 | 一、二、三类文物 | 行业自律公约成员单位 | |
| 6 | 北京长风拍卖有限公司 | 一、二、三类文物 | 行业自律公约成员单位<br>拍卖标准化达标企业<br>行业等级资质 AA 级 | |
| 7 | 北京瑞平国际拍卖行有限公司 | 一、二、三类文物 | 行业自律公约成员单位<br>拍卖标准化达标企业<br>行业等级资质 AAA 级 | |
| 8 | 北京明珠双龙国际拍卖有限公司 | 一、二、三类文物 | | |
| 9 | 北京歌德拍卖有限公司 | 二、三类文物 | 行业自律公约成员单位 | |
| 10 | 北京九歌国际拍卖股份有限公司 | 一、二、三类文物 | 行业自律公约成员单位 | |
| 11 | 北京金仕德国际拍卖有限公司 | 一、二、三类文物 | | |
| 12 | 北京匡时国际拍卖有限公司 | 一、二、三类文物 | 行业自律公约成员单位<br>拍卖标准化达标企业<br>行业等级资质 AA 级 | |
| 13 | 北京中博国际拍卖有限公司 | 一、二、三类文物 | | |
| 14 | 北京诚轩拍卖有限公司 | 一、二、三类文物 | 行业自律公约成员单位<br>拍卖标准化达标企业<br>行业等级资质 AA 级 | |
| 15 | 北京中招国际拍卖有限公司 | 一、二、三类文物 | 行业自律公约成员单位<br>拍卖标准化达标企业<br>行业等级资质 AAA 级 | |
| 16 | 大象（北京）国际拍卖有限公司 | 一、二、三类文物 | | |
| 17 | 东方国际拍卖有限责任公司 | 一、二、三类文物 | 行业自律公约成员单位<br>行业等级资质 AA 级 | |

| 18 | 北京玄和国际拍卖有限公司 | 一、二、三类文物 | | |
|----|------------------------|----------------|---|---|
| 19 | 中鸿信国际拍卖有限公司 | 一、二、三类文物 | | |
| 20 | 北京盛佳国际拍卖有限公司 | 一、二、三类文物 | | |
| 21 | 北京今典联合国际拍卖有限公司 | 二、三类文物 | | |
| 22 | 北京保利国际拍卖有限公司 | 一、二、三类文物 | 行业自律公约成员单位<br>拍卖标准化达标企业<br>行业等级资质 AA 级 | |
| 23 | 北京德宝国际拍卖有限公司 | 一、二、三类文物 | 行业自律公约成员单位<br>拍卖标准化达标企业<br>行业等级资质 A 级 | |
| 24 | 金懋国际拍卖有限公司 | 一、二、三类文物 | | |
| 25 | 中宝拍卖有限公司 | 一、二、三类文物 | 行业自律公约成员单位<br>行业等级资质 AA 级 | |
| 26 | 北京东正拍卖有限公司 | 一、二、三类文物 | 行业自律公约成员单位 | |
| 27 | 北京万隆拍卖有限公司 | 一、二、三类文物 | 行业自律公约成员单位 | 暂停资质 |
| 28 | 中都国际拍卖有限公司 | 一、二、三类文物 | 行业自律公约成员单位<br>拍卖标准化达标企业<br>行业等级资质 AAA 级 | |
| 29 | 北京永乐国际拍卖有限公司 | 一、二、三类文物 | 行业自律公约成员单位<br>行业等级资质 AA 级 | |
| 30 | 北京盘古拍卖有限公司 | 一、二、三类文物 | | |
| 31 | 中安太平（北京）国际拍卖有限公司 | 二、三类文物 | 行业等级资质 AA 级 | |
| 32 | 北京三希堂国际拍卖有限公司 | 二、三类文物 | 行业自律公约成员单位 | 暂停资质 |
| 33 | 北京东西方国际拍卖有限责任公司 | 一、二、三类文物 | | |
| 34 | 北京中鼎国际拍卖有限公司 | 一、二、三类文物 | 行业等级资质 AA 级 | |
| 35 | 北京荣宝拍卖有限公司 | 一、二、三类文物 | 行业自律公约成员单位<br>拍卖标准化达标企业<br>行业等级资质 AAA 级 | |
| 36 | 北京盈时国际拍卖有限公司 | 一、二、三类文物 | 行业自律公约成员单位 | |
| 37 | 中国嘉德国际拍卖有限公司 | 一、二、三类文物 | 行业自律公约成员单位<br>拍卖标准化达标企业<br>行业等级资质 AAA 级 | |
| 38 | 北京中拍国际拍卖有限公司 | 一、二、三类文物 | 行业自律公约成员单位<br>拍卖标准化达标企业<br>行业等级资质 A 级 | |
| 39 | 北京建亚世纪拍卖有限公司 | 二、三类文物 | 行业自律公约成员单位<br>行业等级资质 AA 级 | |
| 40 | 北京富比富国际拍卖有限公司 | 一、二、三类文物 | | |
| 41 | 北京开元天兴拍卖有限公司 | 二、三类文物 | 行业自律公约成员单位 | |
| 42 | 北京东拍国际拍卖有限公司 | 一、二、三类文物 | | |
| 43 | 中贸圣佳国际拍卖有限公司 | 一、二、三类文物 | 行业自律公约成员单位<br>拍卖标准化达标企业 | |

| 44 | 北京远方国际拍卖有限公司 | 一、二、三类文物 | 行业自律公约成员单位 | |
| 45 | 北京亚洲宏大国际拍卖有限公司 | 一、二、三类文物 | 行业自律公约成员单位 | |
| 46 | 北京华辰拍卖有限公司 | 一、二、三类文物 | 行业自律公约成员单位<br>拍卖标准化达标企业<br>行业等级资质AAA级 | |
| 47 | 北京旗标典藏拍卖有限公司 | 一、二、三类文物 | | |
| 48 | 北京传是国际拍卖有限责任公司 | 一、二、三类文物 | 行业自律公约成员单位<br>行业等级资质AA级 | |
| 49 | 北京百衲国际艺术品拍卖有限公司 | 一、二、三类文物 | | |
| 50 | 北京翰海拍卖有限公司 | 一、二、三类文物 | 行业自律公约成员单位<br>拍卖标准化达标企业<br>行业等级资质AAA级 | |
| 51 | 北京印千山国际拍卖有限公司 | 一、二、三类文物 | 行业自律公约成员单位 | |
| 52 | 北京荣海嘉国际拍卖有限公司 | 二、三类文物 | 行业自律公约成员单位 | 暂停资质 |
| 53 | 北京太和天辰国际拍卖有限公司 | 二、三类文物 | | 暂停资质 |
| 54 | 北京中汉拍卖有限公司 | 一、二、三类文物 | 行业自律公约成员单位<br>行业等级资质AA级 | |
| 55 | 北京海王村拍卖有限责任公司 | 一、二、三类文物 | 行业自律公约成员单位 | |
| 56 | 北京中嘉国际拍卖有限公司 | 一、二、三类文物 | | 暂停资质 |
| 57 | 北京华铭国际拍卖有限公司 | 二、三类文物 | | |
| 58 | 舍得拍卖（北京）有限公司 | 一、二、三类文物 | | |
| 59 | 大唐国际拍卖（北京）有限责任公司 | 二、三类文物 | | 暂停资质 |
| 60 | 东方求实国际拍卖（北京）有限公司 | 二、三类文物 | | |
| 61 | 北京至诚国际拍卖有限公司 | 二、三类文物 | | |
| 62 | 中联环球国际拍卖（北京）有限公司 | 二、三类文物 | 行业自律公约成员单位<br>行业等级资质AA级 | |
| 63 | 北京华夏藏珍国际拍卖有限公司 | 一、二、三类文物 | | 年审补充调查 |
| 64 | 北京博美国际拍卖有限公司 | 一、二、三类文物 | | |
| 65 | 北京宣石国际拍卖有限公司 | 二、三类文物 | 行业自律公约成员单位 | |
| 66 | 北京亚洲容海国际拍卖有限公司 | 二、三类文物 | | |
| 67 | 北京琴岛荣德国际拍卖有限公司 | 一、二、三类文物 | 行业自律公约成员单位 | |
| 68 | 北京包盈国际拍卖有限责任公司 | 一、二、三类文物 | 行业自律公约成员单位 | |
| 69 | 北京都市联盟国际拍卖有限公司 | 一、二、三类文物 | 行业自律公约成员单位 | |
| 70 | 北京文博苑国际拍卖有限公司 | 一、二、三类文物 | 行业自律公约成员单位 | |
| 71 | 北京嘉禾国际拍卖有限公司 | 二、三类文物 | 行业自律公约成员单位<br>行业等级资质AAA级 | |

| 72 | 北京宝瑞盈国际拍卖有限公司 | 一、二、三类文物 | | |
|---|---|---|---|---|
| 73 | 汉秦（北京）国际拍卖有限公司 | 二、三类文物 | 行业自律公约成员单位 | |
| 74 | 北京卓德国际拍卖有限公司 | 二、三类文物 | 行业自律公约成员单位 | |
| 75 | 北京景星麟凤国际拍卖有限公司 | 二、三类文物 | | |
| 76 | 北京宏正国际拍卖有限公司 | 二、三类文物 | | |
| 77 | 亚洲上和（北京）拍卖有限公司 | 二、三类文物 | | |
| 78 | 北京维塔维登国际拍卖有限公司 | 二、三类文物 | | |
| 79 | 朔方国际拍卖（北京）有限公司 | 二、三类文物 | 行业自律公约成员单位 | |
| 80 | 宝腾国际拍卖有限公司 | 二、三类文物 | | |
| 81 | 北京观唐皕榷国际拍卖有限公司 | 二、三类文物 | | |
| 82 | 北京华夏传承国际拍卖有限公司 | 二、三类文物 | 行业自律公约成员单位 | |
| 83 | 北京世纪盛唐国际拍卖有限公司 | 二、三类文物 | | |
| 84 | 北京海华宏业拍卖有限责任公司 | 二、三类文物 | 行业自律公约成员单位<br>行业等级资质 AA 级 | |
| 85 | 北京际华春秋拍卖有限公司 | 二、三类文物 | | |
| 86 | 中恒一品（北京）国际拍卖有限公司 | 二、三类文物 | | |
| 87 | 北京文津阁国际拍卖有限责任公司 | 二、三类文物 | | |
| 88 | 中联国际拍卖中心有限公司 | 一、二、三类文物 | | |
| 89 | 北京西荣阁拍卖有限公司 | 二、三类文物 | | |
| 90 | 北京中投嘉艺国际拍卖有限公司 | 二、三类文物 | | |
| 91 | 北京隆荣国际拍卖有限公司 | 二、三类文物 | | |
| 92 | 北京银座国际拍卖有限公司 | 二、三类文物 | 行业自律公约成员单位<br>拍卖标准化达标企业 | |
| 93 | 北京瓯江城成国际拍卖有限公司 | 二、三类文物 | | |
| 94 | 北京宝笈轩国际拍卖有限公司 | 二、三类文物 | 行业自律公约成员单位 | 暂停资质 |
| 95 | 北京东方大观国际拍卖有限公司 | 二、三类文物 | 行业自律公约成员单位 | |
| 96 | 北京盛天泰国际拍卖有限公司 | 二、三类文物 | 行业自律公约成员单位 | 暂停资质 |
| 97 | 品盛（北京）国际拍卖有限公司 | 二、三类文物 | 行业自律公约成员单位 | |
| 98 | 北京美三山拍卖有限公司 | 二、三类文物 | | |
| 99 | 北京亨申世纪拍卖有限公司 | 二、三类文物 | | |
| 100 | 北京恒盛鼎国际拍卖有限公司 | 二、三类文物 | | |
| 101 | 北京嘉利年华国际拍卖有限公司 | 二、三类文物 | | |

| 102 | 北京东方利德拍卖有限公司 | 二、三类文物 | 行业自律公约成员单位 | |
| 103 | 北京旷深国际拍卖有限公司 | 二、三类文物 | 行业自律公约成员单位 | |
| 104 | 北京鼎兴天和国际拍卖有限公司 | 二、三类文物 | | |
| 105 | 北京华夏金典国际拍卖有限公司 | 二、三类文物 | | |
| 106 | 北京湛然国际拍卖有限公司 | 二、三类文物 | | |
| 107 | 北京盈昌国际拍卖有限公司 | 二、三类文物 | | |
| 108 | 北京艺融国际拍卖有限公司 | 二、三类文物 | | |
| 109 | 北京大晋浩天国际拍卖有限公司 | 二、三类文物 | | |
| 110 | 北京新华拍卖有限公司 | 二、三类文物 | | |
| 111 | 北京玖阳国际拍卖有限公司 | 二、三类文物 | | |
| 112 | 北京冉东国际拍卖有限公司 | 二、三类文物 | | |
| 113 | 北京华软信诚拍卖行有限公司 | 二、三类文物 | | 暂停资质 |
| 114 | 北京艺典臻藏国际拍卖有限公司 | 二、三类文物 | | |
| 115 | 北京亚洲宸泽拍卖有限公司 | 二、三类文物 | | |
| 116 | 北京双龙盛世国际拍卖有限公司 | 二、三类文物 | | |
| 117 | 北京天雅恒逸国际拍卖有限公司 | 二、三类文物 | | |
| 118 | 北京新民勤拍卖有限公司 | 二、三类文物 | | |
| 119 | 北京富古台国际拍卖有限公司 | 二、三类文物 | | |
| 120 | 一得阁（北京）拍卖有限公司 | 二、三类文物 | 行业自律公约成员单位 | |
| 121 | 北京中梓国际拍卖有限公司 | 二、三类文物 | | |
| 122 | 北京天琅文晖拍卖有限公司 | 二、三类文物 | 行业自律公约成员单位 | |
| 123 | 中诚鼎立国际拍卖（北京）有限公司 | 二、三类文物 | | |
| 124 | 龙泽德拍卖（北京）有限公司 | 二、三类文物 | | |
| 125 | 北京聚金源国际拍卖有限公司 | 二、三类文物 | | |
| 126 | 中联世界拍卖（北京）有限公司 | 二、三类文物 | | |
| 127 | 北京盛世嘉宝拍卖有限公司 | 二、三类文物 | | |
| 128 | 北京东联盛世宝国际拍卖有限公司 | 二、三类文物 | | |
| 129 | 北京双宝通国际拍卖有限公司 | 二、三类文物 | | |
| 130 | 北京一峰翰林国际拍卖有限公司 | 二、三类文物 | | |
| 131 | 北京瑞鸣国际拍卖有限公司 | 二、三类文物 | | |

| 132 | 北京凤凰人生国际珠宝拍卖有限责任公司 | 二、三类文物 | | |
|---|---|---|---|---|
| 133 | 北京银河国际拍卖有限公司 | 二、三类文物 | | |
| 134 | 北京隆琛国际拍卖有限公司 | 二、三类文物 | | |
| 135 | 北京古吴轩国际拍卖有限公司 | 二、三类文物 | | |
| 136 | 北京荣合隆升国际拍卖有限公司 | 二、三类文物 | | |
| 137 | 鼎昌太和（北京）国际拍卖有限公司 | 二、三类文物 | | |
| 138 | 中古陶（北京）拍卖行有限公司 | 二、三类文物 | | |
| 139 | 北京金锤声国际拍卖有限公司 | 二、三类文物 | | |
| 140 | 北京华夏鸿禧国际拍卖有限公司 | 二、三类文物 | | |
| 141 | 北京弘宝国际拍卖有限公司 | 二、三类文物 | | |
| 142 | 北京八方荟萃拍卖有限公司 | 二、三类文物 | | |
| 143 | 北京佳银国际拍卖有限公司 | 二、三类文物 | | |
| 144 | 北京中海艺澜国际拍卖有限公司 | 二、三类文物 | | |
| 145 | 北京晟永国际拍卖有限公司 | 二、三类文物 | | |
| 146 | 冀德国际拍卖有限公司 | 二、三类文物 | | |
| 147 | 北京二子一措拍卖有限公司 | 二、三类文物 | | |
| 148 | 北京青鼎国际拍卖有限公司 | 二、三类文物 | | |
| 149 | 北京瑞宝行国际拍卖有限公司 | 二、三类文物 | | |
| 150 | 北京中天信达拍卖有限公司 | 二、三类文物 | | |
| 151 | 东方融讯（北京）国际拍卖有限公司 | 二、三类文物 | | |
| 152 | 北京中恒信拍卖有限公司 | 二、三类文物 | | |
| 153 | 北京博宝拍卖有限公司 | 二、三类文物 | | |
| 154 | 北京圣奇拍卖有限责任公司 | 二、三类文物 | | |
| | **天津市** | | | |
| 155 | 天津国际拍卖有限责任公司 | 一、二、三类文物 | 行业自律公约成员单位<br>行业等级资质 A 级 | |
| 156 | 海天国际拍卖（天津）有限公司 | 一、二、三类文物 | 行业自律公约成员单位 | |
| 157 | 天津市同方国际拍卖行有限公司 | 二、三类文物 | 行业自律公约成员单位<br>行业等级资质 AA 级 | |
| 158 | 天津瀚雅拍卖有限公司 | 二、三类文物 | | |
| 159 | 天津蓝天国际拍卖行有限责任公司 | 一、二、三类文物 | 行业自律公约成员单位<br>拍卖标准化达标企业<br>行业等级资质 AAA 级 | |

| | | | |
|---|---|---|---|
| 160 | 天津鼎天国际拍卖有限公司 | 二、三类文物 | 行业自律公约成员单位<br>拍卖标准化达标企业<br>行业等级资质 A 级 | |
| 161 | 天津博世嘉拍卖行有限公司 | 二、三类文物 | | |
| 162 | 瀚琮国际拍卖（天津）有限公司 | 二、三类文物 | | |
| 163 | 天津融德堂艺术品拍卖行有限公司 | 二、三类文物 | | |
| 164 | 天津德隆国际拍卖有限公司 | 二、三类文物 | | |
| 165 | 天津滨海健业拍卖有限公司 | 二、三类文物 | | |
| | 河北省 | | | |
| 166 | 河北翰华拍卖有限责任公司 | 二、三类文物 | | 暂停资质 |
| 167 | 大马河北拍卖有限公司 | 二、三类文物 | | |
| 168 | 河北省嘉海拍卖有限公司 | 二、三类文物 | 行业等级资质 AAA 级 | |
| 169 | 石家庄盛世东方国际拍卖有限公司 | 二、三类文物 | | |
| 170 | 巨力国际拍卖有限公司 | 二、三类文物 | | |
| | 山西省 | | | |
| 171 | 山西晋通拍卖有限公司 | 一、二、三类文物 | 行业自律公约成员单位<br>行业等级资质 A 级 | |
| 172 | 山西晋德拍卖有限责任公司 | 一、二、三类文物 | 行业自律公约成员单位 | |
| 173 | 山西百业拍卖有限公司 | 一、二、三类文物 | 行业自律公约成员单位<br>行业等级资质 AAA 级 | 暂停资质 |
| 174 | 山西兴晋拍卖股份有限公司 | 二、三类文物 | 行业等级资质 AA 级 | |
| 175 | 山西晋宝拍卖有限公司 | 一、二、三类文物 | 行业自律公约成员单位<br>拍卖标准化达标企业<br>行业等级资质 AA 级 | |
| 176 | 山西融易达拍卖有限公司 | 二、三类文物 | 行业等级资质 AA 级 | |
| | 辽宁省 | | | |
| 177 | 辽宁国际商品拍卖有限公司 | 一、二、三类文物 | | |
| 178 | 辽宁建投拍卖有限公司 | 一、二、三类文物 | 行业自律公约成员单位<br>行业等级资质 AA 级 | |
| 179 | 辽宁中正拍卖有限公司 | 一、二、三类文物 | | |
| 180 | 富佳斋拍卖有限公司 | 一、二、三类文物 | 行业等级资质 AA 级 | |
| 181 | 辽宁友利拍卖有限公司 | 二、三类文物 | | 暂停资质 |
| 182 | 辽宁华安拍卖有限公司 | 二、三类文物 | 行业等级资质 A 级 | |
| | 吉林省 | | | |
| 183 | 吉林省虹桥拍卖有限公司 | 二、三类文物 | | |

| | 黑龙江省 | | |
|---|---|---|---|
| 184 | 黑龙江嘉瑞拍卖有限公司 | 二、三类文物 | |
| | 上海市 | | |
| 185 | 敬华（上海）拍卖股份有限公司 | 一、二、三类文物 | 行业自律公约成员单位 | |
| 186 | 上海长城拍卖有限公司 | 一、二、三类文物 | 行业自律公约成员单位<br>拍卖标准化达标企业<br>行业等级资质 AAA 级 | |
| 187 | 上海朵云轩拍卖有限公司 | 一、二、三类文物 | 行业自律公约成员单位<br>拍卖标准化达标企业<br>行业等级资质 AAA 级 | |
| 188 | 上海国际商品拍卖有限公司 | 一、二、三类文物 | 行业自律公约成员单位<br>拍卖标准化达标企业<br>行业等级资质 AAA 级 | |
| 189 | 上海新华拍卖有限公司 | 一、二、三类文物 | | |
| 190 | 上海嘉泰拍卖有限公司 | 一、二、三类文物 | 行业等级资质 A 级 | |
| 191 | 上海青莲阁拍卖有限责任公司 | 一、二、三类文物 | 行业自律公约成员单位<br>拍卖标准化达标企业<br>行业等级资质 AAA 级 | |
| 192 | 上海拍卖行有限责任公司 | 一、二、三类文物 | 行业自律公约成员单位<br>拍卖标准化达标企业<br>行业等级资质 AAA 级 | |
| 193 | 上海东方国际商品拍卖有限公司 | 一、二、三类文物 | 行业自律公约成员单位<br>拍卖标准化达标企业<br>行业等级资质 AAA 级 | |
| 194 | 上海老城隍庙拍卖行有限公司 | 二、三类文物 | 行业自律公约成员单位<br>行业等级资质 AAA 级 | |
| 195 | 上海黄浦拍卖行有限公司 | 二、三类文物 | 行业自律公约成员单位<br>行业等级资质 AAA 级 | |
| 196 | 上海华夏拍卖有限公司 | 二、三类文物 | 行业自律公约成员单位<br>行业等级资质 AAA 级 | |
| 197 | 上海天衡拍卖有限公司 | 二、三类文物 | | |
| 198 | 上海博海拍卖有限公司 | 二、三类文物 | | |
| 199 | 上海金槌商品拍卖有限公司 | 二、三类文物 | 行业等级资质 AA 级 | 暂停资质 |
| 200 | 上海中亿拍卖有限公司 | 二、三类文物 | | |
| 201 | 上海泓盛拍卖有限公司 | 一、二、三类文物 | 行业自律公约成员单位<br>拍卖标准化达标企业<br>行业等级资质 AA 级 | |
| 202 | 上海和韵拍卖有限公司 | 一、二、三类文物 | | |
| 203 | 上海博古斋拍卖有限公司 | 一、二、三类文物 | 行业自律公约成员单位<br>拍卖标准化达标企业 | |
| 204 | 上海恒利拍卖有限公司 | 二、三类文物 | | |
| 205 | 上海驰翰拍卖有限公司 | 一、二、三类文物 | 行业自律公约成员单位<br>行业等级资质 AA 级 | |
| 206 | 上海大众拍卖有限公司 | 一、二、三类文物 | 行业自律公约成员单位<br>拍卖标准化达标企业<br>行业等级资质 AAA 级 | |

| 207 | 上海工美拍卖有限公司 | 一、二、三类文物 | 行业自律公约成员单位 | |
|---|---|---|---|---|
| 208 | 上海崇源艺术品拍卖有限公司 | 一、二、三类文物 | | |
| 209 | 上海鸿海商品拍卖有限公司 | 一、二、三类文物 | 行业等级资质 AA 级 | |
| 210 | 上海道明拍卖有限公司 | 一、二、三类文物 | 行业自律公约成员单位 | |
| 211 | 上海宏大拍卖有限公司 | 二、三类文物 | | |
| 212 | 上海鸿生拍卖有限公司 | 二、三类文物 | | |
| 213 | 上海晟安拍卖有限公司 | 一、二、三类文物 | 行业自律公约成员单位<br>行业等级资质 AA 级 | |
| 214 | 上海和润拍卖有限公司 | 二、三类文物 | | |
| 215 | 上海聚德拍卖有限公司 | 二、三类文物 | | |
| 216 | 上海汇元拍卖有限公司 | 二、三类文物 | | |
| 217 | 上海瑞星拍卖有限公司 | 二、三类文物 | | |
| 218 | 上海涵古轩拍卖有限公司 | 二、三类文物 | 行业自律公约成员单位 | |
| 219 | 上海中福拍卖有限公司 | 一、二、三类文物 | 行业自律公约成员单位 | |
| 220 | 上海汉霖拍卖有限公司 | 二、三类文物 | | |
| 221 | 上海离原拍卖有限公司 | 二、三类文物 | 行业自律公约成员单位 | |
| 222 | 上海传世拍卖有限公司 | 二、三类文物 | | |
| 223 | 上海春秋堂艺术品拍卖有限公司 | 二、三类文物 | | |
| 224 | 上海宝龙拍卖有限公司 | 二、三类文物 | 行业自律公约成员单位 | |
| 225 | 上海协合拍卖有限公司 | 二、三类文物 | | |
| 226 | 上海厚宝拍卖有限公司 | 二、三类文物 | | |
| 227 | 荣宝斋（上海）拍卖有限公司 | 一、二、三类文物 | 行业自律公约成员单位<br>拍卖标准化达标企业 | |
| 228 | 上海嘉禾拍卖有限公司 | 一、二、三类文物 | 行业自律公约成员单位 | |
| 229 | 上海嘉玺拍卖有限公司 | 二、三类文物 | | |
| 230 | 上海元亨利贞拍卖有限公司 | 二、三类文物 | | |
| 231 | 上海华宇拍卖有限公司 | 二、三类文物 | | |
| 232 | 上海雅藏拍卖有限公司 | 二、三类文物 | | |
| 233 | 上海铭广拍卖有限公司 | 二、三类文物 | 行业自律公约成员单位 | |
| 234 | 上海海同拍卖有限公司 | 二、三类文物 | 行业等级资质 AA 级 | |
| 235 | 上海产权拍卖有限公司 | 二、三类文物 | 行业等级资质 AA 级 | |
| 236 | 上海孟真拍卖有限公司 | 二、三类文物 | | |

| 237 | 上海泛华拍卖有限公司 | 二、三类文物 | 行业自律公约成员单位 | |
|---|---|---|---|---|
| 238 | 上海中汉拍卖有限公司 | 二、三类文物 | | |
| 239 | 上海奇贝拍卖有限公司 | 二、三类文物 | 行业等级资质 AA 级 | |
| 240 | 上海宝江拍卖有限公司 | 二、三类文物 | 行业等级资质 AA 级 | |
| 241 | 上海禾缘拍卖有限公司 | 二、三类文物 | | |
| 242 | 上海明轩国际艺术品拍卖有限公司 | 二、三类文物 | 行业自律公约成员单位 | |
| 243 | 上海金艺拍卖有限公司 | 二、三类文物 | | |
| 244 | 上海天赐玉成拍卖有限公司 | 二、三类文物 | | |
| 245 | 上海金沪拍卖有限公司 | 二、三类文物 | 行业等级资质 AA 级 | |
| 246 | 上海中南拍卖有限公司 | 二、三类文物 | | |
| 247 | 上海品藏拍卖有限公司 | 二、三类文物 | | |
| 248 | 上海大公拍卖有限公司 | 二、三类文物 | 行业等级资质 A 级 | |
| 249 | 上海联合拍卖有限公司 | 二、三类文物 | 行业自律公约成员单位 | |
| 250 | 上海康华拍卖有限公司 | 二、三类文物 | | |
| 251 | 上海宏源拍卖有限公司 | 二、三类文物 | | |
| 252 | 上海阳明拍卖有限公司 | 二、三类文物 | | |
| 253 | 上海技术产权拍卖有限公司 | 二、三类文物 | | |
| 254 | 上海捷利拍卖有限公司 | 二、三类文物 | | |
| 255 | 上海嘉多拍卖有限公司 | 二、三类文物 | | |
| 256 | 上海正德拍卖有限公司 | 二、三类文物 | | |
| 257 | 上海熙雅拍卖有限公司 | 二、三类文物 | | |
| 江苏省 | | | | |
| 258 | 江苏省实成拍卖有限公司 | 一、二、三类文物 | 行业自律公约成员单位 行业等级资质 AAA 级 | |
| 259 | 南京正大拍卖有限公司 | 一、二、三类文物 | 行业自律公约成员单位 | |
| 260 | 江苏省拍卖总行有限公司 | 一、二、三类文物 | 行业自律公约成员单位 行业等级资质 AAA 级 | |
| 261 | 江苏五爱拍卖有限公司 | 二、三类文物 | 行业资质 AA 级 | |
| 262 | 江苏嘉恒国际拍卖有限公司 | 一、二、三类文物 | | |
| 263 | 苏州东方艺术品拍卖有限公司 | 一、二、三类文物 | 行业自律公约成员单位 拍卖标准化达标企业 行业等级资质 AA 级 | |
| 264 | 江苏省南京十竹斋拍卖有限公司 | 一、二、三类文物 | | |

| 265 | 苏州市吴门拍卖有限公司 | 一、二、三类文物 | 行业自律公约成员单位<br>拍卖标准化达标企业<br>行业等级资质 AA 级 | |
|---|---|---|---|---|
| 266 | 江苏聚德拍卖有限公司 | 一、二、三类文物 | 行业自律公约成员单位 | |
| 267 | 江苏爱涛拍卖有限公司 | 一、二、三类文物 | 行业自律公约成员单位<br>拍卖标准化达标企业<br>行业等级资质 A 级 | |
| 268 | 江苏淮海拍卖有限公司 | 一、二、三类文物 | 行业等级资质 A 级 | |
| 269 | 南京经典拍卖有限公司 | 一、二、三类文物 | 行业自律公约成员单位<br>拍卖标准化达标企业<br>行业等级资质 AA 级 | |
| 270 | 江苏中山拍卖有限公司 | 一、二、三类文物 | | |
| 271 | 南京嘉信拍卖有限公司 | 一、二、三类文物 | 行业自律公约成员单位<br>拍卖标准化达标企业<br>行业等级资质 AA 级 | |
| 272 | 江苏沧海拍卖有限公司 | 二、三类文物 | | |
| 273 | 江苏九德拍卖有限公司 | 二、三类文物 | | |
| 274 | 江苏景宏国际拍卖有限公司 | 二、三类文物 | | |
| 275 | 江苏真德拍卖有限公司 | 二、三类文物 | | |
| 276 | 江苏凤凰拍卖有限公司 | 二、三类文物 | | |
| 277 | 江苏龙城拍卖有限公司 | 二、三类文物 | | |
| 278 | 无锡阳羡拍卖有限公司 | 二、三类文物 | | |
| 279 | 江苏天诚拍卖有限公司 | 二、三类文物 | 行业等级资质 A 级 | |
| 280 | 江苏苏天拍卖有限公司 | 二、三类文物 | 行业等级资质 AA 级 | |
| 281 | 江苏两汉拍卖有限公司 | 二、三类文物 | | |
| 282 | 江苏旷世国际拍卖有限公司 | 二、三类文物 | | |
| 283 | 江苏五彩石拍卖有限公司 | 二、三类文物 | | |
| 284 | 南京海德国际拍卖有限公司 | 二、三类文物 | | |
| 浙江省 | | | | |
| 285 | 浙江浙商拍卖有限公司 | 一、二、三类文物 | 行业等级资质 AA 级 | |
| 286 | 浙江省省直拍卖行 | 二、三类文物 | 行业等级资质 AA 级 | |
| 287 | 浙江中财拍卖行有限公司 | 一、二、三类文物 | 行业等级资质 A 级 | |
| 288 | 浙江丽泽拍卖有限公司 | 一、二、三类文物 | | |
| 289 | 浙江世贸拍卖中心有限公司 | 一、二、三类文物 | 行业自律公约成员单位<br>行业等级资质 A 级 | |
| 290 | 浙江盛世拍卖有限公司 | 一、二、三类文物 | | |

| 291 | 西泠印社拍卖有限公司 | 一、二、三类文物 | 行业自律公约成员单位<br>拍卖标准化达标企业 | |
|---|---|---|---|---|
| 292 | 浙江民和拍卖有限公司 | 二、三类文物 | | 暂停资质 |
| 293 | 宁波富邦拍卖有限公司 | 一、二、三类文物 | 行业自律公约成员单位 | |
| 294 | 浙江长乐拍卖有限公司 | 二、三类文物 | 行业自律公约成员单位 | |
| 295 | 浙江南北拍卖有限公司 | 二、三类文物 | | |
| 296 | 浙江佳宝拍卖有限公司 | 一、二、三类文物 | 行业自律公约成员单位<br>拍卖标准化达标企业<br>行业等级资质 A 级 | |
| 297 | 浙江一通拍卖有限公司 | 一、二、三类文物 | 行业自律公约成员单位<br>行业等级资质 AA 级 | |
| 298 | 浙江国际商品拍卖中心有限责任公司 | 二、三类文物 | 行业自律公约成员单位<br>拍卖标准化达标企业<br>行业等级资质 AAA 级 | |
| 299 | 绍兴翰越堂拍卖有限公司 | 二、三类文物 | | |
| 300 | 浙江中钜拍卖有限公司 | 二、三类文物 | 行业等级资质 A 级 | |
| 301 | 浙江时代拍卖有限公司 | 二、三类文物 | 行业自律公约成员单位<br>行业等级资质 A 级 | 暂停资质 |
| 302 | 浙江联合拍卖有限公司 | 二、三类文物 | 行业等级资质 AAA 级 | 暂停资质 |
| 303 | 浙江钱塘拍卖有限公司 | 一、二、三类文物 | 行业自律公约成员单位 | 暂停资质 |
| 304 | 浙江大地拍卖有限公司 | 二、三类文物 | 行业等级资质 A 级 | |
| 305 | 浙江皓翰国际拍卖有限公司 | 一、二、三类文物 | 行业等级资质 AA 级 | |
| 306 | 浙江隆安拍卖有限公司 | 二、三类文物 | | |
| 307 | 温州汇丰拍卖行有限公司 | 一、二、三类文物 | 行业自律公约成员单位<br>行业等级资质 AAA 级 | |
| 308 | 浙江骏成拍卖有限公司 | 一、二、三类文物 | | |
| 309 | 浙江经典拍卖有限公司 | 二、三类文物 | 行业等级资质 A 级 | |
| 310 | 浙江三江拍卖有限公司 | 二、三类文物 | 行业自律公约成员单位<br>拍卖标准化达标企业<br>行业等级资质 AAA 级 | |
| 311 | 浙江汇通拍卖有限公司 | 二、三类文物 | 行业等级资质 AA 级 | |
| 312 | 浙江鸿嘉拍卖有限公司 | 二、三类文物 | 行业等级资质 A 级 | |
| 313 | 浙江美术传媒拍卖有限公司 | 二、三类文物 | 行业自律公约成员单位 | |
| 314 | 浙江横店拍卖有限公司 | 二、三类文物 | | |
| 315 | 杭州天工艺苑拍卖有限公司 | 二、三类文物 | | |
| 316 | 浙江嘉瀚拍卖有限公司 | 二、三类文物 | 行业自律公约成员单位 | |
| 317 | 浙江其利拍卖有限公司 | 二、三类文物 | | |
| 318 | 浙江六通拍卖有限公司 | 二、三类文物 | | |

| | | | |
|---|---|---|---|
| 319 | 浙江嘉泰拍卖有限公司 | 二、三类文物 | |
| 320 | 浙江嘉浩拍卖有限公司 | 二、三类文物 | |
| 321 | 杭州旺田国际拍卖有限公司 | 二、三类文物 | |
| 322 | 杭州开源拍卖有限公司 | 二、三类文物 | |
| 323 | 浙江中赢拍卖有限公司 | 二、三类文物 | |
| | 安徽省 | | |
| 324 | 安徽艺海拍卖有限责任公司 | 一、二、三类文物 | |
| 325 | 安徽盘龙企业拍卖集团有限公司 | 一、二、三类文物 | 行业自律公约成员单位<br>拍卖标准化达标企业<br>行业等级资质 AA 级 |
| 326 | 安徽星汉拍卖有限公司 | 二、三类文物 | |
| 327 | 安徽古今天元拍卖有限公司 | 二、三类文物 | |
| 328 | 安徽省盛唐拍卖有限公司 | 二、三类文物 | |
| | 福建省 | | |
| 329 | 福建运通拍卖行有限公司 | 一、二、三类文物 | 行业自律公约成员单位<br>行业等级资质 AA 级 |
| 330 | 厦门特拍拍卖有限公司 | 一、二、三类文物 | 行业等级资质 AAA 级 |
| 331 | 福建省拍卖行 | 一、二、三类文物 | 行业自律公约成员单位<br>行业等级资质 AA 级 |
| 332 | 福建省贸易信托拍卖行有限公司 | 一、二、三类文物 | 行业自律公约成员单位<br>拍卖标准化达标企业<br>行业等级资质 AAA 级 |
| 333 | 福建省顶信拍卖有限公司 | 一、二、三类文物 | 行业自律公约成员单位<br>行业等级资质 AAA 级 |
| 334 | 福建静轩拍卖有限公司 | 二、三类文物 | 行业自律公约成员单位 |
| 335 | 福建省定佳拍卖有限公司 | 二、三类文物 | |
| 336 | 厦门谷云轩拍卖有限公司 | 二、三类文物 | |
| 337 | 福建省华夏拍卖有限公司 | 二、三类文物 | 行业等级资质 AAA 级 |
| 338 | 厦门华辰拍卖有限公司 | 二、三类文物 | |
| 339 | 福建省居正拍卖行有限公司 | 二、三类文物 | |
| 340 | 福建省伯雅拍卖有限公司 | 二、三类文物 | |
| 341 | 福建东南拍卖有限公司 | 二、三类文物 | |
| 342 | 厦门市方分拍卖有限公司 | 二、三类文物 | |
| 343 | 福建省大明拍卖有限公司 | 二、三类文物 | |
| | 山东省 | | |

| 344 | 山东新世纪拍卖行有限公司 | 二、三类文物 | 行业等级资质 A 级 | |
|---|---|---|---|---|
| 345 | 青岛天麒阁拍卖有限公司 | 二、三类文物 | | 暂停资质 |
| 346 | 青岛中艺拍卖有限公司 | 二、三类文物 | | |
| 347 | 迦南国际拍卖有限公司 | 二、三类文物 | | |
| 348 | 山东同亨拍卖有限公司 | 二、三类文物 | 行业等级资质 AA 级 | |
| 349 | 荣宝斋（济南）拍卖有限公司 | 二、三类文物 | | |
| 350 | 佳联国际拍卖有限公司 | 二、三类文物 | 行业等级资质 AA 级 | |
| | 河南省 | | | |
| 351 | 河南省方迪拍卖有限公司 | 二、三类文物 | 行业等级资质 AA 级 | |
| 352 | 河南鸿远拍卖有限公司 | 二、三类文物 | | |
| 353 | 嘉信诚（郑州）拍卖有限公司 | 二、三类文物 | | |
| 354 | 河南省新恒丰拍卖行有限公司 | 二、三类文物 | 行业自律公约成员单位<br>行业等级资质 A 级 | |
| 355 | 河南中嘉拍卖有限公司 | 一、二、三类文物 | | |
| 356 | 河南省日信拍卖有限公司 | 一、二、三类文物 | 行业自律公约成员单位<br>行业等级资质 A 级 | |
| 357 | 河南省豫呈祥拍卖有限责任公司 | 一、二、三类文物 | 行业自律公约成员单位<br>行业等级资质 AA 级 | |
| 358 | 郑州拍卖总行 | 一、二、三类文物 | 行业自律公约成员单位<br>行业等级资质 AAA 级 | |
| 359 | 河南金帝拍卖有限公司 | 二、三类文物 | 行业自律公约成员单位<br>拍卖标准化达标企业<br>行业等级资质 A 级 | |
| 360 | 河南华宝拍卖有限公司 | 二、三类文物 | | |
| 361 | 河南省清风拍卖行有限公司 | 二、三类文物 | 行业等级资质 AA 级 | |
| 362 | 河南拍卖行有限公司 | 二、三类文物 | 行业等级资质 AAA 级 | |
| 363 | 河南福德拍卖有限公司 | 二、三类文物 | | |
| 364 | 河南省匡庐拍卖有限公司 | 二、三类文物 | | |
| 365 | 河南厚铭拍卖有限公司 | 二、三类文物 | | |
| 366 | 河南和同拍卖有限公司 | 二、三类文物 | | |
| 367 | 洛阳市佳德拍卖有限公司 | 二、三类文物 | | |
| | 湖北省 | | | |
| 368 | 武汉市大唐拍卖有限责任公司 | 二、三类文物 | | |
| 369 | 武汉中信拍卖有限公司 | 二、三类文物 | | |
| 370 | 湖北诚信拍卖有限公司 | 二、三类文物 | 行业自律公约成员单位<br>拍卖标准化达标企业<br>行业等级资质 AAA 级 | |

| 371 | 湖北金信拍卖有限公司 | 二、三类文物 | | 暂停资质 |
|---|---|---|---|---|
| 372 | 湖北嘉宝一品拍卖有限公司 | 二、三类文物 | | |
| 373 | 湖北圣典拍卖有限公司 | 二、三类文物 | | |
| 374 | 湖北德润古今拍卖有限公司 | 二、三类文物 | 行业等级资质 AAA 级 | |
| | 湖南省 | | | |
| 375 | 湖南省国际商品拍卖有限公司 | 二、三类文物 | 行业自律公约成员单位<br>行业等级资质 A 级 | |
| 376 | 湖南雅丰拍卖有限公司 | 二、三类文物 | | |
| | 广东省 | | | |
| 377 | 广州华艺国际拍卖有限公司 | 一、二、三类文物 | 行业自律公约成员单位<br>拍卖标准化达标企业<br>行业等级资质 AAA 级 | |
| 378 | 广东省古今拍卖有限公司 | 一、二、三类文物 | 行业自律公约成员单位<br>拍卖标准化达标企业<br>行业等级资质 A 级 | |
| 379 | 广东凤凰拍卖有限公司 | 二、三类文物 | 行业自律公约成员单位 | |
| 380 | 广东保利拍卖有限公司 | 一、二、三类文物 | 行业等级资质 AA 级 | |
| 381 | 广东旭通达拍卖有限公司 | 二、三类文物 | 行业自律公约成员单位<br>行业等级资质 AA 级 | |
| 382 | 广东省拍卖行有限公司 | 一、二、三类文物 | 行业自律公约成员单位<br>拍卖标准化达标企业<br>行业等级资质 AAA 级 | |
| 383 | 安华白云拍卖行有限公司 | 一、二、三类文物 | 行业自律公约成员单位<br>行业等级资质 AAA 级 | |
| 384 | 深圳市拍卖行有限公司 | 一、二、三类文物 | 行业自律公约成员单位<br>拍卖标准化达标企业<br>行业等级资质 AAA 级 | |
| 385 | 广州市银通拍卖行有限公司 | 一、二、三类文物 | 行业自律公约成员单位<br>拍卖标准化达标企业 | |
| 386 | 广州市皇玛拍卖有限公司 | 一、二、三类文物 | 行业自律公约成员单位<br>拍卖标准化达标企业<br>行业等级资质 AA 级 | |
| 387 | 深圳市城投拍卖有限公司 | 二、三类文物 | 行业自律公约成员单位<br>行业等级资质 A 级 | 暂停资质 |
| 388 | 广东浩宏拍卖有限公司 | 一、二、三类文物 | 行业自律公约成员单位<br>行业等级资质 AA 级 | |
| 389 | 广东衡益拍卖有限公司 | 二、三类文物 | 行业自律公约成员单位<br>拍卖标准化达标企业<br>行业等级资质 AA 级 | |
| 390 | 广东崇正拍卖有限公司 | 二、三类文物 | 行业自律公约成员单位<br>拍卖标准化达标企业 | |
| 391 | 深圳市华夏典藏拍卖有限公司 | 二、三类文物 | | |
| 392 | 广东光德拍卖有限公司 | 二、三类文物 | 行业等级资质 AA 级 | |
| 393 | 广东华友拍卖有限公司 | 二、三类文物 | | |
| 394 | 广东精诚所至艺术品拍卖有限公司 | 二、三类文物 | | |

| 395 | 广东侨鑫拍卖有限公司 | 二、三类文物 | | |
|---|---|---|---|---|
| 396 | 广东小雅斋拍卖有限公司 | 二、三类文物 | | |
| | 广西壮族自治区 | | | |
| 397 | 广西邕华拍卖有限责任公司 | 一、二、三类文物 | | |
| 398 | 广西正槌拍卖有限责任公司 | 二、三类文物 | 行业等级资质 AAA 级 | |
| 399 | 广西华盛拍卖有限公司 | 二、三类文物 | 行业等级资质 AA 级 | |
| 400 | 广西泓历拍卖有限公司 | 二、三类文物 | | |
| 401 | 荣宝斋（桂林）拍卖有限公司 | 二、三类文物 | | |
| | 海南省 | | | |
| 402 | 海南安达信拍卖有限公司 | 二、三类文物 | | |
| | 四川省 | | | |
| 403 | 四川联拍拍卖有限公司 | 二、三类文物 | 行业等级资质 AA 级 | |
| 404 | 成都八益拍卖有限公司 | 一、二、三类文物 | 行业自律公约成员单位 | |
| 405 | 四川达州市万星拍卖有限公司 | 二、三类文物 | 行业等级资质 AA 级 | |
| 406 | 成都市金沙拍卖有限公司 | 一、二、三类文物 | 行业等级资质 AA 级 | |
| 407 | 四川省嘉诚拍卖有限公司 | 二、三类文物 | 拍卖标准化达标企业<br>行业等级资质 AAA 级 | |
| 408 | 四川德轩拍卖有限责任公司 | 二、三类文物 | | |
| 409 | 四川东方拍卖有限责任公司 | 二、三类文物 | 行业等级资质 A 级 | |
| 410 | 四川嘉宝拍卖有限公司 | 二、三类文物 | | |
| 411 | 四川省梦虎拍卖有限责任公司 | 二、三类文物 | 行业自律公约成员单位 | |
| 412 | 四川世玺拍卖有限公司 | 二、三类文物 | | |
| 413 | 成都诗婢家拍卖有限责任公司 | 二、三类文物 | | |
| 414 | 四川中天拍卖有限责任公司 | 二、三类文物 | 行业等级资质 A 级 | |
| 415 | 四川盈信天地拍卖有限公司 | 二、三类文物 | 行业等级资质 AAA 级 | |
| 416 | 四川重华拍卖有限公司 | 二、三类文物 | | |
| 417 | 四川翰雅拍卖有限公司 | 二、三类文物 | | |
| | 云南省 | | | |
| 418 | 云南典藏拍卖集团有限公司 | 一、二、三类文物 | 行业自律公约成员单位<br>行业等级资质 A 级 | |
| 419 | 昆明雅士得拍卖有限公司 | 二、三类文物 | | |
| | 重庆市 | | | |

| | | | |
|---|---|---|---|
| 420 | 重庆恒升拍卖有限公司 | 一、二、三类文物 | 行业自律公约成员单位<br>拍卖标准化达标企业<br>行业等级资质 AAA 级 | |
| 421 | 重庆华夏文物拍卖有限公司 | 一、二、三类文物 | 行业自律公约成员单位<br>拍卖标准化达标企业<br>行业等级资质 A 级 | |
| 422 | 重庆市拍卖中心有限公司 | 二、三类文物 | 行业等级资质 AAA 级 | |
| 陕西省 | | | | |
| 423 | 陕西文德拍卖有限公司 | 一、二、三类文物 | 行业自律公约成员单位 | 暂停资质 |
| 424 | 陕西瑞晨拍卖有限公司 | 一、二、三类文物 | | |
| 425 | 陕西大德拍卖有限责任公司 | 一、二、三类文物 | 行业等级资质 A 级 | |
| 426 | 陕西华秦拍卖有限公司 | 二、三类文物 | | 暂停资质 |
| 427 | 陕西宝隆拍卖有限责任公司 | 一、二、三类文物 | 行业等级资质 AA 级 | |
| 428 | 陕西诚挚拍卖有限责任公司 | 一、二、三类文物 | 行业等级资质 A 级 | |
| 429 | 陕西华夏国际拍卖有限公司 | 二、三类文物 | | |
| 430 | 西安力邦拍卖有限公司 | 一、二、三类文物 | | |
| 431 | 陕西天龙国际拍卖有限公司 | 二、三类文物 | 行业自律公约成员单位<br>拍卖标准化达标企业<br>行业等级资质 AAA 级 | |
| 432 | 陕西秦商拍卖有限责任公司 | 二、三类文物 | | |
| 433 | 陕西天一国际拍卖有限公司 | 二、三类文物 | | |
| 434 | 陕西盛世长安拍卖有限公司 | 二、三类文物 | | |
| 435 | 陕西金花拍卖有限责任公司 | 二、三类文物 | | |
| 甘肃省 | | | | |
| 436 | 未来四方集团拍卖有限公司 | 一、二、三类文物 | 行业自律公约成员单位<br>拍卖标准化达标企业<br>行业等级资质 AAA 级 | |
| 宁夏回族自治区 | | | | |
| 437 | 宁夏力鼎拍卖有限公司 | 二、三类文物 | | |

注：行业资质数据来源于中国拍卖行业协会的《中国文物艺术品拍卖企业自律公约》成员单位（简称"行业自律公约成员单位"）、"文物艺术品拍卖标准化达标企业分级"（简称"拍卖标准化达标企业"）和"行业等级资质分级"。

# 全国主要艺术收藏组织名录

| 单位名称 | 联系电话 | 地址 |
|---|---|---|
| 中国文物学会 | 010-84020901<br>010-84621819 | 北京市东城区雍和宫大街戏楼胡同 1 号　邮编：100007 |
| 中国文物保护基金会 | 010-64025850 | 北京市东城区五四大街 29 号　邮编：100009 |
| 中国博物馆协会 | 010-64031809 | 北京市东城区戏楼胡同 1 号　邮编：100007 |
| 中国书法家协会 | 010-59759345 | 北京市朝阳区农展馆南里 10 号　邮编：100026 |
| 中国美术家协会 | 010-59759390 | 北京市朝阳区北沙滩 1 号院 32 号楼 B 座 18 层　邮编：100083 |
| 中国文学艺术界联合会 | 010-59759350 | 北京市朝阳区北沙滩 1 号院 32 号楼　邮编：100083 |
| 中国艺术研究院 | 010-64891166 | 北京市朝阳区惠新北里甲 1 号　邮编：100029 |
| 中国艺术科技研究所 | 010-67172619 | 北京市崇文区广渠门南小街领行国际 1 号楼 2 单元 20 层<br>邮编：100061 |
| 中国国家画院 | 010-68464569<br>010-68479020 | 北京市海淀区西三环北路 54 号　邮编：100044 |
| 北京画院 | 010-65025171 | 北京市朝阳区朝阳公园南路 12 号院　邮编：100026 |
| 李可染艺术基金会 | 010-67203123<br>010-67206303<br>13801326799 | 北京市朝阳区王四营观音堂文化大道 21-23 号　邮编：100023 |
| 中国长城学会 | 010-58772531<br>010-58772532 | 北京市朝阳区北辰西路 69 号峻峰华亭 C 座 1010<br>邮编：100029 |
| 李可染画院 | 010-56916301<br>010-68250507 | 北京市大兴区北兴路西红门星光生态文化休闲公园 1 号<br>邮编：102600 |
| 中国收藏家协会 | 010-64012635<br>010-84027307 | 北京市朝阳区高碑店西店 1118 号国粹苑 C 座二层<br>邮编：100124 |
| 北京市收藏家协会 | 010-63370493 | 北京市复兴门外大街 16 号首都博物馆内　邮编：100045 |
| 天津市收藏家协会 | 022-27258136 | 天津市南开区城厢中路 778 号 9 号楼 3 门　邮编：300101 |
| 河北省收藏家协会 | 0311-86212249 | 河北省石家庄市西大街 46 号省文物局 107 房间<br>邮编：050011 |
| 山西省收藏家协会 | 0351-4085545 | 山西省太原市太原广场收投分公司 01012 信箱　邮编：030001 |
| 内蒙古收藏家协会 | 0471-6916317 | 内蒙古呼和浩特市新华大街 18 号　邮编：010010 |
| 辽宁省收藏家协会 | 024-23848168 | 辽宁省沈阳市沈河区青年大街 215 号 62B　邮编：110016 |

| 单位名称 | 联系电话 | 地址 |
|---|---|---|
| 大连市收藏家协会 | 0411-82563218 | 辽宁省大连市中山区天津街 135 号 邮编：116001 |
| 吉林省收藏家协会 | 0431-86772798 | 吉林省长春市重庆路 279 号吉林古玩城内五楼西侧 邮编：130041 |
| 黑龙江省收藏家协会 | 0451-87000845 | 黑龙江省哈尔滨市道外区靖宇大街 368 号同记珠宝古玩城五楼 邮编：150020 |
| 上海市收藏协会 | 021-63140930 | 上海市中山南路 1551 号 邮编：200003 |
| 上海市工商联收藏俱乐部 | 021-65879910 | 上海市中山西路 518 号 3 楼 3126 天山茶城古瓷轩 邮编：200000 |
| 上海市收藏鉴赏家协会 | 021-64877449 | 上海市南丹东路 300 弄 3 号 103 室 邮编：200030 |
| 江苏省收藏家协会 | 025-68580985 025-84823476 | 江苏省南京市石头城路 99 号南艺后街艺术收藏品市场 D2-18 室 邮编：210013 |
| 苏州市收藏家协会 | 0512-68268037 | 江苏省苏州市南门路 48 号 邮编：215006 |
| 浙江省收藏协会 | 0571-86053603 | 浙江省杭州市文晖路 269 号通盛嘉苑 1 栋 902 室 邮编：310014 |
| 安徽省收藏家协会 | 0551-4692776 | 安徽省合肥市长江东路 1121 圣大国际大厦 5-1706 邮编：230011 |
| 六安市收藏家协会 | 0564-3334315 | 安徽省六安市交通路 28 号 邮编：237000 |
| 福建省收藏家协会 | 0591-83435868 | 福建省福州市鼓楼区湖东路 278 号太阳广场 9 楼 B2C3 邮编：350001 |
| 江西省收藏家协会 | 18070097629 | 江西省南昌市西湖区丁公路 98 号恒茂 22 栋 B302 邮编：330046 |
| 山东省收藏家协会 | 0531-2060628 | 山东省济南市马鞍山路 15 号新世界商城 3 楼东厅 609 室 邮编：250000 |
| 河南省收藏家协会 | 0371-65865531 | 河南省郑州市经五路 1 号附 5 号 邮编：450003 |
| 湖北省收藏家协会 | 027-83744659 027-83744112 | 湖北省武汉市硚口崇仁路 92 号 3 楼 邮编：430030 |
| 武汉市收藏协会 | 027-85837630 | 湖北省武汉市硚口区崇仁路 110 号 邮编：430030 |
| 湖南省收藏协会 | 0731-4443953 | 湖南省长沙市韭菜园路大麓珍宝古玩城旁富顺大厦 403 室 邮编：410000 |
| 醴陵市收藏协会 | 0731-23165333 | 湖南省醴陵市迎宾大道 1 号盛世华亭 A13 栋东方瓷典 邮编：412200 |
| 广东省收藏家协会 | 020-83333406 | 广东省广州市解放北路 542 号 邮编：510030 |
| 广西省收藏协会 | 0771-2564939 | 广西省南宁市民主路北四里 12-3 号 邮编：530023 |
| 海南省收藏家协会 | 0898-68928942 | 海南省海口市琼山区国兴大道 68 号省博物馆 邮编：570200 |
| 海口市收藏协会 | 13876779993 | 海南省海口市国贸三横路 9 号 邮编：570125 |
| 重庆市收藏协会 | 023-63528552 | 重庆市渝北区红锦大道金山路 3 号汇景台东宫会所 邮编：401120 |
| 四川省收藏家协会 | 028-86932300 | 成都市青羊区酱园公所街 9 号 4 楼 邮编：610071 |
| 贵州省收藏协会 | 13985424779 | 贵州省贵阳市新添大道南段 187 号（大营坡）银佳花园 5 栋 2 单元 5 号 邮编：550004 |

| 单位名称 | 联系电话 | 地址 |
|---|---|---|
| 遵义市收藏家协会 | 0852-8687276 | 贵州省遵义市沙盐路红花岗区机关 9 号楼 邮编：563000 |
| 云南省收藏家协会 | 0871-5389989 | 云南省昆明市人民西路 124 号昆明潘家湾文化市场办公楼二楼 邮编：650031 |
| 西藏自治区收藏家协会 | 0891-6887792<br>0891-6687878 | 西藏拉萨市巴尔库路 10 号自治区文物局 邮编：830000 |
| 陕西省收藏家协会 | 029-84352528 | 陕西省西安市东新街 2 号西北古玩城 F1 层 7 号 邮编：710004 |
| 西安市收藏家协会 | 029-87431653 | 陕西省西安市东一路 1 号西北古玩城 4 楼 22 号 邮编：710004 |
| 甘肃省收藏协会 | 0931-4607166 | 甘肃省兰州市城关区陇西路金城大剧院西侧（金城四合院） 邮编：730030 |
| 青海省收藏家协会 | 0971-7115771 | 青海省西宁市七一路 328 号一楼青海省西宁市军区办公楼 邮编：810000 |
| 青海省艺术品收藏协会 | 0971-8127911 | 青海省西宁市共和南路 56 号 4 单元 2 号楼 1 室 邮编：810007 |
| 青海民间收藏协会 | 13893602609 | 青海省西宁市城中区七一路青海省军区政治部 邮编：810000 |
| 宁夏收藏协会 | 0951-4123896 | 宁夏银川市兴庆区北京东路 365 号国际花园 3 号楼 2 单元 504 室 邮编：750004 |
| 宁夏收藏家协会 | 0951-5025665 | 宁夏银川市兴庆民族南街博文大厦 8 楼兴业律师事务所 邮编：750001 |
| 新疆自治区收藏家协会 | 0991-8877177 | 新疆乌鲁木齐市幸福路 9 号名家古玩城 4 楼 邮编：830001 |

# 全国主要博物馆名录

| 序号 | 博物馆名称 | 性质 | 等级 | 地址 |
|---|---|---|---|---|
| 北京市 | | | | |
| 1 | 故宫博物院 | 文物 | 一级 | 东城区景山前街 4 号 |
| 2 | 中国国家博物馆 | 文物 | 一级 | 东城区东长安街 16 号 |
| 3 | 北京鲁迅博物馆(北京新文化运动纪念馆) | 文物 | 一级 | 西城区阜成门内宫门口二条 19 号、东城区五四大街 29 号 |
| 4 | 首都博物馆 | 文物 | 一级 | 西城区复兴门外大街 16 号 |
| 5 | 大钟寺古钟博物馆 | 行业 | 二级 | 海淀区北三环西路甲 31 号 |
| 6 | 北京古代建筑博物馆 | 文物 | 二级 | 西城区东经路 21 号 |
| 7 | 明十三陵博物馆 | 文物 | 二级 | 昌平区十三陵特区办事处定陵 |
| 8 | 恭王府博物馆 | 文物 | 二级 | 西城区前海西街 17 号 |
| 9 | 北京石刻艺术博物馆 | 文物 | 三级 | 海淀区五塔寺 24 号 |
| 10 | 中国长城博物馆 | 文物 | 三级 | 延庆县八达岭长城景区中国长城博物馆 |
| 11 | 北京大葆台西汉墓博物馆 | 文物 | 三级 | 丰台区郭公庄 707 号 |
| 12 | 北京文博交流馆 | 文物 | 三级 | 东城区禄米仓胡同 5 号 |
| 13 | 北京民俗博物馆 | 文物 | 三级 | 朝阳门外大街 141 号 |
| 14 | 中国美术馆 | 文物 | 无级别 | 东城区五四大街 1 号 |
| 15 | 民族文化宫博物馆 | 行业 | 无级别 | 西城区复兴门内大街 49 号 |
| 16 | 北京艺术博物馆 | 文物 | 无级别 | 海淀区西三环北路万寿寺 |
| 17 | 炎黄艺术馆 | 非国有 | 无级别 | 朝阳区亚运村慧忠路 9 号 |
| 18 | 北京古代钱币博物馆 | 文物 | 无级别 | 西城区德胜门东大街 9 号 |
| 19 | 北京大学赛克勒考古与艺术博物馆 | 行业 | 无级别 | 海淀区北京大学校内 |
| 20 | 中央美术学院美术馆 | 行业 | 无级别 | 朝阳区花家地南街 8 号 |
| 21 | 密云县博物馆 | 文物 | 无级别 | 密云县西门外大街 2 号 |

| 序号 | 博物馆名称 | 性质 | 等级 | 地址 |
|---|---|---|---|---|
| 22 | 北京市昌平区博物馆 | 文物 | 无级别 | 昌平区府学路 10 号 |
| 23 | 通州区博物馆 | 行业 | 无级别 | 通州区西大街 9 号 |
| 24 | 北京红楼文化艺术博物馆 | 行业 | 无级别 | 西城区南菜园街 12 号 |
| 25 | 中国国家画院美术馆 | 行业 | 无级别 | 海淀区西三环北路 54 号 |
| 26 | 圆明园展览馆 | 行业 | 无级别 | 海淀区清华北路圆明园遗址公园内 |
| 27 | 观复博物馆 | 非国有 | 无级别 | 朝阳区大山子张万坟金南路 18 号 |
| 28 | 中国钱币博物馆 | 行业 | 无级别 | 北京市西城区西交民巷 17 号 |
| 29 | 中国现代文学馆 | 行业 | 无级别 | 朝阳区文学馆路 45 号 |
| 30 | 保利艺术博物馆 | 非国有 | 无级别 | 东城区朝阳门北大街 1 号新保利大厦 |
| 31 | 北京中国紫檀博物馆 | 非国有 | 无级别 | 朝阳区兴隆西街 9 号 |
| 32 | 北京工艺美术博物馆 | 行业 | 无级别 | 东城区王府井大街 200 号 |
| 33 | 中华世纪坛世界艺术馆 | 文物 | 无级别 | 海淀区复兴路甲 9 号 |
| 34 | 北京金台艺术馆 | 非国有 | 无级别 | 朝阳区朝阳公园西一号门内 |
| 35 | 中国印钞造币博物馆 | 行业 | 无级别 | 西城区西直门外大街甲 143 号 |
| 36 | 北京市海淀区博物馆 | 文物 | 无级别 | 海淀区中关村大街 28-1 号 |
| 37 | 北京宣南文化博物馆 | 文物 | 无级别 | 西城区长椿街 9 号 |
| 38 | 北京东韵民族艺术博物馆 | 非国有 | 无级别 | 朝阳区孙河乡前苇沟村村北甲一号 |
| 39 | 北京韩美林艺术馆 | 行业 | 无级别 | 通州区梨园镇九棵树东路 68 |
| 40 | 延庆博物馆 | 文物 | 无级别 | 延庆县妫水北街 24 号 |
| 41 | 北京市怀柔区怀柔博物馆 | 文物 | 无级别 | 怀柔区青春路 11 号 |
| | 天津市 | | | |
| 42 | 天津博物馆（天津美术馆） | 文物 | 一级 | 河西区平江道 62 号、河西区平江道 60 号 |
| 43 | 天津沉香艺术博物馆 | 非国有 | 无级别 | 和平区常德道 37 号 |
| 44 | 利顺德博物馆 | 行业 | 无级别 | 和平区台儿庄路 33 号天津利顺德大饭店地下一层 |
| 45 | 天津市隽祯博物馆 | 非国有 | 无级别 | 和平区赤峰道 64 号 |
| 46 | 天津市古雅博物馆 | 非国有 | 无级别 | 和平区赤峰道 65 号 |
| 47 | 天津市华蕴博物馆 | 非国有 | 无级别 | 和平区河北路 283 号 |
| 48 | 天津泉香阁钱币博物馆 | 非国有 | 无级别 | 河东区卫国道 163 号一品家园 3 号楼 1 门 902 |
| 49 | 塘沽博物馆 | 文物 | 无级别 | 滨海新区塘沽中心路 988 号 –1 号 |

| 序号 | 博物馆名称 | 性质 | 等级 | 地址 |
|---|---|---|---|---|
| 104 | 赤峰市博物馆 | 文物 | 二级 | 赤峰市新城区富河街 10A |
| 105 | 通辽市博物馆 | 文物 | 二级 | 通辽市科尔沁区霍林河大街文化体育广场北侧 |
| 106 | 鄂尔多斯博物馆 | 文物 | 二级 | 鄂尔多斯市康巴什新区文化西路南 5 号 |
| 107 | 鄂尔多斯青铜器博物馆 | 文物 | 二级 | 鄂尔多斯市东胜区准格尔南路 3 号 |
| 108 | 阿拉善博物馆 | 文物 | 二级 | 阿拉善盟额鲁特东路与军分区东路交叉口东南 . |
| 109 | 兴安盟博物馆 | 文物 | 三级 | 乌兰浩特市新桥东街 |
| 110 | 乌兰察布市博物馆 | 文物 | 三级 | 乌兰察布市集宁新区格根西街 10 号 |
| 111 | 巴林左旗辽上京博物馆 | 文物 | 三级 | 赤峰市巴林左旗林东镇古塔路 123 号 |
| 112 | 巴林右旗博物馆 | 文物 | 三级 | 赤峰市巴林右旗大板镇旗政府广场西侧 |
| 113 | 奈曼旗王府博物馆 | 文物 | 三级 | 通辽市大沁他拉镇王府街西段 |
| 114 | 扎赉诺尔博物馆 | 文物 | 三级 | 呼伦贝尔市扎赉诺尔区新区市政大街南侧、鑫湖路西侧 |
| 115 | 鄂伦春自治旗博物馆 | 文物 | 三级 | 呼伦贝尔市鄂伦春自治旗阿里河镇 |
| 116 | 科尔沁右翼前旗博物馆 | 文物 | 三级 | 兴安盟科尔沁右翼前旗科尔沁镇 |
| 117 | 科尔沁右翼中旗博物馆 | 文物 | 三级 | 兴安盟科右中旗巴彦胡硕镇 |
| 118 | 敖汉旗博物馆 | 文物 | 三级 | 赤峰市敖汉旗新惠镇 |
| 119 | 正镶白旗博物馆 | 文物 | 无级别 | 锡林郭勒盟正镶白旗明安图镇阿拉腾嘎达苏南路东侧 |
| 120 | 阿鲁科尔沁旗博物馆 | 文物 | 无级别 | 阿鲁科尔沁旗天山镇新城区文化广场西侧 |
| 121 | 达茂旗博物馆 | 文物 | 无级别 | 包头市达茂旗百灵庙镇广福寺大街草原文化宫 |
| 122 | 乌海市博物馆 | 文物 | 无级别 | 乌海市滨河区学府街工业大学以西乌海市科学技术馆二楼 |
| 123 | 苏尼特左旗博物馆 | 文物 | 无级别 | 锡林郭勒盟苏尼特左旗满都拉图镇满达拉街 |
| 124 | 阿巴嘎旗博物馆 | 文物 | 无级别 | 锡林郭勒盟阿巴嘎旗别力古台镇 |
| 125 | 锡林郭勒盟博物馆 | 文物 | 无级别 | 锡林浩特市新区盟党政大楼对面 |
| 126 | 乌珠穆沁博物馆 | 文物 | 无级别 | 锡林郭勒盟东乌珠穆沁旗乌里雅斯太镇道勒德西街 |
| 127 | 赤峰市西拉沐沦博物馆 | 非国有 | 无级别 | 赤峰市新城区应昌路东侧 |
| 128 | 泰发祥博物馆 | 非国有 | 无级别 | 鄂尔多斯国际赛车城 |
| 129 | 内蒙新州博物馆 | 非国有 | 无级别 | 赤峰市敖汉旗文博园东侧 |
| 130 | 乌拉特前旗博物馆 | 文物 | 无级别 | 巴彦淖尔市乌拉特前旗东风大街文化大楼 |
| 131 | 乌拉特中旗博物馆 | 文物 | 无级别 | 巴彦淖尔市乌拉特中旗海流图 |

| 序号 | 博物馆名称 | 性质 | 等级 | 地址 |
|------|-----------|------|------|------|
| 132 | 乌拉特博物馆 | 行业 | 无级别 | 巴彦淖尔市乌拉特后旗巴音宝力格镇 |
| 133 | 克什克腾旗博物馆 | 文物 | 无级别 | 赤峰市克什克腾旗经棚镇 |
| 134 | 僧格林沁博物馆 | 文物 | 无级别 | 通辽市科尔沁左翼后旗甘旗卡镇吉尔嘎朗镇公路 |
| 135 | 翁牛特旗博物馆 | 文物 | 无级别 | 赤峰市翁牛特旗乌丹镇清泉路与滨水街交汇处 |
| 136 | 开鲁县博物馆 | 文物 | 无级别 | 通辽市开鲁县开鲁镇和平街白塔公园内 |
| 137 | 达拉特博物馆 | 文物 | 无级别 | 鄂尔多斯市达拉特旗迎宾大街和平路 |
| 138 | 准格尔旗博物馆 | 文物 | 无级别 | 鄂尔多斯市准格尔旗大路新区 |
| 139 | 蒙古源流博物馆 | 行业 | 无级别 | 鄂尔多斯市阿勒腾席热镇车家渠蒙古源流文化产业园区 |
| 140 | 内蒙古河套文化博物院 | 文物 | 无级别 | 巴彦淖尔市临河区五一街 |
| 141 | 阿拉善和硕特亲王府博物馆 | 文物 | 无级别 | 阿拉善盟阿左旗王府街 |
| 142 | 阿拉善右旗博物馆 | 文物 | 无级别 | 阿拉善盟阿右旗巴丹吉林镇 |
| 143 | 额济纳博物馆 | 文物 | 无级别 | 阿拉善盟额济纳旗居延大道 |
| 144 | 扎鲁特旗乌力格尔博物馆 | 文物 | 无级别 | 通辽市扎鲁特旗泰山大街中段 |
| 145 | 五原博物馆 | 行业 | 无级别 | 巴彦淖尔市五原县葵花广场东侧 |
| 146 | 内蒙古土默特博物馆 | 非国有 | 无级别 | 呼和浩特市土默特左旗台阁牧镇 |
| 147 | 斯琴塔娜艺术博物馆 | 非国有 | 无级别 | 呼和浩特市赛罕区滨河东路东 |
| 148 | 内蒙古蒙博博物馆 | 非国有 | 无级别 | 呼和浩特市玉泉区大召景区西侧明月楼 |
| 149 | 内蒙古盛元博物馆 | 非国有 | 无级别 | 呼和浩特市玉泉区阿拉坦汗广场 15–17 号 |
| 150 | 内蒙古兴光博物馆 | 非国有 | 无级别 | 呼和浩特市新华东街丁香路 7 号办公园 8 号楼 |
| 151 | 内蒙古江弘文化博物馆 | 非国有 | 无级别 | 呼和浩特市玉泉区云中路西菜园村委会办公楼 |
| 152 | 内蒙古龙源博物馆 | 非国有 | 无级别 | 赤峰市敖汉旗四家子镇温泉城 |
| 153 | 鄂托克旗博物馆 | 文物 | 无级别 | 鄂尔多斯市鄂托克旗乌兰镇木凯淖尔街东侧 |
| 154 | 乌审旗博物馆 | 文物 | 无级别 | 鄂尔多斯市乌审旗嘎鲁图镇 |
| 155 | 察右中旗博物馆 | 文物 | 无级别 | 乌兰察布市察右中旗科布尔镇镶蓝大街 |
| 156 | 四子王旗博物馆 | 文物 | 无级别 | 乌兰察布四子王旗新华街 75 号 |
| 157 | 根河市博物馆 | 文物 | 无级别 | 根河市敖鲁古雅乡 |
| 158 | 鄂温克博物馆 | 文物 | 无级别 | 呼伦贝尔市鄂温克族自治旗巴彦托海镇索伦大街 |
| | 辽宁省 | | | |
| 159 | 辽宁省博物馆 | 文物 | 一级 | 沈阳市沈河区市府大路 363 号 |

| 序号 | 博物馆名称 | 性质 | 等级 | 地址 |
|------|-----------|------|------|------|
| 160 | 旅顺博物馆 | 文物 | 一级 | 大连市旅顺口区列宁街 42 号 |
| 161 | 锦州市博物馆 | 文物 | 二级 | 锦州市古塔区北三里 1 号 |
| 162 | 沈阳故宫博物院 | 文物 | 二级 | 沈阳市沈河区沈阳路 171 号 |
| 163 | 大连现代博物馆 | 文物 | 二级 | 大连市沙河口区会展路 10 号 |
| 164 | 本溪市博物馆 | 文物 | 三级 | 本溪市明山区峪明路 324—1 |
| 165 | 辽阳博物馆 | 文物 | 三级 | 辽阳市白塔区中心路 2 号 |
| 166 | 营口市博物馆 | 文物 | 三级 | 营口市站前区少年宫里 21 号 |
| 167 | 铁岭市博物馆 | 文物 | 三级 | 铁岭市银州区文化街 88 号 |
| 168 | 德辅博物馆 | 非国有 | 无级别 | 朝阳市双塔区慕容古街 9–15 号 |
| 169 | 大连惠丰博物馆 | 非国有 | 无级别 | 大连市中山区环山街 7 号 |
| 170 | 大连美术馆 | 文物 | 无级别 | 大连市西岗区胜利街 35 号 |
| 171 | 抚顺市博物馆 | 文物 | 无级别 | 抚顺市新抚区南昌路 17 号 |
| 172 | 北票市博物馆 | 文物 | 无级别 | 北票市黄河路金河小区 84 号 |
| 173 | 葫芦岛市博物馆 | 文物 | 无级别 | 葫芦岛市连山区红星路 5 号 |
| 174 | 大连金州博物馆 | 文物 | 无级别 | 大连市金州新区永安大街 888 号 |
| 175 | 东港市博物馆 | 文物 | 无级别 | 东港市银河路 16 号 |
| 176 | 普兰店市博物馆 | 文物 | 无级别 | 普兰店市世纪路中段 211–1 号 |
| 177 | 阜新市博物馆 | 文物 | 无级别 | 阜新市细河区工业街 44–2 号 |
| 178 | 大连紫檀艺术博物馆 | 非国有 | 无级别 | 大连甘井子区红旗街道棠梨工业园 |
| 吉林省 | | | | |
| 179 | 白城市博物馆 | 文物 | 二级 | 白城市金辉北街文化中心 C 座 |
| 180 | 伪满皇宫博物院 | 文物 | 二级 | 长春市光复北路 5 号 |
| 181 | 延吉市博物馆 | 文物 | 无级别 | 延吉市天池路 2800 号 |
| 182 | 蛟河市博物馆 | 文物 | 无级别 | 蛟河市新区文化体育中心 |
| 183 | 桦甸市博物馆 | 文物 | 无级别 | 桦甸市渤海大街文体中心办公楼内 |
| 184 | 舒兰市博物馆 | 文物 | 无级别 | 舒兰市舒兰大街 4617 号 |
| 185 | 集安市博物馆 | 文物 | 无级别 | 集安市胜利街与云水路交汇处 |
| 186 | 白山市博物馆 | 文物 | 无级别 | 白山市长白山大街 777 号 |
| 187 | 大安市博物馆 | 文物 | 无级别 | 大安市人民路 32 号 |

| 序号 | 博物馆名称 | 性质 | 等级 | 地址 |
|---|---|---|---|---|
| 188 | 德惠市博物馆 | 文物 | 无级别 | 德惠市爱民街 43 号 |
| 189 | 四平市博物馆 | 文物 | 无级别 | 四平市铁西区南新华大街 647 号 |
| 190 | 公主岭市博物馆 | 文物 | 无级别 | 公主岭市公主西大街文化体育中心 |
| 191 | 辽源市博物馆 | 文物 | 无级别 | 辽源市龙山区龙首山魁星楼北门 |
| 192 | 梅河口市博物馆 | 文物 | 无级别 | 梅河口市人民大街 2008 号 |
| 193 | 松原市博物馆 | 文物 | 无级别 | 松原市宁江区沿江东路 1409 号 |
| 194 | 图们市博物馆 | 文物 | 无级别 | 图们市友谊街 872 号 |
| 195 | 敦化市博物馆 | 文物 | 无级别 | 敦化市六顶山东侧 |
| 196 | 珲春市博物馆 | 文物 | 无级别 | 珲春市森林山大路 1293 号 |
| 197 | 和龙市博物馆 | 文物 | 无级别 | 和龙市誉文街 31 号 |
| 198 | 洮南市博物馆 | 文物 | 无级别 | 洮南市兴龙西路 69 号 |
| 199 | 松原市金原博物馆 | 非国有 | 无级别 | 松原市乌兰大街宝鼎路金钻广场 C4-6 门 |
| 黑龙江省 | | | | |
| 200 | 黑龙江省博物馆 | 文物 | 一级 | 哈尔滨市南岗区红军街 50 号 |
| 201 | 齐齐哈尔市博物馆 | 文物 | 二级 | 齐齐哈尔市建华区中华路 1 号 |
| 202 | 大庆市博物馆 | 文物 | 二级 | 大庆市高新开发区文苑街 2 号 |
| 203 | 伊春市博物馆 | 文物 | 二级 | 伊春市伊春区新兴西大街 1 号 |
| 204 | 哈尔滨市钱币博物馆 | 文物 | 三级 | 哈尔滨市道里区尚志大街 160 号 |
| 205 | 远东林木博物馆 | 文物 | 三级 | 穆棱市下城子镇穆棱经济开发区 |
| 206 | 佳木斯市博物馆 | 文物 | 三级 | 佳木斯市前进区长安路 922 号 |
| 207 | 鸡西市博物馆 | 文物 | 三级 | 鸡西市文化路西段 |
| 208 | 伊春森林博物馆 | 行业 | 三级 | 伊春市伊春区政府新区 |
| 209 | 鹤岗市博物馆 | 文物 | 三级 | 鹤岗市兴安区光宇小区宇南路西、光宇路南 |
| 210 | 黑河博物馆 | 文物 | 三级 | 黑河市海兰街 241 号 |
| 211 | 绥化市博物馆 | 文物 | 三级 | 绥化市新兴西街 1 号 |
| 212 | 北大荒博物馆 | 行业 | 三级 | 哈尔滨市红旗大街 175 号 |
| 213 | 海伦市博物馆 | 文物 | 无级别 | 海伦市文化艺术中心 |
| 214 | 哈尔滨市博物馆 | 文物 | 无级别 | 哈尔滨市南岗区一曼街 253 号 |
| 215 | 双城市博物馆 | 文物 | 无级别 | 双城市昌盛街优干胡同 6 号 |

| 序号 | 博物馆名称 | 性质 | 等级 | 地址 |
|---|---|---|---|---|
| 216 | 哈尔滨市南岗博物馆 | 行业 | 无级别 | 哈尔滨市南岗区联发街 1 号 |
| 217 | 中国书法文化博物馆 | 文物 | 无级别 | 尚志市新建路北环街 92 号 |
| 218 | 哈尔滨城史文物馆 | 非国有 | 无级别 | 哈尔滨市道里区友谊路（香格里拉大饭店西侧） |
| 219 | 哈尔滨市金代铁器博物馆 | 文物 | 无级别 | 哈尔滨市道里区景江西路 1296 号 |
| 220 | 讷河市博物馆 | 文物 | 无级别 | 讷河市中心大街 483 号 |
| 221 | 黑龙江省爱民青铜器博物馆 | 非国有 | 无级别 | 牡丹江市爱民区重阳小区零号楼负一层 |
| 222 | 富锦博物馆 | 文物 | 无级别 | 富锦市区南二道街 |
| 223 | 双鸭山市博物馆 | 文物 | 无级别 | 双鸭山市尖山区市政广场中路 |
| 224 | 铁力市博物馆 | 文物 | 无级别 | 铁力市正阳大街 106 号 |
| 225 | 桃山博物馆 | 行业 | 无级别 | 伊春市桃山林业局 |
| 226 | 岭上人博物馆 | 文物 | 无级别 | 黑河市爱辉区新生鄂伦春族乡新生村 |
| 227 | 北安市博物馆 | 文物 | 无级别 | 北安市北岗区龙江路华山街北 |
| 228 | 北大荒齐齐哈尔博物馆 | 行业 | 无级别 | 齐齐哈尔市龙沙区鹤城路 99 号 |
| 229 | 红兴隆博物馆 | 行业 | 无级别 | 双鸭山市友谊县农垦红兴隆管理局局直保险路 6 号 |
| 上海市 | | | | |
| 230 | 上海博物馆 | 文物 | 一级 | 人民大道 201 号 |
| 231 | 嘉定博物馆 | 文物 | 二级 | 嘉定镇博乐路 215 号 |
| 232 | 上海市松江区博物馆 | 文物 | 二级 | 中山东路 233 号 |
| 233 | 上海市青浦区博物馆 | 文物 | 二级 | 青浦区华青南路 1000 号 |
| 234 | 浦东新区南汇博物馆 | 文物 | 三级 | 惠南镇文师街 18 号 |
| 235 | 上海工艺美术博物馆 | 行业 | 三级 | 汾阳路 79 号 |
| 236 | 上海市闵行区博物馆 | 文物 | 三级 | 名都路 85 号 |
| 237 | 上海市金山区博物馆 | 文物 | 三级 | 朱泾镇罗星路 200 号 |
| 238 | 上海当代艺术博物馆 | 行业 | 无级别 | 黄浦区花园港路 200 号 |
| 239 | 刘海粟美术馆 | 文物 | 无级别 | 延安西路 1609 号 |
| 240 | 朱屺瞻艺术馆 | 文物 | 无级别 | 虹口区欧阳路 580 号 |
| 241 | 复旦大学博物馆 | 行业 | 无级别 | 杨浦区邯郸路 220 号 |
| 242 | 陆俨少艺术院 | 文物 | 无级别 | 嘉定区东大街 358 号 |
| 243 | 上海翥云艺术博物馆 | 非国有 | 无级别 | 安亭镇新源路 1375 号 |

| 序号 | 博物馆名称 | 性质 | 等级 | 地址 |
|---|---|---|---|---|
| 244 | 上海市奉贤区博物馆 | 文物 | 无级别 | 南桥镇解放东路 871 号 |
| | **江苏省** | | | |
| 245 | 南京博物院 | 文物 | 一级 | 南京市中山东路 321 号 |
| 246 | 苏州博物馆 | 文物 | 一级 | 苏州市东北街 204 号 |
| 247 | 南通博物苑 | 文物 | 一级 | 南通市濠南路 19 号 |
| 248 | 扬州博物馆 | 文物 | 一级 | 扬州市文昌西路 468 号 |
| 249 | 南京市博物馆总馆（南京市博物馆、梅园新村纪念馆南京市太平天国历史博物馆、渡江胜利纪念馆、南京市民俗博物馆） | 文物 | 二级 | 南京市秦淮区朝天宫 4 号 南京市汉府街 18－1 号、南京市瞻园路 128 号、南京市三汊河大街 101 号（渡江路 1 号）、南京市南捕厅 15 号 |
| 250 | 无锡博物院 | 文物 | 二级 | 无锡市钟书路 100 号 |
| 251 | 江阴市博物馆 | 文物 | 二级 | 江阴市澄江中路 128 号 |
| 252 | 徐州博物馆 | 文物 | 二级 | 徐州市和平路 101 号 |
| 253 | 徐州市汉兵马俑博物馆 | 文物 | 二级 | 徐州市云龙区兵马俑路一号 |
| 254 | 常州博物馆 | 文物 | 二级 | 常州市新北区龙城大道 1288 号 |
| 255 | 常熟博物馆 | 文物 | 二级 | 常熟市北门大街 1 号 |
| 256 | 连云港市博物馆 | 文物 | 二级 | 连云港市朝阳东路 68 号 |
| 257 | 淮安市博物馆 | 文物 | 二级 | 淮安市健康西路 146-1 |
| 258 | 南京市江宁区博物馆 | 文物 | 三级 | 南京市江宁区竹山路 80 号 |
| 259 | 新沂市博物馆 | 文物 | 三级 | 新沂市大桥路 8 号 |
| 260 | 金坛市博物馆 | 文物 | 三级 | 江苏省常州市金坛市愚池公园 6-1 号 |
| 261 | 苏州碑刻博物馆 | 文物 | 三级 | 苏州市人民路 613 号 |
| 262 | 吴江博物馆 | 文物 | 三级 | 吴江市松陵镇笠泽路 450 号 |
| 263 | 仪征市博物馆 | 文物 | 三级 | 仪征市解放西路 201 号 |
| 264 | 镇江博物馆 | 文物 | 三级 | 镇江市伯先路 85 号 |
| 265 | 镇江焦山碑刻博物馆 | 文物 | 三级 | 镇江市东吴路焦山风景区 |
| 266 | 兴化市博物馆 | 文物 | 三级 | 兴化市牌楼北路 2 号 |
| 267 | 傅抱石纪念馆 | 行业 | 无级别 | 南京市鼓楼区汉口西路 132 号 |
| 268 | 南京颜真卿纪念馆 | 文物 | 无级别 | 南京市广州路 221 号 |
| 269 | 陶行知纪念馆 | 文物 | 无级别 | 南京市栖霞区和燕路晓庄村 131 号 |
| 270 | 程及美术馆 | 文物 | 无级别 | 无锡市滨湖区蠡湖大道 500 号 |

| 序号 | 博物馆名称 | 性质 | 等级 | 地址 |
|---|---|---|---|---|
| 497 | 卫辉市博物馆 | 文物 | 无级别 | 卫辉市建设路中段 |
| 498 | 孟州市博物馆 | 文物 | 无级别 | 孟州市北环路中段 |
| 499 | 濮阳市博物馆 | 文物 | 无级别 | 濮阳市开州路 165 号 |
| 500 | 濮阳市戚城博物馆 | 文物 | 无级别 | 濮阳市京开大道 134 号 |
| 501 | 许昌塔文化博物馆 | 文物 | 无级别 | 许昌市文峰路中段 621 号 |
| 502 | 禹州钧官窑址博物馆 | 文物 | 无级别 | 禹州市钧官窑路 60 号 |
| 503 | 灵宝市博物馆 | 文物 | 无级别 | 灵宝市文化活动中心 |
| 504 | 商丘市博物馆 | 文物 | 无级别 | 商丘市华商大道西段 |
| 505 | 商丘市睢阳区博物馆 | 文物 | 无级别 | 商丘市睢阳区刘隅首东一街 2 号 |
| 506 | 信阳博物馆 | 文物 | 无级别 | 信阳市羊山新区百花园西侧新十街中段 |
| 507 | 周口市博物馆 | 文物 | 无级别 | 周口市东新区文昌大道东段 002 号 |
| 508 | 项城市博物馆 | 文物 | 无级别 | 项城市南大街 4 号 |
| 509 | 驻马店市博物馆 | 文物 | 无级别 | 驻马店市通达路中段 |
| 510 | 济源市博物馆 | 文物 | 无级别 | 济源市天坛路 1087 号 |
| 511 | 邓州博物馆 | 文物 | 无级别 | 邓州市古城路 015 号 |
| 512 | 洛阳碑志拓片博物馆 | 非国有 | 无级别 | 洛阳市西工区人民东路 1 号 |
| 513 | 洛阳金石文字博物馆 | 非国有 | 无级别 | 洛阳市龙门大道 1 号（中国国花园内） |
| 514 | 洛阳龙门博物馆 | 非国有 | 无级别 | 洛阳市洛龙区龙门石窟北入口 |
| 515 | 洛阳驿站博物馆 | 非国有 | 无级别 | 洛阳市洛龙区政和路 22 号长城花苑 13# 商铺 |
| 516 | 禹州宋元钧瓷标本博物馆 | 非国有 | 无级别 | 禹州市神垕镇关爷庙办事处 8 组 |
| 517 | 汝州青瓷博物馆 | 非国有 | 无级别 | 汝州市风穴路 2 号金鼎时代广场 8 楼 |
| | 湖北省 | | | |
| 518 | 湖北省博物馆 | 文物 | 一级 | 武汉市武昌区东湖路 160 号 |
| 519 | 武汉博物馆 | 文物 | 一级 | 武汉市江汉区青年路 373 号 |
| 520 | 荆州博物馆 | 文物 | 一级 | 荆州区荆中路 166 号 |
| 521 | 黄石博物馆 | 文物 | 二级 | 黄石市下陆区团城山广会路 12 号 |
| 522 | 襄阳市博物馆 | 文物 | 二级 | 襄阳市襄城区北街 1 号（昭明台） |
| 523 | 宜昌博物馆 | 文物 | 二级 | 宜昌市夷陵大道 115 号 |
| 524 | 十堰市博物馆 | 文物 | 二级 | 十堰市北京北路 91 号 |

| 序号 | 博物馆名称 | 性质 | 等级 | 地址 |
|---|---|---|---|---|
| 525 | 鄂州市博物馆 | 文物 | 二级 | 鄂州市鄂城区寒溪路 7 号 |
| 526 | 随州市博物馆 | 文物 | 二级 | 随州市擂鼓墩大道 98 号 |
| 527 | 宜城市博物馆 | 文物 | 三级 | 宜城市中华大道 9 号 |
| 528 | 枝江市博物馆 | 文物 | 三级 | 枝江市马家店街办南岗路 50 号 |
| 529 | 宜都市博物馆 | 文物 | 三级 | 宜都市陆城园林大道 29 号 |
| 530 | 丹江口市博物馆 | 文物 | 三级 | 丹江口市北京路 120 号 |
| 531 | 孝感市博物馆 | 文物 | 三级 | 孝南区城站路 87 号 |
| 532 | 荆门市博物馆 | 文物 | 三级 | 荆门市象山大道 19 号 |
| 533 | 钟祥市博物馆 | 文物 | 三级 | 湖北省钟祥市莫愁湖路 28 号 |
| 534 | 黄冈市博物馆 | 文物 | 三级 | 黄冈市黄州区明珠大道 110 号 |
| 535 | 武穴市博物馆 | 文物 | 三级 | 武穴市玉湖路 239 号 |
| 536 | 咸宁市博物馆 | 文物 | 三级 | 咸宁市金桂路 169 号 |
| 537 | 赤壁市博物馆 | 文物 | 三级 | 赤壁市陆水湖大道 229 号 |
| 538 | 潜江市博物馆 | 文物 | 三级 | 章华南路 27 号 |
| 539 | 大冶市博物馆 | 文物 | 无级别 | 湖北省大冶市湛月路 2 号 |
| 540 | 老河口市博物馆 | 文物 | 无级别 | 老河口市北京路 288 号 |
| 541 | 枣阳市博物馆 | 文物 | 无级别 | 枣阳市西环一路 52 号 |
| 542 | 荆州区博物馆 | 文物 | 无级别 | 荆州区荆北路 34 号, 荆州区西环路 262 号 |
| 543 | 石首市博物馆 | 文物 | 无级别 | 石首市南岳山大道 178 号 |
| 544 | 松滋市博物馆 | 文物 | 无级别 | 松滋市新江口镇高成大道 86 号 |
| 545 | 当阳市博物馆 | 文物 | 无级别 | 当阳市玉泉办事处关陵路 147 号 |
| 546 | 宜昌市夷陵区博物馆 | 文物 | 无级别 | 宜昌市夷陵区长江市场锦江大道 5 号 |
| 547 | 房县博物馆 | 文物 | 无级别 | 十堰市房县城关镇县门街 92 号 |
| 548 | 孝南区博物馆 | 文物 | 无级别 | 体育路体育艺术学校二楼 |
| 549 | 汉川市博物馆 | 文物 | 无级别 | 仙女山街道办事处山后三路 47 号 |
| 550 | 安陆市博物馆 | 文物 | 无级别 | 解放大道 210 号 |
| 551 | 应城市博物馆 | 文物 | 无级别 | 蒲阳大道 7 号 |
| 552 | 咸安区博物馆 | 文物 | 无级别 | 咸安区汀泗桥镇 107 国道旁 |
| 553 | 广水市博物馆 | 文物 | 无级别 | 应山街道办东大街文昌路 1 号 |

| 序号 | 博物馆名称 | 性质 | 等级 | 地址 |
|---|---|---|---|---|
| 554 | 恩施市博物馆 | 文物 | 无级别 | 湖北省恩施市解放路 111 号 |
| 555 | 天门市博物馆 | 文物 | 无级别 | 天门市竟陵西寺路 14 号 |
| 556 | 仙桃市博物馆 | 文物 | 无级别 | 仙桃市沔街大道 60 号 |
| 湖南省 | | | | |
| 557 | 湖南省博物馆 | 文物 | 一级 | 长沙市开福区东风路 50 号 |
| 558 | 长沙市博物馆（中共湘区委员会旧址纪念馆） | 文物 | 二级 | 长沙市开福区八一路 538 号 |
| 559 | 长沙简牍博物馆 | 文物 | 二级 | 长沙市天心区白沙路 92 号 |
| 560 | 株洲市博物馆 | 文物 | 二级 | 株洲市芦淞区建设中路文化园内 |
| 561 | 岳阳博物馆 | 文物 | 二级 | 岳阳市岳阳楼区龙舟路 14 号 |
| 562 | 常德博物馆 | 文物 | 二级 | 常德市武陵区武陵大道南段 282 号 |
| 563 | 衡阳市博物馆 | 文物 | 三级 | 衡阳市石鼓区明翰路 28 号 |
| 564 | 益阳市博物馆 | 文物 | 三级 | 益阳市赫山区康复南路（益阳大剧院旁） |
| 565 | 郴州市博物馆 | 文物 | 三级 | 郴州市北湖区博物馆路 5 号 |
| 566 | 永州市博物馆 | 文物 | 三级 | 永州市零陵区南津南路 414 号 |
| 567 | 怀化市博物馆 | 文物 | 三级 | 怀化市鹤城区迎丰中路 350 号 |
| 568 | 浏阳市博物馆 | 文物 | 无级别 | 浏阳市圭斋东路 81 号 |
| 569 | 湘潭市博物馆 | 文物 | 无级别 | 湘潭市雨湖区平政路 392 号 |
| 570 | 齐白石纪念馆 | 文物 | 无级别 | 湘潭市雨湖区大湖路 2 号 |
| 571 | 湘乡市博物馆 | 文物 | 无级别 | 湘乡市工贸新区桑梅中路 |
| 572 | 南岳衡山博物馆 | 文物 | 无级别 | 衡阳市南岳区金沙路 2 号 |
| 573 | 临湘市博物馆 | 文物 | 无级别 | 临湘市沿河中路 16 号 |
| 574 | 临湘淡泊博物馆 | 非国有 | 无级别 | 临湘市五尖山国家森林公园内 |
| 575 | 津市市博物馆 | 文物 | 无级别 | 津市市孟姜女大道 710 号 |
| 576 | 娄底市博物馆 | 文物 | 无级别 | 娄底市娄星区长青中街 17 号 |
| 577 | 上甘棠博物馆 | 文物 | 无级别 | 江永县夏层铺镇上甘棠村 |
| 578 | 里耶古城（秦简）博物馆 | 文物 | 无级别 | 龙山县里耶镇麦荣村秦城路 |
| 579 | 迁陵博物馆 | 文物 | 无级别 | 保靖县迁陵镇政兴路 9 号 |
| 580 | 高沙文史博物馆 | 非国有 | 无级别 | 洞口县高沙镇红娥村 |
| 广东省 | | | | |

| 序号 | 博物馆名称 | 性质 | 等级 | 地址 |
|---|---|---|---|---|
| 581 | 广东省博物馆 | 文物 | 一级 | 广州市天河区珠江东路 2 号 |
| 582 | 西汉南越王博物馆 | 文物 | 一级 | 广州市解放北路 867 号 |
| 583 | 深圳博物馆 | 文物 | 一级 | 深圳市福田区同心路 6 号 |
| 584 | 广州博物馆 | 文物 | 二级 | 广州市越秀山镇海楼 |
| 585 | 广州艺术博物院 | 文物 | 二级 | 广州市麓湖路 13 号 |
| 586 | 番禺博物馆 | 文物 | 二级 | 广州市番禺区沙头街银平路 121 号 |
| 587 | 珠海市博物馆 | 文物 | 二级 | 珠海市吉大景山路 191 号九洲城 |
| 588 | 韶关市博物馆 | 文物 | 二级 | 韶关市武江区工业西路 90 号 |
| 589 | 惠州市博物馆 | 文物 | 二级 | 惠州市江北市民乐园西路 3 号 |
| 590 | 东莞市博物馆 | 文物 | 二级 | 东莞市城区新芬路 36 号 |
| 591 | 江门市博物馆 | 文物 | 二级 | 江门市白沙大道西 37 号 |
| 592 | 潮州市博物馆 | 文物 | 二级 | 潮州市人民广场西南角 |
| 593 | 云浮市博物馆 | 文物 | 二级 | 云浮市云城区世纪大道中博物馆大楼 |
| 594 | 汕头市博物馆 | 文物 | 三级 | 汕头市金平区月眉路与韩堤路交界处（中山公园内） |
| 595 | 南雄市博物馆 | 文物 | 三级 | 南雄市三影塔广场 59 号 |
| 596 | 东莞市可园博物馆 | 文物 | 三级 | 东莞市城区可园路 32 号 |
| 597 | 中山市博物馆 | 文物 | 三级 | 中山市孙文中路 197 号 |
| 598 | 台山市博物馆 | 文物 | 三级 | 台山市台城环北大道诗山 |
| 599 | 湛江市博物馆 | 文物 | 三级 | 湛江市赤坎区南方路 50 号 |
| 600 | 雷州市博物馆 | 文物 | 三级 | 雷州市西湖大道 |
| 601 | 茂名市博物馆 | 文物 | 三级 | 茂名市人民北路 51 号 |
| 602 | 揭阳市博物馆 | 文物 | 三级 | 揭阳市榕城区韩祠路 7 号 |
| 603 | 罗定市博物馆 | 文物 | 三级 | 罗定市罗城街道文博街 |
| 604 | 从化市博物馆 | 文物 | 无级别 | 从化市河滨北路 74 号 |
| 605 | 增城市博物馆 | 文物 | 无级别 | 增城市荔城街前进路 31 号 |
| 606 | 佛山市博物馆 | 文物 | 无级别 | 佛山市禅城区汾江中路 43 号 |
| 607 | 兴宁市博物馆 | 文物 | 无级别 | 兴宁市兴田街道办事处兴田一路人民公园内 |
| 608 | 陆丰市博物馆 | 文物 | 无级别 | 陆丰市陆城马街工人文化宫内 |
| 609 | 东莞市钱币博物馆 | 非国有 | 无级别 | 东莞市东城区鸿福东路 2 号 |

| 序号 | 博物馆名称 | 性质 | 等级 | 地址 |
|---|---|---|---|---|
| 610 | 中山美术馆 | 文物 | 无级别 | 中山市岐江公园内 |
| 611 | 恩平市博物馆 | 文物 | 无级别 | 恩平市沿江路 8 号（大钟楼） |
| 612 | 阳江市博物馆 | 文物 | 无级别 | 阳江市区新江北路文化艺术中心大楼 D 区 |
| 613 | 阳春市博物馆 | 文物 | 无级别 | 阳春市中心广场西南侧 |
| 614 | 廉江市博物馆 | 文物 | 无级别 | 廉江市人民大道中 |
| 615 | 吴川市博物馆 | 文物 | 无级别 | 吴川市海滨街道海港大道南 |
| 616 | 高州市博物馆 | 文物 | 无级别 | 高州市城区西郊观山 |
| 617 | 高要市博物馆 | 文物 | 无级别 | 肇庆市高要市南岸镇世纪大道 15 号 |
| 618 | 四会市博物馆 | 文物 | 无级别 | 四会市广场北路行政中心侧四会市博物馆 |
| 619 | 清远市博物馆 | 文物 | 无级别 | 清远市新城东十八号区银泉路文化艺术中心二、三层 |
| 620 | 英德市博物馆 | 文物 | 无级别 | 英德市和平北路西 |
| 621 | 连州市博物馆 | 文物 | 无级别 | 连州市文化广场 |
| 622 | 普宁市博物馆 | 文物 | 无级别 | 普宁市流沙西赤华路南文化活动中心 |
| 623 | 信宜市博物馆 | 文物 | 无级别 | 信宜市迎宾大道绍秀图书馆六楼 |
| 624 | 鹤山市博物馆 | 文物 | 无级别 | 鹤山市沙坪镇人民东路 45 号 |
| 广西壮族自治区 | | | | |
| 625 | 广西壮族自治区博物馆 | 文物 | 一级 | 广西南宁市民族大道 34 号 |
| 626 | 柳州市博物馆 | 文物 | 二级 | 柳州市解放北路 37 号 |
| 627 | 桂林博物馆 | 文物 | 二级 | 桂林市秀峰区西山路 4 号 |
| 628 | 桂海碑林博物馆 | 文物 | 二级 | 桂林市龙隐路 1 号 |
| 629 | 梧州市博物馆 | 文物 | 三级 | 梧州市文澜路白鹤里 18 号 |
| 630 | 贺州市博物馆 | 文物 | 三级 | 贺州市体育路 65 号 |
| 631 | 南宁市博物馆 | 文物 | 无级别 | 广西壮族自治区南宁市兴宁区朝阳路 3 号 |
| 632 | 柳州市日增美术馆 | 非国有 | 无级别 | 柳州市鱼峰区社湾新村 5 区 32 号 |
| 633 | 柳州市凤凰河艺术博物馆 | 非国有 | 无级别 | 柳州市露新路 66 号 |
| 634 | 藤县博物馆 | 文物 | 无级别 | 藤县藤州镇河东区东山路 |
| 635 | 梧州市宝丰博物馆 | 非国有 | 无级别 | 梧州市长洲区奥奇丽路 38 号 |
| 636 | 防城区博物馆 | 文物 | 无级别 | 防城区爱国路 61 号 |
| 637 | 东兴京族博物馆 | 文物 | 无级别 | 东兴市江平镇 |

| 序号 | 博物馆名称 | 性质 | 等级 | 地址 |
|---|---|---|---|---|
| 638 | 钦州市博物馆 | 文物 | 无级别 | 钦州市钦南区四马路 2 号 |
| 639 | 贵港市博物馆 | 文物 | 无级别 | 贵港市桂林路中段 |
| 640 | 桂平市博物馆 | 文物 | 无级别 | 桂平市西山镇人民中路 3 号 |
| 641 | 玉林市博物馆 | 文物 | 无级别 | 玉林市文化广场东路 700 号新华书店 6 楼 |
| 642 | 北流市博物馆 | 文物 | 无级别 | 北流市城东一路 090 号 |
| 643 | 宜州博物馆 | 文物 | 无级别 | 宜州市冯京路冯京公园旁 |
| 644 | 来宾市博物馆 | 文物 | 无级别 | 来宾市翠屏路 |
| 645 | 崇左市壮族博物馆 | 文物 | 无级别 | 广西崇左市石景林路 3 号 |
| 646 | 凭祥市博物馆 | 文物 | 无级别 | 广西崇左市凭祥市北环路新洞口旁 |
| | 海南省 | | | |
| 647 | 海南省博物馆 | 文物 | 一级 | 海口市国兴大道 68 号 |
| 648 | 海口市博物馆 | 文物 | 无级别 | 海口市海府大道 169 号 |
| 649 | 三亚市博物馆（崖城学宫） | 文物 | 无级别 | 三亚市河西路 2 号市文体局大楼三楼 |
| 650 | 儋州市博物馆 | 文物 | 无级别 | 儋州市那大镇中兴大街盐务大楼五楼 |
| 651 | 琼海市博物馆 | 文物 | 无级别 | 琼海市嘉积镇官塘大道 |
| 652 | 万宁市博物馆 | 文物 | 无级别 | 万宁市万城镇朝阳街 |
| 653 | 文昌市博物馆 | 文物 | 无级别 | 文昌市文城镇文东里 20 号 |
| | 重庆市 | | | |
| 654 | 重庆中国三峡博物馆 | 文物 | 一级 | 渝中区人民路 236 号 |
| 655 | 开州博物馆 | 文物 | 无级别 | 开县汉丰街道滨湖中路开州博物馆 |
| 656 | 巫山博物馆 | 文物 | 无级别 | 巫山县高唐街道平湖西路 369 号 |
| 657 | 重庆大圆祥博物馆 | 非国有 | 无级别 | 璧山区璧泉街道金剑路 219 号 1 幢 2-4 |
| | 四川省 | | | |
| 658 | 四川博物院 | 文物 | 一级 | 成都市浣花南路 251 号 |
| 659 | 泸州市博物馆 | 文物 | 二级 | 泸州市江阳区江阳西路 37 号 |
| 660 | 成都永陵博物馆 | 文物 | 二级 | 成都市金牛区永陵路 10 号 |
| 661 | 内江市张大千纪念馆 | 文物 | 三级 | 内江市东兴区东桐路圆顶山 |
| 662 | 彭州市博物馆 | 文物 | 三级 | 彭州市天彭镇西干道西段 |
| 663 | 什邡市博物馆 | 文物 | 三级 | 什邡市什邡广场 |

| 序号 | 博物馆名称 | 性质 | 等级 | 地址 |
|---|---|---|---|---|
| 664 | 大英汉陶博物馆 | 文物 | 无级别 | 遂宁市大英县花园干道 3 号 |
| 665 | 成都澄园书画艺术博物馆 | 非国有 | 无级别 | 成都市温江区南熏大道三段 702 号 |
| 666 | 成都大吉博物馆 | 非国有 | 无级别 | 成都市高新区科园南路 2 号 |
| 667 | 成都画院书画博物馆 | 行业 | 无级别 | 成都市青羊区下同仁路 80 号 |
| 668 | 成都慧园博物馆 | 非国有 | 无级别 | 成都市青羊区芳邻路 3 号 |
| 669 | 成都隋唐窑址博物馆 | 文物 | 无级别 | 成都市一环路西二段 31 号 |
| 670 | 崇州市博物馆 | 文物 | 无级别 | 崇州市大东街 306 号 |
| 671 | 达州市博物馆 | 文物 | 无级别 | 达州市西外镇永兴路 2 号 |
| 672 | 德阳市博物馆 | 文物 | 无级别 | 德阳市旌阳区文庙街 133 号 |
| 673 | 都江堰市博物馆 | 文物 | 无级别 | 都江堰市奎光路 81 号 |
| 674 | 峨眉山博物馆 | 文物 | 无级别 | 乐山市峨眉山市报国寺景区凤凰堡旁 |
| 675 | 广元市博物馆 | 文物 | 无级别 | 广元市利州区文化路 586 号 |
| 676 | 江油市博物馆 | 文物 | 无级别 | 江油市中坝镇文峰街 |
| 677 | 阆中博物馆 | 文物 | 无级别 | 阆中市学道街 11 号 |
| 678 | 绵阳博物馆 | 文物 | 无级别 | 绵阳市一环路东段 288 号 |
| 679 | 青川博物馆 | 文物 | 无级别 | 广元市青川县关庄镇 |
| 680 | 新都博物馆 | 文物 | 无级别 | 成都市新都区新都镇桂湖中路 89 号 |
| 681 | 雅安市博物馆 | 文物 | 无级别 | 雅安市文定街 15 号 |
| 682 | 晏阳初博物馆 | 文物 | 无级别 | 巴中市巴州区宕梁街道塔子山村一组 |
| 683 | 宜宾市博物院 | 文物 | 无级别 | 翠屏区真武山 7 组 46 号 |
| 684 | 中江博物馆 | 文物 | 无级别 | 中江县南华镇龙华村 |
| 贵州省 | | | | |
| 685 | 贵州省博物馆 | 文物 | 二级 | 贵阳市云岩区北京路 168 号 |
| 686 | 遵义市博物馆 | 文物 | 三级 | 遵义市人民路与珠海路交汇处 |
| 687 | 仁怀市博物馆 | 文物 | 无级别 | 仁怀市盐津河风景名胜区 |
| 688 | 毕节市博物馆 | 文物 | 无级别 | 毕节市七星关区南部新区一院三馆毕节市博物馆 |
| 云南省 | | | | |
| 689 | 云南省博物馆 | 文物 | 一级 | 昆明市五一路 118 号 |
| 690 | 玉溪市博物馆（玉溪市聂耳纪念馆） | 文物 | 二级 | 玉溪市红塔区红塔大道 30 号、玉溪市红塔区棋阳路延长线 |

| 序号 | 博物馆名称 | 性质 | 等级 | 地址 |
|------|-----------|------|------|------|
| 691 | 楚雄州博物馆 | 文物 | 二级 | 楚雄市鹿城南路 471 号 |
| 692 | 昆明市博物馆 | 文物 | 三级 | 昆明市拓东路 93 号 |
| 693 | 云南李家山青铜器博物馆 | 文物 | 三级 | 江川县李家山青铜器博物馆 |

艺术品藏家选择 **易拍全球**，

理由说"不"？

# 艺术商业
## ART TRADE JOURNAL

具有全球视野的综合类高端艺术刊物
发掘艺术与商业的完美价值融合
全面覆盖京沪广深

An integrated high-end art journal with a global vision to excavate the perfect value integration between art and commerce covers high-end communities in Beijing, Shanghai, Guangzhou, Shenzhen

《艺术商业》杂志 **20** 元/本 **240**元全年12期

微店二维码订阅

北京市朝阳区东风北路9号中海地产大厦9层
010-58572822